Entgeltabrechnung

Entgeltabrechnung

Alle wichtigen Fälle für die Praxis

Mitwirkende Autoren

Carola Hausen
Marcus Spahn
André Fasel
Marco Ferme
Christoph Fleige
Manfred Geiken
Jürgen Heidenreich
Harald Janas
Christian Schirk
Peter Schmitz
Michael Schulz
Bernhard Steuerer
Stephan Wilcken

4. Auflage

Haufe Gruppe
Freiburg · München · Stuttgart

Bibliografische Information der Deutschen Nationalbibliothek

Die Deutsche Nationalbibliothek verzeichnet diese Publikation in der Deutschen Nationalbibliografie; detaillierte bibliografische Daten sind im Internet über http://dnb.dnb.de abrufbar.

Print: ISBN 978-3-648-09716-8 Bestell-Nr. 00440-0004
epub: ISBN 978-3-648-09717-5 Bestell-Nr. 00440-0101
ePDF: ISBN 978-3-648-09718-2 Bestell-Nr. 00440-0152

Hausen, Spahn u.a.
Entgeltabrechnung
4. Auflage 2017

© 2017 Haufe-Lexware GmbH & Co. KG, Freiburg
www.haufe.de
info@haufe.de
Produktmanagement: Christiane Engel-Haas

Lektorat: Ulrich Leinz, Berlin
Satz: Reemers Publishing Services GmbH, Krefeld
Umschlag: RED GmbH, Krailling
Druck: Schätzl Druck & Medien GmbH & Co. KG, Donauwörth

Inhaltsverzeichnis

Vorwort

Mit der 4. Auflage der Entgeltabrechnung liegen Ihnen mehr als 330 konkrete Abrechnungsfälle und die Bewertung von über 500 Entgeltarten vor. Alle Informationen sind auf dem neuesten Stand des Steuer- und Sozialversicherungsrechts. Die wichtigsten aktuellen rechtlichen Änderungen – wie z. B. die Verschärfung der Versicherungspflicht bei Studentenjobs sowie die Änderungen bei der Rentnerbeschäftigung durch die Flexirente – werden in Beispielen mit Abrechnungsfällen dargestellt.

In **Teil 1** zeigen Ihnen die Fachautoren genau und nachvollziehbar an über 330 konkreten Fällen wie Sie bei Ihrer Entgeltberechnung vorgehen. Sie beschreiben den Sachverhalt, erklären die Berechnungsweise an konkreten Beispielen und geben Praxistipps, worauf Sie achten müssen. Detailliert und aktuell werden alle Themen behandelt – von Abfindung und Bewirtungskosten, über Mehrarbeitsvergütung und Mindestlohn bis hin zu Teilzeitbeschäftigung, unbezahlter Urlaub und vermögenswirksame Leistungen.

In **Teil 2** finden Sie ein umfassendes Nachschlagewerk. Zu über 500 Entgeltarten erfahren Sie unmissverständlich, ob die jeweilige Entgeltart der Lohnsteuerpflicht, der Beitragspflicht zur Kranken-, Pflege-, Renten- und Arbeitslosenversicherung und der Unfallversicherung unterliegt und ob die Entgeltart für die Berechnung des Mindestlohns relevant ist.

Viel Erfolg wünscht Ihnen Ihr
Haufe Verlag

Teil 1: Entgeltabrechnung konkret – Rechenbeispiele und Erläuterungen

1 Abfindungen

1.1 Fünftelregelung

Sachverhalt: Ein Arbeitnehmer mit Steuerklasse IV, kinderlos, keine Kirchensteuerpflicht, und einem laufenden Monatslohn von 3.270 EUR erhält im Dezember 2017 infolge einer vom Arbeitgeber veranlassten Auflösung des Arbeitsverhältnisses zum 31.12. eine Abfindung von 22.400 EUR. Weitere Einmalbezüge sind bisher nicht erfolgt.

Wie ist die Abfindung lohnsteuer- und sozialversicherungsrechtlich zu behandeln?

Lösung: Sozialversicherungsrechtlich gelten Entlassungsabfindungen nicht als Arbeitsentgelt und sind daher ohne betragsmäßige Grenzen beitragsfrei.

Die Ermittlung der Lohnsteuer 2017 auf die Abfindung kann bei Zusammenballung von Einkünften in dem entsprechenden Kalenderjahr nach der Fünftelregelung erfolgen:

Zunächst ist der Jahresarbeitslohn ohne die Einmalzahlung zu ermitteln:

Jahresarbeitslohn (3.270 EUR × 12 Monate)	39.240 EUR
Lohnsteuer lt. Jahrestabelle	6.170 EUR

Die Abfindung i. H. v. 22.400 EUR wird nach der Fünftelregelung besteuert:

Jahresarbeitslohn (3.270 EUR × 12 Monate)	39.240 EUR
Zzgl. 1/5 v. 22.400 EUR	**4.480 EUR**
Gesamt	43.720 EUR
Lohnsteuer lt. Jahrestabelle	7.434 EUR
Differenz der beiden Lohnsteuerbeträge (7.434 EUR ./. 6.170 EUR)	1.264 EUR
Lohnsteuer auf die Abfindung (1.264 EUR × 5)	6.320 EUR
Davon 5,5 % Solidaritätszuschlag	347,60 EUR

1.2 Berechnung mit sonstigem Bezug

Sachverhalt: Ein Arbeitnehmer mit Steuerklasse IV, 1,0 Kinderfreibeträge, Kirchensteuer 9% und einem laufenden Monatslohn von 3.500 EUR erhält im Dezember infolge einer vom Arbeitgeber veranlassten Auflösung des Dienstverhältnisses zum 31.12. eine Abfindung von 55.000 EUR. Als weiterer Einmalbezug hat er im Juli des Jahres 1.750 EUR Urlaubsgeld erhalten.

Wie ist die Abfindung lohnsteuer- und sozialversicherungsrechtlich zu behandeln?

Lösung: Sozialversicherungsrechtlich gelten Entlassungsabfindungen nicht als Arbeitsentgelt und sind daher in der Sozialversicherung ohne betragsmäßige Grenzen beitragsfrei.

Die Ermittlung der Lohnsteuer 2017 auf die Abfindung erfolgt nach der Fünftelregelung: Die ermäßigte Besteuerung nach der Fünftelregelung kann angewandt werden, da es in diesem Jahr zu einer Zusammenballung von Einkünften kommt.

Zunächst ist der Jahresarbeitslohn ohne die Einmalzahlung zu ermitteln:

Jahresarbeitslohn (3.500 EUR × 12 Monate)	42.000 EUR
Zzgl. Urlaubsgeld	**1.750 EUR**
Gesamt	43.750 EUR
Lohnsteuer lt. Jahrestabelle	7.442 EUR
Die Abfindung i. H. v. 55.000 EUR ist nach der Fünftelregelung zu besteuern:	
Jahresarbeitslohn (3.500 EUR × 12 Monate + Urlaubsgeld)	43.750 EUR
Zzgl. 1/5 v. 55.000 EUR	**11.000 EUR**
Gesamt	54.750 EUR
Lohnsteuer lt. Jahrestabelle	10.906 EUR
Differenz der beiden Lohnsteuerbeträge (10.906 EUR ./.7.442 EUR)	3.464 EUR
Lohnsteuer auf die Abfindung (3.464 EUR × 5)	17.320 EUR

Davon 5,5% Solidaritätszuschlag	952,60 EUR
9% Kirchensteuer	1.558,80 EUR

Praxistipp: Hat der ausscheidende Arbeitnehmer im Folgejahr voraussichtlich keine oder nur geringe Einkünfte, kann die Verschiebung des Zahlungszeitpunkts ins Folgejahr durchaus sinnvoll sein, auch wenn dadurch die Fünftelregelung nicht mehr angewendet werden darf; siehe Beispiel »Zahlung im Folgejahr«.

1.3 Zahlung im Folgejahr

Sachverhalt: Ein Arbeitnehmer, Steuerklasse IV, 1,0 Kinderfreibeträge, Kirchensteuer 9%, mit einem laufenden Monatslohn von 3.500 EUR erhält im Januar 2017 infolge einer vom Arbeitgeber veranlassten Auflösung des Dienstverhältnisses zum 31.12. des Vorjahres eine Abfindung von 55.000 EUR. Weitere Einmalbezüge sind für dieses Jahr nicht zu erwarten.

Über weitere Einkünfte gibt es keine Informationen.

Wie ist die Abfindung lohnsteuer- und sozialversicherungsrechtlich zu behandeln?

Lösung: Sozialversicherungsrechtlich gelten Entlassungsabfindungen nicht als Arbeitsentgelt und sind daher in der Sozialversicherung ohne betragsmäßige Grenzen beitragsfrei.

Alle Abfindungen sind in voller Höhe lohnsteuerpflichtig. Die ermäßigte Besteuerung nach der Fünftelregelung darf nicht angewendet werden, da es nicht zu einer Zusammenballung von Einkünften in einem Kalenderjahr kommt.

Abfindung	55.000,00 EUR
Lohnsteuer lt. Jahrestabelle	10.996,00 EUR
Solidaritätszuschlag (5,5%)	604,78 EUR
Kirchensteuer (9%)	989,64 EUR

1.4   Zahlung nach Ende des Beschäftigungsverhältnisses

Sachverhalt: Ein Arbeitnehmer, Steuerklasse IV, 1,0 Kinderfreibeträge, Kirchensteuer 9%, mit einem laufenden Monatslohn von 3.500 EUR erhält im Juni 2017 infolge einer vom Arbeitgeber veranlassten Auflösung des Dienstverhältnisses zum 31.12. des Vorjahres eine Abfindung von 55.000 EUR. Er hat bereits ein neues Beschäftigungsverhältnis begonnen und wurde vom alten Arbeitgeber in der ELStAM-Datenbank abgemeldet.

Wie ist die Abfindung lohnsteuer- und sozialversicherungsrechtlich zu behandeln?

Lösung: Sozialversicherungsrechtlich gelten Entlassungsabfindungen nicht als Arbeitsentgelt und sind daher in der Sozialversicherung ohne betragsmäßige Grenzen beitragsfrei.

Alle Abfindungen sind in voller Höhe steuerpflichtig. Der alte Arbeitgeber muss sich beim Arbeitnehmer erkundigen, ob er sich als Haupt- oder Nebenarbeitgeber anmelden soll. Hat der Arbeitnehmer bereits ein neues Beschäftigungsverhältnis, meldet er sich für die Besteuerung der Abfindung als Nebenarbeitgeber in der ELStAM-Datenbank an. Damit erfolgt die Versteuerung der Abfindung nach Steuerklasse VI. Die Versteuerung nach der Fünftelregelung findet nicht statt, da der Arbeitgeber Arbeitslohn, den der Arbeitnehmer ggf. von einem anderen Arbeitgeber erhält, außer Betracht lassen kann. Er dürfte die Fünftelregelung nur anwenden, wenn ihm der Arbeitnehmer diese Einkünfte mitteilt. Der Arbeitnehmer müsste dann die Fünftelregelung ausdrücklich beim alten Arbeitgeber beantragen. Das wird i.d.R. nicht der Fall sein.

Im Fall der Versteuerung mit Steuerklasse VI kann der Arbeitnehmer zu viel gezahlte Lohnsteuer nur im Rahmen der Einkommensteuerveranlagung zurückerstattet bekommen.

Abfindung	55.000,00 EUR
Lohnsteuer lt. Jahrestabelle	16.494,00 EUR
Solidaritätszuschlag (5,5%)	907,17 EUR
Kirchensteuer (9%)	1.484,46 EUR

2 Abwälzung, pauschale Lohnsteuer

2.1 Minijob und Hauptbeschäftigung

Sachverhalt: Ein Arbeitgeber stellt eine Aushilfskraft auf Minijob-Basis ein mit einem monatlichen Verdienst von 450 EUR. Die Aushilfskraft möchte die Tätigkeit neben einer versicherungspflichtigen Hauptbeschäftigung aus-üben. Der Arbeitgeber möchte die pauschalen Arbeitgeberleistungen auf die Aushilfskraft abwälzen.

Ist die Abwälzung zulässig? Wie gestaltet sich die Abrechnung?

Lösung: Der Arbeitgeber kann die pauschale Lohnsteuer auf den Arbeitneh-mer abwälzen. Die Abwälzung von pauschalen Sozialversicherungsbeiträgen ist nicht zulässig.

Übt ein Arbeitnehmer einen Minijob mit einem Verdienst bis zu 450 EUR pro Monat neben einer versicherungspflichtigen Hauptbeschäftigung aus, bleibt das Arbeitsverhältnis für den Beschäftigten versicherungsfrei in der Kran-ken-, Arbeitslosen- und Pflegeversicherung, jedoch versicherungspflichtig in der Rentenversicherung. Der Arbeitnehmer kann sich allerdings auf Antrag von der Rentenversicherungspflicht befreien lassen.

Der Arbeitgeber hat folgende Abgaben zu leisten:

Rentenversicherung	15 %
Krankenversicherung	13 %
Pauschalsteuer (Lohnsteuer, Solidaritätszuschlag und Kirchensteuer)	2 %
Abzuführender Gesamtbetrag	30 %

Ist der Arbeitnehmer privat krankenversichert, entfällt die Pauschale von 13 % für die Krankenversicherung. Einzugsstelle für den Gesamtbeitrag ist in jedem Fall die Deutsche Rentenversicherung Knappschaft-Bahn-See.

Die Besteuerung nach den ELStAM ist im vorliegenden Fall nicht zu empfehlen. Da es sich um ein zweites Beschäftigungsverhältnis handelt, würde er Arbeitslohn nach Steuerklasse VI versteuert werden.

Abrechnung

Aushilfslohn	450,00 EUR
Abzgl. Pauschalsteuer (2 %)	**– 9,00 EUR**
Auszahlungsbetrag	441,00 EUR
Arbeitgeberbelastung	
Rentenversicherung (15 % v. 450 EUR)	67,50 EUR
Krankenversicherung (13 % v. 450 EUR)	**58,50 EUR**
Gesamtbelastung (28 % v. 450 EUR)	126,00 EUR
Zzgl. Umlagen	

2.2 Minijobber mit Steuerklasse V

Sachverhalt: Ein Arbeitgeber stellt eine Aushilfskraft auf Minijob-Basis unbefristet ein, mit einem monatlichen Verdienst von 450 EUR. Die Mitarbeiterin übt keine weitere Beschäftigung aus. Sie ist verheiratet, Steuerklasse V und familienversichert.

Welche Möglichkeiten bestehen bezüglich der Versteuerung und welche ist die günstigste?

Lösung: Übt ein Arbeitnehmer ausschließlich einen »Minijob« mit einem Verdienst bis zu 450 EUR pro Monat aus, bleibt das Arbeitsverhältnis für den Beschäftigten versicherungsfrei in der Kranken-, Arbeitslosen- und Pflegeversicherung, jedoch versicherungspflichtig in der Rentenversicherung. Der Arbeitnehmer kann sich allerdings auf Antrag von der Rentenversicherungspflicht befreien lassen.

Der Arbeitgeber hat folgende Abgaben zu leisten:

Rentenversicherung	15%
Krankenversicherung	13%
Pauschalsteuer (Lohnsteuer, Solidaritätszuschlag und Kirchensteuer)	2%
Abzuführender Gesamtbeitrag	30%

Einzugsstelle für den Gesamtbeitrag ist die Deutsche Rentenversicherung Knappschaft-Bahn-See.

Die Besteuerung kann nach den ELStAM erfolgen oder nach den Regelungen für Minijobber. Im Beispiel ist die Versteuerung nach den ELStAM nicht zu empfehlen, da die Lohnsteuer verhältnismäßig hoch ausfällt. Außerdem wäre der Arbeitslohn dann bei der Einkommensteuer-Veranlagung zu berücksichtigen, was bei pauschal besteuertem Arbeitslohn nicht erfolgt.

Der Arbeitgeber kann die pauschale Lohnsteuer auf den Arbeitnehmer abwälzen. In diesem Fall ist es für die Arbeitnehmerin günstiger, die Pauschalsteuer zu übernehmen als sich nach Steuerklasse V besteuern zu lassen. Eine Abwälzung pauschaler Sozialversicherungsbeiträge ist nicht zulässig.

Abrechnung

Aushilfslohn	450,00 EUR
Abzgl. Pauschalsteuer (2%)	**– 9,00 EUR**
Auszahlungsbetrag	441,00 EUR
Arbeitgeberbelastung	
Rentenversicherung (15% v. 450 EUR)	67,50 EUR
Krankenversicherung (13% v. 450 EUR)	**58,50 EUR**
Gesamtbelastung (28% v. 450 EUR)	126,00 EUR
Zzgl. Umlagen	

Wäre die Arbeitnehmer privat krankenversichert, würde die Pauschale von 13% an die Krankenversicherung entfallen.

2.3 Direktversicherung

Sachverhalt: Der Arbeitgeber hat im Jahr 2000 für eine Arbeitnehmerin eine Direktversicherung abgeschlossen, die durch Gehaltsumwandlung finanziert wird. Laut ELStAM wird ihr die Steuerklasse IV bescheinigt, sie hat keine Kinder und zahlt 9 % Kirchensteuer. Ihr Zusatzbeitrag zur Krankenversicherung beträgt 1,1 %. Die Arbeitnehmerin hat gegenüber dem Arbeitgeber schriftlich erklärt, die Direktversicherung weiterhin nach altem Recht mit 20 % pauschaler Lohnsteuer besteuern lassen zu wollen. Die pauschale Lohnsteuer trägt vereinbarungsgemäß die Arbeitnehmerin.

Die Arbeitnehmerin lässt von ihrem Bruttogehalt i. H. v. 3.000 EUR monatlich 142 EUR in die Direktversicherung überweisen.

Kann die Lohnsteuer mit 20 % pauschal besteuert werden und wie sieht die Abrechnung aus?

Lösung: Da die Beiträge der Arbeitnehmerin jährlich 1.704 EUR betragen (12 Monate × 142 EUR) und somit die Grenze von 1.752 EUR jährlich nicht überschritten wird, kann die Lohnsteuer weiterhin mit 20 % pauschaliert werden, weil es sich um einen Vertrag handelt, der vor dem 1.1.2005 abgeschlossen wurde (sog. Altvertrag). Die Arbeitnehmerin hatte dies bis zum 30.6.2005 schriftlich erklärt. Die pauschale Lohnsteuer zuzüglich pauschalem Solidaritätszuschlag und pauschaler Kirchensteuer wird vom Arbeitgeber einbehalten und zusammen mit der sonstigen Lohnsteuer an das zuständige Finanzamt abgeführt. Gemäß der Entgeltbescheinigungsverordnung mindert die auf die Arbeitnehmerin abgewälzte Pauschalsteuer das Gesamtbrutto.

Abrechnung

Gehalt		3.000,00 EUR
Gehaltsumwandlung	− 142,00 EUR	
Direktversicherung	142,00 EUR	
Pauschale Lohnsteuer (20 % v. 142 EUR)	28,40 EUR	
Pauschaler Solidaritätszuschlag (5,5 % v. 28,40 EUR)	1,56 EUR	

Pauschale Kirchensteuer (9% v. 28,40 EUR)	2,55 EUR	– 32,51 EUR
Gesamtbruttoverdienst		2.967,49 EUR
Steuerbrutto lohnsteuerpflichtig	2.858,00 EUR	
SV-Brutto sozialversicherungspflichtig	3.000,00 EUR	
Gesetzliche Abzüge:		
Lohnsteuer v. 2.858 EUR	404,16 EUR	
Solidaritätszuschlag	22,22 EUR	
Kirchensteuer (9%)	32,33 EUR	
Steuerrechtliche Abzüge gesamt		– 458,71 EUR
Krankenversicherung (7,3% v. 3.000 EUR)	219,00 EUR	
Kassenindividueller Zusatzbeitrag (1,1%)	33,00 EUR	
Rentenversicherung (9,35% v. 3.000 EUR)	280,50 EUR	
Arbeitslosenversicherung (1,5% v. 3.000 EUR)	45,00 EUR	
Pflegeversicherung (1,525% v. 3.000 EUR)	45,75 EUR	
Sozialversicherungsbeiträge gesamt		**– 623,25 EUR**
Gesetzliches Netto		1.885,53 EUR
Überweisung Direktversicherung		– 142,00 EUR
Abwälzungsbetrag		
Auszahlungsbetrag		1.743,53 EUR

Hinweis: Die Entscheidung der Arbeitnehmerin, die Direktversicherung weiterhin mit 20% pauschaler Lohnsteuer zu versteuern, sichert ihr die steuerfreie Auszahlung der Direktversicherung nach Ablauf der Versicherung. Die Erklärung der Arbeitnehmerin ist in der Lohnakte aufzubewahren.

2.4 Kurzfristige Beschäftigung

Sachverhalt: Eine Altersrentnerin wird vom 3.7. bis zum 21.7. (15 Arbeitstage) als Urlaubsvertretung für eine Sekretärin eingesetzt. Es wird vereinbart, dass sie auch im Fall der Erkrankung der Sekretärin einspringt.

Sie erhält 8,84 EUR pro Stunde bei einer täglichen Arbeitszeit von 7 Stunden. Sie gehört keiner Konfession an; die pauschale Lohnsteuer soll auf die Arbeitnehmerin abgewälzt werden.

Ist eine pauschale Besteuerung zulässig?

Lösung: Die kurzfristige Beschäftigung ist sozialversicherungsfrei, da sie von vornherein auf längstens 3 Monate oder 70 Arbeitstage innerhalb eines Kalenderjahres begrenzt ist und nicht berufsmäßig ausgeübt wird. Die Lohnsteuerpauschalierung mit 25% ist zulässig, da der Beschäftigungszeitraum 18 zusammenhängende Arbeitstage nicht überschreitet und der durchschnittliche Stundenlohn von 12 EUR pro Stunde bzw. 72 EUR pro Tag (2017) nicht überschritten wird.

Der Arbeitgeber ist der Schuldner der pauschalen Lohnsteuer, diese darf jedoch auf die Arbeitnehmerin abgewälzt werden.

Abrechnung der pauschalen Lohnsteuer:	
Aushilfslohn (8,84 EUR × 7 Std. × 15 Tage)	928,20 EUR
Pauschale Lohnsteuer (25% v. 928,20 EUR)	− 232,05 EUR
Pauschaler Solidaritätszuschlag (5,5% v. 232,05 EUR)	**− 12,76 EUR**
Auszahlungsbetrag	683,39 EUR
Arbeitgeberaufwendungen: 928,20 EUR zzgl. Umlagen	

Hinweis: Weist die Arbeitnehmerin nach, dass sie keiner kirchensteuererhebenden Religionsgemeinschaft angehört (z.B. durch eidesstattliche Erklärung), kann die pauschale Kirchensteuer entfallen. Wird die Kirchensteuer im vereinfachten Verfahren erhoben, kommt die pauschale Kirchensteuer hinzu. Der ermäßigte Kirchensteuer-Pauschsatz ist in den einzelnen Bundesländern unterschiedlich hoch und beträgt zwischen 4 % und 7 %.

2.5 Dienstwagen (Privatnutzung)

Sachverhalt: Ein Arbeitnehmer erhält einen Dienstwagen, den er auch privat nutzen darf. Die Bewertung soll nach der 1-%-Regelung erfolgen. Er nutzt den Pkw auch für die Fahrten zwischen Wohnung und erster Tätigkeitsstätte; die einfache Entfernung beträgt 30 Kilometer.

Bemessungsgrundlage für den geldwerten Vorteil ist der inländische Listenpreis zum Tag der Erstzulassung zzgl. Sonderausstattung; dieser beträgt 34.709 EUR.

Kann das Fahrzeug auch für Fahrten zwischen Wohnung und erster Tätigkeitsstätte genutzt werden, sind im Kalendermonat zusätzlich 0,03 % des Listenpreises für jeden Entfernungskilometer anzusetzen.

Wie wird der geldwerte Vorteil berechnet und besteuert?

Lösung:

Bemessungsgrundlage ist der Bruttolistenpreis, abgerundet auf volle 100 EUR	34.700,00 EUR
Davon 1 %	347,00 EUR
Zzgl. 0,03 % des Listenpreises je Entfernungskilometer für Fahrten Wohnung – erste Tätigkeitsstätte (0,03 % v. 34.700 EUR × 30 km)	**+ 312,30 EUR**
Geldwerter Vorteil gesamt	659,30 EUR
Lohnsteuerpauschalierung mit 15 % bis zur Höhe der Entfernungspauschale	
30 km × 0,30 EUR × 15 Arbeitstage	135,00 EUR
Pauschale Lohnsteuer (15 % v. 135 EUR)	20,25 EUR
Pauschaler Solidaritätszuschlag (5,5 % v. 20,25 EUR)	+ 1,11 EUR
Pauschale Kirchensteuer (angenommen 5 % v. 20,25 EUR)	**+ 1,01 EUR**
Pauschalsteuer gesamt	22,37 EUR

In der Entgeltabrechnung des Mitarbeiters werden 3 Lohnarten eingerichtet:
1. Geldwerter Vorteil, 1-%-Regelung (individuell besteuert): 347 EUR.
2. Geldwerter Vorteil, Fahrten Wohnung – erste Tätigkeitsstätte (individuell besteuert): 177,30 EUR (312,30 EUR ./. 135 EUR).
3. Geldwerter Vorteil, Fahrten Wohnung – erste Tätigkeitsstätte (pauschal besteuert): 135 EUR.

Während der individuell besteuerte Sachbezug der Sozialversicherungspflicht unterliegt, ist der pauschal besteuerte Anteil sozialversicherungsfrei.

Schuldner der pauschalen Lohnsteuer ist der Arbeitgeber, er hat die Möglichkeit, die pauschale Lohnsteuer im Innenverhältnis auf den Arbeitnehmer abzuwälzen. In der Entgeltabrechnung werden dann neben der individuellen Lohnsteuer in einer extra Zeile die pauschale Lohnsteuer, der pauschale Solidaritätszuschlag und die pauschale Kirchensteuer getrennt voneinander als Nettoabzug ausgewiesen.

Praxistipp: Der pauschal besteuerte Sachbezug ist sozialversicherungsfrei, daher entfällt auch der Arbeitgeberanteil zur Sozialversicherung. Die Übernahme der pauschalen Lohnsteuer durch den Arbeitgeber würde daher keine zusätzliche finanzielle Belastung darstellen. Bei der pauschalen Kirchensteuer kann man zwischen dem Nachweisverfahren (nach den ELStAM) und dem vereinfachten Verfahren wählen. Beim vereinfachten Verfahren gilt ein ermäßigter Steuersatz, der dann für alle Arbeitnehmer für den gleichen Sachverhalt angewendet werden muss, unabhängig von ihrer Kirchenzugehörigkeit.

3 Annehmlichkeiten

3.1 Arbeitsessen (außergewöhnlicher Einsatz)

Sachverhalt: In einem Unternehmen steht die Jahresinventur durch die Mitarbeiter an. Die Inventur soll ohne größere Unterbrechungen ablaufen. Daher bestellt der Arbeitgeber an jedem der 3 Tage für alle Einsatzkräfte Mittagessen und Getränke, die im Betrieb verzehrt werden. Die Kosten belaufen sich auf 25 EUR pro Tag und pro Person.

Handelt es sich bei den 25 EUR um lohnsteuer- und sozialversicherungsfreie Aufmerksamkeiten für die Mitarbeiter?

Lösung: Die Mahlzeiten gelten als Aufmerksamkeiten, da sie bei einem außergewöhnlichen Arbeitseinsatz gewährt werden. Die Kosten überschreiten nicht die Grenze von 60 EUR pro Mahlzeit und pro Tag. Somit gilt die Aufmerksamkeit für die Mitarbeiter nicht als Arbeitslohn und auch nicht als Arbeitsentgelt.

3.2 Verzehr im Betrieb (Kaffee, Tee, Gebäck)

Sachverhalt: In einem Unternehmen wird den Mitarbeitern Kaffee, Tee, Mineralwasser sowie Gebäck und Süßigkeiten unentgeltlich zur Verfügung gestellt. Der Arbeitgeber selbst trinkt auch Kaffee im Büro.

Ist die Zurverfügungstellung von Getränken und Lebensmitteln an die Mitarbeiter steuer- und sozialversicherungspflichtig und muss der Arbeitgeber seine eigene Tasse Kaffee als Privatentnahme buchen?

Lösung: Getränke und Genussmittel, die der Arbeitgeber dem Arbeitnehmer zum Verzehr im Betrieb unentgeltlich zur Verfügung stellt, gelten als Aufmerksamkeiten.[1] Sie gelten nicht als Arbeitslohn.

---

1   R 19.6 LStR.

Auch die eigene Tasse Kaffee darf sich der Arbeitgeber weiterhin gönnen, sofern die Aufwendungen insgesamt im angemessenen Rahmen bleiben.

Hinweis: Werden den Arbeitnehmern vollständige Mahlzeiten zur Verfügung gestellt, ist Vorsicht geboten. Diese gelten nur als Aufmerksamkeiten, wenn sie im Rahmen eines außergewöhnlichen Arbeitseinsatzes gewährt werden. Auch die Bewirtung in einer Gaststätte zählt nicht als Aufmerksamkeit.

3.3 Tankgutschein

Sachverhalt: Ein Arbeitgeber möchte seinen Mitarbeitern anstelle einer Gehaltserhöhung oder Prämie monatlich einen Tankgutschein zur Verfügung stellen.

Wie muss der Gutschein ausgestellt sein, damit er für den Mitarbeiter keinen lohnsteuer- und sozialversicherungspflichtigen Arbeitslohn darstellt?

Lösung: Sachbezüge bis zu einer Freigrenze von 44 EUR monatlich, die nicht in Geld bestehen, bleiben lohnsteuer- und sozialversicherungsfrei. Der Arbeitgeber darf dem Arbeitnehmer einen Gutschein mit einem ausgewiesenen Geldbetrag oder auch einen Geldbetrag mit der Auflage zum Erwerb einer Sachleistung überlassen.

Es bestehen folgende Möglichkeiten:
- Der Arbeitgeber händigt dem Arbeitnehmer einen Gutschein über höchstens 44 EUR aus. Die Tankstelle rechnet anschließend mit dem Arbeitgeber ab.
- Der Arbeitgeber überlässt dem Arbeitnehmer eine Tankkarte; mit dieser darf der Arbeitnehmer bei einer bestimmten Tankstelle für monatlich höchstens 44 EUR tanken.
- Der Arbeitgeber überlässt dem Arbeitnehmer 44 EUR monatlich in bar, die dieser dann in Form einer monatlichen Tankquittung abrechnen muss.
- Die Gutscheine können natürlich auch zum Erwerb von anderen Waren ausgegeben werden. Der Arbeitgeber kann Gutscheine im Einzelhandel für maximal 44 EUR erwerben und an die Arbeitnehmer ausgeben.

Hinweis: Bei der 44-EUR-Grenze handelt es sich um eine monatliche Freigrenze, die insgesamt pro Arbeitnehmer nicht überschritten werden darf. Es ist darauf zu achten, ob der Arbeitnehmer weitere Sachbezüge von seinem Arbeitgeber erhält, z.B. eine Dienstwohnung, für die der Arbeitnehmer weniger als die ortsübliche Miete zu zahlen hat oder ein zinsbegünstigtes Darlehen.

Die Zurverfügungstellung eines Dienstwagens zur privaten Nutzung sowie die Überlassung von Essenmarken bleiben dabei unberücksichtigt.

Praxistipp: Der Arbeitgeber sollte bei der Ausgabe von Gutscheinen weiterhin darauf achten, dass diese monatlich eingelöst und nicht gesammelt werden.

3.4   Warengutschein

Sachverhalt: Eine Arbeitnehmerin erhält zum Geburtstag einen Gutschein einer Parfümerie in Höhe von 60 EUR.

Stellt der Gutschein lohnsteuer- und sozialversicherungspflichtigen Arbeitslohn für die Arbeitnehmerin dar?

Lösung: Der Gutschein gilt bis zu einem Einlösungsbetrag von 60 EUR als steuerfreie Aufmerksamkeit.

Hinweis: Die 60-EUR-Grenze[2] für Sachgeschenke anlässlich eines besonderen persönlichen Ereignisses gilt unabhängig von der 44-EUR-Grenze für geringfügige Sachbezüge. Die Mitarbeiterin kann also z.B. neben der Überlassung eines monatlichen Jobtickets in Höhe von 44 EUR einen Geburtstagsgutschein in Höhe von 60 EUR erhalten. Auch die Überlassung eines Dienstwagens zur privaten Nutzung bzw. die Überlassung von Mahlzeiten oder Essenmarken ist nicht auf die 44-EUR-Grenze anzurechnen.

---

2   Bis 2014: 40-EUR-Grenze.

3.5 Sachgeschenk (Wert unter 60 EUR)

Sachverhalt: Eine Arbeitnehmerin erhält zum Geburtstag ein Parfüm zum Preis von 30 EUR sowie einen Blumenstrauß zum Preis von 10 EUR.

Ist das Sachgeschenk steuer- und beitragsfrei für die Mitarbeiterin?

Lösung: Die Freigrenze von 60 EUR für Sachgeschenke wird nicht überschritten. Das Sachgeschenk kann als Aufmerksamkeit abgerechnet werden und gehört als solche nicht zum lohnsteuer- und beitragspflichtigen Arbeitslohn.

Praxistipp: Auf allen Belegen, die abrechnet werden, sollten sofort der Empfänger des Geschenks und der Anlass notiert werden. So spart man sich bei späteren Betriebsprüfungen Aufwand und Ärger.

3.6 Sachgeschenk (Wert über 60 EUR)

Sachverhalt: Eine Arbeitnehmerin erhält zur Hochzeit ein Buch zum Preis von 45 EUR sowie einen Blumenstrauß zum Preis von 17 EUR.

Handelt es sich bei dem Sachgeschenk um lohnsteuer- und sozialversicherungspflichtigen Arbeitslohn für die Mitarbeiterin?

Lösung: Die Freigrenze von 60 EUR für Sachgeschenke wird überschritten. Das Sachgeschenk kann nicht als Aufmerksamkeit abgerechnet werden. Der Betrag gehört in voller Höhe zum lohnsteuer- und beitragspflichtigen Arbeitslohn.

Praxistipp: Auf allen Belegen, die abrechnet werden, sollten sofort der Empfänger des Geschenks und der Anlass notiert werden. So spart man sich bei späteren Betriebsprüfungen Aufwand und Ärger.

3.7 Geld- und Sachgeschenk

Sachverhalt: Ein Arbeitnehmer erhält ein Geldgeschenk in Höhe von 30 EUR sowie einen Blumenstrauß zum Preis von 10 EUR.

Handelt es sich bei den Geschenken um lohnsteuer- und sozialversicherungspflichtigen Arbeitslohn für die Mitarbeiter?

Lösung: Der Blumenstrauß gilt als Sachgeschenk und bleibt als Aufmerksamkeit lohnsteuer- und sozialversicherungsfrei.

Geldgeschenke sind immer in voller Höhe lohnsteuer- und sozialversicherungspflichtig.

Praxistipp: Auf allen Belegen, die abgerechnet werden, sollten sofort der Empfänger des Geschenks und der Anlass notiert werden. So spart man sich bei späteren Betriebsprüfungen Aufwand und Ärger.

3.8 Geldgeschenk

Sachverhalt: Ein Arbeitnehmer erhält zu einem »runden« Geburtstag als besondere Anerkennung ein Geldgeschenk in Höhe von 100 EUR.

Ist das Geschenk steuer- und beitragspflichtig für den Mitarbeiter?

Lösung: Geldgeschenke sind immer in voller Höhe steuer- und sozialversicherungspflichtig. Der besondere Anlass spielt keine Rolle.

4   Arbeitgeberdarlehen

4.1   Zinsloses Arbeitgeberdarlehen

Sachverhalt: Ein Arbeitgeber gewährte einem Arbeitnehmer im April 2016 ein zinsloses Darlehen i.H.v. 20.000 EUR für private Zwecke (nicht für Wohnungs-bau). Die Laufzeit beträgt 3,5 Jahre. Das Darlehen ist in monatlichen Raten von 500 EUR zurückzuzahlen. Die Raten sollen am Monatsletzten mit der monatlichen Gehaltsabrechnung verrechnet werden. Die Tilgung beginnt am 31.5.2015.

Wie hoch ist der monatliche geldwerte Vorteil und ist er lohnsteuer- und beitragspflichtig?

Lösung: Die Zinsverbilligung gehört grundsätzlich zum Arbeitslohn. Für die Zinsverbilligung gibt es 3 Möglichkeiten der Ermittlung:
1. Ermittlung des marktüblichen Zinssatzes anhand nachgewiesener günstiger Marktkonditionen für Darlehen mit vergleichbaren Bedingungen am Abgabeort (./. 4% Bewertungsabschlag) oder
2. Einbeziehung allgemein zugänglicher Internetangebote (z.B. von Direktbanken) ohne Bewertungsabschlag oder
3. Verwendung des von der Deutschen Bundesbank veröffentlichten Effektivzinssatzes des entsprechenden Erhebungszeitraums[3] (./. 4% Bewertungsabschlag).

Für Darlehen mit Vertragsabschluss ab 2003 gilt die MFI-Zinsstatistik. Maßgebend sind die Effektivzinssätze unter »Neugeschäft«. Zwischen den einzelnen Kreditarten ist zu differenzieren (z.B. Wohnungsbaukredit, Konsumentenkredit).

Für April 2016 ist der zuletzt veröffentlichte Zinssatz für Konsumentenkredite der Deutschen Bundesbank vom Februar 2016 mit 4,94% heranzuziehen. Nach Abzug des Bewertungsabschlags von 4% (= 0,20%) ergibt sich ein Maßstabzinssatz von 4,74%. Die Zinsverbilligung beträgt damit 4,74% (4,74% – 0,0%).

---

3   unter www.bundesbank.de

Berechnung

Geldwerter Vorteil (4,74% v. 20.000 EUR)	948,00 EUR
Davon 1/12	79,00 EUR

Dieser Vorteil ist in voller Höhe lohnsteuer- und beitragspflichtig, unabhängig von der Zahlungsweise der Zinsen.

Die 44-EUR-Freigrenze wird überschritten. Der verrechnete Sachbezug wird ohne Umsatzsteuer gebucht gem. § 4 Nr. 8 UStG.

Hinweis: Erhalten Beschäftigte einer Bank, Sparkasse oder eines anderen Finanzinstituts von ihrem Arbeitgeber ein Arbeitgeberdarlehen, ist der Wert des Sachbezugs abweichend zur o.g. Methode unter Berücksichtigung der tatsächlichen banküblichen Fremdverzinsung unter Abzug des Rabattfreibetrags gem. § 8 Abs. 3 EStG zu ermitteln.

4.2 Arbeitgeberdarlehen mit 1,5% Zinsen

Sachverhalt: Ein Arbeitgeber gewährt seinem Arbeitnehmer im April 2016 ein Darlehen über 20.000 EUR für private Zwecke (nicht Wohnungsbau) zu einem Zinssatz von 1,5%. Das Darlehen ist in monatlichen Raten von 500 EUR zzgl. 1,5% Zinsen zurückzuzahlen. Die Zins- und Tilgungsraten sollen am Monatsletzten mit der Entgeltabrechnung verrechnet werden. Die Tilgung beginnt am 31.5.2016.

Wie hoch ist der monatliche geldwerte Vorteil und ist er lohnsteuer- und beitragspflichtig?

Lösung: Die Zinsverbilligung gehört grundsätzlich zum Arbeitslohn.

Für die Berechnung des geldwerten Vorteils gibt es 3 Varianten:
1. Ermittlung des marktüblichen Zinssatzes anhand nachgewiesener günstiger Marktkonditionen für Darlehen mit vergleichbaren Bedingungen am Abgabeort (./. 4% Bewertungsabschlag) oder

2. Einbeziehung allgemein zugänglicher Internetangebote (z.B. von Direkt-banken) ohne Bewertungsabschlag oder

3. Verwendung des von der Deutschen Bundesbank veröffentlichten Effektiv-zinssatzes des entsprechenden Erhebungszeitraums[4] (./. 4% Bewertungs-abschlag).

Für Darlehen mit Vertragsabschluss ab 2003 gilt die MFI-Zinsstatistik. Maßge-bend sind die Effektivzinssätze unter »Neugeschäft«. Zwischen den einzel-nen Kreditarten ist zu differenzieren (z.B. Wohnungsbaukredit, Konsumen-tenkredit).

Für April 2016 ist der zuletzt veröffentlichte Zinssatz für Konsumentenkredite der Deutschen Bundesbank vom Februar 2016 mit 4,94% heranzuziehen. Nach Abzug des Bewertungsabschlags von 4% (= 0,20%) ergibt sich ein Maßstab-zinssatz von 4,74%. Die Zinsverbilligung beträgt damit 4,74% − 1,5% = 3,24%.

Berechnung

Geldwerter Vorteil (3,24% v. 20.000 EUR)	648,00 EUR
Davon 1/12	54,00 EUR

Dieser Vorteil ist in voller Höhe lohnsteuer- und beitragspflichtig, unab-hängig von der Zahlungsweise der Zinsen. Die 44-EUR-Freigrenze wird über-schritten.

Bei einem Darlehen, das monatlich getilgt wird, ist der geldwerte Vorteil ent-sprechend der verbleibenden Restschuld monatlich neu zu berechnen. Der Maßstabzinssatz bleibt für die gesamte Laufzeit des Darlehens unverändert.

Hinweis: Erhalten Beschäftigte einer Bank, Sparkasse oder anderen Finanz-instituts von ihrem Arbeitgeber ein Arbeitgeberdarlehen, ist der Wert des Sachbezugs abweichend zur o.g. Methode unter Berücksichtigung der tat-sächlichen banküblichen Fremdverzinsung unter Abzug des Rabattfreibe-trags gem. §8 Abs. 3 EStG zu ermitteln.

---

4   www.bundesbank.de

4.3 Finanzinstitut gewährt Arbeitgeberdarlehen

Sachverhalt: Eine Bank gewährt ihrem Arbeitnehmer am 30.11.2016 ein Darlehen i.H.v. 30.000 EUR zu einem Zinssatz von 2%. Der marktübliche Zinssatz beträgt 4,87%. Das Darlehen ist in monatlichen Raten zu 500 EUR zurückzuzahlen. Die Raten zzgl. Zinsen sollen am Monatsletzten mit der Entgeltabrechnung verrechnet werden. Die Tilgung beginnt am 31.1.2017.

Wie hoch ist der Zinsvorteil des Arbeitnehmers und unterliegt dieser der Lohnsteuer bzw. der Sozialversicherungspflicht?

Lösung: Bei einer Bank, die Darlehen fremden Dritten anbietet, kann bei der Vergabe von Darlehen an Mitarbeiter der Rabattfreibetrag i.H.v. 1.080 EUR gem. §8 Abs. 3 Satz 2 EStG angewendet werden. Bewertungsmaßstab bei der Rabattfreibetragsregelung ist der Zins, zu dem der Arbeitgeber Darlehen gleicher Art fremden Kunden im allgemeinen Geschäftsverkehr zum marktüblichen Zinssatz anbietet. In diesem Fall ist nicht auf die Statistik der Deutschen Bundesbank zurückzugreifen. Der marktübliche Zinsbetrag darf um den Bewertungsabschlag von 4% gekürzt werden. Soweit sich ein geldwerter Vorteil ergibt, bleibt dieser bis zur Höhe des Rabattfreibetrags von 1.080 EUR im Kalenderjahr lohnsteuer- und sozialversicherungsfrei.

Berechnung

Marktüblicher Zinssatz der Bank	4,87%
Abzgl. Bewertungsabschlag (4% v. 4,87%)	− 0,19%
	4,68%
Maßstabzinssatz (4,68% v. 30.000 EUR, davon 1/12)	117 EUR
Vom Arbeitnehmer zu zahlender Zinssatz (30.000 EUR × 2%, davon 1/12)	− **50 EUR**
Zinsvorteil für den ersten Monat	67 EUR

Der Zinsvorteil ist, sofern der Rabatt-Freibetrag nicht durch andere geldwerte Vorteile aus dem Dienstverhältnis bereits ausgeschöpft wurde, lohnsteuer- und damit auch beitragsfrei.

4.4   44-EUR-Freigrenze

Sachverhalt: Ein Arbeitnehmer erhält im April 2016 von seinem Arbeitgeber ein Darlehen i.H.v. 20.000 EUR für private Zwecke (nicht Wohnungsbau) zu einem Zinssatz von 1,8%. Das Darlehen ist in monatlichen Raten von 500 EUR zzgl. 2,1% Zinsen zurückzuzahlen. Die Raten zzgl. Zinsen sollen am Monatsletzten mit der Entgeltabrechnung verrechnet werden. Die Tilgung beginnt am 31.5.2016.

Beim Arbeitgeber gehört die Vergabe von Darlehen nicht zum Geschäftszweck.

Ist die 44-EUR-Freigrenze auf den geldwerten Vorteil anwendbar?

Lösung: Die Zinsverbilligung gehört grundsätzlich zum Arbeitslohn.

Für die Zinsverbilligung gibt es 3 Möglichkeiten der Ermittlung:
1. Ermittlung des marktüblichen Zinssatzes anhand nachgewiesener günstiger Marktkonditionen für Darlehen mit vergleichbaren Bedingungen am Abgabeort (./. 4% Bewertungsabschlag) oder
2. Einbeziehung allgemein zugänglicher Internetangebote (z.B. von Direktbanken) ohne Bewertungsabschlag oder
3. Verwendung des von der Deutschen Bundesbank veröffentlichten Effektivzinssatzes des entsprechenden Erhebungszeitraums[5] (./. 4% Bewertungsabschlag).

Für Darlehen mit Vertragsabschluss ab 2003 gilt die MFI-Zinsstatistik. Maßgebend sind die Effektivzinssätze unter »Neugeschäft«. Zwischen den einzelnen Kreditarten ist zu differenzieren (z.B. Wohnungsbaukredit, Konsumentenkredit).

Für April 2016 ist der zuletzt veröffentliche Zinssatz für Konsumentenkredite vom Februar 2016 mit 4,94% heranzuziehen. Nach Abzug des Bewertungsabschlags von 4% (= 0,20%) ergibt sich ein Maßstabzinssatz von 4,74%. Die Zinsverbilligung beträgt damit 2,64% (4,74% – 2,1%).

---

5   www.bundesbank.de

Berechnung

Geldwerter Vorteil (2,64% v. 20.000 EUR)	528,00 EUR
Davon 1/12	44,00 EUR

Auf diesen geldwerten Vorteil ist die 44-EUR-Freigrenze nach §8 Abs. 2 S. 11 EStG anwendbar. Es dürfen keine weiteren geldwerten Vorteile gewährt werden, wie z. B. Tankgutscheine oder Bereitstellung von Jobtickets, sonst wird der gesamte geldwerte Vorteil lohnsteuer- und beitragspflichtig. Außer Betracht bleiben die zu bewertenden Vorteile aus der Überlassung eines betrieblichen Kraftfahrzeugs sowie die mit amtlichem Sachbezugswert zu bewertende Unterkunft und Verpflegung. Der geldwerte Vorteil von 44 EUR verringert sich monatlich und ist über die Laufzeit des Darlehens lohnsteuer- und beitragsfrei.

Hinweis: Erhalten Beschäftigte einer Bank, Sparkasse oder anderen Finanzinstituts von ihrem Arbeitgeber ein Arbeitgeberdarlehen, ist der Wert des Sachbezugs abweichend zur o. g. Methode unter Berücksichtigung der tatsächlichen banküblichen Fremdverzinsung unter Abzug des Rabattfreibetrags gem. § 8 Abs. 3 EStG zu ermitteln.

4.5 Zinsloses Arbeitgeberdarlehen über 2.600 EUR

Sachverhalt: Am 1.7.2006 erhielt ein Arbeitnehmer ein zinsloses Darlehen i.H.v. 13.000 EUR. Die Rückzahlung erfolgte in monatlichen Raten i.H.v. 100 EUR. Die Raten sollten direkt bei der Entgeltabrechnung abgezogen werden. Die Tilgung begann mit der Gehaltszahlung am 31.7.2006.

Die Vergabe von Darlehen gehört nicht zum Geschäftszweck des Arbeitgebers.

Ab wann ist der Zinsvorteil lohnsteuer- und sozialversicherungsfrei?

Lösung: Für Darlehen mit Vertragsabschluss ab 2003 gelten die Effektivzinssätze der MFI-Zinsstatistik unter der Rubrik »Neugeschäft«. Zwischen den einzelnen Kreditarten ist zu differenzieren (z. B. Wohnungsbaukredit, Konsumentenkredit). Sobald die Restschuld 2.600 EUR oder weniger beträgt, ist der Zinsvorteil lohnsteuer- und sozialversicherungsfrei..

Hinweis: Erhalten Beschäftigte einer Bank, Sparkasse oder anderer Finanzinstitute von ihrem Arbeitgeber ein Arbeitgeberdarlehen, ist der Wert des Sachbezugs abweichend zur o. g. Methode unter Berücksichtigung der tatsächlichen banküblichen Fremdverzinsung unter Abzug des Rabattfreibetrags gem. §8 Abs. 3 EStG zu ermitteln.

5 Aushilfslöhne

5.1 Mehrere Minijobs

Sachverhalt: Eine Arbeitnehmerin arbeitet als Haushaltshilfe in 3 verschiedenen Haushalten. Sie ist verheiratet (Steuerklasse V) und gesetzlich krankenversichert. In jedem Haushalt ist sie mit 450 EUR pro Monat geringfügig beschäftigt.

Ist die Arbeitnehmerin versicherungspflichtig zur Sozialversicherung und wie ist das Einkommen zu versteuern?

Lösung: Die Beschäftigungen müssen zusammengerechnet werden und sind somit bei jedem Arbeitgeber in allen Zweigen der Sozialversicherung versicherungspflichtig.

Die Abrechnung kann nicht mehr über das Haushaltsscheckverfahren mit der Minijob-Zentrale erfolgen.

Die Anwendung der Pauschalsteuer von 2 % (inkl. Solidaritätszuschlag und Kirchensteuer) ist nicht möglich. Es bestehen folgende Möglichkeiten:
1. Versteuerung nach ELStAM: im ersten Arbeitsverhältnis Steuerklasse V, im zweiten und dritten Arbeitsverhältnis Steuerklasse VI.
   Folge: Bei der Einkommensteuerveranlagung werden alle 3 Beschäftigungsverhältnisse berücksichtigt. Zuviel gezahlte Lohnsteuer kann ggf. zurückgefordert werden.
2. Versteuerung aller 3 Arbeitsverhältnisse mit 20 % pauschaler Lohnsteuer zzgl. Solidaritätszuschlag und ggf. Kirchensteuer.
   Folge: Alle 3 Arbeitsverhältnisse bleiben bei der Einkommensteuerveranlagung außen vor. Die pauschale Lohnsteuer kann also auch nicht über die Einkommensteuererklärung zurückgeholt werden.
3. Kombinationen von 1. und 2., z.B. im ersten Arbeitsverhältnis Steuerklasse V, Arbeitsverhältnis 2 und 3 pauschal mit 20 %.

Lohnabrechnung zu 1.

Erstes Arbeitsverhältnis

Bruttolohn	450,00 EUR
Lohnsteuer (Steuerklasse V)	39,33 EUR
Solidaritätszuschlag	0,00 EUR
Kirchensteuer (9%)	3,14 EUR
Krankenversicherung (7,3%)	32,85 EUR
Kassenindividueller Zusatzbeitrag (1,1%)	4,95 EUR
Pflegeversicherung, kinderlos (1,525%)	6,87 EUR
Rentenversicherung (9,35%)	42,08 EUR
Arbeitslosenversicherung (1,5%)	**6,75 EUR**
Auszahlungsbetrag	314,03 EUR

Zweites und drittes Arbeitsverhältnis

Bruttolohn	450,00 EUR
Lohnsteuer (Steuerklasse VI)	51,41 EUR
Solidaritätszuschlag	0,00 EUR
Kirchensteuer (9%)	4,11 EUR
Krankenversicherung (7,3%)	32,85 EUR
Kassenindividueller Zusatzbeitrag (1,1%)	4,95 EUR
Pflegeversicherung, kinderlos (1,525%)	6,87 EUR
Rentenversicherung (9,35%)	42,08 EUR
Arbeitslosenversicherung (1,5%)	**6,75 EUR**
Auszahlungsbetrag	300,98 EUR

Lohnabrechnung zu 2.

Bruttolohn	450,00 EUR

Pauschale Lohnsteuer (20%)	90,00 EUR
Solidaritätszuschlag (5,5% v. 90 EUR)	4,95 EUR
Kirchensteuer (9%v. 90 EUR)	8,10 EUR
Krankenversicherung (7,3%)	32,85 EUR
Kassenindividueller Zusatzbeitrag (1,1%)	
Pflegeversicherung, kinderlos (1,525%)	6,87 EUR
Rentenversicherung (9,35%)	42,08 EUR
Arbeitslosenversicherung (1,5%)	**6,75 EUR**
Auszahlungsbetrag	253,45 EUR

Arbeitgeberaufwendungen: Die Kosten der Arbeitgeber sind in allen Fällen gleich.

Krankenversicherung (7,3%)	32,85 EUR
Pflegeversicherung (1,275%)	6,87 EUR
Rentenversicherung (9,35%)	42,08 EUR
Arbeitslosenversicherung (1,5%)	6,75 EUR
Summe der Nebenkosten	88,55 EUR
Zzgl. Aushilfslohn	**450,00 EUR**
Gesamtkosten	538,55 EUR
(Zzgl. Umlagen 1 und 2; Umlage 3 entfällt, da Privathaushalt)	

5.2   Ein Minijob, gesetzlich krankenversichert

Sachverhalt: Eine Aushilfskraft ist auf 450-EUR-Basis unbefristet eingestellt. Sie ist verheiratet, familienversichert in einer gesetzlichen Krankenkasse und übt keine weitere Beschäftigung aus.

Ist die Arbeitnehmerin versicherungspflichtig zur Sozialversicherung und wie ist das Einkommen zu versteuern?

Lösung: Übt ein Arbeitnehmer ausschließlich einen Minijob mit einem Verdienst bis zu 450 EUR pro Monat aus, bleibt das Arbeitsverhältnis für den Beschäftigten versicherungsfrei in der Kranken-, Arbeitslosen- und Pflegeversicherung, wird jedoch versicherungspflichtig in der Rentenversicherung. Der Arbeitnehmer kann sich allerdings auf Antrag von der Rentenversicherungspflicht befreien lassen (Opt-out-Regelung).

Der Arbeitgeber hat folgende Abgaben an die Deutsche Rentenversicherung Knappschaft-Bahn-See, Minijob-Zentrale zu leisten:

15%	Rentenversicherung
13%	Krankenversicherung
2%	Einheitliche Pauschalsteuer (Lohnsteuer, Solidaritätszuschlag und Kirchensteuer)

Der Arbeitgeber hat die Möglichkeit, die pauschale Lohnsteuer auf den Arbeitnehmer abzuwälzen. Eine Abwälzung von pauschalen Sozialversicherungsbeiträgen ist nicht zulässig.

Abrechnung ohne Abwälzung der Pauschsteuer	
Aushilfslohn	450,00 EUR
Abzüge (3,7% Arbeitnehmeranteil zur Rentenversicherung – im Regelfall)	**16,65 EUR**
Auszahlungsbetrag	433,35 EUR

Arbeitgeberbelastung	
Aushilfslohn	450,00 EUR
Rentenversicherung (15%)	67,50 EUR
Krankenversicherung (13%)	58,50 EUR
Pauschsteuer (2%)	**9,00 EUR**
Gesamtbelastung	585,00 EUR
Zzgl. Umlagen	

Hinweis: Die Arbeitnehmerin ist über den Minijob nicht selbst krankenversichert. Sie bleibt weiterhin familienversichert, solange ihr Verdienst 450 EUR monatlich nicht überschreitet.

Arbeitnehmer, die nicht als Familienangehörige, Studenten, Rentner oder Arbeitslose krankenversichert sind, müssen seit 1.1.2013 auf jeden Fall mehr als 450 EUR monatlich verdienen, um über dieses Arbeitsverhältnis eine eigene Krankenversicherungspflicht zu begründen.

5.3   Ein Minijob, privat krankenversichert

Sachverhalt: Zur Unterstützung der Mitarbeiter wird eine weitere Aushilfskraft auf 450-EUR-Basis unbefristet eingestellt. Die neue Mitarbeiterin ist verheiratet, privat krankenversichert und übt keine weitere Beschäftigung aus.

Muss der Arbeitgeber auch den Pauschalbeitrag für die Krankenversicherung leisten?

Lösung: Ist die Arbeitnehmerin privat krankenversichert, entfällt die Pauschale von 13 % für die Krankenversicherung.

Der Arbeitgeber hat folgende Abgaben an die Deutsche Rentenversicherung Knappschaft-Bahn-See, Minijob-Zentrale zu leisten:

15 %	Rentenversicherung
2 %	Einheitliche Pauschalsteuer (Lohnsteuer, Solidaritätszuschlag und Kirchensteuer)

Abrechnung ohne Abwälzung der Pauschalsteuer

Aushilfslohn	450,00 EUR
Abzüge (3,7 % Arbeitnehmeranteil zur Rentenversicherung – im Regelfall)	**16,65 EUR**
Auszahlungsbetrag	432,45 EUR

Arbeitgeberbelastung

Aushilfslohn	450,00 EUR
Rentenversicherung (15%)	67,50 EUR
Pauschalsteuer (2%)	**9,00 EUR**
Gesamtbelastung	526,50 EUR
Zzgl. Umlagen	

5.4 Abrechnung nach den ELStAM

Sachverhalt: Im August wird eine Aushilfskraft auf 450-EUR-Basis unbefristet eingestellt. Die neue Mitarbeiterin legt ihre Steuer-Identifikationsnummer für den ELStAM-Abruf vor, sodass sie mit ihrer Steuerklasse I abgerechnet werden kann. Seit 1.7. ist sie arbeitslos gemeldet und war bis zu diesem Zeitpunkt voll beschäftigt. Sie ist gesetzlich krankenversichert, die Beiträge werden von der Bundesagentur für Arbeit entrichtet. Sie übt keine weitere Beschäftigung aus.

Sollte die Besteuerung nach den Merkmalen der ELStAM oder pauschal erfolgen?

Lösung: Bei der Besteuerung nach den ELStAM fällt in den Steuerklassen I bis IV bei einem Verdienst von 450 EUR keine Lohnsteuer an.

In diesem Fall ist jedoch eine Abrechnung nach den ELStAM nicht zu empfehlen, da bei der Einkommensteuer-Veranlagung neben den Einkünften aus dem Minijob auch die sonstigen steuerpflichtigen Einkünfte, z. B. aus selbstständiger oder gewerblicher Tätigkeit sowie die Einkünfte aus nichtselbstständiger Tätigkeit vom 1.1.–30.6. berücksichtigt werden. Minijobs, die pauschal besteuert werden, bleiben bei der Veranlagung zur Einkommensteuer außer Betracht.

Übt ein Arbeitnehmer ausschließlich einen Minijob mit einem Verdienst bis zu 450 EUR pro Monat aus, bleibt das Arbeitsverhältnis für den Beschäftigten versicherungsfrei in der Kranken-, Arbeitslosen- und Pflegeversicherung, wird jedoch versicherungspflichtig in der Rentenversicherung. Der Arbeitnehmer kann sich allerdings auf Antrag von der Rentenversicherungspflicht befreien lassen (Opt-out-Regelung). Der Arbeitgeber muss folgende Pauschalbeiträge abführen.

15%	Rentenversicherung
13%	Krankenversicherung
2%	Einheitliche Pauschalsteuer (Lohnsteuer, Solidaritätszuschlag und Kirchensteuer)

Der Arbeitgeber hat die Möglichkeit, die pauschale Lohnsteuer auf den Arbeitnehmer abzuwälzen. Eine Abwälzung von pauschalen Sozialversicherungsbeiträgen ist nicht zulässig.

Praxistipp: Die Sozialversicherungsfreiheit von Minijobs ist unabhängig von den monatlich geleisteten Arbeitsstunden des Arbeitnehmers. Ab 1.1.2017 ist für Minijobs jedoch der Mindestlohn von 8,84 EUR zu beachten, sodass bei einem Verdienst von 450 EUR von monatlich maximal 50,9 Arbeitsstunden auszugehen ist (ca. 11,75 Stunden/Woche).

5.5 Rentnerbeschäftigung, Minijob

Sachverhalt: Im August wird eine Aushilfe auf 450-EUR-Basis unbefristet eingestellt. Der Mitarbeiter legt seine Steuer-Identifikationsnummer für den ELStAM-Abruf vor, so dass er mit seiner Steuerklasse I abgerechnet werden kann. Seit 1.7. erhält er eine Berufsunfähigkeitsrente und hat bis zu diesem Zeitpunkt Krankengeld erhalten. Er ist gesetzlich krankenversichert, die Beiträge werden von der Deutschen Rentenversicherung entrichtet. Er übt keine weitere Beschäftigung aus.

Dürfen Rentenbezieher auf Minijob-Basis beschäftigt werden?

Lösung: Grundsätzlich können Rentenbezieher auf Minijob-Basis beschäftigt werden. Bei Teilrentnern sind die Hinzuverdienstgrenzen zu beachten. Altersrentner dürfen unbegrenzt dazuverdienen.

Übt ein Altersrentner ausschließlich einen Minijob mit einem Verdienst bis zu 450 EUR pro Monat aus, bleibt das Arbeitsverhältnis für den Beschäftigten versicherungsfrei in der Kranken-, Renten-, Arbeitslosen- und Pflegeversicherung. Bei Rentnern, welche die Regelaltersrente noch nicht erreicht haben, besteht Versicherungspflicht in der Rentenversicherung. Der Arbeitnehmer kann sich allerdings auf Antrag von der Rentenversicherungspflicht befreien lassen (Opt-out-Regelung).

Die Besteuerung erfolgt nach den ELStAM, da in den Steuerklassen I bis IV bei einem Verdienst von 450 EUR keine Lohnsteuer anfällt; so entfällt die Pauschalsteuer in Höhe von 2% für den Arbeitgeber.

Der Arbeitgeber hat folgende Abgaben an die Deutsche Rentenversicherung Knappschaft-Bahn-See, Minijob-Zentrale zu leisten:

15%	Rentenversicherung
13%	Krankenversicherung

Abrechnung

Aushilfslohn	450,00 EUR
Abzüge (bei RV-Freiheit)	**0 EUR**
Auszahlungsbetrag	450,00 EUR

Arbeitgeberbelastung

Aushilfslohn	450,00 EUR
Rentenversicherung (15%)	67,50 EUR
Krankenversicherung (13%)	**58,50 EUR**
Gesamtbelastung	576,00 EUR

Zzgl. Umlagen

Hinweis: Die Besteuerung nach den ELStAM ist unbedenklich, wenn der Arbeitnehmer keine weiteren steuerpflichtigen Einkünfte hat, z.B. aus selbstständiger oder gewerblicher Tätigkeit bzw. aus Vermietung und Verpachtung oder Kapitalvermögen. Das sollte in jedem Fall vorher erfragt werden.

Minijobs, die pauschal besteuert werden, bleiben bei der Einkommensteuer-Veranlagung außer Betracht.

Praxistipp: Arbeitslohn, der nach den ELStAM besteuert wurde, wird bei der Veranlagung zur Einkommensteuer angerechnet. Bei Rentnern kann es dadurch zu einer Nachversteuerung kommen – vor allem, wenn noch andere Einkünfte vorliegen bzw. bei Ehepaaren ein Partner noch voll beschäftigt ist.

Bei Teilrentnern sind vor einer geringfügigen bzw. kurzfristigen Beschäftigung unbedingt die Hinzuverdienstgrenzen bei der Deutschen Rentenversicherung zu erfragen, da es bei Überschreiten zu einer Rentenkürzung kommt.

5.6 Kurzfristige Beschäftigung

Sachverhalt: Für die Urlaubszeit wird eine Altersrentnerin vom 3.7. bis 21.7. für 15 Arbeitstage als Aushilfskraft eingesetzt; sie springt auch im Fall der Erkrankung der Sekretärin ein. Die Aushilfe erhält 8,84 EUR pro Stunde bei einer täglichen Arbeitszeit von 7 Stunden. Sie gehört keiner kirchensteuererhebenden Religionsgemeinschaft an. Die pauschale Lohnsteuer wird von der Aushilfskraft getragen.

Fallen für die Beschäftigung Beiträge zur Sozialversicherung an und ist eine pauschale Besteuerung zulässig?

Lösung: Die Aushilfskraft kann sozialversicherungsrechtlich als kurzfristig Beschäftigte behandelt werden, da das Beschäftigungsverhältnis maximal 70 Arbeitstage bzw. 3 Monate (vom 1.1.2015 bis 31.12.2018) innerhalb eines Kalenderjahrs nicht übersteigt.

Das Arbeitsverhältnis ist in allen Zweigen der Sozialversicherung versicherungsfrei für Arbeitnehmer und Arbeitgeber. Die Versicherungsfreiheit ist an folgende Kriterien geknüpft:

- Die Beschäftigung muss in ihrer Eigenart von vornherein begrenzt sein,
- die Befristung muss von vornherein vereinbart werden,
- es darf keine Dauerbeschäftigung bzw. ein regelmäßig wiederkehrendes Arbeitsverhältnis vorliegen und
- die Beschäftigung darf nicht berufsmäßig ausgeübt werden.

Sollte der Vertretungszeitraum durch unvorhersehbare Gründe über 70 Tage hinaus verlängert werden müssen, ist das Arbeitsverhältnis ab dem 71. Arbeitstag in allen Zweigen sozialversicherungspflichtig.

Die Arbeitnehmerin muss als kurzfristig Beschäftigte bei der Deutschen Rentenversicherung Knappschaft-Bahn-See, Minijob-Zentrale, angemeldet werden, obwohl keine Beiträge zu zahlen sind.

Die pauschale Besteuerung mit 25 % pauschaler Lohnsteuer zzgl. 5,5 % Solidaritätszuschlag und ggf. Kirchensteuer ist in diesem Falle zulässig, da der Beschäftigungszeitraum 18 zusammenhängende Arbeitstage nicht überschreitet. Ebenso werden der durchschnittliche Arbeitslohn von 68 EUR[6] pro Tag sowie der durchschnittliche Stundenlohn von 12 EUR nicht überschritten. Die pauschale Lohnsteuer darf auf die Arbeitnehmerin abgewälzt werden.

Abrechnung mit pauschaler Lohnsteuer

Aushilfslohn (8,84 EUR × 7 Std. × 15 Tage)	928,20 EUR
Pauschale Lohnsteuer (25 %)	232,05 EUR
Pauschaler Solidaritätszuschlag (5,5 %)	**12,76 EUR**
Auszahlungsbetrag	683,39 EUR

Arbeitgeberbelastung

Aushilfslohn (8,84 EUR × 7 Std. × 15 Tage)	928,20 EUR

---

6   Anhebung durch das zweite Bürokratieentlastungsgesetz, noch nicht in Kraft. Für 2016: 68 EUR.

Nebenkosten	0,00 EUR
Gesamtbelastung	928,20 EUR
(Zzgl. Umlagen 2 und 3; Umlage 1 entfällt, da Dauer Beschäftigungsverhältnis < 4 Wochen)	

5.7 Kurzfristige Beschäftigung, Arbeitgeber trägt Lohnsteuer

Sachverhalt: Eine Aushilfskraft (Schülerin unter 18 Jahre) wird 3 Wochen lang für 15 Arbeitstage eingestellt. Die tägliche Arbeitszeit beträgt 6 Stunden zu 8,84 EUR pro Stunde. Die Lohnsteuer wird mit 25% pauschaliert, da die Beschäftigung nicht mehr als 18 zusammenhängende Arbeitstage dauert und der Arbeitslohn 72 EUR[7] pro Tag sowie 12 EUR pro Stunde nicht übersteigt. Die pauschale Lohnsteuer übernimmt der Arbeitgeber.

Wie hoch sind Auszahlungsbetrag und Arbeitgeberbelastung?

Lösung:

Abrechnung

Aushilfslohn (15 Arbeitstage × 6 Std. × 8,84 EUR)	795,60 EUR
Abzüge	0,00 EUR
Auszahlungsbetrag	795,60 EUR

Arbeitgeberbelastung

Aushilfslohn (15 Arbeitstage × 6 Std. × 8 EUR)	795,60 EUR
Lohnsteuer (25% v. 795,60 EUR)	198,90 EUR
Solidaritätszuschlag (5,5% v. 198,90 EUR)	10,94 EUR
Kirchensteuer, Ann. (5% v. 198,90 EUR)	9,94 EUR

---

7   Anhebung durch das zweite Bürokratieentlastungsgesetz, noch nicht in Kraft. Für 2016: 68 EUR.

Gesamtbelastung	575,81 EUR
(Zzgl. Umlagen 2 und 3; Umlage 1 entfällt, da Dauer Beschäftigungsverhältnis < 4 Wochen)	

Hinweis: Die Lohnsteuer kann auch nach den ELStAM ermittelt werden. Es sollte vorher vereinbart werden, wie der Aushilfslohn versteuert werden soll.

Wird jemand während den Ferien als Ferienjobber oder auf Messen als Standpersonal eingesetzt, liegt z.b. eine gelegentliche, nicht regelmäßig wiederkehrende Beschäftigung vor.

Von einer Beschäftigung zu einem unvorhersehbaren Zeitpunkt spricht man, wenn die Aushilfskraft für einen kranken Kollegen beschäftigt wird. Auch bei akutem Arbeitskräftebedarf, z.b. bei Havarien bzw. Brand-, Sturm- oder Gewitterschäden, ist der Zeitpunkt der Beschäftigung von vornherein unvorhersehbar.

Achtung: Kurzfristige Beschäftigungsverhältnisse innerhalb eines Kalenderjahres sind zusammenzurechnen, auch wenn sie bei verschiedenen Arbeitgebern ausgeübt wurden. Eine Zusammenrechnung mit geringfügig entlohnten Beschäftigungsverhältnissen erfolgt jedoch nicht.

5.8 Kurzfristige Beschäftigung, Arbeitnehmer trägt Lohnsteuer

Sachverhalt: Eine Aushilfskraft (Schülerin unter 18 Jahre) wird 3 Wochen lang für 15 Arbeitstage eingestellt. Die tägliche Arbeitszeit beträgt 6 Stunden zu 8,84 EUR pro Stunde. Die Lohnsteuer wird mit 25% pauschaliert, da die Beschäftigung nicht mehr als 18 zusammenhängende Arbeitstage dauert und der Arbeitslohn 72 EUR[8] pro Tag sowie 12 EUR pro Stunde nicht übersteigt. Die pauschale Lohnsteuer wird auf die Aushilfe abgewälzt.

---

8 Anhebung durch das zweite Bürokratieentlastungsgesetz, noch nicht in Kraft. Für 2016: 68 EUR.

Wie hoch sind Auszahlungsbetrag und Arbeitgeberbelastung?

Lösung:

Abrechnung	
Aushilfslohn (15 Arbeitstage × 6 Std. × 8,84 EUR)	795,60 EUR
Lohnsteuer (25% v. 795,60 EUR)	198,90 EUR
Solidaritätszuschlag (5,5% v. 198,90 EUR)	10,93 EUR
Kirchensteuer, Ann. (5% v. 198,90 EUR)	**9,94 EUR**
Auszahlungsbetrag	575,82 EUR
Arbeitgeberbelastung	
Aushilfslohn (15 Arbeitstage × 6 Std. × 8,84 EUR)	795,60 EUR

Praxistipp: Die Lohnsteuer kann auch nach den ELStAM ermittelt werden. Es sollte vorher vereinbart werden, wie die Lohnsteuer ermittelt werden soll!

Hinweis: Wird jemand während den Ferien als Ferienjobber oder auf Messen als Standpersonal eingesetzt, liegt bspw. eine gelegentliche, nicht regelmäßig wiederkehrende Beschäftigung vor. Von einer Beschäftigung zu einem unvorhersehbaren Zeitpunkt spricht man, wenn die Aushilfskraft für einen kranken Kollegen beschäftigt wird. Auch bei akutem Arbeitskräftebedarf, z.B. bei Havarien bzw. Brand-, Sturm- oder Gewitterschäden, ist der Zeitpunkt der Beschäftigung von vornherein unvorhersehbar.

Achtung: Kurzfristige Beschäftigungsverhältnisse innerhalb eines Kalenderjahrs sind zusammenzurechnen, auch wenn sie bei verschiedenen Arbeitgebern ausgeübt wurden. Eine Zusammenrechnung mit geringfügig entlohnten Beschäftigungsverhältnissen erfolgt jedoch nicht.

6 Auslagenersatz

6.1 Einkäufe durch Mitarbeiter

Sachverhalt: Eine Vertriebsmitarbeiterin kauft im Auftrag des Arbeitgebers Kundengeschenke ein. Sie hat vor dem Einkauf einen Vorschuss von 500 EUR erhalten und gibt insgesamt 590 EUR aus für:

- 15 Flaschen Rotwein für je 15 EUR,
- 25 Packungen Pralinen für je 10 EUR,
- Verpackungsmaterial für 40 EUR und
- Briefmarken für 75 EUR.

Für den Wein hat sie sich eine Rechnung auf ihr Unternehmen ausstellen lassen. Für die übrigen Gegenstände kann sie einen Kassenbon vorlegen. Sie bittet um Ersatz der restlichen Kosten in Höhe von 90 EUR.

Wie ist der Sachverhalt steuerlich zu behandeln? Ergeben sich sozialversicherungsrechtliche Folgen?

Lösung: Bei den Einkäufen im Gesamtwert von 590 EUR handelt es sich um Geschenke für Geschäftsfreunde des Arbeitgebers, für die ein steuerfreier Auslagenersatz möglich ist.

Weder der Vorschuss von 500 EUR noch die Erstattung von 90 EUR lösen lohnsteuerliche oder sozialversicherungsrechtliche Folgen aus.

Es spielt keine Rolle, ob die Ausgaben im Namen der Firma erfolgt sind oder die Arbeitnehmerin im eigenen Namen eingekauft hat. Eine auf den Arbeitgeber ausgestellte Rechnung ist nicht zwingend erforderlich.

Für den Vorsteuerabzug benötigt der Arbeitgeber bei Einkäufen mit einem Gesamtwert von mehr als 150 EUR[9] allerdings eine ordnungsgemäße Rechnung.

- Für den Weineinkauf hat die Mitarbeiterin eine Rechnung vorgelegt.
- Für das Verpackungsmaterial mit einem Wert von 40 EUR reicht der Kassenbon.
- Das Porto ist nicht mit Umsatzsteuer belastet.
- Für die Umsatzsteuer aus den Pralinen mit einem Gesamtwert von 250 EUR ist kein Vorsteuerabzug möglich, da keine ordnungsgemäße Rechnung vorliegt.

Geschenke an Geschäftsfreunde sind nur bis zu einem Gesamtwert von 35 EUR je Geschenk und Jahr als Betriebsausgaben abzugsfähig. Werden insgesamt 25 Päckchen verschickt, die entweder nur Pralinen (10 EUR) oder Pralinen und eine Flasche Wein (Gesamtwert 25 EUR) enthalten, wird diese Grenze nicht überschritten.

6.2   Garagenmiete

Sachverhalt: Der Arbeitgeber stellt dem Arbeitnehmer einen Dienstwagen mit einem Listenpreis von 30.000 EUR zur Verfügung. Dieser wird auch für private Zwecke und für die Fahrten zwischen Wohnung und erster Tätigkeitsstätte (Entfernung 10 km) genutzt. Der Wagen wird nach der 1-%-Regelung bzw. nach der 0,03-%-Regelung versteuert. Alle für den Dienstwagen entstehenden Kosten werden vom Arbeitgeber übernommen.

Der Mitarbeiter bittet um Erstattung der von ihm verauslagten Kosten für den letzten Monat.

Neben Benzinkosten in Höhe von 500 EUR sind in seiner Abrechnung erstmalig auch 50 EUR für eine Garage enthalten, die er zum Schutz des Dienstwagens neu angemietet hat. Dem Mitarbeiter sollen die Kosten für die Garage erstattet werden.

---

9   Anhebung auf 200 EUR für 2017 durch Zweites Bürokratieentlastungsgesetz geplant. Zum Redaktionsschluss noch nicht verabschiedet.

Ist die Erstattung steuer- und sozialversicherungspflichtig? Welche Folgen ergeben sich für die Besteuerung des Dienstwagens?

Lösung: Die Benzinkosten können in voller Höhe steuer- und sozialversicherungsfrei erstattet werden. Es handelt sich um steuerfreien Auslagenersatz.

Auch Zahlungen, die der Arbeitgeber an seine Mitarbeiter dafür leistet, dass diese den Dienstwagen in einer Garage unterstellen, behandelt die Rechtsprechung nicht als Arbeitslohn. Stellt der Mitarbeiter das Fahrzeug in einer von ihm selbst angemieteten Garage unter, handelt es sich bei der vom Arbeitgeber erstatteten Garagenmiete um steuerfreien Auslagenersatz, was zugleich zur Beitragsfreiheit in der Sozialversicherung führt.

Die vom Arbeitgeber wirtschaftlich getragenen Garagenkosten führen bei Anwendung der 1-%-Regelung nicht dazu, dass der Mitarbeiter zusätzlich einen geldwerten Vorteil für die Überlassung der Garage versteuern muss.

Der monatliche steuer- und beitragspflichtige Vorteil aus dem Dienstwagen ermittelt sich wie folgt:

Privatfahrten	
30.000 EUR × 1%	300 EUR
Fahrten Wohnung – erste Tätigkeitsstätte	
30.000 EUR × 0,03 % × 10 km	**90 EUR**
Gesamt	390 EUR

Praxistipp: Gehört dem Arbeitnehmer die Garage selbst, führt die Erstattung von Garagenkosten zwar ebenfalls nicht zu steuer- und sozialversicherungspflichtigem Arbeitslohn, aber zu Einnahmen aus Vermietung und Verpachtung. Diese muss der Arbeitnehmer in der Einkommensteuererklärung angeben.

Wird der Dienstwagen nach der Fahrtenbuchmethode besteuert, gehört die Garagenmiete zu den Aufwendungen für den Wagen. Sie ist deshalb in die Ermittlung der Gesamtaufwendungen einzubeziehen und erhöht anteilig den zu versteuernden Vorteil für Privatfahrten und Fahrten zwischen Wohnung und erster Tätigkeitsstätte.

Achtung: Einzeln abgerechneter Auslagenersatz muss immer zusätzlich gezahlt werden. Eine Gehaltsumwandlung ist daher ausgeschlossen.

6.3 Telefonkosten mit Gesprächsnachweis

Sachverhalt: Der Arbeitgeber ersetzt seinen Außendienstmitarbeitern die Kosten, die ihnen für berufliche Telefongespräche sowie berufliche Internetnutzung an ihrem Privatanschluss entstehen.

Ein Mitarbeiter, der erst seit wenigen Monaten im Unternehmen arbeitet, legt die Rechnungen mit Einzelverbindungsnachweis und Kennzeichnung der beruflichen Nutzung für Januar bis März vor:

- 30 % beruflicher Nutzungsanteil des privaten Telefon- und Internetanschlusses,
- 400 EUR Grundgebühren für den Telefon-Anschluss sowie Verbindungsentgelte.

Wie ist der Sachverhalt lohnsteuerlich und sozialversicherungsrechtlich zu behandeln und wie können die Erstattungen zukünftig möglichst einfach geregelt werden?

Lösung: Die Erstattung beruflicher Telefonkosten stellt steuer- und sozialversicherungsfreien Auslagenersatz dar. Pauschaler Auslagenersatz ist zulässig, wenn mindestens für einen repräsentativen Zeitraum von 3 Monaten Aufzeichnungen geführt werden. Diese Voraussetzung ist durch die vorgelegten Rechnungen erfüllt.

Für die Monate Januar bis März kann der berufliche Anteil der Aufwendungen für Telefon und Internet in nachgewiesener Höhe steuer- und sozialversicherungsfrei ersetzt werden.

Insgesamt ergibt sich eine Erstattung von 400 EUR × 30 % = 120 EUR.

Ab April besteht die Möglichkeit, den ermittelten Aufteilungsmaßstab fort-
zuführen und den steuerfreien Auslagenersatz mit 30 % der vom Mitarbeiter
weiterhin vorzulegenden Monatsabrechnungen des Telekommunikationsan-
bieters vorzunehmen.

Praxistipp: Es ist auch möglich, den für die 3 Monate ermittelten Durchschnittsbetrag von 40 EUR monatlich als steuerfreien Auslagenersatz für die
berufliche Nutzung der privaten Telekommunikationseinrichtungen in der
Folgezeit weiter zu gewähren. Dies gilt bis sich die Verhältnisse wesentlich
ändern, z. B. aufgrund geänderter Berufstätigkeit.

6.4 Telefonkosten ohne Gesprächsnachweis

Sachverhalt: Der Arbeitgeber ersetzt seinen Außendienstmitarbeitern die
Kosten, die ihnen für berufliche Telefongespräche sowie berufliche Internetnutzung an ihrem Privatanschluss entstehen.

Ein Mitarbeiter, der erst seit wenigen Monaten im Unternehmen arbeitet,
legt die Rechnungen für Juli bis September vor:
- 300 EUR insgesamt für Grundgebühren für den Telefon- und Internetan-
  schluss sowie Verbindungsentgelte

Einen Einzelverbindungsnachweis kann der Mitarbeiter nicht vorlegen.

Er hat versichert, dass an seinem Privatanschluss beruflich veranlasste Aufwendungen in beträchtlicher Höhe anfallen.

In welcher Höhe können steuer- und sozialversicherungsfreie Erstattungen
gewährt werden und wie können die Erstattungen für die Zukunft möglichst
einfach weitergeführt werden?

Lösung: Die Erstattung beruflicher Telefonkosten stellt grundsätzlich steuer-
und sozialversicherungsfreien Auslagenersatz dar. Pauschaler Auslagenersatz ist zulässig, wenn mindestens für einen repräsentativen Zeitraum von
3 Monaten Aufzeichnungen geführt werden. Diese Voraussetzung ist durch

die vorgelegten Rechnungen nur teilweise erfüllt, weil aus den Rechnungen der berufliche Nutzungsanteil nicht erkennbar ist.

Ist der berufliche Nutzungsanteil nicht genau ermittelbar, können 20% der jeweiligen Monatsabrechnung, maximal 20 EUR pro Monat, pauschal steuerfrei ersetzt werden. Voraussetzung ist, dass aufgrund der Tätigkeit erfahrungsgemäß beruflich veranlasste Aufwendungen anfallen. Diese Voraussetzung ist hier erfüllt und zudem vom Mitarbeiter bestätigt worden.

- Insgesamt können 20% von 300 EUR = 60 EUR steuer- und sozialversicherungsfrei erstattet werden. Das entspricht dem 20-EUR-Höchstbetrag gem. R 3.50 Abs. 2 Satz 4 LStR.

Nach Ablauf von 3 Monaten kann der sich für diesen Zeitraum ergebende monatliche Durchschnittsbetrag als pauschaler Auslagenersatz für die berufliche Nutzung der privaten Telekommunikationsgeräte steuer- und sozialversicherungsfrei fortgeführt werden (hier 20 EUR pro Monat). Dies gilt bis sich die Verhältnisse wesentlich ändern, z. B. aufgrund geänderter Berufstätigkeit.

6.5   Fortbildungskosten

Sachverhalt: Einige Mitarbeiter einer Firma besuchen an mehreren Abenden in der Woche und am Samstag eine private Fachhochschule, um einen Abschluss als Master der Betriebswirtschaftslehre zu erlangen. Die Studiengebühren pro Teilnehmer und Semester betragen 1.500 EUR. Die Arbeitnehmer haben sich eigenständig an der Hochschule eingeschrieben und tragen die Kosten selbst.

Kann den Arbeitnehmern für ihre Fortbildung, deren Hauptziel das bessere Fortkommen im Unternehmen ist, ein Zuschuss in Höhe von 500 EUR je Semester steuerfrei gezahlt werden?

Lösung: Berufliche Fort- und Weiterbildungsleistungen des Arbeitgebers führen nicht zu Arbeitslohn, wenn diese Bildungsmaßnahmen im ganz überwiegenden betrieblichen Interesse des Arbeitgebers durchgeführt werden. Dies gilt auch bei Bildungsmaßnahmen fremder Unternehmer, die für Rechnung des Arbeitgebers erbracht werden.

Für Maßnahmen, die auf eigene Rechnung des Mitarbeiters erbracht und durch den Arbeitgeber ganz oder teilweise beglichen bzw. dem Mitarbeiter ersetzt werden, ist eine steuerfreie Übernahme oder Erstattung durch den Arbeitgeber nicht zwingend als steuerpflichtiger Arbeitslohn anzusehen. Das gilt auch, wenn der Mitarbeiter Rechnungsempfänger ist.

Dies setzt allerdings voraus, dass

- der Arbeitgeber die Übernahme bzw. den Ersatz allgemein oder für die besondere Bildungsmaßnahme im Vorfeld zugesagt hat und
- der Mitarbeiter im Vertrauen auf diese zuvor erteilte Zusage den Vertrag über die Bildungsmaßnahme abgeschlossen hat.

Dadurch erübrigt sich auch die Problematik, dass bei manchen Bildungsmaßnahmen eine Anmeldung durch den Teilnehmer vorgeschrieben ist.

Um in diesen Fällen einen nochmaligen Werbungskostenabzug für die vom Mitarbeiter wirtschaftlich nicht getragenen Aufwendungen auszuschließen, hat der Arbeitgeber auf der ihm zur Kostenübernahme vorgelegten Originalrechnung die Höhe der Kostenübernahme anzugeben und eine Kopie dieser Rechnung zum Lohnkonto zu nehmen.

Praxistipp: Auch ein berufsbegleitendes Studium auf Kosten des Arbeitgebers bleibt unbesteuert, wenn es in ganz überwiegend eigenbetrieblichem Interesse des Arbeitgebers durchgeführt wird und die Einsatzfähigkeit des Mitarbeiters erhöht. Vom Arbeitgeber erstattete Studiengebühren im Rahmen eines Ausbildungsdienstverhältnisses können ebenfalls als Leistung im überwiegend betrieblichen Interesse steuerfrei bleiben, wenn der Arbeitgeber die Rückzahlung der übernommenen Kosten fordern kann, falls der Arbeitnehmer das ausbildende Unternehmen auf eigenen Wunsch innerhalb von 2 Jahren nach Studienabschluss verlässt.

Achtung: Wechselt der Mitarbeiter den Arbeitgeber, entsteht eine neue Situation. Übernimmt der neue Arbeitgeber die Verpflichtung des Arbeitnehmers, die vom bisherigen Arbeitgeber getragenen Studiengebühren an diesen zurückzuzahlen, führt das zu Arbeitslohn vom neuen Arbeitgeber.

6.6 Knöllchenersatz

Sachverhalt: In einem Unternehmen werden Waren von eigenen Mitarbeitern zu den Kunden gebracht, die in Innenstadtnähe ihren Betrieb haben. Deshalb parken die Mitarbeiter oft im Halteverbot. Anfallende Strafzettel für Falschparken werden vom Arbeitgeber übernommen. Voraussetzung ist die Glaubhaftmachung, dass diese Strafe auf einer beruflich veranlassten Fahrt entstanden ist. Es liegen mehrere Anträge zur Erstattung von Strafzetteln in Höhe von jeweils 10 bis 50 EUR vor.

Wie sind die Erstattungen steuerlich zu behandeln? Ergeben sich sozialversicherungsrechtliche Folgen?

Lösung: Bei der Erstattung von Strafen und Geldbußen handelt es sich nicht um steuerfreien Auslagenersatz. Vielmehr ist die Erstattung derartiger Aufwendungen in voller Höhe steuer- und sozialversicherungspflichtiger Arbeitslohn. Dies gilt unabhängig von der Höhe des jeweiligen Bußgelds und würde z. B. auch für eine Strafe für zu schnelles Fahren gelten.

Hinweis: Nach der Rechtsprechung des BFH kann ein rechtswidriges Tun keine beachtliche Grundlage einer betriebsfunktionalen Zielsetzung sein. Dabei ist es unerheblich, ob der Arbeitgeber ein solches rechtswidriges Verhalten angewiesen hat und/oder anweisen darf. Beispielsweise ist die Übernahme von Bußgeldern wegen Verstößen gegen die Lenk- und Ruhezeiten und/oder von Verwarnungsgeldern wegen Verletzung des Halteverbots damit nicht im überwiegenden eigenbetrieblichen Interesse.

Praxistipp: Geldbußen und Strafzettel zählen zu den nicht abzugsfähigen Ausgaben. Deshalb können sie auch nicht im Rahmen der Einkommensteuererklärung als Werbungskosten geltend gemacht werden.

6.7 Arbeitnehmer verauslagt Kosten

Sachverhalt: Ein Erste-Hilfe-Beauftragter, stellt bei der Kontrolle der Erste-Hilfe-Kästen im Unternehmen diverse Mängel fest. Daraufhin erwirbt er in einer Apotheke Verbandsmaterial und füllt damit die Erste-Hilfe-Kästen auf.

Er legt dem Arbeitgeber am nächsten Tag den Kassenzettel vor und erhält den verauslagten Betrag von 123,70 EUR erstattet.

Wie ist die Erstattung steuer- und sozialversicherungsrechtlich zu behandeln?

Lösung: Es handelt sich um Auslagenersatz. Die Auszahlung bleibt steuer- und beitragsfrei.

Steuerfreier Auslagenersatz liegt vor, wenn es sich um Kosten oder Ausgaben des Arbeitgebers handelt, an denen der Arbeitnehmer kein oder nur ein sehr geringes eigenes Interesse hat. Werden Gegenstände angeschafft, muss der Arbeitgeber i.d.R. juristischer Eigentümer werden. Eine Ausnahme gilt für den Einkauf von Hilfs- und Betriebsstoffen, z.B. Büromaterial, Porto, Benzin, Diesel, Öl für den Dienstwagen. Dort liegt immer Auslagenersatz vor. In diesem Fall spielen die Eigentumsverhältnisse beim Erwerb keine Rolle, weil beim Arbeitnehmer keine Bereicherung eintreten kann.

6.8 Pauschaler Auslagenersatz

Sachverhalt: Ein Orchestermusiker erhält ein monatliches Instrumentengeld, mit dem die Abnutzung des vom Mitarbeiter selbst beschafften Instruments abgegolten wird. Zudem erhält er ein pauschaliertes »Noten- und Pflegegeld« von monatlich 20 EUR. Mit diesen Beträgen ist der Aufwand für Noten, die Reinigung des Instruments sowie bei den Streichinstrumenten der Ersatz von Saiten und Geigenbögen abgegolten.

Handelt es sich um steuer- und beitragspflichtigen Arbeitslohn?

Lösung: Beim Instrumentengeld handelt es sich nicht um steuerfreien Auslagenersatz, sondern um steuer- und beitragspflichtigen Arbeitslohn.

Anders sieht es dagegen beim pauschal gezahlten Noten- und Pflegegeld aus. Damit werden die Kosten für übliches Verbrauchsmaterial – Noten, Pflegemittel, kleine Ersatzteile – abgegolten, die der Arbeitgeber seinen Arbeitnehmern zur Verfügung stellen müsste. Diese Leistung bleibt steuerfrei.

Praxistipp: Ersetzt der Arbeitgeber aufgrund einer tarifvertraglichen Verpflichtung dem Orchestermusiker die Kosten der Instandsetzung des dem Arbeitnehmer gehörenden Musikinstruments, handelt es sich beim Instrumentengeld um steuerfreien Auslagenersatz.

Hinweis: Beim Auslagenersatz muss keine Einzelabrechnung erfolgen. Der BFH lässt Pauschalabgeltungen zu, wenn sie den tatsächlichen Aufwand nicht übersteigen, da dies zivil- und arbeitsrechtlich zulässig und praktisch sinnvoll ist. Voraussetzung für pauschalierten Auslagenersatz ist,

- dass die Aufwendungen erfahrungsgemäß regelmäßig
- in etwa gleicher Höhe wiederkehren
- und der Auslagenersatz – im Großen und Ganzen gesehen – den tatsächlichen Aufwendungen entspricht.

6.9 Werbungskostenersatz

Sachverhalt: Einem Arbeitnehmer werden im Laufe des Jahrs entstandene Kosten für selbst beschaffte Fachliteratur in Höhe von 2.000 EUR ersetzt.

Eine Lohnsteuerprüfung greift diesen Vorgang auf und besteht auf einer Versteuerung als steuerpflichtigen Werbungskostenersatz. Aus den 2.000 EUR ergibt sich eine Lohnsteuer in Höhe von 500 EUR.

Wer trägt die Lohnsteuer?

Lösung: Der Arbeitgeber verweigert in der Schlussbesprechung die Übernahme der Lohnsteuer als Haftungsschuldner. Stattdessen verlangt er, die Nacherhebung beim Arbeitnehmer, da dieser beim gleichen Finanzamt steuerlich erfasst ist. Gleichzeitig informiert der Arbeitgeber den Arbeitnehmer über die drohende Steuernachzahlung.

Daraufhin macht der Arbeitnehmer bei seinem Finanzamt die 2.000 EUR, die vom Prüfer nachversteuert werden, zeitgleich als Werbungskosten geltend. Das Finanzamt muss diese Werbungskosten zwingend berücksichtigen, sodass sich im Ergebnis keine Mehrsteuer (Lohn plus 2.000 EUR, minus Werbungskosten 2.000 EUR) bzw. nur in Höhe des eventuell verrechneten Werbungskosten-Pauschbetrags von 1.000 EUR ergibt.

Hinweis: Für die Sozialversicherung bleibt es jedoch bei einer endgültigen Mehrbelastung mit Sozialversicherungsbeiträgen. Der Arbeitgeber muss als Schuldner der Sozialversicherungsbeiträge den Arbeitnehmer- und den Arbeitgeberanteil übernehmen. Eine nachträgliche Erstattung bzw. ein Abwälzen auf den Mitarbeiter wie im Steuerrecht ist nicht möglich.

6.10 Werkzeuggeld

Sachverhalt: Ein Schreinergeselle beschafft sich sein Werkzeug selbst. Er erhält vom Arbeitgeber nach Vorlage der Kaufbelege bis zu 400 EUR pro Jahr als Werkzeuggeld erstattet.

Wie ist die Erstattung steuer- und sozialversicherungsrechtlich zu behandeln?

Lösung: Da der Arbeitnehmer sein berufliches Werkzeug selbst beschafft, liegen bei ihm Werbungskosten vor. Er kann diese Kosten im Rahmen seiner Einkommensteuererklärung absetzen. Damit wäre ein steuerfreier Ersatz durch den Arbeitgeber eigentlich nicht möglich, da ein Werbungskostenersatz steuerfrei nur möglich ist, wenn er ausdrücklich gesetzlich geregelt ist.

§3 Nr. 30 EStG sieht jedoch eine Steuerbefreiung für das Werkzeuggeld vor, sodass die vom Arbeitgeber erstatteten Beträge steuer- und beitragsfrei bleiben.

Hinweis: Werbungskosten des Arbeitnehmers kann der Arbeitgeber grundsätzlich nicht steuerfrei ersetzen, es sei denn, das Einkommensteuergesetz sieht hierfür eine Steuerbefreiung vor. Derzeit gibt es 7 Fälle, in denen der Arbeitgeber Werbungskosten des Arbeitnehmers steuerfrei ersetzen kann:

1. **Aufwandsentschädigungen** aus öffentlichen Kassen[10],
2. Ersatz von **Reisekosten** aus öffentlichen Kassen (z.B. Bund, Länder, Kommunen)[11],
3. Ersatz von **Reisekosten** durch private Arbeitgeber[12],
4. **Übungsleiterpauschalen** für nebenberufliche Tätigkeiten, z.B. als Trainer[13], sowie die **Ehrenamtspauschale**[14].
5. **Werkzeuggeld**[15],
6. Überlassung typischer **Berufskleidung**[16],
7. **durchlaufende Gelder**, Auslagenersatz[17].

---

10 § 3 Nr. 12 EStG.
11 § 3 Nr. 13 EStG.
12 § 3 Nr. 16 EStG.
13 § 3 Nr. 26 EStG.
14 § 3 Nr. 26a EStG.
15 § 3 Nr. 30 EStG.
16 § 3 Nr. 31 EStG.
17 § 3 Nr. 50 EStG.

7 Betriebliche Altersversorgung

7.1 Nebeneinander verschiedener Formen

Sachverhalt: Um einen wichtigen Mitarbeiter mit Spezialkenntnissen im Unternehmen zu halten, bietet der Arbeitgeber ihm folgende betriebliche Altersvorsorge an:

- Zusage einer Betriebsrente
  Der Mitarbeiter erhält mit Ausscheiden zum Ablauf seines 65. Lebensjahrs (16.8.2017) vom Arbeitgeber eine monatliche Rente von 10 % seines letzten Bruttoarbeitslohns vor Eintritt in den Ruhestand. Zur Absicherung schließt der Arbeitgeber eine Rückdeckungsversicherung ab, in die er monatlich 500 EUR einbezahlt.
- Beiträge in eine Pensionskasse
  Der Arbeitgeber zahlt monatlich 200 EUR in eine Pensionskasse ein. Aus dieser Pensionskasse erhält der Arbeitnehmer ab dem 65. Lebensjahr eine monatliche Rente.

Beide Formen der betrieblichen Altersvorsorge wurden dem Arbeitnehmer mit Schreiben vom 30.6.2000 unwiderruflich zugesagt.

Wie werden diese Formen der betrieblichen Altersvorsorge steuerlich behandelt?

Lösung: Die beiden Formen der betrieblichen Altersvorsorge werden steuerlich unterschiedlich behandelt:

Zusage der Betriebsrente

Es handelt sich um eine Direktzusage, für die der Arbeitgeber in seiner Bilanz eine Pensionsrückstellung bilden kann. Weil der Anspruch auf die Auszahlung der Betriebspension erst im Versorgungsfall – hier mit dem 65. Lebensjahr – rechtlich entsteht, führt diese betriebliche Altersvorsorge bei der Zusage noch nicht zu Arbeitslohn. Auch die Beiträge, die der Arbeitgeber in die Rückstellungsversicherung einbezahlt, gelten steuerrechtlich nicht als Arbeitslohn. Demzufolge wird die Zusage steuerlich überhaupt nicht erfasst.

Erst bei Auszahlung der Betriebspension durch den Arbeitgeber ab 2017 entsteht steuerpflichtiger Arbeitslohn, für den die Lohnsteuer nach den Lohnsteuerabzugsmerkmalen einbehalten werden muss.

Da bis zur Auszahlung der Betriebspension lohnsteuerlich kein Arbeitslohn vorliegt, liegt auch kein sozialversicherungspflichtiges Arbeitsentgelt vor. Derartige Direktzusagen bleiben – sofern vom Arbeitgeber finanziert – in unbegrenzter Höhe lohnsteuer- und damit auch sozialversicherungsfrei. Werden derartige Direktzusagen vom Arbeitnehmer finanziert, gilt für das Sozialversicherungsrecht die Begrenzung der Sozialversicherungsfreiheit auf 4 % der Beitragsbemessungsgrenze der gesetzlichen Rentenversicherung West.

Beiträge in eine Pensionskasse

Die zugesagten Beiträge des Arbeitgebers zu einer Pensionskasse gelten bereits mit Beitragszahlung als Arbeitslohn. Die Beiträge sind jedoch jährlich bis zu 4 % der Beitragsbemessungsgrenze der Rentenversicherung West steuer- und sozialversicherungsfrei (2017: 3.048 EUR).

7.2 Pensionsfonds

Sachverhalt: Aufgrund einer Betriebsvereinbarung erhalten die Arbeitnehmer die Möglichkeit Beiträge in einen Pensionsfonds einzuzahlen.

Wie sind die Beiträge steuerrechtlich zu behandeln?

Lösung: Beiträge an einen Pensionsfonds bleiben bis zu 4 % der Beitragsbemessungsgrenze der Rentenversicherung West steuer- und sozialversicherungsfrei (2017: 3.048 EUR). Handelt es sich um eine ab 2005 erteilte Zusage, gilt ein zusätzlicher Höchstbetrag von 1.800 EUR für die Steuerfreiheit.

Für die Abgabenfreiheit sind mehrere Voraussetzungen zu beachten:

- Die Beiträge müssen im Rahmen des ersten Beschäftigungsverhältnisses des Arbeitnehmers gezahlt werden. Das sind Arbeitnehmer mit den Steuerklassen I-V. Auch für geringfügig Beschäftigte bis 450 EUR pro Monat kann dieser Steuerfreibetrag ausgenutzt werden, wenn die Aushilfe keine andere Beschäftigung ausübt; anderenfalls ist die Steuerfreiheit immer an das erste Arbeitsverhältnis der Aushilfe gebunden.

- Die Auszahlung der betrieblichen Altersvorsorge im Versorgungsfall darf nur als Rente erfolgen. Zulässig ist vertraglich vorrangig die Auszahlung einer Rente vorzusehen, aber ein Kapitalwahlrecht einzuräumen.

- Begünstigt ist noch die Alters-, Invaliditäts- oder Hinterbliebenenversorgung. Eine Beitragsrückgewähr ist nur im Rahmen einer engen Hinterbliebenenversorgung möglich, ein angemessenes Sterbegeld kann im Todesfall an die Erben ausbezahlt werden. Unter angemessenem Sterbegeld ist in der Regel ein Betrag bis zu maximal 8.000 EUR zu verstehen. Zu den Hinterbliebenen zählen die Witwe/Witwer des Arbeitnehmers, Kinder im steuerlichen Sinne (nur bis zur steuerlichen Altersgrenze, i.d.R. maximal bis zum 25. Lebensjahr), frühere Ehegatten oder Lebenspartner einer nichtehelichen Lebensgemeinschaft.

7.3 Entgeltumwandlung von Einmalzahlungen (Pensionszusage)

Sachverhalt: Nach einer arbeitsvertraglichen Regelung hat ein Arbeitnehmer Anspruch auf eine jährliche Tantieme. Die Tantieme für das laufende Kalenderjahr wird hierbei zeitversetzt um ein Jahr mit der Gehaltsabrechnung für November des nachfolgenden Kalenderjahres ausgezahlt.

Die für das Kalenderjahr 2016 verdiente Tantieme gelangt beim Arbeitnehmer also erst mit der Gehaltsabrechnung für November 2017 zur Auszahlung. Der Arbeitnehmer vereinbart mit dem Arbeitgeber im Januar 2017, dass der Arbeitgeber die mit der Gehaltsabrechnung für November 2017 fällige Tantieme, um die Hälfte zugunsten einer Pensionszusage umwandelt.

Wie ist die Tantieme steuerrechtlich zu behandeln?

Lösung: Die Tantiemezahlung ist im November 2017 lediglich zur Hälfte als steuerpflichtiger sonstiger Bezug dem Lohnsteuerabzug beim Arbeitnehmer zu unterwerfen. Die zwischen Arbeitnehmer und Arbeitgeber im Januar 2017 getroffene Vereinbarung ist als steuerlich zulässige Entgeltumwandlung zugunsten einer Pensionszusage anzuerkennen. Bei Abschluss der Entgeltumwandlung im Januar 2017 hatte der Arbeitnehmer die Tantieme des Jahres 2016 zwar bereits verdient, sie war jedoch noch nicht fällig geworden.

Hinweis: Eine durch Entgeltumwandlung finanzierte betriebliche Altersversorgung liegt nach dem BetrAVG dann vor, wenn Arbeitgeber und Arbeitnehmer vereinbaren, künftige Arbeitslohnansprüche des Arbeitnehmers in eine wertgleiche Anwartschaft auf Versorgungsleistungen herabzusetzen. Voraussetzung für die steuerliche Anerkennung einer Entgeltumwandlung zugunsten betrieblicher Altersversorgung ist, dass die Versorgungsleistungen zur Absicherung mindestens eines biometrischen Risikos (Alter, Tod, Invalidität) zugesagt und erst bei Eintritt des biologischen Ereignisses fällig werden.

7.4 Betriebliche Altersversorgung, steuerfreie (keine Vererblichkeit)

Sachverhalt: Den Mitarbeitern wird ab 1.1.2017 im Rahmen der beruflichen Altersvorsorge eine Direktversicherung angeboten. Diese finanzieren die Arbeitnehmer durch Barlohnverzicht. Der Arbeitgeber stockt den Finanzierungsanteil der Arbeitnehmer hierbei um 50 % auf.

Ein Mitarbeiter, 24 Jahre alt, alleinstehend, entscheidet sich, ab 1.6.2017 monatlich 120 EUR in die Direktversicherung einzuzahlen. Entsprechend verringert sich sein Arbeitslohn um 120 EUR, der Arbeitgeber überweist insgesamt 180 EUR an die Pensionskasse.

Wie sind die Voraussetzungen für die Steuerfreiheit der Beiträge?

Lösung: Damit die Beiträge in die Direktversicherung steuerfrei bleiben, müssen die Vertragsbedingungen der Direktversicherung den strengeren steuerlichen Vorschriften entsprechen. Neben der Auszahlung der Ansprüche als Rente kann der Vertrag nur eine eingeschränkte, enge Hinterbliebenenversorgung vorsehen.

Unter diesen engen Hinterbliebenenbegriff fallen folgende Personen:

- Witwe/Witwer des Arbeitnehmers,
- Kinder i.S. des §32 Abs. 3 und 4 EStG, also i.d.R. bis zum 25. Lebensjahr,
- frühere Ehegatten des Arbeitnehmers,
- Lebenspartner jeglichen Geschlechts sowohl von eheähnlichen Lebensgemeinschaften wie von gleichgeschlechtlichen Lebenspartnerschaften.

Daneben ist nur noch die Auszahlung eines angemessenen Sterbegelds bis 8.000 EUR zulässig.

Entspricht der Vertrag den aktuellen steuerlichen Vorschriften und verstirbt dieser Arbeitnehmer vorzeitig, ohne dass sich an seinen Lebensverhältnissen etwas ändert, bleiben die bereits eingezahlten Beiträge bei der Direktversicherung. Würde der Versicherungsvertrag eine Auszahlung der bereits eingezahlten Beiträge an die Erben vorsehen, würden die eingezahlten Beiträge sofort steuer- und sozialversicherungspflichtig.

Hinweis: Für Direktversicherungen aus Altzusagen vor dem 1.1.2005 müssen diese Einschränkungen nicht beachtet werden. Diese Altzusagen müssen nicht steuerfrei sein, sondern können laufend (pauschal) versteuert werden. Dadurch bleiben für diese »alten« Direktversicherungen Kapitalauszahlung, Beitragsrückgewähr und volle Vererblichkeit ohne steuerliche Nachteile zulässig.

7.5   Kapitalwahlrecht (kurzfristige Ausübung)

Sachverhalt: Ein Mitarbeiter hat ab 1.1.2017 wegen Erreichen der Altersgrenze Anspruch auf Auszahlung seiner betrieblichen Altersvorsorge. Da der Versicherungsvertrag zwar die Rentenauszahlung vorsieht, dem Arbeitnehmer aber ein Kapitalwahlrecht einräumt, entscheidet sich der Arbeitnehmer im März 2016 für die Auszahlung des gesamten Kapitals als Einmalbetrag. Demzufolge zahlt die Pensionskasse zum 1.1.2017 den gesamten Kapitalbetrag von 100.000 EUR an den Arbeitnehmer aus.

Welche Auswirkungen hat die kurzfristige Ausübung des Kapitalwahlrechts auf Entgeltabrechnung und Auszahlung?

Lösung: Da sich der Arbeitnehmer erst im letzten Jahr vor der Auszahlungsphase seiner betrieblichen Altersvorsorge für die Kapitalauszahlung entscheidet, hat dieses Ausüben des Kapitalwahlrechts keine Auswirkungen auf die Entgeltabrechnung.

- Entgeltabrechnung
  Der Arbeitgeber kann die Beiträge, die bis zum Dezember 2016 in die Pensionskasse eingezahlt werden müssen, in vollem Umfang steuerfrei belassen. Die Auswirkungen des Kapitalwahlrechts hat also keine Auswirkung auf die Entgeltabrechnung des Arbeitgebers.

- Auszahlun
  Die Auszahlung des Kapitals von 100.000 EUR am 1.1.2017 ist in voller Höhe steuerpflichtig. Die Pensionskasse muss vom Auszahlungsbetrag die Lohnsteuer entsprechend der Steuerklasse des Arbeitnehmers einbehalten. Eine Ermäßigung durch die Fünftelregelung ist nicht zulässig. Der Arbeitnehmer muss also, je nach individuellem Steuersatz im Jahr 2017, mit einer Steuerbelastung von über 40 % rechnen.

7.6 Kapitalwahlrecht (frühzeitige Ausübung)

Sachverhalt: Ein Mitarbeiter hat ab 1.1.2019 wegen Erreichens der Altersgrenze Anspruch auf Auszahlung seiner betrieblichen Altersvorsorge. Da der Versicherungsvertrag zwar die Rentenauszahlung vorsieht, dem Arbeitnehmer aber ein Kapitalwahlrecht einräumt, entscheidet sich der Arbeitnehmer im Juni 2017 dafür, sich anstelle der lebenslangen Rente das Kapital in voller Höhe ausbezahlen zu lassen.

Welche Auswirkungen hat die frühzeitige Ausübung des Kapitalwahlrechts auf Entgeltabrechnung und Auszahlung?

Lösung: Bis einschließlich Mai 2017 bleiben die Beiträge zur Pensionskasse steuerfrei, da der Vertrag vorrangig eine Rentenauszahlung vorsieht. Ein mögliches Kapitalwahlrecht ist steuerlich zulässig und hat bis zur Ausübung keine steuerliche Auswirkung.

Entgeltabrechnung

Da der Arbeitnehmer das Wahlrecht nicht innerhalb eines Jahres vor Auszahlungsbeginn ausgeübt hat, werden die Beiträge an die Pensionskasse in dem Augenblick zu steuerpflichtigem Arbeitslohn, in dem er sich für die Kapitalauszahlung entschieden hat.

Der Arbeitgeber muss die Beiträge zur Pensionskasse ab Juni 2017 versteuern, dementsprechend sind diese Beiträge auch sozialversicherungspflichtig. Damit der Arbeitgeber die Entgeltabrechnung ab Juni 2017 zutreffend erstellen kann, muss er also entweder vom Arbeitnehmer oder von der Versicherungsgesellschaft über die Auswirkungen des Kapitalwahlrechts informiert werden.

Auszahlung

Da in diesem Fall das zum 1.1.2019 angesammelte Kapital teilweise aus steuerfreien Beiträgen (bis Mai 2017) und teilweise aus versteuerten Beiträgen (ab Juni 2016) stammt, muss die Pensionskasse das Gesamtkapital aus dem Versicherungsvertrag entsprechend aufteilen.

- Soweit das Kapital aus steuerfreien Beiträgen stammt, wird die Kapitalauszahlung in voller Höhe steuerpflichtig.
- Soweit das Kapital aus steuerpflichtigen Beiträgen stammt, muss nur der Zinsanteil vom Arbeitnehmer versteuert werden.

Beide Beträge werden mit vollem Steuersatz versteuert, auch hier gilt keine Steuerermäßigung durch die Fünftelregelung.

Hinweis: Wichtig für die Entgeltabrechnung ist ein Hinweis der Versicherungsgesellschaft, dass der Arbeitnehmer sein Kapitalwahlrecht ausgeübt hat.

Ohne Auswirkung auf die Entgeltabrechnung bleibt eine Teilkapitalauszahlung von 30 % des Kapitals, das zu Beginn der Auszahlungsphase zur Verfügung steht.

8 Betriebsveranstaltung

8.1 Betriebsausflug einzelner Abteilungen

Sachverhalt: Ein gemeinschaftlicher Betriebsausflug des gesamten Unternehmens ist organisatorisch nicht möglich. Daher unternimmt die Verkaufsabteilung mit 30 Mitarbeitern einen eintägigen Ausflug mit Besichtigungen, Schiffsfahrt und Abendessen. Eingeladen sind alle Mitarbeiter im Verkauf, die Vertreter und die Bürokräfte. Die Kosten pro teilnehmendem Mitarbeiter bzw. Mitarbeiterin betragen 105 EUR.

Handelt es sich um eine steuerfreie Betriebsveranstaltung?

Lösung: Der Rahmen einer steuerfreien Betriebsveranstaltung ist eingehalten und der Freibetrag von 110 EUR wurde nicht überschritten.

Zuwendungen des Arbeitgebers im Rahmen von Betriebsveranstaltungen gehören als Leistungen im ganz überwiegend betrieblichen Interesse des Arbeitgebers nicht zum Arbeitslohn. Es entsteht für diesen Personenkreis kein geldwerter Vorteil. Voraussetzung ist, dass es sich um

- eine herkömmliche (übliche) Veranstaltung,
- mit üblichen Zuwendungen handelt.

Der BFH definiert Betriebsveranstaltungen als

- Veranstaltungen auf betrieblicher Ebene mit einem gewissen Eigengewicht,
- die einen gesellschaftlichen Charakter haben und
- bei denen die Teilnahme grundsätzlich allen Betriebsangehörigen offensteht.

Ob alle Betriebsangehörigen teilnehmen können bzw. wollen oder ob nur einzelne Abteilungen oder Personengruppen eingeladen sind, spielt keine Rolle. Grundsätzlich sind auch solche Veranstaltungen Betriebsveranstaltungen im steuerlichen Sinne, an denen nur ein begrenzter Kreis von Arbeitnehmern (z.B. alle Arbeitnehmer einer Filiale, eines Teams oder Abteilung) teilnehmen kann. Voraussetzung ist jedoch, dass

- die Veranstaltung allen Arbeitnehmern der teilnehmenden Abteilung(en) offensteht und
- eine Begrenzung des Teilnehmerkreises keine Bevorzugung bestimmter Personengruppen darstellt.

8.2 Motivationsveranstaltung

Sachverhalt: Für die 50 besten Verkäufer eines großen Unternehmens wird ein Ausflug organisiert. Die Veranstaltung beginnt um 12 Uhr mit einem gemeinsamen Mittagessen, danach erfolgt eine Stadtrundfahrt mit Weinprobe. Nach dem Abendessen werden die Leistungen besonders erfolgreicher Verkäufer gesondert hervorgehoben. Die Vorstellung dieser Mitarbeiter dient dazu, alle anderen Verkäufer in ihrem Arbeitseinsatz zusätzlich zu motivieren. Die Kosten der Veranstaltung betragen 90 EUR je Teilnehmer.

Bleibt die Veranstaltung als Betriebsausflug lohnsteuer- und sozialversicherungsfrei, weil der Kostenrahmen den steuerlichen Freibetrag von 110 EUR je teilnehmender Person nicht überschritten hat?

Lösung: Es liegt keine lohnsteuerlich anzuerkennende Betriebsveranstaltung vor. Bei der Veranstaltung handelt es sich um eine Bevorzugung eines bestimmten Kreises von Arbeitnehmern (der 50 besten Verkäufer). Es mangelt hier an der Offenheit des Teilnehmerkreises. In der Praxis bereitet die Abgrenzung zwischen dem klassischen steuerfreien Betriebsausflug (Betriebsveranstaltung) und einer Motivations- oder Belohnungsveranstaltung erhebliche Probleme. Derartige Veranstaltungen dienen überwiegend der Belohnung eines bestimmten Personenkreises und sind damit steuer- und beitragspflichtig. Entscheidend ist hierbei der Zweck der Veranstaltung:

- Dient die Veranstaltung dazu, dass sich die Mitarbeiter des Unternehmens, der Abteilung usw. kennen lernen, die sozialen Kontakte verbessern und sich dadurch das Betriebsklima und die Zusammenarbeit verbessert, liegt eine Betriebsveranstaltung vor. Diese bleibt steuer- und beitragsfrei, wenn pro Jahr maximal 2 Veranstaltungen durchgeführt werden. Die Steuer- und Sozialversicherungsfreiheit bezieht sich aber nur auf die Kosten bis 110 EUR je teilnehmendem Arbeitnehmer und Betriebsveranstaltung. Der übersteigende Betrag unterliegt dem Lohnsteuerabzug und ist sozialversicherungspflichtig.

- Dient die Veranstaltung dazu, einzelne Mitarbeiter zu ehren, für bestimmte Leistungen zu belohnen oder einzelne Mitarbeiter durch Ehrung oder Belohnung zu motivieren, führen die entstandenen Kosten zu steuer- und sozialversicherungspflichtigem Arbeitslohn. Hier steht der Entlohnungscharakter im Vordergrund, der i.d.R. zu Arbeitslohn führt.

Die Aufwendungen von 90 EUR je teilnehmender Person sind als geldwerter Vorteil (Sachbezug) individuell bei den einzelnen Arbeitnehmern nach den Merkmalen der ELSTAM zu versteuern und unterliegen im vollen Umfang der Sozialversicherungspflicht.

Die Lohnsteuer kann pauschal mit einem festen Steuersatz von 25% erhoben werden. In diesem Fall ist der Arbeitgeber Schuldner der Lohnsteuer und es besteht Sozialversicherungsfreiheit.

Eine andere Möglichkeit besteht in der Lohnsteuer-Pauschalierung über die Sondervorschrift des §40 Abs. 1 EStG (sonstige Bezüge in einer größeren Zahl von Fällen). Der Steuersatz kann unter Umständen bei 40% oder auch weitaus höher liegen. Dies ist abhängig vom Bruttoarbeitslohn der Arbeitnehmer und davon, ob es sich um einen Brutto- oder Nettosteuersatz handelt. Allerdings gilt hier kein »fester« Pauschalsteuersatz, sondern der betriebsindividuelle Steuersatz. Zudem gehören diese pauschal besteuerten Bezüge zum sozialversicherungspflichtigen Entgelt.

8.3 Konzertbesuch

Sachverhalt: Ein Arbeitgeber trifft sich mit seinen 20 Mitarbeitern ab 18:00 Uhr, um ein Konzert zu besuchen. Anschließend wird mit einem angemieteten Bus die Heimfahrt angetreten. Insgesamt entstehen Kosten für Busfahrt und Eintritt in Höhe von 2.000 EUR bzw. 100 EUR je Teilnehmer.

Zusätzlich wird in der Adventszeit für alle Mitarbeiter eine Feier veranstaltet. Die Kosten je Mitarbeiter betragen hierfür 70 EUR.

Handelt es sich bei beiden Veranstaltungen um steuerlich anzuerkennende Betriebsveranstaltungen?

Lösung: Ohne gesellschaftliche Veranstaltung (Essen, Umtrunk) akzeptiert die Finanzverwaltung einen Konzertbesuch regelmäßig nicht als gewöhnlich und steuerlich begünstigte Betriebsveranstaltung, obwohl der Freibetrag von 110 EUR je teilnehmender Person eingehalten wird. Die Überlassung einer Theaterkarte an einen oder mehrere Arbeitnehmer ist regelmäßig eine durch das individuelle Dienstverhältnis veranlasste Sonderzuwendung. Steuerlich abzugsfähig wäre der Konzertbesuch, wenn er Teil eines Gesamtprogramms gewesen wäre. Die Anzahl der Veranstaltungen (hier 2 pro Jahr) liegt im steuerlich zulässigen Rahmen.

Steuerlich anerkannte Betriebsveranstaltungen dienen dazu, den Kontakt und damit die Zusammenarbeit unter den Mitarbeitern zu fördern. Es handelt sich nicht um eine Belohnung. Vielmehr verspricht sich der Arbeitgeber durch die Teilnahme der Mitarbeiter eigene Vorteile, durch eine verbesserte Zusammenarbeit. Die Veranstaltung muss das gemeinsame Miteinander der Arbeitnehmer fördern. Der Besuch gesellschaftlicher Ereignisse (Konzert, Veranstaltung) darf hierbei nicht der einzige Zweck der Veranstaltung sein. Die Lohnsteuer-Außenprüfer der Finanzverwaltung und die Prüfer der Sozialversicherung sind angehalten derartige Veranstaltungen als geldwerten Vorteil (Sachbezug) zu bewerten und gegebenenfalls nachzuversteuern bzw. Beiträge nachzuerheben.

Die Adventsfeier wird dagegen als gemeinschaftliche Veranstaltung angesehen und bleibt steuer- und beitragsfrei, da sie allen Mitarbeitern offensteht und der Freibetrag von 110 EUR je Mitarbeiter nicht überschritten wird.

Praxistipp: In der Praxis sollte darauf geachtet werden, dass vor oder nach der Veranstaltung noch eine gemeinschaftliche Aktivität durchgeführt wird, z. B. ein gemeinsames Essen, ein Umtrunk o. Ä.

Übersteigen die Aufwendungen je teilnehmendem Mitarbeiter den Freibetrag von 110 EUR, empfiehlt sich eine Zuzahlung der Teilnehmer. Eine Eigenbeteiligung der teilnehmenden Arbeitnehmer führt dazu, dass kein Arbeitslohn entsteht, der individuell lohnversteuert werden muss und der Sozialversicherungspflicht unterliegt. In diesem Fall muss der Arbeitgeber den 110 EUR übersteigenden Betrag auch nicht mit 25% pauschal lohnversteuern.

Zuschuss des Arbeitgebers zur Gemeinschaftskasse

Wenn ein Arbeitgeber einen Zuschuss zu einer Betriebsveranstaltung in eine von den Arbeitnehmern unterhaltene Gemeinschaftskasse leistet, ist diese Zuwendung kein Arbeitslohn. Der Zuschuss aus Anlass der Betriebsveranstaltung darf auch in diesem Fall den Freibetrag von 110 EUR pro Teilnehmer nicht überschreiten. Nur dann bleibt der Zuschuss für die Veranstaltung steuerfrei. Es muss aber gewährleistet sein, dass eine Betriebsveranstaltung im steuerlichen Sinn vorliegt. Ansonsten wäre der Zuschuss nicht steuerfrei.

8.4 Betriebsausflug mit Werksbesichtigung beim Kunden

Sachverhalt: Der Arbeitgeber führt einen Betriebsausflug durch, der am Freitag um 15 Uhr beginnt. Abends findet die eigentliche Betriebsfeier statt, danach erfolgt die Übernachtung auf Kosten des Arbeitgebers.

Am Samstag steht nach dem Frühstück eine Werksbesichtigung beim Hauptkunden anlässlich eines »Tags der offenen Tür« auf dem Programm. Die Belegschaft erhält eine besondere Führung durch den Betrieb, bei der insbesondere die Verwendung der gelieferten Produkte erläutert wird. Die Belegschaft ist am Samstag um 15:30 Uhr wieder zu Hause. Insgesamt haben 30 Arbeitnehmer teilgenommen.

Die Gesamtkosten für die teilnehmenden Arbeitnehmer betragen:

Busfahrt	850 EUR
Übernachtung mit Frühstück	1.800 EUR
Abendessen mit Programm	1.400 EUR
Mittagessen Samstag	**510 EUR**
Gesamtkosten	4.560 EUR
Kosten je Teilnehmer (4.560 EUR : 30)	152 EUR

Der Zeitaufwand für die Betriebsbesichtigung ist etwa gleich hoch wie der für die Betriebsfeier.

Muss der Betrag, der den Freibetrag von 110 EUR übersteigt, versteuert werden oder liegen 2 getrennte Veranstaltungen vor?

Lösung: Mit dieser Reise werden zwei steuerlich getrennte Veranstaltungen durchgeführt:

1. Eine Betriebsbesichtigung, die im überwiegend eigenbetrieblichen Interesse des Arbeitgebers liegt. Diese führt nicht zu steuerpflichtigem Arbeitslohn.
2. Eine Betriebsveranstaltung, die aufgrund der getrennten Kostenzuordnung den Freibetrag von 110 EUR nicht übersteigt.

Eine Betriebsbesichtigung bei einem Kunden kann im überwiegend eigenbetrieblichen Interesse erfolgen, auch wenn sie anlässlich eines »Tags der offenen Tür« durchgeführt wird und kein Entlohnungscharakter vorliegt.

Die angefallenen Kosten für die Reise werden, soweit möglich, direkt zugeordnet. Kosten, die nicht direkt zugeordnet werden können, wie z. B. Reisekosten und Übernachtung, sind nach Zeitanteilen berücksichtigungsfähig.

Die Zuordnung ist hier wie folgt vorzunehmen:

Vorgang	Betrag	Aufteilung	Betriebsbesichtigung	Betriebsausflug
Busfahrt	850 EUR	50:50	425 EUR	425 EUR
Übernachtung mit Frühstück	1.800 EUR	50:50	900 EUR	900 EUR
Abendessen mit Programm	1.400 EUR	direkt		1.400 EUR
Mittagessen Samstag	510 EUR	direkt	510 EUR	
Summe			1.835 EUR	2.725 EUR
Kosten je Mitarbeiter (30)				90,83 EUR

Die Kosten für die Betriebsbesichtigung führen als Veranstaltung im überwiegend eigenbetrieblichen Interesse nicht zu Arbeitslohn.

Die Kosten für den Betriebsausflug betragen 90,83 EUR je Arbeitnehmer und übersteigen somit nicht den Freibetrag von 110 EUR. Durch die zulässige Aufteilung der Aufwendungen für die Betriebsbesichtigung und die eigentliche Betriebsfeier kann der Betriebsausflug lohnsteuer- und sozialversicherungsfrei bleiben.

8.5   Mehr als 2 Veranstaltungen im Jahr

Sachverhalt: Ein Arbeitgeber führt den jährlichen Betriebsausflug abteilungsbezogen durch (Produktion, Verwaltung, Vertrieb). Kein Personenkreis ist von der Teilnahme ausgeschlossen. Jede Abteilung darf einen eintägigen Ausflug unternehmen, der mit einem Abendessen endet. Die Kosten je Veranstaltung dürfen 100 EUR pro teilnehmenden Mitarbeiter nicht übersteigen.

Außerdem findet zu Weihnachten an einem Freitagnachmittag für alle Mitarbeiter eine Adventsfeier statt. Die Kosten je teilnehmende Person liegen bei rund 50 EUR.

Einmal im Jahr erfolgt in einer weiteren Feier gemeinsam mit den Pensionären die Ehrung von Mitarbeitern, die 20, 25 oder 30 Jahre lang dem Betrieb angehören.

Der für das Personal verantwortliche Geschäftsführer sowie die 5 Betriebsräte nehmen an allen Veranstaltungen teil, auch an den Ausflügen der einzelnen Abteilungen.

Bleibt die Veranstaltung zur Ehrung der Jubilare und der Pensionäre steuerfrei oder liegt Arbeitslohn vor?

Lösung: Obwohl einige der Mitarbeiter an 3 bzw. noch mehr Betriebsveranstaltungen teilgenommen haben, bleiben alle Betriebsveranstaltungen steuer- und sozialversicherungsfrei. Steuerlich sind jährlich nur max. 2 Betriebsveranstaltungen als üblich anzusehen. Pensionärstreffen und gemeinsame Ehrungen der Arbeitnehmer mit langer Betriebszugehörigkeit werden hierbei jedoch nicht mitgezählt. Diese können zusätzlich zu 2 »normalen« Betriebsveranstaltungen durchgeführt werden.

Nehmen einzelne Mitarbeiter an mehr als 2 Veranstaltungen teil, liegt ausnahmsweise kein Arbeitslohn vor, wenn dies

- aufgrund eines funktionalen Wechsels (z.B. Eintritt in den Ruhestand, Versetzung) oder
- in Erfüllung beruflicher Aufgaben (z.B. als Personalleiter, Betriebsratsmitglied) erfolgt.

Damit bleiben alle Veranstaltungen steuerfrei, soweit alle betroffenen Personen des Betriebs oder des Betriebsteils zu den Veranstaltungen eingeladen werden.

8.6 Ausflug mit Übernachtung

Sachverhalt: Ein Arbeitgeber veranstaltet für seine Mitarbeiter einen Betriebsausflug mit Übernachtung. Die Abfahrt erfolgt am Donnerstag um 16 Uhr. Nach Ankunft und Bezug der Hotelzimmer gibt es um 19 Uhr ein Abendessen. Ab 20 Uhr erfolgt ein Folkloreabend mit Tanz und gemütlichem Beisammensein. Am Folgetag wird nach dem Frühstück ein Automuseum besichtigt. Nach dem gemeinsamen Mittagessen wird die Rückfahrt nach Hause angetreten. Die Mitarbeiter sind am Freitag um 16 Uhr wieder zurück. Die Kosten für den Ausflug einschließlich Übernachtung, Verpflegung und Eintritt betragen 125 EUR pro teilnehmendem Mitarbeiter.

Liegt trotz der Übernachtung eine steuerfreie Betriebsveranstaltung vor?

Lösung: Der Ausflug erfüllt alle Voraussetzungen einer steuerlich anzuerkennenden Betriebsveranstaltung. Auf die Dauer der Veranstaltung kommt es nicht an. Damit bleiben mehrtägige Betriebsausflüge lohnsteuerfrei, sofern der Freibetrag von 110 EUR je Teilnehmer nicht überschritten wird.

Im Beispiel müssen 15 EUR je Arbeitnehmer individuell lohnversteuert werden. Dieser Betrag ist ebenfalls sozialversicherungspflichtig. Die Lohnsteuer kann alternativ zur individuellen Lohnversteuerung mit einem festen Steuersatz von 25 % erhoben werden. In diesem Fall ist der Arbeitgeber Schuldner der Lohnsteuer und es besteht Sozialversicherungsfreiheit.

8.7 Angehörige feiern mit

Sachverhalt: Der Arbeitgeber veranstaltet eine Weihnachtsfeier. An der Feier nehmen 16 Mitarbeiter und 12 Angehörige teil, außerdem der Geschäftsführer mit Ehefrau. Das sind insgesamt 30 Teilnehmer.

Die Abrechnung der Weihnachtsfeier sieht wie folgt aus:

Verpflegung einschließlich Speisen und Getränke	980,00 EUR
Auftritt einer Kapelle	500,00 EUR
Anmietung der Kegelbahn	120,00 EUR
Übernommene Übernachtungskosten	**840,00 EUR**
Summe	2.440,00 EUR
Kosten je Teilnehmer	81,33 EUR

Weitere Betriebsveranstaltungen werden im Kalenderjahr nicht durchgeführt.

Bleibt diese Veranstaltung lohnsteuerfrei, da der Betrag von 110 EUR nicht überschritten wird und nur eine Betriebsveranstaltung pro Jahr durchgeführt wird?

Lösung: Die Anzahl der jährlichen Veranstaltungen bleibt im herkömmlichen Rahmen, es wäre sogar eine weitere Veranstaltung in diesem Kalenderjahr steuer- und sozialversicherungsfrei möglich.

Für die Beurteilung, ob die Betriebsveranstaltung für die Mitarbeiter steuer- und sozialversicherungsfrei bleiben kann, ist zu unterscheiden zwischen Mitarbeitern, die alleine gekommen sind, und Mitarbeitern mit Begleitpersonen:

- Bei den Mitarbeitern ohne Begleitung wird der Freibetrag von 110 EUR nicht überschritten. Die Zuwendung bleibt für diese Mitarbeiter steuer- und beitragsfrei.

- Die Mitarbeiter, die eine Begleitperson mitbringen, müssen sich die Kosten für die Begleitpersonen zurechnen lassen. Dadurch wird der Freibetrag von 110 EUR überschritten. Die Versteuerung des 110 EUR übersteigenden Betrags erfolgt entweder individuell nach den ELStAM oder pauschal mit 25%.

Hinweis: Zu einer Betriebsveranstaltung gehören alle üblichen Zuwendungen, insbesondere Aufwendungen für den äußeren Rahmen. Hierzu gehören beispielsweise die Kosten für Räume, Musik, Kegelbahn, künstlerische und artistische Darbietungen.

Der zu berücksichtigende Betrag bezieht sich auf die Kosten inkl. Umsatzsteuer. Steuerlich nachteilige Konsequenzen können sich z. B. ergeben, wenn die Veranstaltung für eine größere Zahl von Mitarbeitern geplant wurde, tatsächlich aber weniger Mitarbeiter teilnehmen. Hierdurch könnten sich die Kosten für jeden teilnehmenden Mitarbeiter erhöhen und gegebenenfalls zu einem Überschreiten des Freibetrags von 110 EUR führen.

8.8 Umsatzsteuer

Sachverhalt: Ein Arbeitgeber führte mit 130 Mitarbeitern einen Sommerausflug durch. Für die Prüfung, ob der Freibetrag nicht überschritten wurde, lässt sich der Leiter der Personalabteilung die Kosten aus der Buchhaltung geben.

Der Buchhalter schickt den Ausdruck des Finanzbuchhaltungskontos »freiwillige soziale Leistungen, steuerfrei« mit folgenden Beträgen:

Busfahrt:	1.800 EUR
Mittagessen:	2.200 EUR
Schiffsfahrt:	1.500 EUR
Abendessen:	2.500 EUR
Getränke am Abend:	2.000 EUR
Band am Abend:	3.000 EUR
Summe:	13.000 EUR
Kosten je Person:	100 EUR

Die anderen Voraussetzungen für die Lohnsteuerfreiheit der Betriebsveranstaltung sind erfüllt. Angehörige der Mitarbeiter haben am Sommerausflug nicht teilgenommen.

Bleibt der Sommerausflug lohnsteuerfrei, da der Freibetrag von 110 EUR nicht überschritten wurde?

Lösung: Für die Berechnung sind die Bruttoausgaben einschließlich Umsatzsteuer maßgebend. Der Arbeitgeber kann aus den bezogenen Leistungen keine Vorsteuer abziehen, wenn der Freibetrag von 110 EUR überschritten wird. Der Gesetzgeber geht in diesem Fall von einer Mitveranlassung durch die Privatsphäre der Arbeitnehmer aus.

Zu den Kosten müssen 19 % (bzw. 7 % für die Schifffahrt) Umsatzsteuer hinzugerechnet werden:

Busfahrt: 1.800 EUR + 342 EUR USt	2.142,00 EUR
Mittagessen: 2.200 EUR + 418 EUR USt	2.618,00 EUR
Schiffsfahrt: 1.500 EUR + 105 EUR USt	1.605,00 EUR
Abendessen: 2.500 EUR + 475 EUR USt	2.975,00 EUR

Getränke am Abend: 2.000 EUR + 380 EUR USt	2.380,00 EUR
Band am Abend: 3.000 EUR + 570 EUR USt	3.570,00 EUR
Summe	15.290,00 EUR
Kosten je Arbeitnehmer	117,62 EUR

Die Aufwendungen erhöhen sich durch die in Rechnung gestellte Umsatzsteuer um 2.290 EUR auf 15.290 EUR. Das ergibt je Mitarbeiter einen Bruttoaufwand von 117,62 EUR für die Veranstaltung.

Der Freibetrag von 110 EUR ist überschritten. Bei jedem Arbeitnehmer müssen 17,62 EUR nachversteuert werden. Zusätzlich unterliegt der Betrag von 17,62 EUR der Sozialversicherung. Der Betrag kann entweder individuell nach den ELStAM versteuert werden und ist dann beitragspflichtig in der Sozialversicherung. Die Lohnsteuer kann aber auch mit einem festen Steuersatz von 25 % erhoben werden. In diesem Fall ist der Arbeitgeber Schuldner der Lohnsteuer und es besteht Sozialversicherungsfreiheit.

Hinweis: Bei der Planung einer Betriebsveranstaltung, die lohnsteuer- und sozialversicherungsfrei bleiben soll, muss die Umsatzsteuer bei den anfallenden Ausgaben berücksichtigt werden.

Soweit das Unternehmen zum Vorsteuerabzug berechtigt ist, müssen die Daten der Finanzbuchhaltung um die in der Rechnung ausgewiesene Umsatzsteuer erhöht werden.

9 Bewirtungskosten

9.1 Arbeitnehmerbewirtung

Sachverhalt: Während einer Fachmesse lädt der Geschäftsführer eines Unternehmens seine 4 Abteilungsleiter zum Mittagessen in das Messerestaurant ein. Die Gesamtrechnung für das Mittagessen der 4 Abteilungsleiter und des Geschäftsführers beläuft sich auf 180 EUR einschließlich Umsatzsteuer.

Der Geschäftsführer bittet um Erstattung der getragenen Aufwendungen und darum, evtl. lohnsteuerliche und sozialversicherungsrechtliche Auswirkungen für die Mitarbeiter zu berücksichtigen. Die vorgelegte Rechnung erfüllt sämtliche steuerlichen Voraussetzungen.

Wie sind die entstandenen Kosten steuer- und sozialversicherungsrechtlich zu behandeln?

Lösung: Im Rahmen des Mittagessens werden ausschließlich eigene Arbeitnehmer bewirtet. Die Kosten fallen deshalb nicht unter die Abzugsbeschränkung für Bewirtungsaufwendungen. Die Vorsteuer ist voll abzugsfähig, wenn die Rechnung auf den Namen der Firma ausgestellt ist. Die verbleibenden (Netto-) Aufwendungen können in voller Höhe als Betriebsausgaben abgezogen werden.

Dem Geschäftsführer können die entstandenen Auslagen in voller Höhe als Auslagenersatz steuer- und sozialversicherungsfrei erstattet werden.

Das Essen selbst hat sowohl für den (angestellten) Geschäftsführer als auch für die eingeladenen Arbeitnehmer lohnsteuerliche Folgen. Es handelt sich um eine übliche Beköstigung während einer Auswärtstätigkeit. Die Besteuerung einer üblichen Mahlzeit mit dem Sachbezugswert als Arbeitslohn ist jedoch gesetzlich ausgeschlossen, wenn dem Arbeitnehmer für die betreffende Auswärtstätigkeit dem Grunde nach eine Verpflegungspauschale zustehen würde. Diese Voraussetzung dürfte bei den Messeteilnehmern erfüllt sein. Die steuer- und sozialversicherungsfreie Pauschale ist allerdings zu kürzen, wenn dem Arbeitnehmer von seinem Arbeitgeber eine Mahlzeit zur

Verfügung gestellt wird. Deshalb erfolgt im vorliegenden Fall eine Kürzung der Spesen um 40% der für die 24-stündige Abwesenheit geltenden höchsten Tagespauschale von 24 EUR, also um 9,60 EUR.

9.2 Geschäftsfreunde

Sachverhalt: Während einer Fachmesse lädt der Geschäftsführer eines Unternehmens einige der besten Firmenkunden sowie die mit dem Messedienst beauftragten Mitarbeiter zum Mittagessen in ein nahe gelegenes Restaurant ein. Die Gesamtkosten für die Bewirtung von 15 Personen belaufen sich auf 600 EUR zuzüglich Umsatzsteuer.

Der Geschäftsführer bittet nun um Erstattung der von ihm getragenen Aufwendungen und darum, evtl. lohnsteuer- und sozialversicherungsrechtliche Auswirkungen für die Mitarbeiter zu berücksichtigen. Die vorgelegten Rechnungen erfüllen sämtliche steuerlichen Voraussetzungen.

Wie sind die entstandenen Kosten steuer- und sozialversicherungsrechtlich zu behandeln?

Lösung: Im Rahmen des Messebesuchs findet eine Bewirtung von Geschäftsfreunden statt. Die Kosten fallen unter die Abzugsbeschränkung für Bewirtungsaufwendungen und können vom Arbeitgeber nur zu 70% als Betriebsausgaben abgezogen werden. Von der Gesamtrechnung über 600 EUR netto sind deshalb 180 EUR nicht abzugsfähig. Die auf die Bewirtung entfallende Vorsteuer von 114 EUR (600 EUR × 19%) kann in voller Höhe abgezogen werden.

Dem Geschäftsführer können die ihm entstandenen Auslagen von 714 EUR einschließlich Umsatzsteuer in voller Höhe als Auslagenersatz steuer- und sozialversicherungsfrei erstattet werden. Die Teilnahme der Arbeitnehmer an der Bewirtung stellt keinen steuerpflichtigen Arbeitslohn dar. Es handelt sich vielmehr um eine Zuwendung im ganz überwiegend betrieblichen Interesse des Arbeitgebers. Dies gilt auch für den auf den einladenden Geschäftsführer entfallenden Anteil. Bei den eingeladenen eigenen Arbeitnehmern sind aufgrund der Mahlzeitengestellung die Verpflegungspauschalen für den Tag um 40% der für die 24-stündige Abwesenheit geltenden Tagespauschale von 24 EUR, also um 9,60 EUR zu kürzen.

Für die eingeladenen Geschäftsfreunde bzw. deren Arbeitnehmer ergeben sich keine steuerlichen Folgen aus der Einladung. Weil es sich um die Einladung eines Dritten handelt, werden die Verpflegungspauschalen nicht gekürzt.

Praxistipp: Die Steuerfreiheit der Teilnahme von Arbeitnehmern an einer Bewirtung von Geschäftsfreunden gilt auch bei der Einladung in sog. VIP-Logen in Sportstadien. Der zulässigerweise pauschal zu ermittelnde Bewirtungsanteil an den Gesamtaufwendungen (30%) führt nicht zu Arbeitslohn.

9.3 Arbeitsbesprechung (regelmäßige)

Sachverhalt: In einem Unternehmen ist es üblich, dass jede Abteilung mindestens vierteljährlich einen jour-fixe mit allen Mitarbeitern durchführt. Bei diesem Anlass werden aktuelle Angelegenheiten jeder Abteilung besprochen und die anstehenden Arbeitsaufträge werden koordiniert. Jeder Abteilungsleiter bekommt für die Veranstaltungen ein Budget zugesprochen, mit dem er die Mitarbeiter in angemessenem Rahmen verköstigen soll.

Der Abteilungsleiter der Personalabteilung führt insgesamt 5 derartige Veranstaltungen durch (Abteilungsgröße 10 Personen). Bei 2 Veranstaltungen hat er für die Mitarbeiter Getränke und Plätzchen bereitgestellt, bei 2 Besprechungen ein Frühstück und kurz vor Weihnachten ein Mittagessen.

Die Aufwendungen belaufen sich auf insgesamt 50 EUR für Getränke und Plätzchen sowie 170 EUR für die Frühstücke und nochmals 180 EUR für das Mittagessen (jeweils zuzüglich Umsatzsteuer).

Welche lohnsteuer- und sozialversicherungsrechtlichen Folgen für die bewirteten Mitarbeiter ergeben sich?

Lösung: Die gesamten Aufwendungen fallen nicht unter das teilweise Abzugsverbot für Bewirtungsaufwendungen. Es werden ausschließlich eigene

Arbeitnehmer bewirtet. Die Aufwendungen von insgesamt 400 EUR sind beim Unternehmen voll als Betriebsausgaben abzugsfähig. Bei ordnungsgemäßer Rechnung ist die Vorsteuer voll abzugsfähig.

Für die Mitarbeiter ist die regelmäßige Bewirtung allerdings teilweise abgabenpflichtig. Werden Mitarbeiter aus betrieblichem Anlass kostenlos oder verbilligt bewirtet, ist dieser Sachbezug Arbeitslohn. Getränke und Genussmittel, die der Arbeitgeber zum Verzehr im Betrieb unentgeltlich oder teilentgeltlich überlässt, sind jedoch steuerfreie Aufmerksamkeiten. Deshalb ergeben sich aus der Bereitstellung von Getränken und Plätzchen zu den Veranstaltungen keine steuer- und sozialversicherungsrechtlichen Konsequenzen.

Die Verköstigung der Mitarbeiter mit einem Frühstück bzw. einem Mittagessen geht jedoch über die Grenze einer Aufmerksamkeit hinaus und ist deshalb zu versteuern. Die Bewertung der Mahlzeiten kann jedoch u.E. hier mit dem Sachbezugswert erfolgen. Dieser beträgt im Jahr 2017 je Arbeitnehmer für das Frühstück 1,70 EUR und für das Mittagessen 3,17 EUR. In gleicher Höhe ergibt sich jeweils auch ein beitragspflichtiges Entgelt in der Sozialversicherung.

Praxistipp: Es handelt sich bei den Bewirtungen im vorstehenden Beispiel nicht um Arbeitsessen im steuerlichen Sinne, weil die Veranstaltungen regelmäßig stattfinden. Ein Arbeitsessen und damit kein steuerpflichtiger Arbeitslohn liegt vor, wenn eine Bewirtung anlässlich und während eines außergewöhnlichen Arbeitseinsatzes (z.B. Eilauftrag) im ganz überwiegend betrieblichen Interesse an einer günstigen Gestaltung des Arbeitsablaufs erfolgt und dabei Speisen unentgeltlich überlassen werden, deren Wert 60 EUR nicht überschreitet. Regelmäßige Treffen stellen keinen außergewöhnlichen Arbeitseinsatz dar.

9.4 Belohnungsessen

Sachverhalt: Ein Unternehmen hatte in den vergangenen Wochen einen Großauftrag zu erledigen, der in allen Abteilungen zu erheblichen Überstunden geführt hat. Zur Belohnung hat der Geschäftsführer ein Budget von 1.000 EUR je Abteilung zur Verfügung gestellt, das die Abteilungsleiter nach eigenem Ermessen verwalten konnten. Nun liegen die Abrechnungen von 2 Abteilungsleitern vor.

- Der Leiter einer Abteilung hat seine 24 Mitarbeiter zu einem gemeinsamen Mittagessen in einer nahe gelegenen Gaststätte eingeladen. Die Gesamtrechnung für 25 Teilnehmer an der Bewirtung beläuft sich auf 1.000 EUR einschließlich Umsatzsteuer.
- Ein anderer Abteilungsleiter hat nur seine 4 Teamleiter zu einem gemeinsamen Abendessen eingeladen, weil sie am meisten unter dem Großauftrag zu leiden hatten. Er hat sie gebeten, jeweils ihren Partner bzw. ihre Partnerin mitzubringen. Die Gesamtrechnung für 10 Teilnehmer an der Bewirtung beläuft sich auf 1.000 EUR einschließlich Umsatzsteuer.

Welche lohnsteuer- und sozialversicherungsrechtlichen Folgen für die bewirteten Mitarbeiter ergeben sich?

Lösung: Die gesamten Aufwendungen für beide Bewirtungen fallen nicht unter das teilweise Abzugsverbot für Bewirtungsaufwendungen. Es werden ausschließlich eigene Mitarbeiter bewirtet. Bei ordnungsgemäßer Rechnung ist die Umsatzsteuer als Vorsteuer voll abzugsfähig. Die verbleibenden Aufwendungen sind beim Unternehmen voll als Betriebsausgabe abzugsfähig.

Für die Mitarbeiter ist die Bewirtung allerdings teilweise abgabenpflichtig. Werden Arbeitnehmer aus betrieblichem Anlass kostenlos oder verbilligt bewirtet, ist dieser Sachbezug Arbeitslohn. Es handelt sich hier jeweils um Belohnungsessen. Es liegen keine steuerlich unbedeutenden Arbeitsessen vor, weil Voraussetzung dabei insbesondere die Gestellung des Essens während des außergewöhnlichen Arbeitseinsatzes ist. Hier werden die Mitarbeiter jedoch *nach* dem Arbeitseinsatz zur Belohnung bewirtet. Unabhängig vom Wert des Essens und der Zahl der beteiligten Arbeitnehmer liegt also in beiden Fällen steuer- und sozialversicherungspflichtiger Arbeitslohn vor.

- Bei dem gemeinsamen Mittagessen nehmen alle 25 Angehörigen einer Abteilung teil. Auf jeden Teilnehmer entfallen damit Aufwendungen in Höhe von 40 EUR. Für diesen Teil des Arbeitslohns kann die Anwendung der Sachbezugsfreigrenze geprüft werden. Sachbezüge bis zu 44 EUR im Monat bleiben steuer- und sozialversicherungsfrei. Falls die Firma keine regelmäßigen steuerfreien Sachgeschenke gewährt (z.B. Job-Ticket), bleibt die Bewirtung unter diesem Grenzwert und damit steuer- und sozialversicherungsfrei.

- Am Teamleiteressen nehmen insgesamt 10 Personen teil. Auf jede bewirtete Person entfallen 100 EUR. Der Wert der Bewirtung für den Partner oder die Partnerin ist dem jeweiligen Mitarbeiter zuzurechnen, sodass auf die 4 Teamleiter und den Abteilungsleiter jeweils 200 EUR entfallen. Aus Vereinfachungsgründen wird dieser Wert nur zu 96 % angesetzt, so dass lediglich 192 EUR steuer- und sozialversicherungspflichtig sind.

10 Dienstwagen, 1-%-Regelung

10.1 Kfz mit Sonderausstattung

Sachverhalt: Ein Arbeitnehmer erhält einen Dienstwagen, den er sowohl privat als auch für Fahrten zwischen Wohnung und erster Tätigkeitsstätte (Entfernung 22 km) nutzen darf.

Der geldwerte Vorteil wird nach der 1-%-Regelung errechnet.

Angaben zum Dienstwagen:
- Hauspreis des Händlers: 30.000 EUR
- Inländischer Listenpreis (brutto): 32.675 EUR
- Sonderausstattung (werkseitig eingebaut):
  Navigationssystem: 1.512 EUR
  Diebstahlsicherung: 522 EUR
  Freisprechanlage: 150 EUR

Wie hoch ist der monatliche geldwerte Vorteil?

Lösung: Als Bemessungsgrundlage für den geldwerten Vorteil wird der inländische Listenpreis zuzüglich des Preises für die werkseitig eingebaute Sonderausstattung zugrunde gelegt. Nachträglich eingebaute Sonderausstattung erhöht nicht die Bemessungsgrundlage. Der Preis für die Freisprechanlage wird allerdings nicht hinzugezogen, da diese zu den Telekommunikationsgeräten gehört[18]:

Listenpreis	32.675,00 EUR
Navigationssystem	+ 1.512,00 EUR
Diebstahlsicherung	**+ 522,00 EUR**
Summe	34.709,00 EUR

---

18 R 8.1 Abs. 9 Nr. 1 LStR.

Abzurunden auf volle 100 EUR	34.700,00 EUR
Davon 1%	347,00 EUR
Fahrten Wohnung – erste Tätigkeitsstätte (0,03% von 34.700 EUR × 22 Kilometer)	+ 229,02 EUR
Geldwerter Vorteil insgesamt	576,02 EUR

10.2 Kfz mit nachträglich eingebauter Sonderausstattung

Sachverhalt: Ein Arbeitnehmer erhält einen Dienstwagen, den er sowohl privat als auch für Fahrten zwischen Wohnung und erster Tätigkeitsstätte (Entfernung 22 km) nutzen darf. Der geldwerte Vorteil wird nach der 1-%-Regelung errechnet.

Angaben zum Firmenwagen:
- Hauspreis des Händlers: 30.000 EUR
- Inländischer Listenpreis (brutto): 32.675 EUR
- Sonderausstattung (werkseitig eingebaut):
  Diebstahlsicherung: 522 EUR
  Freisprechanlage: 150 EUR

Nachträglich lässt der Arbeitgeber eine Standheizung im Wert von 1.512 EUR einbauen.

Wie hoch ist der monatliche geldwerte Vorteil?

Lösung: Als Bemessungsgrundlage für den geldwerten Vorteil wird der inländische Listenpreis zuzüglich des Preises für die Diebstahlsicherung zugrunde gelegt. Der Preis für die Freisprechanlage wird allerdings nicht hinzugezogen, da diese gem. R 8.1 Abs. 9 Nr. 1 LStR zu den Telekommunikationsgeräten gehört. Ebenso entfällt der Ansatz der Kosten für die nachträglich eingebaute Standheizung:

Listenpreis	32.675,00 EUR
Diebstahlsicherung	**+ 522,00 EUR**
Summe	33.197,00 EUR
Abzurunden auf volle 100 EUR	33.100,00 EUR
Davon 1%	331,00 EUR
Fahrten Wohnung – Tätigkeitsstätte (0,03% von 33.100 EUR × 22 Kilometer)	**+ 218,46 EUR**
Geldwerter Vorteil insgesamt	549,46 EUR

Die nachträglich eingebaute Sonderausstattung erhöht nicht den geldwerten Vorteil.

Hinweis: Die nachträglich eingebaute Sonderausstattung erhöht nicht den geldwerten Vorteil.[19] Eine Sonderausstattung im Sinne des Einkommensteuergesetzes liegt nur vor, wenn das Fahrzeug bereits werksseitig im Zeitpunkt der Erstzulassung damit ausgestattet ist.

10.3 Pauschalierung (15 Fahrten pro Monat)

Sachverhalt: Ein Arbeitnehmer erhält einen Dienstwagen, den er auch privat nutzen darf. Ebenso darf der Arbeitnehmer den Dienstwagen auch für Fahrten zwischen Wohnung und der 22 Kilometer entfernten ersten Tätigkeitsstätte nutzen.

Der inländische Brutto-Listenpreis für das Fahrzeug beträgt 32.675 EUR.

Der geldwerte Vorteil wird nach der 1-%-Regelung errechnet. Die Fahrten zwischen Wohnung und erster Tätigkeitsstätte sollen pauschal versteuert werden.

---

19 BFH, Urteil v. 13.10.2010, VI R 12/09, BFH/NV 2011 S. 475.

Wie wird der geldwerte Vorteil pauschal versteuert?

Lösung:

Listenpreis	32.675,00 EUR
Abzurunden auf volle 100 EUR	32.600,00 EUR
Davon 1%	326,00 EUR
Fahrten Wohnung – erste Tätigkeitsstätte (0,03% von 32.600 EUR × 22 Kilometer)	**+ 215,16 EUR**
Geldwerter Vorteil insgesamt	541,16 EUR
Pauschal mit 15% versteuert (22km× 0,30 EUR × 15 Arbeitstage)	99,00 EUR
Pauschale Lohnsteuer (15% von 99 EUR)	14,85 EUR
Pauschaler Solidaritätszuschlag (5,5% von 14,85 EUR)	0,82 EUR
Pauschale Kirchensteuer, angenommen (5% von 14,85 EUR)	0,74 EUR
Geldwerter Vorteil insgesamt	541,16 EUR
Davon pauschal besteuert	**– 99,00 EUR**
Nach Lohnsteuertabelle zu versteuern	442,16 EUR

10.4 Pauschalierung (weniger als 15 Fahrten pro Monat)

Sachverhalt: Ein Arbeitnehmer erhält einen Dienstwagen, den er auch privat nutzen darf. Ebenso darf er ihn für Fahrten zwischen seiner Wohnung und der 22 Kilometer entfernten ersten Tätigkeitsstätte nutzen.

Der inländische Brutto-Listenpreis für das Fahrzeug beträgt 32.675 EUR. Der geldwerte Vorteil wird nach der 1-%-Regelung errechnet. Die Fahrten zwischen Wohnung und erster Tätigkeitsstätte sollen pauschal versteuert werden. Der Arbeitnehmer führt ein Arbeitstagebuch (kein Fahrtenbuch i.S. der R 8.1 LStR), aus dem hervorgeht, dass er im August am 3.8., 5.8., 10.8., 12.8., 15.8. und 31.8., also an 6 Arbeitstagen, jeweils von zu Hause direkt zur ersten Tätigkeitsstätte fährt.

Aufgrund der detaillierten Aufzeichnungen darf die Versteuerung abweichend von der 0,03%-Methode mit 0,002% je Entfernungskilometer pro angegebenem Arbeitstag erfolgen.

Wie wird der geldwerte Vorteil pauschal versteuert?

Lösung:

Listenpreis	32.675,00 EUR
Abzurunden auf volle 100 EUR	32.600,00 EUR
Davon 1%	326,00 EUR
Fahrten Wohnung – erste Tätigkeitsstätte (0,002% von 32.600 EUR × 22 Kilometer × 6 Arbeitstage)	**+ 86,06 EUR**
Geldwerter Vorteil insgesamt	412,06 EUR
Pauschal mit 15% versteuert (22km × 0,30 EUR × 6 Arbeitstage)	39,60 EUR
Pauschale Lohnsteuer (15% von 39,60 EUR)	5,94 EUR
Pauschaler Solidaritätszuschlag (5,5% von 5,94 EUR)	0,33 EUR
Pauschale Kirchensteuer, angenommen (5% von 5,94 EUR)	0,30 EUR
Geldwerter Vorteil insgesamt	412,06 EUR
Davon pauschal besteuert	**– 39,60 EUR**
Nach Lohnsteuertabelle zu versteuern	372,46 EUR

11 Dienstwagen, Fahrtenbuch

11.1 Außendienstmitarbeiter (keine Fahrten Wohnung – erste Tätigkeitsstätte)

Sachverhalt: Ein Außendienstmitarbeiter erhält erstmalig zum 10.1. einen Dienstwagen, den er für seine umfangreichen Dienstfahrten benötigt. Da er regelmäßig von seiner Wohnung aus die Dienstfahrten antritt, entfällt die Versteuerung der Fahrten zwischen Wohnung und erster Tätigkeitsstätte.

Die Privatnutzung soll anhand eines Fahrtenbuchs nachgewiesen werden.

Gemäß Buchhaltung entstanden für das Kalenderjahr Gesamtaufwendungen von 13.190,29 EUR brutto. Insgesamt ist der Arbeitnehmer 18.775 km in diesem Jahr gefahren, davon 2.310 km privat.

Wie wird der geldwerte Vorteil errechnet und versteuert?

Lösung: Bei der Fahrtenbuchmethode darf monatlich 1/12 des Privatanteils des Vorjahrs angesetzt werden.

Da zum Beginn der Nutzung noch keine Vorjahreswerte vorliegen, ist es zulässig, zunächst monatlich für jeden privat gefahrenen Kilometer 0,001 % des Listenpreises anzusetzen und diesen vorläufigen Wert nach Jahresende dem konkreten Wert anzupassen und die Differenz nachzuversteuern.

Listenpreis	62.400,00 EUR
Privat gefahrene Kilometer lt. Fahrtenbuch: 2.310 km	
Bereits unterjährig versteuert (2.310 km × 62.400 EUR × 0,001 %)	1.441,44 EUR
Gesamtkilometer lt. Fahrtenbuch: 18.775 km	
Zu versteuern (13.190,29 EUR : 18.775 km × 2.310 km)	1.622,88 EUR
Nachzuversteuern: (1.622,88 EUR – 1.441,44 EUR)	181,44 EUR

Der monatliche geldwerte Vorteil beträgt 1/12 von 1.622,88 EUR = 135,24 EUR. Dieser Wert ist nach Jahresende wiederum anzupassen.

11.2 Mitarbeiter beantragt Fahrtenbuchregelung bei seiner Einkommensteuererklärung

Sachverhalt: Ein Mitarbeiter mit Steuerklasse I und einem Bruttolohn von 5.000 EUR monatlich erhält ab 8.1.einen neuen Dienstwagen, Bruttolistenpreis 42.320 EUR inkl. USt, den er sowohl für Fahrten zur ersten Tätigkeitsstätte (10 km) als auch für private Fahrten nutzen darf.

Bei der Besteuerung nach der 1-%- und 0,03-%-Regelung ergeben sich folgende monatlichen Beträge:

Privatnutzung (1% aus 42.300 EUR)	423,00 EUR
Fahrten zur ersten Tätigkeitsstätte (0,03 % aus 42.300 EUR × 10 km)	**+ 126,90 EUR**
Geldwerter Vorteil monatlich	549,90 EUR
Jährlich (549,90 EUR × 12 Monate)	6.598,80 EUR

Da dem Mitarbeiter die Besteuerung nach der 1-%- und 0,03-%-Regelung zu teuer ist, will er ein Fahrtenbuch führen und die Privatfahrten durch Einzelnachweis versteuern. Der Arbeitgeber ist skeptisch, ob der Mitarbeiter ein ordnungsgemäßes Fahrtenbuch führt, außerdem lehnt er die Berechnung als zu aufwändig ab.

Wie hoch ist die Differenz zwischen dem zu versteuernden geldwerten Vorteil nach der 1-%- und 0,03-%-Regelung und dem nach der Fahrtenbuchmethode?

Kann der Mitarbeiter den zu hoch angesetzten geldwerten Vorteil in seiner Einkommensteuer-Erklärung geltend machen?

Lösung: Ja, bei der Einkommensteuerveranlagung kann der Mitarbeiter die Beträge dem Finanzamt mitteilen und der vom Arbeitgeber gemeldete Bruttoarbeitslohn wird vom Finanzamt entsprechend gekürzt.

Der Arbeitgeber versteuert den geldwerten Vorteil nach der Pauschalmethode (1-%- und 0,03-%-Regelung). Dies vermindert das Haftungsrisiko des Arbeitgebers, da diese Regelung gesetzlich vorrangig ist. Mängel im Fahrtenbuch gehen bei dieser Lösung ausschließlich zu Lasten des Mitarbeiters.

Der Arbeitgeber bescheinigt dem Arbeitnehmer nach Ablauf des Jahres die insgesamt aus dem Betrieb des Fahrzeugs angefallenen Kosten. Die Werte aus der Finanzbuchhaltung müssen bei Arbeitgebern mit Vorsteuerabzug um die gesetzliche Umsatzsteuer erhöht werden (Bruttowerte).

Abrechnung nach Fahrtenbuch

Der Arbeitgeber bescheinigt auf das Jahresende folgende Werte:
- Kaufpreis brutto: 36.000 EUR
- Gesamtkosten betragen: 10.398 EUR brutto

Der Mitarbeiter kann anhand seines Fahrtenbuchs folgende Fahrleistungen nachweisen:
- Gesamtfahrleistung: 25.000 kmPrivatfahrten: 6.000 kmFahrten zwischen Wohnung und erster Tätigkeitsstätte: 4.000 km(10 km einfache Entfernung)

Gesamtkosten brutto	10.398,00 EUR
Kosten pro km (10.398 EUR : 25.000 km)	0,416 EUR
Geldwerter Vorteil Privatfahrten (6.000 km) zzgl. Fahrten Wohnung – erste Tätigkeitsstätte (4.000 km) gesamt (10.000 km × 0,416 EUR)	4.160,00 EUR
Bisher vom Arbeitgeber versteuert	6.598,80 EUR
Zuviel versteuert	2.438,80 EUR

Im Rahmen der Einkommensteuerveranlagung des Mitarbeiters wird der vom Arbeitgeber gemeldete Bruttoarbeitslohn vom Finanzamt um 2.438,80 EUR gekürzt. Der Arbeitnehmer-Pauschbetrag von 1.000 EUR wird daneben gewährt.

Als Werbungskosten kann der Mitarbeiter geltend machen:

230 Tage × 10 km × 0,30 EUR = 690 EUR.

Da der Arbeitnehmer-Pauschbetrag von 1.000 EUR höher ist, wird dieser gewährt.

Der Arbeitnehmer kann über seine Einkommensteuererklärung nur eine Korrektur des steuerpflichtigen Arbeitslohns erreichen. Die Korrektur des sozialversicherungspflichtigen Bruttoentgelts ist nicht möglich.

12 Doppelte Haushaltsführung

12.1 Beginn der doppelten Haushaltsführung

Sachverhalt: Ein verheirateter Arbeitnehmer wird ab Februar 2017 von seiner Filiale in Düsseldorf nach München versetzt. Er reist am Dienstagabend, den 31.1.2017, erstmals an. Seinen Familienwohnsitz in Düsseldorf behält er bei.

Der Arbeitgeber stellt ihm in München kostenlos ein Apartment auf dem Firmengelände zur Verfügung.

Im Februar fährt der Arbeitnehmer nach seinem Dienst in München an allen Wochenenden mit dem eigenen Pkw zu seiner Familie nach Düsseldorf. Er kommt dort regelmäßig freitags gegen 22 Uhr an und fährt am Sonntag gegen 17 Uhr wieder nach München. Am 29.2.2016 hat er Urlaub. Der Arbeitgeber erstattet die steuerlich zulässigen Aufwendungen.

Wie hoch ist die Reisekostenerstattung für Februar 2017 (einschließlich erster Hinfahrt)?

Lösung: Ab Februar 2017 liegt eine steuerlich zu berücksichtigende doppelte Haushaltsführung vor. Der Arbeitnehmer ist aufgrund der Versetzung außerhalb seines Wohnorts Düsseldorf beschäftigt und führt am auswärtigen Beschäftigungsort München einen doppelten Haushalt. Deshalb dürfen die notwendigen Mehraufwendungen, die durch die doppelte Haushaltsführung entstehen, steuer- und sozialversicherungsfrei ersetzt werden. Dazu gehören die Kosten für die Unterkunft. Da diese ohnehin vom Arbeitgeber kostenfrei gestellt wird, können keine zusätzlichen steuerfreien Erstattungen gewährt werden.

- Am Beginn der doppelten Haushaltsführung kann der Arbeitgeber die tatsächlichen Aufwendungen für die erste Hinfahrt zum Beschäftigungsort steuerfrei vergüten.
  Ohne Einzelnachweis ist die Kilometerpauschale von 0,30 EUR je gefahrenem Kilometer zu gewähren:
  600 Kilometer × 0,30 EUR je Kilometer = 180 EUR

- Außerdem können die Kosten für eine Heimfahrt wöchentlich steuerfrei erstattet werden. Dazu können dem Arbeitnehmer die Aufwendungen in Höhe der Entfernungspauschale von 0,30 EUR je Entfernungskilometer steuerfrei ersetzt werden.

- Da der Mitarbeiter im Februar nicht öfter als einmal wöchentlich nach Hause gefahren ist, sind alle Heimfahrten erstattungsfähig. Es ergeben sich 4 Rückfahrten und 4 neue Hinfahrten. Für Zwecke der Entfernungspauschale kann deshalb von 4 Familienheimfahrten ausgegangen werden: 4 Fahrten × 600 Kilometer × 0,30 EUR je Entfernungskilometer = 720 EUR.

- Die Verpflegungsmehraufwendungen können maximal 3 Monate lang in Höhe der für beruflich veranlasste Auswärtstätigkeiten geltenden Pauschalen erstattet werden, also bis Ende April 2017.
  Für die Berechnung der Abwesenheitsdauer ist die Wohnung am Lebensmittelpunkt des Arbeitnehmers maßgebend. Hieraus folgt, dass für Tage, an denen Familienheimfahrten durchgeführt werden, nur geringere Pauschbeträge zum Ansatz kommen und für Tage, an denen sich der Arbeitnehmer ganz zu Hause aufgehalten hat, keine Pauschbeträge steuerfrei erstattet werden können.
  Für Tage, an denen Familienheimfahrten durchgeführt werden, kann nur die Pauschale für An- und Abreisetage zum Ansatz kommen. Für Tage, an denen sich der Arbeitnehmer ganz zu Hause aufgehalten hat, können keine Pauschbeträge steuerfrei erstattet werden.
  Von Montag bis Donnerstag ist der Arbeitnehmer 24 Stunden abwesend und erhält deshalb die volle Verpflegungspauschale von 24 EUR. An den Freitagen und an den Sonntagen erhält er eine Pauschale von 12 EUR. Samstags erhält er keine Pauschale.
  Für Februar 2017 ergeben sich damit folgende Pauschalen:
  8 × 12 EUR + 16 × 24 EUR = 480 EUR

Insgesamt können dem Arbeitnehmer damit 1.380 EUR steuer- und sozialversicherungsfrei erstattet werden.

12.2   Versetzung

Sachverhalt: Ein verheirateter Arbeitnehmer wurde Anfang Dezember 2016 vorübergehend 300 Kilometer von seinem Wohnort entfernt nach Kassel versetzt. Seine Familie ist nicht umgezogen.

Er hat dort ein möbliertes Apartment (40 Quadratmeter) zum Preis von 400 EUR angemietet.

An den Wochenenden fährt er regelmäßig mit der Bahn nach Hause zu seiner Familie. Die Fahrkarten kosten 300 EUR monatlich.

Nach unternehmensinternen Regelungen werden die steuerlich zulässigen Aufwendungen erstattet.

Ergeben sich aus dem Sachverhalt lohnsteuer- und sozialversicherungsrechtliche Folgen?

Lösung: Für den Arbeitnehmer können folgende Aufwendungen im Rahmen der doppelten Haushaltsführung erstattet werden:

- Unterkunft: Die Miete i. H. v. 400 EUR kann in voller Höhe steuer- und sozialversicherungsfrei gewährt werden.
- Fahrtkosten für eine Heimfahrt wöchentlich: Bei der Benutzung öffentlicher Verkehrsmittel können die Kosten in tatsächlicher Höhe erstattet werden. Die Erstattung der Fahrkarten bleibt somit in voller Höhe von 300 EUR lohnsteuer- und sozialversicherungsfrei.
- Verpflegungsmehraufwendungen: Diese können max. 3 Monate lang steuerfrei erstattet werden. Die 3-Monatsfrist läuft Ende Februar 2017 aus, sodass für März 2017 erstmalig keine Verpflegungspauschalen steuer- und sozialversicherungsfrei gewährt werden dürfen.

12.3   Ledige mit Fahrten am Ort

Sachverhalt: Eine Bereichsleiterin hat bei ihrer Einstellung vor 3 Jahren eine Zusage erhalten, maximal 5 Jahre lang, die notwendigen Kosten für eine Zweitwohnung ersetzt zu bekommen. Nachdem sie anfangs ein kleines Apartment in unmittelbarer Firmennähe bewohnt hat, ist sie vor etwa einem Jahr in eine rund 60 Quadratmeter große Wohnung am Stadtrand gezogen (10 Kilometer von der Firma) entfernt. Die monatliche Warmmiete beträgt 700 EUR. Sie erhält – wie alle Mitarbeiter – ein Job-Ticket zum Preis von monatlich 60 EUR, mit dem sie die Fahrten von der Zweitwohnung zur ersten Tätigkeitsstätte zurücklegen kann. Weitere Erstattungen erhält die Mitarbeiterin nicht. Obwohl sie alleinstehend ist, hat sie ihre rund 400 Kilometer entfernt liegende Hauptwohnung nicht aufgegeben und fährt dort an den Wochenenden hin, weil ihre Verwandtschaft und ihr gesamter Freundeskreis in der Gegend leben.

Wie sind die Arbeitgeberzuschüsse zu Wohnung und Fahrkarte lohnsteuer- und sozialversicherungsrechtlich zu behandeln?

Lösung: Die Mitarbeiterin ist aufgrund des vor 3 Jahren erfolgten Arbeitsplatzwechsels außerhalb ihres Wohnorts beschäftigt und führt am auswärtigen Beschäftigungsort einen Haushalt. Die Anerkennung einer doppelten Haushaltsführung setzt zusätzlich voraus, dass die Mitarbeiterin einen eigenen Hausstand außerhalb des Beschäftigungsorts unterhält. Bei Ledigen dürfen Arbeitgeber einen eigenen Hausstand nur anerkennen, wenn die Mitarbeiterin schriftlich erklärt hat, dass sie neben der Zweitwohnung am Beschäftigungsort außerhalb des Beschäftigungsorts einen eigenen Hausstand unterhält, an dem sie sich auch finanziell beteiligt. Die Richtigkeit dieser Erklärung muss der Arbeitnehmer durch Unterschrift bestätigen. Liegt eine solche Bescheinigung vor, ist die doppelte Haushaltsführung grundsätzlich steuerlich anzuerkennen.

Weil die doppelte Haushaltsführung schon mehrere Jahre andauert, sind Verpflegungsmehraufwendungen nicht mehr steuerfrei zu gewähren.

Es können die tatsächlichen Übernachtungskosten bis zur Höhe von maximal 1.000 EUR monatlich steuerfrei erstattet werden. Deshalb kann die Miete i. H. v. 700 EUR in voller Höhe steuer- und sozialversicherungsfrei erstattet werden.

Zuschüsse für Familienheimfahrten werden hier nicht gewährt. Die Mitarbeiterin erhält nur die Nahverkehrskarte.

Vergütungen des Arbeitgebers für die Fahrten zwischen Wohnung und erster Tätigkeitsstätte sind unabhängig vom benutzten Verkehrsmittel steuerpflichtig. Es ist jedoch eine Pauschalbesteuerung der Fahrkarte im Wert von 60 EUR mit einem Steuersatz von 15% möglich. Damit verbunden ist die Sozialversicherungsfreiheit.

Praxistipp: Steuerrechtlich vorteilhafter, wäre ein Zuschuss zu den Familienheimfahrten.

12.4 Pauschaler Übernachtungskostenersatz

Sachverhalt: Ein Arbeitnehmer hat bei seiner Einstellung die Zusage erhalten, für mindestens 2 Jahre die notwendigen Kosten für eine Zweitwohnung ersetzt zu bekommen.

Der Arbeitnehmer hat seine Hauptwohnung beibehalten. Er hat dem Arbeitgeber schriftlich erklärt, dass er außerhalb des Beschäftigungsorts einen eigenen Hausstand unterhält und die Richtigkeit dieser Erklärung durch Unterschrift bestätigt.

Nachdem er im Kalenderjahr 2016 ein kleines Apartment in unmittelbarer Nähe der Firma bewohnt hat, übernachtet er seit Januar 2017 die Woche über bei einem befreundeten Kollegen kostenfrei in dessen Wohnung.

Ist eine Erstattung von Kosten für die Zweitwohnung nach dem Umzug noch steuer- und sozialversicherungsfrei möglich?

Lösung: Der Arbeitnehmer ist aufgrund des Arbeitsplatzwechsels außerhalb seines früheren Wohnorts beschäftigt und führt am auswärtigen Beschäftigungsort einen Haushalt. Die Anerkennung einer doppelten Haushaltsführung setzt zusätzlich voraus, dass der Arbeitnehmer weiterhin einen eigenen Hausstand außerhalb des Beschäftigungsorts unterhält. Dies hat er schriftlich bestätigt. Damit ist die doppelte Haushaltsführung grundsätzlich steuerlich anzuerkennen.

Bei einer doppelten Haushaltsführung kann der Arbeitgeber die Übernachtungskosten in Höhe der nachgewiesenen Aufwendungen erstatten. Aufwendungen für Übernachtung fallen hier nicht mehr an. Alternativ ist auch die Gewährung von Übernachtungspauschalen für die ersten 3 Monate möglich: Die Übernachtungskosten können im Inland bis zu 20 EUR je Übernachtung steuerfrei erstattet werden. Diese 3-Monatsfrist ist bei dem Arbeitnehmer abgelaufen, weil die doppelte Haushaltsführung bereits mehr als ein Jahr andauert. Danach kann je Übernachtung grundsätzlich ein Pauschbetrag von 5 EUR steuerfrei erstattet werden. Voraussetzung für die pauschale Erstattung ist aber, dass die Übernachtung nicht in einer vom Arbeitgeber unentgeltlich überlassenen Unterkunft stattfindet.

Dies ist hier erfüllt. Ein Wechsel zwischen dem Einzelnachweis der tatsächlich entstandenen Übernachtungskosten und dem Ansatz der Pauschbeträge ist jedoch während ein und derselben doppelten Haushaltsführung innerhalb eines Kalenderjahrs nicht zulässig. Weil der Mitarbeiter genau zum Jahreswechsel umgezogen ist, kann jedoch u. E. eine Erstattung in Höhe von 5 EUR je Übernachtung steuer- und sozialversicherungsfrei erfolgen.

12.5 Auswärtstätigkeit

Sachverhalt: Ein Arbeitnehmer führt seit etwas mehr als einem Jahr einen beruflich veranlassten doppelten Haushalt in Freiburg. Dort bewohnt er ein kleines Apartment zum Preis von 300 EUR monatlich. Am Wochenende fährt er mit dem Pkw zu seiner Familie nach Stuttgart (200 Kilometer).

Vom Arbeitgeber werden sowohl die Übernachtungskosten wie auch die Familienheimfahrten – wie in den vergangenen Monaten – bis zu den steuerfreien Grenzen erstattet.

- Der Arbeitnehmer hat an den 4 Wochenenden im Februar 2017 seinen Heimatort Stuttgart sonntags gegen 21 Uhr verlassen und ist freitags gegen 19.00 Uhr dorthin zurückgekehrt.

- Von Dienstag 7.2.2017 bis Donnerstag 9.2.2017 hat er mit der Bahn Kunden in Frankfurt und Karlsruhe besucht. Die Fahrkarten dafür hat er unmittelbar vom Arbeitgeber erhalten; ebenso hat dieser seine Übernachtungen gebucht. Der Arbeitnehmer ist am Dienstag um 8 Uhr von seiner Zweitwohnung losgefahren und am Donnerstag um 11 Uhr wieder an seiner ersten Tätigkeitsstätte eingetroffen.

Können dem Mitarbeiter Verpflegungsmehraufwendungen steuer- und sozialversicherungsfrei ersetzt werden?

Lösung: Bei dem Arbeitnehmer liegt eine beruflich veranlasste doppelte Haushaltsführung vor. Er ist aufgrund der Versetzung außerhalb seines Wohnorts beschäftigt und führt am auswärtigen Beschäftigungsort Freiburg einen doppelten Haushalt. Deshalb dürfen die notwendigen Mehraufwendungen, die durch die doppelte Haushaltsführung entstehen, steuer- und sozialversicherungsfrei ersetzt werden.

- Die Kosten für die Unterkunft sowie die Kosten für eine Familienheimfahrt wöchentlich (beschränkt auf die Entfernungspauschale von 0,30 EUR je Entfernungskilometer) können steuer- und sozialversicherungsfrei erstattet werden.

- Eine Erstattung von Verpflegungsmehraufwendungen im Rahmen der doppelten Haushaltsführung kommt nicht in Betracht, da die 3-Monatsfrist abgelaufen ist.

- Während der Kundenbesuche befindet sich der Arbeitnehmer jedoch gleichzeitig auf einer beruflich veranlassten Auswärtstätigkeit. Für diese Tage können Verpflegungspauschalen erstattet werden, weil hier eine separate Frist beginnt, die mit der Rückkehr nach Freiburg endet. Dienstag und Donnerstag sind An-/Abreisetage und der Arbeitnehmer erhält dafür eine Pauschale von jeweils 12 EUR, am Mittwoch beträgt die Abwesenheit volle 24 Stunden und die Pauschale 24 EUR. Es können damit insgesamt 48 EUR Verpflegungsmehraufwendungen steuer- und sozialversicherungsfrei erstattet werden.

Praxistipp: Dauert die doppelte Haushaltsführung erst weniger als 3 Monate an, können auch dafür Verpflegungsmehraufwendungen erstattet werden. Soweit für denselben Kalendertag Verpflegungsmehraufwendungen wegen einer Auswärtstätigkeit und einer doppelten Haushaltsführung anzuerkennen sind, ist jeweils der höchste Pauschbetrag anzusetzen.

12.6 Arbeitnehmer ohne eigenen Hausstand

Sachverhalt: Im letzten Monat hat eine neue Auszubildende die Ausbildung begonnen. Sie stammt aus der Nähe von Hamburg und wohnt dort bei ihren Eltern. Für die Ausbildung hat sie in Hannover ein Apartment zum Preis von 200 EUR bezogen. Die Miete dafür wird vom Arbeitgeber erstattet. An den Wochenenden fährt die Auszubildende die Strecke von 150 Kilometern mit der Bahn nach Hause. Die Fahrkarte dafür kostet im Monat 100 EUR und wird ebenfalls vom Arbeitgeber übernommen. Neben ihrem Ausbildungsgehalt erhält die neue Mitarbeiterin keine weiteren Erstattungen oder Bezüge.

Wie sind die Erstattungen für die Wohnung und die Fahrkarte steuerlich und sozialversicherungsrechtlich zu beurteilen?

Lösung: Eine doppelte Haushaltsführung liegt vor, wenn ein Mitarbeiter aus beruflichen Gründen außerhalb des Orts, in dem er einen eigenen Hausstand unterhält, beschäftigt ist und auch am Beschäftigungsort wohnt.

Im vorliegenden Fall mangelt es an einem eigenen Hausstand der Mitarbeiterin am Heimatort, weil sie dort bei ihren Eltern wohnt. Das Vorliegen eines eigenen Hausstandes setzt eine finanzielle Beteiligung an den laufenden Kosten der Haushaltsführung voraus. Diese Voraussetzung ist bei Arbeitnehmern, die noch bei ihren Eltern wohnen, regelmäßig nicht erfüllt. Es liegt damit eine sog. unechte doppelte Haushaltsführung ohne eigenen Hausstand vor.

Die Übernahme der Wohnungsmiete durch den Arbeitgeber stellt in voller Höhe lohnsteuer- und sozialversicherungspflichtigen Arbeitslohn dar.

Bei den Fahrten zwischen Elternhaus und erster Tätigkeitsstätte handelt es sich um Fahrten »von der weiter entfernt liegenden Wohnung« zur ersten Tätigkeitsstätte. Vergütungen des Arbeitgebers für diese Fahrten sind unabhängig vom benutzten Verkehrsmittel steuerpflichtig. Grundsätzlich kann dieser Arbeitslohn jedoch mit 15% pauschal versteuert werden. Diese Pauschalversteuerung führt auch zur Sozialversicherungsfreiheit. Die Kosten für die Fahrkarte sind bis zur Höhe der tatsächlichen Kosten von 100 EUR pauschalierungsfähig.

12.7 Wegzug

Sachverhalt: Ein lediger Mitarbeiter wohnt und arbeitet in Düsseldorf. Im Jahr 2017 verlegt er seinen Hauptwohnsitz zu seiner Lebensgefährtin nach München, sie hat dort eine Wohnung gemietet. Seine 50 qm große Wohnung in Düsseldorf behält er bei, nur die Wochenenden verbringt er in München.

Liegt eine doppelte Haushaltsführung vor?

Lösung: Nach dem Wegzug könnte eine beruflich bedingte doppelte Haushaltsführung vorliegen. Der Mitarbeiter behält die auswärtige Zweitwohnung in Düsseldorf bei um von dort aus seinen Arbeitsplatz erreichen zu können. Die gleichzeitige Wegverlegung der Familienwohnung aus privaten Gründen nach München, durch die erst die Einrichtung einer zusätzlichen Wohnung erforderlich wird, und damit auch die Aufsplitterung der bislang einheitlichen Haushaltsführung am Ort der Beschäftigung, sind nicht von Bedeutung.

Das Vorliegen eines eigenen Hausstandes setzt eine finanzielle Beteiligung an den laufenden Kosten der Haushaltsführung voraus. Betragen die Barleistungen des Mitarbeiters mehr als 10% der monatlich regelmäßig anfallenden laufenden Kosten der Haushaltsführung (Miete, Mietnebenkosten, Kosten für Lebensmittel und andere Dinge des täglichen Bedarfs), ist von einer finanziellen Beteiligung auszugehen. Bei unverheirateten Arbeitnehmern kann der Arbeitgeber einen eigenen Hausstand nur dann anerkennen, wenn sie schriftlich erklären, dass sie neben einer Zweitwohnung am Beschäftigungsort außerhalb des Beschäftigungsortes einen eigenen Hausstand am Lebensmittelpunkt unterhalten, an dem sie sich auch finanziell beteiligen.

12.8   Umgekehrte Familienheimfahrten

Sachverhalt: Ein verheirateter Abteilungsleiter führt seit Jahren einen doppelten Haushalt. Neben einem Appartement an seinem Arbeitsort Dresden hat er seinen Hauptwohnsitz in der Nähe von München, wo seine Ehefrau weiterhin wohnt. Die Firma erstattet die Kosten für die wöchentlichen Familienheimfahrten mit dem eigenen Pkw im Rahmen der steuerlichen Möglichkeiten.

An insgesamt 3 Wochenenden konnte der Mitarbeiter wegen dringender beruflicher Verpflichtungen keine Heimfahrt antreten, stattdessen besuchte ihn seine Ehefrau an diesen Wochenenden in Dresden. Zusätzlich ist die Ehefrau auch an einem Wochenende im Dezember nach Dresden gekommen, um mit ihrem Mann den dortigen Weihnachtsmarkt zu besuchen.

Können auch die Aufwendungen für die Besuchsfahrten der Ehefrau steuerfrei ersetzt werden?

Lösung: Im Rahmen der doppelten Haushaltsführung können die Kosten für eine Heimfahrt wöchentlich steuerfrei erstattet werden. Dazu können dem Arbeitnehmer die Aufwendungen in Höhe der Entfernungspauschale von 0,30 EUR je Entfernungskilometer steuerfrei ersetzt werden. Bei einer Entfernung von 450 km sind dies wöchentlich 135 EUR.

Dies gilt grundsätzlich auch für sog. umgekehrte Familienheimfahrten. Wird der Arbeitnehmer am Wochenende von seinem Ehegatten oder minderjährigen Kindern besucht, insbesondere weil er aus beruflichen Gründen nicht nach Hause fahren kann, so treten deren Fahrtkosten an die Stelle der Kosten für eine Familienheimfahrt des Arbeitnehmers. Auch diese Kosten können vom Arbeitgeber nach den Grundsätzen für Familienheimfahrten steuerfrei erstattet werden, allerdings nur in der Höhe, in der auch dem Arbeitnehmer Kosten für die Familienheimfahrt entstanden wären. Für die 3 Wochenenden, an denen der Arbeitnehmer beruflich an einer Familienheimfahrt gehindert war, können trotzdem jeweils 135 EUR steuerfrei erstattet werden.

Wird die wöchentliche Familienheimfahrt hingegen aus privaten Gründen nicht angetreten, sind die Aufwendungen für die stattdessen durchgeführte

Besuchsfahrt des anderen Ehegatten zum Beschäftigungsort keine Werbungskosten. Für das Wochenende des Weihnachtsmarktbesuchs ist deshalb keine steuerfreie Erstattung durch den Arbeitgeber möglich.

Hinweis: Bei Nutzung einer Wohnung am auswärtigen Tätigkeitsort zur Übernachtung während einer beruflich veranlassten Auswärtätigkeit kann im Inland aus Vereinfachungsgründen bei Aufwendungen bis zu einem Betrag von 1.000 EUR monatlich von einer ausschließlichen beruflichen Veranlassung ausgegangen werden. Daran ändern auch gelegentliche Besuche des Ehe- /Lebenspartners oder anderer Familienmitglieder nichts.

13 Einmalzahlungen

13.1 Entgeltarten

Sachverhalt: Ein Arbeitgeber zahlt seinen Mitarbeitern laufendes wie auch einmaliges Arbeitsentgelt unter diversen Bezeichnungen.

Welche der Entgeltarten zählen zu den Einmalzahlungen, welche zum Arbeitsentgelt?

Lösung:

Bezeichnung des Arbeitsentgelts	Einmal-zahlung	laufendes Arbeitsentgelt
Weihnachtsgeld	x	
Urlaubsgeld	x	
Jubiläumszuwendungen	x	
Geburtsbeihilfen	x	
Abgeltung bestimmter Aufwendungen des Beschäftigten, die im Zusammenhang mit der Beschäftigung stehen		x
Waren oder Dienstleistungen, die vom Arbeitgeber nicht überwiegend für den Bedarf seiner Beschäftigten hergestellt, vertrieben oder erbracht werden und monatlich in Anspruch genommen werden können, z.B. verbilligter Einkauf für Mitarbeiter eines Warenhauses		x
Sonstige Sachbezüge		x
Vorteil aus verbilligter Miete für Arbeitnehmer in einer Werkswohnung		x
Arbeitnehmer bei einem Automobilkonzern, kann zweimal jährlich ein Auto mit Personalrabatt erwerben	x	
Vermögenswirksame Leistungen		x
Provision		x
Beteiligung am Unternehmensgewinn des Vorjahres	x	

13.2 Zeitliche Zuordnung

Sachverhalt: In der Zeit vom 1.4.–31.12.2017 werden Einmalzahlungen an diverse Arbeitnehmer ausgezahlt.

Welchem Entgeltabrechnungsmonat sind diese Einmalzahlungen zuzuordnen?

Lösung:

Sachverhalt	Zuordnung	Hinweise und Besonderheiten
Auszahlung Urlaubgeld im Mai	Mai	
Weihnachtsgeld wird im Dezember ausgezahlt, der Arbeitnehmer bezieht seit 1.10. Krankengeld	Dezember	Krankengeldbezugszeiten sind grds. beitragsfrei. Trotzdem unterliegt die Einmalzahlung der Beitragspflicht. Die beitragsfreie Zeit wird jedoch nicht für die Ermittlung der anteiligen Jahresbeitragsbemessungsgrenze herangezogen (Oktober bis Dezember = 0 SV-Tage)
Gewinnbeteiligung auf Vorjahresgewinn wird im Juni gezahlt, die Arbeitnehmerin ist bereits seit 15.5. in Elternzeit	Juni	Während einer Elternzeit besteht grds. Beitragsfreiheit. Trotzdem unterliegt die Einmalzahlung der Beitragspflicht (s. voriges Beispiel)
Beschäftigung endet am 31.10. wegen Eintritt in den Ruhestand. Zahlung von anteiligem Weihnachtsgeld im Dezember	Oktober	Zuordnung zum letzten abgerechneten Kalendermonat im laufenden Jahr
Beschäftigung endet durch fristlose Kündigung am 14.3. Im Juni wird dem Arbeitnehmer durch das Arbeitsgericht eine Abfindung wegen Beendigung der Beschäftigung als Entschädigung für den Wegfall künftiger Verdienstmöglichkeiten (den Verlust des Arbeitsplatzes) zugesprochen und ausgezahlt	keine	Keine Zuordnung zum früheren Beschäftigungsverhältnis, weil die Abfindung künftige Entgeltansprüche (also für die Zeit nach Ende der Beschäftigung) ausgleichen soll **Achtung** Soweit es sich um erarbeitete Entgeltansprüche handelt, welche nachgezahlt werden, sind diese dem Beschäftigungsverhältnis zuzuordnen (Einmalzahlungen im Beispiel also dem Zeitraum 1.–14.3. bzw. laufende Entgelte dem Monat der Erzielung).

13.3   Zeitliche Zuordnung mit Märzklausel

Sachverhalt: In der Zeit vom 1.1.–31.3.2017 werden Einmalzahlungen an diverse Arbeitnehmer ausgezahlt.

Welchem Entgeltabrechnungsmonat müssen diese Einmalzahlungen zugeordnet werden?

Lösung:

Sachverhalt	Zuordnung	Hinweise und Besonderheiten
Einmalzahlung durch Arbeitgeber A im März 2017 übersteigt anteilige Jahresbeitragsbemessungsgrenze. Der Arbeitnehmer war wie folgt bei Arbeitgeber A beschäftigt: 1.3.2004 – 30.6.2016 1.2.2017 – laufend In der Zeit vom 1.7.2016 bis 31. 1.2017 bestand eine Beschäftigung bei Arbeitgeber B.	Juni 2016	Die Märzklausel gilt auch, wenn der Arbeitnehmer für eine Zwischenzeit bei einem anderen Arbeitgeber beschäftigt war. Es fällt grundsätzlich die Insolvenzgeldumlage nach der Höhe des für die Rentenversicherung beitragspflichtigen Anteils der Einmalzahlung an (Wert seit 1.1.2016: 0,12 %). Umlagen nach dem AAG sind aus der Einmalzahlung nicht zu entrichten.
Einmalzahlung im März 2017 übersteigt anteilige Jahresbeitragsbemessungsgrenze. Beschäftigung bestand auch während des Vorjahres, die Jahresbeitragsbemessungsgrenze bis Dezember 2016 ist jedoch bereits ausgeschöpft.	Dezember 2016	Bei der Märzklausel bleibt es auch dann, wenn der beitragspflichtige Anteil geringer ist, als er bei einer Zuordnung im laufenden Jahr gewesen wäre (kein Günstigkeitsvergleich). Hier ist die Einmalzahlung im Ergebnis beitragsfrei.

Sachverhalt	Zuordnung	Hinweise und Besonderheiten
Einmalzahlung im März 2017 übersteigt anteilige Jahresbeitragsbemessungsgrenze der Kranken- und Pflegeversicherung, nicht die der Renten- und Arbeitslosenversicherung. Der Arbeitnehmer ist nur renten- und arbeitslosenversicherungspflichtig (private Kranken- und Pflegeversicherung). Beitragsgruppe 0110.	März 2017	Für die Anwendung der Märzklausel ist bei krankenversicherungspflichtigen Arbeitnehmern für alle Versicherungszweige die KV-Beitragsbemessungsgrenze maßgebend, ansonsten die RV-Beitragsbemessungsgrenze. Damit wird vermieden, dass eine Einmalzahlung zur Beitragsberechnung unterschiedlichen Abrechnungszeiträumen zuzurechnen ist. Die Beitragsberechnung erfolgt dann für alle Versicherungszweige unter Berücksichtigung der im neuen Zuordnungsmonat geltenden Bedingungen (Beitragsgruppen, Beitragssätze und Beitragsbemessungsgrenzen). In beiden Fällen fällt Insolvenzgeldumlage (seit 1.1.2016: 0,12%) nach der Höhe des für die Rentenversicherung beitragspflichtigen Anteils an. Umlagen nach dem AAG sind aus den Einmalzahlungen nicht zu entrichten.
Der Arbeitnehmer erhält im März 2017 2 verschiedene Einmalzahlungen, die jeweils für sich nicht, sondern nur in der Summe, die anteilige Jahresbeitragsbemessungsgrenze überschreiten.	Dezember 2016	Mehrere Einmalzahlungen im selben Abrechnungsmonat sind zusammen als einmalig gezahltes Arbeitsentgelt dieses Abrechnungszeitraums zu behandeln. Grundsätzlich fällt die Insolvenzgeldumlage (seit 1.1.2016: 0,12%) nach der Höhe des für die Rentenversicherung beitragspflichtigen Anteils der Einmalzahlung an. Umlagen nach dem AAG sind aus der Einmalzahlung nicht zu entrichten.

Sachverhalt	Zuordnung	Hinweise und Besonderheiten
Der Arbeitnehmer erhält im Januar 2017 eine Einmalzahlung; sie ist in diesem Monat in vollem Umfang beitragspflichtig. Im März 2017 erhält er eine weitere Einmalzahlung, welche die anteilige Jahresbeitragsbemessungsgrenze übersteigt.	Dezember 2016 für die Einmalzahlung aus März, die Einmalzahlung aus Januar bleibt unberührt	Die erste Einmalzahlung im Januar wurde voll beitragspflichtig. Die zweite Sonderzuwendung im März übersteigt die anteilige Jahresbeitragsbemessungsgrenze und ist dem Vorjahr zuzuordnen. Die Zuordnung der bereits voll abgerechneten Einmalzahlung im Januar 2017 bleibt davon unberührt. Es fällt grundsätzlich die Insolvenzgeldumlage (seit 1.1.2016: 0,12 %) nach der Höhe des für die Rentenversicherung beitragspflichtigen Anteils der Einmalzahlung an. Umlagen nach dem AAG sind aus der Einmalzahlung nicht zu entrichten.
Der Arbeitnehmer hat am 1.3.2017 von Arbeitgeber B zu C gewechselt. Er erhält auch nach Beendigung der Beschäftigung bei Arbeitgeber B von diesem noch Einmalzahlungen. Die Einmalzahlungen überschreiten jeweils die maßgebende anteilige Jahresbeitragsbemessungsgrenze 1. von C im März 2017 2. von B im März 2017 3. von B im Juni 2017	1. März 2017 2. Dezember 2016 3. Februar 2017	1. Keine Beschäftigung bei C im Vorjahr. Beitrags- und Umlagepflicht zur Insolvenzgeldumlage (seit 1.1.2016: 0,12 %) besteht im Rahmen der Beitragsbemessungsgrenzen für März 2017, wobei das laufende Entgelt vorrangig beitragspflichtig ist. 2. Wegen Zahlung bis 31.3.2017 und Beschäftigung bei B im Vorjahr ist die Märzklausel anzuwenden. Grundsätzlich fällt die Insolvenzgeldumlage (seit 1.1.2016: 0,12 %) nach der Höhe des für die Rentenversicherung beitragspflichtigen Anteils der Einmalzahlung an, jedoch keine Umlagen nach dem AAG. 3. Die Einmalzahlung ist nach dem 31.3.2017 ausgezahlt worden. Sie wurde lediglich einem Monat im ersten Quartal zugeordnet, weil die Beschäftigung in diesem Monat geendet hat. Aus diesem Grund bleibt es bei der Zuordnung; die Märzklausel wird nicht angewendet. Sollte ein für die Rentenversicherung beitragspflichtiger Anteil der Einmalzahlung entstehen, fällt die Insolvenzgeldumlage (seit 1.1.2016: 0,12 %) an. Umlagen nach dem AAG sind aus der Einmalzahlung nicht zu entrichten.

13.4 Märzklausel

Sachverhalt: In einem Handelsunternehmen (alte Bundesländer) ist es üblich, im Monat Februar die Jahresprovision für das vergangene Jahr auszuzahlen.

Eine Mitarbeiterin hat ein Gehalt von 3.500 EUR. Sie erhält im Februar 2017 eine Jahresprovision in Höhe von 5.000 EUR.

Ihr Jahresbruttoentgelt im Jahr 2016 betrug 46.000 EUR.

Welchem Zeitraum ist die Einmalzahlung zuzuordnen und in welcher Höhe ist sie beitragspflichtig zur Sozialversicherung?

Lösung: Die Jahresprovision ist im Februar 2016 als sonstiger Bezug nach der Jahrestabelle zu versteuern. Im Steuerrecht gilt das Zuflussprinzip: Die Lohnsteuer fällt in dem Jahr an, in dem die Zahlung erfolgt.

Die Anwendung der Märzklausel ist zu prüfen. Dazu ist die anteilige Jahresbeitragsbemessungsgrenze (JBBG) per 28.2.2017 sowohl in der Kranken- und Pflegeversicherung als auch in der Renten- und Arbeitslosenversicherung dem beitragsrechtlichen Entgelt per 28.2.2017 gegenüberzustellen:

Anteilige JBBG Kranken- und Pflegeversicherung 2017 (4.350 EUR × 2 Monate)		8.700 EUR
Gehalt Januar 2017	3.500 EUR	
Gehalt Februar 2017	+ 3.500 EUR	
Jahresprovision Februar 2017	+ 5.000 EUR	
Entgelt per 28.2.2017		− 12.000 EUR
Kranken- und pflegeversicherungsfrei im Februar		3.300 EUR

Die gesamte Einmalzahlung muss dem Vorjahr (Anwendung der Märzklausel) zugeordnet werden.

Kranken- und Pflegeversicherung

JBBG Kranken- und Pflegeversicherung 2016	50.850 EUR
Beitragspflichtiges Arbeitsentgelt 2016	**– 46.000 EUR**
Es verbleibt ein Freiraum (SV-Luft) in Höhe von	4.850 EUR
Einmalzahlung Februar 2017	5.000 EUR
SV-Luft aus 2016 (beitragspflichtiger Anteil)	**– 4.850 EUR**
Kranken- und pflegeversicherungsfreier Teil der Einmalzahlung	150 EUR

Renten- und Arbeitslosenversicherung

JBBG Renten- und Arbeitslosenversicherung 2016	74.400 EUR
Beitragspflichtiges Arbeitsentgelt 2016	**– 46.000 EUR**
Es verbleibt ein Freiraum (SV-Luft) in Höhe von	28.400 EUR

Die gesamte Einmalzahlung aus Februar 2017 in Höhe von 5.000 EUR ist beitragspflichtig zur Renten- und Arbeitslosenversicherung (5.000 EUR > 28.400 EUR).

Hinweis: Bei krankenversicherungspflichtigen Arbeitnehmern ist bei der Beurteilung der Märzklausel für jeden Versicherungszweig auf die Beitragsbemessungsgrenze in der Krankenversicherung abzustellen. Bei krankenversicherungsfreien (freiwillig oder privat versicherten) Arbeitnehmern ist nur die Beitragsbemessungsgrenze in der Rentenversicherung anzuwenden.

Praxistipp: Wurde die Jahresprovision im Entgeltabrechnungsprogramm als Einmalzahlung gekennzeichnet, wird die Prüfung der Märzklausel automatisch durchgeführt.

13.5 Urlaubsgeld

Sachverhalt: Ein Arbeitnehmer, geb. 1965, Lohnsteuerklasse I, verdient monatlich 3.000 EUR. Im Juni 2017 erhält er ein Urlaubsgeld in Höhe von 1.500 EUR.

Wie ist die Einmalzahlung steuer- und sozialversicherungsrechtlich zu bewerten?

Lösung: Urlaubsgeld gehört zu den Einmalzahlungen (sozialversicherungsrechtlich) bzw. sonstigen Bezügen (lohnsteuerrechtlich). Für diese gelten besondere steuerrechtliche und sozialversicherungsrechtliche Regelungen.

Sonstige Bezüge müssen nach der Jahreslohnsteuertabelle versteuert werden.

Berechnung der Lohnsteuer auf den sonstigen Bezug

Voraussichtlicher Jahresarbeitslohn ohne sonstigen Bezug: (3.000 EUR × 12 Monate)	36.000 EUR
Darauf entfallende Lohnsteuer (fiktiv)	5.591 EUR
Voraussichtlicher Jahresarbeitslohn mit sonstigem Bezug (36.000 EUR + 1.500 EUR Urlaubsgeld)	37.500 EUR
Darauf entfallende Lohnsteuer (fiktiv)	**6.000 EUR**
Differenz	409 EUR

Die Differenz zwischen beiden Beträgen ist die Lohnsteuer auf den sonstigen Bezug, zuzüglich Solidaritätszuschlag und ggf. Kirchensteuer.

Berechnung Sozialversicherungspflicht der Einmalzahlung

Anteilige JBBG Kranken- und Pflegeversicherung 2017 (4.350 EUR × 6 Monate)	26.100 EUR
Gehalt Januar bis Juni 2017 (3.000 EUR × 6 Monate)	18.000 EUR
Urlaubsgeld Juni 2017	+ 1.500 EUR
Entgelt	**– 19.500 EUR**
Differenz bis zur anteiligen JBBG (SV-Luft)	6.600 EUR

Das gesamte Urlaubsgeld in Höhe von 1.500 EUR ist sozialversicherungspflichtig.

Da die Beitragsbemessungsgrenze in der Renten- und Arbeitslosenversicherung höher liegt, erübrigt sich im vorliegenden Fall die Prüfung, ob die Beitragsbemessungsgrenze überschritten wird.

Hinweis: Einmalzahlungen bleiben bei der Ermittlung der Umlagen U1 und U2 außer Ansatz.

Praxistipp: Im Entgeltabrechnungsprogramm ist in jedem Fall eine Lohnart der Gruppe »sonstiger Bezug und Einmalzahlung« auszuwählen, damit die Versteuerung und Beitragsabrechnung nach dem o. g. Schema ausgeführt wird.

13.6   Arbeitgeberwechsel und Krankengeldbezug

Sachverhalt: Ein Arbeitnehmer ist versicherungspflichtig zu allen Zweigen der Sozialversicherung. Seine Beschäftigung bei Arbeitgeber A endet am 31.3.2017. Er beginnt dort am 16.5.2017 erneut. Während der Zeit vom 1.4.–15.5.2017 ist der Arbeitnehmer bei Arbeitgeber B beschäftigt.

Vom 1.11.2017–15.1.2018 bezieht er Krankengeld.

Weihnachtsgeld wird im Dezember 2017 ausgezahlt.

Bis zu welcher Höhe unterliegt das Weihnachtsgeld der Beitragsberechnung zur Sozialversicherung?

Lösung: Die Bemessungsgrenze für Dezember 2017 beträgt 0 EUR, da keine beitragspflichtigen SV-Tage infolge des Krankengeldbezugs vorliegen. Deshalb sind die anteiligen Jahresbeitragsbemessungsgrenzen für die Kranken- und Pflegeversicherung und die Renten- und Arbeitslosenversicherung zu ermitteln. So kann festgestellt werden, bis zu welchem Gesamtarbeitsentgelt (noch) Beitragspflicht besteht.

Ermittlung der SV-Tage vom 1.1.–31.12.2017

Januar bis März 2017 (3 Monate × 30 Tage)	90 Tage
April 2017 (Zeiten bei Arbeitgeber B zählen nicht)	0 Tage
Mai 2017 (16.5.–31.5., es zählen die tatsächlichen Kalendertage)	16 Tage
Juni bis Oktober 2017 (5 Monate × 30 Tage)	150 Tage
November bis Dezember 2017 (Krankengeldbezug beitragsfrei)	0 Tage
SV-Tage 2017 gesamt	**256 Tage**

Anteilige Jahresbeitragsbemessungsgrenze Kranken- und Pflegeversicherung	
Jahresbeitragsbemessungsgrenze 2017	52.200 EUR
Anteilige Jahresbeitragsbemessungsgrenze 2017 (52.200 EUR : 360 Tage × 256 SV-Tage)	37.120 EUR

Während der Beschäftigungszeiten bis einschließlich Dezember 2017 ist maximal ein Gesamtarbeitsentgelt von 37.120 EUR beitragspflichtig zur Kranken- und Pflegeversicherung. Darüber hinaus ausgezahltes Entgelt bleibt beitragsfrei.

Anteilige Jahresbeitragsbemessungsgrenze Renten- und Arbeitslosenversicherung	
Jahresbeitragsbemessungsgrenze 2017	76.200,00 EUR
Anteilige Jahresbeitragsbemessungsgrenze 2017 (76.200 EUR : 360 Tage × 256 SV-Tage)	54.186,66 EUR

Während der Beschäftigungszeiten bis einschließlich Dezember 2017 ist maximal ein Gesamtarbeitsentgelt von 54.186,66 EUR beitragspflichtig zur Renten- und Arbeitslosenversicherung sowie zur Insolvenzgeldumlage. Darüber hinaus ausgezahltes Entgelt bleibt beitragsfrei.

13.7 Unterjähriger Beginn – Wegfall der Versicherungspflicht

Sachverhalt: Ein Arbeitnehmer nimmt am 1.4.2017 eine Beschäftigung auf. Zunächst besteht ausschließlich Renten- und Arbeitslosenversicherungspflicht und Krankenversicherungsfreiheit wegen Überschreitung der Jahresarbeitsentgeltgrenze (BGR 0110).

Ab 1.7.2017 wird das Entgelt dauerhaft gekürzt und folglich tritt Kranken- und Pflegeversicherungspflicht ein (BGR 1111).

Im Dezember 2017 wird vom Arbeitgeber eine Einmalzahlung gezahlt.

Welche Besonderheiten sind bei der Ermittlung der anteiligen Jahresbeitragsbemessungsgrenzen aufgrund der unterjährigen Änderungen bei den Beitragsgruppen zu beachten?

Lösung: Die anteiligen Jahresbeitragsbemessungsgrenzen sind wegen der unterjährigen Änderung in der KV und PV für einen abweichenden Zeitraum zu ermitteln:

- Kranken- und Pflegeversicherung für die Zeit vom 1.7.–31.12.2017.
- Renten- und Arbeitslosenversicherung und Insolvenzgeldumlage für die Zeit vom 1.4.–31.12.2017.

13.8 Unterjährige Beitragsgruppenveränderung (durchgängige Versicherungspflicht in allen SV-Zweigen)

Sachverhalt: Ein Arbeitnehmer hatte bislang Beitragsgruppe 1111. Er vollendet das 65. Lebensjahr am 11.7.2017, er erhält ab 1.8.2017 Vollrente wegen Alters und eine Einmalzahlung im Dezember 2017 aus seinem weiterhin ausgeübten Beschäftigungsverhältnis. Der beschäftigte Vollrentner hat in seiner Beschäftigung nicht auf die Versicherungsfreiheit in der Rentenversicherung verzichtet.

Welche Besonderheiten sind bei der Ermittlung der anteiligen Jahresbeitragsbemessungsgrenzen aufgrund der unterjährigen Änderungen bei den Beitragsgruppen zu beachten?

Lösung: Beitragsgruppen ändern sich bei dem Arbeitnehmer ab 1.8.2017 wie folgt:

- *Krankenversicherung:* Änderung der Beitragsgruppe von 1XXX auf 3XXX, wegen des Rentenbezugs entfällt der Anspruch auf Krankengeld. Der ermäßigte KV-Beitragssatz gilt.
- *Rentenversicherung:* Änderung der Beitragsgruppe von X1XX auf X3XX, wegen des Rentenbezugs wird der Arbeitnehmer rentenversicherungsfrei. Der Arbeitgeber muss den halben Rentenversicherungsbeitrag zahlen.
- *Arbeitslosenversicherung:* Änderung der Beitragsgruppe von XX1X auf XX0X, wegen Vollendung des 65. Lebensjahres wird der Arbeitnehmer arbeitslosenversicherungsfrei. Der Arbeitgeber muss bis zum 31.12.2021 nicht den halben Arbeitslosenversicherungsbeitrag zahlen. Sollte die Beschäfti-

gung dann weiter fortbestehen, muss der Arbeitgeber ab 1.1.2022 den halben Arbeitslosenversicherungsbeitrag zahlen.

- *Insolvenzgeldumlage:* Die Umlage ist auch für rentenversicherungsfreie Arbeitnehmer von dem Entgelt zu entrichten, das ohne die Rentenversicherungsfreiheit für die Berechnung der Rentenversicherungsbeiträge relevant wäre.

Trotz der Änderung besteht in der Kranken-, Pflege- und Rentenversicherung durchgehend Beitragspflicht. Lediglich in der Arbeitslosenversicherung besteht bis 31.12.2021 keine Beitragspflicht.

Die anteiligen Jahresbeitragsbemessungsgrenzen sind für jeden Versicherungszweig durchgehend für die Zeit vom 1.1.–31.12.2017 zu ermitteln. Die Beiträge aus dem beitragspflichtigen Anteil der Einmalzahlung sind jedoch nach dem im Dezember 2017 geltenden Beitragsgruppenschlüssel (BGR 3301) und mit den entsprechenden Beitragssätzen zu berechnen.

13.9 Beitragspflichtiger Anteil (Ermittlung)

Sachverhalt: Ein Arbeitnehmer erhält laufendes Monatsentgelt in Höhe von 3.750 EUR.

Im Dezember 2017 bekommt er Weihnachtsgeld in Höhe von 5.000 EUR.

Im Mai 2017 erhält er Urlaubsgeld in Höhe von 3.750 EUR.

Im August 2017 macht er Überstunden, die mit 800 EUR vergütet werden (laufendes Entgelt; beitragspflichtig bis zur Beitragsbemessungsgrenze des Monats in der KV/PV waren noch 600 EUR; die vollen 800 EUR waren beitragspflichtig zur RV/ALV).

Die anteiligen Jahres- Beitragsbemessungsgrenzen 2017 betragen
- am 31.5.2017: 21.750 EUR (KV/PV) bzw. 31.750 EUR (RV/ALV)
- am 31.12.2017: 52.200 EUR (KV/PV) bzw. 76.200 EUR (RV/ALV)

Wie ist der beitragspflichtige Anteil der Einmalzahlungen im Mai und Dezember jeweils zu berechnen?

Lösung:

Berechnungsformel

	Anteilige Jahresbeitragsbemessungsgrenze
−	bisher beitragspflichtiges Arbeitsentgelt ohne die zu beurteilende Einmalzahlung
=	BBG für die zu beurteilende Einmalzahlung

Der so ermittelte Freiraum zwischen der anteiligen Jahresbeitragsbemessungsgrenze und dem im gleichen Zeitraum erzielten beitragspflichtigen Entgelt des jeweiligen Versicherungszweiges bildet die Beitragsbemessungsgrenze für die Einmalzahlung. Soweit diese überschritten wird, bleibt die Einmalzahlung beitragsfrei. (Achtung: Ausnahme s. unter »Märzklausel«!)

Berechnung Kranken- und Pflegeversicherung für Mai 2017

Anteilige Jahresbeitragsbemessungsgrenze	21.750 EUR
Entgelt (3.750 EUR × 5 Monate)	− 18.750 EUR
Differenz	3.000 EUR

Der beitragspflichtige Anteil des Urlaubsgeldes in Höhe von 3.750 EUR beträgt zur Kranken- und Pflegeversicherung 3.000 EUR.

Berechnung Renten- und Arbeitslosenversicherung für Mai 2017

Anteilige Jahresbeitragsbemessungsgrenze	31.750 EUR
Entgelt (3.750 EUR × 5 Monate)	− 18.750 EUR
Differenz	13.000 EUR

Das Urlaubsgeld ist in voller Höhe von 3.750 EUR beitragspflichtig zur RV/ALV sowie zur Insolvenzgeldumlage. Es fällt keine Umlage U1 bzw. U2 an.

Berechnung Kranken- und Pflegeversicherung für Dezember 2017

Anteilige Jahresbeitragsbemessungsgrenze	52.200 EUR

Entgelt (3.750 EUR × 12 Monate)	45.000 EUR
Zzgl. verbeitragtes Urlaubsgeld	+ 3.000 EUR
Zzgl. verbeitragte Überstundenvergütung	+ 600 EUR
Entgelt gesamt	– 48.600 EUR
Differenz	3.600 EUR

Der beitragspflichtige Anteil des Weihnachtsgeldes in Höhe von 5.000 EUR beträgt zur Kranken- und Pflegeversicherung 3.600 EUR.

Berechnung Renten- und Arbeitslosenversicherung für Dezember 2017

Anteilige Jahresbeitragsbemessungsgrenze	76.200 EUR
Entgelt (3.750 EUR × 12 Monate)	45.000 EUR
Zzgl. Urlaubsgeld	+ 3.750 EUR
Zzgl. Überstundenvergütung	+ 800 EUR
Entgelt gesamt	– 49.550 EUR
Differenz	26.650 EUR

Das Weihnachtsgeld ist in voller Höhe von 5.000 EUR beitragspflichtig zur RV/ALV und zur Insolvenzgeldumlage. Es fällt keine Umlage U1 bzw. U2 an.

13.10 Beitragsberechnung

Sachverhalt: Ein Arbeitnehmer erhält im März eine Geburtsbeihilfe, welche die anteilige Jahresbeitragsbemessungsgrenze für Januar bis März übersteigt. Die Geburt seines Sohns hat er dem Arbeitgeber im Februar angezeigt, sodass er ab 1.3. den Beitragszuschlag für Kinderlose zur Pflegeversicherung nicht mehr zu zahlen hat.

Lösung: Die Beitragsberechnung für den beitragspflichtigen Teil der Einmalzahlung findet stets in den Beitragsgruppen statt, die im jeweiligen Zuordnungsmonat für den Beschäftigten gelten. Auch beim Beitragssatz sind immer die Verhältnisse des Zuordnungsmonats maßgebend. Dies bedeutet, dass bei rückwirkender Zuordnung von Einmalzahlungen nicht selten andere Beitragsfaktoren maßgeblich sind als im Auszahlungsmonat der Einmalzahlung.

Auswirkungen beim Arbeitnehmer: Die Geburtsbeihilfe ist für den Arbeitnehmer dem Dezember zuzuordnen, da wegen der anzuwendenden Märzklausel eine Zuordnung im Auszahlungsmonat März ausscheidet. Daher sind die Verhältnisse des Monats Dezember des Vorjahres maßgebend: Es ist also noch der Beitragssatz zur Pflegeversicherung inklusive des Beitragszuschlags für Kinderlose zu beachten. Auch die Beiträge zur KV, RV und BA sind mit dem Beitragssatz des Vorjahres zu berechnen. Gleiches gilt für die Insolvenzgeldumlage.

13.11 Rückwirkende Korrektur

Sachverhalt: Am 15.10.2016 wird mit allen Arbeitnehmern eine schriftliche Vereinbarung darüber geschlossen, dass die im Dezember 2016 fälligen Jahressonderzahlungen wegen der schlechten Geschäftslage um 50% gekürzt werden.

Wider Erwarten kommt es doch noch zu einem besseren Geschäftsergebnis für 2016. Der Arbeitgeber entschließt sich daher, die infolge Verzichts nicht zur Auszahlung gelangten Anteile der Jahressonderzahlung im April 2017 nachzuzahlen:

- Arbeitnehmer A erhält 2.000 EUR Jahressonderzahlung. Wegen erheblicher Überstunden hat sein laufendes Entgelt in den Monaten Januar bis April 2017 die monatliche Beitragsbemessungsgrenze zur Kranken- und Pflegeversicherung überschritten.
- Arbeitnehmer B erhält 1.800 EUR Jahressonderzahlung. Er bezieht seit 1.12.2016 Krankengeld.

Für beide Arbeitnehmer wäre in einer anteiligen Jahresbeitragsbemessungsgrenze vom 1.1.–31.12.2016 genug Freiraum, um die Nachzahlungen zur Jahressonderzahlung in allen Versicherungszweigen in voller Höhe der Beitragspflicht zu unterwerfen.

Welchem Zeitraum werden die Nachzahlungen zugeordnet und wie gestaltet sich die rückwirkende Korrektur der Beiträge zur Sozialversicherung?

Lösung: Grundsätzlich können Nachzahlungen für zu gering erfolgte Einmalzahlungen durch eine Rückrechnung abgerechnet werden. Die damalige Entgeltabrechnung wird so korrigiert, also ob die Einmalzahlung bereits von Anfang an in richtiger Höhe geflossen wäre.

Die Nachzahlungen zur Jahressonderzahlung an die Arbeitnehmer werden rückwirkend dem Monat Dezember 2016 zugeordnet. Dies hat folgende Auswirkungen:

- Beide Nachzahlungen werden unter Berücksichtigung der Beitragsfaktoren im Dezember 2016 in allen Versicherungszweigen voll beitragspflichtig, auch Insolvenzgeldumlage fällt an.
  Die Beiträge für die Nachzahlungen zur Jahressonderzahlung werden mit dem April-Beitrag 2016 fällig.

- Die Beitragsnachzahlung ist in einem Beitragsnachweis zu berücksichtigen. Es stehen verschiedene Möglichkeiten zur Verfügung, die das Entgeltabrechnungsprogramm automatisch oder nach manueller Vorgabe anbietet:
  - Zulässig wäre hier »S« (= Stornierung des ursprünglichen Beitragsnachweises) für Dezember 2016 und Abgabe eines neuen – erhöhten – Beitragsnachweises für Dezember 2016. Wird »S« angegeben, sind die Felder »Zeitraum« bis »Gesamtbetrag« des Storno-Beitragsnachweises mit den zu stornierenden Werten zu befüllen. Der ursprünglich übermittelte Beitragsnachweis wird dadurch vollständig storniert. Wird als Funktionskennzeichen »S« angegeben, ist die laufende Nummer des zu stornierenden bzw. ersetzenden Datensatzes anzugeben.
  - Als weitere Variante wäre es möglich, die nachzuzahlenden Beiträge in den Beitragsnachweis April 2017 mit aufzunehmen. Für Prüfzwecke nachvollziehbar würde dies über die Beitragsabrechnung (Krankenkassenliste), die zu jedem Beitragsnachweis zu erstellen ist. Würde der Arbeitgeber Dauerbeitragsnachweise erstellen, wäre für Mai 2017 ein neuer Dauerbeitragsnachweis erforderlich, damit die (durch die Nachzahlung) erhöhten Beiträge des April 2017 nicht auch in den Folgemonaten weiterhin zum Soll gestellt werden.

- Die Jahresmeldung für Arbeitnehmer A für 2016 muss durch Storno und Neumeldung korrigiert oder alternativ eine Sondermeldung mit Abgabegrund 54 erstattet werden.

- Bei Arbeitnehmer B muss eine Sondermeldung (für Dezember 2016, mit der beitragspflichtigen Nachzahlung) mit Abgabegrund 54 erstattet werden.

Hinweis: Rückforderungen von Einmalzahlungen (oder Teilen davon) führen immer zu aufwändigen Rückrechnungen. Die Beiträge sind neu zu berechnen und es wird die Erstattung der zu viel gezahlten Beiträge bei der zuständigen Krankenkasse (Einzugsstelle) beantragt.

Praxistipp: Bei rückwirkenden Erhöhungen des laufenden Entgelts (Tariferhöhungen) sind die nachzuzahlenden Entgelte grundsätzlich dem jeweiligen Abrechnungszeitraum, auf den sie entfallen, zuzurechnen.

Aus Vereinfachungsgründen ist folgende Regelung zulässig:
- Der Nachzahlungsbetrag wird analog einer Einmalzahlung abgerechnet.
- Dabei ist für den Nachzahlungsbetrag die anteilige Jahresbeitragsbemessungsgrenze des Nachzahlungszeitraums maßgebend.

Die Beitragsgruppen und Beitragssätze des Abrechnungszeitraums, mit dessen laufenden Entgelten die Nachzahlung abgerechnet wird, sind zu beachten.

13.12 Rückwirkende Korrektur (Behandlung der Nachzahlung als neue Einmalzahlung)

Sachverhalt: Am 15.10.2016 wurde mit allen Arbeitnehmern eine schriftliche Vereinbarung geschlossen, dass die im Dezember 2016 fälligen Jahressonderzahlungen wegen der schlechten Geschäftslage um 50% gekürzt werden. Wider Erwarten kommt es zu einem besseren Geschäftsergebnis. Der Arbeitgeber zahlt die infolge Verzichts nicht zur Auszahlung gelangten Anteile der Jahressonderzahlung 2016 im April 2017 nach:
- Arbeitnehmer A erhält 2.000 EUR Jahressonderzahlung. Wegen erheblicher Überstunden hat sein laufendes Entgelt in den Monaten Januar bis April 2017 die monatliche Beitragsbemessungsgrenze zur Kranken- und Pflegeversicherung überschritten.
- Arbeitnehmer B erhält 1.800 EUR Jahressonderzahlung. Er bezieht seit 1.12.2016 Krankengeld.

Welchem Zeitraum wird die Nachzahlung zugeordnet und welche Auswirkungen ergeben sich daraus?

Lösung: Die Nachzahlungen zur Jahressonderzahlung an die beiden Arbeitnehmer werden dem Monat April 2017 zugeordnet. Dies hat folgende Auswirkungen:

- Da die Nachzahlung der Einmalzahlung im April 2017 erfolgt, kommt hier die Anwendung der Märzklausel (bei Auszahlung im Januar, Februar oder März) nicht zum Tragen. Die Nachzahlung wird dem tatsächlichen Monat der Auszahlung (April 2017) zugeordnet. Der Arbeitgeber muss keine Rückrechnung vornehmen.

- Für Arbeitnehmer A sind aus der Nachzahlung nur Renten- und Arbeitslosenversicherungsbeiträge sowie die Insolvenzgeldumlage zu entrichten, da sein laufendes Entgelt in den Monaten Januar bis April 2017 die monatliche Beitragsbemessungsgrenze zur Kranken- und Pflegeversicherung überschritten hat.

- Für Arbeitnehmer B fallen in der Zeit von Januar bis April 2017 keine SV-Tage an, da wegen des Krankengeldbezugs durchgehend Beitragsfreiheit besteht. Die anteiligen Jahresbeitragsbemessungsgrenzen belaufen sich folglich auf 0 EUR. Die Nachzahlung ist damit beitrags- und umlagefrei.

- Die Beiträge aus der Nachzahlung werden mit dem Betrag für April 2017 fällig (Monat der tatsächlichen Auszahlung der Sonderzahlung).

- Die beitragspflichtigen Entgelte für Arbeitnehmer A fließen in die (noch zu erstellende) Jahresmeldung 2017 mit ein.

Hinweis: Die Entscheidung, ob die Nachzahlung wie oben beschrieben behandelt wird, oder ob eine Rückrechnung durchgeführt wird, kann der Arbeitgeber für alle betroffenen Beschäftigten nur einheitlich treffen. Eine willkürliche Zuordnung, z. B. mit Blick auf das jeweils günstigste Ergebnis je Arbeitnehmer, ist nicht zulässig.

13.13 Fälligkeit der Beiträge

Sachverhalt: Abrechnungsmonat Dezember 2017.

- Entgeltzahlung einschließlich Zahlung eines Weihnachtsgeldes am 29.12.2017.
- Termin für die Fälligkeit des Gesamtsozialversicherungsbeitrags am 27.12.2017.
- Termin für die Abgabe des Beitragsnachweises ist der 21.12.2017.
- Zeitpunkt, an dem der Arbeitgeber (aufgrund interner Arbeitsorganisation) die voraussichtliche Höhe der Beitragsschuld feststellt, ist der 19.12.2017.
- Es liegen keine Anhaltspunkte für die Nichtzahlung des Weihnachtsgeldes vor.

Mit den laufenden Beiträgen welchen Monats sind die Beiträge aus der Einmalzahlung abzuführen?

Lösung: Bei der Ermittlung der voraussichtlichen Beitragsschuld für Dezember 2017 sind auch die Beiträge zu berücksichtigen, die auf das Weihnachtsgeld entfallen würden.

Bei einer Einzahlung entstehen die Beitragsansprüche, sobald diese ausgezahlt worden ist. Unter dem Gesichtspunkt der Beitragsfälligkeit in Höhe der voraussichtlichen Beitragsschuld kann die Fälligkeit der Beiträge aus einmalig gezahltem Arbeitsentgelt nicht allein am bloßen Vorgang der Auszahlung festgemacht werden. Arbeitgeber müssen bei der Ermittlung der voraussichtlichen Beitragsschuld für den Beitragsmonat fest, ob die Einmalzahlung mit hinreichender Sicherheit in diesem Beitragsmonat ausgezahlt wird.

Deshalb werden die Beiträge aus einmalig gezahltem Arbeitsentgelt im Rahmen der Regelungen über die Höhe der voraussichtlichen Beitragsschuld in dem Monat fällig, in dem das einmalig gezahlte Arbeitsentgelt ausgezahlt werden soll.

13.14 Rückzahlung des Weihnachtsgeldes an Arbeitgeber (auflösende Bedingung)

Sachverhalt: Die Arbeitnehmer erhalten mit dem Novemberentgelt, welches am letzten Arbeitstag des Monats November zur Auszahlung kommt, ein Weihnachtsgeld in Höhe von 75% des durchschnittlichen Monatsentgelts.

Die Zahlung ist nach dem Tarifvertrag an die Bedingung geknüpft, dass das Beschäftigungsverhältnis mindestens bis zum 31.3. des Folgejahres andauert.

Ein Arbeitnehmer kündigt nach Zahlung des Weihnachtsgeldes sein Arbeitsverhältnis fristgerecht zum 31.1., um ab 1.2. eine Stelle bei einem anderen Arbeitgeber anzutreten.

Kann der Arbeitgeber das Weihnachtsgeld zurückfordern und wie ist dies ggf. sozialversicherungsrechtlich zu behandeln?

Lösung: Die Bedingung, unter der die Einmalzahlungen geleistet wurde, ist eine so genannte »auflösende Bedingung«. Bei deren Eintritt entfällt der arbeitsrechtliche Anspruch auf das Weihnachtsgeld rückwirkend. Der Arbeitgeber kann die Zahlung zurückfordern oder den überzahlten Betrag mit einer ggf. noch folgenden Entgeltzahlung aufrechnen.

Die Beiträge zur Sozialversicherung wurden ordnungsgemäß dem November zugeordnet und mit den Novemberbeiträgen abgeführt.

Zum Zeitpunkt (Monat) der Durchführung der Rückforderung ist eine
- Korrekturberechnung für den Monat November vorzunehmen. Das Entgeltkonto ist so zu stellen, als wäre die Einmalzahlung damals nicht zur Auszahlung gelangt (»Rückrechnung«).
- Die zu viel gezahlten Beiträge (Arbeitnehmer- und Arbeitgeberanteile) werden im aktuellen Beitragsnachweis (Rückforderungsmonat) verrechnet. Voraussetzung für die Verrechnung ist, dass die Zahlung der zu viel gezahlten Beiträge noch keine 24 Monate zurückliegt. Die entfallene Einmalzahlung darf nicht der Bemessung von Geldleistungen zugrunde

gelegen haben, also nicht in eine Verdienstbescheinigung, z. B. für Kranken- oder Mutterschaftsgeld eingeflossen sein.

- Alternativ kann die Rückforderung der zu viel gezahlten Beiträge über einen Erstattungsantrag bei der zuständigen Krankenkasse (Einzugsstelle) erfolgen. In diesem Fall muss die Rückrechnung im Entgeltkonto unterbleiben.
- Die zurückgeforderte Einmalzahlung darf nicht in die Jahresmeldung des Arbeitnehmers einfließen. Eine bereits übermittelte Jahresmeldung ist zu stornieren und mit den korrigierten Werten neu zu melden.

Praxistipp: Die verrechneten oder von der Einzugsstelle erstatteten Arbeitnehmeranteile aus der Einmalzahlung stehen dem Arbeitgeber zu. Mit dem Eintritt der auflösenden Bedingung ist der Anspruch auf das Brutto-Weihnachtsgeld entfallen. Es ist also nicht nur der Nettobetrag der Einmalzahlung, sondern auch alle davon abgezweigten Abzüge zurückzuzahlen. Das Gleiche gilt für die aus der Einmalzahlung an das Finanzamt abgeführten Steuern.

13.15 Verzicht des Arbeitnehmers auf Weihnachtsgeld

Sachverhalt: Ein nicht tarifgebundenes Unternehmen zahlte in den letzten 3 Jahren – ohne Freiwilligkeitsvorbehalt und ohne Unterbrechung – Weihnachtsgeld in Höhe des durchschnittlichen Monatsentgelts an seine Arbeitnehmer. Dadurch liegt »betriebliche Übung« vor.

Da sich das Unternehmen wirtschaftlich verschlechtert hat, vereinbart der Arbeitgeber am 23.11. mit jedem Arbeitnehmer schriftlich, das Weihnachtsgeld nicht auszuzahlen, sondern zur Sanierung der Unternehmensfinanzen zu verwenden.

Wie ist das entfallene Weihnachtsgeld sozialversicherungsrechtlich zu behandeln?

Lösung: Da hier der Verzicht auf die Einmalzahlung vor dem Fälligkeitstag der Beiträge (drittletzter Bankarbeitstag im November) für den Monat November feststand, werden keine Beiträge aufgrund des entfallenen Weihnachtsgeldes fällig. Wäre der Verzicht erst nach dem Fälligkeitstag vereinbart worden, wären aus dem Weihnachtsgeld zunächst Beiträge fällig geworden.

- Wäre ein Arbeitnehmer ausschließlich infolge des regelmäßig zu erwartenden Weihnachtsgeldes wegen Überschreitung der Jahresarbeitsentgeltgrenze bisher krankenversicherungsfrei, so tritt mit Abschluss der Verzichtsvereinbarung am 23.11. Krankenversicherungspflicht ein. Soweit im Folgejahr Weihnachtsgeld wieder zusteht, wäre eine Überschreitung der Jahresarbeitsentgeltgrenze im übernächsten Jahr wieder möglich.

- Der Verzicht auf Weihnachtsgeld hat Auswirkungen auf die Berechnung des regelmäßigen Arbeitsentgeltes für die Geringfügigkeitsgrenze (450 EUR) und für die Gleitzone.

- Der Verzicht auf das Weihnachtsgeld sollte – wie im vorliegenden Fall – arbeitsrechtlich korrekt ablaufen, da sonst Klagen auf Zahlung erfolgversprechend wären. Wenn ein Tarifvertrag zu beachten ist, muss dieser eine entsprechende Öffnungsklausel beinhalten. Teilzeitkräfte dürften nicht benachteiligt werden (z.B. indem nur sie zum Verzicht aufgefordert werden). Der Verzicht muss in jedem Fall vor der Fälligkeit des Weihnachtsgeldes schriftlich vereinbart sein.

Achtung: Die schriftliche Vereinbarung des Verzichts auf Weihnachtsgeld ist Bestandteil der Entgeltunterlagen und als solche bis zur nächsten Prüfung durch den Rentenversicherungsträger aufzubewahren.

14 Einsatzwechseltätigkeit

14.1 Täglicher Betriebsbesuch

Sachverhalt: Ein Außendienstmitarbeiter hat folgenden vom Arbeitgeber festgelegten Tagesablauf:

Gegen 8:15 Uhr fährt er mit seinem Pkw 10 Kilometer in die Firma, wo er seine Tagesaufträge erhält.

Von dort aus beginnt er gegen 9 Uhr mit seiner Außendiensttätigkeit.

Um 16.45 Uhr trifft er regelmäßig wieder in der Firma ein, wo er die abgerechneten Aufträge an die Buchhaltung weitergibt.

Gegen 17:30 Uhr kehrt er regelmäßig aus dem Außendienst direkt nach Hause zurück.

Für sämtliche dienstlichen Fahrten vom Betrieb aus und zurück erhält er ein Kilometergeld von 0,30 EUR. Zusätzlich erhält er tägliche Spesen i.H.v. 12 EUR. Der Mitarbeiter hat im Februar 2017 an 20 Tagen gearbeitet und dabei insgesamt 2.000 dienstliche Kilometer (ohne Fahrten zum Betrieb) zurückgelegt.

In welcher Höhe stehen dem Mitarbeiter Erstattungen zu und welche steuer- und sozialversicherungsrechtlichen Folgen ergeben sich daraus?

Lösung: Der Außendienstmitarbeiter zählt zu den Arbeitnehmern mit wechselnden Einsatzstellen. Mangels Arbeitgeberzuordnung liegt keine erste Tätigkeitsstätte vor. Er sucht den Firmensitz zwar täglich auf, um seine berufliche Auswärtstätigkeit, also seine weitere Arbeit an auswärtigen Einsatzstellen, von dort anzutreten bzw. zu beenden. Die Aufenthalte sind aber immer nur kurz und er übt dort keine (wesentlichen) Tätigkeiten aus. Die quantitativen Kriterien für eine erste Tätigkeitsstätte greifen damit ebenfalls nicht.

Allerdings handelt es sich beim Betrieb um einen Sammelpunkt, zu dem kein steuerfreier Fahrtkostenersatz möglich ist. Dieser Ort wird typischerweise arbeitstäglich und auf Weisung des Arbeitgebers aufgesucht. In seiner Einkommensteuererklärung kann der Arbeitnehmer für die Fahrten die Entfernungspauschale von 0,30 EUR je Entfernungskilometer geltend machen (10 km × 0,30 EUR = 3 EUR je Tag).

Die anschließenden Fahrten vom Betrieb in den Außendienst und wieder zum Betrieb zählen zu den Reisekosten. Der steuerfreie Arbeitgeberersatz ist in Höhe der tatsächlich angefallenen Kosten bzw. in Höhe des Kilometersatzes von 0,30 EUR für Fahrten mit dem Pkw zulässig. Insgesamt ergeben sich für diesen Monat 2.000 dienstliche Kilometer.

Die Fahrtkosten können i. H. v. 600 EUR (2.000 Kilometer × 0,30 EUR) steuer- und sozialversicherungsfrei erstattet werden.

Für Verpflegungsmehraufwendungen werden je nach Abwesenheit Pauschalen gewährt. Weil der Mitarbeiter keine erste Tätigkeitsstätte hat, kann er für die Dauer der gesamten Abwesenheit von der Wohnung Verpflegungsmehraufwendungen in Anspruch nehmen. Die Abwesenheitsdauer beträgt täglich über 8 Stunden. Es können Verpflegungspauschalen i. H. v. 12 EUR täglich steuer- und sozialversicherungsfrei erstattet werden. Bei 20 Arbeitstagen im Monat ergibt sich eine Erstattung von 240 EUR.

Insgesamt können somit 840 EUR steuer- und sozialversicherungsfrei erstatten werden.

Hinweis: Der Sammelpunkt hat keinen nachteiligen Einfluss auf den Verpflegungsmehraufwand. Hätte der Arbeitgeber hingegen den Betrieb als erste Tätigkeitsstätte bestimmt, würde die Steuerfreiheit der Verpflegungspauschalen entfallen. Maßgebend wäre nämlich dann die Abwesenheit von der ersten Tätigkeitsstätte, die im Beispielsfall regelmäßig nicht über 8 Stunden liegt.

14.2 Wöchentlicher Betriebsbesuch

Sachverhalt: Ein Kundendienstmonteur fährt mit seinem eigenen Pkw jeweils montags gegen 7:30 Uhr zunächst in die Firma. Dort holt er den firmeneigenen Werkstattwagen ab und stellt seine Wochentour zusammen. Er verlässt die Firma erst gegen 10.00 Uhr. Am Freitagmittag beendet er gegen 15 Uhr seine Außendiensttätigkeit, indem er in der Firma seine Aufträge abrechnet und an die Buchhaltung weiterleitet. Den Werkstattwagen stellt er dann vereinbarungsgemäß auf dem Firmengelände ab. Der Arbeitgeber hat auf die Zuordnung einer ersten Tätigkeitsstätte verzichtet.

Von Dienstag bis Donnerstag, wenn er seine täglichen Einsatztouren zu Hause beginnt und beendet, ist er jeweils von 7:30 Uhr bis 17:30 Uhr unterwegs. Montags und freitags ist die Abwesenheitsdauer von zu Hause identisch, allerdings entfallen jeweils 2 Stunden auf Büroarbeiten im Betrieb sowie zusätzliche Zeit auf die An- und Abfahrt.

Laut Spesenabrechnung für die Zeit vom 1.2.bis 26.2.2017 war der Mitarbeiter dieser Zeit an allen 20 Arbeitstagen im Dienst.

In welcher Höhe können ihm steuer- und sozialversicherungsfreie Reisekosten erstattet werden?

Lösung: Der Mitarbeiter zählt zu den Arbeitnehmern mit wechselnden Einsatzstellen. Weil der Arbeitgeber keine Zuordnung vorgenommen hat, sind nur die quantitativen Kriterien für eine erste Tätigkeitsstätte zu prüfen. Er sucht den Betriebssitz seines Arbeitgebers zwar fortdauernd immer wieder auf, bleibt aber dort jeweils nur kurz, sodass weder 1/3 seiner Arbeitszeit noch 2 ganze Arbeitstage erreicht werden. Auch wird er dort nicht arbeitstäglich tätig. Im Ergebnis liegt keine erste Tätigkeitsstätte vor. Der Arbeitnehmer ist deshalb fortwährend auf einer Auswärtstätigkeit.

Deshalb kann er Verpflegungsmehraufwendungen für die Dauer der gesamten Abwesenheit von der Wohnung in Anspruch nehmen. Damit ist er an allen Arbeitstagen 10 Stunden unterwegs und kann die Verpflegungspauschale von 12 EUR für eine Abwesenheitsdauer von über 8 Stunden in Anspruch nehmen. Insoweit können steuer- und sozialversicherungsfreie Erstattungen vorgenommen werden.

Für den Februar ergeben sich für die 20 Wochentage Erstattungen von 240 EUR.

Hinweis: Falls der Arbeitgeber dem Mitarbeiter für die Fahrten zum Betrieb bzw. vom Betrieb nach Hause einen Firmenwagen zur Verfügung stellt, bleibt der Vorteil unbesteuert. Alternativ könnte der Arbeitgeber für die wöchentlichen Fahrten steuerfreie Erstattungen i.H.v. 0,30 EUR je Kilometer gewähren oder der Arbeitnehmer könnte in seiner Steuererklärung entsprechende Aufwendungen geltend machen.

14.3 Tägliche Rückkehr zur Wohnung

Sachverhalt: Ein Bauarbeiter ist seit mehr als einem Jahr auf einer Großbaustelle eingesetzt, die voraussichtlich Ende 2017 abgeschlossen wird. Die Baustelle ist 25 Kilometer vom Firmensitz und 40 Kilometer vom Wohnort des Mitarbeiters entfernt. Er verlässt regelmäßig um 7.00 Uhr die Wohnung und kehrt dorthin gegen 18 Uhr zurück. Zum Firmensitz kommt er nur zu besonderen Anlässen und ist dort auch nicht zugeordnet. Der Arbeitgeber erstattet Fahrt- und Verpflegungskosten, soweit die Erstattungen steuerfrei bleiben.

In welcher Höhe können dem Mitarbeiter Reisekosten erstattet werden?

Lösung: Trotz der langen Verweildauer auf einer Baustelle übt der Bauarbeiter eine vorübergehende Auswärtstätigkeit aus. Dies würde sich erst ändern, wenn die Bauzeit mehr als 48 Monate beträgt.

Im Rahmen der Auswärtstätigkeit können Fahrt- und Verpflegungskosten steuerfrei erstattet werden. Weil der Mitarbeiter täglich zu seiner Wohnung zurückkehrt, fallen keine Übernachtungskosten an.

Fahrtkosten entstehen ausschließlich für Fahrten zwischen Wohnung und Baustelle. Der Mitarbeiter sucht den Firmensitz fast nie auf und hat keine erste Tätigkeitsstätte. Die Fahrtkosten können deshalb in der tatsächlichen

Höhe erstattet werden. Bei Fahrten mit dem Pkw können ohne Einzelnachweis 0,30 EUR je gefahrenen Kilometer steuerfrei erstattet werden: 2 × 40 Kilometer × 0,30 EUR = 24 EUR. Eine zeitliche Beschränkung existiert nicht.

Verpflegungsmehraufwendungen können für den Mitarbeiter hingegen nicht mehr steuerfrei ersetzt werden, weil er bereits mehr als 3 Monate auf der gleichen Baustelle tätig ist.

14.4 Unbefristeter Kundeneinsatz

Sachverhalt: Ein Monteur ist bis auf Weiteres auf Montage bei einem Kunden eingesetzt. Der Betrieb des Kunden ist 20 Kilometer vom Wohnort des Mitarbeiters entfernt. Die Strecke dorthin legt er mit dem eigenen Pkw zurück. Er verlässt regelmäßig um 7 Uhr die Wohnung und kehrt dorthin gegen 18 Uhr zurück. Zum Firmensitz kommt der Mitarbeiter nur zu besonderen Anlässen und ist dort auch nicht zugeordnet.

Der Arbeitgeber erstattet Fahrtkosten mit 0,30 EUR je gefahrenen Kilometer. Zudem werden die steuerlichen Verpflegungspauschalen gezahlt.

Welche steuer- und sozialversicherungsrechtlichen Folgen ergeben sich?

Lösung: Eine erste Tätigkeitsstätte kann auch bei einem Dritten, z.B. bei einem Kunden, begründet werden. Dies gilt aber nur, wenn der Mitarbeiter dort dauerhaft eingesetzt ist. Ein Einsatz »bis auf Weiteres« gilt als dauerhaft. Damit scheidet steuerfreier Reisekostenersatz für die Tätigkeit beim Kunden aus. Die vom Arbeitgeber erstatteten Fahrtkosten sind in voller Höhe steuerpflichtiger Arbeitslohn. Es handelt sich um Fahrtkostenersatz für Fahrten zur ersten Tätigkeitsstätte. Bis zur Höhe der Entfernungspauschale kann jedoch eine sozialversicherungsfreie Pauschalversteuerung mit 15 % erfolgen.

Für die tägliche Hin- und Rückfahrt ergibt sich folgende Erstattung: 2 × 20 Kilometer × 0,30 EUR = 12 EUR. Davon sind 20 Kilometer × 0,30 EUR = 6 EUR pauschal besteuerbar. Die restlichen 6 EUR sind individuell nach den ELStAM des Monteurs zu besteuern.

Hinweis: Durch eine Zuordnung zum Firmensitz des Arbeitgebers kann der Fahrtkostenersatz in voller Höhe steuer- und sozialversicherungsfrei bleiben. Voraussetzung ist, dass der Arbeitnehmer dort zumindest in ganz geringem Umfang tätig werden soll. Dafür sind auch Tätigkeiten von untergeordneter Bedeutung ausreichend, z.B. Auftragsbestätigungen, Stundenzettel, Krank- und Urlaubsmeldung persönlich abgeben. Liegt die erste Tätigkeitsstätte beim Arbeitgeber, stellen die Kundenbesuche Auswärtstätigkeiten dar.

14.5 Täglich mehrere Einsatzstellen

Sachverhalt: Ein Maurer, der auf ständig wechselnden Einsatzstellen arbeitet, ist im Februar 2017 an 10 Arbeitstagen auf einer 50 Kilometer von seiner Wohnung entfernt liegenden Baustelle tätig. An weiteren 10 Arbeitstagen ist er zunächst auf einer 20 Kilometer von seiner Wohnung entfernten Baustelle tätig. Dort arbeitete er bis mittags und fährt dann jeweils zu einer von der ersten Baustelle 25 km entfernten Baustelle. Diese zweite Baustelle liegt 35 Kilometer von seiner Wohnung entfernt.

Der Mitarbeiter verlässt regelmäßig um 6:30 Uhr die Wohnung und kehrt zwischen 17 und 18 Uhr dorthin zurück. Zum Firmensitz kommt der Mitarbeiter nur selten, eine Arbeitgeberzuordnung ist nicht erfolgt. Die Fahrten zu den Baustellen führt er mit dem eigenen Pkw durch. Der Arbeitgeber erstattet Fahrtkosten mit 0,30 EUR je gefahrenen Kilometer. Zudem werden die steuerlichen Verpflegungspauschalen gezahlt.

In welcher Höhe können dem Maurer für Februar 2017 Reisekosten steuer- und sozialversicherungsfrei erstattet werden?

Lösung: Als Maurer übt der Arbeitnehmer eine Tätigkeit an wechselnden Einsatzstellen aus. Er hat im Februar 3 Einsatzstellen. Eine erste Tätigkeitsstätte scheidet aus. Demnach können Fahrt- und Verpflegungskosten steuer- und sozialversicherungsfrei erstattet werden. Es fallen keine Übernachtungskosten an, weil der Mitarbeiter täglich zu seiner Wohnung zurückkehrt.

Für Verpflegungsmehraufwendungen werden Pauschalen gewährt. Der Maurer ist täglich zwischen 10,5 und 11,5 Stunden von seiner Wohnung abwesend. Für Abwesenheiten über 8 Stunden kann eine Pauschale i.H.v. 12 EUR täglich steuer- und sozialversicherungsfrei gewährt werden.

Für den Februar 2017 ergeben sich bei 20 Arbeitstagen steuer- und sozialversicherungsfreie Pauschalen von insgesamt 240 EUR.

Zusätzlich entstehen dem Arbeitnehmer Fahrtkosten für Fahrten zwischen Wohnung und Baustellen. Die Fahrtkosten können grundsätzlich in der tatsächlichen Höhe erstattet werden.

Bei Fahrten mit dem Pkw können ohne Einzelnachweis 0,30 EUR je gefahrenem Kilometer erstattet werden. Auf die Entfernungen kommt es nicht an. Die gesamte Fahrtstrecke von 80 Kilometern (20 Kilometer Hinfahrt + 25 Kilometer Weiterfahrt zur zweiten Baustelle + 35 Kilometer Heimfahrt) wird steuerlich anerkannt.

Folgende Fahrtkostenerstattungen sind somit steuer- und sozialversicherungsfrei möglich:

10 Tage × 2 × 50 Kilometer × 0,30 EUR = 300 EUR
10 Tage × 80 Kilometer (Gesamtstrecke) × 0,30 EUR = 240 EUR
Zusammen: 540 EUR

Insgesamt können dem Maurer für Februar 2017 Reisekosten i.H.v. 780 EUR steuer- und sozialversicherungsfrei erstattet werden.

14.6 Auswärtige Übernachtung unter 3 Monaten

Sachverhalt: Ein in Freiburg wohnender Polier, der auf Großbaustellen eingesetzt wird, ist seit Januar 2017 in Karlsruhe tätig. Er arbeitet dort voraussichtlich bis Ende 2017.

Unter der Woche übernachtet er – außer dienstags – in einem angemieteten 1-Zimmer-Appartement (monatliche Miete 250 EUR), das unmittelbar neben der Baustelle liegt.

Jeweils dienstags und freitags fährt er abends mit dem Pkw die 100 Kilometer lange Strecke zu seiner Familie und kommt dort gegen 18:30 Uhr an.

Montags und mittwochs fährt er um 6:30 Uhr wieder von zu Hause zur Baustelle.

Laut Reisekostenantrag für die Zeit vom 1.2.–28.2.2017 war der Mitarbeiter in dieser Zeit an allen 20 Arbeitstagen im Dienst.

In welcher Höhe können ihm steuer- und sozialversicherungsfrei Reisekosten erstattet werden?

Lösung: Als Polier übt der Mitarbeiter eine Tätigkeit an wechselnden Einsatzstellen aus. Nach dem derzeitigen Einsatz wird er wieder zu einer neuen Baustelle wechseln. Eine regelmäßige Arbeitsstätte hat er nicht.

Im Rahmen einer solchen Auswärtstätigkeit können Übernachtungs-, Fahrt- und Verpflegungskosten grundsätzlich steuerfrei erstattet werden.
- Die Mietaufwendungen i.H.v. 250 EUR monatlich können in tatsächlicher Höhe steuer- und sozialversicherungsfrei ersetzt werden.

Für die anfallenden Fahrtkosten ist ein steuer- und sozialversicherungsfreier Arbeitgeberersatz in Höhe der tatsächlich angefallenen Kosten bzw. in Höhe des Kilometersatzes von 0,30 EUR für Fahrten mit dem Pkw zulässig. Für sämtliche Fahrten (einschließlich Zwischenheimfahrten unter der Woche) können nach Dienstreisesätzen die Kosten lohnsteuer- und sozialversicherungsfreiersetzt werden.
- Für Februar 2017 (insgesamt 8 Hin- und Rückfahrten) ergibt sich folgender, steuer- und sozialversicherungsfrei möglicher Fahrtkostenersatz:
  8 Fahrten × 2 × 100 Kilometer × 0,30 EUR = 480 EUR

Außerdem umfasst der steuer- und sozialversicherungsfrei mögliche Arbeitgeberersatz die steuerlichen Verpflegungspauschalen. Dies gilt allerdings nur für die ersten 3 Monate des Einsatzes auf der gleichen Baustelle, also hier noch bis einschließlich März 2016. Für die Berechnung ist die Abwesenheitsdauer von der Familienwohnung maßgebend. Montags, dienstags, mittwochs und freitags ist der Mitarbeiter zwar mehr als 8 Stunden, aber nicht volle 24 Stunden abwesend, sodass eine Pauschale von 12 EUR für diese Tage gewährt werden kann. Donnerstags ist der Arbeitnehmer hingegen volle 24 Stunden abwesend, sodass hier die volle Tagespauschale von 24 EUR gewährt werden kann.

- Bei 20 Arbeitstagen (davon 4 Donnerstage) ergeben sich folgende Pauschalen, die steuer- und sozialversicherungsfrei ersetzt werden können: 16 × 12 EUR + 4 × 24 EUR = 288 EUR

Insgesamt können dem Mitarbeiter bis zu 1.018 EUR steuer- und sozialversicherungsfrei erstattet werden. Selbstverständlich können nach firmeninternen Regelungen auch geringere Erstattungen vorgenommen werden, z.B. nur für eine Heimfahrt wöchentlich.

Praxistipp: Bei einer unentgeltlich vom Arbeitgeber gewährten Übernachtungsmöglichkeit im Bauwagen können keine Übernachtungskosten steuerfrei erstattet werden, auch nicht pauschal.

14.7 Auswärtige Übernachtung über 3 Monate

Sachverhalt: Ein Monteur, der in Hannover wohnt, ist seit Juli 2015 (und voraussichtlich noch bis Ende 2018) auf Montage in Hamburg eingesetzt. Eine Arbeitgeberzuordnung zum Betrieb ist nicht erfolgt.

Unter der Woche übernachtet er in einer Pension zum Preis von 25 EUR je Nacht (ohne Frühstück), die in 10 Kilometer Entfernung von der Arbeitsstätte liegt.

Am Freitagnachmittag fährt er mit dem Pkw von der Pension aus die 150 Kilometer lange Strecke zu seiner Familie und kommt dort gegen 19 Uhr an.

Sonntags fährt er um 20 Uhr wieder zu seiner Pension.

Der Arbeitgeber erstattet die Fahrtkosten mit 0,30 EUR je gefahrenen Kilometer, für Verpflegung werden 5 EUR täglich gewährt. Die Übernachtungskosten ohne Frühstück werden in tatsächlicher Höhe erstattet.

Laut Reisekostenantrag des Monteurs für Februar 2017 war er an 20 Arbeitstagen im Dienst.

In welcher Höhe müssen Reisekostenerstattungen geleistet werden und welche lohnsteuerlichen und sozialversicherungsrechtlichen Folgen ergeben sich daraus?

Lösung: Eine erste Tätigkeitsstätte kann auch bei einem Dritten, z. B. einem Kunden, begründet werden. Trotz der langen Verweildauer auf einer Arbeitsstelle übt der Monteur aber dort noch keine dauerhafte Tätigkeit aus. Von einer solchen geht die Finanzverwaltung erst bei mehr als 48 Monaten aus. Der Monteur hat damit keine erste Tätigkeitsstätte, sondern befindet sich auf Auswärtstätigkeit.

Im Rahmen einer solchen Auswärtstätigkeit können Übernachtungs-, Fahrt- und Verpflegungskosten grundsätzlich steuer- und sozialversicherungsfrei erstattet werden. Deshalb können die Übernachtungsaufwendungen in tatsächlicher Höhe steuer- und sozialversicherungsfrei ersetzt werden.

- Für Februar 2017 sind Kosten für 20 Übernachtungen (sonntags bis freitags) entstanden. Die Erstattung beträgt damit 500 EUR.

Für die anfallenden Fahrtkosten ist ein steuer- und sozialversicherungsfreier Arbeitgeberersatz in Höhe der tatsächlich angefallenen Kosten bzw. in Höhe des Kilometersatzes von 0,30 EUR für Fahrten mit dem Pkw zulässig. Es können sowohl die Heimfahrten zur Familie wie auch die Fahrten am Einsatzort nach Dienstreisesätzen steuer- und sozialversicherungsfrei ersetzt werden, da es sich um eine Auswärtstätigkeit handelt und nicht um eine doppelte Haushaltsführung.

Für Februar 2016 ist folgender steuer- und sozialversicherungsfreier Fahrtkostenersatz möglich:

4 Heimfahrten × 2 × 150 Kilometer × 0,30 EUR = 360 EUR
20 Arbeitstage × 2 × 10 Kilometer × 0,30 EUR = 120 EUR

Verpflegungsmehraufwendungen können für den Mitarbeiter hingegen nicht mehr steuerfrei ersetzt werden, weil er bereits mehr als 3 Monate auf der gleichen Einsatzstelle tätig ist.

Die Verpflegungskostenerstattungen von insgesamt 100 EUR für 20 Arbeitstage sind steuer- und sozialversicherungspflichtiger Arbeitslohn.

Steuer- und sozialversicherungsfrei können dem Mitarbeiter für Februar insgesamt 980 EUR für Unterkunfts- und Fahrtkosten erstattet werden.

14.8   Sammelbeförderung

Sachverhalt: Eine Firma setzt Bauarbeiter in Kolonnen auf Großbaustellen ein. Dabei werden sie in firmeneigenen Kleinbussen zu ihrem jeweiligen Einsatzort transportiert. Die Kleinbusse starten von einem Parkplatz als gemeinsamem Treffpunkt. Für die Fahrt dorthin erhalten die Mitarbeiter eine Fahrkarte für den öffentlichen Personennahverkehr auf Antrag ersetzt. Zudem erhalten die Mitarbeiter eine tägliche Verpflegungspauschale von 6 EUR.

Es liegt der Reisekostenantrag eines Mitarbeiters für Februar 2017 vor.
- Der Mitarbeiter hat in diesem Monat an 20 Tagen auf einer erst kürzlich eingerichteten Baustelle gearbeitet.
- Für die 5 Kilometer Entfernung zum Treffpunkt hat er den Bus benutzt. Die Fahrkarte hat für den Monat 60 EUR gekostet.
- Der Mitarbeiter hat täglich um 6:30 Uhr das Haus verlassen und ist um 16:30 dorthin zurückgekehrt. Die Abfahrt vom Treffpunkt bzw. die Ankunft war jeweils eine halbe Stunde davor bzw. danach.

Welche steuer- und sozialversicherungsrechtlichen Folgen ergeben sich aus den vereinbarten Erstattungen?

Lösung: Als Bauarbeiter übt der Mitarbeiter eine Tätigkeit an wechselnden Einsatzstellen aus. Eine erste Tätigkeitsstätte hat er nicht. Eine Arbeitgeberzuordnung scheidet ebenso aus wie eine Erfüllung der quantitativen Kriterien. Allerdings handelt es sich bei dem Treffpunkt für die Sammelbeförderung um einen Sammelpunkt, der arbeitstäglich auf Veranlassung des

Arbeitgebers aufgesucht wird. Der Fahrtkostenersatz für Fahrten zu einem Sammelpunkt ist steuer- und sozialversicherungspflichtig.

Im Übrigen können Fahrt- und Verpflegungskosten steuer- und sozialversicherungsfrei erstattet werden. Weil der Mitarbeiter täglich zu seiner Wohnung zurückkehrt, fallen keine Übernachtungskosten an.

Für Verpflegungsmehraufwendungen werden Pauschalen gewährt. Der Mitarbeiter ist täglich 10 Stunden von seiner Wohnung abwesend. Für Abwesenheit über 8 Stunden kann während der ersten 3 Monate an derselben Baustelle eine Pauschale bis zur Höhe von 12 EUR täglich steuer- und sozialversicherungsfrei gewährt werden.

- Für Februar 2017 ergeben sich bei einer Arbeitgeberpauschale von 6 EUR täglich für 20 Arbeitstage steuer- und sozialversicherungsfreie Pauschalen von insgesamt 120 EUR. Den steuerlichen Restbetrag von täglich 6 EUR kann der Bauarbeiter in seiner Einkommensteuererklärung geltend machen.

Fahrtkosten fallen für die Fahrten vom Treffpunkt zur Baustelle nicht an, weil es sich um eine unentgeltliche Sammelbeförderung handelt. Diese löst keine steuerlichen oder sozialversicherungsrechtlichen Folgen aus. Bei der Sammelbeförderung von Mitarbeitern ohne erste Tätigkeitsstätte handelt sich um steuerfreien Reisekostenersatz.

Die Fahrkarte für die Fahrten zum Sammelpunkt darf hingegen nicht steuer- und sozialversicherungsfrei ersetzt werden. Sie kann aber in voller Höhe von 60 EUR mit 15 % pauschal besteuert werden. Dies führt zur Sozialversicherungsfreiheit.

15 Essengeldzuschuss

15.1 Kantinenessen (Zuzahlung unter Sachbezugswert)

Sachverhalt: Der Arbeitgeber bietet seinen Mitarbeitern ein arbeitstägliches Mittagessen zu verbilligten Preisen zwischen 1,50 EUR und 3,00 EUR in der eigenen Kantine an. Im Monat wurden insgesamt 2.000 Essen in der Kantine verkauft. Für diese Essen haben die Arbeitnehmer insgesamt 4.500 EUR entrichtet.

Wie müssen die verbilligten Kantinenmahlzeiten lohnsteuerlich behandelt werden und welche sozialversicherungsrechtlichen Folgen ergeben sich?

Lösung: Die Gestellung von verbilligten Mahlzeiten für die Mitarbeiter ist steuer- und sozialversicherungspflichtiger Arbeitslohn. Es handelt sich um einen Sachbezug. Der Wert der arbeitstäglichen Mahlzeiten ist für lohnsteuerliche Zwecke mit dem amtlichen Sachbezugswert (2017: 3,17 EUR) anzusetzen.

Die evtl. anfallende Lohnsteuer kann für die Mahlzeiten pauschal mit 25 % erhoben werden. Dies führt gleichzeitig zur Sozialversicherungsfreiheit. Bemessungsgrundlage für die Pauschalierung ist der Unterschiedsbetrag zwischen dem amtlichen Sachbezugswert und dem niedrigeren Entgelt, das die Mitarbeiter für die Mahlzeit entrichten.

Weil in der Kantine des Arbeitgebers unterschiedliche Mahlzeiten zu unterschiedlichen Preisen verbilligt an die Arbeitnehmer abgegeben werden, kann der Pauschalbesteuerung zur Vereinfachung ein Durchschnittswert zugrunde gelegt werden. Dabei reicht es aus, wenn die Durchschnittsberechnung für den jeweiligen Entgeltzahlungszeitraum, also hier für den gesamten Monat Januar, durchgeführt wird.

Berechnung des zu versteuernden Vorteils

Sachbezugswert je Mahlzeit	3,17 EUR
durchschnittliche Zuzahlung je Arbeitnehmer und Essen (4.500 EUR : 2.000 Essen)	**2,25 EUR**
Geldwerter Vorteil je Essen	0,92 EUR
Pauschal zu versteuern gesamt (0,92 EUR × 2.000 Essen)	1.840,00 EUR
Pauschalsteuer (1.840 EUR × 25 %)	460,00 EUR
Zzgl. pauschaler Solidaritätszuschlag (5,5 %) und pauschale Kirchensteuer je nach Bundesland	

Die pauschale Lohnsteuer für die Kantinenmahlzeiten von 460 EUR monatlich trägt vereinbarungsgemäß der Arbeitgeber.

Praxistipp: Ist die Ermittlung des Durchschnittswertes wegen der Menge der zu erfassenden Daten besonders aufwändig, kann diese auf einen repräsentativen Zeitraum beschränkt werden.

Verfügt die Firma über eine Vielzahl von Kantinen, kann die Ermittlung des Durchschnittswerts auch auf eine repräsentative Auswahl der Kantinen beschränkt werden.

15.2 Kantinenessen (verpachtete Kantine)

Sachverhalt: Ein Unternehmen hat die Kantine an einen externen Caterer verpachtet. Die Räumlichkeiten werden der Fremdfirma mietfrei überlassen. Sie bietet dafür den Mitarbeitern täglich 3 verschiedene Essen zu verbilligten Preisen von 2,10 EUR, 3,20 EUR und 4,30 EUR an.

Im März 2017 wurden insgesamt 3.000 Essen in der Kantine verkauft:
- 1.000-mal das Menü für 2,10 EUR,
- 1.000-mal das Menü für 3,20 EUR und
- 1.000-mal das Menü für 4,30 EUR.

Wie müssen die verbilligten Kantinenmahlzeiten lohnsteuerlich behandelt werden und welche sozialversicherungsrechtlichen Folgen ergeben sich?

Lösung: Die Gestellung von verbilligten Mahlzeiten für die Mitarbeiter ist steuer- und sozialversicherungspflichtiger Arbeitslohn. Es handelt sich um einen Sachbezug. Der Wert der Kantinenmahlzeiten ist für lohnsteuerliche Zwecke mit dem amtlichen Sachbezugswert (2017: 3,17 EUR) anzusetzen. Dies gilt auch in diesem Fall, obwohl die Kantine nicht vom Arbeitgeber betrieben wird. Durch die mietfreie Überlassung von Räumen trägt er zur Verbilligung der Mahlzeiten bei.

Weil in der Kantine unterschiedliche Mahlzeiten zu unterschiedlichen Preisen an die Arbeitnehmer abgegeben werden, kann der steuerlichen Ermittlung zur Vereinfachung ein Durchschnittswert zugrunde gelegt werden. Dabei reicht es aus, wenn die Durchschnittsberechnung für den jeweiligen Entgeltzahlungszeitraum durchgeführt wird, hier also für den Monat März. Andernfalls müssen für jeden Mitarbeiter die von ihm eingenommen Mahlzeiten bzw., das dafür entrichtete Entgelt einzeln erhoben werden, was gerade bei einer größeren Firma kaum durchführbar ist.

Ermittlung des Durchschnittspreises je Essen

1.000 Essen zum Preis von 2,10 EUR	2.100 EUR
1.000 Essen zum Preis von 3,20 EUR	3.100 EUR
1.000 Essen zum Preis von 4,30 EUR	**4.300 EUR**
Gesamteinnahmen der Kantine	9.600 EUR
Durchschnittspreis je Essen (9.600 EUR : 3.000 Essen)	3,20 EUR

Der Durchschnittspreis je Essen liegt knapp über dem steuerlichen Sachbezugswert von 3,17 EUR (2017) je Mahlzeit. Es verleibt somit kein geldwerter Vorteil. Obwohl zumindest für das preiswerteste Essen der Sachbezugswert unterschritten wird, fallen aufgrund der Durchschnittsbetrachtung keine lohnsteuer- oder sozialversicherungspflichtigen Vorteile an.

Die mietfreie Überlassung der Kantine und die dadurch mögliche Verbilligung des Essens haben hier also keinerlei Abgabenbelastung zur Folge.

15.3 Essenmarken

Sachverhalt: Ein Arbeitgeber ohne eigene Kantine hat mit dem Pächter der Nachbarkantine eine Vereinbarung getroffen, nach der jeder Mitarbeiter täglich einen Essensgutschein für ein Mittagessen in der dortigen Kantine im Wert von 2 EUR erhält. Der Durchschnittspreis der dort angebotenen Essen – Menü 1 zum Preis von 3,50 EUR bzw. Menü 2 zum Preis von 4,50 EUR – liegt bei 4 EUR. Die Essensauswahl bleibt den Mitarbeitern überlassen. Sie müssen bei Einlösung der Essensgutscheine eine entsprechende Zuzahlung leisten.

Bei der Abgabe der Mahlzeiten kann täglich nur eine Essenmarke in Zahlung genommen werden. Die Ausgabe der Essenmarken erfolgt nicht an Mitarbeiter, die eine Dienstreise durchführen oder eine Auswärtstätigkeit ausüben. Die Gestellung der Essensmarken erfolgt zusätzlich zum Arbeitslohn. Daraus resultierende Abgaben sollen vom Arbeitgeber übernommen werden.

Wie müssen die Essensmarken lohnsteuerlich behandelt werden und welche sozialversicherungsrechtlichen Folgen ergeben sich?

Lösung: Die Gestellung von Essenmarken für die Mitarbeiter ist steuer- und sozialversicherungspflichtiger Arbeitslohn. Es handelt sich um einen Sachbezug. Der Wert der Mahlzeiten ist mit dem amtlichen Sachbezugswert (2017: 3,17 EUR) anzusetzen, weil alle formalen Voraussetzungen erfüllt sind (vgl. zweiter Absatz der Sachverhaltsdarstellung).

Berechnung des zu versteuernden Vorteils je Arbeitnehmer

Durchschnittlicher Wert der Mahlzeit	4,00 EUR
Abzgl. Wert der Essensmarke	– 2,00 EUR
Durchschnittliche Zuzahlung der Arbeitnehmer	2,00 EUR
Anzusetzender Sachbezugswert	3,17 EUR
Abzgl. durchschnittliche Zuzahlung der Arbeitnehmer	– 2,00 EUR
Verbleibender Sachbezug pro Tag	1,17 EUR
Sachbezug Monat (durchschnittlich 20 Arbeitstage × 1,17 EUR)	23,40 EUR
Pauschalsteuer je Arbeitnehmer monatlich (23,40 EUR × 25 %)	5,85 EUR

Die pauschale Lohnsteuer i.H.v. 5,85 EUR je Arbeitnehmer trägt vereinbarungsgemäß der Arbeitgeber. Zusätzlich werden auf den Betrag noch pauschale Kirchensteuer (abhängig vom Bundesland) sowie 5,5 % Solidaritätszuschlag erhoben.

Hinweis: Der Arbeitgeber muss die Abrechnungen des Kantinenpächters, aus denen sich ergeben muss, wie viele Essenmarken mit welchen Verrechnungswerten eingelöst worden sind, aufbewahren.

Praxistipp: Alternativ kann der Arbeitgeber Essensmarken in digitaler Form verwenden, z.B. durch eine Smartphone-App. Voraussetzung ist, dass die Belege vollautomatisiert erfasst und geprüft werden und dem Arbeitgeber monatliche Abrechnungen zur Verfügung gestellt werden, aus denen sich wie bei Einzelbelegnachweisen die erforderlichen Erkenntnisse für das Vorliegen der steuerlichen Anforderungen ergeben. Der Arbeitgeber muss die Monatsabrechnungen als Beleg zum Lohnkonto nehmen.

15.4   Barlohnumwandlung für Essenmarken

Sachverhalt: Ein Unternehmen hat keine eigene Kantine. Allerdings befindet sich in unmittelbarer Nähe zur Firma eine Gaststätte, in der viele der Mitarbeiter zu Mittag essen. Zur weiteren Umsatzsteigerung hat der Gastwirt angeboten, die Mitarbeiter zu einem Pauschalpreis von 5,50 EUR je Mittagessen zu verköstigen. Seitdem können die Mitarbeiter auf Wunsch Essenmarken für die Gaststätte erhalten. Nehmen die Arbeitnehmer die Essensmarken in Anspruch, wird der Bruttolohn um 100 EUR im Monat gekürzt.

Nun soll die Entgeltabrechnung für einen Mitarbeiter durchgeführt werden, der im letzten Monat (20 Arbeitstage) erstmalig das Essensmarken-Programm in Anspruch genommen hat. Bisher hatte der Mitarbeiter einen lohnsteuer- und sozialversicherungspflichtigen Bruttolohn von 3.500 EUR. Gemäß seinem geänderten Arbeitsvertrag verzichtet er auf 100 EUR Barlohn zugunsten der Essensmarken. Wie hoch ist der neue, maßgebende Bruttolohn?

Lösung: Die vorgenommene Gehaltsumwandlung wird steuerlich voll anerkannt, sodass sich der steuerlich zu berücksichtigende Barlohn um 100 EUR auf 3.400 EUR verringert.

Zusätzlich sind die Essenmarken als Sachbezug zu versteuern. Im vorliegenden Fall darf dafür der amtliche Sachbezugswert von 3,17 EUR (2017) statt des tatsächlichen Werts von 5,50 EUR je Essenmarke angesetzt werden. Die Differenz zum tatsächlichen Wert beträgt hier 2,33 EUR. Ab einer Differenz von mehr als 3,10 EUR muss der tatsächliche Wert angesetzt werden, sodass die Gehaltsumwandlung keine steuerlichen Vorteile mehr hätte.

Hier sind 20 Mahlzeiten mit dem Sachbezugswert von 3,17 EUR und damit insgesamt 63,40 EUR als Sachbezug anzusetzen.

Insgesamt beträgt der neue lohnsteuer- und sozialversicherungspflichtige Arbeitslohn 3.463,40 EUR.

Eine Pauschalbesteuerung ist für die Essensmarken hier nicht möglich, weil sie als Lohnbestandteile vereinbart sind.

Praxistipp: Ohne Änderung des Arbeitsvertrags führt der Austausch von Barlohn durch Essensmarken nicht zu einer Herabsetzung des steuer- und beitragspflichtigen Barlohns. In diesem Fall ist der Betrag, um den sich der ausgezahlte Barlohn verringert, als Entgelt für die Essensmarken anzusehen und von deren Wert abzuziehen. Im vorliegenden Fall bedeutet das: 20 Essensmarken im Gesamtwert von 110 EUR abzüglich Zuzahlung von 100 EUR, verbleiben 10 EUR. Es würde sogar zu einer Erhöhung des steuer- und sozialversicherungspflichtigen Arbeitslohns auf 3.510 EUR führen.

16 Fahrten Wohnung – erste Tätigkeitsstätte

16.1 Kilometergeld

Sachverhalt: Nach der firmeninternen Regelung erhält ein Mitarbeiter einen zusätzlich zum Arbeitslohn zu zahlenden Fahrtkostenzuschuss von 0,30 EUR je Entfernungskilometer für die Fahrten zwischen Wohnung und erster Tätigkeitsstätte. Der Arbeitgeber hat dem Mitarbeiter zugesagt, Lohnsteuer- und Sozialversicherungsbeiträge, die auf den Zuschuss entfallen, zu übernehmen. Der Mitarbeiter wohnt 60 Kilometer von der ersten Tätigkeitsstätte entfernt und fährt an 220 Tagen mit seinem Privatwagen ins Büro.

Wie müssen die Zuschüsse für die Fahrten zwischen Wohnung und erster Tätigkeitsstätte lohnsteuerlich behandelt werden und welche sozialversicherungsrechtlichen Folgen ergeben sich?

Lösung: Der Ersatz der Kosten für die Fahrten zwischen Wohnung und erster Tätigkeitsstätte mit dem eigenen Pkw stellt grds. steuerpflichtigen Arbeitslohn dar. Die Lohnsteuer für zusätzlich zum ohnehin geschuldeten Arbeitslohn geleistete Zuschüsse zu den Aufwendungen des Arbeitnehmers für Fahrten zwischen Wohnung und erster Tätigkeitsstätte (Barzuschüsse) kann mit 15 % pauschal erhoben werden. Diese Pauschalversteuerung führt auch zur Sozialversicherungsfreiheit.

Die Pauschalversteuerung ist aber nur bis zu dem Betrag zulässig, den der Mitarbeiter als Werbungskosten geltend machen könnte, wenn die Bezüge nicht pauschal besteuert würden.

Es ergibt sich folgende Berechnung

Entfernungspauschale (220 Arbeitstage × 60 Kilometer × 0,30 EUR)	3.960 EUR
Fahrtkostenzuschüsse durch den Arbeitgeber (220 Arbeitstage × 60 Kilometer × 0,30 EUR)	3.960 EUR
Differenz	0 EUR

Die Lohnsteuer für den Fahrtkostenzuschuss kann mit 15% erhoben werden, da der dafür zulässige Betrag nicht überschritten wird. Es fallen keine Beträge zur Sozialversicherung an.

Der pauschal besteuerte Arbeitslohn ist in der Lohnsteuerbescheinigung einzutragen und wird auf die als Werbungskosten abzugsfähigen Ausgaben des Mitarbeiters angerechnet.

Die pauschale Lohnsteuer zuzüglich Solidaritätszuschlag und ggf. Kirchensteuer trägt vereinbarungsgemäß der Arbeitgeber.

16.2 Pauschaler Fahrtkostenzuschuss

Sachverhalt: Nach der firmeninternen Regelung erhält ein Arbeitnehmer einen zusätzlich zum Arbeitslohn zu zahlenden Fahrtkostenzuschuss von 50 EUR monatlich für die Fahrten zwischen Wohnung und erster Tätigkeitsstätte. Der Arbeitgeber hat dem Mitarbeiter zugesagt, Lohnsteuer- und Sozialversicherungsbeiträge, die auf den Zuschuss entfallen, zu übernehmen.

Der Arbeitnehmer wohnt 20 Kilometer von der ersten Tätigkeitsstätte entfernt und fährt an 220 Tagen mit seinem Pkw ins Büro.

Wie müssen die Zuschüsse für die Fahrten zwischen Wohnung und erster Tätigkeitsstätte lohnsteuerlich behandelt werden und welche sozialversicherungsrechtlichen Folgen ergeben sich?

Lösung: Der Ersatz der Kosten für die Fahrten zwischen Wohnung und erster Tätigkeitsstätte mit dem eigenen Pkw stellt grds. steuerpflichtigen Arbeitslohn dar. Die Lohnsteuer für zusätzlich zum ohnehin geschuldeten Arbeitslohn geleistete Zuschüsse zu den Aufwendungen des Arbeitnehmers für Fahrten zwischen Wohnung und erster Tätigkeitsstätte (Barzuschüsse) kann mit 15% pauschal erhoben werden. Diese Pauschalversteuerung führt auch zur Sozialversicherungsfreiheit.

Die Pauschalversteuerung ist aber nur bis zu dem Betrag zulässig, den der Mitarbeiter als Werbungskosten geltend machen könnte, wenn die Bezüge nicht pauschal besteuert würden.

Es ergibt sich folgende Berechnung

Pauschalierungsfähig insgesamt (220 Tage × 20 Kilometer × 0,30 EUR)	1.320 EUR
Zuschüsse vom Arbeitgeber	600 EUR

Der Fahrtkostenzuschuss von monatlich 50 EUR kann pauschal mit 15 % versteuert werden und bleibt beitragsfrei zur Sozialversicherung

Die pauschale Lohnsteuer von 50 EUR × 15 % = 7,50 EUR im Monat bzw. 90 EUR im Jahr trägt vereinbarungsgemäß der Arbeitgeber.

Der pauschal besteuerte Arbeitslohn ist in der Lohnsteuerbescheinigung einzutragen und wird auf die als Werbungskosten abzugsfähigen Ausgaben des Mitarbeiters angerechnet.

Im Beispielsfall verbleiben dem Arbeitnehmer im Rahmen seiner Einkommensteuererklärung noch abzugsfähige Kosten von 720 EUR für die Fahrten zwischen Wohnung und erster Tätigkeitsstätte. Falls der Arbeitnehmer keine anderen Werbungskosten nachweisen kann, wäre bei ihm der Arbeitnehmer-Pauschbetrag von 1.000 EUR anzusetzen.

16.3 Bahnfahrkarte (Fahrtkostenerstattung)

Sachverhalt: Eine Arbeitnehmerin wohnt 30 Kilometer von der ersten Tätigkeitsstätte entfernt und fährt an 220 Tagen mit der S-Bahn ins Büro. Nach der firmeninternen Regelung erhält die Arbeitnehmerin die Monatskarte, die sie zum Preis von 80 EUR monatlich selbst erwirbt, in voller Höhe erstattet.

Wie muss die Fahrkartenerstattung lohnsteuerlich behandelt werden und welche sozialversicherungsrechtlichen Folgen ergeben sich?

Lösung: Die Erstattung von Fahrtkosten für öffentliche Verkehrsmittel für die Fahrten zwischen Wohnung und erster Tätigkeitsstätte stellt steuerpflichtigen Arbeitslohn dar.

Grds. kann dieser Arbeitslohn jedoch mit 15% pauschal versteuert werden. Diese Pauschalversteuerung führt auch zur Sozialversicherungsfreiheit.

Die Pauschalierung ist bei öffentlichen Verkehrsmitteln immer bis zur Höhe der tatsächlichen Kosten möglich.

- Die Fahrkartenzuschüsse betragen für das gesamte Jahr
  12 Monate × 80 EUR = 960 EUR

Sie können in voller Höhe pauschal mit 15% besteuert werden und bleiben auch sozialversicherungsfrei.

Die Zuschüsse werden bei der Einkommensteuererklärung der Mitarbeiterin auf die verkehrsmittelunabhängige Entfernungspauschale angerechnet.

Es ergibt sich folgende Berechnung

220 Arbeitstage × 30 Kilometer × 0,30 EUR	1.980 EUR
Abzüglich pauschalversteuerte Zuschüsse	**– 960 EUR**
Verbleibende Werbungkosten	1.020 EUR

Hinweis: Bei der Benutzung öffentlicher Verkehrsmittel kann alternativ auch die Zurverfügungstellung eines Job-Tickets geprüft werden (ggf. mit Zuzahlung der Mitarbeiterin).

16.4   Job-Ticket

Sachverhalt: Ein Arbeitgeber mit 400 Mitarbeitern möchte den Arbeitnehmern ein Job-Ticket zur Verfügung stellen. Die Mitarbeiter wohnen in einem Umkreis von maximal 20 Kilometer Entfernung zum Betrieb. Beim örtlichen Verkehrsverbund kostet eine Fahrkarte für derartige Strecken derzeit regulär 55 EUR.

Bei Abnahme von mehr als 200 Job-Tickets erhält der Arbeitgeber die Karten zu einem monatlichen Preis von 40 EUR je Karte. Die Arbeitnehmer erhalten bisher keine als steuerfrei behandelten Sachleistungen.

Wie können die Job-Tickets für die Wege zwischen Wohnung und erster Tätigkeitsstätte möglichst steuergünstig behandelt werden und welche sozialversicherungsrechtlichen Folgen ergeben sich?

Lösung: Die Gestellung von Fahrkarten für öffentliche Verkehrsmittel für die Fahrten zwischen Wohnung und erster Tätigkeitsstätte ist steuerpflichtiger Arbeitslohn. Ein geldwerter Vorteil ist jedoch insoweit nicht anzunehmen, als der Arbeitgeber seinen Arbeitnehmern ein Job-Ticket für Fahrten zwischen Wohnung und erster Tätigkeitsstätte mit öffentlichen Verkehrsmitteln zu dem mit dem Verkehrsträger vereinbarten ermäßigten Preis überlässt (die Tarifermäßigung des Verkehrsträgers von 15 EUR für das Job-Ticket gegenüber dem üblichen Endpreis ist also kein geldwerter Vorteil).

Grds. kann der Arbeitslohn aus der Gestellung des Job-Tickets mit 15 % pauschal versteuert werden. Diese Pauschalversteuerung führt auch zur Sozialversicherungsfreiheit. Sie ist bei öffentlichen Verkehrsmitteln bis zur Höhe der tatsächlichen Kosten möglich.

Als Alternative kommt – insbesondere weil noch keine anderen, steuerfreien Sachbezüge gewährt werden – die Anwendung der 44-EUR-Freigrenze in Betracht (Sachbezugsfreigrenze). Sie ist hier nicht überschritten.

Die Job-Tickets bleiben steuer- und sozialversicherungsfrei. Der zuvor ermittelte, steuerfrei belassene Vorteil ist in der Lohnsteuerbescheinigung einzutragen und würde auf die beim Mitarbeiter evtl. abzugsfähigen Kosten angerechnet.

Praxistipp: Bei Job-Tickets, die für einen längeren Zeitraum gelten, fließt der Vorteil grds. insgesamt bei Überlassung des Job-Tickets zu und übersteigt regelmäßig die Sachbezugsfreigrenze. Begünstigt sind aber Fälle, in denen tatsächlich monatliche Tickets (»Monatsmarken«) monatlich ausgehändigt werden, oder Tickets, die an sich für einen längeren Zeitraum gelten, aber jeden Monat »aktiviert/freigeschalten« werden.

Hinweis: Bei Mitarbeitern eines Verkehrsträgers kann der Vorteil aus der Nutzung der öffentlichen Verkehrsmittel im Rahmen des Rabattfreibetrags von 1.080 EUR jährlich steuerfrei bleiben. Dabei ist der Preis anzusetzen, den ein dritter Arbeitgeber an den Verkehrsträger zu entrichten hat.

16.5 Bahnfahrkarte (Arbeitgeber stellt Fahrkarte)

Sachverhalt: Gemäß seinem Arbeitsvertrag erhält ein leitender Mitarbeiter eine Fahrkarte der Deutschen Bundesbahn für die Fahrten zwischen Wohnung und erster Tätigkeitsstätte. Der Mitarbeiter fährt an 200 Arbeitstagen im Jahr jeweils 80 Kilometer mit der Bahn. Die Fahrkarte für die erste Klasse kostet jährlich 3.600 EUR.

Welche lohnsteuer- und sozialversicherungsrechtlichen Folgen ergeben sich?

Lösung: Die Gestellung von Fahrkarten für öffentliche Verkehrsmittel für die Fahrten zwischen Wohnung und erster Tätigkeitsstätte stellt steuerpflichtigen Arbeitslohn dar.

Grds. kann der Arbeitslohn aus der Gestellung der Fahrkarte jedoch mit 15 % pauschal versteuert werden. Diese Pauschalversteuerung führt auch zur Sozialversicherungsfreiheit.

Die Pauschalierung ist bei öffentlichen Verkehrsmitteln bis zur Höhe der tatsächlichen Kosten möglich.

Bei der Einkommensteuererklärung ist der Betrag für die Fahrkarte auf die abzugsfähige Entfernungspauschale anzurechnen.

- Bei 200 Arbeitstagen jährlich ergibt sich eine Entfernungspauschale von: 200 Arbeitstage × 80 Kilometer × 0,30 EUR = 4.800 EUR
- Bei der Benutzung öffentlicher Verkehrsmittel ist die Entfernungspauschale auf 4.500 EUR gedeckelt, es ist eine Entfernungspauschale von 4.500 EUR anzusetzen.
- Unter Berücksichtigung der pauschalbesteuerten Fahrkarte im Wert von 3.600 EUR verbleiben noch abzugsfähige Werbungskosten von 900 EUR.

Praxistipp: Ein Fahrtkosten-Barzuschuss an den Mitarbeiter, damit dieser sich die Fahrkarte selbst kauft, wäre ebenfalls maximal bis zum Betrag von 3.600 EUR pauschalierbar.

16.6 Dienstwagen (ohne Pauschalierung)

Sachverhalt: Einem Vertriebsmitarbeiter wird vom Arbeitgeber ein Firmenwagen mit einem Listenpreis von 30.000 EUR für die Privatnutzung sowie für die Fahrten zwischen Wohnung und erster Tätigkeitsstätte zur Verfügung gestellt.

Der Mitarbeiter wohnt 15 Kilometer vom Unternehmen entfernt und kommt an 200 Tagen jährlich in die Firma. Die Privatnutzung des Firmenwagens wird bereits seit Jahren nach der 1-%-Regelung versteuert. Eine Pauschalversteuerung geldwerter Vorteile lehnt die Firma ab.

Wie muss die Nutzung des Dienstwagens für die Fahrten zwischen Wohnung und erster Tätigkeitsstätte behandelt werden und welche sozialversicherungsrechtlichen Folgen ergeben sich?

Lösung: Die Gestellung eines Dienstwagens für diese Fahrten stellt grds. steuerpflichtigen Arbeitslohn dar. Bei Anwendung der 1-%-Regelung für die Privatnutzung ist diese Nutzungsmöglichkeit zusätzlich monatlich mit 0,03 % des inländischen Listenpreises des Fahrzeugs für jeden Kilometer der Entfernung zwischen Wohnung und erster Tätigkeitsstätte zu bewerten und dem Arbeitslohn zuzurechnen:

Geldwerter Vorteil für die Fahrten zwischen Wohnung und erster Tätigkeitsstätte:
0,03 % von 30.000 EUR × 15 Kilometer × 12 Monate = 1.620 EUR

- Da eine Pauschalbesteuerung nicht gewünscht wird, sind die vollen 1.620 EUR individuell zu versteuern und unterliegen der Sozialversicherung.

Bei seiner Einkommensteuererklärung kann der Mitarbeiter die Aufwendungen für die Fahrten zwischen Wohnung und erster Tätigkeitsstätte in Höhe der Entfernungspauschale von 0,30 EUR je Entfernungskilometer geltend machen.

Praxistipp: Bei Anwendung der Fahrtenbuchmethode sind statt der 0,03-%-Regelung die anteiligen Aufwendungen als geldwerter Vorteil anzusetzen, die auf die Fahrten zwischen Wohnung und erster Tätigkeitsstätte entfallen.

Hinweis: Statt der 0,03% ist auch eine tageweise Versteuerung der Fahrten zwischen Wohnung und erster Tätigkeitsstätte mit 0,002% möglich. Dies ist jedoch nur bei weniger als 180 Arbeitstagen im Betrieb vorteilhaft und kommt deshalb hier nicht in Betracht.

16.7 Dienstwagen (mit Pauschalierung)

Sachverhalt: Der Arbeitgeber stellt einem leitenden Mitarbeiter einen Dienstwagen mit einem Listenpreis von 40.000 EUR für die Privatnutzung sowie für die Fahrten zwischen Wohnung und erster Tätigkeitsstätte zur Verfügung. Der Mitarbeiter wohnt 35 Kilometer vom Betrieb entfernt und kommt an 200 Tagen in die Firma. Die Privatnutzung des Dienstwagens wird bereits seit Jahren nach der 1-%-Regelung versteuert.

Wie muss die Nutzung des Dienstwagens für die Fahrten zwischen Wohnung und erster Tätigkeitsstätte behandelt werden und welche sozialversicherungsrechtlichen Folgen ergeben sich?

Lösung: Die Gestellung eines Dienstwagens für diese Fahrten stellt grds. steuerpflichtigen Arbeitslohn dar. Bei Anwendung der 1-%-Regelung für die Privatnutzung ist diese Nutzungsmöglichkeit zusätzlich monatlich mit 0,03% des inländischen Listenpreises des Fahrzeugs für jeden Kilometer der Entfernung zwischen Wohnung und erster Tätigkeitsstätte zu bewerten und dem Arbeitslohn zuzurechnen.

Der für den Vorteil aus der Gestellung des Dienstwagens für Fahrten zwischen Wohnung und erster Tätigkeitsstätte anzusetzende Arbeitslohn kann mit 15% pauschaliert werden. Dieser pauschalierte Arbeitslohn ist zudem sozialversicherungsfrei. Allerdings ist die Pauschalierung nur bis zur Höhe der Entfernungspauschale möglich.

Es ergibt sich folgende Berechnung

Geldwerter Vorteil Fahrten Wohnung – erste Tätigkeitsstätte (0,03 % von 40.000 EUR × 35 Kilometer × 12 Monate)	5.040 EUR
Ohne Einzelnachweis sind bei der Pauschalversteuerung mit 15 % 180 Arbeitstage zu berücksichtigen (180 Arbeitstage × 35 Kilometer × 0,30 EUR)	1.890 EUR
Differenz, nach den ELStAM zu versteuern	3.150 EUR

Auf diesen Arbeitslohn sind auch Sozialversicherungsbeiträge zu zahlen.

Der pauschal besteuerte Anteil von 1.890 EUR ist in der Lohnsteuerbescheinigung einzutragen und wird auf die Abzugsmöglichkeiten des Mitarbeiters angerechnet.

Die pauschale Lohnsteuer von 1.890 EUR × 15 % = 283,50 EUR trägt grds. der Arbeitgeber. Er kann aber diesen Betrag auch im Innenverhältnis auf den Mitarbeiter abwälzen.

Praxistipp: Auf die Pauschalierung kann verzichtet werden. Der Mitarbeiter kann dann entsprechende Kosten in seiner Einkommensteuererklärung geltend machen. Allerdings unterliegt der Arbeitslohn dann auch der vollen Sozialversicherungspflicht. Die Vereinfachung auf Seiten des Arbeitgebers führt deshalb regelmäßig zu Nachteilen für den Mitarbeiter.

Hinweis: Statt der 0,03 % ist auch eine tageweise Versteuerung der Fahrten zwischen Wohnung und erster Tätigkeitsstätte mit 0,002 % möglich. Dies ist jedoch nur bei weniger als 180 Arbeitstagen im Betrieb vorteilhaft und kommt deshalb hier nicht in Betracht. Bei der tageweisen Einzelbewertung wäre dann aber auch die Lohnsteuerpauschalierung nur für die vom Arbeitnehmer erklärten Tage zulässig.

16.8   Familienheimfahrten

Sachverhalt: Ein Arbeitnehmer wird für 3 Jahre an die Filiale seines Arbeitgebers nach München abgeordnet. Seine Familie wohnt weiterhin in Düsseldorf. Der Mitarbeiter hat sich in München ein Apartment gemietet und führt einen doppelten Haushalt. Gemäß der anlässlich der Abordnung getroffenen Vereinbarungen erhält der Mitarbeiter die steuerlich berücksichtigungsfähigen Kosten für maximal eine Familienheimfahrt wöchentlich ersetzt.

Im betroffenen Jahr fährt der Mitarbeiter an 44 Wochenenden die Strecke von 630 Kilometer zu seiner Familie nach Düsseldorf und am Sonntagabend wieder zurück nach München.

Wie müssen die Erstattungen lohnsteuer- und sozialversicherungsrechtlich behandelt werden?

Lösung: Im Rahmen der beruflich bedingten doppelten Haushaltsführung können dem Mitarbeiter die Aufwendungen für eine Familienheimfahrt wöchentlich in Höhe der Entfernungspauschale von 0,30 EUR je Entfernungskilometer steuerfrei ersetzt werden.

- Für den Arbeitnehmer ergibt sich folgende Berechnung:
  44 Fahrten × 630 Kilometer × 0,30 EUR = 8.316 EUR

Eine Begrenzung oder einen Höchstbetrag gibt es für Familienheimfahrten nicht. Damit kann der volle Betrag von 8.316 EUR steuerfrei erstattet werden. Auch Sozialversicherungsbeiträge fallen nicht an.

Die Erstattung ist allerdings grds. in der Lohnsteuerbescheinigung einzutragen. Der Arbeitnehmer kann für die Fahrten keine Kosten mehr im Rahmen seiner Einkommensteuererklärung geltend machen.

16.9 Maßgebliche Straßenverbindung für Entfernungspauschale

Sachverhalt: Nach der firmeninternen Regelung erhält jeder Mitarbeiter einen zusätzlich zum Arbeitslohn zu zahlenden Fahrtkostenzuschuss von 0,30 EUR je Entfernungskilometer für die Fahrten zwischen Wohnung und erster Tätigkeitsstätte. Bei einem neu eingestellten Mitarbeiter verläuft die kürzeste Strecke zwischen Wohnung und erster Tätigkeitsstätte durch einen mautpflichtigen Tunnel. Deshalb benutzt der Mitarbeiter für die Fahrten mit seinem Pkw eine mautfreie Bundesstraße. Die Strecke zwischen Wohnung und erster Tätigkeitsstätte beträgt durch den Tunnel 10 km über die Bundesstraße 20 km.

In welcher Höhe können Arbeitgeberzuschüsse pauschal besteuert werden?

Lösung: Der Ersatz der Kosten für die Fahrten zwischen Wohnung und erster Tätigkeitsstätte mit dem eigenen Pkw stellt steuerpflichtigen Arbeitslohn dar. Die Lohnsteuer für zusätzlich zum ohnehin geschuldeten Arbeitslohn geleistete Zuschüsse zu den Aufwendungen des Arbeitnehmers für Fahrten zwischen Wohnung und erster Tätigkeitsstätte (sog. Barzuschüsse) kann mit 15 % pauschal erhoben werden.

Die Pauschalversteuerung ist aber nur bis zu dem Betrag zulässig, den der Mitarbeiter als Werbungskosten geltend machen könnte, wenn die Bezüge nicht pauschal besteuert würden, also in Höhe der Entfernungspauschale von 0,30 EUR je Entfernungskilometer. Maßgebend ist dabei die kürzeste Straßenverbindung.[20] Das ist nach der Rechtsprechung die kürzeste Strecke zwischen Wohnung und erster Tätigkeitsstätte auf öffentlichen Straßen, die dem allgemeinen Kraftfahrzeugverkehr dienen. Für die Entfernungspauschale ist die kürzeste Straßenverbindung auch dann maßgeblich, wenn diese mautpflichtig ist oder mit dem vom Arbeitnehmer tatsächlich verwendeten Verkehrsmittel straßenverkehrsrechtlich nicht benutzt werden darf.[21] Gebühren für die Benutzung eines Straßentunnels oder einer mautpflichti-

---

20 §9 Abs. 1 Satz 3 Nr. 4 Satz 4 EStG
21 BFH, Urteil v. 24.9.2013, VI R 20/13, BStBl 2014 II S. 259.

gen Straße dürfen dagegen nicht neben der Entfernungspauschale berücksichtigt werden.[22]

Anzusetzen ist also im Beispiel die Entfernungspauschale für eine Entfernung von 10 km.

Aus Vereinfachungsgründen kann zunächst unterstellt werden, dass der Mitarbeiter an 15 Tagen monatlich und damit an 180 Tagen im Jahr Fahrten zur ersten Tätigkeitsstätte unternimmt.[23]

Es ergibt sich folgende Berechnung:

Entfernungspauschale (180 Arbeitstage × 10 Kilometer × 0,30 EUR)	540 EUR
Pauschalierbare Fahrtkostenzuschüsse durch den Arbeitgeber	540 EUR
Ergibt einen monatlichen Betrag von	45 EUR

Die Lohnsteuer für den Fahrtkostenzuschuss kann mit 15 % erhoben werden. Die pauschale Lohnsteuer trägt grds. der Arbeitgeber, er kann sie jedoch auf den Mitarbeiter abwälzen. Der pauschal besteuerte Arbeitslohn ist in der Lohnsteuerbescheinigung einzutragen. Es fallen keine Beträge zur Sozialversicherung an.

Hinweis: Benutzt der Mitarbeiter für die Strecken zur ersten Tätigkeitsstätte – wie im Urteilsfall – ausschließlich ein Motorrad oder Moped ergibt sich im Ergebnis die gleiche Lösung. Zwar können hier die tatsächlich entstandenen Aufwendungen angesetzt werden bzw. alternativ pauschale Kilometersätze, allerdings maximal die Entfernungspauschale. Bei einem Kilometersatz von 0,20 EUR je Kilometer für motorbetriebene Fahrzeuge seit 2014 ergibt sich für Hin- und Rückfahrt ein Satz von 0,40 EUR. Anzusetzen ist deshalb die geringere Entfernungspauschale von 0,30 EUR wiederum für 10 km Entfernung.

---

22 BMF, Schreiben v. 31.10.2013, IV C 5 – S 2351/09/10002: 002, BStBl 2013 I S. 1376.
23 R 40.2 Abs. 6 Nr. 2b LStR.

Praxistipp: Grundsätzlich kann die Entfernungspauschale nur für die kürzeste Entfernung beansprucht werden. Etwas anderes gilt aber, wenn eine andere Verbindung »offensichtlich verkehrsgünstiger« ist und vom Arbeitnehmer regelmäßig benutzt wird. Die vom Mitarbeiter tatsächlich benutzte Straßenverbindung ist dann verkehrsgünstiger als die kürzeste Straßenverbindung, wenn damit eine Zeitersparnis oder sonstige Vorteile aufgrund von Streckenführung, Schaltung von Ampeln o. Ä. verbunden sind.[24] In diesen Fällen kann die günstigere Strecke auch der Pauschalierung zugrunde gelegt werden.

---

24 Z. B. BFH, Urteil v. 16.11.2011 – VI R 19/11, BStBl 2012 II, S. 520.

17 Freibetrag

17.1 ELStAM-Datenbank

Sachverhalt: Für einen Arbeitnehmer mit einem monatlichen Bruttolohn von 1.885,50 EUR ist in der ELStAM-Datenbank ein Freibetrag i.H.v. 1.200 EUR jährlich bzw. 100 EUR monatlich eingetragen.

Wie wirkt sich dieser Freibetrag bei der Entgeltabrechnung aus?

Lösung: Lohnsteuerfreibeträge, die in der ELStAM-Datenbank eingetragen wurden, sind immer persönliche Freibeträge des Arbeitnehmers. Der Arbeitnehmer muss den Freibetrag selbst beim Finanzamt beantragen; der Arbeitgeber muss sich nicht um die Gründe für die Eintragung kümmern.

Berücksichtigung bei der Entgeltabrechnung	
Bruttolohn	1.885,50 EUR
Abzgl. monatl. Steuerfreibetrag	**– 100,00 EUR**
Steuerpflichtiger Bruttolohn	1.785,50 EUR
Sozialversicherungspflichtiges Entgelt	1.885,50 EUR

Die Lohnsteuer, der Solidaritätszuschlag und die Kirchensteuer werden bei einem Betrag von 1.785,50 EUR aus der Lohnsteuertabelle abgelesen. Der Steuerfreibetrag wirkt sich monatlich steuermindernd für den Arbeitnehmer aus. Der Freibetrag von 100 EUR gilt nur für den Lohnsteuerabzug und wird daher nicht bei der Berechnung der Sozialversicherungsbeiträge berücksichtigt.

Hinweis: Persönliche Freibeträge können sein:
- Schwerbehindertenfreibetrag,
- Freibetrag für erhöhte Werbungskosten,
- Freibetrag für Verluste aus anderen Einkunftsarten (z.B. Vermietung und Verpachtung).

Die Eintragung eines Freibetrags in der ELStAM-Datenbank zieht außer bei einem Schwerbehindertenfreibetrag immer die Pflicht zur Abgabe einer Einkommensteuererklärung des Arbeitnehmers nach sich.

Praxistipp: Antragsabhängige Lohnsteuerfreibeträge können seit 2016 für 2 aufeinanderfolgende Kalenderjahre beantragt werden. Freibeträge für Menschen mit Behinderungen und Hinterbliebene bleiben von der gesetzlichen Änderung unberührt.

17.2 Fehlender Kinderfreibetrag

Sachverhalt: Ein Arbeitnehmer erklärt seinem Arbeitgeber, dass er ab Februar von seiner Ehefrau getrennt lebt und deshalb ab sofort die Steuerklasse I und 0,5 Kinderfreibeträge zu berücksichtigen sind.

Darf der Arbeitgeber die ELStAM daraufhin ändern?

Lösung: Der Arbeitgeber muss den Arbeitslohn nach den ELStAM versteuern. Er darf nicht eigenmächtig nach anderen Merkmalen abrechnen, auch wenn er von deren Richtigkeit überzeugt ist. Der Arbeitnehmer selbst ist verpflichtet, seine ELStAM beim Wohnsitzfinanzamt ändern zu lassen. Er kann den Antrag auf Korrektur der ELStAM persönlich oder schriftlich stellen.

Hinweis: Erhält der Arbeitgeber geänderte ELStAM, muss er auf das Änderungsdatum achten. Gilt die Änderung rückwirkend ab 1.1. des laufenden Jahres, können die zurückliegenden Monate korrigiert und neu berechnet werden. Ansonsten gelten die Änderungen erst ab dem Monat der Übermittlung der ELStAM.

17.3 Nachträgliche Eintragung

Sachverhalt: Ein Arbeitnehmer beantragt im Oktober beim Finanzamt einen Lohnsteuerfreibetrag von 2.800 EUR im Jahr. Der Freibetrag wird in der ELStAM-Datenbank gespeichert und steht dem Arbeitgeber beim nächsten Abruf zur Verfügung.

Wie wird der Freibetrag für den Rest des laufenden Jahres berücksichtigt?

Lösung: Der Jahresfreibetrag von 2.800 EUR wird vom Finanzamt ab November eingetragen. Er wird auf die beiden verbleibenden Monate aufgeteilt, d.h. monatlich 1.400 EUR.

Für die Sozialversicherungsbeiträge wird der Freibetrag nicht berücksichtigt.

Hinweis: Die Eintragung eines Freibetrags in den ELStAM zieht immer die Pflicht zur Abgabe einer Einkommensteuererklärung des Arbeitnehmers nach sich – außer bei einem Schwerbehindertenfreibetrag.

17.4 Übungsleiter (neben Hauptbeschäftigung)

Sachverhalt: Ein Leiter einer gemeinnützigen Einrichtung, die Freizeitangebote wie Sportgemeinschaften und künstlerische Arbeitsgemeinschaften für Kinder anbietet, ist auf die Mitarbeit von freiwilligen Helfern angewiesen. Diese Helfer arbeiten üblicherweise neben einer Hauptbeschäftigung einige Stunden nachmittags oder am Wochenende.

Wie können diese Mitarbeiter für ihre Tätigkeit entlohnt werden?

Lösung: Für Personen, die nebenberuflich als Übungsleiter, Ausbilder, Erzieher oder Betreuer tätig sind, kann der Übungsleiterfreibetrag von 2.400 EUR jährlich genutzt werden.

Monatlich können 200 EUR lohnsteuerfrei an die Mitarbeiter ausbezahlt werden. Dieser Freibetrag ist ein Jahresbetrag. Ist der Arbeitseinsatz in den einzelnen Monaten unterschiedlich hoch und wird nach Stunden abgerechnet, ist das unproblematisch, sofern die 2.400 EUR im Jahr nicht überschritten werden.

Wird der Freibetrag von 2.400 EUR überschritten, ist nur der übersteigende Teil lohnsteuer- und sozialversicherungspflichtig. Ggf. kann der übersteigende Teil als Minijob abgerechnet werden.

Hinweis: Auch für Rentner, Studenten, Arbeitslose, Schüler und Hausfrauen bzw. Hausmänner kann der Übungsleiterfreibetrag infrage kommen.

17.5 Übungsleiterpauschale

Sachverhalt: Ein Arbeitnehmer ist hauptberuflich Angestellter. In seiner Freizeit trainiert er die Jugendmannschaft eines Sportvereins. Dafür erhält er 200 EUR monatlich.

Lösung: Die 200 EUR bleiben lohnsteuer- und sozialversicherungsfrei.

Eine Arbeitgeberbelastung besteht nur bei der Unfallumlage. Die lohnsteuerfreien Einnahmen gehören nicht zum Arbeitsentgelt und sind somit beitragsfrei.

17.6 Übungsleiter (Minijobber)

Sachverhalt: Ein Arbeitnehmer ist hauptberuflich Angestellter. In seiner Freizeit betreut er in einer Behinderteneinrichtung eine künstlerische Arbeitsgemeinschaft. Er bekommt dafür 650 EUR monatlich.

Lösung: 200 EUR bleiben durch die Übungsleiterpauschale lohnsteuer- und sozialversicherungsfrei. Die restlichen 450 EUR können als Minijob abgerechnet werden.

Auszahlungsbetrag des Arbeitnehmers

Steuerfreie Übungsleiterpauschale	200 EUR
Entgelt für geringfügig Beschäftigte	450 EUR
Abzgl. Abzüge (ohne Aufstockung in der Rentenversicherung; Opt-out-Regelung)	– 0 EUR
Auszahlungsbetrag	650 EUR

Arbeitgeberbelastung durch Minijob

Rentenversicherung (15%)	67,50 EUR
Krankenversicherung (13%)	58,50 EUR
Pauschalsteuer (2%)	**9,00 EUR**
Gesamtbelastung (30%)	135,00 EUR
	+ ggf. Umlagen

17.7 Übungsleiter (arbeitsuchend)

Sachverhalt: Ein bei der Agentur für Arbeit gemeldeter Arbeitsuchender betreut in seiner Freizeit die Sportgruppe in einem Seniorenheim. Er bekommt dafür 365 EUR monatlich.

Lösung: 200 EUR bleiben durch die Übungsleiterpauschale lohnsteuer- und sozialversicherungsfrei. Die restlichen 165 EUR können als Minijob abgerechnet werden. Auch bei arbeitslos gemeldeten Personen gilt die Tätigkeit als nebenberuflich.

Auszahlungsbetrag des Arbeitnehmers	
Steuerfreie Übungsleiterpauschale	200,00 EUR
Entgelt für geringfügig Beschäftigte	165,00 EUR
Abzgl. Abzüge (ohne Aufstockung in der Rentenversicherung; Opt-out-Regelung)	**– 0,00 EUR**
Auszahlbetrag	365,00 EUR

Arbeitgeberbelastung durch Minijob	
Rentenversicherung (15%)	24,75 EUR
Krankenversicherung (13%)	21,45 EUR
Pauschalsteuer (2%)	**3,30 EUR**
Gesamtbelastung (30%)	49,50 EUR
	+ ggf. Umlagen

18 Freiwillige soziale Aufwendungen

18.1 Kantinenmahlzeiten (über 3,17 EUR)

Sachverhalt: In der Kantine des Arbeitgebers werden im Monat Februar insgesamt 2.300 Mittagsmahlzeiten kostenpflichtig ausgegeben.

Es wurde ein einheitlicher Preis festgelegt. Der Arbeitnehmer zahlt pro Mahlzeit 3,20 EUR.

Wie ist der geldwerte Vorteil zu versteuern?

Lösung: In diesem Fall ist kein geldwerter Vorteil zu versteuern, da der Preis der Mahlzeit den Sachbezugswert i.H.v. 3,17 EUR nicht unterschreitet.

18.2 Kantinenmahlzeiten (zu 3,17 EUR)

Sachverhalt: In der Kantine des Arbeitgebers werden im Monat Februar insgesamt 2.300 Mittagsmahlzeiten kostenpflichtig ausgegeben.

Es wurde ein einheitlicher Preis festgelegt. Der Arbeitnehmer zahlt pro Mahlzeit 3,17 EUR.

Wie ist der geldwerte Vorteil zu versteuern?

Lösung: In diesem Fall ist kein geldwerter Vorteil zu versteuern, da der Preis der Mahlzeit dem Sachbezugswert i.H.v. 3,17 EUR genau entspricht und damit diesen nicht unterschreitet.

18.3 Kantinenmahlzeiten (unter 3,17 EUR)

Sachverhalt: In der Kantine des Arbeitgebers werden im Monat Februar insgesamt 2.300 Mittagsmahlzeiten kostenpflichtig ausgegeben.

Es wurde ein einheitlicher Preis festgelegt. Der Arbeitnehmer zahlt pro Mahlzeit 2,00 EUR.

Wie ist der geldwerte Vorteil zu versteuern?

Lösung: Da dieser Preis den Sachbezugswert von 3,17 EUR unterschreitet, ist ein geldwerter Vorteil pro Mahlzeit i. H. v. 1,17 EUR zu versteuern.
- Geldwerter Vorteil insgesamt: 2.300 Portionen × 1,17 EUR = 2.691 EUR.

Die Versteuerung kann als geldwerter Vorteil über die Entgeltabrechnung nach den lohnsteuerlichen Merkmalen erfolgen oder mit 25% pauschaler Lohnsteuer.

Die Belastung für den Arbeitgeber beträgt in diesem Fall:

Geldwerter Vorteil	2.691,00 EUR
Pauschale Lohnsteuer (25%)	672,75 EUR
Zzgl. pauschaler Solidaritätszuschlag (5,5%)	+ 37,00 EUR
Zzgl. pauschaler Kirchensteuer nach Bundesland (angenommen 5%)	**+ 33,64 EUR**
Pauschalsteuer gesamt	698,39 EUR

18.4 Kosten für Kindergarten

Sachverhalt: Eine Arbeitnehmerin nimmt nach Ablauf der Elternzeit eine Teilzeitbeschäftigung auf, Gehalt monatlich 1.000 EUR. Der Arbeitgeber übernimmt die Kosten i. H. v. 180 EUR für die Unterbringung des Kindes in einem städtischen Kindergarten.

Wie ist dieser Zuschuss für die Kosten des Kindergartens zu behandeln?

Lösung: Übernimmt der Arbeitgeber zusätzlich zum ohnehin geschuldeten Arbeitslohn die Kosten für die Unterbringung (Betreuung, Unterkunft und Verpflegung) von nicht schulpflichtigen Kindern seiner Arbeitnehmerin, bleibt dieser gewährte Vorteil lohnsteuerfrei und damit auch sozialversicherungsfrei.

Es ist unerheblich, ob es sich dabei um eine betriebliche, städtische oder private Kindereinrichtung handelt. Auch die Unterbringung bei Tagesmüttern ist möglich.

Hinweis: Der Originalbeleg über die Unterbringung soll von der Arbeitnehmerin dem Arbeitgeber vorgelegt werden, dieser bewahrt den Beleg in den Lohnunterlagen auf. Damit wird gewährleistet, dass nur ein Elternteil den lohnsteuer- und sozialversicherungsfreien Zuschuss in Anspruch nehmen kann.

18.5 Kinderbetreuung (Mutter – Haushaltshilfe)

Sachverhalt: Eine Arbeitnehmerin, die in Teilzeit beschäftigt ist, lässt ihr nicht schulpflichtiges Kind tageweise von ihrer Mutter bzw. ihrer Haushaltshilfe betreuen. Die Fahrtkosten zum Wohnort ihrer Mutter bzw. die anteiligen Kosten für die Haushaltshilfe möchte der Arbeitgeber steuerfrei erstatten.

Kann der Arbeitgeber die Fahrtkosten lohnsteuer- und sozialversicherungsfrei erstatten?

Lösung: Diese Leistungen werden nicht vom §3 Nr. 33 EStG erfasst und stellen daher steuer- und sozialversicherungspflichtigen Arbeitslohn dar.

19 Geringfügig entlohnte Beschäftigung

19.1 Versicherungsrechtliche Beurteilung nach Personengruppen

19.1.1 Gesetzlich Krankenversicherte

Sachverhalt: Eine geringfügig beschäftigte Arbeitnehmerin ist gesetzlich krankenversichert und erhält für ihre Tätigkeit 300 EUR monatlich. Darüber hinaus hat sie keine weiteren Beschäftigungen.

Wie ist die Beschäftigung lohnsteuer- und sozialversicherungsrechtlich zu behandeln?

Lösung: Die Beschäftigung ist als geringfügig entlohnte Beschäftigung abzurechnen, da das regelmäßige Arbeitsentgelt 450 EUR im Monat nicht übersteigt. Es sind Pauschalbeiträge in Höhe von 13 % zur Krankenversicherung sowie in Höhe von 15 % zur Rentenversicherung – sofern die Arbeitnehmerin die Befreiung von der Rentenversicherungspflicht beantragt – an die Minijob-Zentrale abzuführen. Ansonsten ist die geringfügige Beschäftigung rentenversicherungspflichtig, die Arbeitnehmerin trägt 3,7 % und der Arbeitgeber 15 % des Rentenversicherungsbeitrags. Darüber hinaus ist die einheitliche Pauschalsteuer von 2 % abzuführen.

19.1.2 Privat Krankenversicherte

Sachverhalt: Eine Aushilfe erhält für ihre Tätigkeit ein monatliches Entgelt von 420 EUR. Die Tätigkeit wird neben einer Haupttätigkeit ausgeübt. Die Aushilfe ist privat krankenversichert und beantragt die Befreiung von der Rentenversicherungspflicht.

Wie ist die Aushilfsbeschäftigung lohnsteuer- und sozialversicherungsrechtlich zu behandeln?

Lösung: Die Beschäftigung ist als geringfügig entlohnte Beschäftigung abzurechnen, da das regelmäßige Arbeitsentgelt 450 EUR im Monat nicht übersteigt. Da die Aushilfe in der Hauptbeschäftigung privat krankenversichert ist, sind keine pauschalen Beiträge zur Krankenversicherung fällig. Grundsätzlich ist die Aushilfe versicherungspflichtig in der Rentenversicherung, sodass der Arbeitnehmer 3,7% und der Arbeitgeber 15% des Rentenversicherungsbeitrags trägt. Beantragt der Arbeitnehmer die Befreiung von der Rentenversicherungspflicht sind 15% als Pauschalbeitrag zur Rentenversicherung sowie 2% Pauschalsteuern an die Minijob-Zentrale weiterzuleiten.

19.1.3 Studenten

Sachverhalt: Eine Studentin wird ab 1.3.2017 befristet für ein Jahr als Aushilfe eingestellt. Der Stundenlohn beträgt 15 EUR und die Arbeitszeit 20 Stunden pro Monat. Es ergibt sich ein monatliches Entgelt von 300 EUR. Im November erhält die Aushilfskraft Weihnachtsgeld i.H.v. 120 EUR. Die Mitarbeiterin legt eine Immatrikulationsbescheinigung der örtlichen Universität vor. Die Aushilfe hat keine weiteren Beschäftigungen. Sie ist über ihre Eltern privat krankenversichert.

Handelt es sich um eine kurzfristige oder eine geringfügige Beschäftigung?

Lösung: Die Studentin muss als geringfügig entlohnte Beschäftigte bei der Minijob-Zentrale angemeldet werden. Im vorliegenden Fall ist eine geringfügig entlohnte Beschäftigung gegeben, da das regelmäßige Arbeitsentgelt 450 EUR nicht übersteigt. Bei einem monatlichen Entgelt von 300 EUR ergibt sich ein Jahresbetrag von 3.600 EUR. Hinzu kommt ein Weihnachtsgeld i.H.v. 120 EUR, sodass das Jahresarbeitsentgelt 3.720 EUR beträgt, umgerechnet monatlich 310 EUR. Damit ist die Beschäftigung geringfügig, der Studentenstatus der Beschäftigten ändert daran nichts.

Für geringfügige Beschäftigungen fallen Pflichtbeiträge zur Rentenversicherung an, wovon der Arbeitgeber 15% und die Studentin 3,7% trägt. Auch für Studenten besteht die Möglichkeit der Befreiung von der Rentenversicherungspflicht. Pauschalbeiträge zur Krankenversicherung fallen in diesem Fall nicht an, da die Studentin über ihre Eltern privat krankenversichert ist.

Praxistipp: Die Versteuerung des Arbeitsentgelts kann über die einheitliche Pauschalsteuer von 2% erfolgen. Im Beispiel ist eine individuelle Besteuerung nach ELStAM sinnvoll, da die Studentin keine weitere Beschäftigung ausübt und damit Steuerklasse I hat. Bei dem geringfügigen Arbeitsentgelt fällt bei Lohnsteuerklasse I noch keine Lohnsteuer an, sodass die Arbeitnehmerin den Lohn in voller Höhe ausbezahlt bekommt.

Bei der Beschäftigung von Studenten ist es aus Sicht des Arbeitgebers in der Regel sinnvoller, die Grenzen der geringfügigen Beschäftigung zu überschreiten. Die Lohnnebenkosten bei der geringfügigen Beschäftigung, können bis knapp über 30% betragen (15% pauschale Rentenversicherung, 13% pauschale Krankenversicherung, 2% einheitliche Pauschalsteuer). Studenten, deren regelmäßiges Arbeitsentgelt über 450 EUR liegt, sind zwar vom Prinzip her sozialversicherungspflichtig beschäftigt, sind aber in der Kranken-, Pflege- und Arbeitslosenversicherung versicherungsfrei, wenn ihre wöchentliche Arbeitszeit 20 Stunden nicht überschreitet (Werkstudentenprivileg).

19.1.4 Trainertätigkeit

Sachverhalt: Ein Mitglied eines gemeinnützigen Sportvereins trainiert ab 1.1.2017 die Beachvolleyballmannschaft des Vereins. Für seine Trainertätigkeit erhält er pro Monat 600 EUR. Der Trainer ist hauptberuflich sozialversicherungspflichtig beschäftigt, andere Nebenjobs übt er nicht aus. Er ist in der gesetzlichen Krankenversicherung pflichtversichert.

Handelt es sich bei der Trainertätigkeit um eine geringfügig entlohnte Beschäftigung und wie wird diese angemeldet?

Lösung: Die Vergütung für die Trainertätigkeit kann als geringfügig entlohnte Beschäftigung abgerechnet werden.

Entscheidendes Kriterium für die Beurteilung ist die Höhe des regelmäßigen Arbeitsentgelts. Der Trainer erhält von seinem Verein zwar auf das Jahr gesehen 7.200 EUR (12 × 600 EUR). Da die Tätigkeit als Trainer nebenberuflich für einen gemeinnützigen Verein ausgeübt wird, steht dem Trainer steuerlich der Freibetrag für nebenberufliche Tätigkeiten (Übungsleiterfreibetrag) von 2.400 EUR pro Jahr[25] zu. Bis zu diesem Betrag bleiben Einnahmen aus nebenberuflichen Tätigkeiten als Trainer oder Übungsleiter steuerfrei. Gleichzeitig gelten sie aufgrund dieser Steuerfreistellung sozialversicherungsrechtlich nicht als Arbeitsentgelt.[26]

Damit vermindert sich das sozialversicherungsrechtliche Arbeitsentgelt von den tatsächlich ausbezahlten 7.200 EUR auf 4.800 EUR (7.200 EUR – 2.400 EUR). Da eine ganzjährige Beschäftigung vorliegt, wird das Jahresarbeitsentgelt von 4.800 EUR monatlich mit 1/12 angesetzt. Dies ergibt einen Betrag von monatlich 400 EUR. Damit beträgt das regelmäßige Arbeitsentgelt nicht mehr als 450 EUR, die Beschäftigung gilt somit als geringfügig entlohnte Beschäftigung.

Vom Verein wird der Mitarbeiter wie folgt angemeldet:
- Personengruppe 109 (geringfügig entlohnte Beschäftigte)
- Beitragsgruppe lautet 6 (Pauschalbeitrag zur Krankenversicherung für geringfügig Beschäftigte)
- 1 (Pflichtbeitrag zur Rentenversicherung für geringfügig Beschäftigte)
- 0 (kein Beitrag zur Arbeitslosenversicherung)
- 0 (kein Beitrag zur Pflegeversicherung)
- Die Besteuerung erfolgt über den einheitlichen Pauschalsteuersatz von 2%. Der Betrag wird direkt mit den Pauschalbeiträgen zur Kranken- und Pflegeversicherung an die Minijob-Zentrale in Essen abgeführt.

Hinweis: Das Beispiel zeigt, dass es für die Frage, ob eine geringfügig entlohnte Beschäftigung vorliegt, nicht auf das tatsächlich monatlich gezahlte, sondern auf das regelmäßige Entgelt ankommt. Gelten steuerfreie Entgeltbestandteile sozialversicherungsrechtlich nicht als Arbeitsentgelt (z.B. Übungsleiterfreibetrag, Rabattfreibetrag, steuerfreie Zuschläge für Sonntags-, Feiertags- oder Nachtarbeit), werden diese nicht auf die 450-EUR-Grenze angerechnet.

---

25 §3 Nr. 26 EStG.
26 §1 SvEV

19.1.5 Beamte

Sachverhalt: Ein Beamter ist privat krankenversichert. In seinem Beamtenverhältnis hat er im Krankheitsfall Anspruch auf Fortzahlung der Bezüge und auf Beihilfe oder Heilfürsorge. Der Beamte hat folgende Nebenjobs:

- seit 2014 als Hausmeister für 300 EUR monatlich und
- seit Anfang 2017 als Pförtner für 250 EUR monatlich.

Wie sind die Beschäftigungen lohnsteuer- und sozialversicherungsrechtlich zu behandeln?

Lösung: Im Gegensatz zu Arbeitnehmern, die sozialversicherungspflichtig beschäftigt sind, erfolgt bei Beamten in keinem Fall eine Zusammenrechnung der geringfügig entlohnten Beschäftigungen mit der Hauptbeschäftigung als Beamter.

Die Entgelte aus den Beschäftigungen als Hausmeister (300 EUR) und als Pförtner (250 EUR) werden hingegen zusammengerechnet.

Beide Beschäftigungen sind ab 1.1.2017 nicht mehr geringfügig, da das Gesamtentgelt monatlich 450 EUR übersteigt. Da das Gesamtentgelt 550 EUR beträgt, ist für beide Beschäftigungen die Gleitzonenregelung anzuwenden. Die Beschäftigungen werden nicht bei der Minijob-Zentrale angemeldet, sondern bei einer Krankenkasse. Zuständig ist die Krankenkasse, bei welcher der Beamte zuletzt versichert war, ansonsten suchen Arbeitgeber und Arbeitnehmer eine Krankenkasse aus.

- Da der Beamte im Krankheitsfall Anspruch auf Fortzahlung der Bezüge und auf Beihilfe oder Heilfürsorge aus seinem Beamtenverhältnis hat, bleibt er in beiden Nebenbeschäftigungen versicherungsfrei in der Kranken- und Pflegeversicherung. Es müssen Beiträge zur Renten- und Arbeitslosenversicherung abgeführt werden.
- Angemeldet werden die Beschäftigungen wie folgt: Personengruppenschlüssel 101 (sozialversicherungspflichtige Beschäftigung) Beitragsgruppenschlüssel 0110.
- Die Besteuerung der beiden Beschäftigungen erfolgt entweder nach ELStAM mit der Steuerklasse VI oder mit 20 % pauschaler Lohnsteuer. Will der Arbeitgeber die pauschale Lohnsteuer von 20 % nicht überneh-

men, kann sie auf den Arbeitnehmer abgewälzt werden. In diesem Fall muss geprüft werden, ob die Lohnsteuerpauschalierung mit 20% (zuzüglich 5,5% Solidaritätszuschlag und ggf. Kirchensteuer) günstiger ist als eine Besteuerung über die ELStAM.

19.2 Arbeitsentgelt

19.2.1 Weihnachtsgeld

Sachverhalt: Eine seit 1.1. angestellte Aushilfe erhält neben dem monatlichen Arbeitsentgelt von 420 EUR im Dezember ein vertraglich zugesichertes Weihnachtsgeld i. H. v. 480 EUR.

Entsteht durch die Zahlung des Weihnachtsgelds ein sozialversicherungspflichtiges Beschäftigungsverhältnis?

Lösung: Das Weihnachtsgeld ist bei der Beurteilung der Beschäftigung zu berücksichtigen.

Arbeitsentgelt jährlich (420 EUR × 12 Monate + 480 EUR)	5.520 EUR
Durchschnittliches monatliches Arbeitsentgelt (5.520 EUR : 12 Monate)	460 EUR

Durch die Zahlung des Weihnachtsgeldes im Dezember wird die Geringfügigkeitsgrenze von 5.400 EUR pro Jahr überschritten. Es entsteht Sozialversicherungspflicht ab Beginn der Beschäftigung. Die Beiträge sind an die Krankenkasse abzuführen. Arbeitgeber müssen bei Beginn einer Beschäftigung und später laufend jährlich vorausschauend den sozialversicherungsrechtlichen Status einer Beschäftigung beurteilen. Hierbei sind auch mögliche Einmalzahlungen zu berücksichtigen.

Da keine geringfügig entlohnte Beschäftigung i. S. v. §8 SGB IV vorliegt, ist auch die Pauschalierung gem. §40a Abs. 2 EStG i. H. v. 2% nicht mehr möglich. Die Besteuerung hat nach den ELStAM zu erfolgen. Werden keine Lohnunterlagen vorgelegt, ist die Besteuerung nach Lohnsteuerklasse VI vorzunehmen.

19.2.2 Schwankendes Arbeitsentgelt – Unvorhersehbarer Einsatz

Sachverhalt: Ein Pflegedienst hat neben 16 Mitarbeitern, die sozialversicherungspflichtig beschäftigt sind, 2 Aushilfen angestellt. Laut Arbeitsvertrag erhalten diese einen Stundenlohn von 10 EUR. Nach den Erfahrungen der vergangenen Jahre liegt der Arbeitsaufwand der beiden Aushilfen zwischen 25 und 35 Stunden pro Monat. Daher sind die Aushilfen als geringfügig entlohnte Beschäftigte bei der Minijob-Zentrale gemeldet. Beide Aushilfen sind von der Rentenversicherungspflicht befreit.

Im Oktober erkranken 3 der hauptamtlichen Arbeitnehmer und fallen unvorhergesehen aus. Da auch einige der zu betreuenden Patienten erkrankt sind, ergibt sich gleichzeitig ein erhöhter Pflegebedarf. Die Aushilfen arbeiten daher im Oktober 96 bzw. 112 Stunden. Dementsprechend beträgt das Entgelt 960 EUR bzw. 1.120 EUR. Ab November liegt die Arbeitsbelastung der Aushilfen wieder im üblichen Rahmen (25 bis 35 Stunden pro Monat).

Werden die Aushilfen durch die erhöhte Arbeitszeit sozialversicherungspflichtig?

Lösung: Die Beschäftigung der Aushilfen wird auch weiterhin als geringfügig entlohnt angesehen. Bei einer Krankheitsvertretung wird das Arbeitsentgelt unvorhersehbar überschritten. Ein nicht vorhersehbares Überschreiten der Arbeitsentgeltsgrenze von nicht mehr als 3 Monaten oder 70 Arbeitstagen innerhalb eines Zeitjahres ist unschädlich.

An der Entgeltabrechnung ändert sich auch im Monat Oktober nichts. Die Arbeitslöhne der beiden Aushilfen von 960 EUR bzw. 1.120 EUR werden wie das Arbeitsentgelt normaler Minijobs abgerechnet. Der Arbeitgeber führt pauschale Beiträge zur Rentenversicherung (15%) – sofern die Arbeitnehmer die Befreiung von der Rentenversicherungspflicht beantragt haben – und zur Krankenversicherung (13%) sowie die einheitliche Pauschalsteuer i.H.v. 2% an die Minijob-Zentrale ab. Ansonsten ist die geringfügige Beschäftigung rentenversicherungspflichtig, der Arbeitnehmer trägt dann 3,7% und der Arbeitgeber 15% des Rentenversicherungsbeitrags.

Hinweis: Bei der Jahresmeldung liegt das gemeldete Jahresarbeitsentgelt über dem »Grenzbetrag« von 5.400 EUR jährlich. Trotzdem bleibt es bei der geringfügig entlohnten Beschäftigung. Bei evtl. Nachfragen des Lohnsteuerprüfers sollte darauf hingewiesen werden, dass sich die einheitliche Pauschalsteuer von 2% ausschließlich an der sozialversicherungsrechtlichen Eingruppierung der Beschäftigten orientiert. Eine eigenständige, monatliche Höchstgrenze von 450 EUR für das Steuerrecht gibt es seit der Angleichung der steuerrechtlichen Regelung an die der Sozialversicherung nicht mehr.[27]

Aus Nachweisgründen empfiehlt es sich den Entgeltunterlagen der beiden Aushilfen einen schriftlichen Nachweis bezüglich der Krankheitsvertretung (z.B. Kopien der Arbeitsunfähigkeitsbescheinigungen) beizufügen.

Praxistipp: Derartige unvorhersehbare Überschreitungen der 450-EUR-Grenze sind unproblematisch, wenn sie sich auf Ausnahmefälle beschränken. Schwierigkeiten ergeben sich immer dann, wenn sich Überschreitungen jährlich wiederholen. Die Prüfer der Sozialversicherungsträger verweisen in derartigen Fällen darauf, dass der Personalbestand insgesamt zu niedrig ist und damit mit einem krankheitsbedingten Mehreinsatz der Aushilfskräfte gerechnet werden muss. Insoweit ist die Überschreitung dann nicht mehr unvorhersehbar. Sie muss am Jahresanfang bei der sozialversicherungsrechtlichen Beurteilung der Aushilfsbeschäftigungen mit berücksichtigt werden. Kommt es zu Überschreitungen der 450-EUR-Grenze bei Aushilfskräften, sollten der Arbeitgeber den Anlass der notwendigen Mehrarbeit in den Personalunterlagen notieren und anhand geeigneter Belege (z.B. Arbeitsunfähigkeitsbescheinigungen) nachweisen können.

19.2.3 Mindestbeitragsbemessungsgrundlage bei Option zur vollen Rentenversicherungspflicht

Sachverhalt: Eine Reinigungskraft ist seit 2009 geringfügig entlohnt für monatlich 160 EUR beschäftigt Sie erhält weder Urlaubs- noch Weihnachtsgeld. Die Arbeitnehmerin übt daneben keine weiteren Beschäftigungen aus.

---

27 §40a Abs. 2 EStG enthält einen eindeutigen Verweis auf die sozialversicherungsrechtliche Beurteilung.

Um sich die Riester-Zulage zu sichern, hat sie im Rahmen der geringfügigen Beschäftigung zur Rentenversicherungspflicht optiert. Sie stockt demnach aus eigenen Mitteln den Rentenversicherungsbeitrag auf den aktuellen Satz auf.

Wie hoch ist der Aufstockungsbetrag zur Rentenversicherung, den die Mitarbeiterin selbst tragen muss?

Lösung: Die Beiträge zur Rentenversicherung sind mindestens von einem Betrag von 175 EUR zu berechnen, auch wenn das tatsächliche Arbeitsentgelt unter diesem Betrag liegt.

Monatlicher Aufstockungsbetrag

Beitragssatz zur Rentenversicherung 2017	18,7 %
Pauschaler Beitragssatz zur Rentenversicherung (übernimmt Arbeitgeber)	15 %
Differenz	3,7 %
Monatslohn	160,00 EUR
Mindestbeitragsbemessungsgrundlage Rentenversicherung 175 EUR	
Mindestbeitrag 175 EUR × 18,7 %	32,73 EUR
Arbeitgeberanteil 160 EUR × 15 %	24,00 EUR
Beitragsanteil der Mitarbeiterin (32,73 EUR abzgl. 24 EUR)	8,73 EUR

Hinweis: Eine Optierung zur Versicherungspflicht war bei der Rentenversicherung bis zum 31.12.2012 möglich. In der Regel wird die Prüfung des Mindestbetrags zur Rentenversicherung vom Entgeltabrechnungsprogramm vorgenommen. Voraussetzung ist jedoch, dass die Abmeldung zeitlich richtig eingegeben wird, und nur die anteiligen Sozialversicherungstage vom Programm eingerechnet werden.

Praxistipp: Bei der Option zur Rentenversicherungspflicht bei vor dem 1.1.2013 aufgenommenen geringfügig entlohnten Beschäftigungen bleibt der Personengruppenschlüssel 109 unverändert, der Beitragsgruppenschlüssel lautet 5100 bzw. 0100, wenn keine Versicherung in der gesetzlichen Krankenversicherung besteht.

20 Jahresarbeitsentgeltgrenze

20.1 Erstmalige Arbeitsaufnahme nach dem 31.12.2002

Sachverhalt: Ein Arbeitnehmer nimmt am 1.2.2017 erstmals eine Beschäftigung auf.

Gilt für den Arbeitnehmer die allgemeine oder die besondere Jahresarbeitsentgeltgrenze?

Lösung: Für den Arbeitnehmer gilt die allgemeine Jahresarbeitsentgeltgrenze, er war am Stichtag 31.12.2002 noch nicht als Arbeitnehmer tätig.

20.2 Erstmalige Arbeitsaufnahme und Übergrenzer vor/ am Stichtag 31.12.2002

Sachverhalt: Ein Arbeitnehmer ist erstmals seit 1.12.2000 abhängig beschäftigt. Am gesetzlichen Stichtag 31.12.2002 hat sein regelmäßiges Jahresarbeitsentgelt die Jahresarbeitsentgeltgrenze 2002 in Höhe von 40.500 EUR überschritten. Er ist bereits seit 2000 privat krankenversichert.

Gilt für den Arbeitnehmer die allgemeine oder die besondere Jahresarbeitsentgeltgrenze?

Lösung: Für den Arbeitnehmer gilt die besondere Jahresarbeitsentgeltgrenze, da er

- am gesetzlichen Stichtag 31.12.2002 wegen Überschreitens der damals geltenden Jahresarbeitsentgeltgrenze (40.500 EUR) versicherungsfrei war, und
- bei einem privaten Krankenversicherungsunternehmen in einer substitutiven (der gesetzlichen Krankenversicherung im Umfang entsprechenden, nicht in einer Zusatzversicherung) versichert war.

20.3 Erstmalige Arbeitsaufnahme aber kein Übergrenzer vor/am Stichtag 31.12.2002

Sachverhalt: Ein Arbeitnehmer ist erstmals seit 1.1.2000 abhängig beschäftigt. Aufgrund seines regelmäßigen Jahresarbeitsentgelts war er am 31.12.2002 krankenversicherungspflichtig.

Gilt für den Arbeitnehmer die allgemeine oder die besondere Jahresarbeitsentgeltgrenze?

Lösung: Für den Arbeitnehmer gilt die allgemeine Jahresarbeitsentgeltgrenze, da er am gesetzlichen Stichtag 31.12.2002 nicht die erforderlichen Voraussetzungen für eine Anwendung der besonderen Jahresarbeitsentgeltgrenze (private Krankenversicherung, Entgelt oberhalb der damaligen Jahresarbeitsentgeltgrenze) erfüllt hat.

20.4 Feste Bezüge und laufende und einmalige Einnahmen

Sachverhalt: Am 1.1.2017 nimmt ein Arbeitnehmer seine Beschäftigung auf.

Er hat folgende Einnahmen:

- Monatslohn 4.000 EUR
- Pauschale Überstundenvergütung 200 EUR monatlich
- Steuer- und beitragsfreie Nachtarbeitszuschläge 50 EUR monatlich
- Weihnachtsgeld 2.000 EUR jeweils im November
- Urlaubsgeld 1.000 EUR jeweils im Juni

Unterliegt der Arbeitnehmer der Krankenversicherungspflicht?

Lösung:

Berechnungsstufen regelmäßiges Jahresarbeitsentgelt

	Jahreseinnahmen (aller Einnahmen aus der Beschäftigung für eine fiktives Jahr)
−	Bezüge, die kein Arbeitsentgelt im Sinne der Sozialversicherung sind
−	unregelmäßige Bezüge
−	Zuschläge, die mit Rücksicht auf den Familienstand gezahlt werden
=	Regelmäßiges Jahresarbeitsentgelt

Berechnung regelmäßiges Jahresarbeitsentgelt

Arbeitsentgelt (4.300 EUR × 12 Monate)	51.600 EUR
Pauschale Überstundenvergütung (200 EUR × 12 Monate)	+ 2.400 EUR
Nachtzuschläge (50 EUR × 12 Monte)	+ 600 EUR
Weihnachtsgeld	+ 2.000 EUR
Urlaubsgeld	**+ 1.000 EUR**
Jahreseinnahmen gesamt	57.600 EUR
Abzgl. Nachtzuschläge (50 EUR × 12 Monte)	**− 600 EUR**
Regelmäßiges Jahresarbeitsentgelt	57.000 EUR

Die Überstundenvergütung erfolgt regelmäßig pauschal.

Das regelmäßige Jahresarbeitsentgelt des Arbeitnehmers überschreitet die allgemeine Jahresarbeitsentgeltgrenze (2017: 57.600 EUR) nicht. Der Arbeitnehmer unterliegt der Krankenversicherungspflicht.

20.5 Feste Bezüge und unregelmäßige Einnahmen und Bezüge

Sachverhalt: Am 1.1.2017 nimmt ein Arbeitnehmer seine Beschäftigung auf. Er hat folgende Einnahmen:

- Monatslohn 4.000 EUR, einschließlich 150 EUR Kinderzuschlag und 50 EUR Nachtzuschlag
- Firmenwagen, auch zur privaten Nutzung, geldwerter Vorteil monatlich 250 EUR
- Weihnachtsgeld 3.000 EUR (jeweils im November)
- Urlaubsgeld, mindestens 1.000 EUR, es steigert sich als nicht garantierte Gewinnbeteiligung auf bis zu 2.000 EUR (jeweils im Juni)

Unterliegt der Arbeitnehmer der Krankenversicherungspflicht?

Berechnung regelmäßiges Jahresarbeitsentgelt	
Arbeitsentgelt (4.000 EUR × 12 Monate)	48.000 EUR
Geldwerter Vorteil Firmenwagen (250 EUR × 12 Monate)	+ 3.000 EUR
Weihnachtsgeld	+ 3.000 EUR
Urlaubsgeld	**+ 2.000 EUR**
Jahreseinnahmen gesamt	56.000 EUR
Abzgl. Nachtzuschläge (50 EUR × 12 Monte)	– 600 EUR
Abzgl. unregelmäßiges Urlaubsgeld (Gewinnbeteiligung)	– 1.000 EUR
Abzgl. Kinderzuschlag (150 EUR × 12 Monate)	**– 1.800 EUR**
Regelmäßiges Jahresarbeitsentgelt	52.600 EUR

Lösung: Das regelmäßige Jahresarbeitsentgelt des Arbeitnehmers überschreitet die allgemeine Jahresarbeitsentgeltgrenze (2017: 57.600 EUR) nicht. Der Arbeitnehmer unterliegt der Krankenversicherungspflicht.

20.6 Schwankende Bezüge (Stundenlohn)

Sachverhalt: Am 1.1.2017 nimmt ein Arbeitnehmer als Mitarbeiter in der Produktion seine Beschäftigung auf. Es handelt sich um die erste Beschäftigung des Arbeitnehmers im Inland. Die Arbeitszeit beträgt 38 Stunden in der Woche.

Er hat folgende Einnahmen:
- Stundenlohn: 27 EUR
- Überstunden: 30 EUR je Std. (in der Vergangenheit ca. 2 Stunden/Woche)
- Steuer- und beitragsfreie Nachtarbeitszuschläge: monatlich 50 EUR
- Weihnachtsgeld: ein durchschnittlicher Monatslohns ohne Überstunden (jeweils im November)
- Urlaubsgeld: 1.000 EUR (jeweils im Juni)

Unterliegt der Arbeitnehmer der Krankenversicherungspflicht?

Lösung:

Umrechnung Stundenlohn in durchschnittlichen Monatslohn	
(Grundregel: 13 Wochen entsprechen stets 3 Monaten)	
Arbeitsentgelt (27 EUR × 38 Std. × 13 Wochen : 3 Monate)	4.446 EUR
Überstunden (30 EUR × 2 Std. × 13 Wochen : 3 Monate)	**260 EUR**
Monatlich gesamt	4.706 EUR
Berechnung regelmäßiges Jahresarbeitsentgelt	
Arbeitslohn (4.446 EUR × 12 Monate)	53.352 EUR
Überstunden (260 EUR × 12 Monate)	+ 3.120 EUR
Nachtzuschläge (50 EUR × 12 Monte)	+ 600 EUR
Weihnachtsgeld	+ 4.446 EUR
Urlaubsgeld	**+ 1.000 EUR**
Jahreseinnahmen gesamt	62.518 EUR
Abzgl. Nachtzuschläge	− 600 EUR
Abzgl. Überstundenvergütung	**− 3.120 EUR**
Regelmäßiges Jahresarbeitsentgelt	58.798 EUR

Das regelmäßige Jahresarbeitsentgelt des Arbeitnehmers überschreitet die allgemeine Jahresarbeitsentgeltgrenze (2017: 57.600 EUR). Er unterliegt nicht der Krankenversicherungspflicht, sondern ist ab Beschäftigungsbeginn krankenversicherungsfrei. Wegen der erstmaligen Beschäftigungsaufnahme im Inland besteht ein einmaliges Wahlrecht, einer gesetzlichen Krankenkasse freiwillig beizutreten (Beitrittsfrist 3 Monate, hier bis 3.4.2017 – Fristverlängerung, da 1.4.2017 ein Samstag ist). Nutzt der Arbeitnehmer diese Frist nicht, bleibt ihm nur die Wahl, eine private Krankenversicherung abzuschließen. Schließt er keine private Krankenversicherung ab, kommt kraft Gesetzes eine »Auffangversicherung« (Versicherungspflicht für zuletzt Nichtversicherte) zustande. Dabei entscheidet sich die Zuordnung zur gesetzlichen oder privaten Krankenversicherung danach, wo der Beschäftigte zuletzt versichert war.

20.7 Schwankende Bezüge (vorausschauende Betrachtung)

Sachverhalt: Am 1.1.2017 nimmt ein Arbeitnehmer als Vertreter im Außendienst seine Beschäftigung auf. Es handelt sich um die erste Beschäftigung des Arbeitnehmers im Inland.

Er hat folgende Einnahmen:
- Monatliches Fixum: 2.000 EUR
- Provision: 2.100 EUR monatlich (Vorgänger erzielte im gleichen Bezirk und vergleichbarer Produktpalette diesen Betrag über mehrere Jahre hinweg)
- Firmenwagen (auch zur privaten Nutzung): 250 EUR monatlicher steuerpflichtiger geldwerter Vorteil
- Weihnachtsgeld: monatliches Fixum zzgl. durchschnittliche monatliche Provision (im November)
- Urlaubsgeld: 2.000 EUR (im Juni)

Unterliegt der Arbeitnehmer der Krankenversicherungspflicht?

Lösung: Bei schwankenden Bezügen (z. B. Akkord, Provisionsbasis) und vorausschauender Betrachtung ist eine Schätzung anhand der Einkünfte des Vorgängers oder eines gleichartigen Arbeitnehmers vorzunehmen.

Hier ist die Provision aufgrund der Angaben des Vorgängers als hinreichend sichere Einnahme zu betrachten.

Berechnung regelmäßiges Jahresarbeitsentgelt

Fixum (2.000 EUR × 12 Monate)	24.000 EUR
Provision (2.100 EUR × 12 Monate)	+ 25.200 EUR
Geldwerter Vorteil Firmenwagen (250 EUR × 12 Monate)	+ 3.000 EUR
Weihnachtsgeld	+ 3.900 EUR
Urlaubsgeld	+ 2.000 EUR
Regelmäßiges Jahresarbeitsentgelt	58.100 EUR

Das regelmäßige Jahresarbeitsentgelt des Arbeitnehmers überschreitet die allgemeine Jahresarbeitsentgeltgrenze (2017: 57.600 EUR). Er unterliegt somit nicht der Krankenversicherungspflicht sondern ist ab Beschäftigungsbeginn krankenversicherungsfrei.

Achtung: Soweit das regelmäßige Jahresarbeitsentgelt im Wege der Schätzung ermittelt wurde, ist eine neue Beurteilung unverzüglich zu dem Zeitpunkt vorzunehmen, zu dem sich die erste Schätzung als unzutreffend erweist oder spätestens nach einem Jahr. Falls sich daraus eine abweichende versicherungsrechtliche Beurteilung ergibt, so entfaltet diese jedoch nur für die Zukunft entsprechende Auswirkungen. Die Konsequenzen aufgrund der ersten Beurteilung bleiben für den zurückliegenden Zeitraum unangetastet.

20.8 Zeitpunkt der Ermittlung

Sachverhalt: Eine Arbeitnehmerin nimmt zum 1.3.2017 eine Beschäftigung auf.

Bereits zu Beschäftigungsbeginn wurde ihr eine Entgelterhöhung zum 1.7.2017 vertraglich zugesichert.

Am 1.11.2017 wird ein Verzicht auf das im Dezember 2017 zustehende Weihnachtsgeld schriftlich fixiert.

Wann muss die Jahresarbeitsentgeltgrenze durch die Veränderungen neu geprüft werden?

Lösung: Zur Feststellung der Kranken- und Pflegeversicherungspflicht ist jeweils zu Beginn eines Beschäftigungsverhältnisses und darüber hinaus bei jeder Entgeltänderung die Jahresarbeitsentgeltgrenze zu prüfen.

- Deshalb ist bei der Arbeitnehmerin zum 1.3.2017 die Ermittlung des Jahresarbeitsentgelts mit dem in diesem Zeitpunkt feststehenden Entgelt (noch ohne die vorab vereinbarte Erhöhung) zu berechnen.
- Zum 1.7.2017 ist eine Neuberechnung des regelmäßigen Jahresarbeitsentgelts vorzunehmen. Zukünftige Änderungen des laufenden Entgelts sind stets erst zu dem Zeitpunkt zu berücksichtigen, in dem das erhöhte Entgelt zusteht. Dies gilt auch dann, wenn die Vereinbarung weit vorher getroffen wurde.
- Am 1.11.2017 ist durch den Verzicht auf das Weihnachtsgeld eine weitere Neuberechnung des regelmäßigen Jahresarbeitsentgelts vorzunehmen.

Die unterjährigen Berechnungen dienen der perspektivischen Betrachtung, ob jeweils künftig die Jahresarbeitsentgeltgrenze noch überschritten wird (vorausschauende Betrachtung).

Ist das bei Beschäftigungsbeginn der Fall, besteht vom Beschäftigungsbeginn an Krankenversicherungsfreiheit. Wird die Grenze bei Beschäftigungsbeginn nicht überschritten, besteht zunächst Krankenversicherungspflicht.

Überschreitet das regelmäßige Jahresarbeitsentgelt die Grenze im Laufe des Jahres 2017 (dabei ist die letzte Berechnung maßgebend – hier am 1.11.2017) und am 1.1.2018 die Grenze für 2018, tritt am 1.1.2018 Krankenversicherungsfreiheit ein.

20.9 Bevorstehende Gehaltserhöhung (Prüfungszeitpunkt)

Sachverhalt: Ein Arbeitnehmer erhält zum 1.11.2016 eine Gehaltserhöhung. Sein regelmäßiges Jahresarbeitsentgelt übersteigt nun sowohl die Jahresarbeitsentgeltgrenze für 2016 als auch für 2017.

Besteht Versicherungspflicht zur Kranken- und Pflegeversicherung?

Lösung: Kranken- und Pflegeversicherungsfreiheit besteht ab 1.1.2017.

Die Krankenversicherung endet jedoch im laufenden Beschäftigungsverhältnis nicht automatisch. Sie wird vielmehr als freiwillige Krankenversicherung fortgeführt. Die Krankenkasse muss ihn auf sein Kündigungsrecht aufmerksam machen (zugunsten einer privaten Krankenvollversicherung). Die Versicherung endet bei Kündigung innerhalb von 2 Wochen nach Hinweis der Krankenkasse und Wahl einer privaten Krankenversicherung zum Ende der Versicherungspflicht (31.12.2016).

20.10 Rückwirkende Gehaltserhöhung

Sachverhalt: Ein Arbeitnehmer erhält am 15.2.2017 eine rückwirkende tarifliche Entgelterhöhung für die Zeit ab 1.12.2016. Durch die Entgelterhöhung wird die Jahresarbeitsentgeltgrenze des Jahres 2016 und des laufenden Jahres 2017 überschritten.

Ist der Arbeitnehmer nicht mehr versicherungspflichtig in der Kranken- und Pflegeversicherung?

Lösung: Der Tarifvertrag wird im Jahr 2017 abgeschlossen. Bei rückwirkender Entgelterhöhung gilt für die Überschreitung der Jahresarbeitsentgeltgrenze das Kalenderjahr, in dem der Anspruch auf das erhöhte Entgelt entstanden ist, in diesem Fall also das Jahr 2017. Maßgebend ist das Datum des Abschlusses der entsprechenden Vereinbarung. Es erfolgt keine (erneute) Prüfung rückwirkend für das Jahr 2016).

Das regelmäßige Jahresarbeitsentgelt des Arbeitnehmers überschreitet die Grenze des Jahres 2017. Um am 1.1.2018 aus der Krankenversicherungspflicht ausscheiden zu können, muss am 1.1.2018 auch die Grenze von 2018 überschritten werden. Im Jahr 2017 ist der Arbeitnehmer nach wie vor krankenversicherungspflichtig.

20.11 Vorübergehende Entgeltminderung (Krankengeld, Verletztengeld, Übergangsgeld)

Sachverhalt: Ein Arbeitnehmer ist seit 1.11.2016 arbeitsunfähig. Er erhält ab 13.12.2016 (nach Ende der Entgeltfortzahlung) Krankengeld von der Krankenkasse, bei der er freiwillig versichert ist. Ab 1.4.2016 nimmt der Beschäftigte an einer stufenweisen Wiedereingliederung teil. Er arbeitet nur 50% seiner regelmäßigen Arbeitszeit und bekommt für mehrere Monate sein halbes Gehalt vom Arbeitgeber sowie (gekürztes) Krankengeld von der Krankenkasse.

Wie wirken sich Krankengeldbezug und Gehaltsminderung während der Wiedereingliederung auf die Kranken- und Pflegeversicherungspflicht aus?

Lösung: Die Krankengeldzeit ändert nichts am regelmäßigen Jahresarbeitsentgelt. Mit der stufenweisen Wiedereingliederung ins Erwerbsleben kommt es lediglich zu einer vorübergehenden und nicht zu einer regelmäßigen Entgeltminderung. Daher bleibt diese Minderung bei der Ermittlung des regelmäßigen Jahresarbeitsentgelts außer Betracht. Es ist also weder am 13.12.2016 noch am 1.4.2017 eine Neuberechnung des regelmäßigen Jahresarbeitsentgelts vorzunehmen.

Der Arbeitnehmer bleibt durchgehend kranken- und pflegeversicherungsfrei.

20.12 Kurzarbeit

Sachverhalt: Ein Arbeitnehmer ist in einem Betriebsteil beschäftigt, der ab 1.3.2017 für 6 Monate Kurzarbeit durchführt. Er hat 50% Arbeitsausfall, sein Entgelt halbiert sich, er erhält jedoch Kurzarbeitergeld.

Der Arbeitnehmer ist wegen Überschreitens der Jahresarbeitsentgeltgrenze versicherungsfrei und privat versichert.

Wie wirken sich die Entgeltminderung auf die Kranken- und Pflegeversicherungspflicht aus?

Lösung: Bei Kurzarbeit kommt es zu einer lediglich vorübergehenden Entgeltminderung, die bei der Ermittlung des regelmäßigen Jahresarbeitsentgelts nicht berücksichtigt wird. Es ist also am 1.3.2017 keine Neuberechnung des regelmäßigen Jahresarbeitsentgelts vorzunehmen.

Der Beschäftigte bleibt durchgehend kranken- und pflegeversicherungsfrei.

20.13 Arbeitszeitreduzierung (Befreiung von der Krankenversicherungspflicht)

Sachverhalt: Ein Arbeitnehmer ist 48 Jahre alt und bereits 10 Jahre wegen Überschreitens der Jahresarbeitsentgeltgrenze versicherungsfrei. Er verringert seine wöchentliche Arbeitszeit ab 1.2.2017 um 50%. Durch die Teilzeittätigkeit verringert sich das regelmäßige Jahresarbeitsentgelt. Durch das Unterschreiten der Jahresarbeitsentgeltgrenze von 2017 tritt Versicherungspflicht ein. Da er seit Jahren privat krankenversichert ist, stellt er im April 2016 einen Befreiungsantrag bei einer Krankenkasse.

Wie ist der Arbeitnehmer ab 1.2.2017 versichert?

Lösung: Grundsätzlich wird der Beschäftigte ab 1.2.2017 kranken- und pflegeversicherungspflichtig. Kranken- und Pflegeversicherungspflicht tritt nur deshalb nicht ein, weil der Arbeitnehmer von seinem Befreiungsrecht Gebrauch macht.

Dies ist möglich, weil

- die Unterschreitung zurückzuführen ist auf die Reduzierung der Arbeitszeit auf die Hälfte oder weniger als die Hälfte,
- der Arbeitnehmer seit mindestens 5 Jahren wegen Überschreitens der Jahresarbeitsentgeltgrenze versicherungsfrei war und
- den Antrag fristgerecht binnen 3 Monaten nach Beginn der Versicherungspflicht bei der zuständigen Kasse (letzte gesetzliche Krankenkasse des Arbeitnehmers) gestellt hat.

20.14 Jahresarbeitsentgeltgrenze holt Arbeitsentgelt ein

Sachverhalt: Ein Arbeitnehmer ist am 1.1.2017 54 Jahre alt und seit 20 Jahren wegen Überschreitens der Jahresarbeitsentgeltgrenze privat krankenversichert. Sein regelmäßiges Jahresarbeitsentgelt (52.000 EUR) wird am 1.1.2017 durch die Erhöhung der Jahresarbeitsentgeltgrenze (2017: 52.200 EUR) vom Grenzwert »eingeholt«.

Tritt für den Arbeitnehmer Kranken- und Pflegeversicherungspflicht ein?

Lösung: Die besondere Jahresarbeitsentgeltgrenze gilt für Arbeitnehmer, die am 31.12.2002 wegen Überschreitens der Jahresarbeitsentgeltgrenze versicherungsfrei und zu diesem Zeitpunkt mit einer privaten Krankenkostenvollversicherung abgesichert waren. Grundsätzlich wird der Beschäftigte ab 1.1.2017 kranken- und pflegeversicherungspflichtig. Er könnte sich jedoch innerhalb einer Frist von 3 Monaten (bis 3.4.2017 – Fristverlängerung, da 1.4.2017 ein Samstag ist) von der Versicherungspflicht auf Antrag befreien lassen. Stellt er keinen solchen Antrag, wird er Mitglied einer gesetzlichen Krankenkasse.

Achtung: Hätte der Arbeitnehmer am 1.1.2017, bei Unterschreitung der Jahresarbeitsentgeltgrenze das 55. Lebensjahr bereits vollendet, hätte dies nicht mehr zum Eintritt von Kranken- und Pflegeversicherungspflicht geführt, weil der Arbeitnehmer in den letzten 5 Jahren nicht gesetzlich krankenversichert war.

21 Krankengeldzuschuss

21.1 Auswirkungen eines Krankengeldzuschusses

Sachverhalt: Ein Arbeitgeber zahlt seinen Arbeitnehmern finanzielle Leistungen, während diese gleichzeitig Sozialleistungen erhalten. Je nach Position des Arbeitnehmers im Betrieb (Vergütungsgruppe) erhalten die Mitarbeiter einzelne oder alle der folgenden Leistungen:
- Zuschuss zum Krankengeld, Verletztengeld, Übergangsgeld,
- Zuschuss zum Mutterschaftsgeld,
- Zuschuss zum Krankentagegeld privat Versicherter,
- weiter gewährte Sachbezüge (z.B. Kost, Wohnung und private Nutzung von Geschäftsfahrzeugen),
- weiter gewährte Firmen- und Belegschaftsrabatte,
- weiter gezahlte vermögenswirksame Leistungen,
- weiter gewährte Kontoführungsgebühren,
- weiter gewährte Zinsersparnisse aus verbilligten Arbeitgeberdarlehen,
- weiter gezahlte Telefonzuschüsse und
- weiter gewährte Beiträge und Zuwendungen zur betrieblichen Altersvorsorge.

Wie wirken sich diese Zahlungen beitragsrechtlich aus?

Lösung: Soweit eine der im Sachverhalt genannten laufend gezahlten arbeitgeberseitigen Leistungen auf eine der folgenden Sozialleistungen (in Klammern ist jeweils der zuständige Träger genannt) trifft, ist die arbeitgeberseitige Leistung unter den abschließend genannten Voraussetzungen beitragsfrei:
- Krankengeld und Krankengeld bei Erkrankung des Kindes (Krankenkassen),
- Verletztengeld und Verletztengeld bei Verletzung des Kindes (Unfallversicherungsträger),
- Übergangsgeld (Rentenversicherungsträger, Bundesagentur für Arbeit, Unfallversicherungsträger, Kriegsopferfürsorge),
- Versorgungskrankengeld (Träger der Kriegsopferversorgung),
- Mutterschaftsgeld (Krankenkassen, Bund),

- Krankentagegeld (private Krankenversicherungsunternehmen),
- Erziehungsgeld, Elterngeld (Bundesländer, auf Kosten des Bundes).

Voraussetzungen für die Beitragsfreiheit:

Alle arbeitgeberseitigen Leistungen, die für die Zeit des Bezugs der o.g. Sozialleistungen laufend gezahlt werden, sind bis zur Freigrenze von 50 EUR monatlich nicht beitragspflichtig. Alle darüber hinausgehenden Beträge werden hingegen in voller Höhe als beitragspflichtige Einnahmen berücksichtigt (kein Freibetrag).

21.2 Grenze der Beitragsfreiheit

Sachverhalt: Arbeitnehmer A und B sind infolge Krankheit arbeitsunfähig und beziehen seit 1.3. Krankengeld von einer gesetzlichen Krankenkasse.

Beide erzielten im letzten vor Beginn der Arbeitsunfähigkeit abgerechneten Entgeltabrechnungszeitraum, Dezember (Bemessungszeitraum), ein laufendes Bruttoarbeitsentgelt von 3.000 EUR sowie 1.000 EUR Weihnachtsgeld; Nettolohn 2.100 EUR bzw. 2.700 EUR mit Weihnachtsgeld. Diese Werte hat der Arbeitgeber in die Entgeltbescheinigungen für die Krankenkasse eingetragen.

Arbeitnehmer A erhält während der Arbeitsunfähigkeit seine vermögenswirksamen Leistungen in Höhe von 52 EUR monatlich weitergezahlt.

Arbeitnehmer B bewohnt mietfrei eine Werkswohnung, deren ortsüblicher Mietpreis 600 EUR monatlich beträgt.

Beide erhalten jeweils ein Nettokrankengeld in Höhe von 1.628,10 EUR monatlich.

Besteht für die Arbeitnehmer während des Krankengeldbezugs Beitragsfreiheit?

Lösung: Zur Feststellung des Sozialversicherungs-Freibetrags werden benötigt:

- Das zu vergleichende Nettoarbeitsentgelt (Vergleichs-Nettoarbeitsentgelt), es entspricht dem Nettoarbeitsentgelt, das der Arbeitgeber dem gesetzlichen Sozialleistungsträger (hier der Krankenkasse) in der Entgeltbescheinigung mitteilt. Einmalzahlungen im Bemessungszeitraum für die Sozialleistung bleiben außer Ansatz.

- Der höchstmögliche Sozialversicherungs-Freibetrag, er ergibt sich aus der Differenz zwischen dem Vergleichs-Nettoarbeitsentgelt und der Netto-Sozialleistung.

Berechnung des Freibetrags für Arbeitnehmer A und B

Nettoarbeitsentgelt Dezember	2.100 EUR
SV-Freibetrag monatlich (2.100 EUR − 1.628,10 EUR)	471,90 EUR
zzg. SV-Freigrenze	50 EUR
Freibetrag	521,90 EUR

Folgen Arbeitnehmer A

In der Zeit des Krankengeldbezugs ist auch die weitergewährte Zahlung des Arbeitgebers beitragsfrei.

Der Sozialversicherungs-Freibetrag von Arbeitnehmer A wird durch die Vermögenswirksamen Leistungen in Höhe von 52 EUR monatlich nicht überschritten; es liegt deshalb keine beitragspflichtige Einnahme vor.

Folgen Arbeitnehmer B

Die Brutto-Zahlung des Arbeitgebers in Höhe von 600 EUR monatlich (Sachbezug) übersteigt den maximal beitragsfreien Betrag von 521,90 EUR. Die 50 EUR SV-Freigrenze darf daher nicht angewendet werden.

Es bleibt nur der SV-Freibetrag von 471,90 EUR beitragsfrei. Die Beiträge zur Sozialversicherung werden monatlich aus 128,10 EUR (600 EUR – 471,90 EUR) berechnet.

21.3 Einmalzahlung während Krankengeldbezugs

Sachverhalt: Arbeitnehmer A und B sind sozialversicherungspflichtig beschäftigt. Beide beziehen seit dem 1.4. Krankengeld.

Arbeitnehmer A erhält daneben vermögenswirksame Leistungen in Höhe von 26 EUR monatlich, die als Zuschuss zum Krankengeld beitragsfrei sind.

Arbeitnehmer B nutzt während des Krankengeldbezugs seinen Dienstwagen weiterhin privat. Dieser Sachbezug übersteigt die Differenz zwischen Netto-Krankengeld und Vergleichs-Nettoentgelt um 100 EUR monatlich. Die 100 EUR stellen beitragspflichtiges Arbeitsentgelt dar. Die Freigrenze von 50 EUR bleibt wegen Überschreitens ohne Auswirkung.

Im Juli erhalten beide Arbeitnehmer jeweils 1.500 EUR Urlaubsgeld.

Wie wird die anteilige Beitragsbemessungsgrenze für die Beitragspflicht der Einmalzahlungen errechnet?

Lösung: Eine Behandlung von Einmalzahlungen als Krankengeldzuschuss scheidet aus. Dies – und dadurch eine evtl. Beitragsfreiheit – kommt lediglich für laufende Bezüge in Betracht, die neben einer Sozialleistung, z.B. Krankengeld, zur Auszahlung kommen. Die Einmalzahlungen sind dem Monat Juli zuzurechnen und sind grundsätzlich beitragspflichtig.

Für Arbeitnehmer A sind 90 SV-Tage zu berücksichtigen (Januar bis März, 3 × 30 SV-Tage). Ab 1.4. besteht Beitragsfreiheit.

Für Arbeitnehmer B sind 210 SV-Tage anzurechnen (Januar bis Juli, 7 × 30 SV-Tage). Ab 1.4. besteht weiter Beitragspflicht.

Für beide Arbeitnehmer gelten also unterschiedliche anteilige Jahres-Beitragsbemessungsgrenzen. Da bei Arbeitnehmer B in den Monaten April bis Juli nur jeweils 50 EUR laufendes beitragspflichtiges Entgelt anfallen, wird seine Einmalzahlung in weit höherem Maße der Beitragspflicht unterworfen.

22 Kurzfristige Beschäftigung

22.1 Zeitraum von 3 Monaten oder 70 Arbeitstagen

Sachverhalt: Ein Arbeitgeber stellt in seinem Betrieb für saisonale Aushilfs-tätigkeiten von kurzfristiger Dauer mehrere Hausfrauen mit folgenden regel-mäßigen wöchentlichen Arbeitszeiten ein:

- A: 6 Tage,
- B: 5 Tage,
- C: 4 Tage.

Welcher Zeitraum (3 Monate oder 70 Arbeitstage) ist bei den jeweiligen wö-chentlichen Arbeitszeiten für die sozialversicherungsrechtliche Beurteilung zugrunde zu legen?

Lösung: A und B: Da in diesen Fällen die Beschäftigung an mindestens 5 Tagen in der Woche ausgeübt wird, ist bei der Feststellung, ob die Zeitdauer von 3 Monaten oder 70 Arbeitstagen überschritten wird, von der 3-Monats-frist auszugehen.

- **C:** In diesem Fall ist hingegen auf den Zeitraum von 70 Arbeitstagen ab-zustellen, da die Beschäftigung an weniger als 5 Tagen in der Woche ausgeübt wird.

Hinweis: Bei einer Zusammenrechnung von mehreren Beschäftigungszeiten treten an die Stelle des 3-Monatszeitraums 90 Kalendertage. Das gilt nicht, wenn es sich bei den einzelnen Beschäftigungszeiten jeweils um volle Ka-lendermonate handelt. Sind bei einer Zusammenrechnung Zeiten, in denen die Beschäftigung regelmäßig an mindestens 5 Tagen in der Woche ausgeübt wurde, und Beschäftigungen mit einer Arbeitszeit an weniger als 5 Tagen in der Woche zu berücksichtigen, dann ist einheitlich von dem Zeitraum von 70 Arbeitstagen auszugehen.

22.2 Nachträgliche Verlängerung

Sachverhalt: Eine Hausfrau wird vom 1.7.–15.9.2017 als befristete Urlaubsvertretung eingestellt. Die Aushilfe arbeitet 5 Tage pro Woche für ein monatliches Entgelt von 1.000 EUR. Die Mitarbeiterin ist ansonsten nicht berufstätig und hat im maßgebenden Jahr noch keine kurzfristige Beschäftigung ausgeübt.

Am 14.9.2017 teilt die durch die Aushilfe vertretene Mitarbeiterin mit, dass sie wegen Erkrankung die Arbeit erst am 25.9.2017 (Montag) wieder aufnehmen kann. Der Arbeitgeber verlängert daraufhin das Arbeitsverhältnis der Aushilfe bis zum 22.9.2017 (Freitag).

Am 22.9.2016 meldet sich die erkrankte Mitarbeiterin weiter krank. Sie kann erst am 9.10.2017 (Montag) die Arbeit wieder aufnehmen. Die Aushilfe ist erneut bereit, das Arbeitsverhältnis bis zum Ende der Erkrankung der Vollzeitkraft und somit bis zum 6.10.2017 (Freitag) zu verlängern.

Welchen Einfluss haben die beiden nachträglichen Verlängerungen der Beschäftigung auf die lohnsteuer- und sozialversicherungsrechtliche Behandlung?

Lösung: Die ursprünglich vereinbarte befristete Beschäftigung vom 1.7.–15.9.2017 ist kurzfristig und sozialversicherungsfrei. Die Tätigkeit wird nicht berufsmäßig ausgeübt und ist von vornherein auf weniger als 3 Monate pro Kalenderjahr begrenzt. Da die Aushilfe an 5 Tagen pro Woche arbeitet, ist allein die 3-Monatsfrist maßgebend. Bei der Einstellung der Mitarbeiterin am 1.7.2017 wird sie bei der Minijob-Zentrale der Deutschen Rentenversicherung Knappschaft-Bahn-See angemeldet, der Personengruppenschlüssel lautet 110, der Beitragsgruppenschlüssel 0000.

Die erste Verlängerung der Beschäftigung bis zum 22.9.2017 ändert an dieser Beurteilung nichts; die Beschäftigungsdauer vom 1.7.–22.9.2017 liegt noch innerhalb der 3-Monatsgrenze und bleibt damit als kurzfristige Beschäftigung weiterhin sozialversicherungsfrei. In der Praxis würde sich lediglich die Abmeldung bei der Deutschen Rentenversicherung Knappschaft-Bahn-See auf den 22.9.2017 verschieben.

Von erheblicher Bedeutung ist jedoch die weitere Verlängerung, die am 22.9.2017 mit der Aushilfe vereinbart wird. Mit der Verlängerung der Beschäftigung bis zum 6.10.2017 wird die 3-Monatsfrist für das Kalenderjahr überschritten. Damit liegt keine sozialversicherungsfreie kurzfristige Beschäftigung mehr vor. Die Voraussetzungen für eine kurzfristige Beschäftigung fallen zum Zeitpunkt der Vereinbarung am 22.9.2017 weg, sodass ab diesem Tag die Sozialversicherungspflicht eintritt. Eine geringfügig entlohnte Beschäftigung scheidet wegen der Entgelthöhe von regelmäßig mehr als 450 EUR monatlich aus.

Für den Zeitraum vom 1.7.–21.9.2017 bleibt es dagegen bei der Beurteilung als sozialversicherungsfreie kurzfristige Beschäftigung. Zum 21.9.2017 muss die Aushilfe vom Arbeitgeber bei der Deutschen Rentenversicherung Knappschaft-Bahn-See abgemeldet werden. Zum 22.9.2017 muss sie vom Arbeitgeber bei der zuständigen Krankenkasse als versicherungspflichtig Beschäftigte angemeldet werden. Der Personengruppenschlüssel lautet 101, der Beitragsgruppenschlüssel 1111.

Die Besteuerung der Aushilfstätigkeit muss in jedem Fall nach den ELStAM erfolgen. Die Voraussetzungen für eine steuerliche kurzfristige Beschäftigung sind nicht erfüllt, da die Zeitgrenze von 18 zusammenhängenden Arbeitstagen deutlich überschritten wird. Eine Lohnsteuerpauschalierung im Zusammenhang mit der geringfügigen Beschäftigung scheidet somit aus.

Praxistipp: Der Arbeitgeber sollte darauf achten, dass er sowohl den Zeitpunkt als auch den Anlass für die jeweilige Verlängerung der Beschäftigung schriftlich niederlegt. Mit der Arbeitnehmerin sollten in jedem Fall vor Beschäftigungsbeginn eine schriftliche Vereinbarung getroffen werden. Der Abschluss eines schriftlichen Arbeitsvertrags ist bereits aus arbeitsrechtlichen Gründen notwendig, da die Vorschriften des Teilzeit- und Befristungsgesetzes beachtet werden müssen. Nach §2 NachwG sind spätestens nach einem Monat nach dem vereinbarten Beginn des Arbeitsverhältnisses, die wesentlichen Vertragsbedingungen schriftlich niederzulegen.

22.3   Zeitgrenze überschritten

Sachverhalt: Eine Hausfrau übernimmt Krankheits- oder Urlaubsvertretungen für verschiedene Pflegedienste, die jeweils nur von kurzfristiger Dauer sind.

- Beim Pflegedienst C macht sie Urlaubsvertretung befristet vom 1.7.–2.9.2017 (64 Kalendertage). Die Aushilfe hat hierbei eine 6-Tage-Woche. Die Vergütung beim Pflegedienst erfolgt nach geleisteten Arbeitsstunden mit einem Stundensatz von 11 EUR. Die Beteiligten gehen von monatlichen Arbeitszeiten zwischen 120 und 140 Stunden aus.

Sie hat nach eigenen Angaben im Kalenderjahr folgende Vorbeschäftigungszeiten:

- beim Pflegedienst A vom 2.1.–25.1.2017 (24 Kalendertage),
- beim Pflegedienst B vom 31.3.–15.4.2017 (16 Kalendertage).

Beschäftigt war sie hier jeweils 6 Tage in der Woche.

Wie ist die Tätigkeit beim Pflegedienst C lohnsteuer- und sozialversicherungsrechtlich zu behandeln?

Lösung: Die Aushilfsbeschäftigung beim Pflegedienst C ist keine sozialversicherungsfreie kurzfristige Beschäftigung, da die maximale Beschäftigungsdauer aufgrund der Vorbeschäftigungszeiten für dieses Kalenderjahr überschritten wird. Bei Beginn der Beschäftigung beim Pflegedienst C steht fest, dass die Beschäftigungsdauer 64 Kalendertage dauert. Zusammen mit den 24 Kalendertagen beim Pflegedienst A und den 16 Kalendertagen beim Pflegedienst B ergeben sich 104 Kalendertage. Da die Arbeitnehmerin an mindestens 5 Tagen pro Woche tätig ist, gilt die Zeitgrenze von 3 Monaten (90 Kalendertagen) pro Kalenderjahr. Auch eine geringfügig entlohnte Beschäftigung scheidet wegen der Entgelthöhe von deutlich mehr als 450 EUR pro Monat aus. Damit ist die Beschäftigung beim Pflegedienst C von vornherein als sozialversicherungspflichtige Beschäftigung anzusehen. Die Arbeitnehmerin ist bei der zuständigen Krankenkasse als sozialversicherungspflichtige Beschäftigte anzumelden, der Personengruppenschlüssel lautet 101, der Beitragsgruppenschlüssel 1111.

Die Besteuerung hat zwingend nach den ELStAM zu erfolgen (ggf. Lohnsteuerklasse VI). Eine Pauschalbesteuerung ist nicht möglich, da die steuerlichen Voraussetzungen für eine kurzfristige Beschäftigung (nicht mehr als 18 zusammenhängende Arbeitstage, maximal 62 EUR Tageslohn) nicht erfüllt sind.

Hinweis: Der Arbeitgeber ist stets verpflichtet nach Vorbeschäftigungen im laufenden Kalenderjahr zu fragen. Die schriftliche Abfrage ist hierbei vom Arbeitgeber als Nachweis zu den Entgeltunterlagen der Aushilfsbeschäftigten zu nehmen. Kommt der Arbeitgeber seiner Pflicht nicht im gesetzlich vorgeschriebenen Maß nach, können vom Arbeitgeber Sozialversicherungsbeiträge ab Beginn der Beschäftigung nachgefordert werden. Die anfallenden Sozialversicherungsbeiträge werden in diesem Fall in voller Höhe vom Arbeitgeber nacherhoben, da dieser Schuldner des Gesamtsozialversicherungsbeitrags ist.

22.4 Kurzfristige Beschäftigungen bei demselben Arbeitgeber vor und nach dem Jahreswechsel

Sachverhalt: Eine Aushilfe nimmt eine Beschäftigung in der Adventszeit vom 1.11.–20.12.2016 auf (5-Tage-Woche). Im Jahr 2016 gab es keine Vorbeschäftigungen.

Bei demselben Arbeitgeber wird am 2.1.2017 erneut eine bis zum 31.3.2017 befristete Beschäftigung aufgenommen (5-Tage-Woche).

Handelt es sich um 2 kurzfristige Beschäftigungen?

Lösung: Die Aushilfe ist sowohl im Jahr 2016 als auch im Jahr 2017 kurzfristig beschäftigt. Die jeweils bei Beschäftigungsbeginn für das Kalenderjahr zulässige Zeitgrenze (3 Monate oder 90 Kalendertage) wird nicht überschritten.

Hinweis: Dies gilt allerdings nicht, wenn bereits bei Beschäftigungsaufnahme im Jahr 2016 feststeht, dass weitere Einsätze im Jahr 2017 folgen werden. Denn in diesen Fällen müsste der Arbeitgeber im Rahmen der vorausschauenden Beurteilung zum Zeitpunkt der ersten Beschäftigungsaufnahme 2016 bereits erkennen, dass keine gelegentliche, sondern eine regelmäßig wiederkehrende Beschäftigung vorliegt. Das spricht gegen die Annahme einer kurzfristigen Beschäftigung.

22.5 Kurzfristige Beschäftigung über den Jahreswechsel

Sachverhalt: Eine Hausfrau wird für 6 Tage in der Woche (jeweils 4 Stunden) für Reinigungsarbeiten eingestellt, das Entgelt beträgt 500 EUR monatlich. Die Beschäftigung ist von vornherein befristet vom 15.11.2016 bis 28.2.2017. Eine Wiederholungsabsicht besteht nicht. Die eingestellte Mitarbeiterin war zuvor noch nicht kurzfristig beschäftigt und wird auch im Jahr 2017 voraussichtlich keine weitere kurzfristige Beschäftigung aufnehmen.

Liegt hier eine sozialversicherungsfreie kurzfristige Beschäftigung vor?

Lösung: Die Beschäftigung erfolgt an 6 Tagen pro Woche, damit gilt für eine kurzfristige Beschäftigung die Zeitgrenze von 3 Monaten pro Kalenderjahr, die im Grunde bei der vorliegenden Beschäftigung sowohl für das Jahr 2016 als auch für das Folgejahr 2017 eingehalten wäre.

Dennoch liegt keine sozialversicherungsfreie kurzfristige Beschäftigung vor, denn

- bei einer Beschäftigung über den Jahreswechsel müssen die Beschäftigungszeiten in beiden Kalenderjahren zusammengerechnet werden bzw. die Beschäftigung wird im Ganzen betrachtet.
- Die Voraussetzungen einer sozialversicherungsfreien kurzfristigen Beschäftigung sind nur gegeben, wenn die Beschäftigung von vornherein auf nicht mehr als 3 Monate oder 70 Arbeitstage (auch kalenderjahrüberschreitend) befristet ist und nicht berufsmäßig ausgeübt wird.

Die Beschäftigung der Reinigungskraft erfüllt auch nicht die Voraussetzungen für eine geringfügig entlohnte Beschäftigung, da das regelmäßige Arbeitsentgelt mehr als 450 EUR beträgt.

Der Arbeitgeber muss die Reinigungskraft daher als sozialversicherungspflichtig Beschäftigte bei der zuständigen Krankenkasse anmelden und die regulären Sozialversicherungsbeiträge abführen:

- Personengruppenschlüssel 101
- Beitragsgruppenschlüssel lautet 1111.
- Die Besteuerung muss nach den ELStAM erfolgen (ggf. Lohnsteuerklasse VI).

Eine Lohnsteuerpauschalierung scheidet grundsätzlich aus, da der steuerlich relevante Zeitrahmen von 18 zusammenhängenden Arbeitstagen sowohl im Jahr 2016 als auch im Jahr 2017 überschritten ist. Die Anwendung der einheitlichen Pauschalsteuer von 2 % scheidet von vornherein aus, da sozialversicherungsrechtlich keine geringfügig entlohnte Beschäftigung vorliegt. Die Lohnsteuerpauschalierung mit 20 % für geringfügig entlohnte Beschäftigungen ist wegen der Entgelthöhe nicht möglich.

22.6 Vorbeschäftigungszeiten verschwiegen

Sachverhalt: Vom 15.7.–30.9.2017 wird eine Aushilfskraft als Urlaubsvertretung eingestellt. Die Mitarbeiterin arbeitet jeweils 5 Tage pro Woche, die Arbeitszeit beträgt 1,5 Stunden pro Tag, der Stundenlohn 10 EUR. Das Entgelt liegt demzufolge zwischen 310 EUR und 330 EUR.

Die Aushilfskraft teilt dem Arbeitgeber auf einem Fragebogen mit, dass sie im laufenden Jahr keine Vorbeschäftigungen hatte. Der Arbeitgeber meldet die Aushilfe daraufhin als kurzfristig Beschäftigte mit dem Personengruppenschlüssel 110 und Beitragsgruppenschlüssel 0000 an.

Im Rahmen einer Sozialversicherungsprüfung stellt sich heraus, dass die Aushilfe entgegen den Aussagen im Fragebogen im maßgebenden Jahr (2017) bei einem anderen Arbeitgeber bereits an 58 Kalendertagen beschäftigt war und dabei ein Monatsentgelt von 720 EUR bezogen hat.

Der Sozialversicherungsprüfer verweigert die Anerkennung der kurzfristigen Beschäftigung. Ist das richtig?

Lösung: Die Beschäftigung der Aushilfe vom 15.7.–30.9.2017 erfüllt nicht die Voraussetzungen einer sozialversicherungsfreien kurzfristigen Beschäftigung. Zusammen mit der Vorbeschäftigung von 58 Kalendertagen und der aktuellen Beschäftigung von 77 Kalendertagen ist die 3-Monatsfrist (90 Kalendertage) deutlich überschritten. Da der Arbeitgeber jedoch seiner Pflicht nachgekommen ist, das Beschäftigungsverhältnis korrekt zu beurteilen (Nachfrage nach Vorbeschäftigungen und Dokumentation in einem Fragebogen), kann der Prüfer Sozialversicherungspflicht lediglich für die Zukunft, aber nicht rückwirkend feststellen.

Wegen des geringen Entgelts von weniger als 450 EUR pro Monat erfüllt die Beschäftigung jedoch die Voraussetzungen einer geringfügig entlohnten Beschäftigung. Dadurch spielen Vorbeschäftigungszeiten im maßgebenden Jahr keine Rolle; es erfolgt auch keine Zusammenrechnung einer geringfügig entlohnten Beschäftigung mit der vorher ausgeübten kurzfristigen Beschäftigung. Die Beschäftigung kann deshalb als geringfügig entlohnte Beschäftigung sozialversicherungsfrei bleiben. Der Arbeitgeber hat allerdings die pauschalen Sozialversicherungsbeiträge i.H.v. 15% zur Rentenversicherung und 13% pauschale Krankenversicherungsbeiträge sowie 2% einheitliche Pauschalsteuer an die Minijob-Zentrale der Deutschen Rentenversicherung Knappschaft-Bahn-See abzuführen.

22.7 Arbeitsuchende

Sachverhalt: Ein junger Mann, bei der Agentur für Arbeit arbeitsuchend gemeldet, arbeitet ein Wochenende (Samstag und Sonntag für jeweils 50 EUR) als Aushilfe in einem Restaurant. Er war im laufenden Kalenderjahr noch nicht kurzfristig beschäftigt. Die Beschäftigung meldet er ordnungsgemäß bei der Bundesagentur für Arbeit. Der Arbeitgeber geht von einer abgabenfreien kurzfristigen Beschäftigung aus.

Handelt es sich tatsächlich um eine kurzfristige Beschäftigung?

Lösung: Die Beschäftigung erfüllt trotz der Beschränkung auf 2 Tage nicht die Voraussetzungen einer kurzfristigen Beschäftigung. Neben der zeitlichen Beschränkung (3 Monate bzw. 70 Arbeitstage) ist eine Beschäftigung nur kurzfristig, wenn sie nicht berufsmäßig ausgeübt wird. Personen, die bei der Bundesagentur für Arbeit arbeitsuchend gemeldet sind, üben eine Beschäftigung immer berufsmäßig aus.

Die Beschäftigung ist versicherungspflichtig zur Renten-, Kranken- und Pflege- und Arbeitslosenversicherung.

Die Besteuerung kann entweder über die ELStAM oder pauschal mit 25 % (steuerlich kurzfristige Beschäftigung) erfolgen. Steuerrechtlich liegt eine kurzfristige Beschäftigung vor, wenn der Arbeitnehmer bei dem Arbeitgeber gelegentlich, nicht regelmäßig wiederkehrend beschäftigt wird. Die Dauer der Beschäftigung darf 18 zusammenhängende Arbeitstage nicht übersteigen und der Tageslohn nicht über 62 EUR liegen. Der maximal zulässige Stundenlohn ist auf 12 EUR beschränkt. Die pauschale Lohnsteuer von 25 % zuzüglich Solidaritätszuschlag und ggf. Kirchensteuer kann auf den Mitarbeiter abgewälzt werden.

Im Lohnprogramm wird die Beschäftigung mit dem Personengruppenschlüssel 101, Beitragsgruppenschlüssel 1111 angelegt.

Hinweis: Da sozialversicherungsrechtlich keine kurzfristige Beschäftigung vorliegt, muss geprüft werden, ob eine geringfügig entlohnte Beschäftigung vorliegt. Diese ist gegeben, wenn das regelmäßige monatliche Arbeitsentgelt 450 EUR nicht übersteigt.

22.8 Pauschalbesteuerung im steuerrechtlichen Sinn

Sachverhalt: Ein Arbeitnehmer wird kurzfristig für knapp 3 Wochen vom 5.1.–24.1.2017, nicht regelmäßig wiederkehrend, bei einer Spedition als Ladehilfe beschäftigt. Er arbeitet an 6 Tagen in der Woche jeweils 5 Stunden (wöchentlich 30 Stunden). Das Entgelt beträgt wöchentlich 300 EUR, für die gesamte Beschäftigungszeit 900 EUR (3 Wochen × 300 EUR).

Kann diese Beschäftigung steuerlich als kurzfristig behandelt werden?

Lösung: Eine Pauschalierung der Lohnsteuer mit 25% ist im vorliegenden Fall möglich, da die Beschäftigungszeit vom 5.1.–24.1.2017 lediglich 18 Arbeitstage beträgt. Der Arbeitslohn übersteigt nicht 62 EUR je Arbeitstag (900 EUR : 18 = 50 EUR). Der Stundenlohn übersteigt nicht 12 EUR (30 Stunden × 3 Wochen = 90 Stunden insgesamt; 900 EUR : 90 Std. = 10 EUR/Std.).

Eine kurzfristige Beschäftigung im lohnsteuerlichen Sinn liegt nach §40a Abs. 1 EStG dann vor, wenn der Arbeitnehmer nur eine gelegentliche (nicht regelmäßig wiederkehrende) Tätigkeit ausübt, die nicht über 18 zusammenhängende Arbeitstage hinausgeht. Neben der kurzfristigen Dauer der Beschäftigung von max. 18 zusammenhängenden Arbeitstagen, darf der Tageslohn nicht über 62 EUR liegen. Zudem ist der Stundenlohn auf höchstens 12 EUR beschränkt

Hinweis: Die Pauschalsteuer i.H.v. 25% für kurzfristige Beschäftigungen sowie die darauf entfallende pauschale Kirchensteuer und der Solidaritätszuschlag sind bei dem zuständigen Betriebsstättenfinanzamt mit einer Lohnsteuer-Anmeldung und nicht bei der Minijob-Zentrale anzumelden.

23 Lohnabrechnungszeitraum

23.1 Neueinstellung im laufenden Monat

Sachverhalt: Zum 17.7.2017 (Montag) hat ein neuer Mitarbeiter angefangen, für den nun erstmalig die Gehaltsabrechnung durchgeführt werden soll. Der Arbeitnehmer hat ein Bruttogehalt von 3.000 EUR monatlich. Für Juli 2017 erhält er dieses Gehalt zur Hälfte. Er bezieht keine sonstigen Vorteile vom Arbeitgeber.

Bis zur Einstellung hat er bei einer anderen Firma gearbeitet und im Jahr 2017 bisher Arbeitslohn in Höhe von 15.000 EUR erhalten.

Der Arbeitnehmer hat Lohnsteuerklasse I und ist konfessionslos.

Wie hoch ist die Lohnsteuer für den Monat Juli, wie ist sie zu ermitteln und welche Lohnsteuertabelle ist anzuwenden?

Lösung: Regulärer Lohnzahlungszeitraum für den neuen Mitarbeiter ist der Monat. Ab August 2017 kann die Lohnsteuer aus der Monatstabelle für einen Arbeitslohn von 3.000 EUR ermittelt werden.

Für Juli gilt ein verkürzter Lohnzahlungszeitraum, weil das Arbeitsverhältnis erst im Laufe des üblichen Lohnzahlungszeitraums beginnt. Die Lohnsteuer kann deshalb nicht nach der Monatstabelle erhoben werden (diese wäre zu niedrig, weil der Mitarbeiter in »normalen« Monaten nicht nur 1.500 EUR, sondern 3.000 EUR verdient).

Die Lohnsteuer kann hilfsweise nach der Tagestabelle ermittelt werden. Vom 17.–31.7.17 sind es insgesamt 15 Kalendertage (die tatsächlichen Arbeitstage sind ohne Bedeutung).

Berechnung der Lohnsteuer	
Arbeitslohn je Kalendertag (1.500 EUR : 15 Kalendertage)	100,00 EUR
Lohnsteuer je Kalendertag	14,71 EUR
Gesamtlohnsteuer Juli (15 Kalendertage × 14,71 EUR)	220,65 EUR

Der bisherige Arbeitslohn ist für die Lohnsteuerermittlung auf den laufenden Arbeitslohn ohne Bedeutung. Im Beispiel ist der Lohnsteuerabzug der Firma tendenziell etwas zu hoch, weil der Mitarbeiter vorher weniger verdient hat. Die Differenz wird ihm erst im Rahmen seiner Einkommensteuerveranlagung erstattet.

Praxistipp: Die Monats-, Wochen- und Tageslohnsteuertabelle sind aus der Jahreslohnsteuertabelle abgeleitet, indem sowohl die Beträge des Arbeitslohns als auch die Steuerbeträge anteilig angesetzt werden. In der Monatslohnsteuertabelle erfolgt die Umrechnung mit 1/12, in der Wochenlohnsteuertabelle mit 7/360 und in der Tagestabelle mit 1/360 der Jahresbeträge. Durch die Nutzung elektronischer Lohnabrechnungsprogramme können leichte Rundungsdifferenzen auftreten.

23.2 Unterbrechung

Sachverhalt: Ein Arbeitgeber aus Schwerin (Baunebengewerbe) beschäftigt Bauarbeiter, die ihren Arbeitslohn wochenweise erhalten.

Am Abend des 14.11.2017 gab es einen Wintereinbruch. Deshalb war der Mitarbeiter in dieser Woche nur am 13. und 14.11. eingesetzt, ab 15.11. bezog er Winterausfallgeld vom Arbeitgeber.

Der Arbeitnehmer hat für die Tage vom 15.–17.11.2017 Anspruch auf Winterausfallgeld in Höhe von 180 EUR. Sein regulärer Wochenlohn liegt bei 600 EUR brutto und wird bei schlechtem Wetter anteilig gekürzt.

Welche Lohnzahlungszeiträume sind hier maßgebend?

Lösung: Für welchen Zeitraum jeweils der laufende Arbeitslohn gezahlt wird, bestimmt sich aus den arbeitsrechtlichen Vereinbarungen. Im vorliegenden Fall ist eine wöchentliche Lohnzahlung vorgesehen. Arbeitstage, an denen kein Anspruch auf Lohn besteht, lassen den bisherigen Zeitraum unberührt, wenn das Dienstverhältnis fortbesteht und dem Arbeitgeber die ELStAM vorliegen. Dies gilt auch für den Bauarbeiter, der wegen schlechten Wetters Winterausfallgeld bezieht. Für den Mitarbeiter bleibt also für den gesamten Zeitraum die Woche der maßgebliche Lohnzahlungszeitraum. Die Lohnsteuer ist deshalb aus der Wochenlohnsteuertabelle abzulesen.

13.–14.11.2017

Der Mitarbeiter konnte nur an 2 Tagen tätig werden, er erhält deshalb nur einen Bruttolohn von 240 EUR (2/5 von 600 EUR). Die Lohnsteuer darauf ist aus der Wochenlohnsteuertabelle abzulesen.

15.–17.11.2017

Das zusätzlich gezahlte Winterausfallgeld von 180 EUR bleibt steuerfrei. Es unterliegt allerdings dem Progressionsvorbehalt. Der Mitarbeiter ist in diesen Fällen zur Abgabe einer Einkommensteuererklärung verpflichtet. Das Winterausfallgeld bleibt zwar auch bei der Veranlagung steuerfrei, erhöht aber den Steuersatz für die steuerpflichtigen Einkünfte und kann deshalb zu einer Nachzahlung führen.

Hinweis: Winterausfallgeld ist bei jeder Auszahlung im Lohnkonto aufzuzeichnen und auch im Rahmen der elektronischen Lohnsteuerbescheinigung dem Finanzamt zu übermitteln.

24 Lohnsteuer-Anmeldung

24.1 Monatliche Anmeldung

Sachverhalt: Eine Firma führt die Lohnsteuer-Anmeldung für Januar durch. Insgesamt wurden den 10 Mitarbeitern für Januar Arbeitslöhne i. H. v. 30.000 EUR ausgezahlt.

Es wurde Lohnsteuer i. H. v. 10.000 EUR und Kirchensteuer i. H. v. 700 EUR einbehalten. Von der Kirchensteuer entfallen 300 EUR auf evangelische Mitarbeiter und 400 EUR auf römisch-katholische.

Zudem wurden 550 EUR Solidaritätszuschlag einbehalten.

Die Firma verfügt über kein elektronisches Lohnabrechnungsprogramm.

Wie muss die Lohnsteuer-Anmeldung erstellt werden?

Lösung: Obwohl die Firma kein elektronisches Lohnabrechnungsprogramm hat, ist sie verpflichtet, die Lohnsteuer-Anmeldung für die Firma monatlich zu erstellen und dem zuständigen Finanzamt elektronisch zu übermitteln. Die entsprechende Möglichkeit stellt die Finanzverwaltung unter www.elster.de kostenlos zur Verfügung. Steueranmeldungen müssen zudem zwingend authentifiziert übermittelt werden. Für die authentifizierte Übermittlung wird ein elektronisches Zertifikat benötigt. Dieses erhält man durch eine Registrierung im ElsterOnline-Portal (www.elsteronline.de/eportal).

Nach erfolgreicher Registrierung muss der Vordruck Lohnsteuer-Anmeldung geöffnet und ausgefüllt werden.

Dazu sind oben die

- Steuernummer der Firma sowie die Anschrift einzugeben.
- Auf der rechten Seite muss angekreuzt werden, dass es sich um die Anmeldung für den Monat Januar handelt.

Jeweils rechts neben den entsprechenden Kennziffern sind folgende Eintragungen vorzunehmen (ohne Tausenderpunkt und Währungsangaben; die Nachkommastellen müssen immer mit eingegeben werden):

- Kennziffer 86: Zahl der Arbeitnehmer: 10
- Kennziffer 42: Summe der einzubehaltenden Lohnsteuer: 10000,00
- Kennziffer 48: Verbleiben: 10000,00 (diese Kennziffer füllt das Programm automatisch aus)
- Kennziffer 49: Solidaritätszuschlag: 550,00
- Kennziffer 61: Evangelische Kirchensteuer: 300,00
- Kennziffer 62: Römisch-katholische Kirchensteuer: 400,00
- Kennziffer 83: Gesamtbetrag: 11250,00 (diese Kennziffer füllt das Programm automatisch aus)

Die Lohnsteuer-Anmeldung muss dem Finanzamt bis spätestens 10.2. übermittelt werden. Bis dahin ist auch der Betrag von 11.250 EUR an das Finanzamt zu zahlen.

Hinweis: Statt am Tag des Eingangs bei der Finanzbehörde gilt die Zahlung bei Scheckzahlung erst 3 Tage danach als geleistet. Ein Verrechnungsscheck muss also schon 3 Tage vor dem eigentlichen Fälligkeitszeitpunkt beim Finanzamt eintreffen.

24.2 Pauschale Lohnsteuer

Sachverhalt: Ein Unternehmen erstellt die Lohnsteuer-Anmeldung an das Finanzamt.

Für Januar sind bei den 100 fest angestellten Mitarbeitern folgende Steuerabzüge vorgenommen worden:

- Lohnsteuer 94.000 EUR, darin sind 4.000 EUR pauschale Lohnsteuer enthalten,
- Kirchensteuer 6.280 EUR, davon entfallen 4.000 EUR auf evangelische Mitarbeiter und 2.000 EUR auf römisch-katholische und 280 EUR auf pauschal besteuerte Lohnbestandteile,
- einbehaltener Solidaritätszuschlag 5.170 EUR, davon entfallen 220 EUR auf pauschal besteuerte Lohnbestandteile.

Wegen des großen Arbeitsanfalls beschäftigt der Arbeitgeber seit einigen Monaten zusätzlich 10 Minijobber mit einem Monatsverdienst von jeweils 450 EUR. Alle Minijobber haben die Befreiung von der Rentenversicherungspflicht beantragt.

Wie muss anhand dieser Angaben die elektronische Lohnsteuer-Anmeldung erstellt werden?

Lösung: Die Steuerabzüge für Januar müssen bis zum 10.2. angemeldet und an das für den Arbeitgeber zuständige Finanzamt abgeführt werden. Pauschale Lohnsteuer ist gesondert anzumelden.

Es sind folgende Eintragungen vorzunehmen (ohne Tausenderpunkt und Währungsangaben; die Nachkommastellen müssen immer mit eingegeben werden):

- Kennziffer 86: Arbeitnehmerzahl der Firma: 110 (die Minijobber sind bei der Berechnung der Mitarbeiterzahl mitzurechnen.)
- Kennziffer 42: Summe der einzubehaltenden Lohnsteuer: 90000,00
- Kennziffer 41: Summe der pauschalen Lohnsteuer: 4000,00
- Kennziffer 49: Solidaritätszuschlag: 5170,00 (eine gesonderte Eintragung des auf die Pauschalsteuer entfallenden Solidaritätszuschlags ist nicht erforderlich)
- Kennziffer 47: Pauschale Kirchensteuer im vereinfachten Verfahren: 280,00 (die Aufteilung der pauschalen Kirchensteuer auf die erhebungsberechtigten Religionsgemeinschaften wird vom Finanzamt vorgenommen)
- Kennziffer 61: Evangelische Kirchensteuer: 4000,00
- Kennziffer 62: Römisch-katholische Kirchensteuer: 2000,00

Die Pauschalsteuer von 2% ist nicht in die anzumeldende und abzuführende Lohnsteuer einzubeziehen. Insgesamt werden für die Minijobber Pauschalabgaben i. H. v. 30% erhoben: Für den Januar sind 1.350 EUR abzuführen. Dieser Betrag ist an die Minijob-Zentrale anzumelden und abzuführen; er ist nicht in der Lohnsteuer-Anmeldung einzutragen.

24.3 Korrektur

Sachverhalt: Die Lohnsteuer für März wurde für 50 Mitarbeiter einer Firma zum 10.4.2017 (Montag) angemeldet und abgeführt. In der Meldung waren folgende Beträge enthalten:

- Summe der einzubehaltenden Lohnsteuer: 50.000 EUR
- Solidaritätszuschlag: 2.750 EUR
- Evangelische Kirchensteuer: 2.400 EUR
- Römisch-katholische Kirchensteuer: 2.100 EUR

Es wird festgestellt, dass die abgeführten Steuerabzugsbeträge zu gering waren. Bei der Lohnsteuer-Anmeldung wurden der geldwerte Vorteile eines Mitarbeiters i.H.v. insgesamt 5.000 EUR übersehen. Die darauf entfallende Lohnsteuer i.H.v. 1.500 EUR wurde zwar einbehalten, aber nicht abgeführt. Der Mitarbeiter gehört keiner Kirche an.

Wie wird eine entsprechende Korrektur vorgenommen?

Lösung: Für März muss eine berichtigte Lohnsteuer-Anmeldung abgegeben werden. Auch diese erfolgt elektronisch. Weil es sich um eine geänderte Anmeldung handelt, muss in der

- Kennziffer 10 »Berichtigte Anmeldung« eine »1« eingetragen werden. Dadurch kann das Finanzamt erkennen, dass es sich um eine Korrektur handelt.

Bei der Korrektur müssen Eintragungen auch in den Zeilen vorgenommen werden, in denen sich keine Änderungen ergeben.

Es sind deshalb folgende Eintragungen zusätzlich vorzunehmen (ohne Tausenderpunkt und Währungsangaben; die Nachkommastellen müssen immer mit eingeben werden):

- Kennziffer 86: Zahl der Arbeitnehmer: 50
- Kennziffer 42: Summe der einzubehaltenden Lohnsteuer: 51.500
- Kennziffer 49: Solidaritätszuschlag: 2.832,50 (der bisher abgeführte Zuschlag ist um 5,5 % des sonstigen Bezugs von 1.500 EUR um 82,50 EUR zu erhöhen)

- Kennziffer 61: Evangelische Kirchensteuer: 2.400
- Kennziffer 62: Römisch-katholische Kirchensteuer: 2.100

Die Kirchensteuerwerte ändern sich nicht, weil der Mitarbeiter keiner Kirche angehört.

Hinweis: Eine Änderung der Lohnsteuer-Anmeldungen kommt nur solange in Betracht, wie das Steuerabzugsverfahren für den Mitarbeiter noch nicht abgeschlossen ist. Spätestens mit der Erstellung der elektronischen Lohnsteuerbescheinigung bleibt eine Korrektur ausschließlich dem Finanzamt vorbehalten. Um in diesen Fällen einer Haftung zu entgehen, muss der unzutreffende Lohnsteuerabzug unverzüglich dem Betriebsstättenfinanzamt mitgeteilt werden. Eine Steuernachforderung ist damit nur noch beim Mitarbeiter im Rahmen seiner Einkommensteuerveranlagung möglich.

25 Lohnsteuer-Ermäßigungsverfahren

25.1 Freibetrag (Eintragung unterjährig)

Sachverhalt: Ein Mitarbeiter hat Lohnsteuerklasse I und bezieht einen monatlichen Bruttolohn von 2.500 EUR. Im Juni 2017 hat er bei seinem Finanzamt einen Freibetrag für den Lohnsteuerabzug beantragt. Das Finanzamt hat einen Jahresfreibetrag von 1.200 EUR ermittelt.

Nach welcher Lohnsteuerklasse ist der Mitarbeiter in den Monaten Juni und Juli zu besteuern und wie hoch ist in den einzelnen Monaten der verbleibende steuerpflichtige Arbeitslohn?

Lösung: Beim monatlichen Abruf der ELStAM-Daten erhält der Arbeitgeber mit Wirkung ab Juli einen jährlichen Freibetrag i. H. v. 1.200 EUR.

- Der Jahresfreibetrag wird vom Finanzamt gleichmäßig auf den Zeitraum vom Beginn des auf die Antragstellung folgenden Kalendermonats bis zum Schluss des Kalenderjahres verteilt (hier: monatlich 200 EUR).
- Der Lohnsteuerabzug darf in allen Monaten nach Lohnsteuerklasse I vorgenommen werden.
- Für Juni ist der Bruttolohn in voller Höhe von 2.500 EUR zu versteuern, obwohl bereits ein Freibetrag vorliegt.
- Für Juli 2017 kann erstmals der Freibetrag berücksichtigt werden. Der Bruttolohn ist deshalb vor Ermittlung der Lohnsteuer um 200 EUR zu kürzen. Ab Juli ist monatlich nur noch ein Arbeitslohn i. H. v. 2.300 EUR zu versteuern.

Praxistipp: Der Freibetrag kann für 2 Jahre berücksichtigt werden. Hat der Arbeitnehmer im Lohnsteuer-Ermäßigungsverfahren die 2-jährige Gültigkeit beantragt, wird der Freibetrag von 1.200 EUR im Jahr 2018 automatisch weiter berücksichtigt. Wegen der Verteilung auf 12 Monate ergibt sich ein monatlicher Freibetrag von 100 EUR.

25.2 Freibetrag (Kirchensteuer)

Sachverhalt: Ein Arbeitnehmer hat einen Arbeitsweg von 10 Kilometern, den er im Schnitt an 220 Tagen jährlich zurücklegt. Er ist evangelisch und hat die Steuerklasse I. Im Jahr zahlt er insgesamt 1.200 EUR Kirchensteuern. Anfang des Jahres möchte er einen Freibetrag für den Lohnsteuerabzug beantragen, um seine Steuerbelastung zu senken.

Kann er einen Freibetrag beantragen und wie hoch wäre dieser?

Lösung: Aufwendungen für die Fahrten zur ersten Tätigkeitsstätte können in Höhe der Entfernungspauschale von 0,30 EUR berücksichtigt werden. Es ergeben sich Fahrtkosten von 660 EUR (220 Tage × 10 Kilometer × 0,30 EUR). Diese Aufwendungen liegen unter dem Arbeitnehmerpauschbetrag i. H. v. 1.000 EUR.

Diese Aufwendungen übersteigen nicht den ohnehin in die Lohnsteuertabellen eingearbeiteten Arbeitnehmerpauschbetrag i. H. v. 1.000 EUR.

Allerdings können auch Sonderausgaben zur Eintragung eines Freibetrags führen. Dafür kommt insbesondere gezahlte Kirchensteuer in Betracht, die als Sonderausgabe in unbegrenzter Höhe eingetragen werden kann. Einzige Voraussetzung ist, dass der Sonderausgaben-Pauschbetrag von 36 EUR überschritten wird. Dies ist hier der Fall, weil die Kirchensteuer – bei in etwa gleich bleibendem Bruttolohn – mit 1.200 EUR angesetzt werden kann.

Damit das Finanzamt einen Freibetrag als Lohnsteuerabzugsmerkmal (ELStAM) einträgt, muss die Antragsgrenze von 600 EUR überschritten werden. Diese Voraussetzung ist für den Arbeitnehmer erfüllt. Der Mitarbeiter kann sich einen Freibetrag i. H. v. 1.200 EUR als ELStAM bilden lassen. Monatlich verringert sich dadurch der steuerpflichtige Arbeitslohn um 100 EUR. Durchschnittlich würde dies zu einer Lohnsteuerentlastung von etwa 30 EUR monatlich führen.

Praxistipp: Der Freibetrag lässt sich für 2 Jahre beantragen.

25.3 Freibetrag (Fahrtkosten bei Ehepaar)

Sachverhalt: Ein Mitarbeiter hat einen Arbeitsweg von 20 Kilometern, den er im Schnitt an 220 Tagen jährlich zurücklegt. Seine Ehefrau ist ebenfalls berufstätig und legt – gemeinsam mit ihrem Mann – an 220 Tagen eine Strecke von 18 Kilometern zur Arbeit zurück. Beide sind konfessionslos. Der Mitarbeiter möchte Anfang des Jahres einen Freibetrag für den Lohnsteuerabzug ermitteln lassen.

Ist das möglich und wie hoch wäre der Freibetrag?

Lösung: Die steuerliche Abzugsfähigkeit von Fahrten zur ersten Tätigkeitsstätte richtet sich nach den Regeln der Entfernungspauschale.

Bei dem Mitarbeiter wären demnach folgende Aufwendungen zu berücksichtigen:

- 220 Tage × 20 Kilometer × 0,30 EUR = 1.320 EUR
- Der Arbeitnehmer-Pauschbetrag von 1.000 EUR ist überschritten. Die Differenz von 320 EUR könnte grundsätzlich als Freibetrag eingetragen werden.

Allerdings wird hier die Antragsgrenze von 600 EUR nicht überschritten.

Auch bei der Ehefrau werden die Aufwendungen für die Fahrten zur ersten Tätigkeitsstätte nochmals berücksichtigt, obwohl sie mit ihrem Ehemann eine Fahrgemeinschaft bildet:

- 220 Tage × 18 Kilometer × 0,30 EUR = 1.188 EUR

Bei der Ehefrau wird der Arbeitnehmer-Pauschbetrag um 188 EUR überschritten.

- Gemeinsam erreicht das Ehepaar Kosten i.H.v. 508 EUR.

Damit kann kein Freibetrag als Lohnsteuerabzugsmerkmal gebildet werden. Obwohl sich die Antragsgrenze von 600 EUR bei Ehegatten nicht verdoppelt, wir die 600-EUR-Grenze nicht erreicht.

25.4 Hinzurechnungsbetrag (Auszubildende)

Sachverhalt: Ein Auszubildender beginnt am 1.9. seine Ausbildung. Seine Lehrlingsvergütung beträgt im ersten Lehrjahr 600 EUR monatlich. An den Wochenenden legt er seit Jahren an 2 Samstagen im Monat in einer Diskothek Platten auf. Bei seiner Einstellung hat er die Nebentätigkeit angegeben und diese ist vom Arbeitgeber ausdrücklich genehmigt worden.

Die Diskothek zahlt ihm eine monatliche Vergütung von 200 EUR, die nach den individuellen ELStAM (Steuerklasse I) behandelt wird und damit steuerfrei bleibt.

Für das Ausbildungsverhältnis hat der Arbeitgeber im Rahmen des Erstabrufs der ELStAM deshalb die Lohnsteuerklasse VI übermittelt bekommen. Bei der ersten Abrechnung hat der Auszubildende erstaunt festgestellt, dass von seiner Ausbildungsvergütung Steuern einbehalten worden sind.

Besteht eine Möglichkeit, die Lohnsteuer zu vermeiden, weil er doch am Jahresende wohl ohnehin alles zurückbekommt?

Lösung: Mitarbeiter mit mehr als einem Dienstverhältnis und geringem Jahresarbeitslohn aus dem ersten Dienstverhältnis können beim Finanzamt einen Hinzurechnungsbetrag beantragen. Sie können die teilweise Übertragung des Grundfreibetrags, der beim Lohnsteuerabzug gewährt wird, auf die Steuerklasse VI beantragen.

In Steuerklasse I bleibt ein jährlicher Arbeitslohn bis zu 11.876 EUR unbesteuert, das sind fast 990 EUR monatlich.

Der Auszubildende erhält in der Diskothek jedoch nur eine Vergütung von 200 EUR. Deshalb kann beim Finanzamt ein Hinzurechnungsbetrag beantragt werden. Die Höhe der Hinzurechnung kann der Mitarbeiter bis zum Höchstbetrag frei bestimmen. Angebracht erscheint hier ein Hinzurechnungsbetrag von 600 EUR monatlich.

Durch den Hinzurechnungsbetrag für den Lohnsteuerabzug bleibt die Vergütung aus der Diskothek weiterhin unbesteuert. Zwar liest der Betreiber nunmehr die Lohnsteuer für einen Lohn von 200 EUR zuzüglich 600 EUR Hinzurechnung (800 EUR) monatlich ab, aber dafür fällt immer noch keine Lohnsteuer in der Steuerklasse I an.

Beim Ausbildungsdienstverhältnis mit der Steuerklasse VI wird nun im Gegenzug ein Freibetrag i.H.v. 600 EUR monatlich berücksichtigt. Dadurch bleibt auch die Ausbildungsvergütung – trotz der ungünstigen Steuerklasse – in voller Höhe steuerunbelastet. Nach Abzug des Freibetrags beträgt der steuerpflichtige Arbeitslohn des Auszubildenden 0 EUR.

Praxistipp: Ein Hinzurechnungsbetrag kann insbesondere auch bei der Beschäftigung von Studenten oder Pensionären in Betracht kommen.

Hinweis: Die Beantragung eines Hinzurechnungsbetrags erfolgt mit einem Lohnsteuerermäßigungsantrag, der beim Wohnsitz-Finanzamt des Mitarbeiters einzureichen ist.

26   Lohnsteuer-Jahresausgleich

26.1   Überprüfung des Lohnsteuereinbehalts

Sachverhalt: Ein Mitarbeiter mit Steuerklasse I, keine Kinder, ev. (Kirchensteuer 8%) erhält monatlich 3.000 EUR brutto. Im April 2017 zahlt der Arbeitgeber eine Erfolgsprämie i.H.v. 2.500 EUR, die als sonstiger Bezug versteuert wird. Zum 1.10.2017 erhöht sich sein Arbeitslohn auf 4.000 EUR im Monat. Der Jahresbruttolohn des Arbeitnehmers beträgt damit 41.500 EUR.

Der Arbeitgeber hat 30 Mitarbeiter, das Entgeltabrechnungsprogramm führt automatisch einen Lohnsteuer-Jahresausgleich für den Arbeitgeber durch.

Ist der Lohnsteuer-Jahresausgleich durch den Arbeitgeber zulässig und wie sieht der Vergleich zwischen den einbehaltenen Steuerbeträgen und der tatsächlichen Jahreslohnsteuer aus?

Lösung: Der Arbeitgeber ist verpflichtet, einen Lohnsteuer-Jahresausgleich durchzuführen, wenn er am 31.12. mindestens 10 Mitarbeiter beschäftigt. Ein Ausschlussgrund, der den Lohnsteuer-Jahresausgleich verbieten würde, liegt nicht vor.

Ein Vergleich der zutreffend einbehaltenen Lohnsteuer mit der tatsächlichen Jahreslohnsteuer zeigt, dass bei diesem Arbeitnehmer während des Jahres 2017 zu wenig Lohnsteuer einbehalten wurde. Die »Nachzahlung« ergibt sich aus der Kombination der Lohnerhöhung von 3.000 EUR auf 4.000 EUR ab Oktober 2017 und der Abrechnung eines sonstigen Bezugs von 2.500 EUR im April 2017.

Zur Berechnung der Lohnsteuer auf den sonstigen Bezug wird die Jahreslohnsteuer aus 36.000 EUR (3.000 EUR × 12) und aus 38.500 EUR (36.000 EUR + 2.500 EUR) ermittelt. Tatsächlich liegt der Jahresarbeitslohn jedoch bei 41.500 EUR (9 × 3.000 EUR + 2.500 EUR + 3 × 4.000 EUR).

Die Lohnerhöhung ab Oktober 2017 führt wegen des progressiven Steuertarifs zu einer deutlich höheren Jahreslohnsteuer. Ab Oktober erhöht sich der monatliche Lohnsteuerabzug:

- bei 3.000 EUR: 441,33 EUR,
- bei 4.000 EUR: 725,16 EUR.

Dieser erhöhte Lohnsteuerabzug reicht aus, um die zusätzliche Lohnsteuer aufzuholen.

Die Berechnung ergibt sich aus folgender Tabelle:

	Tatsächlich einbehaltene Steuerbeträge	Steuerbeträge laut Jahreslohnsteuer-Berechnung	Mehrbetrag / Minderbetrag (–)
Arbeitslohn/Jahr	41.500,00 EUR	41.500,00 EUR	
Lohnsteuer	6.825,45 EUR	6.799,00 EUR	– 26,45 EUR
Solidaritätszuschlag	375,40 EUR	373,94 EUR	– 1,46 EUR
Kirchensteuer	546,05 EUR	543,92 EUR	– 2,12 EUR

Im Beispiel beträgt die Erstattung für die Lohnsteuer 26,45 EUR, für den Solidaritätszuschlag 1,46 EUR und für die Kirchensteuer 2,12 EUR.

Wurde zu wenig Lohnsteuer einbehalten, muss der Arbeitgeber prüfen, woher die Differenz stammt:

- Hat der Arbeitgeber den Lohnsteuerabzug **nicht zutreffend** vorgenommen, d.h., der Fehler liegt beim Arbeitgeber, muss die Lohnsteuer mit der nächstmöglichen Entgeltabrechnung beim Arbeitnehmer nacherhoben werden. Ist dies nicht möglich, weil der Arbeitnehmer z.B. ausgeschieden ist, oder das Lohnsteuerverfahren für das laufende Jahr bereits abgeschlossen wurde, muss der Arbeitgeber den Fehler beim Lohnsteuerabzug unverzüglich dem Betriebsstättenfinanzamt anzeigen. Das Finanzamt kann Beträge über 10 EUR vom Arbeitnehmer nachfordern.
- Wurde der Lohnsteuerabzug **zutreffend** vorgenommen, besteht für den Arbeitgeber keine Verpflichtung zur Nacherhebung der Lohn- und Annexsteuern (Kirchensteuer und Solidaritätszuschalg). In diesem Fall wird die

Lohnsteuer im Rahmen der Einkommensteuerveranlagung des Arbeitneh-mers nacherhoben, sofern der Arbeitnehmer zur Abgabe einer Einkommen-steuererklärung verpflichtet ist bzw. freiwillig eine Einkommensteuerer-klärung abgibt. Es kann sogar zu einem endgültigen Ausfall der Lohnsteuer kommen, wenn der Arbeitnehmer im Rahmen der Antragsveranlagung nicht zur Abgabe einer Einkommensteuererklärung verpflichtet ist.

Bei korrekter Entgeltabrechnung sind Steuernachzahlungen in der Praxis sel-ten. Sie sind denkbar, wenn sonstige Bezüge auf einem »niedrigen« Lohn-niveau versteuert wurden, und später der laufende monatliche Arbeitslohn stark erhöht wird. Werden nach einer Lohnerhöhung nochmals sonstige Be-züge wie z.B. Weihnachtsgeld gezahlt, wird die Lohnsteuer durch eine hö-here Besteuerung der sonstigen Bezüge automatisch nacherhoben.

26.2 Ausschluss bei eingetragenem Frei- oder Hinzurechnungsbetrag

Sachverhalt: Ein Arbeitnehmer mit Steuerklasse I und einem Monatslohn von 3.500 EUR erhält im November 2017 ein Weihnachtsgeld von 3.500 EUR. Aus der Vermietung einer Eigentumswohnung erzielt er einen steuerlichen Ver-lust von rund 8.000 EUR pro Jahr.

Im Oktober 2017 beantragt er bei seinem zuständigen Finanzamt die Eintra-gung eines Freibetrags in den ELStAM für den Verlust aus Vermietung und Verpachtung. Das Finanzamt verteilt diesen auf die verbleibenden 2 vollen Monate, sodass ein Freibetrag von monatlich 4.000 EUR in den ELStAM hin-terlegt wird.

Ist der Lohnsteuer-Jahresausgleich durch den Arbeitgeber zulässig?

Lösung: Für diesen Mitarbeiter ist kein Lohnsteuer-Jahresausgleich durch den Arbeitgeber zulässig, weil bei der Lohnsteuerberechnung ein Freibetrag bzw. ein Hinzurechnungsbetrag zu berücksichtigen war.

Der Freibetrag von 4.000 EUR monatlich wirkt sich nur bei den Entgeltabrechnungen November und Dezember steuermindernd aus. Im November und Dezember führt der Freibetrag zu einer Lohnsteuer von 0 EUR.

Der Freibetrag von 4.000 EUR kann im Dezember nicht in voller Höhe ausgenutzt werden, da der Freibetrag 500 EUR über dem tatsächlichen Arbeitslohn liegt.

In diesem Fall ist der Ausschluss des Lohnsteuer-Jahresausgleichs für den Arbeitnehmer steuerlich nachteilig. Die Verteilung des Freibetrags auf die Monate November und Dezember führt dazu, dass aus dem Jahresarbeitslohn (45.500 EUR) insgesamt 5.596,00 EUR Lohnsteuer und 307,78 EUR Solidaritätszuschlag einbehalten werden. Hätte der Arbeitnehmer sich den Freibetrag bereits zum Anfang des Jahres eintragen lassen, wäre der Vermietungsverlust von 8.000 EUR mit monatlich 666,66 EUR auf 12 Monate verteilt worden. Durch die gleichmäßige Verteilung des Freibetrags hätten sich die Jahreslohnsteuer auf 5.323,00 EUR und der Solidaritätszuschlag auf 292,76 EUR vermindert.

Selbst bei gleichmäßiger Verteilung des Freibetrags ergäbe sich bei Nichtanwendung des Lohnsteuer-Jahresausgleichs ein Nachteil: Arbeitslohnschwankungen im laufenden Jahr können am Jahresende nicht ausgeglichen werden. Durch den Lohnsteuer-Jahresausgleich wird dieser Nachteil behoben: Der Jahresbruttoarbeitslohn wird rechnerisch gleichmäßig auf 12 Monate verteilt; die Lohnsteuer wird dann für einen Monat ermittelt und mit 12 multipliziert. Das Ergebnis entspricht der Lohnsteuer laut Jahreslohnsteuertabelle.

In der Praxis übernimmt dies das Entgeltabrechnungsprogramm.

Hinweis: Der Arbeitgeber hat keinen Einfluss auf diese Verschiebungen beim Lohnsteuerabzug. Für ihn ist der Lohnsteuer-Jahresausgleich ausgeschlossen, wenn der Arbeitnehmer einen Freibetrag eintragen lässt; gleichzeitig besteht dann für den Arbeitnehmer die Verpflichtung, eine Einkommensteuererklärung abzugeben. Im Rahmen der Einkommensteuerveranlagung gleicht sich der ggf. zu hohe Lohnsteuerabzug aus, sodass dem Arbeitnehmer steuerlich kein Nachteil entsteht.

26.3 Ausschluss bei Anwendung des Faktorverfahrens

Sachverhalt: Die rentenversicherungspflichtigen Eheleute sind bei unterschiedlichen Arbeitgebern beschäftigt. Ihre bisherige Lohnsteuerklassenkombination lautete IV/IV. Im Februar beantragen die beiden Eheleute bei ihrem Wohnsitzfinanzamt die Steuerklassenkombination IV/IV mit Faktor.

Lösung: Da für beide Ehegatten das Faktorverfahren anzuwenden ist, dürfen beide Arbeitgeber keinen Lohnsteuer-Jahresausgleich für den jeweiligen Arbeitnehmer durchführen. Erst nach Ablauf des Kalenderjahres kann die zutreffende Jahreseinkommensteuer ermittelt werden. Die Ehegatten sind zur Abgabe einer Einkommensteuererklärung verpflichtet, da im Lohnsteuerabzugsverfahren das Faktorverfahren berücksichtigt wurde.

27 Lohnsteuerklassen

27.1 Heirat, beide Steuerklasse I

Sachverhalt: Ein Arbeitnehmer heiratet im September und möchte seine Steuerklasse wechseln. Er erhält ein Gehalt von 2.030 EUR und hatte bisher Steuerklasse I, keine Kinder, 9 % Kirchensteuer.

Seine Ehepartnerin verdient 1.970 EUR brutto und hatte bisher ebenfalls die Steuerklasse I, keine Kinder, keine Kirchensteuer.

Lohnsteuer Ehemann bisher

Bruttolohn	2.030,00 EUR
Lohnsteuer	203,25 EUR
Solidaritätszuschlag	+ 11,17 EUR
Kirchensteuer	+ 18,29 EUR
Gesamt	232,71 EUR

Lohnsteuer Ehefrau bisher

Bruttolohn	1.970,00 EUR
Lohnsteuer	189,75 EUR
Solidaritätszuschlag	+ 10,43 EUR
Kirchensteuer	+ 0,00 EUR
Gesamt	200,18 EUR

Die lohnsteuerliche Gesamtbelastung der Ehepartner beträgt 432,89 EUR.

Welche Lohnsteuerklasse sollte der Arbeitnehmer wählen und wäre ein Wechsel für ihn vorteilhaft?

Lösung: Ändert sich der Familienstand des Arbeitnehmers durch Heirat, führt dies automatisch dazu, dass die nach Landesrecht für das Meldewesen zuständigen Behörden die melderechtlichen Änderungen des Familienstandes an die Finanzverwaltung übermitteln. Dadurch werden Ehepartner programmgesteuert ab dem Heiratsmonat in die Steuerklassen IV/IV eingereiht. Der Wechsel in Steuerklasse IV/IV bringt allerdings keine steuerlichen Veränderungen. Bei der Wahl der Steuerklasse IV wird man lohnsteuerlich behandelt wie ein Alleinstehender, d.h. die Versteuerung erfolgt nach der Grundtabelle.

Der Wechsel in die Steuerklassen III und V muss von den Ehepartnern beim Finanzamt beantragt werden und bringt folgende Veränderung:

Lohnsteuer Ehemann Steuerklasse III

Bruttolohn	2.030,00 EUR
Lohnsteuer	14,66 EUR
Solidaritätszuschlag	+ 0,00 EUR
Kirchensteuer	**+ 1,31 EUR**
Gesamt	15,97 EUR

Lohnsteuer Ehefrau Steuerklasse V

Bruttolohn	1.970,00 EUR
Lohnsteuer	419,16 EUR
Solidaritätszuschlag	+ 23,05 EUR
Kirchensteuer	**+ 0,00 EUR**
Gesamt	442,21 EUR

Die steuerliche Gesamtbelastung der Ehepartner bei Steuerklassenwahl III/V beträgt 558,18 EUR.

Ein Wechsel der Steuerklassen ist nicht empfehlenswert. Steuererstattungen, die sich durch unterschiedlichen Arbeitsverdienst beider Ehepartner ergeben, können dann erst im Rahmen der Einkommensteuerveranlagung geltend gemacht werden.

Hinweis: Ehe-/Lebenspartner können sich für das Faktorverfahren entscheiden, wenn beide Arbeitnehmer sind und unterschiedlich viel verdienen.

27.2 Zusammenzug, dann Heirat

Sachverhalt: Eine Arbeitnehmerin ist alleinstehend mit einem Kind und verdient 1.800 EUR brutto. Sie hat Steuerklasse II, 0,5 Kinderfreibetrag, keine Kirchensteuer. Im März zieht sie mit dem Vater ihres Kindes in eine gemeinsame Wohnung. Damit erlischt ihr Anspruch auf die Steuerklasse II und sie bekommt die Lohnsteuerklasse I/0,5.

Im September heiratet sie den Vater ihres Kindes. Die Eheleute haben jetzt die Möglichkeit, zwischen verschiedenen Steuerklassen-Kombinationen zu wählen: IV/IV (wird von den Meldebehörden automatisch vergeben), IV/IV mit Faktor oder III/V. Verdient der Ehepartner über 20 % mehr, empfiehlt sich im Allgemeinen die Steuerklassen-Kombination III/V.

Der Ehemann verdient 2.030 EUR Brutto, 9 % Kirchensteuer.

Wie hoch ist für die Arbeitnehmerin die Mehrbelastung nach dem Zusammenzug mit dem Vater ihres Kindes?

Welche Lohnsteuerklasse sollte nach der Heirat gewählt werden um die günstigste Besteuerung für das Ehepaar zu erreichen?

Lösung:

Lohnsteuerklasse II/0,5 vor dem Zusammenzug

Bruttolohn	1.800,00 EUR
Lohnsteuer	111,00 EUR
Solidaritätszuschlag	0,00 EUR
Kirchensteuer	0,00 EUR

Lohnsteuerklasse I/0,5 nach dem Zusammenzug

Bruttolohn	1.800,00 EUR
Lohnsteuer	150,91 EUR
Solidaritätszuschlag	0,00 EUR
Kirchensteuer	0,00 EUR

Die steuerliche Mehrbelastung für die Arbeitnehmerin in Lohnsteuerklasse I/0,5 beträgt 39,91 EUR.

Steuerklassenwahl nach der Heirat

Der Wechsel in Steuerklasse IV/IV bringt keine Veränderung bei der Lohnsteuer. Bei der Wahl der Steuerklasse IV wird man lohnsteuerlich behandelt wie ein Alleinstehender, d.h. die Versteuerung erfolgt nach der Grundtabelle. Die Kinderfreibeträge werden auf beide Ehegatten verteilt:

Berechnung Steuerklasse IV/IV

Lohnsteuer Ehemann Steuerklasse IV/1,0/ev.	
Bruttolohn	2.030,00 EUR
Lohnsteuer	203,25 EUR
Solidaritätszuschlag	6,82 EUR
Kirchensteuer 9 %	11,17 EUR
Lohnsteuer Ehefrau Steuerklasse IV/1,0	
Bruttolohn	1.800,00 EUR
Lohnsteuer	150,91 EUR
Solidaritätszuschlag	0,00 EUR
Kirchensteuer	0,00 EUR

Die steuerliche Gesamtbelastung des Ehepaars beträgt bei Steuerklassenwahl IV/IV 372,15 EUR.

Bei Wechsel in die Steuerklassen III und V wird der Kinderfreibetrag grundsätzlich dem Partner mit der Steuerklasse III zugeordnet, selbst dann, wenn es sich nicht um sein eigenes Kind handelt. Dieser Wechsel bringt folgende Veränderung:

Berechnung Steuerklasse III/V

Lohnsteuer Ehemann Steuerklasse III/1,0/ev.

Bruttolohn	2.030,00 EUR
Lohnsteuer	14,66 EUR
Solidaritätszuschlag	0,00 EUR
Kirchensteuer	0,00 EUR

Lohnsteuer Ehefrau Steuerklasse V/0,0

Bruttolohn	1.800,00 EUR
Lohnsteuer	366,16 EUR
Solidaritätszuschlag	20,13 EUR
Kirchensteuer	0,00 EUR

Die steuerliche Gesamtbelastung des Ehepaars beträgt bei Steuerklassenwahl III/V 400,95 EUR.

Beim Faktorverfahren wird die voraussichtliche Einkommensteuer des Ehepaars von 4.390 EUR (wird vom Finanzamt ausgerechnet) durch die Summe der Jahreslohnsteuer beider Ehegatten in der Steuerklasse IV von 4.396 EUR geteilt. In diesem Fall ergibt sich ein Faktor von 0,998 (4.390 / 4.396), der in beiden ELStAM der Ehegatten im Zusammenhang mit der Steuerklasse IV eingetragen wird.

Berechnung Steuerklasse IV/IV mit Faktor

Lohnsteuer Ehemann Steuerklasse IV(0,998)/1,0/ev.

Bruttolohn	2.030,00 EUR
Lohnsteuer	202,83 EUR
Solidaritätszuschlag	6,81 EUR
Kirchensteuer	11,15 EUR

Lohnsteuer Ehefrau Steuerklasse IV(0,986)/1,0

Bruttolohn	1.800,00 EUR
Lohnsteuer	150,58 EUR
Solidaritätszuschlag	0,00 EUR
Kirchensteuer	0,00 EUR

Die steuerliche Gesamtbelastung des Ehepaars beträgt bei Steuerklassenwahl IV/IV mit Faktor (0,998) 371,37 EUR.

Die günstigste Besteuerung für das Ehepaar ist bei der Lohnsteuerklassenkombination IV/IV mit Faktor zu erreichen.

Es wird eine gleichmäßige Besteuerung beider Ehepartner erreicht. In beiden Fällen besteht die Pflicht zur Abgabe einer Einkommensteuererklärung.

Hinweis: Bei Steuerklassenwahl III/V sowie bei IV/IV(Faktor) besteht die Verpflichtung zur Abgabe einer Einkommensteuererklärung.

27.3 Hauptbeschäftigung mit Nebenbeschäftigung

Sachverhalt: Eine Arbeitnehmerin verdient in einer Teilzeitstelle 1.500 EUR brutto. Sie hat Steuerklasse II, 0,5 Kinderfreibetrag, keine Kirchensteuer. Im März nimmt sie zusätzlich einen Minijob an, bei dem sie 200 EUR monatlich verdient. Im September erhält sie die Gelegenheit, einen weiteren Minijob für 250 EUR Monatsverdienst anzunehmen.

Wie sind diese Arbeitsverhältnisse steuer- und sozialversicherungsrechtlich zu behandeln?

Lösung: Im ersten Arbeitsverhältnis ist die Arbeitnehmerin voll sozialversicherungspflichtig, sie wird nach den ELStAM besteuert.

Das zweite Arbeitsverhältnis kann als Minijob bei der Deutschen Rentenversicherung Knappschaft-Bahn-See abgerechnet werden. Sie ist in diesem Arbeitsverhältnis sozialversicherungsfrei, die Pauschalsteuer von 2% kann angewandt werden.

Das dritte Arbeitsverhältnis muss mit dem ersten Arbeitsverhältnis zusammengerechnet werden, obwohl die Arbeitnehmerin in den beiden Nebenjobs insgesamt nicht mehr als 450 EUR verdient. Neben einer Hauptbeschäftigung darf jeweils nur eine Nebenbeschäftigung mit einem Verdienst von bis zu 450 EUR als Minijob abgerechnet werden. Weitere geringfügige Beschäftigungsverhältnisse sind nicht sozialversicherungsfrei, sie dürfen auch nicht mit 2% Pauschalsteuer versteuert werden. Die Arbeitnehmerin hat die Wahl zwischen Steuerklasse VI oder der Pauschalierung mit 20% zzgl. 5,5% Solidaritätszuschlag und ggf. 8% bzw. 9% Kirchensteuer. Die pauschale Lohnsteuer darf auf die Arbeitnehmerin abgewälzt werden.

Erstes Arbeitsverhältnis, Lohnsteuersteuerklasse II/0,5/-

Bruttolohn	1.500,00 EUR
Lohnsteuer	45,75 EUR
Solidaritätszuschlag	0,00 EUR
Kirchensteuer	0,00 EUR
Zweites Arbeitsverhältnis	
Bruttolohn	200,00 EUR
2% Pauschalsteuer	4,00 EUR

Die Pauschalsteuer darf der Arbeitgeber auf die Arbeitnehmerin abwälzen.

Drittes Arbeitsverhältnis, Wahl der Lohnsteuerklasse VI Arbeitnehmerin

Bruttolohn	250,00 EUR
Lohnsteuer	28,50 EUR
Solidaritätszuschlag	0,00 EUR

Bei der Veranlagung zur Einkommensteuer bleibt das zweite Arbeitsverhältnis unberücksichtigt.

Das erste und das dritte Arbeitsverhältnis werden zusammengerechnet und unterliegen insgesamt der Einkommensteuer. Eventuell zu viel gezahlte Lohnsteuer wird vom Finanzamt erstattet.

28 Mehrarbeitsvergütung

28.1 Gehaltsempfänger (4,33 Wochen/Monat)

Sachverhalt: Eine Angestellte erhält ein monatliches Gehalt von 2.000 EUR brutto bei einer wöchentlichen Arbeitszeit von 38 Stunden. Im Mai leistet sie insgesamt 12 Überstunden, die ihr mit der Gehaltsabrechnung Mai ausbezahlt werden. Im Unternehmen werden 30% Überstundenzuschlag gezahlt.

Wie hoch ist der Gesamtbruttolohn für Mai inkl. Überstunden und Überstundenzuschlag?

Lösung: Der Stundensatz für Gehaltsempfänger kann nach einer festen Formel ermittelt werden. Es wird dazu ein Quartal mit 4,33 Wochen/Monat wie folgt zugrunde gelegt:

13 Wochen/3 Monate = 4,33 Wochen/Monat

Berechnung Stundensatz

Stunden monatlich (38 Stunden × 4,33)	164,54 Std.
Stundenlohn (Bruttolohn 2.000 EUR : 164,54 Stunden)	12,16 EUR
Bruttolohn Mai	2.000,00 EUR
Zzgl. Überstunden (12 Überstunden × 12,16 EUR)	+ 145,92 EUR
Zzgl. Überstundenzuschlag (30% v. 145,92 EUR)	**+ 43,78 EUR**
Gesamtbruttolohn (lohnsteuer- und beitragspflichtig)	2.189,70 EUR

Hinweis: Überstunden sind regelmäßig gesondert zu vergüten, wenn Tarifvertrag, Betriebsvereinbarung oder Einzelvertrag dies vorsehen. Ein besonderer Zuschlag ist nur dann zu zahlen, wenn dieser vereinbart wurde oder betriebs- und branchenüblich ist. Die Überstundenbezahlung setzt sich zusammen aus dem Grundlohn für die jeweilige Überstunde und dem tariflich oder arbeitsvertraglich vereinbarten Mehrarbeits- bzw. Überstundenzuschlag. Beide Teile gehören zum laufenden Arbeitslohn und sind lohnsteuer- und beitragspflichtig. Denkbar und häufig praktiziert ist auch ein Ausgleich durch Freizeitgewährung. Nach der Rechtsprechung des Bundesarbeitsgerichts ist aber auch eine vertragliche Vereinbarung mit Angestellten zulässig, wonach Überstunden oder Mehrarbeit bereits durch das Gehalt abgegolten werden und somit nicht zusätzlich bezahlt werden müssen.

Mit welcher dieser Formeln gerechnet wird, ergibt sich entweder aus den betrieblichen Vorgaben bzw. unterliegt der Entscheidung des Arbeitgebers. Die entsprechende Formel sollte im Entgeltabrechnungsprogramm ausgewählt und dann für alle Arbeitnehmer angewendet werden.

28.2   Gehaltsempfänger (4,35 Wochen/Monat)

Sachverhalt: Eine Angestellte bezieht ein monatliches Gehalt von 1.800 EUR Brutto bei einer wöchentlichen Arbeitszeit von 40 Stunden. Im Mai leistet sie insgesamt 12 Überstunden, die ihr mit der Gehaltsabrechnung ausbezahlt werden. Der Überstundenzuschlag beträgt 25 %.

Wie hoch ist der Gesamtbruttolohn für Mai inkl. Überstunden und Überstundenzuschlag?

Lösung: Der Stundensatz für Gehaltsempfänger kann nach der 4,35-Formel (Ermittlung der tariflichen Normalzeit) ermittelt werden. Diese Methode bietet die Möglichkeit, auch bei Gehaltsempfängern mit einem festen Stundensatz (Gehaltsstundensatz) zu rechnen. Der 4,35-Formel liegt folgende Berechnung zugrunde:

Ein Jahr hat durchschnittlich 52,2 Wochen bei 12 Monaten. 52,2 Wochen : 12 Monate = 4,35 Wochen/Monat

Der Monat wird bei dieser Methode grundsätzlich mit 4,35 Wochen angesetzt, unabhängig davon, wie viele Tage er tatsächlich hat. Multipliziert man die regelmäßige tarifliche Arbeitszeit mit 4,35, erhält man die tarifliche Normalzeit.

Berechnung Stundensatz

Stunden monatlich (40 Stunden × 4,35)	174 Std.
Stundenlohn (Bruttolohn 1.800 EUR : 174 Stunden)	10,34 EUR

Bruttolohn Mai	1.800,00 EUR
Zzgl. Überstunden (12 Überstunden × 10,34 EUR)	+ 124,08 EUR
Zzgl. Überstundenzuschlag (25 % v. 124,08 EUR)	**+ 31,02 EUR**
Gesamtbruttolohn (lohnsteuer- und beitragspflichtig)	1.955,10 EUR

Hinweis: Überstunden sind regelmäßig gesondert zu vergüten. Ein besonderer Zuschlag ist nur dann zu zahlen, wenn dieser vereinbart wurde oder betriebs- und branchenüblich ist. Die Überstundenbezahlung setzt sich aus dem Grundlohn für die jeweilige Überstunde und dem tariflich oder arbeitsvertraglich vereinbarten Mehrarbeits- bzw. Überstundenzuschlag zusammen. Beide Teile gehören zum laufenden Arbeitslohn und sind steuer- und beitragspflichtig. Denkbar und häufig praktiziert ist auch ein Ausgleich durch Freizeitgewährung. Nach der Rechtsprechung des Bundesarbeitsgerichts ist aber auch eine vertragliche Vereinbarung mit Angestellten zulässig, wonach Überstunden oder Mehrarbeit bereits durch das Gehalt abgegolten werden und somit nicht zusätzlich bezahlt werden müssen.

Mit welcher dieser Formeln gerechnet wird, ergibt sich entweder aus den betrieblichen Vorgaben bzw. unterliegt der Entscheidung des Arbeitgebers. Die entsprechende Formel sollte im Entgeltabrechnungsprogramm ausgewählt und für alle Arbeitnehmer angewendet werden.

29 Mehrfachbeschäftigung

29.1 Kurzfristige neben geringfügiger Beschäftigung

Sachverhalt: Eine Arbeitnehmerin übt folgende Aushilfstätigkeiten aus:
- 4.4.–31.5., 6 Tage in der Woche für 700 EUR monatlich in einem Einzelhandelsgeschäft.
- 1.7.–31.7., 3 Vormittage in der Woche in einer Bäckerei für 320 EUR monatlich.
- Die Arbeitnehmerin ist bei ihrem Mann in der gesetzlichen Krankenversicherung mitversichert.
  Sie ist nicht arbeitslos gemeldet, nicht in Elternzeit und hat die Lohnsteuerklasse V.

Wie sind die Beschäftigungen lohnsteuer- und sozialversicherungsrechtlich zu behandeln?

Lösung: Beschäftigung vom 4.4.–31.5.

Es handelt es sich um eine kurzfristige[28] sozialversicherungsfreie Beschäftigung, da die zeitliche Begrenzung auf max. 3 Monate eingehalten ist.
- Der Arbeitgeber muss die Mitarbeiterin bei der Minijob-Zentrale der Deutschen Rentenversicherung Knappschaft-Bahn-See als kurzfristig Beschäftigte anmelden:
  Personengruppenschlüssel 110,
  Beitragsgruppenschlüssel 0000.
- Die Besteuerung erfolgt nach den ELStAM mit Steuerklasse V.
  Eine Lohnsteuerpauschalierung für eine kurzfristige Beschäftigung mit 25 %[29] ist nicht möglich, da das Arbeitsverhältnis 18 zusammenhängende Arbeitstage übersteigt.

---

28 S. Kurzfristige Beschäftigung.
29 §40a Abs. 1 EStG.

Beschäftigung vom 1.7.–31.7.

Es handelt sich aufgrund der geringen Entgelthöhe (monatlich 320 EUR) um eine geringfügig entlohnte Beschäftigung, obwohl sie ebenfalls zeitlich begrenzt ist. Es erfolgt keine Zusammenrechnung mit der kurzfristigen Beschäftigung.

- Der Arbeitgeber muss die Mitarbeiterin bei der Minijob-Zentrale als geringfügig entlohnte Beschäftigte anmelden: Personengruppenschlüssel 109.
- Der Beitragsgruppenschlüssel lautet 6100 oder 6500 im Falle einer Befreiung von der Rentenversicherungspflicht auf Antrag der Arbeitnehmerin.
- Der Arbeitgeber muss Pflichtbeiträge (18,7 %) oder pauschale Rentenversicherungsbeiträge (15 %) und pauschale Krankenversicherungsbeiträge (13 %) abführen, zzgl. Umlagen und Pauschalsteuer (2 %).

Praxistipp: Bei Arbeitnehmern mit einer geringfügig entlohnten Beschäftigung ist die Besteuerung mit der einheitlichen Pauschalsteuer von 2 % i. d. R. die verwaltungsärmere Alternative. Sofern der Arbeitgeber die zusätzliche Belastung mit 2 % vermeiden will, ist auch eine Abwälzung der Pauschalsteuer auf den Arbeitnehmer steuerlich zulässig.

29.2 Hauptbeschäftigung und 2 geringfügig entlohnte Beschäftigungen

Sachverhalt: Ein Arbeitnehmer übt eine lohnsteuer- und sozialversicherungspflichtige Hauptbeschäftigung (Entgelt 2.000 EUR monatlich) bei Arbeitgeber A aus. Daneben ist er zusätzlich bei Arbeitgeber B für 250 EUR monatlich beschäftigt. Ab 1.6. wird er zusätzlich bei Arbeitgeber C für 100 EUR monatlich tätig.

Wie sind die Beschäftigungen lohnsteuer- und sozialversicherungsrechtlich zu behandeln?

Lösung: Beschäftigung bei Arbeitgeber A

Arbeitgeber A meldet die Mitarbeiterin mit dem Personengruppenschlüssel 101 und dem Beitragsgruppenschlüssel 1111 bei der Krankenkasse an.

Beschäftigung bei Arbeitgeber B

Neben einer Hauptbeschäftigung kann nur eine geringfügig entlohnte Beschäftigung sozialversicherungsfrei behandelt werden.[30] Sozialversicherungsfrei ist die zeitlich zuerst begonnene Tätigkeit bei Arbeitgeber B. In der Rentenversicherung besteht Versicherungspflicht, wenn kein Antrag auf Befreiung gestellt wird, wovon jedoch regelmäßig auszugehen ist.

Arbeitgeber B meldet die Mitarbeiterin mit dem Personengruppenschlüssel 109 und dem Beitragsgruppenschlüssel 6500 bei der Minijob-Zentrale der Deutschen Rentenversicherung Knappschaft-Bahn-See an. Er muss für die Beschäftigung pauschale Beiträge zur Rentenversicherung (15%) und zur Krankenversicherung (13%) sowie Pauschalsteuer (2%) an die Minijob-Zentrale abführen. Eine Abwälzung der einheitlichen Pauschalsteuer auf die Arbeitnehmerin ist zulässig.

Beschäftigung bei Arbeitgeber C

Die später aufgenommene Nebentätigkeit (Arbeitgeber C) ist mit der Hauptbeschäftigung zusammenzurechnen und wird – mit Ausnahme der Arbeitslosenversicherung versicherungspflichtig.

Arbeitgeber C meldet die Mitarbeiterin mit dem Personengruppenschlüssel 101 und dem Beitragsgruppenschlüssel 1101 bei der Krankenkasse an.

Da für die Beschäftigung bei Arbeitgeber C keine pauschalen Rentenversicherungsbeiträge abgeführt werden, kommt auch keine Pauschalsteuer in Höhe von 2% in Frage. Die Versteuerung kann entweder nach den ELStAM (Steuerklasse VI) oder mit 20% pauschaler Lohnsteuer zzgl. Solidaritätszuschlag und ggf. pauschaler Kirchensteuer nach §40 a Abs. 2a EStG erfolgen.

---

30   S. Minijob: Mehrere geringfügig entlohnte und versicherungspflichtige Beschäftigungen.

29.3 Hauptbeschäftigung eines freiwillig Versicherten mit 2 Nebenbeschäftigungen

Sachverhalt: Ein Arbeitnehmer ist bei Arbeitgeber A gegen ein Entgelt von 4.500 EUR monatlich beschäftigt. Er ist wegen Überschreitens der Jahresarbeitsentgeltgrenze freiwillig krankenversichert in der gesetzlichen Krankenversicherung.

Ab 1.1. nimmt er bei Arbeitgeber B eine Beschäftigung für monatlich 200 EUR auf.

Ab 1.2. nimmt er zusätzlich eine weitere Beschäftigung bei Firma C für monatlich 150 EUR.

Wie sind die beiden Beschäftigungen lohnsteuer- und sozialversicherungsrechtlich zu behandeln?

Lösung: Die Frage, ob eine geringfügig entlohnte Beschäftigung vorliegt, ist für die Renten- und Arbeitslosenversicherung einerseits und die Kranken- und Pflegeversicherung andererseits getrennt zu prüfen.

Renten- und Arbeitslosenversicherung

Der Arbeitnehmer ist bei Arbeitgeber A für die Renten- und Arbeitslosenversicherung versicherungspflichtig beschäftigt.

Neben dieser (sozialversicherungspflichtigen) Hauptbeschäftigung darf er eine geringfügige Beschäftigung ausüben, die nicht mit der Hauptbeschäftigung zusammengerechnet wird. Das ist die zum 1.1. beim Arbeitgeber B zeitlich zuerst aufgenommene geringfügig entlohnte Beschäftigung. Der Arbeitnehmer ist bereits aufgrund der Hauptbeschäftigung rentenversicherungspflichtig. Deshalb hat er die Befreiung von der Rentenversicherungspflicht im Minijob beantragt und Arbeitgeber B muss pauschale Beiträge zur Rentenversicherung in Höhe von 15 % abführen.

Die später aufgenommene Beschäftigung bei Arbeitgeber C wird mit der Hauptbeschäftigung bei Arbeitgeber A zusammengerechnet und ist daher nicht geringfügig entlohnt, sondern »normal« versicherungspflichtig in der Rentenversicherung. Eine Befreiung ist nicht möglich.

Für die Arbeitslosenversicherung greift jedoch eine Ausnahme: Neben einer sozialversicherungspflichtigen Hauptbeschäftigung ausgeübte Beschäftigungen werden in der Arbeitslosenversicherung nicht versicherungspflichtig, wenn das Entgelt aus den Nebenjobs jeweils 450 EUR nicht überschreitet.

Kranken- und Pflegeversicherung

In der Hauptbeschäftigung bei Arbeitgeber A ist der Arbeitnehmer wegen der Höhe seines Jahresarbeitsentgelts in der Krankenversicherung nicht versicherungspflichtig. Eine Zusammenrechnung der Nebenjobs mit der Beschäftigung bei Arbeitgeber A im Bereich der Kranken- und Pflegeversicherung scheidet von vornherein aus, da bei Arbeitgeber A keine Versicherungspflicht in der Kranken- und Pflegeversicherung besteht. Allerdings muss bei den Nebenjobs bei Arbeitgeber B und C für die Kranken- und Pflegeversicherung geprüft werden, ob das Entgelt insgesamt 450 EUR nicht übersteigt. Da dies nicht der Fall ist, erfüllen die beiden Beschäftigungen insgesamt für die Kranken- und Pflegeversicherung die Voraussetzungen einer geringfügig entlohnten Beschäftigung. Da der Mitarbeiter freiwillig in der gesetzlichen Krankenversicherung versichert ist, fallen für die beiden Nebenjobs Pauschalbeiträge zur gesetzlichen Krankenversicherung an.

Meldungen
- Arbeitgeber A
Personengruppenschlüssel 101
Beitragsgruppenschlüssel 0111

Bei Firmenzahlern (der Arbeitgeber führt die freiwilligen Krankenversicherungsbeiträge an die gesetzliche Krankenkasse ab), lautet der Beitragsgruppenschlüssel 9111.
- Arbeitgeber B
Personengruppenschlüssel 109, geringfügige Beschäftigung Beitragsgruppenschlüssel 6500

- Arbeitgeber C

  Für die Rentenversicherung erfolgt eine Zusammenrechnung mit der sozialversicherungspflichtigen Hauptbeschäftigung, sodass aus der Nebentätigkeit Beiträge zur Rentenversicherung abgeführt werden müssen. Der Arbeitnehmer wird bei der zuständigen Krankenkasse wie folgt angemeldet:

  Personengruppenschlüssel 101

  der Beitragsgruppenschlüssel 0100

  Für die Krankenversicherung gilt die Besonderheit, dass hier auch bei Arbeitgeber B eine geringfügige Beschäftigung vorliegt. Der Arbeitnehmer muss also gleichzeitig – und zwar nur bezüglich der Krankenversicherung – bei der Minijob-Zentrale angemeldet werden:

  Personengruppenschlüssel 101

  Beitragsgruppenschlüssel 6000

Besteuerung

Für die einheitliche Pauschalsteuer von 2% ist allein maßgebend, ob pauschale Beiträge zur gesetzlichen Rentenversicherung im Rahmen der geringfügigen Beschäftigung abgeführt werden. Dies ist bei Arbeitgeber B der Fall, sodass gleichzeitig die einheitliche Pauschalsteuer mit 2% an die Minijob-Zentrale der Deutsche Rentenversicherung Knappschaft-Bahn-See abgeführt werden kann. Für die Beschäftigung bei Arbeitgeber C werden keine pauschalen Beiträge an die gesetzliche Rentenversicherung abgeführt.

Daher muss diese Beschäftigung nach den ELStAM mit der Steuerklasse VI abgerechnet werden, möglich ist aber auch eine pauschale Besteuerung mit 20%. Voraussetzung für die Pauschalsteuer von 20% ist, dass das monatliche Entgelt nicht mehr als 450 EUR beträgt. Da das Entgelt 150 EUR beträgt, ist statt Steuerklasse VI auch eine Pauschalbesteuerung mit 20% möglich ist. Eine Abwälzung der pauschalen Lohnsteuer auf den Arbeitnehmer ist möglich, sodass es zu keiner zusätzlichen Arbeitgeberbelastung bei der Beschäftigung C kommt.

29.4 Mehrere Beschäftigungen

Sachverhalt: Eine allein erziehende Mutter arbeitet halbtags bei Arbeitgeber A für 750 EUR im Monat. Sie erhält kein Urlaubsgeld und kein Weihnachtsgeld.

Daneben erstellt sie in Heimarbeit Schreibarbeiten für Arbeitgeber B und erhält dafür ein festes monatliches Entgelt von 300 EUR, ebenfalls kein Urlaubs- und kein Weihnachtsgeld.

Im Sommer arbeitet sie befristet vom 1.8.–15.9. samstags und sonntags als Aushilfe bei Arbeitgeber C in einer Gaststätte. Sie arbeitet 16 Stunden pro Wochenende für pauschal 140 EUR.

Wie sind die Beschäftigungen lohnsteuer- und sozialversicherungsrechtlich zu behandeln?

Lösung: Beschäftigung bei Arbeitgeber A

Die Beschäftigung ist beitragspflichtig in allen Zweigen der Sozialversicherung. Es gelten die Regelungen für die Gleitzone mit ermäßigten Arbeitnehmerbeiträgen zur Sozialversicherung, da das Entgelt regelmäßig weniger als 850 EUR beträgt.

Die Arbeitnehmerin wird nach den ELStAM (Steuerklasse II) besteuert.

Beschäftigung bei Arbeitgeber B

Es handelt sich um eine geringfügig entlohnte Beschäftigung. Sie ist auf Dauer angelegt und das regelmäßige Arbeitsentgelt beträgt nicht mehr als 450 EUR. Neben einer sozialversicherungspflichtigen Hauptbeschäftigung – hierzu zählt auch eine Beschäftigung in der Gleitzone – ist eine geringfügig entlohnte Beschäftigung sozialversicherungsfrei. Da bereits in der Hauptbeschäftigung Rentenversicherungspflicht vorliegt, beantragt die Arbeitnehmerin die Befreiung von der Rentenversicherungspflicht im Minijob. Der Minijob bei Arbeitgeber B wird nicht mit der Hauptbeschäftigung bei Arbeitgeber A zusammengerechnet.

Arbeitgeber B meldet die Mitarbeiterin mit dem Personengruppenschlüssel 109 und dem Beitragsgruppenschlüssel 6500 bei der Minijob-Zentrale der Deutschen Rentenversicherung Knappschaft-Bahn-See an. Er muss für die Beschäftigung pauschale Beiträge zur Rentenversicherung (15%) und zur Krankenversicherung (13%) sowie Pauschalsteuer (2%) an die Minijob-Zentrale abführen. Eine Abwälzung der einheitlichen Pauschalsteuer auf die Arbeitnehmerin ist zulässig.

Beschäftigung bei Arbeitgeber C

Diese Beschäftigung erfüllt die Voraussetzungen einer kurzfristigen Beschäftigung. Sie wird nicht berufsmäßig[31] ausgeübt und ist von vornherein auf weniger als 70 Arbeitstage begrenzt. Es gilt die 70-Arbeitstage-Grenze, da die Arbeitnehmerin weniger als 5 Arbeitstage pro Woche tätig ist. Vom 1.8.–15.9. ergeben sich 12 Arbeitstage (6 Wochenenden). Die kurzfristige Beschäftigung wird weder mit der sozialversicherungspflichtigen Hauptbeschäftigung bei Arbeitgeber A noch mit der geringfügig entlohnten Beschäftigung bei Arbeitgeber B zusammengerechnet.

Die Aushilfstätigkeit wird bei der Minijob-Zentrale der Deutschen Rentenversicherung Knappschaft-Bahn-See mit dem Personengruppenschlüssel 110 und dem Beitragsgruppenschlüssel 0000 angemeldet.

Die Beschäftigung kann nach den ELStAM (Steuerklasse VI) besteuert werden. Alternativ kommt auch eine Pauschalbesteuerung mit 25% in Betracht, da die Aushilfsbeschäftigung gleichzeitig die Voraussetzungen einer steuerlichen kurzfristigen Beschäftigung (maximal 18 zusammenhängende Arbeitstage) erfüllt. Die pauschale Lohnsteuer kann auf die Arbeitnehmerin abgewälzt werden.

Praxistipp: Mit den Jahresentgelten aus der Beschäftigung bei Arbeitgeber A (9.000 EUR) und in der Gaststätte (840 EUR) fällt in der Lohnsteuerklasse II noch keine Lohnsteuer an. Unter Umständen ist es daher sinnvoll, die Aushilfsbeschäftigung in der Gaststätte über die individuelle Besteuerung ab-

---

31 S. Kurzfristige Beschäftigung, Prüfung der Berufsmäßigkeit.

zuwickeln. Die über ELStAM mit der Steuerklasse VI einbehaltene Lohnsteuer kann im Rahmen der Einkommensteuererklärung vom Finanzamt (anteilig) erstattet werden. Zudem kann sich die Arbeitnehmerin wegen ihres geringen Entgelts bei Arbeitgeber A auf der Lohnsteuerkarte mit der Steuerklasse VI einen Freibetrag eintragen lassen, auf der Lohnsteuerkarte mit der Steuerklasse II wird hingegen ein entsprechender Hinzurechnungsbetrag eingetragen. Damit kann der Lohnsteuerabzug auf die Lohnsteuerkarte mit der Steuerklasse VI deutlich verringert werden.

29.5   Zwei geringfügige Beschäftigungen unter 450 EUR

Sachverhalt: Eine familienversicherte Bedienung übt 2 geringfügig entlohnte Beschäftigungen mit je 150 EUR monatlich aus. Die Bedienung hat bei beiden Arbeitgebern die Befreiung von der Rentenversicherungspflicht beantragt.

Wie sind die Beschäftigungen sozialversicherungsrechtlich zu behandeln?

Lösung: Die Entgelte beider Beschäftigungen sind zusammenzurechnen. Die Zusammenrechnung ergibt ein Gesamtentgelt in Höhe von 300 EUR monatlich. Der Grenzwert von 450 EUR pro Monat wird nicht überschritten. Beide Beschäftigungen sind geringfügig und für die Bedienung sozialversicherungsfrei.

Beide Arbeitgeber müssen pauschale Beiträge zur Rentenversicherung (15 %) und zur Krankenversicherung (13 %) sowie Pauschalsteuer (2 %) an die Minijob-Zentrale der Deutschen Rentenversicherung Knappschaft-Bahn-See abführen. Eine Abwälzung der einheitlichen Pauschalsteuer auf die Arbeitnehmerin ist zulässig.

29.6 Zwei geringfügige Beschäftigungen über 450 EUR

Sachverhalt: Eine familienversicherte Bedienung übt gleichzeitig 2 geringfügig entlohnte Beschäftigungen bei unterschiedlichen Arbeitgebern mit einem Arbeitsentgelt von je 250 EUR im Monat aus. Weitere Beschäftigungen bestehen nicht.

Wie sind die Beschäftigungen lohnsteuer- und sozialversicherungsrechtlich zu behandeln?

Lösung: Die Entgelte der beiden – für sich getrachtet geringfügig entlohnten – Beschäftigungen müssen zusammengerechnet werden. Daraus ergibt sich ein Gesamtentgelt von 500 EUR pro Monat. Die Geringfügigkeitsgrenze von 450 EUR pro Monat für Minijobs wird überschritten. Es handelt sich nicht um geringfügige Beschäftigungen; es entsteht Sozialversicherungspflicht in beiden Beschäftigungen.[32] Für beide Beschäftigungen ist die Gleitzonenregelung anzuwenden, da das Gesamtentgelt in der Gleitzone von 450,01 bis 850 EUR liegt.

Die Pauschalierung der Lohnsteuer mit 2 % ist nicht möglich, da keine Pauschalbeiträge zur Rentenversicherung gezahlt werden. Die Versteuerung kann nach den ELStAM oder mit 20 %[33] pauschaler Lohnsteuer zzgl. Solidaritätszuschlag und ggf. pauschaler Kirchensteuer erfolgen.

---

32 § 8 Abs. 2 SGB IV.
33 § 40a Abs. 2a EStG.

30 Mindestlohn

Kurzbeschreibung: Der Beitrag stellt anhand einzelner Berechnungsbeispiele die Zusammensetzung des Mindestlohns dar unter Berücksichtigung der verschiedenen Lohnbestandteile.

30.1 Akkordlohn

Sachverhalt: Arbeitnehmer A erhält pro Stunde einen Grundlohn von 7,50 EUR zuzüglich eines Akkordzuschlags von 1,50 EUR pro Stunde.

Lösung: Der Akkordlohn darf auf die Grundvergütung hinzuaddiert werden, da er die reguläre Tätigkeit des Arbeitnehmers entlohnt und eine Zeitkomponente enthält. A verdient pro Stunde 9 EUR und damit mehr als den gesetzlichen Mindestlohn.

Hinweis: Akkordlohn weiterhin möglich

Ab 1.1.2017 beträgt der gesetzliche Mindestlohn pro Arbeitsstunde/Zeitstunde zu 60 Minuten 8,84 EUR brutto. Bei einer durchschnittlichen Arbeitszeit von 160 Stunden pro Monat errechnet sich eine monatliche Bruttovergütung von 1.414,40 EUR, die ab 1.1.2017 nicht unterschritten werden darf, wenn keine der Ausnahmeregelungen/Übergangsregelungen greift. Ob und wie der gesetzliche Mindestlohn berechnet wird und in welchem Zeitraum der Mindestlohn erreicht sein muss, erläutert das Gesetz nicht. Der Mindestlohn muss in jeder Arbeitsstunde und damit in jedem Abrechnungsabschnitt (Woche/Monat) erreicht werden. Die Auslegung des Gesetzes führt dazu, dass auf den Mindestlohn nur die monatlichen Zahlungen angerechnet werden dürfen, die

- monatlich unwiderruflich und ohne Vorbehalt gewährt werden,
- eine Gegenleistung für die reguläre Tätigkeit des Arbeitnehmers darstellen und eine Zeitkomponente enthalten.

30.2 Aufwandsentschädigungen

Sachverhalt: Arbeitnehmer A erhält eine Aufwandsentschädigung in Höhe von 200 EUR pro Monat neben einer Grundvergütung von 1.300 EUR pro Monat bei einer monatlichen Arbeitszeit von 160 Stunden.

Lösung: Aufwandsentschädigungen sind nach Auffassung des BAG keine Gegenleistung für geleistete Arbeit und zählen bei der Berechnung des Mindestlohns nicht mit. Da ohne die Aufwandsentschädigung der Stundenlohn unter dem gesetzlichen Mindestlohn liegt, ist hier die Vergütung von A auf den gesetzlichen Mindestlohn anzuheben.

30.3 Dienstkleidung

Sachverhalt: Arbeitnehmer A hat Anspruch auf eine Festvergütung von 8,30 EUR pro Stunde bei einer Arbeitszeit von 160 Stunden zuzüglich 100 EUR monatlich für Dienstkleidung.

Lösung: Zuschüsse für Dienstkleidung dürfen nach dem Gegenleistungsprinzip des BAG nicht angerechnet werden, da sie kein Gegenwert für geleistete Arbeit sind. Der gesetzliche Mindestlohn wird daher nicht erreicht. Arbeitnehmer A hat ab 1.1.2017 Anspruch auf 8,84 EUR Stunde.

30.4 Dienstwagen

Sachverhalt: A erhält monatlich eine Bruttovergütung von 1.300 EUR bei einer monatlichen Arbeitszeit von 160 Stunden. Zusätzlich wird ihm ein Dienstwagen auch zur privaten Nutzung gestellt, dessen geldwerter Vorteil monatlich mit 200 EUR bewertet wird.

Lösung: Ob der geldwerte Vorteil des Dienstwagens bei der Berechnung des Mindestlohns einbezogen werden kann, ist unklar. Dagegen spricht, dass er nicht nur Gegenwert für die vertraglich geleistete Arbeit ist (z.B. wegen der Privatnutzungsmöglichkeit). Dafür spricht, dass der Arbeitnehmer durch den Dienstwagen eigene Aufwendungen in erheblicher Höhe für ein eigenes Fahrzeug erspart und einen Gegenwert erhält, der vertraglich als Vergütungsbestandteil vereinbart wurde. Darf der geldwerte Vorteil zur Grundvergütung addiert werden, erhält A den gesetzlichen Mindestlohn. Muss der geldwerte Vorteil eines Dienstwagens unberücksichtigt bleiben, ist die Grundvergütung des A anzuheben.

Hinweis: Nicht ausdrücklich zum (tariflichen) Mindestlohn ergangene Entscheidungen des BAG zur Frage, ob und in welchem Umfang Zahlungen des Arbeitgebers über die Grundvergütung hinaus Vergütungsbestandteile sind und als solche z.B. bei der Berechnung des Urlaubsentgelts oder der Entgeltfortzahlung im Krankheitsfall einbezogen werden müssen, können nicht ohne Weiteres zur Beantwortung der Frage, ob eine Zulage, Sonderzahlung u. Ä. bei der Berechnung des Mindestlohns zu berücksichtigen ist, herangezogen werden.

30.5 Direktversicherung – Entgeltumwandlung

Sachverhalt: Arbeitnehmer A erhält eine Monatsvergütung von 1.500 EUR brutto. Im Wege der Entgeltumwandlung werden 200 EUR Monat für eine Direktversicherung einbehalten und abgeführt.

Lösung: Nach derzeitigem Meinungsstand ist davon auszugehen, dass der Gegenwert für die geleistete Arbeit die vereinbarte Monatsvergütung von 1.500 EUR ist und die Entgeltumwandlung in eine Direktversicherung, die in der Regel auf ausdrücklichen Wunsch des Arbeitnehmers erfolgt, bei der Berechnung des Mindestlohns außen vor bleibt. Der gesetzliche Mindestlohn wird daher erreicht, die Entgeltumwandlung führt nicht zu einer Unterschreitung.

Abwandlung: Anders zu beurteilen ist die Situation vermutlich, wenn ein Stundenlohn von 8 EUR brutto vereinbart ist und der Arbeitgeber sich vertraglich verpflichtet, dem Arbeitnehmer einen Zuschuss zum Abschluss einer betrieblichen Altersversorgung in Höhe von 0,84 EUR/Stunde zu zahlen. In diesem Fall geht die Direktversicherungsinitiative vom Arbeitgeber aus und hat nur indirekt den Zweck, geleistete Arbeit zu vergüten, direkt dient die

Zahlung dem Vermögensaufbau.[34] In diesem Fall ist vermutlich davon auszugehen, dass der Zuschuss zur Direktversicherung bei der Berechnung des Mindestlohns außen vor bleibt und es bleibt bei der Betrachtung der Grundvergütung. Die Vergütung des A würde dann unterhalb des gesetzlichen Mindestlohns liegen und müsste angehoben werden.

Hinweis: Nach den Ausführungen in der Gesetzesbegründung verstößt die Entgeltumwandlung nicht gegen das Verbot, den Mindestlohn zu unterschreiten. Vereinbarungen nach § 1a Betriebsrentengesetz sind danach wohl auch dann erlaubt, wenn sie dazu führen, dass der Arbeitnehmer rechnerisch weniger als 8,84 EUR/Stunde ausgezahlt bekommt.

30.6 Erschwerniszulage, sonstige zweckgebundene Zulagen

Sachverhalt: Arbeitnehmer A erhält eine Monatsvergütung von 1.200 EUR brutto bei einer monatlichen Arbeitszeit von 160 Stunden sowie eine Erschwerniszulage von 300 EUR monatlich wegen der besonderen Arbeitsbedingungen.

Lösung: Der Gegenwert für die geleistete Arbeit ist die vereinbarte Monatsvergütung von 1.200 EUR. Kann die Erschwerniszulage von 300 EUR bei der Berechnung des Mindestlohns einbezogen werden (was derzeit unklar ist), wird dieser erreicht. A hat dann einen Stundenlohn von 9,37 EUR brutto. Kann die Erschwerniszulage bei der Berechnung des Mindestlohns nicht einbezogen werden, hat A einen Stundenlohn von 7,50 EUR, der dann folgerichtig auf den gesetzlichen Mindestlohn anzuheben wäre.

---

34 Siehe hierzu auch Vermögenswirksame Leistungen

30.7 Fahrtkostenzuschuss

Sachverhalt: Der Arbeitnehmer hat Anspruch auf eine Festvergütung von 8,30 EUR pro Stunde bei einer Arbeitszeit von 160 Stunden. Zusätzlich dazu erhält er monatlich einen Fahrtkostenzuschuss von 100 EUR.

Lösung: Ein Fahrtkostenzuschuss darf nicht angerechnet werden, er stellt keinen Gegenwert für die geleistete Arbeit dar. Der gesetzliche Mindestlohn wird daher nicht erreicht. Arbeitnehmer A hat ab 1.1.2017 Anspruch auf 0,54 EUR mehr Arbeitslohn pro Stunde.

30.8 Freiwillige (einmalige) Leistungen (ohne Rechtsanspruch)

Sachverhalt: Arbeitnehmer A hat Anspruch auf eine Festvergütung von 8,30 EUR/Stunde bei einer monatlichen Arbeitszeit von 160 Stunden. Für besondere Leistungen zahlt der Arbeitgeber gelegentlich eine freiwillige Prämie von 100 EUR/Monat. Ein Rechtsanspruch besteht hierauf nicht.

Lösung: Die gelegentliche Zahlung der Prämie führt nicht dazu, dass Arbeitnehmer A regelmäßig den Mindestlohn erhält. Die freiwillige Leistung bleibt, da hierauf kein Rechtsanspruch besteht und es sich auch bei ggf. wiederholter Zahlung nicht um eine verstetigte Vergütungszahlung handelt, bei der Berechnung des Mindestlohnes außen vor.

30.9 Kost und Logis

Sachverhalt: Arbeitnehmer A ist Saisonarbeitnehmer und erhält einen Bruttolohn von 7,50 EUR pro Stunde bei einer monatlichen Arbeitszeit von 160 Stunden. Dazu wird er kostenlos verpflegt und in einer Gemeinschaftsunterkunft untergebracht.

Lösung: Der Gegenwert von Kost und Logis darf grundsätzlich auf den Lohn angerechnet, der gesetzliche Mindestlohn aber trotzdem nicht unterschritten werden. Eine Verordnung, ob und in welcher Höhe Kost und Logis zum Stundenlohn hinzuaddiert werden dürfen, soll dem MiLoG folgen. Solange diese Verordnung noch nicht vorhanden ist, bleibt unklar, ob ein unter 8,84 EUR/ Stunde in der Vergütungsabrechnung ausgewiesener Stundenlohn neben freier Kost und Logis dem gesetzlichen Mindestlohn entspricht. Bis zum Erlass einer Verordnung ist vermutlich davon auszugehen, dass es rechtssicherer ist, A den gesetzlichen Mindestlohn von 8,84 EUR/Stunde zu zahlen und ihm Kost und Logis in Rechnung zu stellen.

30.10 Mankogeld

Sachverhalt: Der Arbeitnehmer hat Anspruch auf eine Festvergütung von 8,30 EUR pro Stunde bei einer Arbeitszeit von 160 Stunden. Zusätzlich erhält er monatlich ein Mankogeld i.H.v. 100 EUR.

Lösung: Mankogeld darf nicht angerechnet werden, da es keinen Gegenwert zur geleisteten Arbeit darstellt, sondern eine besondere Entschädigung vorwiegend für Arbeitnehmer im Kassen- oder Zähldienst zum Ausgleich von Kassenverlusten, die auch bei Anwendung der gebotenen Sorgfalt auftreten können. Der gesetzliche Mindestlohn wird daher in diesem Fall nicht erreicht.

30.11 Ortszulage

Sachverhalt: Arbeitnehmer A hat Anspruch auf eine Festvergütung von 8,30 EUR/Stunde bei einer Arbeitszeit von 160 Stunden. Ergänzend dazu erhält er monatlich 100 EUR als Ortszulage.

Lösung: Ortszulagen dürfen ebenfalls nicht angerechnet werden, sie sind nicht tätigkeitsbezogen. Der gesetzliche Mindestlohn wird daher nicht erreicht.

30.12 Provision, erfolgsabhängige Vergütung mit Vorschusszusage

Sachverhalt: Arbeitnehmer A erhält neben der vereinbarten Grundvergütung von 1.000 EUR eine Provision. Die Provision beträgt im Durchschnitt 1.500 EUR. Unwiderruflich zugesagt ist ihm die Auszahlung eines Provisionsvorschusses von 500 EUR.

Lösung: Arbeitnehmer A erhält pro Monat immer 1.500 EUR und damit mehr als 8,84 EUR pro Stunde (1.500 EUR / 160 Stunden = 9,37 EUR pro Stunde).

30.13 Provision, erfolgsabhängige Vergütung ohne Vorschusszusage

Sachverhalt: Arbeitnehmer A erhält neben der vereinbarten Grundvergütung von 1.000 EUR bei einer monatlichen Arbeitszeit von 160 Stunden eine umsatzabhängige Provision. Die Provision betrug im Durchschnitt der letzten 12 Monate rund 1.500 EUR monatlich. Ein Vorschuss ist nicht zugesagt, die Abrechnung erfolgt monatlich nachträglich.

Lösung: Die zukünftig monatlich tatsächlich erwirtschaftete und gezahlte Provision ist grundsätzlich zum Grundlohn dazuzurechnen, da sie ein Entgelt für die vertragsmäßig geschuldete und geleistete Arbeit darstellt. Liegt die verdiente und abzurechnende Provision in einem Monat

- unter 414,40 EUR, wird der gesetzliche Mindestlohn unterschritten (160 Stunden × 8,84 EUR = 1.360 EUR, abzüglich Grundvergütung von 1.000 EUR),
- bei genau 414,60 EUR, erhält A den gesetzlichen Mindestlohn,
- über 414,40 EUR, wird der gesetzliche Mindestlohn überschritten.

Ob im ersten Fall (Unterschreiten des gesetzlichen Mindestlohns) in dem konkreten Monat, in dem der Mindestlohn unterschritten würde, die Vergütung auf den gesetzlichen Mindestlohn angehoben werden muss oder ob eine Jahresbetrachtung/Jahresdurchschnittsberechnung vorgenommen werden darf, ist derzeit unklar.

Hinweis: Es ist wohl davon auszugehen, dass ein unwiderruflich zugesagter Vorschuss auf eine variable Vergütung als zusätzlicher Bestandteil der Grundvergütung angesehen wird, da der Arbeitnehmer hierauf – im Gegensatz zu einem freiwilligen Vorschuss – einen Rechtsanspruch hat. Wird der ausgezahlte Vorschuss nicht erwirtschaftet, so wird die Differenz mit dem nächsten Lohn verrechnet.

30.14 Rufbereitschaft

Sachverhalt: Arbeitnehmer A hat Anspruch auf eine Festvergütung von 8,30 EUR/Stunde bei einer Arbeitszeit von 160 Stunden. Zuzüglich erhält er eine Zulage für Rufbereitschaft in Höhe von 200 EUR monatlich.

Lösung: Ob derartige Zulagen auf den Zeitlohn umgerechnet werden dürfen, war nach dem MiLoG-Text unklar. Nach dem BAG darf die Zulage, da diese für die tatsächliche Arbeitsleistung – Verfügbarkeit bei der Rufbereitschaft – geleistet wird, angerechnet werden.[35] Der Mindestlohn ist damit erreicht.

30.15 Sachbezüge

Sachverhalt: Arbeitnehmer A erhält einen Sachbezug in Form eines Dienstwagens. Der geldwerte Vorteil beträgt monatlich 150 EUR zusätzlich zu einer Grundvergütung von 1.300 EUR/Monat bei einer monatlichen Arbeitszeit von 160 Stunden.

Lösung: Ob ein Sachbezug eine Gegenleistung für die normale Tätigkeit des Arbeitnehmers ist, hängt von der Vertragsgestaltung ab. Grundsätzlich ist wohl ein Sachbezug keine Gegenleistung für die reguläre Tätigkeit, sondern ein besonderer Anreiz, auch wenn er z.B. für die Berechnung des Urlaubsentgeltes als Vergütungsbestandteil gilt. Der geldwerte Vorteil darf – ausgehend hiervon – daher nicht auf die Grundvergütung addiert werden. A verdient weniger als den Mindestlohn, die Grundvergütung ist anzuheben.

---

35   BAG, Urteil v. 29.6.2016, 5 AZR 716/15 PM

30.16 Schichtzulagen

Sachverhalt: Der Arbeitnehmer hat Anspruch auf eine Festvergütung von 8,30 EUR/Stunde bei einer Arbeitszeit von 160 Stunden zuzüglich erhält eine Schichtzulage in Höhe von 200 EUR monatlich.

Lösung: Ob Schichtzulagen auf den Zeitlohn umgerechnet werden dürfen, war nach dem MiLoG-Text unklar. Da die Schichtzulage eine Gegenleistung für die erbrachte Arbeitsleistung darstellt, darf diese angerechnet werden.[36]

30.17 Schmutzzulagen

Sachverhalt: Der Arbeitnehmer hat Anspruch auf eine Festvergütung von 8,30 EUR pro Stunde bei einer Arbeitszeit von 160 Stunden zuzüglich 100 EUR monatlich als Schmutzzulage.

Lösung: Schmutzzulagen dürfen nicht angerechnet werden. Der gesetzliche Mindestlohn wird daher nicht erreicht, Arbeitnehmer A hat ab 1.1.2017 Anspruch auf 8,84 EUR pro Stunde.

30.18 Sonn- und Feiertagszulagen

Sachverhalt: Arbeitnehmer A arbeitet aufgrund vertraglicher Vereinbarung regelmäßig an Sonn- und Feiertagen. Zu seiner Grundvergütung von 1.200 EUR bei einer monatlichen Arbeitszeit von 160 Stunden erhält er an Sonn- und Feiertagszulagen durchschnittlich 300 EUR.

Lösung: Die Sonn- und Feiertagszulagen sind Gegenleistung für die reguläre Arbeitsleistung und dürfen daher bei der Berechnung des Mindestlohns berücksichtig werden.

---

36 BAG, Urteil v. 25.5.2016, 5 AZR 135/16

A verdient 9,38 EUR pro Stunde bei 160 Stunden im Monat. Dies gilt aber nur, wenn Sonn- und Feiertagsarbeit zur vertraglich vereinbarten regelmäßigen Arbeit gehören. Ist die Sonn- und Feiertagsarbeit die Ausnahme, sind die Sonn- und Feiertagszulagen eine zusätzliche Leistung des Arbeitgebers für Arbeitsstunden unter besonderen Bedingungen, die bei der Berechnung des Mindestlohns nicht berücksichtigt werden dürfen.[37]

Hinweis: Grundlage des Vergütungsanspruchs sind immer die Regelungen des Arbeitsvertrags, ggf. in Verbindung mit einem Tarifvertrag. Bei der Prüfung, ob der gesetzliche Mindestlohn erreicht wird, sind dem Vergütungsanspruch die vereinbarte regelmäßige Arbeitszeit und die vereinbarte regelmäßig zu erbringende Arbeitsleistung gegenüberzustellen. Es ist davon auszugehen, dass Entgelte – unabhängig von ihrer Bezeichnung-, die keine Gegenleistung für die regelmäßig zu erbringende Arbeitsleistung (= Normalarbeit) darstellen, bei dieser Prüfung nicht zu berücksichtigen sind.

30.19 Stücklohn

Sachverhalt: Arbeitnehmer A erhält zusätzlich zu einem festen Grundgehalt von 1.000 EUR pro Monat einen Stücklohn von 0,20 EUR pro gefertigtem Produkt. Im Schnitt erreicht er damit regelmäßig eine Gesamtbruttomonatsvergütung von 2.000 EUR.

Lösung: Unklar ist derzeit, ob der Stücklohn bei der Berechnung des Mindestlohns berücksichtig werden darf, wenn er nicht ausdrücklich auch an die Arbeitszeit geknüpft ist. Darf der erwirtschaftete Stücklohn nicht auf die regelmäßige Arbeitszeit umgelegt werden, unter-schreitet die vereinbarte Grundvergütung den gesetzlichen Mindestlohn und ist anzuheben. Nach einer Entscheidung des Landesarbeitsgerichts Hamm ist ein Akkordlohn auf den Mindestlohn unter bestimmten Voraussetzungen anzurechnen, wenn dieser Arbeitsentgelt darstellt.[38] Eine Entscheidung des BAG zur Anrechnung von Stücklohn steht noch aus.

---

37 EuGH, Urteil v. 7.11.2013, C–522/12.
38 LAG Hamm, Urteil v. 22.4.2016, 16 Sa 1627/15

30.20 Überstunden – Überstundenzuschläge

Sachverhalt: Ein Arbeitnehmer hat Anspruch auf eine Festvergütung von 8,30 EUR/Stunde bei einer vertraglich vereinbarten Arbeitszeit von 160 Arbeitsstunden im Monat. Er erhält außerdem regelmäßig im Durchschnitt pro Monat für geleistete Überstunden 300 EUR.

Lösung: Überstundenbezahlung wird bei der Berechnung des Mindestlohns berücksichtigt, da es sich um eine Gegenleistung für die Tätigkeit des Arbeitnehmers handelt.

Hinweis: Nach der Entscheidung des EuGH vom 7.11.2013[39] konnten bei der Bestimmung des Mindestlohns im Sinne der EU-Richtlinie 96/71 nur Bestandteile der Vergütung berücksichtigt werden, die das Verhältnis zwischen der normalen Leistung des Arbeitnehmers auf der einen und der ihm hierfür erbrachten Gegenleistung auf der anderen Seite nicht verändern. Pauschale Zulagen (auch Überstundenzulagen), z.B. nach Tarifvertrag, stellen nach Ansicht des EuGH eine solche Gegenleistung für die normale Tätigkeit des Arbeitnehmers dar. Nach der Entscheidung des BAG vom 18.4.2012[40] ist die Normaltätigkeit eines Arbeitnehmers die arbeitsvertragliche Tätigkeit, in der Arbeitnehmer ohne die Verwirklichung eines Tatbestandes für Zuschläge oder Zulagen im Rahmen seiner eingruppierungsrelevanten Tätigkeit arbeitet.

30.21 Urlaubsgeld, Einmalzahlung (keine freiwillige Leistung)

Sachverhalt: Vertraglich vereinbart sind 8,30 EUR/Stunde sowie ein Urlaubsgeld in Höhe einer halben Monatsvergütung, ausgezahlt mit dem Juli-Gehalt des Jahres bei einer monatlichen Arbeitszeit von 160 Stunden.

Lösung: Selbst im Juli wird der gesetzliche Mindestlohn nicht erreicht bzw. nicht überschritten. Damit hat der Arbeitnehmer Anspruch auf den gesetz-

---

39   EuGH, Urteil v. 7.11.2013, C–522/12.
40   BAG, Urteil v. 18.4.2012, 4 AZR 139/10.

lichen Mindestlohn, der in jedem Monat erfüllt werden muss. Nach dem Gesetzeswortlaut geht man derzeit davon aus, dass das Urlaubsgeld nicht auf das Kalenderjahr umgerechnet werden darf. Zudem ist nach dem BAG ein Urlaubsgeld nur dann auf den Mindestlohn – selbst im Auszahlungsmonat – anrechenbar, wenn damit nur die reguläre Arbeitsleistung des Mitarbeiters vergütet wird. Sollte das Urlaubsgeld als Gratifikation aufgrund eines Sonderzwecks gezahlt werden, ist es nicht anrechenbar.[41]

30.22 Urlaubsgeld, ratierliche Auszahlung

Sachverhalt: Vertraglich vereinbart sind 8,30 EUR pro Stunde sowie ein Urlaubsgeld in Höhe einer halben Monatsvergütung, zahlbar jeweils 1/12 pro Monat bei einer monatlichen Arbeitszeit von 160 Stunden.

Lösung: Das Urlaubsgeld beträgt 160 Stunden × 8,30 EUR × 50 % = 664 EUR. Pro Monat werden 55,33 EUR ausbezahlt. Der Stundenlohn pro Monat beträgt daher 8,30 EUR + 0,35 EUR = 8,65 EUR und übersteigt damit den gesetzlichen Mindestlohn nur dann, wenn das »Urlaubsgeld« nicht als Gratifikation mit Sonderzweck, sondern für die reguläre Arbeitsleistung des Arbeitnehmers ausgezahlt wird. Im vorliegenden Fall werden jedoch die 8,84 EUR je Zeitstunde nicht erreicht.

30.23 Variable Vergütungsbestandteile

Sachverhalt: Arbeitnehmer A hat Anspruch auf eine Festvergütung von 8 EUR pro Stunde zzgl. 2 EUR pro Stunde variable Vergütung bei einer monatlichen Arbeitszeit von 160 Stunden.

Lösung: Die variable Vergütung ist zur Festvergütung hinzuzurechnen, wenn sie eine Gegenleistung für die reguläre Tätigkeit des Arbeitnehmers ist. Der gesetzliche Mindestlohn ist in diesem Fall erreicht.

---

41   BAG, Urteil v. 25.5.2016, 5 AZR 135/16

30.24 Vermögenswirksame Leistungen

Sachverhalt: Arbeitnehmer hat Anspruch auf eine Festvergütung von 8,30 EUR/Stunde bei einer Arbeitszeit von 160 Stunden zuzüglich 45 EUR monatlich vermögenswirksame Leistungen.

Lösung: Vermögenswirksame Leistungen dürfen nicht angerechnet werden, da sie dem Vermögensaufbau dienen und damit keine Gegenleistung für die normale Arbeitsleistung darstellen.[42] Der gesetzliche Mindestlohn wird daher nicht erreicht, Arbeitnehmer A hat ab 1.1.2017 Anspruch auf 8,84 EUR/Stunde.

30.25 Weihnachtsgeld (13. Gehalt), Einmalzahlung

Sachverhalt: Vertraglich vereinbart sind 8,30 EUR/Stunde bei einer monatlichen Arbeitszeit von 160 Stunden sowie ein Weihnachtsgeld in Höhe einer halben Monatsvergütung, zahlbar im Dezember eines Monats.

Lösung: Nur im Dezember wird der gesetzliche Mindestlohn erreicht bzw. überschritten, für die übrigen Monate hat der Arbeitnehmer Anspruch auf den gesetzlichen Mindestlohn. Nach dem Gesetzeswortlaut geht man derzeit davon aus, dass das Weihnachtsgeld nicht auf das Kalenderjahr umgerechnet werden darf.

30.26 Weihnachtsgeld (13. Gehalt), ratierliche Zahlung

Sachverhalt: Vertraglich vereinbart sind 8,30 EUR/Stunde bei einer vertraglich vereinbarten Arbeitszeit von 160 Stunden/Monat sowie ein Weihnachtsgeld in Höhe einer halben Monatsvergütung, zahlbar jeweils 1/12 pro Monat.

---

42 Dies ergibt sich aus der Entscheidung des BAG vom 18.4.2012, 4 AZR 168/10. Danach sind vom Arbeitgeber erbrachte vermögenswirksame Leistungen nicht auf (tarifliche) Mindestlohnansprüche anzurechnen, da ihr Zweck der langfristigen Vermögensbildung in Arbeitnehmerhand nicht funktional gleichwertig mit dem Zweck des Mindestlohns ist.

Lösung: Das Weihnachtsgeld beträgt 160 Stunden × 8,30 EUR × 50% = 664 EUR. Pro Monat werden 55,33 EUR ausbezahlt. Der Stundenlohn pro Monat beträgt daher 8,30 EUR + 0,35 EUR = 8,65 EUR und übersteigt damit nicht den gesetzlichen Mindestlohn von 8,84 EUR je Zeitstunde. Zudem wäre auch das Weihnachtsgeld nur dann auf den Mindestlohn anrechenbar, wenn dieses nicht als Gratifikation mit Sonderzweck, sondern für die reguläre Arbeitsleistung gezahlt wird.

30.27 Werkzeuggeld

Sachverhalt: Der Arbeitnehmer hat Anspruch auf eine Festvergütung von 8,30 EUR pro Stunde bei einer Arbeitszeit von 160 Stunden, zzgl. 100 EUR monatlich Werkzeuggeld.

Lösung: Werkzeuggeld darf nicht angerechnet werden. Der gesetzliche Mindestlohn wird daher nicht erreicht, Arbeitnehmer A hat ab 1.1.2017 Anspruch auf 8,84 EUR pro Stunde.

30.28 Zielvereinbarungen

Sachverhalt: Arbeitnehmer A erhält eine Grundvergütung von 1.360 EUR. In einer Zielvereinbarung ist festgehalten, dass er pro Quartal einen Betrag von 1.200 EUR erhält, wenn der die vereinbarten Ziele zu 75% erreicht.

Lösung:
1. Die Grundvergütung basiert auf einem Stundenlohn von 8,50 EUR. A erhält daher allein mit der Grundvergütung nicht den gesetzlichen Mindestlohn.
2. Die bei Erfüllung der Zielvereinbarung nachträglich gezahlte variable Vergütung ist hinzuzurechnen. Damit wird bei Zahlung der Erfolgsprämie der gesetzliche Mindestlohn überschritten.

31 Mitarbeiterbeteiligung

31.1 Aktienoptionen (nur ein Mitarbeiter)

Sachverhalt: Ein Arbeitgeber sagt seinem Arbeitnehmer per Einzelzusage am 1.1. zu, dass er innerhalb eines Zeitraums von 12 Monaten 100 Aktien zum Kurs von je 100 EUR erwerben kann. Zu diesem Zeitpunkt liegt der Aktienkurs bei 130 EUR. Der Arbeitnehmer übt das Optionsrecht zum 1.7. aus. Die Aktien werden im Juli mit dem am 1.7. geltenden Kurswert von 145 EUR je Aktie in das Wertpapierdepot des Arbeitnehmers eingebucht.

Wie hoch ist der geldwerte Vorteil für den Arbeitnehmer?

Lösung: Die bloße Einräumung des Optionsrechts wird (noch) nicht besteuert. Ein steuerpflichtiger geldwerter Vorteil liegt erst in dem Augenblick vor, in dem der Arbeitnehmer das Optionsrecht ausübt.

Der steuerliche Zufluss des geldwerten Vorteils erfolgt am 1.7. und damit auch mit dem Wert zu diesem Zeitpunkt (abzüglich der Erwerbsaufwendungen des Arbeitnehmers für die Aktien und/oder das Optionsrecht).

Der geldwerte Vorteil liegt in der Differenz zwischen
- dem Kurs zum Zeitpunkt der tatsächlichen Ausübung des Optionsrechts und
- dem Erwerbspreis des Arbeitnehmers.

Kurs bei Ausübung des Optionsrechts zum 1.7.	145 EUR
Erwerbspreis des Arbeitnehmers	**100 EUR**
Geldwerter Vorteil pro Aktie	45 EUR
Geldwerter Vorteil gesamt (100 Aktien × 45 EUR)	4.500 EUR

Achtung: Ob der Arbeitnehmer die Aktien verbilligt erwirbt ist anhand der Wertverhältnisse bei Abschluss des für beide Seiten verbindlichen Veräußerungsgeschäfts zu bestimmen. Der Zeitpunkt des Zuflusses der erworbenen Aktien ist hingegen unbeachtlich.

Hinweis: Weil es sich um eine Einzelzusage handelt, die nicht allen Mitarbeitern offensteht, kommt keine Steuerbefreiung für Mitarbeiterkapitalbeteiligungen in Betracht.

31.2 Aktien zum Vorzugspreis für alle Mitarbeiter

Sachverhalt: Ein Arbeitgeber bietet allen seinen Mitarbeitern an, im Rahmen eines Mitarbeiterbeteiligungsmodells jährlich bis zu 100 Aktien des Arbeitgebers zum Vorzugskurs zu erwerben. Hierzu gibt es eine freiwillige Betriebsvereinbarung, nach der allen Mitarbeiter dieses Mitarbeiterbeteiligungsmodell offen steht.

Der Vorzugskurs zu dem die Mitarbeiter die Aktien am eigenen Unternehmen erwerben können, liegt bei 90 % des aktuellen Börsenkurses jeweils zum 1.1. des laufenden Jahres.

Am 1.1. liegt der Börsenkurs der Aktien bei 30 EUR pro Aktie. Nachdem der Kurs am 1.2. auf 40 EUR je Aktie gestiegen ist, entscheidet sich ein Mitarbeiter zum Erwerb von 100 Aktien. Er erwirbt die Aktien im Rahmen des Mitarbeiterbeteiligungsmodells zum Kurs von 27 EUR (90 % von 30 EUR).

Sind die Voraussetzungen für die Anwendung des Steuerfreibetrags i.H.v. 360 EUR gegeben?

Lösung: Der Steuerfreibetrag i.H.v. 360 EUR jährlich für Mitarbeiterbeteiligungsmodelle gilt unter den Voraussetzungen, dass es sich

- um eine freiwillige Leistung des Arbeitgebers handelt, die grundsätzlich allen Mitarbeitern des Unternehmens offen steht, die ein Jahr oder länger ununterbrochen in einem gegenwärtigen Dienstverhältnis zum Arbeitgeber stehen und

- bei der Mitarbeiterbeteiligung um eine Vermögensbeteiligung am Unternehmen des eigenen Arbeitgebers handelt, die den Arbeitnehmern in Form von Sachbezügen gewährt werden.

Der geldwerte Vorteil ergibt sich hierbei aus dem Unterschiedsbetrag zwischen dem Wert der Vermögensbeteiligung bei Überlassung und der Zuzahlung des Arbeitnehmers. Bei einer Verbilligung ist es unerheblich, ob der Arbeitgeber einen prozentualen Abschlag auf den Wert der Vermögensbeteiligung oder einen Preisvorteil in Form eines Festbetrags gewährt. Als Tag der Überlassung kann vom Tag der Ausbuchung beim Überlassenden ausgegangen werden.

Börsenkurs der Aktien am 1.2.	40 EUR
Erwerbspreis des Arbeitnehmers	27 EUR
Geldwerter Vorteil pro Aktie	13 EUR
Geldwerter Vorteil gesamt (100 Aktien × 13 EUR)	1.300 EUR

Die steuerlichen Voraussetzungen sind erfüllt. Somit kann auf den geldwerten Vorteil i.H.v. 1.300 EUR der steuer- und sozialversicherungsfreie Höchstbetrag von 360 EUR in Abzug gebracht werden. Es ergibt sich ein steuer- und sozialversicherungspflichtiger geldwerter Vorteil i.H.v. 940 EUR (1.300 EUR — 360 EUR).

32 Mutterschutz

32.1 Geburt zum errechneten Termin

Sachverhalt: Eine Arbeitnehmerin ist schwanger. Nach ärztlicher Bescheinigung ist der voraussichtliche Entbindungstermin der 28.12.

Das Kind wird am 28.12. geboren.

Wann sind Beginn und Ende der Mutterschutzfrist?

Lösung: Die Mutterschutzfrist beträgt mindestens 14 Wochen und einen Tag (6 Wochen vor dem errechneten Geburtstermin und 8 Wochen nach der Geburt).

Da das Kind zum errechneten Termin zur Welt kommt, beträgt die Mutterschutzfrist in diesem Fall genau 14 Wochen plus 1 Tag.

Sie beginnt am 16.11., 6 Wochen vor dem errechneten Geburtstermin, und endet 8 Wochen nach der Geburt am 22.2. des Folgejahres.

32.2 Geburt 3 Tage nach errechnetem Termin

Sachverhalt: Eine Arbeitnehmerin ist schwanger. Nach ärztlicher Bescheinigung ist der voraussichtliche Entbindungstermin der 28.12.

Die Geburt erfolgt am 31.12.

Wann endet die Mutterschutzfrist?

Lösung: Die Mutterschutzfrist beträgt 14 Wochen und 4 Tage (6 Wochen vor dem errechneten Geburtstermin und 8 Wochen nach der Geburt).

Da das Kind nur 3 Tage nach dem errechneten Termin zur Welt kommt, beträgt die Mutterschutzfrist in diesem Fall 14 Wochen plus 4 Tage (28.12.,

29.12., 30.12. und 31.12.). Sie beginnt am 16.11., 6 Wochen vor dem errechneten Termin, und endet 8 Wochen nach der Geburt am 25.2. des Folgejahres.

32.3 Geburt 9 Tage vor errechnetem Termin

Sachverhalt: Eine Arbeitnehmerin ist schwanger. Nach ärztlicher Bescheinigung ist der voraussichtliche Entbindungstermin der 28.12.

Das Kind wird bereits am 19.12. geboren.

Wann endet die Mutterschutzfrist?

Lösung: Die Mutterschutzfrist beträgt mindestens 14 Wochen und einen Tag (6 Wochen vor dem errechneten Geburtstermin und 8 Wochen nach der Geburt).

Dass das Kind neun Tage vor dem errechneten Termin zur Welt kommt, ist zu Beginn der Mutterschutzfrist noch nicht bekannt. Diese beginnt daher trotzdem am 16.11., 6 Wochen vor dem errechneten Termin.

Die 8-Wochenfrist nach der Geburt beginnt am 20.12. und reicht bis zum 13.2. des Folgejahres. Die nicht in Anspruch genommenen Tage zwischen Geburt und errechnetem Termin werden jedoch an diesen Zeitraum angehängt.

Die Mutterschutzfrist endet somit 8 Wochen nach dem errechneten Termin am 22.2. des Folgejahres.

32.4 Mehrlingsgeburt

Sachverhalt: Eine Arbeitnehmerin ist schwanger. Nach ärztlicher Bescheinigung ist der voraussichtliche Entbindungstermin der 28.12.

Am 6.12. kommen Zwillinge zur Welt.

Wann endet die Mutterschutzfrist?

Lösung: Die Mutterschutzfrist verlängert sich aufgrund der Mehrlingsgeburt um 4 Wochen von 14 Wochen auf 18 Wochen (6 Wochen vor dem errechneten Geburtstermin und 12 Wochen nach der Geburt).

Die Mutterschutzfrist beträgt in diesem Fall 18 Wochen plus 1 Tag. Sie beginnt am 16.11., 6 Wochen vor dem errechneten Termin.

Die 12-Wochenfrist nach der Geburt beginnt am 7.12. und reicht bis zum 28.2. des Folgejahres. Die nicht in Anspruch genommenen 22 Tage zwischen Geburt und errechnetem Termin werden jedoch an diesen Zeitraum angehängt.

Die Mutterschutzfrist endet somit am 22.3. des Folgejahres.

Hinweis: Bei Drillingen verlängert sich die 12-Wochen-Frist nicht zusätzlich.

32.5 Frühgeburt

Sachverhalt: Eine Arbeitnehmerin ist schwanger. Nach ärztlicher Bescheinigung ist der voraussichtliche Entbindungstermin der 28.12.

Das Kind wird am 13.11. geboren. Der Arzt bescheinigt eine Frühgeburt.

Wann endet die Mutterschutzfrist?

Lösung: Die Mutterschutzfrist beginnt nach dem Tag der Geburt am 14.11.

Die 6 Wochen, auf welche die Arbeitnehmerin vor der Geburt Anspruch gehabt hätte, gehen ihr nicht verloren. Anschließend erhält sie weitere 12 Wochen wegen der Frühgeburt.

Die Mutterschutzfrist endet am 19.3. des Folgejahres

33   Nebenbeschäftigung

33.1   Minijob

Sachverhalt: Eine Servicekraft arbeitet wöchentlich 30 Stunden für ein Arbeitsentgelt von 1.950 EUR monatlich. An 4 Samstagen im Monat arbeitet sie zusätzlich je 8 Stunden in einem Baumarkt für 11 EUR in der Stunde.

Wie werden die Beschäftigungen lohnsteuer- und sozialversicherungsrechtlich behandelt?

Lösung: Für die Hauptbeschäftigung als Servicekraft besteht Sozialversicherungspflicht in allen Zweigen. Die Lohnsteuer und die Annexsteuern (Solidaritätszuschlag und Kirchensteuer) werden nach den ELStAM einbehalten.

Die Nebenbeschäftigung im Baumarkt mit 352 EUR monatlich ist eine geringfügige Beschäftigung, für die der Arbeitgeber Pauschalabgaben zur Sozialversicherung in Höhe von 28 % (15 % RV, 13 % KV) abführt. Die Übernahme der Pauschalsteuer durch den Arbeitgeber ist arbeitsvertraglich ausgeschlossen. Die Mitarbeiterin muss deshalb die 2 % Pauschalsteuer von 352 EUR (7,04 EUR) selbst tragen. Der Auszahlungsbetrag reduziert sich auf 344,96 EUR.

Der Arbeitgeber muss folgende Beträge an die Deutsche Rentenversicherung Knappschaft-Bahn-See abführen:

Rentenversicherung: 15 % v. 352 EUR	52,80 EUR
Krankenversicherung: 13 % v. 352 EUR	+ 45,76 EUR
Pauschale Lohnsteuer: 2 % v. 352 EUR	**+7,04 EUR**
Gesamt	105,60 EUR

Obwohl die Arbeitnehmerin die pauschale Lohnsteuer selbst trägt, muss der Arbeitgeber vom Bruttobetrag die Beiträge einbehalten. Die Abwälzung der pauschalen Lohnsteuer auf den Arbeitnehmer führt nicht zu einer Minderung der Bruttobezüge.

Abrechnung für den Arbeitnehmer

Bruttoarbeitslohn	352,00 EUR
2% pauschale Lohnsteuer	− 7,04 EUR
Auszuzahlender Betrag	344,96 EUR

Hinweis: Die pauschale Lohnsteuer i.H.v. 2% kann in der persönlichen Einkommensteuererklärung der Arbeitnehmerin nicht angerechnet werden.

33.2   Minijob (einmalig über 450 EUR)

Sachverhalt: Eine Arbeitnehmerin übt neben ihrer Hauptbeschäftigung im Büro eine Nebentätigkeit an einer Tankstelle aus. Dort arbeitet sie regelmäßig 10 Stunden pro Woche für 9 EUR in der Stunde (monatliches Entgelt 391,50 EUR). Im Juni übernimmt sie noch zusätzlich 10 Stunden an der Tankstelle, da eine Kollegin erkrankt ist. Ihr Entgelt im Juni beträgt 481,50 EUR.

Wie wird die Nebentätigkeit an der Tankstelle lohnsteuer- und sozialversicherungsrechtlich behandelt?

Lösung: Die Hauptbeschäftigung im Büro ist sozialversicherungspflichtig in allen Zweigen der Sozialversicherung und gemäß den ELStAM zu besteuern.

Die Nebenbeschäftigung an der Tankstelle mit einem regelmäßigen Entgelt von 391,50 EUR ist eine geringfügige Beschäftigung. Der Arbeitgeber muss pauschale Abgaben zur Sozialversicherung i.H.v. 28% (15% RV, 13% KV) und 2% Pauschalsteuer an die Deutsche Rentenversicherung Knappschaft-Bahn-See (Minijob-Zentrale) entrichten.

Im Juni ist die 450-EUR-Grenze überschritten. Da die Überschreitung durch ein unvorhersehbares Ereignis bedingt ist, bleibt die Beschäftigung weiterhin geringfügig und wird entsprechend den Bestimmungen der geringfügigen Beschäftigung abgerechnet.

Der Arbeitgeber muss für Juni folgende Beträge an die Deutsche Rentenversicherung Knappschaft-Bahn-See abführen:

Rentenversicherung: 15% v. 481,50 EUR	72,23 EUR
Krankenversicherung: 13% v. 481,50 EUR	+ 62,60 EUR
Pauschale Lohnsteuer: 2% v. 481,50 EUR	**+ 9,63 EUR**
Gesamt	144,46 EUR

33.3   2 Nebenjobs

Sachverhalt: Eine Sekretärin hat eine wöchentliche Arbeitszeit von 25 Stunden bei einem Stundenlohn von 14 EUR.

Seit Mai arbeitet sie zusätzlich an 2 Tagen pro Woche, jeweils 2 Stunden, in einem Immobilienbüro für 12 EUR je Stunde, monatlich 208 EUR.

Zusätzlich arbeitet sie seit Juli an 2 Samstagen im Monat für jeweils 6 Stunden auf dem Wochenmarkt. Hier erhält sie einen Stundenlohn von 10 EUR, monatlich 120 EUR.

Wie werden die Nebentätigkeiten lohnsteuer- und sozialversicherungsrechtlich behandelt?

Lösung: Die Hauptbeschäftigung als Sekretärin ist in allen Zweigen sozialversicherungspflichtig. Die Lohnsteuer und die Annexsteuern werden nach den ELStAM einbehalten

Die erste (älteste) Nebentätigkeit im Immobilienbüro entspricht den Bedingungen der geringfügigen Beschäftigung. Die Pauschalabgaben i. H. v. 28% (15% RV, 13% KV) aus 208,80 EUR trägt der Immobilienmakler. Die Übernahme der Pauschalsteuer durch den Arbeitgeber ist arbeitsvertraglich ausgeschlossen. Somit fallen für die Sekretärin noch 2% Pauschalsteuer an.

Die Nebentätigkeit auf dem Wochenmarkt wird mit der Hauptbeschäftigung zusammengerechnet und ist in allen Zweigen der Sozialversicherung (außer Arbeitslosenversicherung) abgabepflichtig. Hierfür erfolgt die Versteuerung nach den ELStAM mit Steuerklasse VI.

Der Arbeitgeber der ersten Nebentätigkeit (Immobilienbüro) muss ab Mai folgende Beträge an die Deutsche Rentenversicherung Knappschaft-Bahn-See abführen:

Rentenversicherung: 15% v. 208 EUR	31,20 EUR
Krankenversicherung: 13% v. 208 EUR	+ 27,04 EUR
Pauschale Lohnsteuer: 2% v. 208 EUR	**+ 4,16 EUR**
Gesamt	62,40 EUR
Abrechnung für den Arbeitnehmer	
Bruttoarbeitslohn	208,00 EUR
2% pauschale Lohnsteuer	**– 4,16 EUR**
Auszuzahlender Betrag	203,84 EUR

Hinweis: Die pauschale Lohnsteuer i.H.v. 2% kann in der persönlichen Einkommensteuererklärung der Arbeitnehmerin nicht angerechnet werden.

33.4 Hinzuverdienst bei ALG I

Sachverhalt: Ein Bezieher von Arbeitslosengeld I arbeitet 8 Stunden wöchentlich als Aushilfe für 8,84 EUR in der Stunde. Das monatliche Gehalt beträgt 307 EUR. Nach Abzug der 2%igen Pauschalsteuer überweist der Arbeitgeber 300,86 EUR.

Welcher Betrag wird auf das Arbeitslosengeld I angerechnet?

Lösung: Bei der Aushilfstätigkeit handelt es sich um eine geringfügige Beschäftigung. Der Arbeitgeber trägt die Pauschalabgaben zur Sozialversicherung i. H. v. 28 % (15 % RV, 13 % KV). Die Aushilfskraft übernimmt die pauschale Lohnsteuer von 2 %.

Der monatliche Freibetrag für Nebeneinkommen bei Arbeitslosengeld I beträgt 165 EUR.

Berechnung für die Aushilfe

Netto-Entgelt	300,86 EUR
Freibetrag (ALG I)	**– 165,00 EUR**
Anrechnungsbetrag auf das Arbeitslosengeld	135,86 EUR

Das Netto-Nebeneinkommen übersteigt den Freibetrag um 135,86 EUR. Das Arbeitslosengeld wird um diesen Betrag gekürzt.

Der Arbeitgeber muss für die Tätigkeit folgende Beträge an die Deutsche Rentenversicherung Knappschaft-Bahn-See abführen:

Rentenversicherung: 15 % v. 307 EUR	46,05 EUR
Krankenversicherung: 13 % v. 307 EUR	+ 39,91 EUR
Pauschale Lohnsteuer: 2 % v. 307 EUR	**+ 6,14 EUR**
Gesamt	92,10 EUR

Lohnabrechnung des Arbeitgebers	
Bruttolohn	307,00 EUR
Pauschale Lohnsteuer: 2 % v. 295 EUR	**– 6,14 EUR**
Nettolohn	300,86 EUR

Hinweis: Die Aushilfskraft muss die Nebentätigkeit umgehend an die Agentur für Arbeit melden. Hierfür muss der Arbeitgeber eine Bescheinigung über Nebeneinkommen ausfüllen und der Aushilfe aushändigen bzw. direkt an die Agentur für Arbeit übermitteln.

Sozialversicherungsfalle

Die Nebenbeschäftigung darf allerdings einen zeitlichen Umfang von 15 Stunden wöchentlich nicht erreichen. Erreicht oder überschreitet die Dauer der wöchentlichen Arbeitszeit 15 Stunden, besteht kein Anspruch mehr auf Arbeitslosengeld. Bei einer Nebenbeschäftigung von 15 Stunden liegt keine Arbeitslosigkeit mehr vor.

33.5 Hinzuverdienst bei ALG I (vorheriger Minijob)

Sachverhalt: Eine Arbeitnehmerin wird arbeitslos in ihrer Hauptbeschäftigung.

Sie übt seit 18 Monaten vor Beginn der Arbeitslosigkeit eine Nebentätigkeit auf Basis einer geringfügigen Beschäftigung aus. Das monatliche Einkommen daraus beträgt netto 391,50 EUR, nach Abzug der 2%igen Pauschalsteuer. Sie arbeitet regelmäßig 10 Stunden pro Woche.

Die Übernahme der Pauschalsteuer durch den Arbeitgeber ist arbeitsvertraglich ausgeschlossen. Als Aushilfskraft entscheidet sie sich für die Pauschalversteuerung von 2%.

Wie ist das Einkommen aus der Nebentätigkeit lohnsteuer- und sozialversicherungsrechtlich zu behandeln und wird es auf das Arbeitslosengeld angerechnet?

Lösung: Der Arbeitgeber trägt die Pauschalabgaben zur Sozialversicherung in Höhe von 28% (15% RV, 13% KV).

Da die Arbeitnehmerin schon 18 Monate vor Beginn der Arbeitslosigkeit regelmäßig ein Nebeneinkommen von monatlich 391,50 EUR erzielt hat und die wöchentliche Arbeitszeit unter 15 Stunden liegt, erhöht sich hier der zu berücksichtigende Freibetrag von 165 EUR auf 391,50 EUR. Der Minijob hat damit keine Auswirkungen auf das ausgezahlte Arbeitslosengeld.

Der Arbeitgeber muss für die Tätigkeit folgende Beträge an die Deutsche Rentenversicherung Knappschaft-Bahn-See abführen:

Rentenversicherung: 15% v. 399,49 EUR	59,92 EUR
Krankenversicherung: 13% v. 399,49 EUR	+ 51,93 EUR
Pauschale Lohnsteuer: 2% v. 399,49 EUR	**+ 7,99 EUR**
Gesamt	119,84 EUR

Lohnabrechnung des Arbeitgebers	
Bruttolohn	399,49 EUR
Pauschale Lohnsteuer: 2% v. 399,49 EUR	**− 7,99 EUR**
Nettolohn	391,50 EUR

Hinweis: Die Aushilfskraft muss die Nebentätigkeit umgehend an die Agentur für Arbeit melden. Hierfür muss der Arbeitgeber eine Bescheinigung über Nebeneinkommen ausfüllen und der Aushilfe aushändigen bzw. direkt an die Agentur für Arbeit übermitteln.

34 Pauschalierte Lohnsteuer

34.1 Sachzuwendungen

Sachverhalt: Ausgewählte Mitarbeiter eines Handelsunternehmens erhalten als Anerkennung für den erfolgreichen Verkauf im zurückliegenden Wirtschaftsjahr eine Belohnungsreise (Incentivereise). Der Arbeitgeber hat für die Reise aufgrund Großkundenrabatts pro Person 2.500 EUR bezahlt. Eine vergleichbare Reise würde im örtlichen Reisebüro 3.500 EUR kosten. Im Reisepreis sind Flug, Transfer, Übernachtung, Verpflegung und Kosten für Ausflüge enthalten. Während der Reise finden keine beruflichen Termine statt.

Wie sind die Kosten der Incentivereise abzurechnen?

Lösung: Es handelt sich um einen geldwerten Vorteil, der entweder individuell nach den ELStAM des jeweiligen Mitarbeiters oder pauschal versteuert werden muss.

Eine Pauschalierung von Sachzuwendungen nach §37b EStG ist möglich. Der Pauschalsteuersatz beträgt 30% (zzgl. Solidaritätszuschlag und ggf. Kirchensteuer). Hinzu kommt bei eigenen Arbeitnehmern eine Belastung mit Sozialversicherungsbeiträgen. Die Sozialversicherungsentgeltverordnung sieht Sozialversicherungsfreiheit für pauschal besteuerte Lohnarten nur im Rahmen des §40 Abs. 2 EStG und §37b Abs. 1 EStG nur für Leistungen an Arbeitnehmer eines Dritten vor.

Berechnungsgrundlage für die pauschale Lohnsteuer sind die dem Arbeitgeber bzw. dem Dritten entstandenen Kosten. Der Arbeitgeber kann den Beitrag zur Sozialversicherung der Arbeitnehmer neben seinem eigenen Arbeitgeberanteil übernehmen. Diese Übernahme stellt eine Nettozuwendung dar, die auf einen Bruttobetrag hochgerechnet werden muss.

Belastung für den Arbeitgeber

Kosten der Reise	2.500,00 EUR
Pauschalierte Einkommensteuer (30% v. 2.500 EUR)	+ 750,00 EUR
Solidaritätszuschlag (5,5% v. 750 EUR)	+ 41,25 EUR
Kirchensteuer (angenommen 9%[34])	+ 67,50 EUR

43

Sozialversicherungsrechtliche Belastung: Es sind zunächst die übernommenen Arbeitnehmeranteile hochzurechnen. Diese wiederum dürfen nicht mit 30% pauschaliert werden, da es sich um eine Geldzuwendung handelt. Wenn der Arbeitgeber die individuelle Steuerbelastung des Arbeitnehmers darauf übernimmt, ist der dann hochgerechnete Bruttobetrag beitragspflichtig.

34.2 Kurzfristige Beschäftigung

Sachverhalt: Für die Urlaubszeit wird eine Altersrentnerin vom 2.7. bis 20.7.2017 für 15 Arbeitstage als Aushilfskraft eingesetzt. Sie springt auch im Fall der Erkrankung der Sekretärin ein. Die Aushilfe erhält 8,84 EUR pro Stunde bei einer täglichen Arbeitszeit von 7 Stunden. Sie gehört keiner kirchensteuererhebenden Religionsgemeinschaft an. Die pauschale Lohnsteuer übernimmt der Arbeitgeber, diese dürfte auch auf die Arbeitnehmerin abgewälzt werden.

Wie hoch ist die Gesamtbelastung für den Arbeitgeber?

Lösung: Die pauschale Besteuerung mit 25% Lohnsteuer zzgl. 5,5% Solidaritätszuschlag und ggf. Kirchensteuer ist in diesem Falle zulässig, da der Beschäftigungszeitraum 18 zusammenhängende Arbeitstage nicht überschreitet. Ebenso werden der durchschnittliche Arbeitslohn für 2017 von 72 EUR[44] pro Tag sowie der durchschnittliche Stundenlohn von 12 EUR nicht überschritten.

---

43 Auch möglich: Kirchensteuer im vereinfachten Verfahren, z. B. 5%.
44 Anhebung durch das zweite Bürokratieentlastungsgesetz, noch nicht in Kraft. Für 2016: 68 EUR.

Abrechnung pauschale Lohnsteuer

Aushilfslohn (8,84 EUR × 7 Std. × 15 Tage)	928,20 EUR
Pauschale Lohnsteuer (25 %)	+ 232,05 EUR
Pauschaler Solidaritätszuschlag (5,5 % v. 232,05 EUR)	+ 12,76 EUR
Gesamtbelastung Arbeitgeber	1.173,01 EUR

Hinweis: Weist die Arbeitnehmerin nach, dass sie keiner kirchensteuererhebenden Religionsgemeinschaft angehört (z. b. durch eidesstattliche Erklärung), kann die pauschale Kirchensteuer entfallen.

Die Besteuerung der kurzfristigen Beschäftigung ist auch nach den ELStAM möglich.

34.3 Dienstwagen (Privatnutzung)

Sachverhalt: Ein Arbeitnehmer erhält einen Dienstwagen, den er auch privat nutzen darf. Die Versteuerung soll nach der 1-%-Regelung erfolgen. Der Pkw wird vom Arbeitnehmer auch für die Fahrten zwischen Wohnung und erster Tätigkeitsstätte genutzt. Die einfache Entfernung beträgt 30 Kilometer.

Als Bemessungsgrundlage für den geldwerten Vorteil ist der inländische Brutto-Listenpreis zum Tag der Erstzulassung zzgl. werksseitig eingebauter Sonderausstattung heranzuziehen. Dieser wurde mit 34.709 EUR ermittelt.

Wie hoch ist der Anteil des geldwerten Vorteils, der pauschal versteuert werden kann?

Lösung:

Berechnung geldwerter Vorteil

Bemessungsgrundlage		34.709,00 EUR
Abzurunden auf volle 100 EUR		34.700,00 EUR
Davon 1%	347,00 EUR	
Zzgl. Fahrten Wohnung – erste Tätigkeitsstätte (0,03% v. 34.700 EUR × 30 Kilometer)	**+ 312,30 EUR**	
Geldwerter Vorteil gesamt	659,30 EUR	659,30 EUR
Davon pauschal mit 15% versteuert (30 km× 0,30 EUR × 15 Arbeitstage)		**– 135,00 EUR**
Pauschale Lohnsteuer (15% v. 135 EUR)	20,25 EUR	
Pauschaler Solidaritätszuschlag (5,5% v. 20,25 EUR)	1,11 EUR	
Pauschale Kirchensteuer (angenommen 9% v. 20,25 EUR)	1,01 EUR	
Individuell nach Lohnsteuertabelle zu versteuern		524,30 EUR

Während der individuell besteuerte Sachbezug auch der Sozialversicherungspflicht unterliegt, ist der pauschal besteuerte Anteil sozialversicherungsfrei.

Schuldner der pauschalen Lohnsteuer ist der Arbeitgeber. Er kann aber die pauschale Lohnsteuer im Innenverhältnis auf den Arbeitnehmer abwälzen.

In der Entgeltabrechnung werden neben der individuellen Lohnsteuer in einer extra Zeile die pauschale Lohnsteuer, der pauschale Solidaritätszuschlag und ggf. die pauschale Kirchensteuer getrennt voneinander ausgewiesen.

Praxistipp: Bei Abwälzung auf den Arbeitnehmer sollte die Kirchensteuer immer individuell nach den ELStAM des Arbeitnehmers ermittelt werden (Nachweisverfahren). In diesem Fall ist die Kirchensteuer bei Arbeitnehmern, die nicht in der Kirche sind, nicht zu erheben. Wird das vereinfachte Verfahren angewendet, ist der ermäßigte Kirchensteuersatz (hier 5%) auf alle Arbeitnehmer anzuwenden.

Da der pauschal besteuerte Sachbezug sozialversicherungsfrei ist, entfällt für den Arbeitgeber auch der Arbeitgeberanteil zur Sozialversicherung. Die Übernahme der pauschalen Lohnsteuer stellt für ihn daher keine zusätzliche finanzielle Belastung dar.

34.4 Weihnachtsfeier

Sachverhalt: An der Weihnachtsfeier eines Unternehmens nehmen 50 Arbeitnehmer teil. Jeder Teilnehmer erhält im Rahmen der betrieblichen Weihnachtsfeier ein Weihnachtspäckchen im Wert von 60 EUR. Die übrigen Aufwendungen für die Betriebsveranstaltung belaufen sich pro Arbeitnehmer auf 95 EUR. Damit liegen die Gesamtkosten je Teilnehmer bei 155 EUR.

Wie müssen die Aufwendungen für die Betriebsveranstaltung lohnsteuer- und sozialversicherungsrechtlich behandelt werden?

Lösung: Der Freibetrag von 110 EUR pro Arbeitnehmer wurde um 45 EUR überschritten. Der Arbeitgeber kann die Mitarbeiter von der Lohnsteuerbelastung freistellen, indem er von der Möglichkeit der Pauschalbesteuerung Gebrauch macht. In diesem Fall sind die Arbeitgeberleistungen ebenfalls beitragsfrei.

Abrechnung

Steuerpflichtiger Anteil (50 Teilnehmer × 45 EUR)	2.250,00 EUR
Pauschale Lohnsteuer (25 % v. 2.250 EUR)	562,50 EUR
Pauschaler Solidaritätszuschlag (5,5 % v. 562,50 EUR)	30,93 EUR
Pauschale Kirchensteuer (angenommen 5 % v. 562,50 EUR)	28,12 EUR

Praxistipp: Lohnsteuerpflichtige Leistungen des Arbeitgebers müssen über die Lohnbuchhaltung abgerechnet werden (z. B. über einen fiktiven Mitarbeiter oder als Lohnsteuer aus Nebenbuchhaltung). Nur so wird die Erfassung der pauschalen Lohnsteuer in der Lohnsteuer-Anmeldung gewährleistet.

Hinweis: Die pauschale Kirchensteuer ist in den einzelnen Bundesländern unterschiedlich hoch. Auch die Aufteilung auf die evangelische und römisch-katholische Kirche ist in den Bundesländern unterschiedlich geregelt.

35 Personalrabatte

35.1 Bonuspunkte

Sachverhalt: Einem Außendienstmitarbeiter werden bei einer Hotelkette für jede berufliche Übernachtung Bonuspunkte gutgeschrieben. Im Laufe des Jahres sammelt er 100 Bonuspunkte, die für eine kostenlose Wochenendübernachtung mit der Familie eingesetzt werden können. Bei regulärer Buchung würde das Angebot 240 EUR kosten.

Darüber hinaus werden dem Arbeitnehmer für die Betankung seines Dienstwagens Bonuspunkte bei einer Tankstellenkette gutgeschrieben. Die Punkte können bei der Tankstellenkette zum Erwerb von Sachprämien (Koffer, Sportkleidung) eingelöst werden. Der Wert der Gegenstände, die dem Arbeitnehmer im Kalenderjahr hierdurch zufließen beträgt rund 50 EUR.

Wie sind die durch die Bonuspunkte erlangten Vorteile und Sachgegenstände i.H.v. 290 EUR lohnsteuerrechtlich zu behandeln?

Lösung: Die Vorteile aus den dienstlich erworbenen Bonuspunkten sind beim Arbeitnehmer aufgrund der Nutzung zu privaten Zwecken grundsätzlich steuer- und sozialversicherungspflichtig. Rabatte von Dritten führen immer zu steuerpflichtigem Arbeitslohn, wenn sie als Entlohnung für die individuelle Arbeitsleistung anzusehen sind. Dazu gehören alle Vorteile, Ersparnisse und Zuwendungen, die »für« eine Arbeitsleistung gewährt werden, unabhängig davon, ob die Leistungen vom eigenen Arbeitgeber oder aufgrund des Arbeitsverhältnisses von einem Dritten gewährt werden. Es reicht aus, dass der Arbeitnehmer Leistungen erhält, weil er beruflich unterwegs ist oder weil er bei diesem Arbeitgeber beschäftigt ist. Sowohl die kostenlose Übernachtung mit der Familie, als auch die von der Tankstellenkette erhaltenen Sachprämien sind steuer- und sozialversicherungspflichtig.

Auch Vorteile und Zahlungen, die nicht der Arbeitgeber selbst, sondern ein Dritter gewährt, müssen steuerlich erfasst und ggf. dem steuerpflichtigen Arbeitslohn des Arbeitnehmers hinzugerechnet werden. Der Arbeitgeber muss diesen sog. Drittlohn des Arbeitnehmers versteuern, wenn er weiß oder erkennen kann, dass solche Vorteile von dritter Seite an eigene Arbeitnehmer erbracht werden bzw. wurden.

Soweit der Arbeitgeber zum Lohnsteuerabzug verpflichtet ist, muss der Arbeitnehmer die gesamten Lohnzahlungen Dritter dem Arbeitgeber anzeigen. Damit keine Missverständnisse auftreten, sollte dies schriftlich erfolgen. Hat der Arbeitgeber Zweifel an der Richtigkeit, muss er dies dem Betriebsstättenfinanzamt mitteilen. In diesem Fall ermittelt das Finanzamt und fordert die u.U. zu wenig einbehaltene Lohnsteuer nach.

Sachzuwendungen aus allgemeinen Bonusprogrammen zur Kundenbindung sind bis zu 1.080 EUR pro Jahr beim Arbeitnehmer steuer- und sozialversicherungsfrei. Der Anbieter muss bei seinem Betriebsstättenfinanzamt einen Pauschalierungsantrag stellen. Erst dann können die Sachprämien pauschal mit 2,25 % versteuert werden. Diese Beträge müssen dann weder individuell lohnversteuert werden noch unterliegen sie der Sozialversicherung.

Im vorliegenden Beispiel ist zwar die Erfassung und Bewertung der eingeräumten Vorteile nötig, ein steuerpflichtiger geldwerter Vorteil für den Arbeitnehmer ergibt sich jedoch nicht. Bei den Vorteilen handelt es sich um Sachprämien aus Kundenbindungsprogrammen. Hierauf kann der Freibetrag von 1.080 EUR pro Kalenderjahr angewendet werden.

Hinweis: Neben der Steuerbefreiung aufgrund von Kundenbindungsprogrammen für Prämien unter 1.080 EUR wurde mit §37a EStG eine besondere Pauschalierungsvorschrift in das Einkommensteuergesetz aufgenommen. Danach können Prämien aus Kundenbindungsprogrammen vom Anbieter mit 2,25 % pauschal besteuert werden. Bemessungsgrundlage sind die insgesamt ausgeschütteten Prämien. Durch die vorgenommene Pauschalbesteuerung unterliegen die eingeräumten Vorteile nicht dem Steuer- und Sozialversicherungsabzug beim Arbeitnehmer. Der Anbieter muss den Prämienempfänger über die Pauschalbesteuerung unterrichten. Liegt keine derartige Mitteilung vor, muss der Arbeitgeber davon ausgehen, dass eine Pauschalversteuerung nicht erfolgt ist und prüfen, ob eine steuerpflichtige Lohnzahlung Dritter vorliegt. Nur in diesem Fall unterliegt der Vorteil dem Lohnsteuerabzug und es fallen Sozialversicherungsbeiträge an.

35.2 Sachgeschenke (44-EUR-Freigrenze)

Sachverhalt: Ein Arbeitnehmer erhält im Juni vom Arbeitgeber verbilligte Eintrittskarten für das örtliche Thermalbad. Der Preisvorteil beträgt 20 EUR monatlich. Zudem tankt er für 28 EUR Benzin an der Tankstelle, die Rechnung zahlt der Arbeitgeber.

Wie sind die Vorteile lohnsteuerrechtlich zu behandeln?

Lösung: Die verbilligten Eintrittskarten i.H.v. monatlich 20 EUR für das Thermalbad stellen einen Sachbezug dar, der unter die 44-EUR-Freigrenze fällt und für sich allein gesehen steuerfrei bleibt.

Im Juni wird die Freigrenze von 44 EUR durch das kostenlose Tanken im Wert von 28 EUR überschritten. Damit ist der gesamte Betrag von 48 EUR (20 EUR + 28 EUR) beim Arbeitnehmer lohnsteuer- und sozialversicherungspflichtig.

Hinweis: Bei dem Betrag von bis zu 44 EUR monatlich handelt es sich um eine Freigrenze, nicht um einen Freibetrag. Wird die Freigrenze von 44 EUR auch nur um 1 Cent überschritten, ist der gesamte Betrag steuer- und sozialversicherungspflichtig.

35.3 Produkte des Arbeitgebers

Sachverhalt: Eine Arbeitnehmerin erwirbt im Juli von ihrem Arbeitgeber, einem Küchenhersteller, eine Küche zum Preis von 10.000 EUR. Im Einzelhandel wird dieselbe Küche für 18.000 EUR an den Endverbraucher verkauft.

Wie hoch ist der geldwerte Vorteil für die Arbeitnehmerin?

Lösung:

Geldwerter Vorteil

Preis Endverbraucher	18.000 EUR
Abzgl. Pauschaler Bewertungsabschlag (4 %)	− 720 EUR
Zwischensumme	17.280 EUR
Zuzahlung des Arbeitnehmers	− 10.000 EUR
Geldwerter Vorteil insgesamt	7.280 EUR
Abzgl. Rabattfreibetrag	− 1.080 EUR
Steuer- und sozialversicherungspflichtiger geldwerter Vorteil	6.200 EUR

Dieser Betrag ist als einmalig gewährter geldwerter Vorteil (sonstiger Bezug) für den Juli neben dem laufenden Gehalt zu versteuern.

Hinweis: Der Rabattfreibetrag für Personalrabatte von jährlich 1.080 EUR kann grundsätzlich nur auf Waren oder Dienstleistungen des eigenen Unternehmens angewendet werden. Voraussetzung ist, dass der Preisnachlass vom eigenen Arbeitgeber eingeräumt wird (nicht von einem Dritten) und das Unternehmen mit diesen Waren Handel treibt oder Dienstleistungen erbringt, also nicht überwiegend für seine Arbeitnehmer herstellt. Zu den Waren gehören hierbei alle Wirtschaftsgüter, die im Wirtschaftsverkehr wie Sachen behandelt werden (z. B. auch Strom und Wärme). Als Dienstleistungen kommen alle anderen Leistungen in Betracht, die üblicherweise gegen Entgelt erbracht werden. Hierzu zählen z. B. auch Beförderungsleistungen von Strom und Wärme, Vermittlung von Versicherungsverträgen oder Darlehen.

35.4 Rabatte von Dritten

Sachverhalt: Die Mitarbeiter eines Unternehmens erhalten beim Kauf eines Pkws bei einem bestimmten Hersteller einen Rabatt von 20 % auf den Bruttolistenpreis, wenn er nachweisen kann, dass er bei dem Unternehmen beschäftigt ist. Der Preisnachlass beruht auf einem Rahmenabkommen zwischen dem Unternehmen und dem Pkw-Hersteller, das die beiden Unternehmen vor einigen Jahre abgeschlossen haben.

Im Januar erwirbt ein Mitarbeiter einen Pkw bei einem Vertragshändler und erhält auf den Bruttolistenpreis von 29.750 EUR einen Preisnachlass von 20% = 5.950 EUR. Er bezahlt für das Fahrzeug 23.800 EUR. Zeitgleich wirbt der Pkw-Hersteller für alle Interessenten mit der Aktion: »Beim Kauf bis 31.1. schenken wir Ihnen die Umsatzsteuer«.

Handelt es sich bei dem geldwerten Vorteil um lohnsteuer- und sozialversicherungspflichtigen Arbeitslohn?

Lösung: Es liegt hier eine Lohnzahlung Dritter vor, die der Arbeitgeber wie eigenen Arbeitslohn behandeln muss. Der Vorteil unterliegt dem Lohnsteuerabzug und ist sozialversicherungspflichtig. Der Arbeitgeber muss diese Lohnzahlung durch Dritte versteuern, wenn er weiß, dass derartiger Drittlohn vorliegt oder er erkennen kann, dass solche Leistungen erbracht werden. Diese Voraussetzung ist erfüllt, wenn der Arbeitgeber selbst an der Verschaffung des Preisvorteils durch Abschluss des Rahmenabkommens mitgewirkt hat.

Die Berechnung des geldwerten Vorteils erfolgt mit dem individuellen Lohnsteuerabzug nach den Werten der ELStAM. Maßgebend ist der Endpreis am Abgabeort. Das ist der Preis, der im allgemeinen Geschäftsverkehr von Letztverbrauchern in der Mehrzahl der Fälle vor Ort tatsächlich gezahlt wird. Dies ist, entgegen der häufig von Finanzamtsprüfern geäußerten Meinung, nicht der Bruttolistenpreis des Herstellers, sondern der übliche Verkaufspreis nach Abzug üblicher Rabatte. Im Beispiel ist der Rabatt bereits vom Hersteller in Höhe der Umsatzsteuer ausgewiesen:

Bruttolistenpreis	29.750 EUR
Abzgl. »geschenkte« Umsatzsteuer (19%)	− 4.750 EUR
Endpreis am Abgabeort	25.000 EUR
Davon 96%:	24.000 EUR
Abzgl. tatsächlich vom Mitarbeiter gezahlt	− 23.800 EUR
Geldwerter Vorteil	200 EUR

Dieser Betrag muss in der Entgeltabrechnung lohnsteuerlich als sonstiger Bezug und sozialversicherungsrechtlich als Einmalzahlung behandelt werden. Eine Lohnsteuerpauschalierung ist nicht möglich.

Hinweis: Bei der **Bewertung von Sachbezügen** besteht ein **Wahlrecht** zwischen

- dem üblichen Endpreis am Abgabeort (96-%-Grenze bei Sachbezügen) und
- dem günstigsten Preis am Markt (z. B. Preis von Anbietern im Internet).

Praxistipp: Die von einem Dritten gewährten Preisvorteile gehören nur zum steuerpflichtigen Arbeitslohn, wenn der Arbeitgeber an der Verschaffung des Preisvorteils mitgewirkt hat. Eine Mitwirkung des Arbeitgebers an der Verschaffung des Preisvorteils ist nicht anzunehmen, wenn sich seine Beteiligung darauf beschränkt,

- Angebote Dritter in seinem Betrieb bekannt zu machen oder
- Angebote Dritter an die Arbeitnehmer seines Betriebs zu dulden oder
- die Betriebszugehörigkeit der Beschäftigten zu bescheinigen.
- An einer Mitwirkung des Arbeitgebers fehlt es auch, wenn bei der Verschaffung von Preisvorteilen nur eine vom Arbeitgeber unabhängige Einrichtung der Arbeitnehmer mitwirkt, z. B. die Gewerkschaft.

Die Mitwirkung des Betriebs- oder Personalrats an der Verschaffung von Preisvorteilen durch Dritte bedeutet noch keine Mitwirkung des Arbeitgebers.

Bei Lohnzahlung durch Dritteist es erforderlich, dass der Arbeitgeber über die von einem Dritten gewährten Bezüge Kenntnis hatte. Der Arbeitgeber hat deshalb die Arbeitnehmer auf ihre gesetzliche Verpflichtung hinzuweisen, dass sie am Ende des jeweiligen Lohnzahlungszeitraums die gegebenenfalls von Dritten gewährten Bezüge mitteilen müssen.

35.5 Zeitpunkt der Bewertung

Sachverhalt: Ein Möbelhaus ermöglicht allen Arbeitnehmern den Einkauf eigener Waren bis zur Höhe des Rabattfreibetrags von 1.080 EUR im Jahr. Ein Arbeitnehmer sucht sich aus der Produktpalette seines Arbeitgebers eine Schrankwand aus. Der im Möbelhaus angegebene Endpreis der Schrankwand beträgt 2.500 EUR. Arbeitgeber und Arbeitnehmer vereinbaren eine Zuzahlung von 1.000 EUR.

Wie sehen die lohnsteuer- und sozialversicherungsrechtlichen Folgen aus dem verbilligten Verkauf aus?

Lösung:

Ermittlung des Sachbezugs

Endpreis der Schrankwand	2.500 EUR
Abzgl. Pauschaler Bewertungsabschlag von 4 %	**– 100 EUR**
Zwischensumme	2.400 EUR
Zuzahlung des Arbeitnehmers	**– 1.000 EUR**
Geldwerter Vorteil insgesamt	1.400 EUR
Abzgl. Rabattfreibetrag	**– 1.080 EUR**
Steuer- und sozialversicherungspflichtiger geldwerter Vorteil	320 EUR

Da es sich bei dem Rabattfreibetrag um einen Freibetrag und nicht um eine Freigrenze handelt, ist der Betrag von 320 EUR beim Arbeitnehmer als steuer- und sozialversicherungspflichtiger Arbeitslohn anzusetzen. Dieser Arbeitslohn fließt dem Arbeitnehmer nicht bereits bei Einräumung des Anspruchs zu (Bestellung), sondern erst bei tatsächlicher Ausübung bzw. Inanspruchnahme des Rabattfreibetrags (d.h. mit Auslieferung der Schrankwand). Der geldwerte Vorteil i.H.v. 320 EUR ist als sonstiger Bezug somit erst bei der Entgeltabrechnung für den Zeitpunkt der Auslieferung als steuer- und sozialversicherungspflichtiger Arbeitslohn beim Arbeitnehmer anzusetzen.

Hinweis: Ein üblicher Rabatt, der auch Dritten eingeräumt wird, kann für den Arbeitnehmer nicht zu steuer- und sozialversicherungspflichtigem Arbeitslohn führen. Ob der Arbeitgeber dem Arbeitnehmer tatsächlich einen besonders günstigen Preis einräumt, ist durch Vergleich mit dem um übliche Preisnachlässe geminderten üblichen Endpreis am Abgabeort zu bestimmen. Bezieht der Arbeitnehmer von seinem Arbeitgeber hergestellte Waren, richtet sich die Rabattbesteuerung grundsätzlich nach §8 Abs. 3 EStG.

Der Arbeitnehmer hat folgende Vergünstigungen:
- Bewertungsabschlag von 4 %,
- zusätzlich Rabattfreibetrag i. H. v. 1.080 EUR.

Bemessungsgrundlage ist hier der Preis, zu dem der Arbeitgeber die Waren oder Dienstleistungen fremden Letztverbrauchern im allgemeinen Geschäftsverkehr anbietet. Weil dieser vom Arbeitgeber bestimmte Endpreis weit über den tatsächlichen Marktverhältnissen liegen kann, hat der Arbeitnehmer im Rahmen seiner Einkommensteuerveranlagung die Wahl, den geldwerten Vorteil mit dem um übliche Preisnachlässe geminderten üblichen Endpreis am Abgabeort nach §8 Abs. 2 EStG zu bewerten – dann allerdings ohne Bewertungsabschlag und ohne Rabattfreibetrag.

Steuerpflichtiger Arbeitslohn entsteht laut BFH erst, wenn der Arbeitgeberrabatt über das hinausgeht, was auch fremde Dritte als Rabatt erhalten.

Praxistipp: Bei der Bewertung von Sachbezügen besteht seit 2015 ein Wahlrecht zwischen der Rabattregelung und der Einzelbewertung.

Zusätzlich besteht bei der Einzelbewertung von Sachbezügen ein Wahlrecht zwischen
- dem üblichen Endpreis am Abgabeort (96-%-Grenze bei Sachbezügen) und
- dem günstigsten Preis am Markt (z. B. Preis von Anbietern im Internet).

36   Pfändung

36.1   Pfändbare und pfändungsfreie Beträge bei Nettovergütung

Sachverhalt: Ein Arbeitgeber erhält einen gerichtlichen Pfändungs- und Überweisungsbeschluss über 1.000 EUR für einen Mitarbeiter. Der betroffene Arbeitnehmer hat eine Nettovergütung von 1.850 EUR monatlich. Er ist ledig und hat ein minderjähriges Kind. In diesem Monat hat er, zusätzlich zum Nettolohn ausnahmsweise noch verdient:

- 200 EUR netto Überstundenzuschläge
- 300 EUR netto tarifliches zusätzliches Urlaubsgeld
- 1.000 EUR netto für seine 20-jährige Betriebszugehörigkeit sowie
- 500 EUR netto freiwilliges Weihnachtsgeld mit ausdrücklichem Freiwilligkeitsvorbehalt

Welcher Verdienst ist im Dezember der Pfändung zugrunde zu legen und wie hoch ist der an den Gläubiger abzuführende Betrag?

Lösung: Die für die Mehrarbeit gezahlten Teile der Nettovergütung (normale Stundenvergütung zzgl. gezahlter Mehrarbeitszuschlag) sind zur Hälfte unpfändbar und im Übrigen pfändbar (§ 850a Nr. 1 ZPO)

- Das zusätzliche tarifliche Urlaubsgeld ist unpfändbar (§ 850a Nr. 2 ZPO)
- Die Jubiläumszuwendung ist unpfändbar (§ 850a Nr. 2 ZPO)
- Das Weihnachtsgeld übersteigt nicht die Grenze des § 850a Nr. 4 ZPO und ist somit unpfändbar

Nettolohn	1.850,00 EUR
Zzgl. Hälfte der Überstundenvergütung (200 EUR : 2)	**+ 100,00 EUR**
Der Pfändung zugrunde zu legender Verdienst	1.950,00 EUR
Entspricht nach der Tabelle bei einer Unterhaltspflicht für 1 Person einem pfändbaren Betrag von	235,98 EUR

An den Gläubiger sind im Dezember 235,98 EUR abzuführen.

In den Monaten, in denen der Arbeitnehmer monatlich nur 1.850 EUR netto verdient, sind jeweils 185,98 EUR abzuführen, bis der Gläubiger befriedigt ist.

Hinweis: Das Arbeitseinkommen im Zwangsvollstreckungsverfahren ist durch zwingendes Recht gemäß §§850 ff ZPO geschützt, indem es nur begrenzt zur Verfügung steht. Hierbei handelt es sich um ein differenziertes, abgestuftes System. Manche Einkommensteile sind

- völlig der Pfändung entzogen (§850a ZPO),
- nur bedingt pfändbar (§850b ZPO).

Zudem wird die Pfändbarkeit des verbleibenden Einkommens begrenzt (§850c und d ZPO) und in bestimmten Fällen wird nur Pfändungsschutz auf Antrag gewährt (§850f, g, i ZPO). Der Schuldner kann auf den Pfändungsschutz weder generell noch im Einzelfall verzichten.

36.2 Nettomethode: Pfändbare und pfändungsfreie Beträge bei Bruttovergütung

Sachverhalt: Ein Arbeitgeber erhält einen gerichtlichen Pfändungs- und Überweisungsbeschluss über 1.000 EUR für einen Mitarbeiter. Der betroffene Arbeitnehmer hat einen Bruttoverdienst von 4.000 EUR monatlich. Er ist ledig und hat ein minderjähriges Kind. In diesem Monat hat er zusätzlich ausnahmsweise noch verdient:

- 500,00 EUR brutto Überstundenzuschläge
- 400,00 EUR brutto tarifliches zusätzliches Urlaubsgeld
- 2.000,00 EUR brutto für seine 20-jährige Betriebszugehörigkeit sowie
- 1.000,00 EUR brutto freiwilliges Weihnachtsgeld mit ausdrücklichem Freiwilligkeitsvorbehalt

Wie ist der für die Pfändung anzusetzende Verdienst zu ermitteln und wie ist der an den Gläubiger abzuführende Betrag zu ermitteln?

Lösung: Früher wurde die sog. Bruttomethode angewandt, nach der dem Gesamtbruttoeinkommen des Arbeitnehmers zunächst die nach §850a ZPO unpfändbaren Bezüge mit dem Bruttobetrag hinzuaddiert und dann die auf das Gesamtbruttoeinkommen (d.h. einschließlich der unpfändbaren Bezüge) zu zahlenden Steuern und Sozialversicherungsbeiträge abgezogen wurden. Die Steuern und Sozialversicherungsbeiträge wurden damit 2-mal in Abzug gebracht. Das führte dazu, dass das pfändbare Einkommen umso niedriger ausfiel, je höher die unpfändbaren Bezüge i.S.d. §850a ZPO waren. Damit konnte das pfändbare Einkommen des Arbeitnehmers allein wegen der zusätzlichen unpfändbaren Bezüge unter die Pfändungsfreigrenze des §850c ZPO fallen und eine Pfändung ausschließen oder vermindern.

Das **BAG hat am 17.4.2013**[45] entschieden, dass bei der Berechnung des pfändbaren Einkommens die sogenannte »**Nettomethode**« zugrunde zu legen ist. Das geschieht wie folgt:

▪ 1. Ermittlung des Bruttoarbeitseinkommens	7.900,00 EUR
▪ 2. Abzug der unpfändbaren Bezüge nach §850a ZPO:	
▪ bei Vergütung für Mehrarbeit (§850a Nr. 1 ZPO): die Hälfte	+ 250,00 EUR
▪ bei Aufwandsentschädigungen, Auslösungsgeldern und sonstigen sozialen Zulagen für auswärtige Beschäftigungen	EUR
▪ Entgelt für selbstgestelltes Arbeitsmaterial , Gefahrenzulagen, Schmutz- und Erschwerniszulagen (§850a Nr. 3 ZPO)	EUR
▪ andere nach §850a ZPO unpfändbare Bezüge	
▪ Urlaubszuschuss/-geld	400,00 EUR
▪ Jubiläumszuwendungen	EUR
▪ Treuegelder	2.000,00 EUR
▪ Weihnachtsvergütungen bis zur Hälfte des monatlichen Bruttoeinkommens, höchstens 500 EUR	500,00 EUR
▪ Heirats- und Geburtsbeihilfen (§850a Nr. 5 ZPO)	EUR
▪ Erziehungsgelder und Studienbeihilfe (§850a Nr. 6 ZPO)	FUR
▪ Sterbegelder/Gnadenbezüge (§850a Nr. 7 ZPO)	EUR
▪ Blindenzulage (§850a Nr. 8 ZPO)	EUR

---

45 BAG, Urteil v. 17.4.2013, 10 AZR 59/12.

Zwischenergebnis:	4.750,00 EUR
3. Abzug der sich hieraus ergebenden »fiktiven« Steuer (§ 850e Abs. 1 ZPO):	EUR
4. Abzug der sich hieraus ergebenden »fiktiven« Sozialversicherungsbeiträge (§ 850e Nr. 1 ZPO):	EUR

Dann wird aus dem sich hieraus ergebenden Nettoeinkommen (Pfändungsnetto) anhand der Pfändungstabelle der pfändbare Betrag entnommen und an den Gläubiger abgeführt.

Hinweis: Nachforderungen sind möglich, wenn die Bruttomethode in der Vergangenheit angewandt wurde

Die Berechnungsmethode, die das BAG nun verlangt, erfordert eine »fiktive« Zwischenberechnung, die nach Auffassung des BAG elektronisch zu bewerkstelligen ist. Das Ergebnis kann zu deutlichen Differenzen zugunsten des Gläubigers und damit auch zu Nachforderungen führen, wenn in der Vergangenheit nach der Bruttomethode – wie üblich, aber in den Augen des BAG nicht gesetzeskonform – gerechnet wurde. Hier wird der Arbeitgeber den Gläubiger normalerweise darauf verweisen können, dass sich die Abführung der gepfändeten Beträge nur etwas verzögert. Schwierigkeiten können entstehen, wenn das Arbeitsverhältnis des Arbeitnehmers mittlerweile beendet wurde und dieser insolvent ist.

36.3 Pfändung, Weihnachtsgeld bzw. 13. Monatsgehalt

Sachverhalt: Ein Arbeitgeber erhält einen gerichtlichen Pfändungs- und Überweisungsbeschluss über 2.000 EUR für einen Mitarbeiter. Der betroffene Arbeitnehmer hat einen Nettolohn von 2.500 EUR monatlich. Er ist 3 Personen zum Unterhalt verpflichtet. Im Dezember erhält er noch Weihnachtsgeld bzw. ein 13. Monatsgehalt von 2.500 EUR netto. Welcher Betrag muss im Dezember an den Gläubiger abgeführt werden?

Lösung: Weihnachtsvergütungen sind nach § 850a Nr. 4 ZPO bis zum Betrag der Hälfte des monatlichen Arbeitseinkommens, höchstens aber bis zum

Betrag von 500 EUR unpfändbar. Die Bezeichnung als 13. Monatsgehalt ist bedeutungslos, soweit die Leistung im zeitlichen und sachlichen Zusammenhang mit Weihnachten erfolgt und eine entsprechende Zwecksetzung erfolgt. Bei einer Sonderzahlung zwischen dem 1.11. und dem 15.1. kann regelmäßig von dieser Zwecksetzung ausgegangen werden. Privilegiert ist der halbe Betrag des monatlichen Bruttoeinkommens, maximal aber 500 EUR. Diese Summe ist als Nettobetrag vom pfändbaren Einkommen abzusetzen, damit dem Schuldner der Betrag ungekürzt verbleibt. Die darauf entfallenden Steuern und Sozialabgaben sind aus dem sonstigen Einkommen zu leisten. Der restliche Betrag ist dem Monat hinzuzurechnen, in dem die Weihnachtsvergütung gezahlt wird.

Nettolohn	2.500,00 EUR
zzgl. Teil des Weihnachtsgeldes, der der Pfändung unterworfen wird (2.500 EUR ./. 500 EUR)	+ 2.000,00 EUR
Der Pfändung zugrunde liegender Verdienst	**4.500,00 EUR**
Voll pfändbarer Mehrbetrag nach der Tabelle (4.500 EUR ./. 3.292,09 EUR)	1.207,91 EUR
Pfändbarer Betrag lt. Pfändungstabelle bei Unterhaltspflicht für 3 Personen	+ 408,49 EUR
An den Gläubiger abzuführender Betrag	1.616,40 EUR

Für Dezember sind 1.616,40 EUR an den Gläubiger abzuführen. Der restliche Betrag von 408,49 EUR ist im Folgemonat abzuführen.

Hinweis: Weihnachtsgeld ist unabhängig von Anspruchsgrundlage teilweise unpfändbar. Die Weihnachtsgratifikation ist eine Sonderleistung, die vom Arbeitgeber anlässlich des Weihnachtsfestes zusätzlich zur Vergütung gezahlt wird. Die Rechtsgrundlage ist unerheblich, solange ein Anspruch besteht. Eine Forderung i. S. d. § 850a Nr. 4 ZPO liegt auch vor, wenn die Anspruchsbegründung freiwillig unter Widerrufsvorbehalt für die Zukunft erfolgt.

36.4 Pfändung, Wechselschichtzulage, Zuschläge für ungünstige Zeiten (Nachtarbeit, Sonntags- und Feiertagsarbeit)

Sachverhalt: Ein Arbeitnehmer arbeitet im Wechselschichtsystem auch nachts, sowie an Sonn- und Feiertagen. Er erhält nach §8 Abs. 5 TVöD eine Wechselschichtzulage und gemäß §8 Abs. 1 TVöD Zuschläge für Nachtarbeit, Sonntagsarbeit und Feiertagsarbeit. Wegen Zahlungsunfähigkeit wird über sein Vermögen das Insolvenzverfahren eröffnet. Seine pfändbaren Bezüge tritt er gemäß §287 Abs. 2 Satz 1 InsO an die bestellte Treuhänderin ab. Die Arbeitgeberin führt die pfändbaren Bezüge an die Treuhänderin aus. Dabei bezieht sie Wechselschichtzulagen und Zuschläge für Sonntags-, Feiertags- und Nachtarbeit mit ein. Der Arbeitnehmer ist mit dieser Berechnung nicht einverstanden und verweist darauf, es handele sich um Erschwerniszulagen im Sinne des §850a Nr. 3 ZPO, diese Zulagen seien nicht pfändbar und daher nicht an die Treuhänderin abgetreten worden. Er verklagt die Arbeitgeberin auf Zahlung eines der Höhe nach unstreitigen Nettobetrags von 2.129 EUR. Die Arbeitgeberin ist der Ansicht, Erschwerniszulagen seien nur Zulagen, die als Entschädigung für eine in der Art der Arbeit begründete Erschwernis gezahlt würden. Zulagen für eine in der Arbeitszeit begründete Erschwernis seien nicht erfasst.

Lösung: Nach §850a Nr. 3 ZPO sind Aufwandsentschädigungen, Auslösungsgelder und sonstige soziale Zulagen für auswärtige Beschäftigungen, das Entgelt für selbstgestelltes Arbeitsmaterial, Gefahrenzulagen sowie Schmutz- und Erschwerniszulagen, soweit diese Bezüge den Rahmen des Üblichen nicht übersteigen, unpfändbar.

Nach dem Urteil des Landesarbeitsgerichts Berlin-Brandenburg (LAG Berlin-Brandenburg, Urteil v. 9.1.2015, 3 Sa 1335/14) handelt es sich bei den genannten Zulagen des Arbeitnehmers um Erschwerniszulagen i.S.d. §850a Nr. 3 ZPO.

Als Erschwerniszulagen im Sinne des §850a Nr. 3 ZPO gelten nach Ansicht des LAG auch Zulagen bzw. Zuschläge, die gezahlt werden, weil die Lage der Arbeitszeit mit Erschwernis für den Arbeitnehmer verbunden ist. Denn der Vorschrift kann nicht entnommen werden, dass Erschwerniszulagen nur solche Zulagen sind, durch die eine Erschwernis abgegolten werden soll, die durch die Art der Arbeit verursacht wird, dagegen solche Zulagen, die gezahlt werden, weil die ungünstige Arbeitszeit für den Arbeitnehmer ein Erschwernis verursacht, nicht erfasst werden. Für eine solche Differenzierung gebe weder der Wortlaut noch die Systematik und der Gesamtzusammenhang und auch nicht die Entstehungsgeschichte Anhaltspunkte. Die Vorschrift unterscheidet nicht danach, aus welchem Grund die Erschwerniszulage gezahlt wird und wodurch die Erschwernis verursacht wird, sondern erklärt allgemein Erschwerniszuschläge als unpfändbar. Auch die ungünstige Lage der Arbeitszeit kann damit zu Belastungen und Erschwernissen führen. Die ständige Umstellung des Arbeits- und Lebensrhythmus ist mit gesundheitlichen und sozialen Auswirkungen verbunden. Aber auch die Verpflichtung, an Sonntagen, Feiertagen und nachts zu arbeiten, verursacht für den Arbeitnehmer Erschwernisse. So ergeben sich insbesondere im familiären und sozialen Bereich Belastungen für den Arbeitnehmer, wenn er zu Zeiten arbeiten muss, in denen die Mehrzahl der Arbeitnehmer gerade nicht arbeitet, sondern ihre Freizeit gestalten kann.

Hinweis: Zuschläge für Nacht-, Sonntags- und Feiertagsarbeit gemäß §8 Abs. 1b) c) und d) TVöD sind Erschwerniszuschläge i.S.d. §850a Nr. 3 ZPO und damit unpfändbar. Eine Forderung kann nach §400 BGB nicht abgetreten werden, soweit sie unpfändbar ist.

36.5 Mehrere Pfändungen gleichzeitig

Sachverhalt: Ein Arbeitgeber erhält am 10.1. zwei gerichtliche Pfändungs- und Überweisungsbeschlüsse über 1.000 EUR und 2.000 EUR für eine Mitarbeiterin. Die betroffene Arbeitnehmerin hat einen Nettolohn von 1.800 EUR monatlich. Sie ist ledig und hat ein minderjähriges Kind. Am 15.1. erhält der Arbeitgeber einen weiteren Pfändungs- und Überweisungsbeschluss über 2.200 EUR. In welcher Reihenfolge und Höhe sind die Forderungen zu bedienen?

Lösung: Nach dem Grundsatz der Priorität geht der zuerst zugestellte Pfändungs- und Überweisungsbeschluss dem späteren vor. Der am 15.1. zugestellte Beschluss greift also erst, wenn die anderen Forderungen vollständig bedient sind. Zwischen den beiden am 10.1. zugestellten Pfändungen herrscht Gleichrang. Hier ist nach dem Verhältnis der vollstreckbaren Beträge aufzuteilen. Dieses Verhältnis beträgt vorliegend 2/3 zu 1/3 (2.000 EUR zu 1.000 EUR).

Berechnung

Pfändbarer Betrag lt. Pfändungstabelle bei Nettomonatsvergütung von 1.800 EUR und Unterhaltspflicht für eine Person	160,98
Davon 1/3	53,66
Davon 2/3	107,32

Beginnend ab Februar ist die am 10.1. zugestellte Pfändung über 1.000 EUR mit 53,66 EUR monatlich zu bedienen, die am selben Tag zugestellte Pfändung über 2.000 EUR mit 107,32 EUR monatlich.

36.6 Vorausabtretung

Sachverhalt: Ein Arbeitgeber erhält am 10.1. einen gerichtlichen Pfändungs- und Überweisungsbeschluss über 1.000 EUR für eine Mitarbeiterin. Die betroffene Arbeitnehmerin hat einen Nettolohn von 1.800 EUR monatlich. Sie ist ledig und hat ein minderjähriges Kind. Ein weiterer Gläubiger übersendet dem Arbeitgeber eine auf den 5.1. datierte Abtretungserklärung, mit der die künftigen pfändbaren Bezüge auf Arbeitslohn für eine Schuld von 10.000 EUR an ihn abgetreten wird. Wie geht der Arbeitgeber in diesem Fall vor?

Lösung: Die auf den 5.1. datierte Abtretung geht vor. Es ist möglich, auch künftiges pfändbares Arbeitseinkommen nach §398 BGB abzutreten (Vorausabtretung). Die Abtretung ist mit Vertragsschluss wirksam.

Hinweis: Nach §399 BGB kann die Abtretung im Arbeitsvertrag oder einem Ergänzungsvertrag mit dem Arbeitnehmer ausgeschlossen werden.

36.7 Bearbeitungskosten Arbeitgeber

Sachverhalt: Arbeitgeber und Betriebsrat haben eine Betriebsvereinbarung abgeschlossen, wonach der Arbeitgeber für die Bearbeitungskosten bei Pfändungen von dem gepfändeten Betrag 3 % Bearbeitungsgebühren einbehalten und mit der Vergütung des Arbeitnehmers verrechnen kann. Ist diese Vereinbarung wirksam?

Lösung: Diese Bestimmung ist unwirksam. Es besteht weder ein entsprechendes Mitbestimmungsrecht des Betriebsrats noch können die Betriebsparteien einen Erstattungsanspruch zugunsten des Arbeitgebers durch freiwillige Betriebsvereinbarung regeln.

37 Pflegezeit

37.1 Antragsfrist

Sachverhalt: Ein Mitarbeiter teilt seinem Arbeitgeber am 5.6. mit, dass er in der Zeit vom 10.6. bis 23.8. eines Jahres seine pflegebedürftige Mutter bei sich zu Hause betreuen müsse. Er verlangt deshalb Freistellung von der Arbeit für diesen Zeitraum. Hat der Mitarbeiter Anspruch auf Freistellung?

Lösung: Der Mitarbeiter hat nach dem Pflegezeitgesetz grundsätzlich einen Anspruch auf Freistellung für die Betreuung pflegebedürftiger Angehöriger, soweit er nicht schon einen entsprechenden Anspruch in der Vergangenheit hatte. Er muss eine Antragsfrist von 10 Arbeitstagen einhalten und den Antrag schriftlich stellen. Da der Mitarbeiter die Frist nicht eingehalten hat besteht der Anspruch auf Pflegezeit erst ab 20.6. (ohne Berücksichtigung der Wochenenden).

Praxistipp: Der Eingang des Antrags auf Pflegezeit muss dokumentiert werden, damit festgestellt werden kann, ab wann die Pflegezeit frühestens beginnen kann. Bei der Berechnung werden die regelmäßigen Arbeitstage des Betriebs zugrunde gelegt. Der Mitarbeiter kann selbstverständlich den Antrag auch schon frühzeitiger stellen, die gesetzliche Frist von 10 Arbeitstagen ist eine Mindestfrist. Das Gesetz stellt auf Arbeits- und nicht auf Wochentage ab bei der Berechnung des Ankündigungsfrist: Das Wochenende wird nicht mit eingerechnet.

Hinweis: Auf einen mündlichen Antrag auf Pflegezeit muss der Arbeitgeber nicht reagieren, das Pflegezeitgesetz schreibt vor, dass der Mitarbeiter den Antrag schriftlich stellt. Hat der Arbeitgeber auf einen mündlichen Antrag positiv reagiert und die Pflegezeit zugesagt, kann er sich aber nicht nachträglich auf die fehlende Schriftform berufen.

37.2 Verlängerung

Sachverhalt: Ein Mitarbeiter hat in der Zeit vom 10.6. bis 23.8. Pflegezeit zur Betreuung seiner pflegebedürftigen Mutter. Er will die Pflegezeit ab 30.8. verlängern, weil zu diesem Zeitpunkt die andere Person, die die Pflege ab 24.8. übernimmt, selbst in ärztliche Behandlung geht. Kann der Mitarbeiter die Pflegezeit verlängern?

Lösung: Der Mitarbeiter hat nach dem Pflegezeitgesetz einen Anspruch auf eine Pflegezeit von maximal 6 Monaten. Wird zunächst ein kürzerer Zeitraum beantragt, kann der Arbeitnehmer eine Verlängerung verlangen, wenn der Arbeitgeber dem zustimmt.

Verlängerung des ursprünglichen Zeitraums bedeutet aber den »nahtlosen« Ansatz daran. Im vorliegenden Fall ist jedoch eine Unterbrechung von mehreren Tagen gegeben. Der Mitarbeiter verlangt also keine Verlängerung der Pflegezeit, sondern eine weitere, 2. Pflegezeit für dieselbe pflegebedürftige Person. Hierauf hat der Mitarbeiter aber keinen Anspruch.

Praxistipp: Das Pflegezeitgesetz enthält Mindestbedingungen. Der Arbeitgeber kann auf freiwilliger Basis weitere Pflegezeiten durchaus zulassen, muss aber darauf achten, dass daraus kein für ihn verpflichtender Rechtsanspruch wird entweder durch die so genannte betriebliche Übung oder aus dem Grundsatz der Gleichbehandlung heraus. Deshalb sollte der Grund der Ausnahme von den Voraussetzungen des Pflegezeitgesetzes dokumentiert werden, um dann gegebenenfalls gegenüber anderen Beschäftigten rechtssicher argumentieren zu können, warum in dem einen Fall abweichend vom Pflegezeitgesetz gehandelt wurde und in dem anderen Falle nicht. Will der Arbeitgeber dem Mitarbeiter eine weitere, gesetzlich nicht geregelte »Pflegezeit« gewähren, kann er mit dem Arbeitnehmer unabhängig vom Pflegezeitgesetz für den entsprechenden Zeitraum eine unbezahlte Freistellung von der Arbeit vereinbaren, mit der Folge, dass das Arbeitsverhältnis während dieser Zeit ruht.

37.3 Zweite Freistellung

Sachverhalt: Ein Mitarbeiter hatte in der Zeit vom 10.6. bis 23.8. eines Jahres Pflegezeit in Anspruch genommen für die Pflege seiner Mutter. Er beantragt eine weitere Pflegezeit für den Zeitraum vom 23.12. des Jahres bis 6.1. des Folgejahres und verlangt für diesen Zeitraum die Freistellung von der Arbeit. Hat der Arbeitnehmer Anspruch auf eine 2. Pflegezeit?

Lösung: Der Mitarbeiter hat nach dem Pflegezeitgesetz für den 2. Zeitraum keinen Anspruch auf Freistellung. Das Pflegezeitgesetz gewährt den Beschäftigten einen einmaligen Anspruch auf Freistellung zur Pflege pro zu pflegendem Angehörigen von maximal 6 Monaten. Selbst wenn bei der »1.« Pflegezeit der Zeitraum von 6 Monaten nicht ausgeschöpft wurde, kann der Mitarbeiter nicht verlangen, dass die nicht verbrauchte Zeit später genommen wird. Der Anspruch kann abgelehnt werden.

Praxistipp: Der Arbeitgeber sollte dokumentieren, wann welcher Mitarbeiter für welche pflegebedürftige Personen Pflegezeit geltend gemacht hat. Dieser Hinweis wird dann auch in die Personalakte aufgenommen, am besten zusammen mit der entsprechenden ärztlichen Bescheinigung über die Pflegebedürftigkeit des nahen Angehörigen.

Hinweis: Der Arbeitgeber kann mit dem Mitarbeiter für den 2. Zeitraum eine unbezahlte Freistellung von der Arbeit (unbezahlten Urlaub) vereinbaren. Dabei handelt es sich dann nicht um eine Pflegezeit im Sinne des Pflegezeitgesetzes. Dies sollte aber nicht regelmäßig geschehen, da sonst andere Arbeitnehmer sich über den Anspruch auf Gleichbehandlung gegebenenfalls darauf berufen könnten. In einem solchen Fall sollte der Arbeitgeber mit dem Mitarbeiter vereinbaren, dass für diesen Zeitraum das Arbeitsverhältnis ruht. In diesem Fall muss für diese Zeit weder Urlaub gewährt werden noch eventuell bei einer Erkrankung des Mitarbeiters während dieser Zeit Entgeltfortzahlung leisten.

Gem. §4 Abs. 4 PflegeZG kann der Arbeitgeber den Erholungsurlaub für jeden vollen Kalendermonat der vollständigen Freistellung von der Arbeitsleistung um ein Zwölftel kürzen. Diese Regelung gilt ab dem 1.1.2015.

38 Praktikant

38.1 Vorgeschriebenes Zwischenpraktikum (über 450 EUR monatlich)

Sachverhalt: Ein 24 Jahre alter Student übt ein in der Studien- und Prüfungsordnung vorgeschriebenes Praktikum aus. Das monatliche Arbeitsentgelt beträgt 700 EUR, die wöchentliche Arbeitszeit 30 Stunden. Das Praktikum ist auf 6 Monate befristet.

Der Student ist über seinen Vater in dessen gesetzlicher Krankenkasse familienversichert.

Der Arbeitgeber nimmt am Ausgleichsverfahren nach dem Aufwendungsausgleichsgesetz (AAG) teil.

Wie ist das vorgeschriebene Zwischenpraktikum sozialversicherungsrechtlich zu beurteilen?

Lösung: Der Student ist während des vorgeschriebenen Praktikums versicherungsfrei in der Kranken-, Pflege- und Arbeitslosenversicherung. In der Rentenversicherung besteht ebenfalls Versicherungsfreiheit.

Darüber hinaus ist Folgendes zu berücksichtigen:
- Da das Einkommen in mehr als 3 Monaten im Jahr regelmäßig über 425 EUR (Einkommensgrenze für 2017) liegt, entfällt der Rechtsanspruch auf kostenfreie Familienversicherung. Der Student wird deshalb kranken- und pflegeversicherungspflichtig als Student und hat Beiträge zur studentischen Krankenversicherung zu zahlen. Nach Ende des Praktikums, d.h. mit dem Wegfall des (zu hohen) Einkommens, besteht wieder Anspruch auf Familienversicherung (bis zur Vollendung des 25. Lebensjahres).
- Ansprüche auf Beitragszuschüsse zur Kranken- und Pflegeversicherung hat der Praktikant nicht.
- Der Arbeitgeber hat mit Personengruppenschlüssel 190 und Beitragsgruppenschlüssel 0000 Meldungen zur Sozialversicherung an die Krankenkasse zu erstatten. Nur wenn kein in der Unfallversicherung bei-

tragspflichtiges Arbeitsentgelt gezahlt wird, muss der Arbeitgeber keine Meldungen übermitteln.

- Der Arbeitgeber hat für den Praktikanten ein Entgeltkonto einzurichten und Entgeltunterlagen zu führen. Dabei sind Studienbescheinigungen und Bescheinigungen drüber, dass das Praktikum in der Studien- und Prüfungsordnung vorgeschrieben ist, zu den Entgeltunterlagen zu nehmen.
- Zur U1 bzw. U2 sind Umlagen an die Krankenkasse des Praktikanten zu entrichten.
- Die Insolvenzgeldumlage ist auf Basis des monatlichen Arbeitsentgelts an die Krankenkasse des Praktikanten zu entrichten.

38.2 Vorgeschriebenes Zwischenpraktikum (bis 450 EUR monatlich)

Sachverhalt: Ein Student (30 Jahre alt) übt – befristet auf 5 Monate – ein in der Studien- und Prüfungsordnung vorgeschriebenes Praktikum aus. Das monatliche Arbeitsentgelt beträgt 300 EUR. Er ist freiwilliges Mitglied einer gesetzlichen Krankenkasse.

Der Arbeitgeber nimmt am Ausgleichsverfahren nach dem Aufwendungsausgleichsgesetz (AAG) teil.

Wie ist das vorgeschriebene Zwischenpraktikum sozialversicherungsrechtlich zu beurteilen?

Lösung: Der Student ist während des vorgeschriebenen Praktikums versicherungsfrei in der Kranken-, Pflege- und Arbeitslosenversicherung. In der Rentenversicherung besteht ebenfalls Versicherungsfreiheit.

Darüber hinaus ist Folgendes zu berücksichtigen:
- Der Student sollte die Höhe seines monatlichen Arbeitsentgelts seiner Krankenkasse mitteilen, ggf. wirkt es sich auf die Höhe des monatlichen freiwilligen Beitrags aus.
- Ansprüche auf Beitragszuschüsse zur Kranken- und Pflegeversicherung hat der Praktikant nicht.

- Der Arbeitgeber hat mit Personengruppenschlüssel 190 und Beitragsgruppenschlüssel 0000 Meldungen zur Sozialversicherung an die Krankenkasse zu erstatten. Nur wenn kein in der Unfallversicherung beitragspflichtiges Arbeitsentgelt gezahlt wird, muss der Arbeitgeber keine Meldungen übermitteln.
- Der Arbeitgeber hat für den Praktikanten ein Entgeltkonto einzurichten und Entgeltunterlagen zu führen. Dabei sind Studienbescheinigungen und Bescheinigungen darüber, dass das Praktikum in der Studien- und Prüfungsordnung vorgeschrieben ist, zu den Entgeltunterlagen zu nehmen.
- Zur U1 bzw. U2 sind Umlagen an die Krankenkasse des Praktikanten zu entrichten.
- Die abzuführende Insolvenzgeldumlage ist auf Basis des monatlich erzielten Arbeitsentgelts an die Krankenkasse des Studenten abzuführen.

Für den Studenten ist trotz seines Entgelts unterhalb der Grenze für geringfügig entlohnte Beschäftigungen kein Pauschalbeitrag zur Kranken- oder Rentenversicherung an die Minijob-Zentrale abzuführen.

Hinweis: Ein vorgeschriebenes Zwischenpraktikum im sozialversicherungsrechtlichen Sinn ist eine Beschäftigung, die der betrieblichen Berufsbildung dient. Deshalb dürfen hier die Vorschriften für geringfügig Beschäftigte generell nicht angewandt werden.

Neben dem Praktikum ausgeübte geringfügige Beschäftigungen sind gesondert – ohne Berücksichtigung der während des Studiums ausgeübten vorgeschriebenen Praktika – zu beurteilen.

38.3 Vorgeschriebenes Zwischenpraktikum (ohne Arbeitsentgelt)

Sachverhalt: Ein Student (26 Jahre alt) übt ein in der Studien- und Prüfungsordnung vorgeschriebenes Praktikum aus. Er erhält hierfür kein Arbeitsentgelt. Er ist 40 Stunden pro Woche, befristet auf 4 Monate tätig. Der Student ist selbst Mitglied einer gesetzlichen Krankenkasse (Krankenversicherung der Studenten – KVdS).

Der Arbeitgeber nimmt am Ausgleichsverfahren nach dem Aufwendungsausgleichsgesetz (AAG) teil.

Wie ist das vorgeschriebene Zwischenpraktikum sozialversicherungsrechtlich zu beurteilen?

Lösung: Der Student ist während des vorgeschriebenen Praktikums versicherungsfrei in der Kranken-, Pflege- und Arbeitslosenversicherung. In der Rentenversicherung besteht aufgrund gesetzlicher Vorschrift ebenfalls Versicherungsfreiheit.

- Es sind keine Meldungen zur Sozialversicherung zu übermitteln.
- Der Arbeitgeber hat für den Praktikanten ein Entgeltkonto einzurichten und Entgeltunterlagen zu führen. Dabei sind Studienbescheinigungen und Bescheinigungen darüber, dass das Praktikum in der Studien- und Prüfungsordnung vorgeschrieben ist, zu den Entgeltunterlagen zu nehmen.

Wegen fehlender Entgelt- oder Entgeltfortzahlungsansprüche sind zur U1 bzw. U2 keine Umlagen zu entrichten. Grundsätzlich ist die Insolvenzgeldumlage zu entrichten, da kein Arbeitsentgelt vorliegt, beträgt diese jedoch 0,00 EUR.

Hinweis: Seit 1.1.2015 gilt durch die Einführung des Mindestlohngesetzes (MiLoG), dass ein Praktikant im Rahmen eines freiwilligen Zwischenpraktikums nur noch maximal 3 Monate ohne Entgelt tätig sein kann. Ausbildungs- oder studienbegleitende Praktika, die durch eine Studien- bzw. Prüfungsordnung vorgeschrieben sind, sind aber generell vom Mindestlohn ausgenommen.

38.4 Nicht vorgeschriebenes Zwischenpraktikum (während der Semesterferien)

Sachverhalt: Ein gesetzlich krankenversicherter und an einer Universität immatrikulierter Student übt ein nicht vorgeschriebenes Praktikum in der Zeit vom 1.7. – 31.8. (während der Semesterferien) aus.

Sein monatliches Arbeitsentgelt beträgt 450 EUR, die wöchentliche Arbeitszeit 13 Stunden.

Der Arbeitgeber nimmt am Ausgleichsverfahren nach dem Aufwendungsausgleichsgesetz (AAG) teil.

Wie ist das nicht vorgeschriebene Zwischenpraktikum sozialversicherungsrechtlich zu beurteilen?

Lösung: Grundsätzlich ist ein nicht vorgeschriebenes Praktikum während des Studiums wie eine andere Beschäftigung während des Studiums zu bewerten. Damit sind in der Kranken-, Pflege- und Arbeitslosenversicherung die Regelungen für gewöhnliche Werkstudenten und geringfügig Beschäftigte anzuwenden.

- Der Student ist während des nicht vorgeschriebenen Praktikums versicherungsfrei, da die Beschäftigung auf nicht mehr als 3 Monate befristet ist (kurzfristige Beschäftigung). Pauschalbeiträge sind nicht zu zahlen.
- Der Arbeitgeber hat mit Personengruppenschlüssel 110 und Beitragsgruppenschlüssel 0000 eine Meldung an die Minijob-Zentrale zu erstatten.
- Die Umlagen nach dem AAG bzw. die Insolvenzgeldumlage sind an die Minijob-Zentrale zu entrichten.

38.5 Nicht vorgeschriebenes Zwischenpraktikum (bis 450 EUR monatlich)

Sachverhalt: Ein an der Universität immatrikulierter Student übt ab 1.7. ein auf 6 Monate befristetes, nicht vorgeschriebenes Praktikum aus. Er ist gesetzlich krankenversichert. Sein Arbeitsentgelt beträgt 400 EUR monatlich, die wöchentliche Arbeitszeit 12 Stunden.

Der Arbeitgeber nimmt am Ausgleichsverfahren nach dem Aufwendungsausgleichsgesetz (AAG) teil.

Wie ist das nicht vorgeschriebene Zwischenpraktikum sozialversicherungsrechtlich zu beurteilen?

Lösung: Grundsätzlich ist ein nicht vorgeschriebenes Praktikum während des Studiums wie eine andere Beschäftigung während des Studiums zu bewerten. Damit sind Regelungen für gewöhnliche Werkstudenten sowie geringfügig Beschäftigte anzuwenden.

- In der Rentenversicherung besteht Versicherungspflicht aufgrund einer geringfügig entlohnten Beschäftigung. Der Praktikant kann sich auf Antrag von der Rentenversicherungspflicht befreien lassen.
- In der Kranken-, Pflege- und Arbeitslosenversicherung besteht Versicherungsfreiheit.
- Zur Krankenversicherung sind Pauschalbeiträge zu zahlen, da das nicht vorgeschriebene Praktikum als geringfügig entlohnte Beschäftigung ausgeübt wird.
- Der Arbeitgeber hat mit Personengruppenschlüssel 109 und Beitragsgruppenschlüssel 6100 eine Meldung an die Minijob-Zentrale zu erstatten.
- Es sind Umlagen nach dem AAG sowie die Insolvenzgeldumlage an die Minijob-Zentrale zu entrichten.

38.6 Nicht vorgeschriebenes Zwischenpraktikum (über 450 EUR bis 850 EUR monatlich)

Sachverhalt: Ein an der Universität immatrikulierter Student übt ab 1.7. ein auf 6 Monate befristetes, nicht vorgeschriebenes Praktikum aus. Sein monatliches Arbeitsentgelt beträgt 830 EUR, die wöchentliche Arbeitszeit 25 Stunden. Der Student ist gesetzlich krankenversichert.

Der Arbeitgeber nimmt am Ausgleichsverfahren nach dem Aufwendungsausgleichsgesetz (AAG) teil.

Wie ist das nicht vorgeschriebene Zwischenpraktikum sozialversicherungsrechtlich zu beurteilen?

Lösung: Der Student wird aufgrund des Praktikums in allen Zweigen versicherungspflichtig.

- In der Kranken-, Pflege-, Renten- und Arbeitslosenversicherung besteht Versicherungspflicht als Arbeitnehmer.
- Der Arbeitgeber hat mit Personengruppenschlüssel 101 und Beitragsgruppenschlüssel 1111 eine Meldung an die Krankenkasse des Studenten zu erstatten. Da ein nicht vorgeschriebenes Praktikum keine Beschäftigung zur Berufsausbildung darstellt, ist bei der Beitragsberechnung die Gleitzonenregelung anzuwenden.
- Es sind Umlagen nach dem AAG und die Insolvenzgeldumlage zu entrichten. Sie sind an die für den Studenten zuständige Krankenkasse zu zahlen.

38.7 Vorgeschriebenes Vorpraktikum (über 450 EUR monatlich)

Sachverhalt: Ein bislang privat versicherter Praktikant ist noch nicht an einer Hochschule immatrikuliert. Er leistet ein in der Studien- und Prüfungsordnung des bevorstehenden Studiengangs vorgeschriebenes Vorpraktikum ab, das er für die Einschreibung bei der Fachhochschule laut Studienordnung nachweisen muss.

Das Praktikum wird in der Zeit von 1.6.–30.9. ausgeübt. Die wöchentliche Arbeitszeit beträgt 40 Stunden, das monatliche Entgelt 500 EUR. Erst ab 1.10. ist der Praktikant ein eingeschriebener Student.

Der Arbeitgeber nimmt am Ausgleichsverfahren nach dem Aufwendungsausgleichsgesetz (AAG) teil.

Wie ist das vorgeschriebene Vorpraktikum sozialversicherungsrechtlich zu beurteilen?

Lösung: Es besteht Versicherungspflicht in der Kranken- und in der Pflegeversicherung als zur Berufsausbildung Beschäftigter, da der Praktikant gegen Arbeitsentgelt beschäftigt ist.

- Der Praktikant unterliegt der Versicherungspflicht in der Renten- und Arbeitslosenversicherung.
- Die Gleitzonenregelung kommt nicht in Betracht, da der Praktikant als zur Berufsausbildung beschäftigt zu betrachten ist.
- Es ist mit Personengruppenschlüssel 105 und Beitragsgruppenschlüssel 1111 eine Meldung an die gewählte bzw. letzte Krankenkasse zu erstatten.
- Umlagen nach dem AAG und die Insolvenzgeldumlage sind ebenfalls dorthin zu entrichten.

38.8 Vorgeschriebenes Vorpraktikum (bis 450 EUR monatlich)

Sachverhalt: Ein noch nicht an einer Hochschule immatrikulierter Praktikant übt ab 1.6. für 3 Monate ein in der Studien- und Prüfungsordnung des bevorstehenden Studiengangs vorgeschriebene Vorpraktikum aus. Die wöchentliche Arbeitszeit beträgt 40 Stunden, das monatliche Entgelt 300 EUR. Ab 1.10. ist der Praktikant eingeschriebener Student.

Der Arbeitgeber nimmt am Ausgleichsverfahren nach dem Aufwendungsausgleichsgesetz (AAG) teil.

Wie ist das vorgeschriebene Vorpraktikum sozialversicherungsrechtlich zu beurteilen?

Lösung: Es besteht Versicherungspflicht in der Kranken- und in der Pflegeversicherung als zur Berufsausbildung Beschäftigter, da der Praktikant gegen Arbeitsentgelt beschäftigt ist.

- Der Student unterliegt der Versicherungspflicht in der Renten- und Arbeitslosenversicherung.
- Die Gleitzonenregelung bzw. Versicherungsfreiheit infolge Geringfügigkeit kommt nicht in Betracht, da der Praktikant als zur Berufsausbildung beschäftigt zu betrachten ist.

- Da das monatliche Entgelt die Geringverdienergrenze (325 EUR) nicht übersteigt, trägt der Arbeitgeber die Beiträge allein.
- Es ist mit Personengruppenschlüssel 121 und Beitragsgruppenschlüssel 1111 eine Meldung an die gewählte bzw. letzte Krankenkasse zu erstatten.
- Umlagen nach dem AAG und die Insolvenzgeldumlage sind ebenfalls dorthin zu entrichten.

38.9 Vorgeschriebenes Nachpraktikum (kein Arbeitsentgelt)

Sachverhalt: Nach Beendigung seines Studiums leistet ein nicht mehr immatrikulierter gesetzlich krankenversicherter Praktikant ein in der Studien- und Prüfungsordnung vorgeschriebenes Nachpraktikum ab, das er zur Anerkennung seines Berufsabschlusses nach der Studienordnung benötigt. Das Praktikum wird ab 1.4. an 30 Stunden pro Woche ausgeübt und ist auf 6 Monate befristet. Ein Entgelt wird dem Praktikanten nicht gezahlt.

Der Arbeitgeber nimmt am Ausgleichsverfahren nach dem Aufwendungsausgleichsgesetz (AAG) teil.

Wie ist das vorgeschriebene Nachpraktikum sozialversicherungsrechtlich zu beurteilen?

Lösung: Der Praktikant ist versicherungspflichtig in der Kranken- und Pflegeversicherung. Auch in der Renten- und Arbeitslosenversicherung besteht Versicherungspflicht.
- Der Arbeitgeber hat eine Meldung mit Personengruppenschlüssel 105 und Beitragsgruppenschlüssel 0011 an die Krankenkasse zu erstatten.
- Die Beiträge zur Kranken- und Pflegeversicherung trägt und bezahlt der Praktikant selbst an seine Krankenkasse. Die Beitragshöhe entspricht der eines versicherungspflichtigen Studenten. Besteht Anspruch auf Familienversicherung, ist dieser vorrangig.
- Die Beiträge zur Kranken- und Pflegeversicherung trägt und bezahlt der Praktikant selbst an seine Krankenkasse. Die Beitragshöhe entspricht der eines versicherungspflichtigen Studenten.

- Da kein Arbeitsentgelt gezahlt wird, werden die Beiträge zur Renten- und Arbeitslosenversicherung von einem monatlichen Ausgangswert (fiktives Arbeitsentgelt) von 1% der monatlichen Bezugsgröße (2017: 29,75 EUR/ West bzw. 26,60 EUR/Ost) berechnet. Der Arbeitgeber trägt die Beiträge allein und führt sie an die Krankenkasse des Praktikanten ab.
- Umlagen nach dem AAG sind nicht abzuführen, da mangels Entgeltanspruchs keine Entgeltfortzahlung im Krankheitsfall infrage kommt. Die Insolvenzgeldumlage ist nicht zu zahlen, da fiktive Berechnungsgrundlagen nicht zur Umlageberechnung herangezogen werden.

38.10 Nicht vorgeschriebenes Vorpraktikum (über 450 EUR monatlich)

Sachverhalt: Ein noch nicht an der Universität immatrikulierter privat krankenversicherter Praktikant übt ein Vorpraktikum aus. Dieses ist nicht in einer Studien- oder Prüfungsordnung vorgeschrieben. Das Vorpraktikum wird aus eigenen fachlichen und auch finanziellen Interessen des Praktikanten in der Zeit von 1.6.–30.9. durchgeführt. Die wöchentliche Arbeitszeit beträgt 30 Stunden, das monatliche Entgelt 800 EUR. Ab 1.10. ist der Praktikant an der Hochschule immatrikuliert.

Der Arbeitgeber nimmt am Ausgleichsverfahren nach dem Aufwendungsausgleichsgesetz (AAG) teil.

Wie ist das nicht vorgeschriebene Vorpraktikum sozialversicherungsrechtlich zu beurteilen?

Lösung: Der Praktikant ist kranken-, pflege-, renten- und arbeitslosenversicherungspflichtig.
- Der Arbeitgeber hat mit Personengruppenschlüssel 101 und Beitragsgruppenschlüssel 1111 eine Meldung an die gewählte bzw. letzte Krankenkasse zu erstatten.
- Die Beitragsberechnung hat unter Beachtung der Gleitzonenregelung zu erfolgen. Dabei gilt das verminderte Gleitzonenentgelt auch für die Berechnung der Umlagen U1 und U2 und für die Insolvenzgeldumlage.

- Verzichtet der Praktikant auf die Anwendung der Gleitzonenregelung in der Rentenversicherung, d.h. er wählt die Zahlung der vollen RV-Beiträge, sind die Umlagen nach dem AAG sowie die Insolvenzgeldumlage nach dem tatsächlichen Entgelt zu zahlen.
- Die Umlagen nach dem AAG und die Insolvenzgeldumlage sind an die Krankenkasse des Praktikanten zu entrichten.

Hinweis: Bei allen nicht vorgeschriebenen Vor- oder Nachpraktika bestehen hinsichtlich der versicherungsrechtlichen Beurteilung keinerlei Sonderregelungen.

Personen, die nicht vorgeschriebene Praktika gegen Arbeitsentgelt ausüben, sind deshalb als Beschäftigte grundsätzlich versicherungspflichtig in der Kranken-, Pflege-, Renten- und Arbeitslosenversicherung.

Nicht vorgeschriebene Vor- und Nachpraktika zählen nicht zu den Beschäftigungen im Rahmen betrieblicher Berufsbildung. Somit sind die Geringfügigkeitsrichtlinien zu berücksichtigen. Ebenso ist die Gleitzonenregelung stets anzuwenden, wenn das regelmäßige monatliche Arbeitsentgelt zwischen 450,01 EUR und 850 EUR liegt.

38.11 Nicht vorgeschriebenes Vorpraktikum (bis 450 EUR monatlich)

Sachverhalt: Ein noch nicht an der Universität immatrikulierter gesetzlich krankenversicherter Praktikant übt ab 1.6. für 4 Monate ein Vorpraktikum aus. Dieses Praktikum ist nicht in einer Studien- oder Prüfungsordnung vorgeschrieben. Das Vorpraktikum wird aus eigenen fachlichen und auch finanziellen Interessen des Praktikanten ausgeübt. Die wöchentliche Arbeitszeit beträgt 10 Stunden, das monatliche Entgelt 400 EUR. Ab 1.10. ist der Praktikant eingeschriebener Student.

Der Arbeitgeber nimmt am Ausgleichsverfahren nach dem Aufwendungsausgleichsgesetz (AAG) teil.

Wie ist das nicht vorgeschriebene Vorpraktikum sozialversicherungsrechtlich zu beurteilen?

Lösung: Der Praktikant ist kranken-, pflege- und arbeitslosenversicherungsfrei, weil die Beschäftigung geringfügig entlohnt ausgeübt wird.

Jedoch besteht ab 1.6. Versicherungspflicht zur Rentenversicherung, von der sich der Praktikant jedoch auf Antrag befreien lassen kann.

- Der Arbeitgeber hat mit Personengruppenschlüssel 109 und Beitragsgruppenschlüssel 6100 bzw. 6500 (bei Befreiung von der RV-Pflicht) eine Meldung an die Minijob-Zentrale zu erstatten.
- Die Pauschalbeiträge zur Krankenversicherung und die Pflichtbeiträge zur Rentenversicherung (bzw. Pauschalbeiträge bei beantragter Befreiung), die Umlagen nach dem AAG und die Insolvenzgeldumlage sind an die Minijob-Zentrale zu entrichten.

Hinweis: Bei allen nicht vorgeschriebenen Vor- oder Nachpraktika bestehen hinsichtlich der versicherungsrechtlichen Beurteilung keinerlei Sonderregelungen.

Personen, die nicht vorgeschriebene Praktika gegen Arbeitsentgelt ausüben, sind deshalb als Beschäftigte grundsätzlich versicherungspflichtig in der Kranken-, Pflege-, Renten- und Arbeitslosenversicherung.

Nicht vorgeschriebene Vor- und Nachpraktika zählen nicht zu den Beschäftigungen im Rahmen betrieblicher Berufsbildung. Somit sind die Regelungen für geringfügig Beschäftigte zu berücksichtigen. Ebenso ist die Gleitzonenregelung stets anzuwenden, wenn das regelmäßige monatliche Arbeitsentgelt 450,01 EUR bis 850 EUR beträgt.

39 Private Krankenversicherung

39.1 Beitragszuschuss, Anspruchsvoraussetzungen

Sachverhalt: Ein Arbeitnehmer ist wegen Überschreitung der Jahresarbeitsentgeltgrenze krankenversicherungsfrei. Er ist privat krankenversichert und beantragt beim Arbeitgeber einen Beitragszuschuss. Der Versicherungsvertrag des Arbeitnehmers beinhaltet grundsätzlich die Leistungen die der Art nach ein gesetzlich Versicherter beanspruchen kann; Zahnersatz ist jedoch nicht mitversichert. Bei anderen Leistungen, z.B. Krankenhausbehandlung, besteht pro Jahr eine Eigenbeteiligung von 1.000 EUR.

Eine Bescheinigung des Versicherungsunternehmens, dass die Versicherung nach bestimmten gesetzlich vorgesehenen Regelungen durchgeführt wird, kann der Arbeitnehmer nicht vorlegen.

Hat der Arbeitnehmer Anspruch auf einen Beitragszuschuss zur privaten Krankenversicherung?

Lösung: Der Arbeitnehmer kann keinen Beitragszuschuss beanspruchen, weil er keine Bescheinigung vorgelegt hat.

Die gesetzlich geforderte Bescheinigung des Versicherungsunternehmens in der die Aufsichtsbehörde dem privaten Krankenversicherungsunternehmen bestätigt hat, dass der Versicherungsvertrag entsprechend den im Gesetz genannten Regeln durchgeführt wird, ist unabdingbar. Diese Bescheinigung muss jeweils nach Ablauf von 3 Jahren erneuert werden.

Der Umfang der privaten Versicherung des Arbeitnehmers schließt den Anspruch auf Beitragszuschuss nicht aus, da er Leistungen beinhaltet, die der Art nach denen der gesetzlichen Krankenversicherung entsprechen. Es müssen weder alle Leistungen der gesetzlichen Krankenversicherung eingeschlossen sein noch muss der Umfang der jeweiligen Leistung der Leistung der gesetzlichen Krankenversicherung genau entsprechen.

Achtung: Vergleichbare Bestimmungen sind durch die private Pflegeversicherung einzuhalten (allerdings ohne Standardtarife) und zu belegen (Bescheinigung des Versicherers), wenn für die Pflegeversicherung ein Beitragszuschuss beansprucht werden soll.

39.2 Beitragszuschuss, Höhe und Anspruchsdauer

Sachverhalt: Eine Arbeitnehmerin, ein Kind, ist von der Versicherungspflicht zur gesetzlichen Krankenversicherung befreit und seit Jahren privat kranken- und pflegeversichert. Ihre Versicherungen sind zuschussberechtigt, die erforderlichen Bescheinigungen liegen dem Arbeitgeber vor. Der Beschäftigungsort liegt nicht in Sachsen.

Die Arbeitnehmerin wendet für ihre private Krankenversicherung monatlich 640 EUR und für ihre private Pflegeversicherung monatlich 60 EUR auf.

Vom 1.2.2017 an ist sie infolge Krankheit arbeitsunfähig. Nach Ablauf der Entgeltfortzahlung am 13.3.2017 erhält sie Krankentagegeld von der Privatversicherung.

Wie hoch sind Beitragszuschuss und Anspruchsdauer des Arbeitgebers zur Kranken- und Pflegeversicherung im Monat März?

Lösung: Der Beitragszuschuss zur Kranken- und Pflegeversicherung beträgt grundsätzlich die Hälfte der aufgewendeten Prämie, hier also 320 EUR zur Krankenversicherung und 30 EUR zur Pflegeversicherung.

Der Beitragszuschuss ist auf den gesetzlichen Höchstzuschuss begrenzt.

Berechnung Höchstzuschuss zur Krankenversicherung

Beitragsbemessungsgrenze 2017 monatlich	4.350 EUR
Arbeitnehmeranteil am allgemeiner Beitragssatz von 14,6 %	7,3 %
Monatlicher Höchstzuschuss (4.350 EUR × 7,3 %)	317,55 EUR

Die Arbeitnehmerin kann maximal 317,55 EUR monatlich als Beitragszuschuss zur Krankenversicherung erhalten.

Berechnung Höchstzuschuss zur Pflegeversicherung

Beitragsbemessungsgrenze 2017 monatlich	4.350 EUR
Arbeitnehmeranteil am allgemeiner Beitragssatz von 2,55%	1,275%
Monatlicher Höchstzuschuss (4.350 EUR × 1,275%)	55,46 EUR

Die Arbeitnehmerin kann den vollen Beitragszuschuss von monatlich 30 EUR (Hälfte v. 60 EUR) zur Pflegeversicherung erhalten.

Höhe und Anspruchsdauer des Zuschusses für März 2017

Der Beitragszuschuss ist ausschließlich für Tage zu bezahlen, an denen Anspruch auf Arbeitsentgelt aus der Beschäftigung besteht. Für die Ermittlung von Zuschüssen für Teil-Monate ist stets 1/30 des Monatszuschusses je Kalendertag anzusetzen.

Die Arbeitnehmerin erhält im März nur bis 13.3.2017 Arbeitsentgelt. Der Zuschuss beträgt:

- Krankenversicherung: 317,55 EUR : 30 Tage × 13 zuschusspflichtige Tage = 137,61 EUR
- Pflegeversicherung: 30 EUR : 30 Tage × 13 zuschusspflichtige Tage = 13 EUR

Hinweis: In Sachsen ist der Arbeitnehmeranteil zur Pflegeversicherung höher, da dort kein Feiertag zur Kompensation der Arbeitgeberaufwendungen abgeschafft wurde. Der für Sachsen maßgebende Arbeitgeberanteil beträgt 0,775% und damit ergibt sich 2017 ein Höchstzuschuss zur privaten Pflegeversicherung von 33,71 EUR monatlich.

- Soweit der Zuschuss während einer Arbeitsunfähigkeit nach Ablauf des Entgeltfortzahlungsanspruchs weitergezahlt wird, geschieht dies ohne gesetzliche Verpflichtung. Solche freiwillig gezahlten Beitragszuschüsse sind nicht vom gesetzlichen Anspruchsrahmen abgedeckt, weshalb sie steuer- und sozialversicherungspflichtiges Arbeitsentgelt darstellen.

39.3 Beitragszuschuss, Berücksichtigung Beiträge Angehöriger

Sachverhalt: Eine Arbeitnehmerin, verheiratet, 2 Kinder, ist in Nordrhein-Westfalen beschäftigt. Sie ist wegen Überschreitung der Jahresarbeitsentgeltgrenze krankenversicherungsfrei und seit Jahren privat kranken- und pflegeversichert. Die erforderlichen Bescheinigungen liegen vor.

Die Arbeitnehmerin und ihre Angehörigen sind im Juli 2017 wie folgt versichert:

Person	Versicherung	monatliche(r) Prämie/Beitrag
Arbeitnehmerin	Private Krankenversicherung inkl. Wahlleistung Krankenhaus und 100 % Zahnersatz: Sterbegeldversicherung: Private Pflegeversicherung:	300,00 EUR 25,00 EUR 44,00 EUR
Ehemann, beschäftigt bei Arbeitgeber B, 20 Std. pro Woche, Entgelt 1.200 EUR monatlich	Gesetzliche Krankenversicherung, Arbeitnehmeranteil zur Kranken- und Pflegeversicherung (Krankenkasse ohne Beitragszuschlag): Private Zusatzversicherung für Zahnersatz:	102,90 EUR 40,00 EUR
Sohn, 24 Jahre alt	Gesetzliche Krankenversicherung als Student (Krankenkasse ohne Beitragszuschlag): Pflegeversicherung (mit Beitragszuschlag für Kinderlose):	66,33 EUR 16,87 EUR
Tochter, Schülerin, 17 Jahre alt	Private Krankenversicherung inkl. Wahlleistung Krankenhaus und 100 % Zahnersatz: Private Pflegeversicherung:	75,00 EUR 8,00 EUR

Wie hoch ist der Beitragszuschuss der Arbeitnehmerin im Monat?

Lösung:

Zuschuss zur Krankenversicherung

Private Krankenversicherung Arbeitnehmerin	300,00 EUR
Private Krankenversicherung Tochter	**+ 75,00 EUR**
Beiträge gesamt	375,00 EUR
Beitragszuschuss (375 EUR : 2)	187,50 EUR

187,50 EUR überschreitet nicht den Höchstzuschuss von 317,55 EUR zur Krankenversicherung (2017). Daher kann der Betrag von 187,50 EUR als Beitragszuschuss gezahlt werden.

- Die private Krankenversicherung der Arbeitnehmerin ist zuschussfähig, selbst wenn sie bei Leistungen, die auch gesetzliche Krankenkassen bieten, mehr leistet.
- Die Sterbegeldversicherung ist generell nicht zuschussfähig da sie eine Leistung darstellt, welche die gesetzliche Krankenversicherung nicht kennt.
- Die Beiträge zur gesetzlichen Krankenversicherung und die Zusatzversicherung des Ehemanns sind nicht zuschussfähig. Private Zusatzversicherungen werden nicht bezuschusst. In einer privaten Krankenversicherung versicherte Arbeitnehmer können von ihrem Arbeitgeber für die in der gesetzlichen Krankenversicherung freiwillig versicherten Angehörigen keinen Beitragszuschuss verlangen. Dies besagt die Rechtsprechung des Bundessozialgerichts.[46]
- Sohn und Tochter haben keine eigenen Einkünfte und wären bei der Krankenkasse der Arbeitnehmerin familienversichert, wenn diese bei einer gesetzlichen Krankenkasse versichert wäre. Die Beiträge der Tochter sind zuschussberechtigt, da sie privat krankenversichert ist, die Beiträge des Sohnes nicht, da er einer gesetzlichen Krankenkasse angehört. Eine Familienversicherung über den Vater ist für beide Kinder ausgeschlossen, weil die Mutter infolge der Überschreitung der Jahresarbeitsentgeltgrenze krankenversicherungsfrei ist und keiner gesetzlichen Krankenkasse angehört.

---

46 BSG, Urteil v. 20.3.2013, B 12 KR 4/11.

Zuschuss zur Pflegeversicherung

Private Pflegeversicherung Arbeitnehmerin	44 EUR
Private Pflegeversicherung Tochter	**+ 8 EUR**
Beiträge gesamt	52 EUR
Beitragszuschuss (52 EUR : 2)	26 EUR

26 EUR überschreitet nicht den Höchstzuschuss von 55,46 EUR zur Pflegeversicherung (2017). Daher kann der Betrag von 26 EUR als Beitragszuschuss gezahlt werden.

- Die Beiträge zur gesetzlichen Pflegeversicherung des Ehemanns sind nicht zuschussfähig, da sie bereits zur Hälfte von seinem Arbeitgeber getragen werden.
- Sohn und Tochter haben keine eigenen Einkünfte und wären bei der Arbeitnehmerin familienversichert, falls diese bei einer gesetzlichen Pflegeversicherung versichert wäre. Die PV-Beiträge der Tochter sind zuschussberechtigt, allerdings nicht der Beitrag zur Studenten-Pflegeversicherung des Sohnes.

40 Rabattfreibetrag

40.1 Eigene Waren oder Dienstleistungen

Sachverhalt: Ein Transportunternehmen nutzt zur Betankung seines Fuhrparks eine betriebseigene Tankstelle. Arbeitnehmer des Betriebs können hier auch ihre privaten Pkw verbilligt betanken.

Kann der Rabattfreibetrag zur Anwendung kommen?

Lösung: Der Rabattfreibetrag nach §8 Abs. 3 Satz 2 EStG darf nicht berücksichtigt werden, da der Treibstoff nicht überwiegend an fremde Dritte abgegeben wird. Für die Anwendung des Rabattfreibetrags muss es sich um Waren handeln, die vom Arbeitgeber hergestellt oder vertrieben werden. Die dem Arbeitnehmer unentgeltlich oder verbilligt überlassenen Waren oder Dienstleistungen dürfen vom Arbeitgeber nicht nur für den Bedarf seiner Arbeitnehmer hergestellt bzw. angeschafft werden. Entscheidend ist, dass die Waren oder Dienstleistungen überwiegend fremden Dritten entgeltlich zur Verfügung gestellt werden.

40.2 Belegschaftsrabatt

Sachverhalt: Ein Möbelhändler, überlässt seiner Mitarbeiterin eine Schrankwand zum Preis von 3.000 EUR. Der angegebene offizielle Verkaufspreis der Schrankwand beträgt laut Preisauszeichnung 4.500 EUR.

Wie hoch ist der lohnsteuer- und sozialversicherungspflichtige geldwerte Vorteil aus dem Rabatt?

Lösung: Belegschaftsrabatte und Vorteile aus der unentgeltlichen Überlassung von Waren oder Dienstleistungen des eigenen Unternehmens gehören zum steuerpflichtigen Arbeitslohn. Jedoch kann der Arbeitgeber hiervon den Rabattfreibetrag i.H.v. 1.080 EUR pro Jahr abziehen. Der Rabattfreibetrag von 1.080 EUR gilt nur für Waren und Dienstleistungen, die der Arbeitgeber nicht überwiegend seinen Arbeitnehmern, sondern überwiegend den Kunden seines Unternehmens entgeltlich zur Verfügung stellt.

Die überlassenen Waren und Dienstleistungen müssen vor Anwendung des Rabattfreibetrags mit 96 % des »Abgabepreises an Letztverbraucher im allgemeinen Geschäftsverkehr« bewertet werden.

Abgabepreis ist der Wert, mit dem die Ware an Endverbraucher abgegeben wird. Zuzahlungen des Arbeitnehmers sind abzuziehen; sie reduzieren den geldwerten Vorteil. Auf den verbleibenden Betrag wird der Rabattfreibetrag i. H. v. 1.080 EUR berücksichtigt. Der Rabattfreibetrag ist ein Jahresbetrag und darf nicht je Warenlieferung oder je Dienstleistung abgezogen werden.

Berechnung geldwerter Vorteil

Preis Endverbraucher	4.500 EUR
Abzgl. pauschaler Bewertungsabschlag v. 4 %	**– 180 EUR**
Zwischensumme	4.320 EUR
Zuzahlung des Arbeitnehmers	**– 3.000 EUR**
Geldwerter Vorteil insgesamt	1.320 EUR
Abzgl. Rabattfreibetrag	**– 1.080 EUR**
Lohnsteuer- und sozialversicherungspflichtiger geldwerter Vorteil	240 EUR

Es verbleibt ein Betrag von 240 EUR, dieser führt beim Arbeitnehmer zu lohnsteuerpflichtigem Arbeitslohn und zu sozialversicherungspflichtigem Arbeitsentgelt. Der Arbeitnehmer kann für das laufende Jahr den Rabattfreibetrag nicht mehr nutzen.

40.3 Mahlzeiten (Vergleich Rabattfreibetrag – Sachbezugswert)

Sachverhalt: 10 Mitarbeiter einer Jugendherberge erhalten täglich Frühstück, Mittag- und Abendessen. Pro Mahlzeit müssen die Mitarbeiter 2 EUR zahlen. Der monatliche Betrag wird vom Lohn einbehalten. Wie sich aus den Aufzeichnungen für das laufende Jahr ergibt, wurden die 10 Mitarbeiter wie folgt verpflegt:

- 2.200 Frühstücke,
- 2.250 Mittagessen,
- 1.800 Abendessen.

Die Durchschnittspreise, für welche die Mahlzeiten an die Gäste der Jugendherberge abgegeben werden, betragen:

- 5 EUR für ein Frühstück,
- 10 EUR für ein Mittagessen und
- 8 EUR für ein Abendessen.

Mit dem Betriebsrat wird vereinbart, die steuerlich günstigste Besteuerungsart zu wählen.

Lösung: Da es sich um arbeitstägliche Mahlzeiten handelt, gelten die amtlichen Sachbezugswerte nach der Sozialversicherungsentgeltverordnung. Diese betragen für 2017:

Frühstück: 1,70 EUR
Mittagessen: 3,17 EUR
Abendessen: 3,17 EUR

Berechnung Sachbezugswert

Sachbezugswert je Frühstück	1,70 EUR
Abzgl. Zuzahlung je Mitarbeiter	– 2,00 EUR
Wert für 2.200 ausgegebene Frühstücke	0,00 EUR

Sachbezugswert je Mittag-/Abendessen	3,17 EUR
Abzgl. Zuzahlung je Mitarbeiter	– 2,00 EUR
Verbleiben	1,17 EUR

Wert Mittagessen (2.250 Essen × 1,17 EUR)	2.632,50 EUR
Wert Abendessen (1.800 Essen × 1,17 EUR)	+ 2.106,00 EUR
Summe geldwerte Vorteile	4.738,50 EUR
Geldwerter Vorteil je Arbeitnehmer (4.738,50 EUR : 10)	473,58 EUR

Da die Mehrzahl der Mahlzeiten an Gäste (und nicht an Arbeitnehmer) abgegeben wird, kann gleichzeitig der Rabattfreibetrag i.H.v. 1.080 EUR genutzt werden. Allerdings werden die Mahlzeiten dann nicht mit dem Sachbezugswert, sondern mit dem tatsächlichen Endverbraucherpreis bewertet. Der geldwerte Vorteil der Mahlzeiten wird in diesem Fall wie folgt ermittelt:

Berechnung Rabattfreibetrag

Fremdpreis Frühstück	5,00 EUR	
Davon 96%	4,80 EUR	
Abzgl. Zuzahlung Mitarbeiter	–2,00 EUR	
Verbleiben	2,80 EUR	
Wert Frühstücke (2.200 × 2,80 EUR)		6.160,00 EUR
Fremdpreis Mittagessen	10,00 EUR	
Davon 96%	9,60 EUR	

Abzgl. Zuzahlung Mitarbeiter	−2,00 EUR	
Verbleiben	7,60 EUR	
Wert Mittagessen (2.250 × 7,60 EUR)		+ 17.100,00 EUR
Fremdpreis Abendessen	8,00 EUR	
Davon 96 %	7,68 EUR	
Abzgl. Zuzahlung Mitarbeiter	−2,00 EUR	
Verbleiben	5,68 EUR	
Wert Abendessen (1.800 × 5,68 EUR)		+ 10.224,00 EUR
Summe geldwerte Vorteile		33.484,00 EUR
Geldwerter Vorteil je Arbeitnehmer (33.484 EUR : 10)		3.348,40 EUR
Abzgl. Rabattfreibetrag (höchstens 1.080 EUR)		−1.080,00 EUR
Verbleibender geldwerter Vorteil je Arbeitnehmer		2.268,40 EUR

In diesem Fall ist die Anwendung des Rabattfreibetrags von 1.080 EUR für den Arbeitnehmer ungünstiger als die Bewertung der Mahlzeiten nach den amtlichen Sachbezugswerten.

Die Lohnversteuerung des geldwerten Vorteils von durchschnittlich 473,85 EUR je Arbeitnehmer, aufgrund der amtlichen Sachbezugswerte muss über die Entgeltabrechnung der einzelnen Arbeitnehmer erfolgen. Zulässig ist auch eine Lohnsteuer-Pauschalierung mit 25 % durch den Arbeitgeber. Durch die Pauschalbesteuerung mit 25 % wird der Arbeitgeber Schuldner der Lohnsteuer. Der geldwerte Vorteil ist beim Arbeitnehmer weder lohnsteuerpflichtig noch führt er zur Beitragspflicht in der Sozialversicherung.

Ein zusätzlicher Vorteil besteht für den Arbeitnehmer darin, dass der Arbeitgeber in diesem Fall die pauschale Lohnsteuer übernehmen kann.

Praxistipp: Die Besteuerung kann – bei Bewertung mit den amtlichen Sachbezugswerten – vermieden werden, wenn die Zuzahlung der Arbeitnehmer für die gewährten Mittag- und Abendessen auf den amtlichen Sachbezugswert von 3,17 EUR je Mahlzeit erhöht wird. Die Zuzahlung für das Frühstück kann auf den niedrigeren Sachbezugswert von 1,70 EUR herabgesetzt werden.

40.4 Reiseleistung – Vermittlungsprovision

Sachverhalt: Die Arbeitnehmerin eines Reisebüros kann eine vom Arbeitgeber vermittelte Pauschalreise, die im Katalog des Reiseveranstalters zum Preis von 2.000 EUR angeboten wird, für lediglich 1.500 EUR buchen. Vom Preisnachlass i.H.v. 500 EUR entfallen 300 EUR auf die Reiseleistung des Veranstalters und 200 EUR auf die Vermittlungsprovision des Arbeitgebers.

Wie sind die unterschiedlichen Rabatte für die Arbeitnehmerin steuerlich zu behandeln?

Lösung: Es liegen 2 »Rabattarten« vor:

1. Der Arbeitgeber verzichtet auf seine Provision. Da der Arbeitgeber an seine Kunden ausschließlich Reisen vermittelt und dafür Provision bekommt, ist dieser Vorteil (200 EUR) über den Rabattfreibetrag begünstigt.
2. Beim Preisnachlass vom Reiseveranstalter handelt es sich um eine Lohnzahlung Dritter. Ein anderer als der Arbeitgeber gewährt einen Vorteil, der jedoch in Verbindung mit dem Arbeitsverhältnis steht. Der Arbeitgeber ist bezüglich dieses Vorteils zum Lohnsteuerabzug verpflichtet. Die Reiseleistung wird nicht vom Arbeitgeber, sondern vom Reiseveranstalter erbracht. Daher kann für diesen Rabatt der Rabattfreibetrag nach von 1.080 EUR nicht in Anspruch genommen werden.

Berechnung geldwerter Vorteil

Wert der Reise	2.000 EUR
Arbeitgeberverzicht auf einen Teil der Provision	200 EUR
Steuerlicher Wert 96 %	192 EUR
Begünstigt durch den Rabattfreibetrag, höchstens 192 EUR)	**– 192 EUR**
Geldwerter Vorteil (lohnsteuer- und sozialversicherungspflichtig	0 EUR
Verbleiben (2.000 EUR – 200 EUR)	1.800 EUR
davon 96 %	1.728 EUR
Abzgl. Zuzahlung Arbeitnehmer	**– 1.500 EUR**
Geldwerter Vorteil (lohnsteuer- und sozialversicherungspflichtig)	228 EUR

Der Rabattfreibetrag von 1.080 EUR ist auf den – nicht vom Arbeitgeber eingeräumten – Teil der Verbilligung (Reiseleistung) nicht anwendbar.

40.5 Produkt des Arbeitgebers

Sachverhalt: Eine Druckerei druckt eine Tageszeitung für einen Verlag. Alle Arbeitnehmer der Druckerei können die Tageszeitung verbilligt abonnieren. Statt des üblichen Abonnementpreises von 200 EUR im Jahr erhalten die Mitarbeiter das Abo für 80 EUR.

Kommt der Rabattfreibetrag i.H.v. 1080 EUR hier zur Anwendung?

Lösung: Der Rabattfreibetrag gilt auch für Waren, die ein Arbeitgeber im Auftrag und nach den Plänen und Vorgaben eines anderen produziert. Der Arbeitgeber druckt zwar die Zeitung, der Inhalt stammt aber von der Redaktion und somit nicht vom Arbeitgeber selbst.

Berechnung geldwerter Vorteil

Preis Endverbraucher	200 EUR
Abzgl. pauschaler Bewertungsabschlag v. 4%	– **8 EUR**
Zwischensumme	192 EUR
Abo-Preis Arbeitnehmer	– **80 EUR**
Geldwerter Vorteil insgesamt	112 EUR
Abzgl. Rabattfreibetrag (höchstens 1.080 EUR)	– **112 EUR**
Lohnsteuer- und sozialversicherungspflichtiger geldwerter Vorteil	0 EUR

Den verbleibenden Rabatt-Freibetrag i.H.v. 968 EUR (1.080 EUR – 112 EUR) kann der Arbeitgeber für sonstige Vergünstigungen an den Arbeitnehmer nutzen.

40.6 Personalrabatte (Konzern)

Sachverhalt: Bei einem großen Energieversorger erhalten alle Mitarbeiter verbilligt Strom und Gas. Im Laufe des Jahres wird das Unternehmen in einen Konzern eingebracht. Die einzelnen Betriebszweige werden verselbstständigt in:

ABC Stromversorgung GmbH
ABC Gas GmbH
ABC Netz und Versorgungsleitung AG
ABC Holding AG

Der verbilligte Bezug von Strom und Gas gilt weiter. Ein Mitarbeiter der ABC Stromversorgung GmbH nutzt einen Rabatt von 500 EUR beim Strom (Strombezug für 1.300 EUR abzüglich Zahlung von 800 EUR) und 400 EUR beim Gas (Gasbezug für 2.000 EUR abzüglich Zahlung von 1.600 EUR).

Wie sind die Vorteile steuerlich abzurechnen?

Lösung: Der Rabattfreibetrag gilt arbeitgeberbezogen: Bei der ABC Stromversorgung GmbH bleiben Rabatte beim Strombezug durch den Rabattfreibetrag begünstigt, nicht aber der verbilligte Bezug von Gas.

Strombezug mit Rabattfreibetrag

Preis Endverbraucher	1.300 EUR
Abzgl. Pauschaler Bewertungsabschlag v. 4%	**– 52 EUR**
Zwischensumme	1.248 EUR
Abzgl. Zahlung Arbeitnehmer	**– 800 EUR**
Geldwerter Vorteil	448 EUR
Abzgl. Rabattfreibetrag (höchstens 1.080 EUR) 448 EUR	**– 448 EUR**
Lohnsteuer- und sozialversicherungspflichtiger geldwerter Vorteil	0 EUR

Den verbleibenden Rabatt-Freibetrag i.H.v. 632 EUR (1.080 EUR – 448 EUR) kann der Arbeitgeber für sonstige Vergünstigungen an den Arbeitnehmer nutzen.

Gasbezug ohne Rabattfreibetrag

Preis Endverbraucher	2.000 EUR
Abzgl. Pauschaler Bewertungsabschlag v. 4 %	**– 80 EUR**
Zwischensumme	1.920 EUR
Abzgl. Zahlung Arbeitnehmer	**– 1.600 EUR**
Geldwerter Vorteil	320 EUR
Abzgl. Rabattfreibetrag (höchstens 1.080 EUR)	0 EUR
Lohnsteuer- und sozialversicherungspflichtiger geldwerter Vorteil	320 EUR

Steuerlich benachteiligt sind die Mitarbeiter der ABC Netz und Versorgungsleitung AG sowie der Holding: Ihre tarifvertraglich festgeschriebenen Preisnachlässe beim Bezug von Strom und Gas sind nicht über den Rabattfreibetrag begünstigt, da ihr Arbeitgeber keine derartigen Leistungen überwiegend an Kunden erbringt.

Selbst wenn die Holding die Muttergesellschaft bildet und die einzelnen Betriebszweige Tochtergesellschaften werden, verbleibt es bei der Lösung. Die Mitarbeiter erhalten den Rabattfreibetrag lediglich für den eigenen Geschäftszweig des Arbeitgebers.

Die Holding-Mitarbeiter erhalten aus allen Betriebszweigen keinen Rabattfreibetrag, da die Holding weder Waren herstellt oder vertreibt, noch Dienstleistungen erbringt.

Hinweis: Bei der Bewertung von Sachbezügen besteht ein Wahlrecht zwischen der Rabattregelung und der Einzelbewertung. Zusätzlich besteht bei der Einzelbewertung von Sachbezügen ein Wahlrecht zwischen

- dem üblichen Endpreis am Abgabeort (96-%-Grenze bei Sachbezügen) und
- dem günstigsten Preis am Markt (z. B. Preis von Anbietern im Internet).

41 Reisekostenabrechnung

41.1 Auswärtstätigkeit unter 3 Monaten

Sachverhalt: Ein Arbeitnehmer betreut ein Großprojekt bei einem Kunden. Für einen Zeitraum von 2 Monaten ist er an 3 Tagen wöchentlich beim Kunden vor Ort. An diesen Tagen kommt er nicht wie üblich zum Firmensitz. Der Kunde hat seinen Sitz 50 Kilometer entfernt von der Wohnung des Mitarbeiters; die Entfernung von Firma zu Firma beträgt 40 Kilometer.

Der Arbeitnehmer fährt jeweils gegen 7:30 Uhr von seiner Wohnung zum Kunden und kehrt gegen 18.00 Uhr nach Hause zurück. Die Strecken fährt er mit dem eigenen Pkw. Übernachtungen finden nicht statt. Nach einer firmeninternen Regelung werden Reisekosten in der steuerlich zulässigen Höhe voll erstattet (Fahrtkosten mit Kilometerpauschalen).

In welcher Höhe können wöchentlich Reisekosten lohnsteuer- und sozialversicherungsfrei erstattet werden?

Lösung: Der Arbeitnehmer unternimmt beruflich veranlasste Auswärtstätigkeiten, weil er aus beruflichen Gründen außerhalb seiner ersten Tätigkeitsstätte und auch außerhalb seiner Wohnung tätig wird. Es dürfen ihm Reisekosten steuer- und sozialversicherungsfrei erstattet werden. Für den Arbeitnehmer fallen Fahrt- und Verpflegungskosten an.

Für Verpflegung werden im Inland Pauschalen von 12 EUR für eintägige Reisen mit über 8 Stunden Abwesenheit gezahlt. Maßgeblich ist die Abwesenheitszeit von Wohnung und erster Tätigkeitsstätte.

Für den Arbeitnehmer ergibt sich jeweils eine Abwesenheitszeit von 10,5 Stunden.

Verpflegungspauschale wöchentlich

3 Tage × 12 EUR = 36 EUR

Es können Verpflegungspauschalen von 36 EUR wöchentlich steuer- und sozialversicherungsfrei erstattet werden.

Die Fahrtkosten können in der tatsächlich nachgewiesenen Höhe steuerfrei ersetzt werden. Statt eines Einzelnachweises kann bei Fahrten mit dem eigenen Pkw eine Kilometerpauschale von 0,30 EUR je gefahrenen Kilometer steuer- und sozialversicherungsfrei erstattet werden. Fahrten von der Wohnung zur auswärtigen Tätigkeitsstätte gehören zu den begünstigten Fahrten. Als maßgebende Entfernung können deshalb 50 Kilometer (und nicht nur die kürzere Entfernung zwischen den beiden Firmen) berücksichtigt werden.

Fahrtkosten wöchentlich

2 × 50 Kilometer × 0,30 EUR = 30 EUR × 3 Tage (Woche) = 90 EUR

Es können Fahrtkosten von 90 EUR wöchentlich steuer- und sozialversicherungsfrei erstattet werden.

Dem Arbeitnehmer können wöchentliche Reisekosten von gesamt 126 EUR steuer- und sozialversicherungsfrei erstattet werden.

Praxistipp: Ein Einzelnachweis der tatsächlichen Verpflegungskosten ist nicht möglich. Die Fahrtkosten können auch in tatsächlicher Höhe erstattet werden, dazu ist ein Fahrtenbuch zu führen.

Hinweis: Steuerfreie Verpflegungszuschüsse bei Auswärtstätigkeiten müssen grundsätzlich auf der Lohnsteuerbescheinigung aufgeführt werden. Allerdings gilt dies nach einer Billigkeitsregelung nur dann, wenn sie im Lohnkonto aufgezeichnet worden sind.

41.2 Auswärtstätigkeit (3-Monatsfrist)

Sachverhalt: Ein Arbeitnehmer ist seit April vorübergehend in Mannheim eingesetzt (voraussichtlich bis zum Ende des Jahres). Er fährt täglich mit dem eigenen Pkw von seinem Wohnort zur 80 Kilometer entfernten Einsatzstelle. Übernachtungen finden nicht statt.

Der Arbeitnehmer fährt jeweils gegen 7:00 Uhr von seiner Wohnung zum Kunden und kehrt gegen 18.00 Uhr nach Hause zurück.

Nach einer firmeninternen Regelung erhält der Arbeitnehmer eine tägliche Verpflegungspauschale von 5 EUR während der gesamten Einsatzdauer. Fahrtkosten werden mit der Kilometerpauschale von 0,30 EUR erstattet.

Die Reisekosten für die Monate Juni und Juli sollen abgerechnet werden. Nach den Aufzeichnungen des Arbeitnehmers war er in beiden Monaten je 20 Tage in Mannheim.

In welcher Höhe müssen dem Mitarbeiter Kosten erstattet werden und welche lohnsteuer- und sozialversicherungsrechtlichen Folgen ergeben sich?

Lösung: Der Arbeitnehmer unternimmt eine beruflich veranlasste Auswärtstätigkeit, weil er aus beruflichen Gründen außerhalb seiner ersten Tätigkeitsstätte und auch außerhalb seiner Wohnung tätig wird. Dementsprechend dürfen ihm Reisekosten steuer- und sozialversicherungsfrei erstattet werden.

Für Verpflegung werden nach der firmeninternen Regelung 5 EUR täglich bei einer Abwesenheitszeit des Mitarbeiters von 11 Stunden erstattet. Steuerlich zulässig wäre eine Verpflegungspauschale von 12 EUR, sodass die steuerfreie Grenze unterschritten wird.

Verpflegungskosten monatlich

20 Arbeitstage × 5 EUR = 100 EUR

Nach Ablauf von 3 Monaten der Tätigkeit am selben Ort dürfen keine Verpflegungspauschalen mehr steuerfrei erstattet werden.

Bei Fahrten mit dem eigenen Pkw wird steuerlich eine Kilometerpauschale von 0,30 EUR je gefahrenen Kilometer gewährt. Fahrten von der Wohnung zur auswärtigen Tätigkeitsstätte gehören in vollem Umfang zu den betrieblichen Fahrten. Für die einzelnen Hin- und Rückfahrten ergibt sich folgende Berechnung:

Fahrtkosten monatlich

2 × 80 Kilometer × 0,30 EUR = 48 EUR × 20 Tage = 960 EUR

Die Fahrtkosten können ohne zeitliche Begrenzung steuerfrei erstattet werden. Der Mitarbeiter erhält für Juni und Juli jeweils Reisekostenerstattungen i. H. v. 1.060 EUR.

Lohnsteuer und Sozialversicherung

Juni: Die Erstattung ist in voller Höhe lohnsteuer- und sozialversicherungsfrei.

Juli: Bei der Erstattung von Verpflegungspauschalen ist die 3-Monatsfrist zu beachten: Es handelt sich um steuer- und sozialversicherungspflichtigen Arbeitslohn i. H. v. 100 EUR.

Hinweis: Für die Monate bis einschließlich Juni kann der Arbeitnehmer die restlichen Spesen bis zum steuerlichen Höchstbetrag von 7 EUR/Tag (12 EUR – 5 EUR Arbeitgebererstattung) in seiner Einkommensteuererklärung geltend machen.

41.3 Übernachtungs- und Nebenkosten

Sachverhalt: Eine Vertriebsmitarbeiterin unternimmt mit der Bahn eine 2-tägige Diensteise durch Norddeutschland. Die Fahrtkosten wurden bereits im Rahmen des Großkundenabonnements des Arbeitgebers mit der Bahn abgerechnet.

Die Mitarbeiterin legt mit ihrer Reisekostenabrechnung eine Hotelrechnung vor, die auf das Unternehmen ausgestellt ist.

- In der Rechnung ist neben einer Übernachtung zum Preis von 75 EUR ein Business-Package, das einen Internetzugang und das Frühstück beinhaltet, zum Preis von 20 EUR ausgewiesen. Der Anteil, der auf das Frühstück entfällt, ist nicht ersichtlich.

- Zudem legt die Mitarbeiterin Taxiquittungen über insgesamt 45 EUR vor.

- Laut Reisekostenabrechnung hat die Arbeitnehmerin ihre Wohnung am Donnerstag um 7 Uhr verlassen und ist am Freitag um 18 Uhr dorthin zurückgekehrt.

Nach einer firmeninternen Regelung werden Reisekosten in der steuerlich zulässigen Höhe voll erstattet. Kosten für Frühstück werden nicht erstattet.

Wie hoch ist die Reisekostenerstattung für die Mitarbeiterin und welche lohnsteuer- und sozialversicherungsrechtlichen Folgen ergeben sich?

Lösung: Die Mitarbeiterin unternimmt eine beruflich veranlasste Auswärtstätigkeit, weil sie aus beruflichen Gründen außerhalb ihrer ersten Tätigkeitsstätte und auch außerhalb ihrer Wohnung tätig wird. Dementsprechend können Reisekosten steuer- und sozialversicherungsfrei erstattet werden.

Die Fahrtkosten für öffentliche Verkehrsmittel dürfen dabei in voller Höhe erstattet werden. Die Übernahme der Kosten für die Bahnfahrt durch den Arbeitgeber hat keine steuerlichen oder sozialversicherungsrechtlichen Folgen.

Kosten für Hotelübernachtungen können steuerlich in voller Höhe steuerfrei ersetzt werden. Aufgrund der firmeninternen Regelung ist der Betrag um die Kosten für das Frühstück zu mindern.

Übernachtung

Das Business-Package ist ein Sammelposten, für den der Frühstückspreis nicht einzeln angegeben werden muss. Der Wert des Frühstücks kann deshalb pauschal mit 4,80 EUR geschätzt werden. Die verbleibenden Kosten von 90,20 EUR können steuer- und sozialversicherungsfrei erstattet werden.

Verpflegungskostenpauschalen

Für beide Tage der Reise kann die »kleine« Verpflegungspauschale i.H.v. 12 EUR erstattet werden. Es können Verpflegungskosten von gesamt 24 EUR steuer- und sozialversicherungsfrei erstattet werden. Eine Kürzung der Verpflegungspauschalen unterbleibt, weil der Arbeitgeber das Frühstück nicht übernommen hat.

Nebenkosten

Die Taxikosten können in der nachgewiesenen Höhe von 45 EUR steuer- und sozialversicherungsfrei erstattet werden.

Insgesamt sind 159,20 EUR steuer- und sozialversicherungsfrei zu erstatten.

Praxistipp: Steuerlich könnte der Arbeitgeber auch das Frühstück übernehmen, weil die Rechnung auf ihn ausgestellt ist. Allerdings wäre dann die Verpflegungspauschale um 4,80 EUR wegen Mahlzeitengestellung zu kürzen. Weil im obigen Fall die Höhe der Frühstückskosten geschätzt worden ist (mit 4,80 EUR) ergibt sich letztlich in beiden Varianten eine steuerfreie Gesamtspesenerstattung in gleicher Höhe.

41.4 Übernachtung vom Arbeitgeber veranlasst

Sachverhalt: Ein Arbeitnehmer unternimmt mit der Bahn eine 2-tägige Reise nach München. Die Übernachtung in München zum Preis von 80 EUR zuzüglich 20 EUR Frühstück hat er selbst gebucht. Der Mitarbeiter legt die Rechnung, die auf die Firma ausgestellt ist, zusammen mit den Bahnfahrkarten

i. H. v. 176 EUR zur Erstattung vor. Die Reisekostenordnung des Unternehmens sieht eine Übernahme der Frühstückskosten bei Hotelübernachtungen vor.

Nach seiner Reisekostenabrechnung hat der Mitarbeiter seine Wohnung am ersten Reisetag um 5.30 Uhr verlassen und ist am Rückreisetag um 19.30 Uhr dorthin zurückgekehrt. Nach einer firmeninternen Regelung werden Reisekosten in der steuerlich zulässigen Höhe voll erstattet.

Wie hoch ist die Reisekostenerstattung für den Mitarbeiter und welche lohnsteuer- und sozialversicherungsrechtlichen Folgen ergeben sich?

Lösung: Der Mitarbeiter unternimmt eine beruflich veranlasste Auswärtstätigkeit, weil er aus beruflichen Gründen außerhalb seiner ersten Tätigkeitsstätte und auch außerhalb seiner Wohnung tätig wird. Dementsprechend dürfen ihm Reisekosten steuer- und sozialversicherungsfrei erstattet werden.

Fahrkosten

Die Fahrtkosten für Bahnfahrten dürfen in voller Höhe von 176 EUR steuer- und sozialversicherungsfrei erstattet werden.

Übernachtung

Die Übernachtungskosten können in voller Höhe erstattet werden. Das Frühstück wurde auf Veranlassung des Arbeitgebers abgegeben. Bei Mahlzeitengestellungen anlässlich von Auswärtstätigkeiten geht die Verwaltung bereits von einer Gewährung der Verpflegung auf Veranlassung des Arbeitgebers aus, wenn die Aufwendungen vom Arbeitgeber dienst- oder arbeitsrechtlich ersetzt werden und die Rechnung auf den Arbeitgeber ausgestellt ist. Ein Ansatz mit dem Sachbezugswert scheidet aber aus, wenn dem Mitarbeiter für die Tage Verpflegungsspesen zustehen; das ist hier der Fall.

Verpflegungspauschalen

Der Arbeitnehmer war an beiden Tagen mehr als 14 Stunden, aber weniger als 24 Stunden von der Wohnung und der ersten Tätigkeitsstätte abwesend. Er erhält deshalb die »kleine« Pauschale von jeweils 12 EUR steuerfrei gezahlt. Wegen der Frühstückgestellung ist diese jedoch i.H.v. 20% der vollen Tagespauschale von 24 EUR zu kürzen. Deshalb sind die Spesen um 4,80 EUR zu mindern. Es verbleiben noch steuerfreie Verpflegungspauschalen von 19,20 EUR.

Steuer- und sozialversicherungsfreie Erstattung gesamt

Fahrtkosten	176,00 EUR
Übernachtungskosten	+ 100,00 EUR
Verpflegungspauschalen	**+ 19,20 EUR**
Summe	295,20 EUR

41.5 Abweichende Reisekostenregelungen

Sachverhalt: Nach unternehmensinternen Regelungen erhalten Mitarbeiter bei Auswärtstätigkeiten für Fahrten mit dem eigenen Pkw einen Fahrtkostenersatz von 0,50 EUR je gefahrenen Kilometer. Verpflegungspauschalen werden hingegen nicht gewährt.

Es liegt eine Reisekostenabrechnung vor, nach der ein Mitarbeiter am Montag um 6.00 Uhr seine Wohnung verlassen hat und zu einer beruflichen Auswärtstätigkeit aufgebrochen ist. Dabei hat er bis zu seiner Rückkehr um 21.00 Uhr 600 Kilometer mit dem eigenen Pkw zurückgelegt.

Wie hoch ist die Reisekostenerstattung und welche steuer- und sozialversicherungsrechtlichen Folgen ergeben sich?

Lösung: *Reisekostenerstattung nach firmeninterner Regelung*

Fahrtkosten: 600 Kilometer × 0,50 EUR = 300 EUR

Steuerlich hat der Mitarbeiter eine beruflich veranlasste Auswärtstätigkeit ausgeübt, für die steuer- und sozialversicherungsfrei nachfolgende Reisekosten erstattet werden dürfen:

Bei Fahrten mit dem eigenen Pkw wird ohne Einzelnachweis steuerlich eine Kilometerpauschale von 0,30 EUR je gefahrenen Kilometer gewährt.

Zusätzlich können, steuer- und sozialversicherungsfreie Verpflegungspauschalen gewährt werden. Am Montag ist der Mitarbeiter mehr als 8 Stunden von der Wohnung und der ersten Tätigkeitsstätte abwesend und erhält dafür eine Pauschale von 12 EUR.

Reisekostenerstattung nach gesetzlicher Regelung

Fahrtkosten (600 Kilometer × 0,30 EUR)	180 EUR
Verpflegungspauschalen	12 EUR
Summe	192 EUR

Für die Fahrtkosten gehen die Erstattungen des Arbeitgebers über die steuerlich zulässigen Beträge hinaus. Die einzelnen Kostenarten dürfen jedoch miteinander saldiert werden. In diesem Fall können die Erstattungen deshalb teilweise mit der nicht gewährten Verpflegungspauschale verrechnet werden.

Letztlich bleibt aber immer noch eine Erstattung von 108 EUR (300 EUR abzüglich 192 EUR), die über die steuer- und sozialversicherungsrechtlichen Höchstgrenzen hinausgeht. Insoweit liegt steuerpflichtiger Arbeitslohn vor.

Neben der steuerfreien Verpflegungspauschale von 12 EUR können aber nochmals bis zur gleichen Höhe Verpflegungskostenerstattungen pauschal mit 25 % versteuert werden. Wegen der Verrechnungsmöglichkeiten gilt dies auch in diesem Fall. Die Pauschalversteuerung des Teilbetrags von 12 EUR führt zur Sozialversicherungsfreiheit.

Insgesamt ergibt sich damit folgende Behandlung der Reisekostenerstattung

Gesamterstattung	300 EUR
Davon steuer- und sozialversicherungsfrei	192 EUR
Davon mit 25 % pauschal besteuert und sozialversicherungsfrei	12 EUR
Davon regulär steuer- und sozialversicherungspflichtig	96 EUR

41.6 Auswärtstätigkeit mit Anschlussaufenthalt

Sachverhalt: Ein Abteilungsleiter fliegt am Mittwoch zu einer Fachtagung nach Hamburg, bei der er selbst einen Vortrag hält. Die Tagung dauert bis Freitagnachmittag. Am Samstag besucht er noch Freunde in Hamburg und fliegt am Sonntag zurück. Der Rückflug am Freitagnachmittag hätte dasselbe gekostet wie am Sonntag.

Er legt die Rechnung für den Flug über 400 EUR, die Hotelrechnung für vier Übernachtungen sowie einen Sammelposten für Internetnutzung und Frühstück i.H.v. insgesamt 400 EUR (100 EUR/Nacht) vor.

Der Abteilungsleiter hat am Mittwoch um 14 Uhr die Firma verlassen und ist am Sonntag gegen 18 Uhr nach Hause zurückgekehrt.

Der Arbeitgeber erstattet Reisekosten bis zu den steuerlichen Höchstgrenzen und Beschränkungen.

Wie hoch ist die Reisekostenerstattung für den Mitarbeiter und welche lohnsteuer- und sozialversicherungsrechtlichen Folgen ergeben sich?

Lösung: Der Mitarbeiter wird außerhalb seiner ersten Tätigkeitsstätte und seiner Wohnung tätig. Eine steuerlich zu berücksichtigende Auswärtstätigkeit liegt nur vor, wenn sie zum Zweck einer auswärtigen beruflichen Tätigkeit durchgeführt wird. Berufliche Gründe liegen vor, wenn der Reise offensichtlich ein unmittelbarer konkreter beruflicher Anlass zugrunde liegt. Diese Voraussetzung ist nur bis einschließlich Freitag erfüllt.

Ab Freitagnachmittag beginnt ein privat veranlasster Anschlussaufenthalt.

Bei den Übernachtungs- und Verpflegungskosten für diesen Zeitraum handelt es sich nicht mehr um Reisekosten.

Flugkosten

Die Flugkosten sind Reisekosten, da sie durch einen unmittelbaren (konkreten) betrieblichen Anlass bedingt sind. Sie dürfen in voller Höhe von 400 EUR steuer- und sozialversicherungsfrei erstattet werden.

Das gilt aber nur, wenn privat veranlasste Reisetage nicht zu einer unabgrenzbaren Erhöhung der Flugkosten führen (Rückflug am Sonntag darf nicht teurer sein als am Freitag).

Übernachtung

Die Erstattung der Hotelkosten für die 2 Übernachtungen Mittwoch und Donnerstag ist steuerfrei.

Verpflegungspauschalen

Der Mitarbeiter erhält – auch zur Abgeltung des Frühstücksbedarfs – steuer- und sozialversicherungsfreie Verpflegungspauschalen.

Mittwoch: Für An-und Abreisetage kann eine Pauschale von 12 EUR steuerfrei gewährt werden.

Donnerstag: Die Abwesenheit beträgt volle 24 Stunden und die Pauschale 24 EUR.

Freitag: Die Abwesenheit beträgt zwar 24 Stunden, ab nachmittags ist sie jedoch nicht mehr beruflich veranlasst, deshalb sollten für den Freitag nur noch 12 EUR erstattet werden.

Frühstück

Da die Rechnung für den Sammelposten keine Einzelangaben zum Frühstück enthält, kann der Frühstückswert mit 20 % der vollen Tagespauschale von 24 EUR geschätzt werden. Will der Arbeitgeber nur die reine Übernachtung erstatten, kann die Übernachtungskostenerstattung für die beiden Nächte jeweils um 4,80 EUR auf 95,20 EUR gekürzt werden. Steuerlich könnte der

Arbeitgeber auch das Frühstück übernehmen, wenn die Rechnung auf ihn ausgestellt ist. Wegen Mahlzeitengestellung wären dann allerdings die Verpflegungspauschalen für beide Tage um 4,80 EUR zu kürzen. Letztlich ergibt sich in beiden Varianten eine steuerfreie Gesamtspesenerstattung in gleicher Höhe.

Steuer- und sozialversicherungsfreie Erstattung insgesamt

Fahrtkosten (Flug)	400,00 EUR
Übernachtungskosten (ungekürzt)	+ 200,00 EUR
Verpflegungspauschalen (ungekürzt)	+ 48,00 EUR
Kürzung für 2 Frühstücke	**– 9,80 EUR**
Gesamterstattung	638,20 EUR

41.7 Gemischt veranlasste Gruppenreise

Sachverhalt: Für Außendienstmitarbeiter einer Firma findet regelmäßig einmal jährlich ein einwöchiges Verkaufstraining an wechselnden Orten statt (5 Aufenthaltstage). Die Schulung findet in diesem Jahr mit 50 Teilnehmern an der kroatischen Küste statt.

Neben diversen Vorträgen an den Vormittagen besuchen die Mitarbeiter auch die Betriebe potenzieller Großabnehmer.

Nachmittags und abends nehmen die Mitarbeiter an touristischen und kulturellen Programmpunkten teil.

Die Gesamtkosten für die Reise betragen 100.000 EUR. Das Reisebüro, das mit der kompletten Organisation betraut ist, stellt folgende Rechnung auf:

Flugkosten	50.000 EUR
Übernachtungskosten	20.000 EUR
Verpflegung	10.000 EUR
Touristisches Programm	10.000 EUR
Vortragsveranstaltungen	5.000 EUR
Fahrtkosten vor Ort	5.000 EUR
Gesamtkosten	100.000 EUR

Wie sieht die Lohnabrechnung für die beteiligten Außendienstmitarbeiter aus und welche steuer- bzw. sozialversicherungsrechtlichen Folgen aus der Gruppenreise sind zu berücksichtigen?

Lösung: Zunächst werden die Kostenbestandteile der Reise ermittelt, die leicht und eindeutig dem betrieblichen Bereich zuzuordnen sind. Dazu gehören die Aufwendungen für die Vorträge.

Das touristische Programm stellt rein private Kosten dar, die auszuscheiden bzw. als Lohn zu behandeln sind.

Kosten gesamt	100.000 EUR
Abzgl. Aufwendungen Vorträge	– 5.000 EUR
Abzgl. private Kosten Arbeitnehmer	**– 10.000 EUR**
Restliche Kosten	85.000 EUR

Die restlichen Kosten für die Beförderung (Flug- bzw. Fahrtkosten, Transfers), die Hotelunterbringung und die Verpflegung sind im Wege der Schätzung aufzuteilen. Als Aufteilungsmaßstab ist grundsätzlich das Verhältnis der Zeitanteile heranzuziehen, in dem die Reise-Bestandteile mit privatem Charakter zu den aus betrieblichen Gründen durchgeführten Reise-Bestandteilen stehen. Hilfsweise ist nach der Rechtsprechung ein Maßstab von 50:50 zulässig.

Bei der Aufteilung der Verpflegungskosten ist zu beachten, dass Arbeitslohn in der Höhe vorliegt, in der die vom Arbeitgeber getragenen Verpflegungskosten 50% des 2017 für Kroatien geltenden Höchstbetrags von 28 EUR übersteigen. Danach ist bei den Verpflegungskosten ein Betrag von 3.500 EUR (28 EUR × 50% × 5 Aufenthaltstage × 50 Mitarbeiter) nicht als Arbeitslohn zu erfassen.

Nach Abzug der Verpflegungskosten i.h.v. 10.000 EUR bleiben noch Kosten von 75.000 EUR, auf die der hälftige Aufteilungsmaßstab Anwendung findet.

Steuer- und sozialversicherungspflichtiger Arbeitslohn Arbeitnehmer

Touristisches Programm	10.000,00 EUR
Anteil aufzuteilende Kosten (50% v. 75.000 EUR)	+ 37.500,00 EUR
Verpflegungskosten (10.000 EUR – 3.500 EUR)	+ 6.500 ,00 EUR
Arbeitslohn gesamt	54.000,00 EUR
Arbeitslohn je Mitarbeiter (54.000 EUR : 50)	1.080,00 EUR

Hinweis: Nach der Rechtsprechung ist grundsätzlich eine Aufteilung der Kosten nach objektiven Gesichtspunkten vorzunehmen bei einer Reise, die sowohl Elemente beinhaltet, bei denen die betriebliche Zielsetzung des Arbeitgebers im Vordergrund steht, als auch Bestandteile umfasst, deren Gewährung sich als geldwerter Vorteil darstellt (gemischt veranlasste Reise). Ist eine genaue Ermittlung oder Berechnung der Besteuerungsgrundlagen nicht möglich, sind sie zu schätzen.

Praxistipp: Auch auf Arbeitnehmerseite lassen Rechtsprechung und Verwaltung eine Aufteilung zu, wenn die Kosten nicht von der Firma ersetzt werden.

41.8 Auswärtstätigkeit mit vorgeschaltetem Urlaub

Sachverhalt: Ein Arbeitnehmer muss im August wegen Verkaufsverhandlungen zu einem Kunden nach Shanghai (China). Die Verhandlungen erstrecken sich über eine Woche. Der Arbeitgeber trägt die Aufwendungen für Flug, Unterkunft und Verpflegung.

Der Arbeitnehmer möchte vor den Verhandlungen einen 2-wöchigen Urlaub in China machen. Dabei will er eine Rundreise machen, die in Peking beginnt und in Shanghai endet.

Er möchte wissen, ob der Arbeitgeber auch einen Gabelflug erstatten würde und welche steuerlichen und sozialversicherungsrechtlichen Folgen sich daraus ergeben würden. Alle weiteren Kosten, die für seine Rundreise anfallen, übernimmt der Mitarbeiter selbst.

Ein Gabelflug Peking/Shanghai kostet 1.500 EUR, ein Flug nach Shanghai hin und wieder zurück 1.000 EUR. Dem Arbeitnehmer wird jedoch der gewünschte Gabelflug gewährt.

Welche steuerlichen und sozialversicherungsrechtlichen Folgen ergeben sich?

Lösung: Der Arbeitnehmer wird außerhalb seiner Wohnung und seiner ersten Tätigkeitsstätte tätig. Eine steuerlich zu berücksichtigende Auswärtstätigkeit liegt jedoch nur vor, wenn sie zum Zweck einer auswärtigen beruflichen Tätigkeit durchgeführt wird. Berufliche Gründe liegen vor, wenn der Reise offensichtlich ein unmittelbarer, konkreter beruflicher Anlass zugrunde liegt. Diese Voraussetzung ist für einen Kundenbesuch in China offensichtlich erfüllt.

Weil der Arbeitnehmer vor dem beruflichen Aufenthalt privat Urlaub macht, ist die Reise nach China jedoch nicht mehr ausschließlich beruflich veranlasst. Allerdings ist eine Aufteilung der meisten Kosten problemlos möglich.

Kosten Unterkunft und Verpflegung

Dem Arbeitnehmer dürfen nach seiner Ankunft in Shanghai für die beruflich veranlassten Tage Hotel- und Verpflegungskosten erstattet werden. Bei 24-stündiger Abwesenheit können 2017 für Shanghai Verpflegungspauschalen von 50 EUR steuer- und sozialversicherungsfrei erstattet werden.

Ohne Einzelnachweis können Hotelkosten bis zu 128 EUR je Nacht pauschal erstattet werden.

Flugkosten

Die Flugkosten sind Reisekosten, da sie durch einen unmittelbaren (konkreten) betrieblichen Anlass bedingt sind. Das gilt allerdings nicht, soweit die privat veranlassten Reisetage zu einer Erhöhung der Flugkosten führen, insbesondere wenn diese Erhöhung nicht eindeutig abgrenzbar ist. Dies ist jedoch in vorliegendem Fall möglich.

Der Gabelflug führt zu einer Verteuerung um 500 EUR. Diese Mehrkosten sind privat veranlasst und können nicht abgabenfrei ersetzt werden.

Steuer- und sozialversicherungsfrei dürfen dem Mitarbeiter nur die Flugkosten i. H. v. 1.000 EUR erstattet werden.

41.9 Urlaub zwischen dienstlichen Terminen

Sachverhalt: Ein Arbeitnehmer muss wegen Verkaufsverhandlungen zu mehreren Kunden in Bayern.

Er verlässt montags um 7.00 Uhr seine Wohnung und besucht noch am selben Tag einen Kunden in Nürnberg. Am Abend übernachtet er in einem nahe gelegenen Hotel zum Preis von 90 EUR ohne Frühstück.

Am Dienstag besucht er bis 15.00 Uhr einen Kunden in Erlangen. Statt sich danach auf die Heimreise zu machen, besucht er seine Schwester in Ulm und bleibt dort bis Donnerstagmorgen (Hotelkosten sind während dieser Zeit nicht angefallen).

Danach fährt er nach München weiter und absolviert dort am Freitagvormittag weitere Kundenbesuche. Die Übernachtung in einem Hotel kostet 100 EUR ohne Frühstück.

Am Freitagnachmittag fährt er wieder nach Hause und kommt dort gegen 20.00 Uhr an.

Verpflegungs- und Übernachtungskosten – mit Ausnahme von Frühstück – werden vom Arbeitgeber bis zu den steuerlichen Höchstgrenzen erstattet.

Für die Fahrten (insgesamt mehr als 1.500 Kilometer) benutzt der Mitarbeiter seinen Dienstwagen. Die Privatnutzung des Dienstwagens wird nach der 1-%-Regelung besteuert.

In welcher Höhe können dem Mitarbeiter Reisekosten erstattet werden?

Lösung: Der Arbeitnehmer wird außerhalb seiner ersten Tätigkeitsstätte und auch außerhalb seiner Wohnung tätig. Eine beruflich veranlasste Auswärtstätigkeit liegt jedoch nur vor, wenn sie zum Zwecke einer auswärtigen beruflichen Tätigkeit durchgeführt wird. Berufliche Gründe liegen vor, wenn der Reise offensichtlich ein unmittelbarer, konkreter beruflicher Anlass zugrunde liegt. Diese Voraussetzung ist für die Kundenbesuche offensichtlich erfüllt.

Weil der Arbeitnehmer zwischendurch aus privaten Gründen seine Schwester besucht, ist die Reise jedoch nicht mehr ausschließlich beruflich, sondern gemischt veranlasst. Dem Mitarbeiter dürfen nur für die beruflich veranlassten Tage Hotel- und Verpflegungskosten erstattet werden.

Übernachtung

Kosten für Hotelübernachtungen können in voller Höhe erstattet werden. U. E. sind im vorliegenden Fall beide Übernachtungen beruflich veranlasst (der Termin am Freitagmorgen hätte wohl auch bei einer »rein« beruflichen Reise nicht ohne Übernachtung wahrgenommen werden können). Die Hotelkosten von insgesamt 190 EUR sind ohne Frühstück und können dem Mitarbeiter in voller Höhe steuer- und sozialversicherungsfrei ausgezahlt werden.

Verpflegung

- Montag und Dienstag: Es ergibt sich jeweils eine Abwesenheit von weniger als 24 Stunden, sodass die »kleine« Pauschale von 12 EUR je Tag steuer- und sozialversicherungsfrei erstattet werden kann. (Dies gilt u. E. ebenso für den Dienstag weil die Übernachtung an diesem Abend bei der Schwester stattfindet und die beruflich begründete Abwesenheit unter 24 Stunden liegt.)

- Mittwoch: Es darf keine Verpflegungspauschale gezahlt werden.
- Donnerstag: Der Tag ist nur teilweise beruflich veranlasst: Geht man davon aus, dass die beruflich bedingte Abwesenheit unter 8 Stunden beträgt, sind keine Verpflegungskosten zu erstatten.
- Freitag: Es ergibt sich eine Abwesenheit von weniger als 24 Stunden, es kann eine Pauschale von 12 EUR steuer- und sozialversicherungsfrei erstattet werden.

Insgesamt können für die Reise Verpflegungspauschalen von 36 EUR steuer- und sozialversicherungsfrei erstattet werden.

Die Fahrten mit dem Dienstwagen haben keine steuerlichen Auswirkungen. Auch die privaten Umwegstrecken sind mit der Versteuerung der Privatnutzung nach der 1-%-Regelung abgegolten.

Praxistipp: Bei Fahrten mit dem eigenen Kraftfahrzeug können nur die beruflich bedingten Strecken mit 0,30 EUR je gefahrenen Kilometer erstattet werden. Für privat veranlasste Umwegstrecken ist eine steuer- und sozialversicherungsfreie Erstattung nicht zulässig.

41.10 Mitnahme der Ehefrau

Sachverhalt: Ein Abteilungsleiter nimmt an einem 2-tägigen Kongress in Baden-Baden in Begleitung seiner Ehefrau teil. Die 300 Kilometer dorthin legt er mit seinem privaten Pkw zurück.

Er fährt am Mittwoch gegen 17 Uhr von zu Hause los.

Die 2 Übernachtungen kosten 400 EUR ohne Frühstück. Ein entsprechendes Einzelzimmer hatte für 2 Nächte 300 EUR ohne Frühstück gekostet.

Am Freitag fährt der Mitarbeiter nach Ende des Kongresses nach Hause und kommt dort gegen 21 Uhr an.

Er bittet den Arbeitgeber um Erstattung der angefallenen Reisekosten.

Auf Nachfrage erklärt der Abteilungsleiter, dass die Mitnahme seiner Frau zwingend notwendig war. Auch die anderen Kongressteilnehmer wurden von ihren jeweiligen Partnern begleitet. Insbesondere für die Abendveranstaltung waren die Partner ausdrücklich mit eingeladen. Zudem habe seine Ehefrau während der übrigen Zeit Kontakte mit Partnerinnen von potenziellen Kunden geknüpft. Aus diesen Kontakten verspreche er sich neue Absatzmöglichkeiten für die Firma.

Die Hotelkosten sollen dem Arbeitnehmer auch insoweit erstattet werden, wie sie auf die Ehefrau entfallen. Zudem werden vom Arbeitgeber Fahrt- und Verpflegungskosten in der steuerlich zulässigen Höhe ausgezahlt.

Welche steuer- und sozialversicherungsrechtlichen Folgen ergeben sich aus der Erstattung?

Lösung: Der Abteilungsleiter hat eine beruflich veranlasste Auswärtstätigkeit unternommen, weil er aus beruflichen Gründen außerhalb seiner ersten Tätigkeitsstätte und auch außerhalb seiner Wohnung tätig geworden ist. Dementsprechend dürfen ihm Reisekosten steuer- und sozialversicherungsfrei erstattet werden.

Fahrtkosten

Für die Fahrten mit dem Pkw kann ohne Einzelnachweis die Kilometerpauschale von 0,30 EUR je gefahrenen Kilometer erstattet werden. Die Erstattung i. H. v. 180 EUR (600 km × 0,30 EUR) bleibt steuer- und sozialversicherungsfrei.

Verpflegung

Mittwoch und Freitag: Für An- und Abreisetage kann jeweils eine Pauschale von je 12 EUR steuer- und sozialversicherungsfrei erstattet werden.

Donnerstag: Die Abwesenheitsdauer beträgt 24 Stunden, die Pauschale beträgt damit 24 EUR.

Übernachtung

Die durch die Mitnahme der Ehefrau entstandenen Kosten sind eine Folge der beruflichen und gesellschaftlichen Stellung des Mitarbeiters und gehören daher zu den Kosten der Lebensführung, auch wenn der Beruf dadurch gefördert wird. Die Mehrkosten betragen 100 EUR.

Die verbleibenden Hotelkosten von 300 EUR, die für ein Einzelzimmer angefallen wären, enthalten kein Frühstück und können dem Mitarbeiter steuer- und sozialversicherungsfrei ausgezahlt werden.

Die darüber hinausgehende Übernachtungskostenerstattung ist voll steuer- und sozialversicherungspflichtig.

Praxistipp: Etwas anderes kann gelten, wenn durch die Mitnahme des Partners eine andere Arbeitskraft ersetzt wird. Denkbar erscheint ein Einsatz des Partners z.B. auf einer Messe, um auf den Einsatz einer Messe-Hostess zu verzichten. Bei einer solchen Gestaltung wird das Finanzamt allerdings strenge Maßstäbe anlegen.

41.11 Mahlzeitengestellung

Sachverhalt: Anlässlich einer eintägigen Fortbildungsveranstaltung stellt der Arbeitgeber den teilnehmenden Mitarbeitern ein Mittagessen zur Verfügung. Der Wert der gestellten Mahlzeit beträgt 15 EUR. Die Abwesenheitsdauer der Mitarbeiter beträgt 9 Stunden.

Welche steuer- und sozialversicherungsrechtlichen Möglichkeiten ergeben sich, wenn

a) der Arbeitgeber Spesen in maximal steuerfreier Höhe gewähren will oder

b) die Firma keine Spesen gewährt?

Lösung: Das durch den Arbeitgeber bereitgestellte Mittagessen kann grundsätzlich mit dem Sachbezugswert von 3,17 EUR (2017) bewertet werden, weil der Preis unter 60 EUR liegt. Ein Ansatz mit dem Sachbezugswert als Arbeitslohn scheidet aber aus, wenn den Mitarbeitern für die Tage aus steuerlicher Sicht Verpflegungsspesen zustehen. Dies ist hier in beiden Fallkonstellationen der Fall.

Die Teilnehmer waren mehr als 8 Stunden von der Wohnung und der ersten Tätigkeitsstätte abwesend. Steuerlich steht ihnen damit eine Pauschale von 12 EUR zu. Wegen der Mahlzeitengestellung ist diese jedoch i.H.v. 40% der vollen Tagespauschale von 24 EUR zu kürzen. Deshalb sind die Spesen um 9,60 EUR zu mindern. Es verbleibt noch eine Verpflegungspauschale von 2,40 EUR.

Diesen Betrag kann der Arbeitgeber steuerfrei erstatten (Variante a) oder der Mitarbeiter kann den Betrag in seiner Einkommensteuererklärung geltend machen (Variante b).

41.12 Verrechnung Sachbezugswert

Sachverhalt: Ein Mitarbeiter nimmt an einem halbtägigen auswärtigen Seminar mit Mittagessen teil und ist 6 Stunden von seiner Wohnung und der ersten Tätigkeitsstätte abwesend.

Für die Fahrt zum Seminar nutzt er seinen privaten Pkw und könnte für die entstandenen Fahrtkosten eine Erstattung i.H.v. 30 EUR (2 × 50 km × 0,30 EUR je Kilometer) von seinem Arbeitgeber beanspruchen.

Welche Möglichkeiten bestehen bei der Reisekostenabrechnung?

Lösung: Der Arbeitgeber kann einerseits die 30 EUR als Fahrtkosten erstatten. Er muss dann aber die von ihm im Rahmen des Seminars gestellte Mahlzeit mit dem Sachbezugswert von 3,17 EUR (2017) mit dem individuellen Steuersatz oder pauschal mit 25% versteuern.

Es wird von der Finanzverwaltung jedoch nicht beanstandet, wenn der Arbeitgeber in den Fällen, in denen steuerlich keine Verpflegungspauschale gezahlt werden darf (Auswärtätigkeit bis zu 8 Stunden, Ablauf der 3-Monatsfrist, keine Aufzeichnung der Abwesenheitszeiten), eine Verrechnung des Sachbezugswerts für die Mahlzeitengestellung mit den zu erstattenden Fahrt- oder Reisenebenkosten vornimmt. Im vorliegenden Fall könnte er deshalb den Sachbezugswert von der Fahrtkostenerstattung abziehen. Die verbleibende Erstattung von 26,83 EUR wäre steuer- und sozialversicherungsfrei, Auswirkungen auf die Entgeltabrechnung könnten vermieden werden.

41.13 Mehrere Aufträge beim gleichen Kunden

Sachverhalt: Im Jahr 2017 hat ein Mitarbeiter 3 Aufträge für denselben Kunden ausgeführt. Die befristeten Verträge für die voneinander unabhängigen Aufträge wurden einzeln, im Abstand von mehreren Monaten und mit verschiedenen Vertretern des Auftraggebers geschlossen. Der letzte Auftrag wird voraussichtlich 2017 abgeschlossen sein. Der Arbeitgeber hat keine erste Tätigkeitsstätte bestimmt.

Bis auf seine Urlaubs- und Krankheitstage (2 × 3 Wochen Urlaub, 6 Krankheitstage) sowie vereinzelte Besuche am Firmensitz des Arbeitgebers war der Mitarbeiter ausschließlich in der Firma des Kunden eingesetzt, von der er täglich zu seinem Wohnsitz zurückgekehrt ist.

Welche Reisekosten können lohnsteuer- und sozialversicherungsfrei erstattet werden?

Lösung: Der Arbeitnehmer unternimmt steuerlich zu berücksichtigende Auswärtstätigkeiten, weil er aus beruflichen Gründen außerhalb einer ersten Tätigkeitsstätte und auch außerhalb seiner Wohnung tätig wird. Eine erste Tätigkeitsstätte beim Kunden liegt nicht vor, weil der Arbeitnehmer nicht dauerhaft dort eingesetzt ist, sondern immer nur befristet.

Dem Mitarbeiter dürfen die Reisekosten steuer- und sozialversicherungsfrei erstattet werden. Es fallen hier Fahrt- und Verpflegungskosten an. Für Verpflegung auf eintägigen Reisen wird im Inland eine Pauschale von 12 EUR bei mehr als 8-stündiger Abwesenheitsdauer gezahlt. Maßgeblich ist hier – mangels erster Tätigkeitsstätte – die Abwesenheitszeit von der Wohnung.

Bei derselben Auswärtstätigkeit können Verpflegungsmehraufwendungen aber nur für die ersten 3 Monate steuerfrei gewährt werden. Eine längerfristige vorübergehende Auswärtstätigkeit ist noch als dieselbe Auswärtstätigkeit zu beurteilen, wenn der Mitarbeiter nach einer Unterbrechung die Auswärtstätigkeit

- mit gleichem Inhalt,
- am gleichen Ort ausübt und
- ein zeitlicher Zusammenhang mit der bisherigen Tätigkeit besteht.

Unterbrechungen durch andere Tätigkeiten, Urlaub, Krankheit etc. führen nur dann zu einem Neubeginn der 3-Monatsfrist, wenn die Unterbrechung mindestens 4 Wochen gedauert hat. Diese Voraussetzungen sind hier nicht erfüllt.

Die Fahrtkosten können hingegen zeitlich unbegrenzt in der tatsächlich nachgewiesenen Höhe steuerfrei ersetzt werden. Statt eines Einzelnachweises kann bei Fahrten mit dem eigenen Pkw eine Kilometerpauschale von 0,30 EUR je gefahrenen Kilometer steuer- und sozialversicherungsfrei erstattet werden.

Praxistipp: In den ersten 3 Monaten können neben den steuerfreien Verpflegungspauschalen nochmals bis zur gleichen Höhe Verpflegungskostenerstattungen pauschal mit 25 % versteuert werden.

Hinweis: Steuerfreie Verpflegungszuschüsse bei Auswärtstätigkeiten müssen grundsätzlich auf der Lohnsteuerbescheinigung bescheinigt werden. Allerdings gilt dies nach einer Billigkeitsregelung nur dann, wenn sie im Lohnkonto aufgezeichnet worden sind.

42 Rentnerbeschäftigung

Kurzbeschreibung: Hier erfolgt eine Darstellung der ab 1.1.2017 geltenden Regelungen zur Versicherungspflicht von beschäftigten Rentnern.

42.1 Altersvollrentenbezug eines Arbeitnehmers nach Vollendung der Regelaltersgrenze, Beschäftigungsbeginn vor dem 1.1.2017 ohne RV-Freiheit-Verzicht

Sachverhalt: Ein Arbeitnehmer bezieht seit 1.7.2016 eine Altersvollrente nach Vollendung der Regelaltersgrenze und ist seit dem 1.9.2016 mehr als geringfügig beschäftigt. Die Beschäftigung dauert über den 31.12.2016 hinaus an. Der Arbeitnehmer verzichtet nicht auf die bestehende Rentenversicherungsfreiheit.

Wie ist die Beschäftigung versicherungs- und melderechtlich zu behandeln?

Lösung: Der Arbeitnehmer ist aufgrund der Beschäftigung in der Kranken- und Pflegeversicherung versicherungspflichtig.

Durch den Bezug der Altersvollrente besteht in der Krankenversicherung kein Anspruch auf Krankengeld. Der ermäßigte Beitragssatz ist anzuwenden und die Beitragsgruppe 3 anzugeben.

In der Renten- und Arbeitslosenversicherung ist die Beschäftigung versicherungsfrei, weil die Regelaltersgrenze erreicht ist. In der Rentenversicherung ist der Arbeitgeberanteil zu zahlen. In der Arbeitslosenversicherung ist der Arbeitgeberanteil in der Zeit vom 1.1.2017 bis 31.12.2021 nicht zu entrichten.

Der Arbeitgeber hat mit Personengruppenschlüssel 119 und Beitragsgruppenschlüssel 3321 eine Abmeldung zum 31.12.2016 zu erstatten. Zum 1.1.2017 ist eine Anmeldung mit dem Personengruppenschlüssel 119 und dem Beitragsgruppenschlüssel 3301 zu erstellen.

42.2 Altersvollrentenbezug eines Arbeitnehmers nach Vollendung der Regelaltersgrenze, Beschäftigungsbeginn vor dem 1.1.2017 mit Verzicht auf RV-Freiheit

Sachverhalt: Ein Arbeitnehmer bezieht seit dem 1.7.2016 eine Altersvollrente nach Vollendung der Regelaltersgrenze und ist seit dem 1.9.2016 mehr als geringfügig beschäftigt. Die Beschäftigung dauert über den 31.12.2016 hinaus an. Der Arbeitnehmer verzichtet durch eine schriftliche Erklärung gegenüber dem Arbeitgeber ab dem 1.1.2017 auf die bisher bestehende Rentenversicherungsfreiheit.

Wie ist die Beschäftigung versicherungs- und melderechtlich zu behandeln?

Lösung: Der Arbeitnehmer ist aufgrund der Beschäftigung in der Kranken- und Pflegeversicherung versicherungspflichtig. Durch den Bezug der Altersvollrente besteht in der Krankenversicherung kein Anspruch auf Krankengeld. Der ermäßigte Beitragssatz ist anzuwenden und die Beitragsgruppe 3 anzugeben. Da der Arbeitnehmer in der Rentenversicherung auf die Versicherungsfreiheit verzichtet, besteht auch hier ab dem 1.1.2017 Versicherungspflicht.

In der Arbeitslosenversicherung ist die Beschäftigung versicherungsfrei, weil die Regelaltersgrenze erreicht ist. Der Arbeitgeberanteil ist in der Zeit vom 1.1.2017 bis 31.12.2021 nicht zu entrichten.

Der Arbeitgeber hat mit Personengruppenschlüssel 119 und Beitragsgruppenschlüssel 3321 eine Abmeldung zum 31.12.2016 zu erstatten. Zum 1.1.2017 ist eine Anmeldung mit dem Personengruppenschlüssel 101 (120 ab 1.7.2017) und dem Beitragsgruppenschlüssel 3101 zu erstellen.

42.3 Altersvollrentenbezug eines Arbeitnehmers nach Vollendung der Regelaltersgrenze, Beschäftigungsbeginn ab 1.1.2017

Sachverhalt: Ein Arbeitnehmer bezieht eine Altersvollrente nach Vollendung der Regelaltersgrenze und nimmt zum 1.7.2017 eine mehr als geringfügige Beschäftigung auf.

Wie ist die Beschäftigung versicherungs- und melderechtlich zu behandeln?

Lösung: Der Arbeitnehmer ist aufgrund der Beschäftigung in der Kranken- und Pflegeversicherung versicherungspflichtig.

Durch den Bezug der Altersvollrente besteht in der Krankenversicherung kein Anspruch auf Krankengeld. Der ermäßigte Beitragssatz ist anzuwenden und die Beitragsgruppe 3 anzugeben.

In der Renten- und Arbeitslosenversicherung ist die Beschäftigung versicherungsfrei. Jedoch ist in der Rentenversicherung der Arbeitgeberanteil zu zahlen. In der Arbeitslosenversicherung ist der Arbeitgeberanteil in der Zeit vom 1.7.2017 bis 31.12.2021 nicht zu entrichten.

Der Arbeitgeber hat eine Anmeldung zum 1.7.2017 mit Personengruppenschlüssel 119 und dem Beitragsgruppenschlüssel 3301 zu erstellen.

Der Arbeitnehmer hat die Möglichkeit trotz Erreichens der Regelaltersgrenze, auf die Versicherungsfreiheit in der Rentenversicherung zu verzichten. Die Erklärung ist schriftlich gegenüber dem Arbeitgeber abzugeben und von diesem zu den Entgeltunterlagen zu nehmen. In diesem Fall wäre eine Anmeldung zum 1.7.2017 mit Personengruppenschlüssel 120 und dem Beitragsgruppenschlüssel 3101 zu erstellen.

42.4 Altersvollrentenbezug eines Arbeitnehmers vor Erreichen der Regelaltersgrenze, Beschäftigungs- und Rentenbeginn vor dem 1.1.2017 kein Verzicht auf RV-Freiheit

Sachverhalt: Ein Arbeitnehmer bezieht seit dem 1.4.2016 eine Altersvollrente vor Vollendung der Regelaltersgrenze und ist weiterhin mehr als geringfügig beschäftigt. Die Beschäftigung dauert über den 31.12.2016 hinaus an. Der Arbeitnehmer verzichtet ab dem 1.1.2017 nicht auf die bisher bestehende Rentenversicherungsfreiheit.

Wie ist die Beschäftigung versicherungs- und melderechtlich zu behandeln?

Lösung: Der Arbeitnehmer ist aufgrund der Beschäftigung in der Kranken- und Pflegeversicherung versicherungspflichtig. Durch den Bezug der Altersvollrente besteht in der Krankenversicherung kein Anspruch auf Krankengeld. Der ermäßigte Beitragssatz ist anzuwenden und die Beitragsgruppe 3 anzugeben.

Da die Versicherungsfreiheit in der Arbeitslosenversicherung an das Regelrentenalter gekoppelt ist, besteht auch in diesem Versicherungszweig nach wie vor Versicherungspflicht.

In der Rentenversicherung besteht Versicherungsfreiheit. Aufgrund der Bestandsschutzregelung für Altersvollrentner, die bereits vor dem 1.1.2017 beschäftigt sind, bleibt diese Versicherungsfreiheit auch ab dem 1.1.2017 bestehen. Der Arbeitgeberanteil ist wie bisher zu zahlen.

Der Arbeitgeber hat zum 1.4.2016 eine Anmeldung mit dem Personengruppenschlüssel 119 und dem Beitragsgruppenschlüssel 3311 zu erstellen.

42.5 Altersvollrentenbezug eines Arbeitnehmers vor Erreichen der Regelaltersgrenze, Beschäftigungs- und Rentenbeginn vor dem 1.1.2017 mit Verzicht auf RV-Freiheit

Sachverhalt: Ein Arbeitnehmer bezieht seit dem 1.4.2016 eine Altersvollrente vor Vollendung der Regelaltersgrenze und ist weiterhin mehr als geringfügig beschäftigt. Die Beschäftigung dauert über den 31.12.2016 hinaus an. Der Arbeitnehmer verzichtet durch eine schriftliche Erklärung gegenüber dem Arbeitgeber ab dem 1.1.2017 auf die bisher bestehende Rentenversicherungsfreiheit.

Wie ist die Beschäftigung versicherungs- und melderechtlich zu behandeln?

Lösung: Der Arbeitnehmer ist aufgrund der Beschäftigung in der Kranken- und Pflegeversicherung versicherungspflichtig. Durch den Bezug der Altersvollrente besteht in der Krankenversicherung kein Anspruch auf Krankengeld. Der ermäßigte Beitragssatz ist anzuwenden und die Beitragsgruppe 3 anzugeben. Da die Versicherungsfreiheit in der Arbeitslosenversicherung an das Regelrentenalter gekoppelt ist, besteht auch in diesem Versicherungszweig nach wie vor Versicherungspflicht.

In der Rentenversicherung ist die Beschäftigung bis zum 31.12.2016 versicherungsfrei. Durch die Bestandsschutzregelung würde die Versicherungsfreiheit grundsätzlich fortbestehen. Da der Arbeitnehmer auf die Versicherungsfreiheit verzichtet hat, ist die Beschäftigung ab dem 1.1.2017 rentenversicherungspflichtig. Es ist der volle Beitrag zur Rentenversicherung zu zahlen.

Der Arbeitgeber hat zum 31.12.2016 eine Abmeldung mit dem Personengruppenschlüssel 119 und dem Beitragsgruppenschlüssel 3311 zu erstellen. Zusätzlich ist zum 1.1.2017 eine Anmeldung mit Personengruppenschlüssel 101 (120 ab 1.7.2017) und dem Beitragsgruppenschlüssel 3111 abzugeben.

42.6 Altersvollrentenbezug eines Arbeitnehmers vor Erreichen der Regelaltersgrenze, Beschäftigungsbeginn ab 1.1.2017

Sachverhalt: Ein Arbeitnehmer bezieht eine Altersvollrente vor Vollendung der Regelaltersgrenze und nimmt zum 1.8.2017 eine mehr als geringfügige Beschäftigung auf.

Wie ist die Beschäftigung versicherungs- und melderechtlich zu behandeln?

Lösung: Der Arbeitnehmer ist aufgrund der Beschäftigung in der Kranken-, Pflege-, Renten- und Arbeitslosenversicherung versicherungspflichtig.

Durch den Bezug der Altersvollrente besteht in der Krankenversicherung kein Anspruch auf Krankengeld. Der ermäßigte Beitragssatz ist anzuwenden und die Beitragsgruppe 3 anzugeben.

Der Arbeitgeber hat eine Anmeldung zum 1.8.2017 mit Personengruppenschlüssel 120 (101 bei Beschäftigungsbeginn bis 30.6.2017) und dem Beitragsgruppenschlüssel 3111 zu erstellen.

42.7 Altersvollrentenbezug eines Arbeitnehmers vor Erreichen der Regelaltersgrenze, Beschäftigungsbeginn ab 1.1.2017, Regelrentenalter ab 14.11.2017

Sachverhalt: Ein Arbeitnehmer bezieht eine Altersvollrente vor Vollendung der Regelaltersgrenze. Er nimmt zum 1.8.2017 eine mehr als geringfügige Beschäftigung auf. Die Regelaltersgrenze erreicht er am 14.11.2017. Der Arbeitnehmer verzichtet nicht auf die Rentenversicherungsfreiheit.

Wie ist die Beschäftigung versicherungs- und melderechtlich zu behandeln?

Lösung: Der Arbeitnehmer ist aufgrund der Beschäftigung ab dem 1.8.2017 in der Kranken-, Pflege-, Renten- und Arbeitslosenversicherung versicherungspflichtig.

Durch den Bezug der Altersvollrente besteht in der Krankenversicherung kein Anspruch auf Krankengeld. Der ermäßigte Beitragssatz ist anzuwenden und die Beitragsgruppe 3 anzugeben.

Der Arbeitgeber hat eine Anmeldung zum 1.8.2017 mit Personengruppenschlüssel 120 (101 bei Beschäftigungsbeginn bis 30.6.2017) und dem Beitragsgruppenschlüssel 3111 zu erstellen.

In der Renten- und Arbeitslosenversicherung ist die Beschäftigung mit Ablauf des Monats, in dem die Regelaltersgrenze erreicht wird, d.h. ab 1.12.2017 versicherungsfrei. Der Arbeitgeberanteil in der Rentenversicherung ist weiterhin zu zahlen. In der Arbeitslosenversicherung ist der Arbeitgeberanteil in der Zeit vom 1.1.2017 bis 31.12.2021 nicht zu entrichten.

Der Arbeitgeber hat eine Abmeldung zum 30.11.2017 mit Personengruppenschlüssel 120 bzw. 101 und dem Beitragsgruppenschlüssel 3111 zu erstellen. Zusätzlich ist zum 1.12.2017 eine Anmeldung mit Personengruppenschlüssel 119 und dem Beitragsgruppenschlüssel 3301 abzugeben.

42.8 Arbeitnehmer mit Teilrentenbezug wegen Alters

Sachverhalt: Ein Arbeitnehmer bezieht eine Teilrente wegen Alters. Er nimmt zum 1.2.2017 eine mehr als geringfügige Beschäftigung auf.

Wie ist die Beschäftigung versicherungs- und melderechtlich zu behandeln?

Lösung: Der Arbeitnehmer ist aufgrund der Beschäftigung ab dem 1.2.2017 in der Kranken-, Pflege-, Renten- und Arbeitslosenversicherung versicherungspflichtig.

Der Arbeitgeber hat eine Anmeldung zum 1.2.2017 mit Personengruppenschlüssel 101 und dem Beitragsgruppenschlüssel 1111 zu erstellen.

42.9 Arbeitnehmer bezieht volle Erwerbsminderungsrente

Sachverhalt: Ein Arbeitnehmer bezieht eine Rente wegen voller Erwerbsminderung. Er nimmt zum 1.2.2017 eine mehr als geringfügige Beschäftigung auf.

Wie ist die Beschäftigung versicherungs- und melderechtlich zu behandeln?

Lösung: Der Arbeitnehmer ist aufgrund der Beschäftigung ab dem 1.2.2017 in der Kranken-, Pflege- und Rentenversicherung versicherungspflichtig.

In der Arbeitslosenversicherung ist die Beschäftigung aufgrund der Rente wegen voller Erwerbsminderung versicherungsfrei.

Durch den Bezug der vollen Erwerbsminderungsrente besteht in der Krankenversicherung kein Anspruch auf Krankengeld. Der ermäßigte Beitragssatz ist anzuwenden und die Beitragsgruppe 3 anzugeben.

Der Arbeitgeber hat eine Anmeldung zum 1.2.2017 mit Personengruppenschlüssel 101 und dem Beitragsgruppenschlüssel 3101 zu erstellen.

42.10 Arbeitnehmer bezieht teilweise Erwerbsminderungsrente

Sachverhalt: Ein Arbeitnehmer bezieht eine Rente wegen teilweiser Erwerbsminderung. Er nimmt zum 1.2.2017 eine mehr als geringfügige Beschäftigung auf.

Wie ist die Beschäftigung versicherungs- und melderechtlich zu behandeln?

Lösung: Der Arbeitnehmer ist aufgrund der Beschäftigung ab dem 1.2.2017 in der Kranken-, Pflege-, Renten- und Arbeitslosenversicherung versicherungspflichtig.

Der Arbeitgeber hat eine Anmeldung zum 1.2.2017 mit Personengruppenschlüssel 101 und dem Beitragsgruppenschlüssel 1111 zu erstellen.

43 Sachbezug

43.1 Benzingutschein (steuerliche Voraussetzungen)

Sachverhalt: Ein Arbeitnehmer erhält von seinem Arbeitgeber monatlich einen Gutschein mit folgenden Angaben:

- »Treibstoff (Benzin, Super oder Diesel) im Wert von 44 EUR, einzulösen bei der Tankstelle A.«

Der Inhaber des Gutscheins ist nicht berechtigt, andere Waren an Stelle des Treibstoffs auszusuchen.

Erfüllt der Gutschein die Voraussetzungen zur Abrechnung als Sachbezug und zur Anwendung der 44-EUR-Sachbezugsfreigrenze?

Lösung: Alle Voraussetzungen für einen steuer- und sozialversicherungsfreien Sachbezug sind erfüllt:

- Der Arbeitnehmer kann eine bestimmte Sachleistung (z. B. Treibstoff) beanspruchen.
- Der Arbeitnehmer hat keinen Anspruch auf Geld.
- Dem Arbeitnehmer wird das Recht eingeräumt, bei einer Tankstelle die Sachleistung zu ordern.
- Der auf dem Gutschein genannte Betrag übersteigt nicht die Freigrenze von 44 EUR.

Der Sachbezug bleibt bis zu 44 EUR monatlich steuerfrei. Hierbei handelt es sich um eine Freigrenze, nicht um einen Freibetrag. Würde die monatliche Freigrenze von 44 EUR auch nur um 1 Cent überschritten, wäre der gesamte Betrag und nicht nur der übersteigende Betrag steuer- und sozialversicherungspflichtig. In einem Monat nicht ausgenutzte Teile der Freigrenze dürfen zudem nicht auf andere Zeiträume verteilt und nicht auf einen Jahresbetrag hochgerechnet werden.

Praxistipp: Warengutscheine dürfen einen Euro-Betrag oder einen Höchstbetrag enthalten. Maßgeblich ist allein, dass ein Anspruch auf eine konkrete Ware oder Dienstleistung eingeräumt wird. Zulässig ist auch, dass der Mitarbeiter eine beliebige Tankstelle anfährt, die Kosten vorstreckt und sich die

Aufwendungen gegen Vorlage des Benzingutscheins erstatten lässt. Sachbezüge liegen nämlich auch dann vor, wenn der Arbeitgeber seine Zahlung an den Arbeitnehmer mit der Auflage verbindet, den empfangenen Geldbetrag nur in einer bestimmten Weise zu verwenden. Für die Prüfung, ob die 44-EUR-Freigrenze eingehalten wird, kommt es auf den Wert aller Sachbezüge in einem Monat an.

43.2 Benzingutschein (96-%-Regelung)

Sachverhalt: Ein Arbeitgeber gibt an seinen Arbeitnehmer einen Tankgutschein über 28 Liter Superbenzin aus – ohne einen Höchstbetrag auszuweisen. Der Preis je Liter Superbenzin beträgt zum Zeitpunkt der Hingabe des Gutscheins 1,60 EUR.

Kann der Bewertungsabschlag von 4% in diesem Fall angewandt werden?

Lösung: Es ergibt sich folgende Bewertung des Benzingutscheins: 28 Liter × 1,60 EUR = 44,80 EUR hiervon 96% = 43 EUR.

Aufgrund des Bewertungsabschlags von 4%, wird bei dem vorliegenden Benzingutschein die 44-EUR-Sachbezugfreigrenze nicht überschritten. Sofern die weiteren steuerlichen Voraussetzungen vorliegen (u.a. unmittelbare Vertragsbeziehung zwischen Arbeitgeber und Tankstelle), kann der Tankgutschein steuer- und sozialversicherungsfrei hingegeben werden.

Hinweis: Die Sachbezugsfreigrenze von 44 EUR im Monat ist ausschließlich auf solche Sachbezüge anwendbar, die nach §8 Abs. 2 Satz 1 EStG zu bewerten sind (sog. 96-%-Regelung). Nicht unter die 44-EUR-Sachbezugsfreigrenze fallen geldwerte Vorteile, die sich aus der privaten Nutzung eines Dienstwagens ergeben und Sachbezüge die nach der Sozialversicherungsentgeltverordnung (SvEV) mit amtlichen Sachbezugswerten anzusetzen sind (z.B. Verpflegung und Unterkunft) oder als sog. Belegschaftsrabatte unter den Rabattfreibetrag fallen.

43.3 Freie Kost und Unterkunft

Sachverhalt: Einer Arbeitnehmerin wird eine einfache Unterkunft zur Verfügung gestellt. Sie bewohnt ein möbliertes und beheiztes Zimmer. Darüber hinaus erhält sie vom Arbeitgeber den ganzen Monat volle und kostenlose Verpflegung. Für das Zimmer zahlt sie 150 EUR pro Monat. Dieser Betrag wird ihr direkt vom Lohn abgezogen.

Wie ist der Vorteil abzurechnen?

Lösung:

Ermittlung des geldwerten Vorteils

Sachbezugswert Unterkunft 2017 (monatlich)	223 EUR
Abzgl. Zuzahlung der Arbeitnehmerin	**150 EUR**
Geldwerter Vorteil Unterkunft	73 EUR
Zzgl. Sachbezugswert Verpflegung 2017 (Frühstück 51 EUR, Mittag und Abendessen je 95 EUR)	**241 EUR**
Steuer- und sozialversicherungspflichtiger geldwerter Vorteil gesamt	314 EUR

Hinweis: Die Sozialversicherungsentgeltverordnung (SvEV) bestimmt bei Überlassung von Unterkunft und Verpflegung die Höhe der bei den Arbeitnehmern als Sachbezüge anzusetzenden Beträge. Die amtlichen Sachbezugswerte gelten für alle Sparten der Sozialversicherung und sind darüber hinaus auch für das Steuerrecht verbindlich. Während für die unentgeltliche oder verbilligte Überlassung einer Unterkunft der amtliche Sachbezugswert anzusetzen ist, hat die Bewertung des geldwerten Vorteils für die Überlassung einer (vollständigen) Wohnung stets mit dem ortsüblichen Mietpreis zu erfolgen.

43.4 Essenmarke

Sachverhalt: Die Mitarbeiter eines Unternehmens erhalten pro Arbeitstag eine Essenmarke im Wert von 5,90 EUR, die in einer externen Kantine eingelöst werden können. Die Arbeitnehmer zahlen pro Essenmarke jeweils den amtlichen Sachbezugswert 2017 i. H. v. 3,17 EUR hinzu.

Wie hoch ist der geldwerte Vorteil für die Arbeitnehmer?

Lösung: Bei der gewählten Variante entsteht kein steuerpflichtiger geldwerter Vorteil, da der Arbeitnehmer genau den Sachbezugswert für die Essenmarke bezahlt.

Wert der Essenmarke	5,90 EUR
Abzgl. Zahlung des Arbeitnehmers	3,17 EUR
Anzusetzen ist höchstens der Sachbezugswert für die Mahlzeit	3,17 EUR
Geldwerter Vorteil	0,00 EUR

Durch die Zuzahlung der Arbeitnehmer in Höhe des amtlichen Sachbezugswerts für Verpflegung ergibt sich kein steuerpflichtiger geldwerter Vorteil. Im Kalenderjahr 2017 muss die Zuzahlung also mindestens 3,17 EUR für eine Essenmarke betragen.

Praxistipp: Bei der Bewertung von Sachbezügen besteht ein Wahlrecht zwischen der Rabattregelung und der Einzelbewertung.

Zusätzlich besteht bei der Einzelbewertung von Sachbezügen ein Wahlrecht zwischen

- dem üblichen Endpreis am Abgabeort (96-%-Grenze bei Sachbezügen) und
- dem günstigsten Preis am Markt (z. B. Preis von Anbietern im Internet).

44 Sonn- und Feiertagsarbeit

44.1 Sonntagszuschlag (100%)

Sachverhalt: Ein Abteilungsleiter erhält ein monatliches Gehalt i. H. v. 6.928 EUR, was einem Stundenlohn von 40 EUR entspricht. Er muss wegen eines Messeauftritts an 2 Sonntagen im Monat arbeiten. Die Arbeitszeit beträgt an den beiden Sonntagen jeweils 10 Stunden. Laut Arbeitsvertrag hat er Anspruch auf Sonntagszuschläge i. H. v. 100% des Grundlohns.

In welcher Höhe unterliegen die Zuschläge der Lohnsteuer bzw. der Sozialversicherung?

Lösung: Vom arbeitsrechtlich vereinbarten Sonntagszuschlag i. H. v. 100% kann lediglich die Hälfte (50% des Zuschlags) steuerfrei gewährt werden. Während das Lohnsteuerrecht die Lohnsteuerfreiheit auf einen Stundenlohn von höchstens 50 EUR je Stunde begrenzt, kann der Zuschlag zur Berechnung der Sozialversicherung nur aus einem Grundlohn von max. 25 EUR je Stunde sozialversicherungsfrei bleiben.

Sonntags- und Feiertagsarbeit ist die Arbeit in der Zeit von 00:00 Uhr bis 24:00 Uhr.

Die Abrechnung der Zuschläge gestaltet sich folgendermaßen:

Lohnsteuer

Gezahlter Zuschlag für Sonntagsarbeit (20 Std. × 40 EUR)	800 EUR
Davon lohnsteuerfrei (20 Std. × 40 EUR × 50%)	**400 EUR**
Lohnsteuerpflichtig	400 EUR
Die Zuschläge unterliegen i. H. v. 400 EUR dem Lohnsteuerabzug.	

Sozialversicherung

Gezahlter Zuschlag für Sonntagsarbeit (20 Std. × 40 EUR)	800 EUR

Davon sozialversicherungsfrei (20 Std. × 25 EUR × 50%)	250 EUR
Sozialversicherungspflichtig	550 EUR

Vom Grundlohn i. H. v. 40 EUR sind lediglich 50% (= 20 EUR) steuerfrei. In der Sozialversicherung sind dagegen nur 50% v. 25 EUR (= 12,50 EUR) beitragsfrei. Das Sozialversicherungsrecht übernimmt die prozentualen Anteile aus dem Steuerrecht und wendet diese auf den begrenzten Stundenlohn von 25 EUR an.

Bei einem Bruttoverdienst von 6.928 EUR im Monat (= 83.136 EUR jährlich) sind die Beitragsbemessungsgrenzen in allen Zweigen der Sozialversicherung bereits überschritten. Für den sozialversicherungspflichtigen Anteil der Sonntagszuschläge fallen keine Sozialversicherungsbeiträge an.

44.2 Sonntagszuschlag (50%)

Sachverhalt: Ein Mitarbeiter erhält ein monatliches Gehalt von 9.600 EUR. Dies entspricht einem Stundenlohn von 60 EUR. Für zusätzliche Arbeit an Sonntagen erhält er einen Zuschlag von 50% auf den Grundlohn. In einem Monat fallen 30 Stunden Sonntagsarbeit an.

In welcher Höhe unterliegen die Zuschläge der Lohnsteuer bzw. der Sozialversicherung?

Lösung: Der lohnsteuerfreie Zuschlag für Sonntagsarbeit beträgt 50%. Während aus steuerlicher Sicht der Zuschlag aus einem Grundlohn von maximal 50 EUR pro Stunde lohnsteuerfrei bleibt, kann der Zuschlag für den Bereich der Sozialversicherung lediglich aus einem Grundlohn von 25 EUR je Stunde berechnet werden.

Die Abrechnung der Zuschläge erfolgt folgendermaßen:

Lohnsteuer

Gezahlter Zuschlag für Sonntagsarbeit (30 Std. × 60 EUR × 50 %)	900 EUR
Davon lohnsteuerfrei (30 Std. × 50 EUR × 50 %)	750 EUR
Lohnsteuerpflichtig	150 EUR

Die Sonntagszuschläge unterliegen i. H. v. 150 EUR dem Lohnsteuerabzug.

Sozialversicherung

Gezahlter Zuschlag für Sonntagsarbeit (30 Std. × 60 EUR × 50 %)	900 EUR
Davon sozialversicherungsfrei (30 Std. × 25 EUR × 50 %)	375 EUR
Sozialversicherungspflichtig	525 EUR

Die Beitragsbemessungsgrenzen sind in allen Zweigen der Sozialversicherung über-schritten. Für den sozialversicherungspflichtigen Anteil der Zuschläge sind keine Beiträge abzuführen.

44.3 Nachtzuschlag

Sachverhalt: Eine Kellnerin arbeitet 3-mal wöchentlich von 18 Uhr bis 22 Uhr. Sie erhält einen Stundenlohn von 10 EUR. Laut Arbeitsvertrag erhält sie ab 20 Uhr einen Nachtarbeitszuschlag von 50 % auf den Grundlohn. Am Sonntag arbeitet sie regelmäßig von 14 bis 20 Uhr, wofür ihr ein arbeitsvertraglicher Sonntagszuschlag von 100 % des Grundlohns zusteht. In diesem Monat ar-beitet sie an 4 Sonntagen sowie an 12 Wochentagen.

In welcher Höhe unterliegen die Zuschläge der Lohnsteuer bzw. der Sozial-versicherung?

Lösung: Der maßgebliche Grundlohn je Stunde beträgt 10 EUR. Die für das Steuer- und Sozialversicherungsrecht zu beachtenden unterschiedlich ho-hen maximalen Stundenlohnsätze (50 EUR bzw. 25 EUR) werden jeweils nicht erreicht.

Die Zuschläge sind in folgender Höhe steuer- und sozialversicherungsfrei:

▪ Nachtarbeit: 25% des Grundlohns
▪ Sonntagsarbeit: 50% des Grundlohns

Nachtarbeit ist die Arbeit in der Zeit von 20:00 Uhr bis 6:00 Uhr.

Die Abrechnung der Zuschläge gestaltet sich folgendermaßen:

Lohnsteuer und Sozialversicherung

Gezahlter Zuschlag für Nachtarbeit ab 20 Uhr (12 Tage × 2 Std. × 10 EUR × 50%)	120 EUR	
Davon lohnsteuer- und sozialversicherungsfrei (12 Tage × 2 Std. × 10 EUR x 25%)	**– 60 EUR**	
Lohnsteuer- und sozialversicherungspflichtig	60 EUR	60 EUR
Gezahlter Zuschlag für Sonntagsarbeit (4 Tage × 6 Std. × 10 EUR × 100%)	240 EUR	
Davon lohnsteuer- und sozialversicherungsfrei (4 Tage × 6 Std. × 10 EUR × 50%)	**– 120 EUR**	
Lohnsteuer- und sozialversicherungspflichtig	120 EUR	**+ 120 EUR**
Lohnsteuer- und sozialversicherungspflichtige Zuschläge gesamt		180 EUR

Die gezahlten Zuschläge für Sonntags- und Nachtarbeit unterliegen i.H.v. 180 EUR dem Lohnsteuerabzug und der Sozialversicherungspflicht.

44.4 Sonntagszuschlag

Sachverhalt: In einem Unternehmen wird üblicherweise an Sonn- und Feiertagen gearbeitet. Ein Arbeitnehmer mit einem Stundenlohn von 9,95 EUR ist in der Spätschicht an 2 Sonntagen im Monat eingesetzt. Die Schicht beginnt jeweils um 12 Uhr und endet um 20 Uhr.

Wie hoch ist der steuer- und sozialversicherungsfreie Sonntagszuschlag im Monat?

Lösung:

Dem Arbeitnehmer können folgende Zuschläge für geleistete Sonntagsarbeit lohnsteuer- und sozialversicherungsfrei gewährt werden, soweit diese auch tatsächlich gezahlt werden:

Höchstmöglicher Sonntagszuschlag für diesen Arbeitnehmer pro Stunde (9,95 EUR × 50 %)	4,98 EUR
Höchstmöglicher Sonntagszuschlag für diesen Arbeitnehmer in diesem Monat insgesamt (4,98 EUR × 8 Std. × 2 Tage)	79,68 EUR

Ob Zuschläge gezahlt werden müssen, richtet sich nach den Regelungen des Tarifvertrags, der Betriebsvereinbarung oder des Arbeitsvertrags. Eine gesetzliche Verpflichtung gibt es nicht. Wenn im Unternehmen die Verpflichtung zur Zahlung besteht oder der Arbeitgeber diese Zuschläge auf freiwilliger Basis zahlt, bleiben diese ausschließlich im Rahmen des §3b EStG steuerfrei. Die Lohnsteuerfreiheit der Zuschläge ist im Wesentlichen von folgenden Voraussetzungen abhängig:

- Der Arbeitnehmer muss während der begünstigten Zeit tatsächlich arbeiten.

- Die tatsächlich geleistete Sonn-, Feiertags- oder Nachtarbeit ist anhand von Einzelaufstellungen nachzuweisen. Schichtpläne, Stempelkarten bzw. Stundenzettel oder vergleichbare Aufzeichnungen als Nachweis für Prüfungszwecke sind aufzubewahren.

- Wurden die Zuschläge eindeutig als Zahlung neben dem Grundlohn vereinbart, muss dies durch Vorlage der Arbeitsverträge nachgewiesen werden können (wenn nicht ohnehin im Tarifvertrag geregelt).

- Die in §3b Abs. 1 und 3 EStG genannten lohnsteuerfreien Zuschlagssätze dürfen nicht überschritten werden. Der maximale Zuschlagssatz beträgt 50 % vom Grundlohn für die Sonntagsarbeit von 0.00 Uhr bis 24.00 Uhr.

Hinweis: Die Lohnsteuerfreiheit von Sonn- und Feiertags- und Nachtzuschlägen ist auf einen Grundlohn von 50 EUR pro Stunde beschränkt, für die Sozialversicherungsfreiheit beträgt der maximale Grundlohn 25 EUR pro

Stunde. Der übersteigende Betrag unterliegt dem Lohnsteuerabzug und der Sozialversicherungspflicht. Wird an Sonn- und Feiertagen auch Nachtarbeit geleistet, können die Zuschläge addiert werden, soweit die Voraussetzungen hierfür vorliegen. Ist dagegen ein Sonntag zugleich auch Feiertag, kann ein Zuschlag nur bis zur Höhe des Feiertagzuschlags steuerfrei gezahlt werden.

44.5 Sonntags- und Nachtzuschlag

Sachverhalt: In einem Unternehmen wird üblicherweise an Sonn- und Feiertagen gearbeitet. Ein Arbeitnehmer mit einem Stundenlohn von 9,95 EUR ist in der Spätschicht an 2 Sonntagen eingesetzt. Die Schicht beginnt jeweils um 16.00 Uhr und endete um 24.00 Uhr.

Müssen Zuschläge gezahlt werden und wenn ja, in welcher Höhe? Unter welchen Bedingungen sind diese steuerfrei?

Lösung: Ob Zuschläge gezahlt werden müssen, richtet sich nach den Regelungen des Tarifvertrags, der Betriebsvereinbarung oder des Arbeitsvertrags. Eine gesetzliche Verpflichtung gibt es nicht.

Lediglich die Höhe der steuerfreien Zuschlagssätze ist gesetzlich geregelt. Folgende Zuschlagssätze sind zu beachten:
- Der Zuschlag für Sonntagsarbeit beträgt 50 % vom Grundlohn für die Zeit von 0.00 Uhr bis 24.00 Uhr.
- Zusätzlich darf für die Nachtarbeit von 20 Uhr bis 6 Uhr des Folgetages ein Zuschlag i.H.v. 25 % steuer- und sozialversicherungsfrei zusätzlich bezahlt werden. Wird die Arbeit vor 0 Uhr aufgenommen, kann für die Zeit von 0 Uhr bis 4 Uhr ein erhöhter Zuschlag von 40 % steuer- und sozialversicherungsfrei ausbezahlt werden.

Der Arbeitnehmer erhält für diesen Monat

Höchstmöglicher Sonntagszuschlag für den Arbeitnehmer pro Stunde (9,95 EUR × 50 %)	4,98 EUR	
Sonntagszuschläge für den laufenden Monat (4,98 EUR × 8 Std. × 2 Tage)		79,68 EUR
Höchstmöglicher Nachtzuschlag für den Arbeitnehmer pro Stunde (9,95 EUR × 25 %)	2,49 EUR	
Nachtzuschläge für den laufenden Monat (2,49 EUR × 4 Std. × 2 Tage)		+ 19,92 EUR
Zuschläge gesamt lohnsteuer- und sozialversicherungsfrei		99,60 EUR

Es können Zuschläge i.h.v. 99,60 EUR steuer- und sozialversicherungsfrei gezahlt werden. Die für das Lohnsteuer- und Sozialversicherungsrecht zu beachtenden unterschiedlichen maximalen Stundenlohnsätze werden jeweils nicht erreicht.

Hinweis: Die Lohnsteuerfreiheit der Sonn- und Feiertags- und Nachtzuschläge ist auf einen Grundlohn 50 EUR pro Stunde beschränkt, für die Sozialversicherungsfreiheit beträgt dieser 25 EUR pro Stunde. Der übersteigende Betrag unterliegt dann dem Lohnsteuerabzug und der Sozialversicherungspflicht.

Wird an Sonntagen und Feiertagen Nachtarbeit geleistet, so können die Zuschläge addiert werden, soweit die Voraussetzungen vorliegen.

44.6 Zulage für Samstagsarbeit

Sachverhalt: Ein Mitarbeiter erhält für seine Tätigkeit ein monatliches Grundgehalt von 2.500 EUR. Für Sondereinsätze an 2 Samstagen in einem Monat werden ihm jeweils 150 EUR zusätzlich zum Grundgehalt gezahlt. Steuerfreie Bestandteile fallen keine an.

Ist der zusätzliche Betrag für die Sondereinsätze steuer- und beitragspflichtig?

Lösung: Zum steuerpflichtigen Bruttolohn des Arbeitnehmers zählen grundsätzlich auch Zulagen und Zuschläge, die zusätzlich zum vereinbarten Entgelt aufgrund tarifvertraglicher Regelung oder aufgrund einzelvertraglicher Abreden gezahlt werden. Eine Ausnahme besteht lediglich für steuerfreie Zuschläge für Sonntags-, Feiertags- oder Nachtarbeit.

Bei den Sonderzahlungen handelt es sich aber nicht um Zuschläge zum Grundlohn, sondern um pauschale Zahlungen. Zudem sind Zuschläge für die Arbeit an einem Samstag nicht steuerbegünstigt. Die Sonderzahlungen unterliegen in voller Höhe dem Lohnsteuerabzug und der Sozialversicherungspflicht.

Die Berechnung des Bruttoentgelts gestaltet sich folgendermaßen:

Grundgehalt	2.500 EUR
2 Samstagseinsätze (2 × 150 EUR)	**300 EUR**
Bruttolohn	2.800 EUR

Die Lohnsteuer und die Sozialversicherungsbeiträge werden von einem Bruttoarbeitslohn von 2.800 EUR berechnet.

Ebenfalls zum steuerpflichtigen Bruttoarbeitslohn zählen Zulagen (Erschwerniszulagen beispielsweise Gefahren-, Schmutz- und Hitzezulagen, sowie Funktionszulagen und besondere Leistungszulagen).

Unbeachtlich is, ob die Lohnzuschläge aufgrund eines gesetzlichen Anspruchs, eines Tarifvertrags, einer betrieblichen Vereinbarung, einer einzelvertraglichen Regelung oder vom Arbeitgeber freiwillig gezahlt werden.

44.7 Gewöhnlicher Feiertag

Sachverhalt: In einem Unternehmen wird üblicherweise an Sonn- und Feiertagen nicht gearbeitet. Ausnahmsweise wird in diesem Jahr am 3. Oktober (bundeseinheitlicher gesetzlicher Feiertag) gearbeitet.

Ein Arbeitnehmer mit einem Stundenlohn von 9,95 EUR hat in der Woche vom 2.10. bis 6.10. durchgängig in der Frühschicht von 6 Uhr bis 14 Uhr (8 Stunden) gearbeitet.

In welcher Höhe können dem Arbeitnehmer steuerfreie Zuschläge gezahlt werden?

Lösung: Der Zuschlag für Arbeit an einem gesetzlichen Feiertag von 0 Uhr bis 24 Uhr beträgt 125% vom Grundlohn.

Für die Schicht von 6 Uhr bis 14 Uhr darf unter Beachtung der steuerlichen Voraussetzungen (z.B. Aufzeichnungs- und Nachweispflicht) neben dem Grundlohn von 9,95 EUR ein steuer- und sozialversicherungsfreier Zuschlag von 125% = 12,44 EUR pro Stunde gewährt werden.

Für die sonstigen geleisteten Frühschichten dürfen keine Zuschläge gezahlt werden, da Nachtarbeit die Arbeit in der Zeit von 20:00 Uhr bis 6:00 Uhr ist.

Der Arbeitnehmer erhält für die Arbeit am 3. Oktober einen lohnsteuer- und sozialversicherungsfreien Feiertagszuschlag von:

8 Stunden × 12,44 EUR = 99,52 EUR

Hinweis: Die Lohnsteuerfreiheit der Sonn- und Feiertags- und Nachtzuschläge ist auf einen Grundlohn 50 EUR pro Stunde beschränkt, für die Sozialversicherungsfreiheit beträgt dieser 25 EUR pro Stunde. Der übersteigende Betrag unterliegt dann dem Lohnsteuerabzug und der Sozialversicherungspflicht.

44.8 Besonderer Feiertag

Sachverhalt: In einem Unternehmen wird üblicherweise an Sonn- und Feiertagen nicht gearbeitet. Es wird jedoch aufgrund eines kurzfristigen Auftrags eine Sonderschicht über Weihnachten eingelegt.

Ein Arbeitnehmer mit einem Stundenlohn von 9,95 EUR arbeitet am 25.12. und 26.12. jeweils in der Frühschicht von 6.00 Uhr bis 14.00 Uhr.

In welcher Höhe können dem Arbeitnehmer lohnsteuerfreie Feiertagszuschläge gezahlt werden?

Lösung: Die Höhe der lohnsteuerfreien (allgemeinen) Feiertagszuschläge ergibt sich grundsätzlich aus §3b Abs. 1 Nr. 3 EStG. Darüber hinaus sind im Gesetz auch Sonderfälle der Feiertagsarbeit geregelt, z.b. besondere Zuschlagssätze für die Arbeit an Heiligabend, den Weihnachtsfeiertagen, Silvester und am 1. Mai.

Der Zuschlag an den besonderen Feiertagen beträgt 150% vom Grundlohn. Da der Mitarbeiter an den beiden Weihnachtsfeiertagen arbeitet, darf für diese beiden Tage neben dem Grundlohn von 9,95 EUR ein steuer- und sozialversicherungsfreier Zuschlag i.H.v. 150% = 14,93 EUR je Stunde gewährt werden.

Der Arbeitnehmer erhält für diese beiden Tage lohnsteuer- und sozialversicherungsfreie Feiertagszuschläge i.H.v.:

16 Stunden × 14,93 EUR = 238,88 EUR

Hinweis: Die Steuerfreiheit der Sonn- und Feiertags- und Nachtzuschläge ist auf einen Grundlohn von 50 EUR pro Stunde beschränkt, für die Sozialversicherungsfreiheit beträgt dieser 25 EUR pro Stunde. Der übersteigende Betrag unterliegt dann jeweils dem Lohnsteuerabzug und der Sozialversicherungspflicht.

44.9 Bemessungsgrundlage für steuerfreie Zuschläge

Sachverhalt: In einem Unternehmen wird üblicherweise auch an Sonn- und Feiertagen im Mehrschichtsystem gearbeitet.

Ein Arbeitnehmer mit einer 40-Stunden-Woche hat einen Stundenlohn von 9,45 EUR. Er erhält eine Schichtzulage von 0,50 EUR pro Stunde und in dem entsprechenden Abrechnungszeitraum eine Erschwerniszulage von 0,60 EUR pro Stunde für 90 Arbeitsstunden. Zudem leistet der Arbeitgeber einen monatlichen Zuschuss zu den vermögenswirksamen Leistungen von 13 EUR.

Wie wird die Bemessungsgrundlage für die lohnsteuerfreien Zuschläge berechnet?

Lösung: Zum maßgeblichen Grundlohn des Arbeitnehmers zählen neben dem laufenden Arbeitslohn die vermögenswirksamen Leistungen (VL) sowie laufende Zuschläge und Zulagen, die wegen der Besonderheit der Arbeit während der regelmäßigen Arbeitszeit gezahlt werden, z.B. Erschwernis- und Schichtzuschläge.

Zunächst wird der Basisgrundlohn ermittelt und anschließend die Grundlohnzusätze. Der Basisgrundlohn ist der für den jeweiligen Entgeltzahlungszeitraum vereinbarte Grundlohn. Die Grundlohnzusätze sind die Teile des Grundlohns, die nicht im Voraus bestimmbar sind. Sie sind mit den Beträgen in den Grundlohn einzubeziehen, die für den jeweiligen Entgeltzahlungszeitraum tatsächlich zustehen.

Der Monatswert (Basisgrundlohn + Grundlohnzusätze) ist auf einen Stundenlohn umzurechnen. Dabei ist im Falle eines monatlichen Lohnzahlungszeitraums die regelmäßige wöchentliche Arbeitszeit mit dem 4,35-fachen anzusetzen.

Grundlohn (9,45 EUR × 40 Stunden × 4,35)	1.644,30 EUR
Zzgl. Schichtzulage (0,50 EUR × 40 Stunden × 4,35)	+ 87,00 EUR
Zzgl. VL-Zuschuss	+ 13,00 EUR
Basisgrundlohn gesamt	1.744,30 EUR
Zzgl. Grundlohnzusätze (Erschwerniszulage, 0,60 EUR × 90 Stunden)	+ 54,00 EUR
Gesamtsumme	1.798,30 EUR

Höchstmögliche Bemessungsgrundlage

1.798,30 EUR / (40 Stunden × 4,35) = 10,34 EUR.

Die Bemessungsgrundlage für die Berechnung der lohnsteuerfreien Zuschläge beträgt 10,34 EUR pro Stunde.

Diese Berechnung ist monatlich neu durchzuführen, wenn der Wert der Grundlohnzusätze von Monat zu Monat schwankt.

Praxistipp: Wenn die o. g. Berechnung zu »mühsam« erscheint und keine tarifliche Regelung dem entgegensteht, können die Sonntags-, Feiertags- und Nachtzuschläge auch auf der Basis Stundenlohn (9,45 EUR) plus Schichtzulage (0,50 EUR) ermittelt werden. Mit 9,95 EUR wird dann allerdings nicht die höchstmögliche Bemessungsgrundlage für die Steuer- und Sozialversicherungsfreiheit herangezogen.

Hinweis: Die Höchstgrenze für die Lohnsteuerfreiheit der Sonn-, Feiertags- und Nachtzuschläge beträgt 50 EUR pro Stunde, die Höchstgrenze für die Sozialversicherungsfreiheit der Feiertagszuschläge beträgt 25 EUR pro Stunde.

Wird an Sonntagen und Feiertagen Nachtarbeit geleistet, so können die Zuschläge addiert werden, soweit die Voraussetzungen vorliegen.

Die Steuerfreiheit von Zuschlägen für Sonntags-, Feiertags- oder Nachtarbeit ist ausgeschlossen, wenn monatlich ein Pauschalbetrag gezahlt wird.

Pauschale Zuschläge, die der Arbeitgeber ohne Rücksicht auf die Höhe der tatsächlich erbrachten Sonntags-, Feiertags- oder Nachtarbeit an den Arbeitnehmer leistet, sind nur dann begünstigt, wenn sie nach dem übereinstimmenden Willen von Arbeitgeber und Arbeitnehmer als Abschlagszahlungen oder Vorschüsse auf eine spätere Einzelabrechnung geleistet werden. Mit dem jährlichen Abschluss des Lohnkontos muss auch eine Einzelabrechnung der Zuschläge für Sonntags-, Feiertags- oder Nachtarbeit erfolgen. Diese Einzelabrechnung ist grundsätzlich unverzichtbar.

Eine Ausnahme besteht nur, wenn die Arbeitsleistungen fast ausschließlich zur Nachtzeit erbracht werden und die pauschal geleisteten Zuschläge so bemessen sind, dass sie auch unter Einbeziehung von Urlaub und sonstigen Fehlzeiten – auf das Jahr bezogen – die Voraussetzungen der Steuerfreiheit erfüllen. Die Zuschläge für Sonntags-, Feiertags- oder Nachtarbeit müssen durch Einzelabrechnungen nachgewiesen werden. Die tatsächlich geleistete Sonn-, Feiertags- oder Nachtarbeit ist anhand von Schichtplänen, Stempelkarten bzw. Stundenzetteln oder vergleichbaren Aufzeichnungen nachzuweisen. Die Nachweise sind für Prüfungszwecke der Steuerverwaltung und der Sozialversicherung aufzubewahren.

45 Sonstige Bezüge

45.1 Einmalzahlung (Märzklausel)

Sachverhalt: Ein Handelsunternehmen (alte Bundesländer) zahlt im Februar einen Umsatzbonus für das vergangene Jahr. Eine Mitarbeiterin mit einem Gehalt von 3.250 EUR erhält 2017 einen Umsatzbonus i.H.v. 6.785 EUR. Ihr Jahresbruttoentgelt im Jahr 2017 betrug 42.250 EUR.

Wie wird der Umsatzbonus lohnsteuer- und sozialversicherungsrechtlich behandelt?

Lösung: Der Umsatzbonus ist im Februar 2017 als sonstiger Bezug nach der Jahreslohnsteuertabelle zu versteuern. Im Steuerrecht gilt das Zuflussprinzip: Die Lohnsteuer fällt in dem Jahr an, in dem die Zahlung erfolgt.

In der Sozialversicherung ist die Anwendung der Märzklausel zu prüfen: Dazu ist die anteilige Jahresbeitragsbemessungsgrenze per 28.2.2017 bei krankenversicherungspflichtigen Arbeitnehmern in der Kranken- und Pflegeversicherung und bei krankenversicherungsfreien Arbeitnehmern in der Renten- und Arbeitslosenversicherung dem beitragsrechtlichen Entgelt per 28.2.2017 gegenüberzustellen:

Kranken- und Pflegeversicherung	
Anteilige Jahresbeitragsbemessungsgrenze bis 28.2.2017 (4.350 EUR × 2 Monate)	8.700 EUR
Beitragspflichtiges Entgelt per 28.2.2017 (3.250 EUR × 2 Monate + 6.785 EUR)	13.285 EUR
Die Differenz i.H.v. 4.585 EUR wäre im Februar 2017 kranken- und pflegeversicherungsfrei.	

Als Folge wird die gesamte Einmalzahlung dem Vorjahr (= Anwendung der Märzklausel) zugeordnet.

Kranken- und Pflegeversicherung	
Jahresbeitragsbemessungsgrenze 2016	50.850 EUR
Beitragspflichtiges Jahresarbeitsentgelt 2016	**– 44.250 EUR**
Noch nicht verbeitragt 6.600 EUR	

Von der Einmalzahlung i. H. v. 6.785 EUR im Februar 2017 sind 6.600 EUR kranken- und pflegeversicherungspflichtig.
Die restlichen 185 EUR (6.785 EUR – 6.600 EUR) aus der Einmalzahlung bleiben kranken- und pflegeversicherungsfrei.

Renten- und Arbeitslosenversicherung	
Jahresbeitragsbemessungsgrenze 2016	74.400 EUR
Beitragspflichtiges Jahresarbeitsentgelt 2016	**– 44.250 EUR**
Noch nicht verbeitragt	30.150 EUR

Die gesamte Einmalzahlung in Höhe von 6.785 EUR ist renten- und arbeitslosenversicherungspflichtig.

Hinweis: Bei krankenversicherungspflichtigen Arbeitnehmern ist in jedem Fall auf die Beitragsbemessungsgrenze in der Krankenversicherung abzustellen. Bei krankenversicherungsfreien (freiwillig oder privat versicherten) Arbeitnehmern ist nur die Beitragsbemessungsgrenze in der Rentenversicherung anzuwenden.

Praxistipp: Wird der Jahresbonus im Entgeltabrechnungsprogramm als Einmalzahlung gekennzeichnet, führt das Entgeltabrechnungsprogramm die Prüfung der Märzklausel automatisch durch.

45.2 Urlaubsgeld

Sachverhalt: Ein Arbeitgeber bezahlt seinen Mitarbeitern im Juni 2017 auf freiwilliger Basis ein Urlaubsgeld in Höhe eines vollen Monatsgehalts. Er möchte sich die Möglichkeit offen halten, über die Zahlung in jedem Jahr neu entscheiden zu können.

Ein Mitarbeiter verdient monatlich 3.000 EUR. In seinen ELStAM ist die Steuerklasse I, ev., kinderlos gespeichert.

Wie errechnet sich die Lohnsteuer auf den sonstigen Bezug und bis zu welchem Betrag ist die Einmalzahlung sozialversicherungspflichtig?

Lösung: Urlaubsgeld gehört zu den Einmalzahlungen (sozialversicherungsrechtlich) bzw. sonstigen Bezügen (lohnsteuerrechtlich). Für diese gelten besondere arbeits-, lohnsteuer- und sozialversicherungsrechtliche Regelungen.

Sofern Urlaubsgeld ohne Vorbehalt dreimal hintereinander gezahlt wird, entsteht eine betriebliche Übung. Die Arbeitnehmer können hieraus einen Rechtsanspruch ableiten. Dies kann verhindert werden, indem die Zahlung jeweils unter Vorbehalt gestellt wird bzw. dieser Vorbehalt bereits im Arbeitsvertrag ausdrücklich formuliert ist.

Sonstige Bezüge müssen nach der Jahreslohnsteuertabelle versteuert werden.

Lohnsteuer		
Voraussichtlicher Jahresarbeitslohn ohne sonstigen Bezug (3.000 EUR × 12 Monate)	36.000,00 EUR	
Lohnsteuer darauf		5.296,00 EUR
Voraussichtlicher Jahresarbeitslohn mit sonstigem Bezug (36.000 EUR + 3.000 EUR)	39.000,00 EUR	
Lohnsteuer darauf		6.104,00 EUR

Lohnsteuer auf den sonstigen Bezug (6.101 EUR – 5.296 EUR)	808,00 EUR
Solidaritätszuschlag darauf (808 EUR × 5,5 %)	44,44 EUR
Kirchensteuer (808 EUR × 9 %[47].)	72,72 EUR

Sozialversicherungsrechtlich ist die anteilige Beitragsbemessungsgrenze für den entsprechenden Zeitraum zu ermitteln:

Kranken- und Pflegeversicherung	
Anteilige Jahresbeitragsbemessungsgrenze Januar bis Juni 2017 (4.350 EUR × 6 Monate)	256.100,00 EUR
Beitragspflichtiges Entgelt (3.000 EUR × 6 Monate + 3.000 EUR)	**– 21.000,00 EUR**
Noch nicht verbeitragt	5.100,00 EUR

Das gesamte Urlaubsgeld ist sozialversicherungspflichtig. Da die Beitragsbemessungsgrenze in der Renten- und Arbeitslosenversicherung in jedem Falle höher liegt, erübrigt sich im vorliegenden Fall die Prüfung.

Hinweis: Einmalzahlungen bleiben bei der Ermittlung der Umlage 1 (für Krankheitsaufwendungen) und der Umlage 2 (für Mutterschaftsaufwendungen) gemäß Aufwendungsausgleichsgesetz außer Ansatz.

Praxistipp: Damit das Entgeltabrechnungsprogramm richtig rechnet, muss eine Lohnart ausgewählt werden, die unter der Gruppe »sonstiger Bezug und Einmalzahlung« geführt wird.

---

47   Unterschiedliche Sätze in einzelnen Bundesländern

46 Studentenjobs (Minijob)

Sachverhalt: Ein eingeschriebener Student übt seit dem 1.2.2017 eine unbefristete Beschäftigung aus. Die wöchentliche Arbeitszeit beträgt 10 Stunden. Als monatliches Arbeitsentgelt sind gleichbleibend 450 EUR vereinbart. Ein Anspruch auf Sonderzahlungen besteht nicht.

Wie ist die Beschäftigung sozialversicherungsrechtlich zu beurteilen?

Lösung: Es handelt sich um eine geringfügig entlohnte Beschäftigung (Minijob), da das monatliche Arbeitsentgelt 450 EUR nicht überschreitet. Der Student ist in der Beschäftigung versicherungsfrei in der Kranken-, Pflege- und Arbeitslosenversicherung. In der Rentenversicherung besteht Versicherungspflicht. Allerdings kann der Student auf Antrag gegenüber dem Arbeitgeber von der Rentenversicherungspflicht befreit werden.

Es sind Pauschalbeiträge durch den Arbeitgeber in Höhe von 13 % des Arbeitsentgelts zur Krankenversicherung zu entrichten, wenn der Student gesetzlich krankenversichert ist. Weitere 15 % vom Arbeitsentgelt sind als Rentenversicherungsbeiträge vom Arbeitgeber zu entrichten. Bei verbleibender Rentenversicherungspflicht trägt der Student zusätzlich 3,7 % des Arbeitsentgelts als seinen Anteil am Rentenversicherungsbeitrag.

Personengruppe: 109

Mögliche Beitragsgruppenschlüssel:

6100	–	bei gesetzlicher Krankenversicherung und Rentenversicherungspflicht
6500	–	bei gesetzlicher Krankenversicherung und Rentenversicherungspflicht bei gesetzlicher Krankenversicherung und Befreiung von der Rentenversicherungspflicht
0100	–	bei privater Krankenversicherung und Rentenversicherungspflicht
0500	–	bei privater Krankenversicherung und Befreiung von der Rentenversicherungspflicht

Zuständige Einzugsstelle: Minijob-Zentrale.

Praxistipp: Die Versteuerung des Arbeitsentgelts kann über die einheitliche Pauschalsteuer von 2 % erfolgen. Bei Studenten ist im Regelfall eine individuelle Besteuerung nach ELStAM sinnvoll, da meist keine weitere Beschäftigung ausgeübt wird und damit bei unverheirateten Studenten die Steuerklasse I maßgebend ist. Bei dem geringfügigen Arbeitsentgelt fällt bei Lohnsteuerklasse I noch keine Lohnsteuer an und der Student bekommt das Arbeitsentgelt ohne Steuerabzug ausbezahlt.

46.1 Kurzfristige Beschäftigung

Sachverhalt: Ein eingeschriebener Student übt eine vom 1.2. bis zum 31.3.2017 befristete Beschäftigung aus. Die wöchentliche Arbeitszeit beträgt 40 Stunden (montags – freitags). Als monatliches Arbeitsentgelt sind 2.200 EUR vereinbart. Zuvor hat der Student noch keine Beschäftigung während des Studiums ausgeübt.

Wie ist die Beschäftigung sozialversicherungsrechtlich zu beurteilen?

Lösung: Es handelt sich um eine kurzfristige Beschäftigung, da das Beschäftigungsverhältnis auf nicht mehr als 3 Monate befristet ist. Die Höhe des Arbeitsentgelts ist unbedeutend. Der Student ist in der Beschäftigung versicherungsfrei in der Kranken-, Pflege-, Renten- und Arbeitslosenversicherung. Die Versicherungsfreiheit im Rahmen einer kurzfristigen Beschäftigung ist immer **vor** der Versicherungsfreiheit im Rahmen des Werkstudentenprivilegs zu prüfen.

Beiträge sind nicht zu entrichten.

Personengruppenschlüssel:	110
Beitragsgruppenschlüssel:	0000
Zuständige Einzugsstelle:	Minijob-Zentrale

46.2 Beschäftigung mit wöchentlicher Arbeitszeit von nicht mehr als 20 Stunden

Sachverhalt: Ein eingeschriebener Student übt vom 1.3.2017 an eine unbefristete Beschäftigung gegen ein monatliches Arbeitsentgelt von 800 EUR aus. Die wöchentliche Arbeitszeit beträgt 18 Stunden.

Wie ist die Beschäftigung sozialversicherungsrechtlich zu beurteilen?

Lösung: Da die wöchentliche Arbeitszeit 20 Stunden nicht überschreitet, besteht in der Beschäftigung im Rahmen des Werkstudentenprivilegs Versicherungsfreiheit in der Kranken-, Pflege- und Arbeitslosenversicherung. Zur Rentenversicherung besteht jedoch Versicherungspflicht.

Es sind individuelle Beiträge zur Rentenversicherung zu zahlen. Pauschale Beiträge zur Krankenversicherung sind nicht zu zahlen, da die Merkmale einer geringfügig entlohnten Beschäftigung nicht vorliegen.

Personengruppenschlüssel:	106
Beitragsgruppenschlüssel:	0100
Zuständige Einzugsstelle:	zuständige Krankenkasse

Praxistipp: Bei der Beschäftigung von Studenten ist es aus Sicht des Arbeitgebers sinnvoller, die Grenzen der geringfügigen Beschäftigung zu überschreiten. Die Pauschalbeiträge zur Kranken- und Rentenversicherung bei der geringfügigen Beschäftigung betragen 28 % (15 % Rentenversicherung, 13 % Krankenversicherung). Studenten, deren regelmäßiges Arbeitsentgelt über 450 EUR liegt, deren wöchentliche Arbeitszeit aber 20 Stunden nicht überschreitet, sind nur rentenversicherungspflichtig. Daraus ergeben sich lediglich 9,35 % zusätzliche Aufwendungen für den Arbeitgeber für den Rentenversicherungsbeitrag.

Für die Beiträge zur Rentenversicherung wird dabei bis zu einem regelmäßigen monatlichen Arbeitsentgelt in Höhe von 850 EUR die Gleitzonenregelung angewendet. Dadurch ist der Beitrag des Studenten niedriger als 9,35 % seines Arbeitsentgelts.

Ist der Student im Rahmen der für ihn kostenlosen Familienversicherung krankenversichert, darf sein monatliches Gesamteinkommen 1/7 der monatlichen Bezugsgröße (2017 = 425 EUR) nicht überschreiten. Da allerdings bei der Ermittlung des Gesamteinkommens die Werbungskosten bzw. die entsprechenden Pauschbeträge (2017 = 1.000 EUR/jährlich bzw. 83,33 EUR/ monatlich) abzuziehen sind, wirkt sich eine solche Beschäftigung bis zu einem monatlichen Arbeitsentgelt in Höhe von 508,33 EUR nicht auf die Familienversicherung aus. Dabei dürfen allerdings keine weiteren anrechenbaren Einkünfte vorhanden sein.

46.3 Überschreitung der 20-Wochenstundengrenze; Arbeit in den Abend- und Nachtstunden und am Wochenende; befristete Beschäftigung

Sachverhalt: Ein eingeschriebener Student übt ab 1.2.2017 eine bis zum 30.6.2017 befristete Beschäftigung an 24 Stunden wöchentlich aus. Davon arbeitet er von montags bis donnerstags jeweils am Vormittag 4 Stunden. Die verbleibenden 8 Stunden arbeitet er am Wochenende. Das monatliche Arbeitsentgelt beträgt 1.300 EUR. Der Student übt erstmalig einen Studentenjob aus.

Wie ist die Beschäftigung sozialversicherungsrechtlich zu beurteilen?

Lösung: Die Überschreitung der 20-Wochenstunden-Grenze ist nur auf die Beschäftigungszeiten am Wochenende zurückzuführen. Bei Beschäftigungen am Wochenende sowie in den Abend- und Nachtstunden kann Versicherungsfreiheit aufgrund des Werkstudentenprivilegs auch bei einer Wochenarbeitszeit von mehr als 20 Stunden in Betracht kommen. Voraussetzung dafür ist, dass Zeit und Arbeitskraft des Studenten überwiegend durch das Studium in Anspruch genommen werden. Vom Erscheinungsbild eines Studenten ist jedoch nicht mehr auszugehen, wenn

- eine derartige Beschäftigung mit einer Wochenarbeitszeit von mehr als 20 Stunden ohne zeitliche Befristung ausgeübt wird oder
- auf einen Zeitraum von mehr als 26 Wochen befristet ist.

In der Beschäftigung besteht im Rahmen des Werkstudentenprivilegs Versicherungsfreiheit in der Kranken-, Pflege- und Arbeitslosenversicherung, da

- die wöchentliche Arbeitszeit während der Vorlesungszeit die 20-Wochenstunden-Grenze nicht überschreitet,
- die Überschreitung der 20-Wochenstunden-Grenze nur auf die Arbeit am Wochenende zurückzuführen ist und
- der Befristungszeitraum 26 Wochen nicht überschreitet und
- keine Vorbeschäftigungszeiten vorliegen.

Zur Rentenversicherung besteht jedoch Versicherungspflicht.

Personengruppenschlüssel:	106
Beitragsgruppenschlüssel:	0100
Zuständige Einzugsstelle:	zuständige Krankenkasse

46.4 Überschreitung der 20-Wochenstundengrenze; Arbeit in den Abend- und Nachtstunden und am Wochenende; unbefristete Beschäftigung

Sachverhalt: Ein eingeschriebener Student übt ab 1.4.2017 eine unbefristete Beschäftigung an 24 Stunden wöchentlich aus. Davon arbeitet er von montags bis donnerstags jeweils am Vormittag 4 Stunden. Die verbleibenden 8 Stunden arbeitet er am Wochenende. Das monatliche Arbeitsentgelt beträgt 1.300 EUR.

Wie ist die Beschäftigung sozialversicherungsrechtlich zu beurteilen?

Lösung: Die Überschreitung der 20-Wochenstunden-Grenze ist nur auf die Beschäftigungszeiten am Wochenende zurückzuführen. Da die Beschäftigung unbefristet ausgeübt wird, besteht dennoch ab 1.4.2017 Versicherungspflicht in der Kranken-, Pflege-, Renten- und Arbeitslosenversicherung.

Personengruppenschlüssel:	101
Beitragsgruppenschlüssel:	1111
Zuständige Einzugsstelle:	zuständige Krankenkasse

46.5 Überschreitung der 20-Wochenstundengrenze in den Semesterferien

Sachverhalt: Ein eingeschriebener Student übt vom 1.1.2017 an eine unbefristete Beschäftigung gegen ein monatliches Arbeitsentgelt in Höhe von 1.000 EUR aus. Die wöchentliche Arbeitszeit beträgt 20 Stunden. Während der Semesterferien beträgt die wöchentliche Arbeitszeit 40 Stunden, das Arbeitsentgelt 2.000 EUR. Semesterferien sind in der Zeit vom 11.2. bis 17.4.2017 und vom 29.7. bis 8.10.2017.

Wie ist die Beschäftigung sozialversicherungsrechtlich zu beurteilen?

Lösung: Wird eine Beschäftigung mit einer wöchentlichen Arbeitszeit von nicht mehr als 20 Stunden lediglich in der vorlesungsfreien Zeit (Semesterferien) auf mehr als 20 Stunden ausgeweitet, so bleibt auch für diese Zeit das studentische Erscheinungsbild erhalten. Es ist grundsätzlich Versicherungsfreiheit aufgrund des Werkstudentenprivilegs anzunehmen.

Daher besteht Versicherungsfreiheit in der Kranken-, Pflege- und Arbeitslosenversicherung. Zur Rentenversicherung besteht Versicherungspflicht.

Personengruppenschlüssel:	101
Beitragsgruppenschlüssel:	0100
Zuständige Einzugsstelle:	zuständige Krankenkasse

46.6 Befristete Beschäftigungen ausschließlich in den Semesterferien

Sachverhalt: Ein eingeschriebener Student übt während der Semesterferien vom 13.2. bis 13.4.2017 und vom 3.8. bis 8.10.2017 jeweils eine im Voraus auf diese Zeiträume befristete Beschäftigung gegen ein monatliches Arbeitsentgelt in Höhe von 2.000 EUR aus. Die wöchentliche Arbeitszeit beträgt 40 Stunden (montags – freitags jeweils 8 Stunden).

Wie ist die Beschäftigung sozialversicherungsrechtlich zu beurteilen?

Lösung:

Beschäftigung vom 13.2. bis 13.4.2017

Es handelt sich um eine kurzfristige Beschäftigung, da die Beschäftigung auf nicht mehr als 3 Monate befristet ist. Die Höhe des Arbeitsentgelts ist unbedeutend. Der Student ist in der Beschäftigung versicherungsfrei in der Kranken-, Pflege-, Renten- und Arbeitslosenversicherung. Beiträge sind nicht zu entrichten.

Personengruppenschlüssel:	110
Beitragsgruppenschlüssel:	0000
Zuständige Einzugsstelle:	Minijob-Zentrale

Beschäftigung vom 3.8. bis 8.10.2017

Die Beschäftigung ist auf nicht mehr als 3 Monate befristet. Für die Prüfung, ob es sich um eine kurzfristige Beschäftigung handelt, sind Vorbeschäftigungen innerhalb des Kalenderjahres 2017 anzurechnen:

Zusammenrechnung der Beschäftigungen vom 1.1. bis 31.12.2017:

13.2.2017 bis 13.4.2017	=	60 Kalendertage
3.8.2017 bis 8.10.2017	=	**67 Kalendertage**
Insgesamt	=	**127 Kalendertage**

Da die Grenze von 90 Kalendertagen überschritten wird, handelt es sich nicht um eine kurzfristige Beschäftigung.

Bei Beschäftigungen, die ausschließlich während der vorlesungsfreien Zeit (Semesterferien) ausgeübt werden, ist davon auszugehen, dass Zeit und Arbeitskraft in der Gesamtbetrachtung überwiegend durch das Studium in Anspruch genommen werden. Unabhängig von der wöchentlichen Arbeitszeit und der Höhe des Arbeitsentgelts besteht unter der Voraussetzung, dass die Beschäftigung ausschließlich auf die vorlesungsfreie Zeit (Semesterferien) begrenzt ist, daher Versicherungsfreiheit aufgrund des Werkstudentenprivilegs.

Grundsätzlich ist – auch bei Studentenjobs in den Semesterferien – zu prüfen, ob die Beschäftigungszeiten mit einer wöchentlichen Arbeitszeit über 20 Stunden innerhalb eines Jahres (ausgehend vom Ende der zu beurteilenden Beschäftigung) die Grenze von 26 Wochen (182 Kalendertage) überschreiten. Da die vorlesungsfreien Zeiten aufgrund ihrer Dauer aber insgesamt diese Grenze – auch unter Berücksichtigung der Studentenjobs in anderen Semesterferien – nie überschreiten, ist diese zusätzliche Prüfung bei Beschäftigungen ausschließlich in den Semesterferien entbehrlich.

In der Beschäftigung besteht daher Versicherungsfreiheit in der Kranken-, Pflege- und Arbeitslosenversicherung. Zur Rentenversicherung besteht Versicherungspflicht, da das Werkstudentenprivileg hier nicht angewendet wird.

Personengruppenschlüssel:	106
Beitragsgruppenschlüssel:	0100
Zuständige Einzugsstelle:	zuständige Krankenkasse

46.7 Befristete Beschäftigung mit Werkstudenten-privileg und Vorbeschäftigungen

Sachverhalt: Ein eingeschriebener Student übt folgende jeweils im Voraus befristete Beschäftigungen aus:

Zeitraum	Wöchentliche Arbeitszeit	Anmerkungen
13.2.2017 bis 13.4.2017	40 Stunden (montags – freitags je 8 Stunden)	Semesterferien
8.5.2017 bis 16.7.2017	25 Stunden (mittwochs – sonntags je 5 Stunden	Vorlesungszeit
3.8.2017 bis 8.10.2017	40 Stunden (montags – freitags je 8 Stunden)	Semesterferien

In allen Beschäftigungen beträgt das monatliche Arbeitsentgelt mehr als 450 EUR.

Wie sind die Beschäftigungen sozialversicherungsrechtlich zu beurteilen?

Lösung:

Beschäftigung vom 13.2. bis 13.4.2017

Es handelt sich um eine kurzfristige Beschäftigung, da die Beschäftigung auf nicht mehr als 3 Monate befristet ist. Die Höhe des Arbeitsentgelts ist unbedeutend. Der Student ist in der Beschäftigung versicherungsfrei in der Kranken-, Pflege-, Renten- und Arbeitslosenversicherung.

Beiträge sind nicht zu entrichten.

Personengruppenschlüssel:	110
Beitragsgruppenschlüssel:	0000
Zuständige Einzugsstelle:	Minijob-Zentrale

Beschäftigung vom 8.5. bis 16.7.2017

Die Beschäftigung ist auf nicht mehr als 3 Monate befristet. Für die Prüfung, ob es sich um eine kurzfristige Beschäftigung handelt, sind Vorbeschäftigungen innerhalb des Kalenderjahres 2017 anzurechnen:

Zusammenrechnung der Beschäftigungen vom 1.1. bis 31.12.2017:

13.2.2017 bis 13.4.2017	=	60 Kalendertage
8.5.2017 bis 16.7.2017	=	**70 Kalendertage**
Insgesamt	=	**130 Kalendertage**

Da die Grenze von 90 Kalendertagen überschritten wird, handelt es sich **nicht** um eine kurzfristige Beschäftigung.

Bei Beschäftigungen, in denen die 20-Wochenstunden-Grenze nur durch die Beschäftigungszeit am Wochenende überschritten wird, ist vom Werkstudentenprivileg auszugehen. Etwas anderes gilt, wenn sich derartige Beschäftigungen mit mehr als 20 Wochenstunden im Laufe eines Zeitjahres (ausgehend vom Ende der zu beurteilenden Beschäftigung) wiederholen und insgesamt mehr als 26 Wochen ausmachen. Die dafür maßgebende Jahresfrist verläuft hier vom 17.7.2016 bis 16.7.2017. Die Beschäftigungszeiten über 20 Wochenstunden von insgesamt 130 Kalendertagen überschreiten die Grenze von 182 Kalendertagen nicht. Daher besteht Versicherungsfreiheit in der Kranken-, Pflege- und Arbeitslosenversicherung aufgrund des Werkstudentenprivilegs. In der Rentenversicherung kann dies nicht angewendet werden. Deshalb besteht hier Versicherungspflicht.

Personengruppenschlüssel:	106
Beitragsgruppenschlüssel:	0100
Zuständige Einzugsstelle:	zuständige Krankenkasse

Beschäftigung vom 3.8. bis 8.10.2017

Die Beschäftigung ist zwar auf nicht mehr als 3 Monate befristet, aufgrund der anrechenbaren Vorbeschäftigungen wird jedoch die Grenze für die Versicherungsfreiheit im Rahmen einer kurzfristigen Beschäftigung von 90 Kalendertagen innerhalb des Kalenderjahres 2017 überschritten.

Bei Beschäftigungen, die ausschließlich während der vorlesungsfreien Zeit (Semesterferien) ausgeübt werden, ist davon auszugehen, dass Zeit und Arbeitskraft in der Gesamtbetrachtung überwiegend durch das Studium in Anspruch genommen werden. Etwas anderes gilt allerdings auch bei Beschäftigungen in den Semesterferien, wenn innerhalb eines Jahres (ausgehend vom Ende der zu beurteilenden Beschäftigung) die Beschäftigungszeiten über 20 Wochenstunden die Grenze von 182 Kalendertagen überschreiten.

Zusammenrechnung der Beschäftigungen vom 9.10.2016 bis 8.10.2017:

13.2.2017 bis 13.4.2017	=	60 Kalendertage
8.5.2017 bis 16.7.2017	=	70 Kalendertage
3.8.2017 bis 8.10.2017	=	**67 Kalendertage**
Insgesamt	=	**197 Kalendertage**

Da die Grenze von 182 Kalendertagen überschritten wird, wird das Werkstudentenprivileg bei dieser Beschäftigung nicht angewendet. Vom Beginn der Beschäftigung besteht Versicherungspflicht in der Kranken-, Pflege-, Renten- und Arbeitslosenversicherung.

Personengruppenschlüssel:	101
Beitragsgruppenschlüssel:	1111
Zuständige Einzugsstelle:	zuständige Krankenkasse

46.8 Befristete Beschäftigungen ohne Werkstudentenprivileg mit Vorbeschäftigung

Sachverhalt: Ein eingeschriebener Student übt folgende jeweils im Voraus befristete Beschäftigungen aus:

Zeitraum	Wöchentliche Arbeitszeit	Anmerkungen
13.2.2017 bis 13.4.2017	40 Stunden (montags – freitags je 8 Stunden)	Semesterferien
8.5.2017 bis 30.6.2017	40 Stunden (montags – freitags je 8 Stunden)	Vorlesungszeit
3.8.2017 bis 8.10.2017	40 Stunden (montags – freitags je 8 Stunden)	Semesterferien

In allen Beschäftigungen beträgt das monatliche Arbeitsentgelt mehr als 450 EUR.

Wie sind die Beschäftigungen sozialversicherungsrechtlich zu beurteilen?

Lösung:

Beschäftigung vom 13.2. bis 13.4.2017

Es handelt sich um eine kurzfristige Beschäftigung, da die Beschäftigung auf nicht mehr als 3 Monate befristet ist. Die Höhe des Arbeitsentgelts ist unbedeutend. Der Student ist in der Beschäftigung versicherungsfrei in der Kranken-, Pflege-, Renten- und Arbeitslosenversicherung.

Beiträge sind nicht zu entrichten.

Personengruppenschlüssel:	110
Beitragsgruppenschlüssel:	0000
Zuständige Einzugsstelle:	Minijob-Zentrale

Beschäftigung vom 8.5. bis 30.6.2017

Die Beschäftigung ist auf nicht mehr als 3 Monate befristet. Für die Prüfung, ob es sich um eine kurzfristige Beschäftigung handelt, sind Vorbeschäftigungen innerhalb des Kalenderjahres 2017 anzurechnen:

Zusammenrechnung der Beschäftigungen vom 1.1. bis 31.12.2017:

13.2.2017 bis 13.4.2017	=	60 Kalendertage
8.5.2017 bis 30.6.2017	=	**54 Kalendertage**
Insgesamt	=	**114 Kalendertage**

Da die Grenze von 90 Kalendertagen überschritten wird, handelt es sich **nicht** um eine kurzfristige Beschäftigung.

Bei der Prüfung der Versicherungsfreiheit auf der Grundlage des Werkstudentenprivilegs muss bei Beschäftigungen, in denen die 20-Wochenstunden-Grenze überschritten wird, zunächst eine der beiden folgenden Grundvoraussetzungen für die Anwendung des Werkstudentenprivilegs erfüllt sein:

- Die Beschäftigung ist ausschließlich auf die vorlesungsfreie Zeit (Semesterferien) begrenzt.
- Die 20-Wochenstunden-Grenze der befristeten Beschäftigung wird nur durch Beschäftigungszeiten am Wochenende oder in den Abend- und Nachtstunden überschritten.

Da die Beschäftigung vom 8.5.2017 bis 30.6.2017 keine dieser Voraussetzungen erfüllt, besteht Versicherungspflicht in der Kranken-, Pflege-, Renten- und Arbeitslosenversicherung.

Wichtig: Hier ist es unerheblich, dass die Beschäftigungsdauer aller Beschäftigungen die Grenze von 26 Wochen innerhalb eines Jahres nicht überschreitet.

Personengruppenschlüssel:	101
Beitragsgruppenschlüssel:	1111
Zuständige Einzugsstelle:	zuständige Krankenkasse

Beschäftigung vom 3.8. bis 8.10.2017

Die Beschäftigung ist zwar auf nicht mehr als 3 Monate befristet. Aufgrund der anrechenbaren Vorbeschäftigungen wird jedoch die Grenze für die Versicherungsfreiheit im Rahmen einer kurzfristigen Beschäftigung von 90 Kalendertagen innerhalb des Kalenderjahres 2017 überschritten.

Bei Beschäftigungen, die ausschließlich während der vorlesungsfreien Zeit (Semesterferien) ausgeübt werden, ist davon auszugehen, dass Zeit und Arbeitskraft in der Gesamtbetrachtung überwiegend durch das Studium in Anspruch genommen werden. Etwas anderes gilt dann, wenn innerhalb eines Zeitjahres (ausgehend vom Ende der zu beurteilenden Beschäftigung) die Beschäftigungszeiten über 20 Wochenstunden die Grenze von 182 Kalendertagen überschreiten.

Zusammenrechnung der Beschäftigungen vom 9.10.2016 bis 8.10.2017:

13.2.2017 bis 13.4.2017	=	60 Kalendertage
8.5.2017 bis 30.6.2017	=	54 Kalendertage
3.8.2017 bis 8.10.2017	=	**67 Kalendertage**
Insgesamt	=	**181 Kalendertage**

Da die Grenze von 182 Kalendertagen nicht überschritten wird, besteht Versicherungsfreiheit in der Kranken-, Pflege- und Arbeitslosenversicherung. In der Rentenversicherung besteht Versicherungspflicht.

Personengruppenschlüssel:	106
Beitragsgruppenschlüssel:	0100
Zuständige Einzugsstelle:	zuständige Krankenkasse

47 Teilzeitbeschäftigung

47.1 Gleitzone

Sachverhalt: Eine Mitarbeiterin arbeitet 2017 an 15 Stunden in der Woche und erhält dafür 600 EUR brutto pro Monat. Sie hat Steuerklasse V, keine Kinderfreibeträge, keine Kirchensteuer und ist in einer gesetzlichen Krankenkasse versichert. Ein weiteres sozialversicherungspflichtiges Beschäftigungsverhältnis liegt nicht vor.

Wie werden für Arbeitgeber und Arbeitnehmer die Beiträge zur Sozialversicherung ermittelt?

Lösung: Das Arbeitsentgelt wird sozialversicherungsrechtlich nach den Regeln der Gleitzone behandelt. Dabei wird für die Berechnung des Arbeitnehmeranteils zur Sozialversicherung ein ermäßigtes Arbeitsentgelt zugrunde gelegt. Der Arbeitgeberanteil wird auf das normale Entgelt ermittelt. Steuerrechtlich ergeben sich keine Besonderheiten.

Die Gleitzonenformel für Bruttoentgelte zwischen 450 und 850 EUR lautet:

F × 450 + ([850/(850−450)] − [450/(850−450)] × F) × (Arbeitsentgelt − 450). Dem entspricht die vereinfachte Formel: 1,2802375 × Arbeitsentgelt − 238,201875 EUR.

1,2802375 × 600 − 238,201875 = 529,94 EUR ermäßigtes Entgelt.

Beiträge zur Sozialversicherung

	Gesamtbeitrag	Arbeitgeberanteil	Arbeitnehmeranteil
Krankenversicherung	77,37 EUR (529,94 EUR × 7,3 %)	43,80 EUR (600 EUR × 7,3 %)	33,75 EUR (77,37 EUR − 43,80 EUR)
Rentenversicherung	99,10 EUR (529,94 EUR × 18,7 %)	56,10 EUR (600 EUR × 9,35 %)	43,00 EUR (99,10 EUR − 56,10 EUR)

Arbeitslosen-versicherung	15,90 EUR (529,94 EUR × 3,0%)	9,00 EUR (600 EUR × 1,5%)	6,90 EUR (15,90 EUR − 9 EUR)
Pflegeversicherung (inkl. Zuschlag für Kinderlose)	14,84 EUR (529,94 EUR × 2,8%)	7,65 EUR (600 EUR × 1,275%)	7,19 EUR (14,84 EUR − 7,65 EUR)

Abrechnung

Bruttolohn		600,00 EUR
Lohnsteuer darauf	56,41 EUR	
Solidaritätszuschlag	0,00 EUR	
Kirchensteuer	**0,00 EUR**	− 56,41 EUR
Krankenversicherung	33,57 EUR	
Rentenversicherung	43,00 EUR	
Arbeitslosenversicherung	6,90 EUR	
Pflegeversicherung	**7,19 EUR**	− 90,66 EUR
Nettolohn		452,93 EUR

Hinweis: Die Arbeitnehmerin ist bei einem Verdienst von über 450 EUR monatlich versicherungspflichtig in allen Zweigen der Sozialversicherung.

Der Beitragsgruppenschlüssel lautet 1 1 1 1 (wie bei anderen versicherungspflichtigen Arbeitnehmern). In der Meldung zur Sozialversicherung ist im Feld »Entgelt in der Gleitzone« das Kennzeichen »1« zu schlüsseln.

Praxistipp:
Die Arbeitnehmerin hat die Möglichkeit, in der Rentenversicherung auf die Gleitzonenregelung zu verzichten und Beiträge zur Rentenversicherung von ihrem vollen Arbeitsentgelt zu zahlen.

In der Pflegeversicherung ist ein Zuschlag von 0,25% für die kinderlose Arbeitnehmerin anzusetzen. In Steuerklasse V werden keine Kinderfreibeträge ausgewiesen: In einem solchen Fall muss sich der Arbeitgeber immer ein geeignetes Dokument (Geburtsurkunde) vorlegen lassen, das die Elterneigenschaft der Arbeitnehmerin nachweist, und im Lohnkonto als Kopie aufbewahren.

47.2 Überstunden

Sachverhalt: In einem Unternehmen ist als regelmäßige Arbeitszeit die 39-Stunden-Woche festgelegt. Ein neuer Mitarbeiter soll als Teilzeitkraft eingestellt werden. Er soll 21 Stunden wöchentlich arbeiten: montags, mittwochs und freitags jeweils 7 Stunden. Das Gehalt für eine Vollzeitstelle beträgt monatlich 1.950 EUR, der Urlaub 24 Arbeitstage jährlich, im Juni werden 50 % Urlaubsgeld gezahlt.

Nach einiger Zeit stellt sich heraus, dass der Arbeitnehmer gelegentlich mehr als 21 Wochenstunden arbeiten muss. Der Arbeitnehmer ist nach gemeinsamer Absprache bereit, entsprechend mehr zu arbeiten.

Wie müssen die Überstunden bezahlt werden, müssen ihm dafür Überstundenzuschläge gezahlt werden und wie wirkt sich das auf seinen Urlaub aus?

Lösung: Das Gehalt wird anteilig entsprechend der im Arbeitsvertrag vereinbarten Stunden berechnet:

1.950 EUR : 39 Stunden = 50 EUR × 21 Stunden = 1.050 EUR.

Überstunden sind regelmäßig vergütungspflichtig, sofern sie angeordnet wurden. Im vorliegenden Fall ist zu beachten, dass Überstunden erst dann entstehen, wenn über die regelmäßige betriebliche Arbeitszeit hinaus gearbeitet wird. In diesem Unternehmen ist also erst die 40. Wochenstunde als Überstunde zu betrachten. Der Arbeitnehmer überschreitet zwar seine individuelle Arbeitszeit, leistet aber noch keine Überstunden. Demzufolge hat er auch keinen Anspruch auf Bezahlung von Überstundenzuschlägen, auch wenn deren Zahlung im Betrieb üblich ist. Der Arbeitnehmer hat allerdings Anspruch auf Bezahlung der über die individuelle Arbeitszeit hinausgehenden Stunden. Der Stundensatz wird wie folgt berechnet:

1.950 EUR /(39 × 4,35) = 11,49 EUR

Bzw. 1.050 EUR / (21 × 4,35) = 11,49 EUR.

(Der Faktor 4,35 ist in der R 3b LStR vorgegeben, es kann allerdings auch mit dem Faktor 4,33 gerechnet werden.)

Hat der Arbeitnehmer im Monat Juni 5 Überstunden geleistet, berechnet sich sein Bruttogehalt wie folgt:

Gehalt	1.050,00 EUR
Zzgl. 5 Überstunden (5 × 11,49 EUR)	+ 57,45 EUR
Zzgl. Urlaubsgeld (50% v. 1.050 EUR)	**+ 525,00 EUR**
Gesamtbrutto (steuer- und sozialversicherungspflichtig)	1.632,45 EUR

Auf seinen Urlaubsanspruch und das Urlaubsgeld haben diese Überstunden zunächst keinen Einfluss.

Hinweis: Fallen die Überstunden mit einer gewissen Regelmäßigkeit an, kann das den Anspruch auf Urlaubsgeld erhöhen. Hierzu sind tarifliche Regelungen zu beachten.

Praxistipp: Sind die 21 Stunden Arbeitszeit auf die ganze Woche (5 Arbeitstage pro Woche) verteilt, stehen dem Arbeitnehmer auch volle 24 Tage Urlaub zu.

47.3 Urlaubs- und Gehaltsanspruch

Sachverhalt: In einem Unternehmen ist als regelmäßige Arbeitszeit die 39-Stunden-Woche festgelegt. Ein neuer Mitarbeiter soll als Teilzeitkraft eingestellt werden. Er soll 21 Stunden wöchentlich arbeiten: montags, mittwochs und freitags jeweils 7 Stunden. Das Gehalt für eine Vollzeitstelle beträgt monatlich 1.950 EUR, der jährliche Urlaub 24 Arbeitstage, im Juni werden 50% Urlaubsgeld gezahlt.

Wie hoch ist das Gehalt des Teilzeitmitarbeiters und wie viele Urlaubstage stehen ihm zu?

Lösung: Berechnung Gehalt

Das Gehalt wird anteilig entsprechend der im Arbeitsvertrag vereinbarten Stunden berechnet:

1.950 EUR / 39 Stunden × 21 Stunden = 1.050 EUR

Das Gehalt des Mitarbeiters beträgt bei einer wöchentlichen Arbeitszeit von 21 Stunden 1.050 EUR pro Monat.

Berechnung Urlaubstage

Der Urlaubsanspruch wird entsprechend der vereinbarten Arbeitszeit ermittelt:

24 Arbeitstage / 5 Tage × 3 Tage = 14,4 Tage; hier dürfen Sie auf 14 Tage abrunden

Der Mitarbeiter hat Anspruch auf 14 Tage Urlaub.

Hinweis: Sind die 21 Stunden Arbeitszeit auf die ganze Woche (5 Arbeitstage pro Woche) verteilt, stehen dem Arbeitnehmer auch volle 24 Tage Urlaub zu.

48 Tod des Arbeitnehmers

48.1 Laufendes Arbeitsverhältnis

Sachverhalt: Ein Arbeitnehmer verstirbt nach einem Unfall am 15.11. Bis Oktober einschließlich ist die Vergütung bereits bezahlt. Allerdings sind noch 4 Wochen Urlaub offen. Der Arbeitgeber überlegt, ob das Arbeitsverhältnis zu Ende gegangen ist und welche Ansprüche auf die Erben übergegangen sind.

Lösung: Das Arbeitsverhältnis endet aufgrund seines höchstpersönlichen Charakters (§613 BGB) automatisch mit dem Tod des Arbeitnehmers. Zahlungsansprüche die bis zu diesem Zeitpunkt entstanden sind, gehen nach §1922 BGB auf die Erben über, auch wenn sie noch nicht zur Zahlung fällig (§614 BGB) sind. Das bedeutet, dass noch offene Vergütungsansprüche für die Zeit vom 1. bis 15.11. auf die Erben übergegangen sind.

Hatte der Verstorbene Urlaubsansprüche, gingen diese bisher nach der Rechtsprechung des Bundesarbeitsgerichts (BAG) (vgl. noch BAG, Urteil v. 20.9.2011, 9 AZR 416/10) wegen ihres höchstpersönlichen Charakters unter. Der EuGH sah dies jedoch anders (EuGH v. 12.6.2014 (C–118/13, Bollacke; Vorlagebeschluss des LAG Hamm v. 14.3.2014) und entschied, dass Art. 7 der Richtlinie 2003/88/EG vom 4.11.2003 – wonach jeder Arbeitnehmer Anspruch auf einen bezahlten Mindestjahresurlaub von 4 Wochen hat, der außer bei Beendigung des Arbeitsverhältnisses nicht durch eine finanzielle Vergütung ersetzt werden kann – einzelstaatlichen Rechtsvorschriften entgegenstehe, die für den Fall des Todes des Arbeitnehmers die Abgeltung nicht genommenen Jahresurlaubs ausschließen. Der Anspruch auf bezahlten Jahresurlaub sei ein besonders bedeutsamer Grundsatz des Sozialrechts. Jahresurlaub und Bezahlung während des Urlaubs seien 2 Aspekte eines einzigen Anspruchs. Bezahlter Jahresurlaub bedeute, dass für dessen Dauer das Entgelt fortzuzahlen sei. Ein finanzieller Ausgleich bei Beendigung des Arbeitsverhältnisses durch Tod stelle die praktische Wirksamkeit des Urlaubsanspruchs sicher. Der unwägbare Eintritt des Todes dürfe nicht rückwirkend zum vollständigen Verlust des Anspruchs auf bezahlten Jahresurlaub führen. Es komme auch nicht darauf an, ob der Betroffene im Vorfeld einen Urlaubsantrag gestellt habe.

Die Übernahme dieser Rechtsprechung würde bedeuten, dass § 7 Abs. 4 BUrlG so zu interpretieren wäre, dass auch bei Beendigung des Arbeitsverhältnisses durch Tod des Arbeitnehmers ein Urlaubsabgeltungsanspruch entsteht und auf die Erben übergeht.

Das BAG hat sich dieser Auffassung nicht angeschlossen. Es hat mit Beschluss vom 18.10.2016, 9 AZR 196/16 (A) dem Europäischen Gerichtshof die Frage vorgelegt, ob Art. 7 der Richtlinie 2003/88/EG oder Art. 31 Abs. 2 der Charta der Grundrechte der Europäischen Union (GRC) dem Erben eines während des Arbeitsverhältnisses verstorbenen Arbeitnehmers einen Anspruch auf finanziellen Ausgleich für den dem Arbeitnehmer vor seinem Tod zustehenden Mindestjahresurlaub einräume. Das BAG hat dabei darauf verwiesen, dass dies in Deutschland nach § 7 Abs. 4 BUrlG in Verbindung mit § 1922 Abs. 1 BGB ausgeschlossen sei. Bisher habe der EuGH nicht die Frage entschieden, ob der Anspruch auf finanziellen Ausgleich auch dann Teil der Erbmasse werde, wenn das nationale Erbrecht dies ausschließe. Für den Fall, dass der EuGH diese Frage bejahe, fragt das BAG weiter an, ob dies auch dann gelte, wenn das Arbeitsverhältnis zwischen 2 Privatpersonen bestanden habe. Das BAG begründet seine entgegenstehende Auffassung insbesondere mit einer Argumentation, die der EuGH selbst angeführt hatte, als es um die Frage ging, ob bei Langzeiterkrankten der Anspruch auf bezahlten Jahresurlaub nach Ablauf von 15 Monaten seit dem Ende des Urlaubsjahres untergehen kann (EuGH v. 3.5.2012, C–337/10 – Neidel – Rn. 39; v. 22.11.2011, C–214/10 – KHS – Rn. 43, Slg. 2011, I–11757). Dort hatte der EuGH den Untergang des Anspruchs bejaht mit der Begründung, dass in diesem Fall die Gewährung von Urlaub für den Arbeitnehmer keine positive Wirkung als Erholungszeit mehr habe. Nun führt das BAG (Rn. 19) aus, dass dies nach dem Tod des Arbeitnehmers erst recht der Fall sei, da in der Person des verstorbenen Arbeitnehmers der Erholungszweck nicht mehr verwirklicht werden könne. Damit sei mangels einer positiven Wirkung für den von der Richtlinie 2003/88/EG geschützten Arbeitnehmer hier ebenso von einem Untergang des Urlaubsanspruchs, selbst in finanzieller Form, auszugehen. Die Reaktion des Europäischen Gerichtshofs bleibt abzuwarten. Bis zu dessen Entscheidung kann ein Arbeitgeber einem eventuellen Erben die noch ausstehende Entscheidung des EuGH entgegenhalten. Entschließt sich der Arbeitgeber dennoch, an einen Erben zu zahlen, sollte er sich einen Erbschein vorlegen lassen. Nach aktueller Auffassung fällt keine Sozialversicherung an, der Betrag ist jedoch zu versteuern.

Unter Umständen besteht aufgrund des Todes noch ein tarifvertraglich oder arbeitsvertraglich geregelter Anspruch auf Sterbegeld. Zudem könnte eine tarifvertragliche Regelung bestehen, dass die Vergütung für den Sterbemonat voll zu zahlen ist.

48.2 Altersteilzeit (Blockmodell)

Sachverhalt: Ein Arbeitnehmer befindet sich in Altersteilzeit im Blockmodell, als er verstirbt. Haben die Erben Ansprüche auf das Wertguthaben?

Lösung: Ja. Verstirbt ein Arbeitnehmer, der sich in Altersteilzeit im Blockmodell befindet, während der Arbeitsphase oder während der arbeitsfreien Phase, geht das angesparte Wertguthaben als Arbeitsentgelt (§ 23b SGB IV) auf die Erben über und ist auszubezahlen. Diese auszuzahlenden Beträge werden auch in der Hinterbliebenenrente berücksichtigt (§ 70 Abs. 3 SGB VI).

48.3 Zeitguthaben

Sachverhalt: Ein Arbeitnehmer stirbt und hat ein Zeitguthaben. Haben die Erben Ansprüche darauf?

Lösung: Ja. Stirbt ein Arbeitnehmer, hat der Erbe einen Anspruch auf Auszahlung der sich aus dem angesparten Zeitguthaben ergebenden Lohnbestandteile. Die Lohnsteuer wird nach den Besteuerungsmerkmalen des Erben berechnet.

48.4 Urlaubsanspruch, Urlaubsabgeltung, Urlaubsentgelt, Urlaubsgeld

Sachverhalt: Ein Arbeitnehmer stirbt und hat im letzten Monat Urlaub gehabt, aber noch kein Urlaubsentgelt und zusätzliches Urlaubsgeld dafür erhalten. Haben die Erben Ansprüche darauf?

Lösung: Wurde der Urlaub vom Arbeitnehmer schon genommen und sind lediglich noch das Urlaubsentgelt und das zusätzliche Urlaubsgeld offen, ging der Zahlungsanspruch mit dem Tod auf die Erben über.

Praxistipp: Nachdem sich Art. 7 der Richtlinie 2003/88/EG, auf den sich der EuGH bezieht, lediglich einen Mindesturlaub von 4 Wochen einräumt, ist es – unabhängig vom Ausgang des oben erwähnten Verfahrens beim EuGH – zumindest möglich, tarifvertraglich oder einzelvertraglich zu regeln, dass Urlaub, der über den gesetzlichen Mindesturlaub von 4 Wochen hinausgeht, auch dann verfällt, wenn der Arbeitnehmer stirbt.

48.5 Innerhalb der Kündigungsfrist (Abfindungsanspruch aus Sozialplan)

Sachverhalt: In einem Unternehmen findet ein betriebsbedingter Personalabbau statt. Deshalb wird mit dem Betriebsrat ein Sozialplan vereinbart. Ein Arbeitnehmer erhält am 10.9. die ordentliche betriebsbedingte Kündigung zum 31.12. Laut Sozialplan stehen ihm 10.000 EUR Abfindung zu. Am 1.11. stirbt er. Welche Ansprüche hat die Familie des Arbeitnehmers aus dem Arbeitsverhältnis?

Lösung: Das Arbeitsverhältnis ist am 1.11. mit dem Tod des Arbeitnehmers beendet. Damit entfallen Lohnansprüche für die Zeit vom 2.11. bis 31.12. Dagegen geht der Anspruch auf Vergütung bis einschließlich 1.11. nach § 1922 BGB auf die Erben über. Urlaubsansprüche sind, zumindest nach derzeitiger Auffassung des BAG, höchstpersönliche Ansprüche, die nicht vererbt werden können. Sie gehen unter. Der Abfindungsanspruch aus dem Sozialplan ist ohne besondere Regelung im Sozialplan am 1.11. noch nicht entstanden und kann deshalb nicht vererbt werden. Folglich geht er unter.

Hinweis: Will man dieses Ergebnis verhindern, muss im Sozialplan geregelt werden, dass der Abfindungsanspruch aus dem Sozialplan entweder früher entsteht oder vererbbar ist, wenn der Arbeitnehmer in einem bestimmten Zeitraum vor Beendigung des Arbeitsverhältnisses verstirbt.

48.6 Nach Abschluss eines Aufhebungsvertrags

Sachverhalt: Ein Arbeitgeber hat mit einem Arbeitnehmer in einem Aufhebungsvertrag die Beendigung des Arbeitsverhältnisses unter Einhaltung der ordentlichen Kündigungsfrist und Zahlung einer Abfindung in Höhe von 10.000 EUR brutto, zahlbar bei Beendigung des Arbeitsverhältnisses vereinbart. Während des Laufs der Kündigungsfrist verstirbt der Arbeitnehmer. Geht der Abfindungsanspruch auf die Erben über?

Lösung: Der Aufhebungsvertrag ist auszulegen. Es ist zu fragen, ob der Anspruch bereits vor dem Tod entstanden ist, ohne dass er fällig war. Dabei spielt es eine Rolle, ob Anhaltspunkte dafür bestehen, dass die Parteien diesen Fall mitregeln wollten oder ihn in einer bestimmten Richtung gelöst hätten, wenn ihnen die Problematik bewusst gewesen wäre. Ergeben sich keine Anhaltspunkte, wird die Abfindungssumme nicht vererbt.

Praxistipp: Soll bei einer Abfindungsvereinbarung im Zusammenhang mit einem Aufhebungsvertrag oder einem Sozialplan die Vererbbarkeit des Anspruchs schon bei Todeseintritt vor dem Ende des Arbeitsverhältnisses erreicht werden, kann folgender Satz aufgenommen werden:

»Die Abfindung ist fällig zum Ende des Arbeitsverhältnisses, ist aber bereits jetzt schon entstanden und vererbbar.«

49 Unbezahlter Urlaub

49.1 Urlaubsanspruch während Auszeit

Sachverhalt: Ein Arbeitnehmer beantragt unbezahlten Urlaub um eine Weltreise zu unternehmen. Ein Tarifvertrag findet keine Anwendung. Arbeitsvertraglich ist keine Regelung hierzu vorhanden. Muss der Arbeitgeber den unbezahlten Urlaub gewähren und erwirbt der Arbeitnehmer während der »Auszeit« einen Urlaubsanspruch?

Lösung: Der Mitarbeiter erwirbt nach dem Gesetzeswortlaut des BUrlG auch während der unbezahlten »Auszeit« Anspruch auf (bezahlten, »normalen«) Urlaub. Für die Entstehung des Urlaubsanspruchs kommt es nicht darauf an, ob der Arbeitnehmer tatsächlich gearbeitet hat. Ausreichend ist vielmehr der rechtliche Bestand des Arbeitsverhältnisses, auch wenn es ruht. Das Bundesarbeitsgericht (BAG) hat mit Urteil vom 6.5.2014[48] entschieden, dass auch für die Zeit des unbezahlten Urlaubs ein Anspruch auf gesetzlichen Erholungsurlaub entsteht.

Manche Tarifverträge enthalten Sonderregelungen zum unbezahlten Urlaub.

Die Vereinbarung unbezahlten Urlaubs unterliegt, sofern tarifvertraglich oder arbeitsvertraglich nichts anderes geregelt ist, der Vertragsfreiheit. Deshalb hat der Arbeitnehmer keinen entsprechenden Anspruch auf unbezahlten Urlaub gegen den Arbeitgeber, wenn keine spezielle Regelung vorliegt.

Ausnahmen können sich aus Tarifverträgen, oder aus der Fürsorgepflicht des Arbeitgebers in besonderen familiären Problemsituationen ergeben.

Praxistipp: Es ist möglich, in einer Vereinbarung über unbezahlten Urlaub die Entstehung von Urlaubsansprüchen, die über den gesetzlichen Mindesturlaubsanspruch in §3 Abs. 1 BUrlG (24 Werktage/Jahr, entspricht 20 Arbeitstage/Jahr bei einer 5-Tage-Woche) hinausgehen, auszuschließen. Auf den

---

48 9 AZR 678/12

gesetzlichen Mindesturlaubsanspruch kann jedoch wegen §13 Abs. 1 BUrlG nicht verzichtet werden.

49.2 Arbeitsunfähigkeit

Sachverhalt: Einem Arbeitnehmer wurde 3 Monate unbezahlter Urlaub gewährt. Dieser erkrankt in der Zeit des unbezahlten Urlaubs. Hat er Anspruch auf Entgeltfortzahlung im Krankheitsfall durch den Arbeitgeber?

Lösung: Nein, der Arbeitnehmer hat keinen Anspruch auf Entgeltfortzahlung im Krankheitsfall durch den Arbeitgeber, sofern kein Zusammenhang mit bezahltem Urlaub während des unbezahlten Urlaubs besteht. Es gilt das Entgeltausfallprinzip: es ist zu fragen, ob der Arbeitnehmer, wäre er nicht krank gewesen, gearbeitet und einen Anspruch auf Entgeltzahlung erworben hätte. Das kann in Zeiten unbezahlten Urlaubs nicht bejaht werden. Erkrankt der Arbeitnehmer jedoch in der Zeit des bezahlten Urlaubs, gilt die Sonderregelung des §9 BUrlG: Die durch ärztliches Zeugnis nachgewiesenen Tage der Arbeitsunfähigkeit werden auf den Jahresurlaub nicht angerechnet.

49.3 Feiertagsvergütung

Sachverhalt: Ein Arbeitgeber gewährt seinem Mitarbeiter unbezahlten Urlaub für 6 Monate. In diese Zeit fallen mehrere Feiertage. Erwirbt der Mitarbeiter für diese Tage Anspruch auf Zahlung von Feiertagsvergütung?

Lösung: Es besteht kein Anspruch auf Feiertagsvergütung. Nach §2 Abs. 1 EFZG entsteht nur dann ein Anspruch auf Entgeltfortzahlung für Arbeitszeit, die (nur) infolge eines gesetzlichen Feiertags ausfällt. Hier fällt die Arbeitszeit aber bereits wegen der unbezahlten Freistellungsvereinbarung aus.

49.4 Ausschluss von Doppelansprüchen

Sachverhalt: Ein Arbeitnehmer wird am 1.9. eingestellt. Er hatte in diesem Kalenderjahr beim vorherigen Arbeitgeber anteilig Urlaub für die Zeit vom 1.1.

bis einschließlich 31.8. erhalten. Außerdem hatte er 4 Monate unbezahlten Urlaub. Kann dem Mitarbeiter unter Berufung auf §6 Abs. 1 BUrlG der anteilige Urlaub für die Zeit vom 1.9. bis 31.12. verweigert werden?

Lösung: Der Arbeitnehmer hat Anspruch auf den anteiligen Urlaub für die Zeit vom 1.9. bis 31.12. Im früheren Arbeitsverhältnis hat er nur anteiligen Urlaub erhalten.

Nach §6 Abs. 1 BUrlG besteht ein Anspruch auf Urlaub nicht, soweit dem Arbeitnehmer für das laufende Kalenderjahr bereits von einem früheren Arbeitgeber Urlaub gewährt worden ist. Dabei meint das Gesetz jedoch nur den bezahlten und nicht den unbezahlten Urlaub. Damit greift vorliegend die Vorschrift nicht. Im früheren Arbeitsverhältnis hatte der Mitarbeiter nur anteiligen Urlaub erhalten.

Meldungen zur Sozialversicherung
Ist der Zeitraum des unbezahlten Urlaubs nicht länger als ein Monat, ergeben sich keine Auswirkungen auf den Versicherungsschutz. Meldungen sind in diesem Zusammenhang nicht zu erstellen. Dies gilt selbst dann, wenn der Zeitraum des unbezahlten Urlaubs genau einen Kalendermonat umfasst.

49.5 Anschluss an Elternzeit

Sachverhalt: Eine Arbeitnehmerin ist seit Jahren versicherungspflichtig beschäftigt. Die Elternzeit endet am 15.7.2017. Im direkten Anschluss an die Elternzeit nimmt sie bis zum 30.9.2017 unbezahlten Urlaub. Die versicherungspflichtige Tätigkeit wird am 1.10.2017 wieder aufgenommen. Der Arbeitgeber hatte zuletzt im Jahr 2014 eine Unterbrechungsmeldung erstellt.

Lösung: Im Anschluss an die Elternzeit bleibt die versicherungspflichtige Beschäftigung für einen Monat bis zum 15.8.2017 erhalten. Folgende Meldungen sind vom Arbeitgeber an die Krankenkasse/Einzugsstelle zu erstatten:
- Abmeldung: 16.7.2017 bis 15.8.2017, Grund der Abgabe »34«,
- Anmeldung: 1.10.2017, Grund der Abgabe »13«.

In den Fällen, in denen mehrere Unterbrechungstatbestände unterschiedlicher Art im zeitlichen Ablauf aufeinanderfolgen, sind die Zeiten der einzelnen Arbeitsunterbrechungen in Bezug auf das Überschreiten des Monatszeitraums nicht zusammenzurechnen. Beispielhaft trifft dies in Fällen des unbezahlten Urlaubs im Anschluss an die Elternzeit oder an den Bezug von Krankengeld zu.

49.6 Anschluss an Krankengeld

Sachverhalt: Eine Arbeitnehmerin erhält von ihrem Arbeitgeber Entgeltfortzahlung bis zum 11.4.2017. Krankengeld bezieht sie in der Zeit vom 12.4.2017 bis zum 9.5.2017. Ab dem 10.5.2017 bis zum 15.6.2017 nimmt sie unbezahlten Urlaub in Anspruch.

Lösung: Im Anschluss an den Bezug von Krankengeld bleibt die versicherungspflichtige Beschäftigung bis zum 9.6.2017 erhalten. Folgende Meldungen sind vom Arbeitgeber an die Krankenkasse/Einzugsstelle zu erstatten:

- Abmeldung: 1.1.2017 bis 9.6.2017, Grund der Abgabe »34«,
- Anmeldung: 16.6.2017, Grund der Abgabe »13«.

50 Urlaub

50.1 Urlaubsanspruch (gesetzlicher Mindesturlaub)

Sachverhalt: Ein Arbeitgeber hat mit seinen Mitarbeitern vereinbart, dass diese den »gesetzlichen Urlaubsanspruch« haben. Ein Tarifvertrag gilt für sie nicht. Wie hoch ist der gesetzliche Urlaubsanspruch bei Vollzeitbeschäftigten, die 5 Tage in der Woche arbeiten?

Lösung: Die Höhe des gesetzlichen Mindesturlaubsanspruchs beträgt 24 Werktage (§3 Abs. 1 BUrlG). Dabei geht das Gesetz von einer 6-Tage-Woche aus (§3 Abs. 2 BUrlG). Mitarbeiter, die an 5 Tagen in der Woche arbeiten, haben folgenden gesetzlichen Mindesturlaubsanspruch:

24 Urlaubstage : 6 Werktage × 5 Tage = 20 Urlaubstage.

50.2 Vorgriff auf entstehende Urlaubsansprüche

Sachverhalt: Ein Arbeitnehmer hat bereits seinen vollen Jahresurlaub genommen. Dennoch möchte er in diesem Jahr noch eine Woche Urlaub haben und teilt mit, er nehme diese Woche im Vorgriff auf den Urlaub im nächsten Jahr. Ist das rechtlich möglich?

Lösung: Urlaubsjahr ist das Kalenderjahr (§7 Abs. 3 Satz 1 BUrlG). Urlaub im Vorgriff auf die im nächsten Jahr entstehenden Urlaubsansprüche ist nicht möglich. Damit würden trotz Gewährung von einer weiteren Woche bezahlten Urlaubs im nächsten Jahr die vollen Urlaubsansprüche entstehen. Hierauf kann der Arbeitnehmer auch nicht wirksam verzichten, weil die Ansprüche unabdingbar sind (§13 Abs. 1 Satz 1 BUrlG). Hat der Arbeitgeber dennoch den Urlaub gewährt, kann er nicht gegen den für das nächste Kalenderjahr zu gewährenden Urlaubsanspruch mit Rückforderungsansprüchen aus ungerechtfertigter Bereicherung (§812 BGB) wegen zu viel gewährten Urlaubs aufrechnen (§814 BGB).

Praxistipp: Der Arbeitgeber hat hier die Möglichkeit, dem Arbeitnehmer eine Woche unbezahlten Urlaub anzubieten.

50.3 Freistellung bei Beendigung des Arbeitsverhältnisses unter Fortzahlung der Vergütung und Anrechnung auf Urlaubsansprüche

Sachverhalt: Ein Arbeitgeber kündigt im Herbst eines Jahres unter Einhaltung der ordentlichen Kündigungsfrist dem Arbeitnehmer zum Ablauf des 31.3. des Folgejahres. Er stellt den Arbeitnehmer bis zum Ablauf der Kündigungsfrist unter Fortzahlung der Vergütung und unter Anrechnung auf die Urlaubsansprüche von der Arbeitsleistung frei. Sind auf diese Freistellung auch die im Folgejahr anteilig entstehenden Urlaubsansprüche zu verrechnen?

Lösung: Erfolgt eine unwiderrufliche Freistellung über das Jahresende, kann diese unter Anrechnung der aktuellen Urlaubsansprüche, aber auch der erst für das nächste Urlaubsjahr entstehenden anteiligen Urlaubsansprüche erfolgen. Allerdings muss die Erklärung des Arbeitgebers so deutlich sein, dass dies der Arbeitnehmer auch erkennen kann, sonst erlöschen die im nächsten Jahr anteilig entstehenden Urlaubsansprüche nicht.

Praxistipp: Die Freistellungserklärung des Arbeitgebers sollte wie folgt lauten: Hiermit stellen wir Sie bis zum Ablauf der Kündigungsfrist (31.3.) unter Fortzahlung Ihrer Vergütung unwiderruflich unter Verrechnung Ihrer aktuellen und anteilig für das Folgejahr noch entstehenden Urlaubsansprüche von der Arbeitsleistung frei.

50.4 Urlaubsanspruch bei Beendigung des Arbeitsverhältnisses

Sachverhalt: Ein Arbeitgeber hat am 7.1. einen Arbeitnehmer eingestellt und ihm im gleichen Jahr gekündigt. Ein Tarifvertrag gilt nicht. Der Arbeitgeber gewährt seinen Mitarbeitern 30 Urlaubstage im Kalenderjahr. Der gekündigte Mitarbeiter hat noch keinen Urlaub genommen. Wie viele Urlaubstage hat der Mitarbeiter jeweils erworben, bei Beendigung des Arbeitsverhältnisses zum

- 15.6. oder
- zum 31.7.?

Lösung

1. Da hier nicht ersichtlich ist, dass der über den gesetzlichen Mindesturlaub von 4 Wochen hinausgehende Urlaubsanspruch gesonderten Vorschriften unterliegt (d.h. vom Mindesturlaub abgekoppelt ist), ist auf den gesamten Urlaubsanspruch das BUrlG anzuwenden. Nach §5 Abs. 1 a) BUrlG entsteht der Urlaubsanspruch für jeden vollen Monat des Bestehens des Arbeitsverhältnisses anteilig. Da das Gesetz lediglich von »Monaten« und nicht von »Kalendermonaten« spricht, geht es um volle Beschäftigungsmonate. Hier wurde das Arbeitsverhältnis am 7.1. begründet, weshalb am 6.6. um 24:00 Uhr 5 Beschäftigungsmonate voll sind. Die 6-monatige Wartezeit des §4 BUrlG ist nicht erfüllt. Damit ist zu zwölfteln:

2. 30 Urlaubstage : 12 Monate × 5 Beschäftigungsmonate = 12,5 Urlaubstage (§5 Abs. 1 a) BUrlG). Dieser Anspruch ist auf 13 Urlaubstage aufzurunden (§5 Abs. 2 BUrlG).

3. Die Wartezeit des §4 BUrlG ist erfüllt. Da das Arbeitsverhältnis aber nicht in der ersten Kalenderjahreshälfte, sondern der zweiten zu Ende geht, wird nicht nach §5 Abs. 1 c) BUrlG gezwölftelt. Der Arbeitnehmer hat folglich einen Anspruch auf 30 Urlaubstage.

Hinweis: Der Arbeitnehmer kann sich im Fall b) den Urlaub auch nur anteilig gewähren lassen. Das ist seine Entscheidung. Nimmt er den vollen Urlaub im alten Arbeitsverhältnis erwirbt er allerdings in einem neuen Arbeitsverhältnis, das er im gleichen Kalenderjahr begründet, entsprechend für die überproportional gewährten Urlaubstage keine Urlaubsansprüche gegen seinen neuen Arbeitgeber (§6 Abs. 1 BUrlG). Auf diese Rechtsfolge kann der alte Arbeitgeber auch hinweisen. Der alte Arbeitgeber ist bei Beendigung des Arbeitsverhältnisses verpflichtet, dem Arbeitnehmer eine Bescheinigung über den im laufenden Kalenderjahr gewährten oder abgegoltenen Urlaub zu erteilen (§6 Abs. 2 BUrlG).

Praxistipp: Bei Begründung eines Arbeitsverhältnisses im laufenden Kalenderjahr sollte der neue Arbeitgeber vom neu eingestellten Arbeitnehmer eine Bescheinigung des früheren Arbeitgebers nach §6 Abs. 2 BUrlG über den genommenen oder abgegoltenen Urlaub verlangen. Der alte Arbeitgeber ist zur Erstellung einer solchen Bescheinigung verpflichtet.

50.5 Urlaubsanspruch bei Beendigung des Arbeitsverhältnisses – Anspruch auf Vollurlaub

Sachverhalt: Ein Arbeitsverhältnis begann am 1. Juli und endete zum Ablauf des 2. Januar des Folgejahres. Der Arbeitnehmer hatte keinen Urlaub. Sein Arbeitgeber zahlte Urlaubsabgeltung für die Hälfte der jährlichen Urlaubstage (6/12), der Arbeitnehmer meint jedoch, weil er die Wartezeit des §4 BUrlG erfüllt habe, stehe ihm der komplette Jahresurlaub zu.

Steht dem Arbeitnehmer Urlaubsabgeltung für 6/12 oder 12/12 Urlaubstage zu?

Lösung: Dem Arbeitnehmer steht nur Urlaubsabgeltung für 6/12 Urlaubstage zu. Nach §4 BUrlG wird der volle Urlaubsanspruch erstmalig nach 6-monatigem Bestehen des Arbeitsverhältnisses erworben (Wartezeit). Nach dem BAG (Urteil v. 17.11.2015, 9 AZR 179/15) zeigt die Formulierung »nach 6-monatigem Bestehen«, dass der volle Urlaubsanspruch nicht bereits »mit dem 6-monatigen Bestehen« erworben wird und der Ablauf der Wartezeit und das Entstehen des Vollurlaubsanspruchs damit nicht zusammenfallen. §5 Abs. 1a BUrlG nimmt auf die Wartezeit des §4 BUrlG Bezug und regelt, dass ein Teilurlaubsanspruch dann entsteht, wenn wegen der Nichterfüllung kein Vollurlaubsanspruch erworben wird. Da Urlaubsjahr jeweils das Kalenderjahr ist, können die 2 Tage Fortbestand des Arbeitsverhältnisses im Folgejahr keine Rolle spielen. Hinsichtlich des Urlaubsanspruchs im Folgejahr hat der Arbeitnehmer zwar die Wartezeit erfüllt. Nach §5 Abs. 1c BUrlG schied er jedoch nach erfüllter Wartezeit in der ersten Hälfte dieses Kalenderjahres aus, weshalb ihm nur ein Anspruch auf 1/12 des Jahresurlaubs für jeden vollen Monat des Bestehens des Arbeitsverhältnisses in diesem Jahr zusteht. Da das Arbeitsverhältnis jedoch im Folgejahr keinen Monat bestand, erwarb der Arbeitnehmer hierfür nur 0/12, mithin keinen Urlaubsanspruch.

Hinweis: Wird ein Arbeitsverhältnis mit Wirkung zum 1. Juli eines Jahres begründet, kann der Arbeitnehmer in diesem Jahr nach §4 BUrlG keinen Vollurlaubsanspruch erwerben.

50.6 Urlaubsanspruch bei Arbeitsunfähigkeit

Sachverhalt: Ein Arbeitnehmer war vom 1.1. eines Jahres bis zum 20.3. des Folgejahres arbeitsunfähig erkrankt. Am 21.3. des Folgejahres fordert er den Jahresurlaub aus dem vergangenen Jahr. Ein Tarifvertrag gilt nicht. Hat der Mitarbeiter Anspruch darauf?

Lösung: Der Arbeitnehmer hat im Vorjahr den vollen Jahresurlaubsanspruch erworben, obwohl er an keinem einzigen Tag gearbeitet hat. Denn für den Erwerb des Urlaubsanspruchs kommt es nicht auf die geleistete Arbeit, sondern lediglich auf den rechtlichen Bestand des Arbeitsverhältnisses an (§§1, 4 BUrlG). Urlaubsjahr ist das Kalenderjahr. Da aber Krankheit und Urlaub sich ausschließen, konnte der Urlaub im Urlaubsjahr nicht genommen werden. Deshalb ist der Anspruch auf das neue Kalenderjahr vollständig übergegangen (§7 Abs. 3 Satz 2 BUrlG). Er muss jedoch in den ersten 3 Monaten des neuen Kalenderjahres genommen (nicht nur angetreten) werden, §7 Abs. 3 Satz 3 BUrlG.

Da der Mitarbeiter seinen Urlaub wegen seiner Krankheit nicht nehmen konnte, verfällt der Urlaub, der bis 31.3. nicht genommen werden kann, jedoch nicht und kann auch noch nach dem Ende des Übertragungszeitraums in diesem Kalenderjahr genommen werden.

Praxistipp: Endet ein Arbeitsverhältnis und ist der Arbeitnehmer zu diesem Zeitpunkt arbeitsunfähig erkrankt, ist der Arbeitgeber verpflichtet, noch offene Urlaubsansprüche abzugelten. Es spielt dabei keine Rolle, ob der Arbeitnehmer noch arbeitsunfähig ist oder nicht, denn die Surrogatstheorie des Bundesarbeitsgerichts, die früher zu einem anderen Ergebnis führte, ist mittlerweile aufgegeben worden. Damit ist ein Abgeltungsanspruch ein reiner Zahlungsanspruch.

50.7 Übertragung des Anspruchs auf das Folgejahr nach Langzeiterkrankung

Sachverhalt: Ein Arbeitnehmer war am Stück 1 ½ Jahre arbeitsunfähig erkrankt und ist ab Juli wieder gesund. Aus dem Vorjahr hat er noch 30 Urlaubstage offen, aus dem aktuellen Jahr ebenfalls 30 Urlaubstage. Muss er diese 60 Urlaubstage im aktuellen Jahr nehmen oder kann er auch Urlaubsansprüche ins nächste Jahr mitnehmen?

Lösung: Urlaubsjahr ist das Kalenderjahr (§ 1 BUrlG). Deshalb muss der Urlaub, auch wenn er aus Zeiten einer Langzeiterkrankung resultiert, im laufenden Kalenderjahr genommen werden, wenn er in diesem genommen werden kann (§ 7 Abs. 3 Satz 1 BUrlG). Dies ist dem Arbeitnehmer hier möglich, weil er rechtzeitig gesund geworden ist. Er muss seinen kompletten offenen Urlaub (60 Urlaubstage) also im aktuellen Jahr nehmen. Geschieht dies nicht, verfällt mit Ablauf des Urlaubsjahres der noch offene Resturlaub.

Praxistipp: Nur wenn ein Übertragungstatbestand nach § 7 Abs. 3 Satz 2 BUrlG vorliegt, wird ein Urlaubsanspruch nach dem BUrlG auf das folgende Kalenderjahr übertragen. Hiervon abweichende Sonderregelungen durch Tarifvertrag oder Arbeitsvertrag sind möglich.

50.8 Langzeiterkrankung, Verfall

Sachverhalt: Eine Arbeitnehmerin hat früher 5 Tage in der Woche gearbeitet und ist seit 1.1.2011 ununterbrochen arbeitsunfähig erkrankt. Wie viele Urlaubstage kann sie nach dem BUrlG beanspruchen, wenn sie Anfang Januar 2015 wieder gesund wird?

Lösung: Nach dem Urteil des EuGH v. 22.11.2011 (Rs. C 214/10, Schulte) wird der Erholungszweck des Urlaubs durch eine Vervielfältigung des Urlaubsanspruchs nicht erhöht. Zudem besteht bei einer unbegrenzten Anhäufung von Urlaubsansprüchen und der Pflicht zu entsprechenden Rückstellungen in den Bilanzen die Gefahr eines Kündigungsanreizes für den Arbeitgeber. Deshalb sind nach der obigen Entscheidung Regelungen möglich, Urlaub, der wegen Krankheit nicht genommen werden kann, auf 15 Monate nach Ablauf des Urlaubsjahres, für den der Urlaubsanspruch entstanden ist, zu begrenzen.

Nach dem Urteil des BAG v. 7.8.2012 (9 AZR 353/10) ist §7 Abs. 3 Satz 3 BUrlG europarechtskonform auszulegen mit dem Ergebnis, dass Urlaubsansprüche bei durchgehender Arbeitsunfähigkeit spätestens 15 Monate nach Ende des Urlaubsjahres untergehen.

Das bedeutet vorliegend: Die Arbeitnehmerin hat für das Kalenderjahr 2012 nach dem BUrlG folgenden Urlaub erworben: 24 Werktage: 6 Werktage/Woche × 5 Arbeitstage/Woche = 20 Urlaubstage. Dieser Anspruch konnte wegen der Erkrankung nicht verwirklicht werden und ging nach der neuen Rechtsprechung mit Ablauf des 31.3.2014 unter (15 Monate nach Ablauf des Urlaubsjahres 2012).

Für das Kalenderjahr 2013 hat die Arbeitnehmerin ebenfalls 20 Urlaubstage erworben. Dieser Anspruch ging mit Ablauf des 31.3.2015 unter.

Der Anspruch auf 20 Urlaubstage für das Kalenderjahr 2014 ist bei Genesung der Arbeitnehmerin im Januar 2015 noch nicht verfallen, muss aber bis spätestens 31.3.2015 vollständig genommen sein, sonst geht der nicht genommene Teil unter.

Den Urlaub für das Kalenderjahr 2015 kann die Arbeitnehmerin bis 31.3.2016 nehmen, den Urlaub für das Jahr 2016 das ganze Jahr 2016.

50.9 Urlaubsanspruch bei doppelter Elternzeit

Sachverhalt: Eine Arbeitnehmerin hat bei Beginn ihrer Elternzeit noch 10 Urlaubstage offen. Während ihrer Elternzeit bekommt sie ein zweites Kind und schließt mit einer zweiten Elternzeit direkt an die erste an. Was geschieht mit ihrem bei Beginn der ersten Elternzeit noch offenen Urlaubsanspruch?

Lösung: Nach der bisherigen Rechtsprechung war in diesem Fall der Urlaubsanspruch verfallen. Denn § 17 Abs. 2 BEEG kann ein wegen Elternzeit nicht genommener Urlaub nur im laufenden Jahr nach der Elternzeit oder im nächsten Urlaubsjahr gewährt werden, was vorliegend wegen der zweiten Elternzeit nicht möglich ist.

Mit Urteil v. 20.5.2008 (9 AZR 219/07) hat das BAG dies geändert: Der vor Beginn der ersten Elternzeit noch offene Urlaub kann im vorliegenden Fall auch noch nach der zweiten Elternzeit dann im laufenden Jahr oder im nächsten Urlaubsjahr genommen werden.

50.10 Urlaubsanspruch bei vorzeitiger Beendigung der Elternzeit zur Inanspruchnahme der Schutzfristen und anschließender erneuter Elternzeit wegen eines weiteren Kindes

Sachverhalt: Eine Arbeitnehmerin befindet sich in Elternzeit. Sie teilt ihrem Arbeitgeber mit, sie beende diese Elternzeit vorzeitig mit Ablauf des 24.6. um ab 25.6. Schutzfristen wegen der Geburt eines weiteren Kindes nach § 3 Abs. 2 und § 6 Abs. 1 MuSchG in Anspruch zu nehmen. Sie entbindet am 6.8. Die Schutzfrist nach § 6 Abs. 1 Satz 1 MuSchG endet am 2.10. Ab 3.10. nimmt sie erneut Elternzeit wegen des weiteren Kindes. Wie wirkt sich das auf ihren Urlaubsanspruch aus?

Lösung: Nach § 16 Abs. 3 Satz 3 BEEG kann die Elternzeit wegen der Inanspruchnahme der Schutzfristen vorzeitig beendet werden. Das hat Einfluss auf den Urlaubsanspruch der Arbeitnehmerin. Denn dieser entsteht nach Ablauf der Wartezeit des § 4 BUrlG bereits zu Beginn eines Jahres voll, kann aber nach § 17 Abs. 1 BEEG vom Arbeitgeber für jeden vollen Kalendermonat der Elternzeit um ein Zwölftel gekürzt werden. Durch die vorzeitige Beendigung der Elternzeit mit Ablauf des 24.6. kann der Urlaubsanspruch für dieses Jahr wegen der alten Elternzeit lediglich um 5/12 (Januar bis einschließlich Mai) und wegen der neuen Elternzeit nur um 2/12 (November und Dezember) gekürzt werden, was dazu führt, dass die Arbeitnehmerin 5/12 des Jahresurlaubs allein wegen der vorzeitigen Beendigung der Elternzeit behält. Diesen Urlaub kann sie dann, wie oben dargestellt, nach der weiteren Elternzeit in diesem oder im darauffolgenden Jahr nehmen.

50.11 Urlaubsanspruch, erweiterter Zeitraum nach dem Mutterschutzgesetz, nachfolgende Elternzeit mit anschließender Arbeitsunfähigkeit

Sachverhalt: Eine Arbeitnehmerin war im Frühjahr 2011 arbeitsunfähig krank. Im Anschluss war sie schwanger. Es folgten Beschäftigungsverbote nach dem MuSchG. Nahtlos an die Schutzfrist nach der Geburt ihres Kindes hatte sie bis zum 10.12.2012 Elternzeit. Danach war sie bis 31.12.2013 arbeitsunfähig krank. Das Arbeitsverhältnis endete mit Ablauf des 8.1.2014. Anschließend stritten sich die Parteien um die Frage, ob der Klägerin für 2011 Urlaubsabgeltung zu leisten hat oder dieser Anspruch verfallen sei.

Lösung: Nach § 17 Satz 2 MuSchG, § 17 Abs. 2 BEEG kann nicht genommener Urlaub nach Ablauf des Beschäftigungsverbots während der Schwangerschaft bzw. der Elternzeit im laufenden oder im Folgejahr genommen werden, hier also bis Ende 2013. Da die Arbeitnehmerin aber zu diesem Zeitpunkt arbeitsunfähig krank war, wurde der Urlaub aus 2011 gemäß § 7 Abs. 3 Satz 2 BUrlG zumindest bis zum 31.3.2014 übertragen. Da das Arbeitsverhältnis aber bereits mit Ablauf des 8.1.2014 endete, war der zu diesem Zeitpunkt noch bestehende Urlaub nach § 7 Abs. 4 BUrlG abzugelten (BAG, Urteil v. 15.12.2015, 9 AZR 52/15).

50.12 Urlaubsanspruch Teilzeitbeschäftigte

Sachverhalt: Ein Arbeitgeber gewährt seinen Mitarbeitern, die 5 Tage in der Woche beschäftigt sind, 30 Arbeitstage Urlaub im Kalenderjahr. Eine teilzeitbeschäftigte Mitarbeiterin arbeitet 2 Tage in der Woche. Wie hoch ist der Urlaubsanspruch, den die Mitarbeiterin jährlich erwirbt?

Lösung: Wenn Mitarbeiter, die 5 Tage in der Woche beschäftigt sind, 30 Urlaubstage im Kalenderjahr erwerben, lautet die Formel:

30 Urlaubstage: 5 Tage × 2 Arbeitstage = 12 Urlaubstage

50.13 Urlaubsanspruch bei Wechsel von Vollzeit in Teilzeit während des Urlaubsjahrs (vor dem Wechsel wurde noch kein Urlaub genommen)

Sachverhalt: Ein Arbeitgeber gewährt seinen vollzeitbeschäftigten Arbeitnehmern, die 5 Tage in der Woche beschäftigt sind, 30 Arbeitstage Urlaub im Kalenderjahr. Eine vollzeitbeschäftigte Arbeitnehmerin wechselt zum 1.7. in eine Teilzeitbeschäftigung und

1. arbeitet weiter an 5 Tagen in der Woche, allerdings täglich nur noch 4 Stunden;
2. arbeitet 2 Tage in der Woche.

In beiden Fällen hat sie noch keinen Urlaub genommen. Im Herbst will sie Urlaub nehmen. Auf wie viele Urlaubstage hat die Arbeitnehmerin dann Anspruch?

Lösung

1. Dieser Fall ist hinsichtlich der Urlaubsdauer unproblematisch (zum Urlaubsentgelt siehe unten). Die Arbeitnehmerin arbeitet nach wie vor mit einer 5-Tage-Woche und hat deshalb Anspruch auf 30 Arbeitstage Urlaub.
2. Für die Berechnung der Urlaubsdauer ist die Zeit entscheidend, in der der Arbeitnehmer Urlaub nehmen will. Das ist der Herbst, in dem die Mitarbeiterin 2 Tage die Woche arbeitet. Wichtig ist zudem, zu wissen, dass das Bundesurlaubsgesetz den Urlaub nicht nach Stunden berechnet, sondern nach Tagen, die aber im Verhältnis zur Woche gesetzt werden (§3 Abs. 1 und 2 BUrlG). Da die Mitarbeiterin zuvor noch keinen Urlaub genommen hat und Mitarbeiter, die 5 Tage in der Woche beschäftigt sind, 30 Urlaubstage im Kalenderjahr – und damit 6 Wochen Urlaub – erwerben, würde die Formel lauten:
3. 30 Urlaubstage : 5 Tage × 2 Arbeitstage = 12 Arbeitstage Urlaub, was genau 6 Wochen Urlaub entspricht.
   Allerdings hat der Europäische Gerichtshof in zwei Entscheidungen, die in der Fachliteratur Tirol I und Tirol II genannt werden (EuGH, Urteil v. 22.4.2010, C–486/08, Tirol und v. 13.6.2013, C 415/12, Brandes) entschieden, eine solche Umrechnung (Quotierung pro-rata-temporis) des noch nicht genommenen Urlaubsanspruchs aus der Vollzeittätigkeit sei mit dem Unionsrecht nicht vereinbar. Der Pro-rata-temporis-Grundsatz dürfe

zwar grundsätzlich bei Teilzeitbeschäftigten angewendet werden, aber nicht nachträglich auf einen Anspruch, der in der Zeit der Vollzeitbeschäftigung erworben worden sei. Dies gelte aber nur, wenn der Arbeitnehmer tatsächlich nicht die Möglichkeit gehabt habe, den Urlaub vor dem Wechsel zu nehmen. Dem ist das BAG im Prinzip gefolgt.[49]

Hinweis: Wie das BAG mit dieser Rechtsprechung umgehen wird, ist fraglich. Im Endeffekt geht es darum, den Arbeitnehmer nicht aufgrund des Wechsels zu benachteiligen. Könnte hier die Arbeitnehmerin den in der Vollzeit erworbenen Urlaub so behalten (wegen §4 BUrlG hat sie immerhin bereits in der Zeit der Vollzeit ihren vollen Jahresurlaub von 30 Arbeitstagen Urlaub erworben), könnte sie nun in der Teilzeit plötzlich statt 6 Wochen (30 : 5-Tage-Woche) 15 Wochen (30 : 2-Tage-Woche) nehmen. Das hat der EuGH aber nicht gesagt. Damit ist das Augenmerk darauf zu legen, dass es dem EuGH entscheidend darum geht, einen finanziellen Nachteil aufgrund des Wechsels zu verhindern, wobei er sich nicht mit den Besonderheiten des deutschen Urlaubsrechts auseinander setzt.

Praxistipp: Als Lösung bietet sich an, dem Arbeitnehmer, der von Vollzeit in Teilzeit unter dem Kalenderjahr wechseln will, den (hypothetisch) anteilig errechneten Teil-Urlaub aus der Zeit der Vollzeit schon vor dem Wechsel in die Teilzeit zu gewähren. Bietet dies der Arbeitgeber dem Arbeitnehmer an, hätte dieser grundsätzlich auch die Möglichkeit, den angebotenen Urlaub zu nehmen. Der Rest könnte dann wie oben umgerechnet werden. Kann der Arbeitnehmer den kompletten Urlaub aber erst in der Teilzeit nehmen, kann man, ebenso wie oben, den (hypothetisch) anteilig errechneten Urlaub so gewähren, als befände er sich in Vollzeit – also mit 5-Tage-Woche und den Rest wie oben dargestellt anteilig auf die 2-Tage-Woche umrechnen. Dies würde am obigen Beispiel bedeuten:

Bei 30 Arbeitstagen Urlaub und einem Wechsel von Vollzeit mit einer 5-Tage-Woche in Teilzeit mit einer 2-Tage-Woche zum 1.7. sind dem Arbeitnehmer bei Urlaubsantritt im Herbst 30 : 2 = 15 Arbeitstage Urlaub so zu gewähren und zu bezahlen, als befände er sich in Vollzeit (also 3 Wochen) und die rest-

---

49 BAG, Urteil v. 10.2.2015, 9 AZR 53/14 (F)

lichen 15 Tage wie folgt umzurechnen: 15 : 5-Tage-Woche × 2 Tage-Woche = 6 Arbeitstage Urlaub.

Das BAG hat in seinem oben zitierten Urteil vom 10.2.2015 entschieden, dass, wenn ein vollzeitbeschäftigter Arbeitnehmer vor seinem Wechsel in die Teilzeit mit weniger Wochenarbeitstagen Urlaub nicht nehmen kann, die Zahl der Tage des bezahlten Jahresurlaubs wegen des Übergangs in die Teilzeitbeschäftigung nicht verhältnismäßig gekürzt werden kann, weshalb der anders lautende § 26 Abs. 1 TVöD unwirksam sei. Das spricht für den dargestellten Weg.

50.14 Urlaubsanspruch bei Wechsel von Vollzeit in Teilzeit während des Urlaubsjahres mit weniger Arbeitstagen als zuvor (vor dem Wechsel wurde teilweise Urlaub genommen)

Sachverhalt: Ein Arbeitgeber gewährt seinen vollzeitbeschäftigten Arbeitnehmern, die 5 Tage in der Woche beschäftigt sind, 30 Arbeitstage Urlaub im Kalenderjahr. Eine vollzeitbeschäftigte Mitarbeiterin wechselt zum 1.7. in eine Teilzeitbeschäftigung und arbeitet 2 Tage in der Woche, ohne dass es auf die Stundenzahl ankommt. Sie hat zu diesem Zeitpunkt bereits 10 Arbeitstage Urlaub genommen. Im Herbst will sie Urlaub nehmen. Auf wie viele Urlaubstage hat die Arbeitnehmerin Anspruch?

Bisherige Lösung: Für die Berechnung der Urlaubsdauer ist die Zeit entscheidend, in der die Arbeitnehmerin Urlaub nehmen will. Das ist der Herbst, in dem sie 2 Tage die Woche arbeitet. Das Bundesurlaubsgesetz setzt die Urlaubstage ins Verhältnis zur Woche. Die vollzeitbeschäftigte Mitarbeiterin erhält 30 Arbeitstage = 6 Wochen Urlaub im Jahr.

- 30 Urlaubstage (Arbeitstage) abzüglich genommene 10 Urlaubstage (Arbeitstage) ergibt 20 Urlaubstage (Arbeitstage). Die Mitarbeiterin hat 20 Urlaubstage (4 Wochen) aus der Vollzeit in die Teilzeit mitgenommen.
- 4 Wochen Urlaub (= Arbeitstage) bei einer 2-Tage-Woche ergibt: 4 × 2 = 8 Arbeitstage Urlaub.

Damit stehen der Arbeitnehmerin 8 Arbeitstage Urlaub, also bei einer 2-Tage-Woche 4 Wochen Urlaub zu.

Lösungsvorschlag unter Berücksichtigung der EuGH-Entscheidungen (Tirol I + II): Die Mitarbeiterin hatte in Vollzeit anteilig 30 : 2 = 15 Arbeitstage Urlaub erworben, wovon 10 Tage genommen sind. Damit hat sie aus der Vollzeit nur noch 5 Arbeitstage Urlaub in die Teilzeit mitgenommen. Diese Zeit sollte ihr so gewährt werden, wie wenn sie noch Vollzeit arbeiten würde. Die restliche Zeit kann wie oben anteilig umgerechnet werden, was bei einer 2-Tage-Woche 6 Arbeitstage Urlaub ergibt.

50.15 Urlaubsanspruch im umgekehrten Fall Greenfield: Wechsel von Teilzeit in Vollzeit während des Urlaubsjahres mit mehr Arbeitstagen als zuvor (vor dem Wechsel wurde teilweise Urlaub genommen)

Sachverhalt: Ein Arbeitgeber gewährt seinen vollzeitbeschäftigten Arbeitnehmern, die 5 Tage in der Woche beschäftigt sind, 30 Arbeitstage Urlaub im Kalenderjahr. Eine mit einem Arbeitstag in der Woche teilzeitbeschäftigte Arbeitnehmerin wechselt zum 1.7. in eine Vollzeitbeschäftigung und arbeitet 5 Tage in der Woche, ohne dass es auf die Stundenzahl ankommt. Sie hat zu diesem Zeitpunkt bereits 6 Arbeitstage Urlaub genommen. Im Herbst will sie Urlaub nehmen. Auf wie viele Urlaubstage hat sie Anspruch?

Bisherige Lösung: Für die Berechnung der Urlaubsdauer ist die Zeit entscheidend, in der die Arbeitnehmerin Urlaub nehmen will. Das ist der Herbst, in dem sie 5 Tage die Woche arbeitet. Allerdings hatte sie bereits vor dem Wechsel ihren 6-wöchigen Jahresurlaub. Nach dem BUrlG stünde ihr damit kein Urlaubsanspruch mehr zu.

Lösung nach der EuGH-Entscheidung »Greenfield« (v. 11.11.2015, C 219/14): Die Arbeitnehmerin hat in Teilzeit für ein halbes Jahr anteilig 6 Wochen × 1 Tag : 2 = 3 Arbeitstage Urlaub erworben. In der zweiten Kalenderjahreshälfte hat sie 30 Arbeitstage bei einer 5-Tage-Woche : 2 = 15 Arbeitstage

Urlaub erworben. Addiert ergeben sich somit für das Kalenderjahr 18 Urlaubstage. Hiervon hat die Arbeitnehmerin 6 Tage im Frühjahr genommen, weshalb ihr im Herbst noch 12 Urlaubstage übrig bleiben.

Hinweis: Man darf gespannt sein, ob das BAG diese Rechtsprechung übernimmt. Sie ist allerdings »gerecht«, wenn man berücksichtigt, dass Urlaub nicht nur Freizeit, sondern auch die dafür gezahlte Vergütung ist.

50.16 Urlaubsentgelt bei Wechsel von Vollzeit in Teilzeit mit gleich vielen Arbeitstagen wie zuvor, aber reduzierter Stundenzeit (während des Urlaubsjahres)

Sachverhalt: Ein Arbeitgeber gewährt seinen vollzeitbeschäftigten Arbeitnehmern, die 5 Tage in der Woche beschäftigt sind, 30 Arbeitstage Urlaub im Kalenderjahr. Eine vollzeitbeschäftigte Arbeitnehmerin wechselt zum 1.7. in eine Teilzeitbeschäftigung und arbeitet an 5 Tagen in der Woche jeweils nur halbtags. Im Herbst will sie Urlaub nehmen. Wie hoch ist das Urlaubsentgelt der Arbeitnehmerin?

Bisherige Lösung: Da die Mitarbeiterin im Herbst immer noch, wie früher, 5 Tage in der Woche arbeitet, hat sie 30 Arbeitstage Urlaub. Für die Berechnung des Urlaubsentgelts gilt § 11 BurlG, wenn keine tarifvertragliche Sondervorschrift besteht. Danach bemisst sich das Urlaubsentgelt nach dem durchschnittlichen Arbeitsverdienst der letzten 13 Wochen vor Beginn des Urlaubs mit Ausnahme des zusätzlich für Überstunden gezahlten Arbeitsverdienstes. In dieser Zeit hat die Arbeitnehmerin aber nur halbtags gearbeitet.

Lösungsvorschlag unter Berücksichtigung der EuGH-Entscheidungen (Tirol I + II) sowie des BAG-Urteils vom 10.2.2015, 9 AZR 53/14 (F): Nachdem der EuGH die Auffassung vertritt, wenn ein Arbeitnehmer von Vollzeit in Teilzeit wechsle und er vor dem Wechsel nicht seinen Urlaub habe nehmen können, dürfe das Urlaubsentgelt für den Urlaub aus der Vollzeit nicht auf Basis der reduzierten Teilzeitvergütung berechnet werden, muss der Arbeitgeber für die Hälfte des Urlaubs (15 Arbeitstage) Vollzeitvergütung zahlen.

50.17 Anspruch auf bezahlten Urlaub für die Zeit unbezahlten Sonderurlaubs (Sabbatical)?

Sachverhalt: Ein Arbeitnehmer erhält auf seinen Wunsch ein Jahr unbezahlten Sonderurlaub für eine Weltreise. Erwirbt er in diesem Jahr einen bezahlten Jahresurlaubsanspruch?

Lösung: § 1 BUrlG gewährt jedem Arbeitnehmer in jedem Kalenderjahr Anspruch auf bezahlten Erholungsurlaub. Die Vorschrift ist unabdingbar (§ 13 Abs. 1 Sätze 1 und 3 BUrlG). Der Anspruch entsteht unabhängig von einer Arbeitsleistung allein nur bei rechtlichem Bestand des Arbeitsverhältnisses und Erfüllung einer einmaligen 6-monatigen Wartezeit (§ 4 BUrlG). Zwar gibt es spezielle Regeln, die den Arbeitgeber in Sonderfällen zur Kürzung des Urlaubs berechtigen, wie z. B. bei Elternzeit (§ 17 Abs. 1 Satz 1 BEEG), Pflegezeit (§ 4 Abs. 4 PflegeZG) und Wehrdienst (§ 4 Abs. 1 Satz 1 ArbPlSchG). Im Hinblick auf unbezahlten Urlaub hat das BAG aber eine andere Entscheidung gefällt: Weil es keine Kürzungsregelung bei unbezahltem Sonderurlaub gibt, das Arbeitsverhältnis in dieser Zeit aber rechtlich besteht, hat das BAG mit Urteil vom 6.5.2014 (9 AZR 678/12) entschieden, dass das vereinbarte Ruhen eines Arbeitsverhältnisses nicht das Entstehen des gesetzlichen Urlaubsanspruchs hindert. Zudem sei der Arbeitgeber nicht zur Kürzung des gesetzlichen Urlaubs berechtigt.

Praxistipp: Nachdem sich das BUrlG nur auf den gesetzlichen Mindesturlaub von 4 Wochen bezieht, besteht die Möglichkeit, bei der Gewährung von unbezahltem Sonderurlaub tarifvertraglich oder einzelvertraglich – wenn keine geltende tarifvertragliche Regelung entgegensteht – zu vereinbaren, dass für die Zeit des unbezahlten Urlaubs kein über den gesetzlichen Mindesturlaub hinausgehender Urlaubsanspruch entsteht. Eine solche Vereinbarung verstößt nicht nach § 13 Abs. 1 Sätze 1 und 3 BUrlG. Zudem ist auch denkbar, zu vereinbaren, dass der Arbeitnehmer erst nach dem 31.3. des Folgejahres aus dem Sonderurlaub zurückkommt, was zum Verfall der Vorjahresurlaubsansprüche nach § 7 Abs. 3 Satz 3 BUrlG führt.

50.18 Fälligkeit des Urlaubsanspruchs

Sachverhalt: Ein seit 3 Monaten beschäftigter Arbeitnehmer beantragt Urlaub noch in diesem Kalendermonat. Muss der Urlaub gewährt werden?

Lösung: Der volle Urlaubsanspruch wird erstmalig nach 6-monatigem Bestehen des Arbeitsverhältnisses erworben (Wartezeit, §4 BUrlG). Solange diese Wartezeit nicht abgelaufen ist, ist der Urlaubsanspruch noch nicht fällig. Damit muss der Arbeitgeber den beantragten Urlaub nicht gewähren.

Praxistipp: Wenn der Arbeitgeber Urlaub dennoch gewähren will, sollte er darauf achten, lediglich den bereits erwachsenen Teilurlaub für die 3 Monate des Arbeitsverhältnisses zu gewähren (3/12 des Jahresurlaubs).

50.19 Fälligkeit des Urlaubsanspruchs bei Kündigung in der Wartezeit

Sachverhalt: Ein seit 3 Monaten beschäftigter Arbeitnehmer, dem der Arbeitgeber zum Ablauf des nächsten Monats gekündigt hat, beantragt Urlaub noch in diesem Kalendermonat. Muss der Urlaub gewährt werden?

Lösung: Der volle Urlaubsanspruch wird erstmalig nach 6-monatigem Bestehen des Arbeitsverhältnisses erworben (§4 BUrlG). Es entsteht ein Teilurlaubsanspruch in Höhe von 1/12 des Jahresurlaubs für jeden vollen Monat des Bestehens des Arbeitsverhältnisses, für Zeiten eines Kalenderjahres, für die der Arbeitnehmer wegen Nichterfüllung der Wartezeit keinen vollen Urlaubsanspruch erwirbt (§5 Abs. 1a) BUrlG).

Hier ist ersichtlich, dass das Arbeitsverhältnis bereits vor Ablauf der 6-monatigen Frist enden wird und deshalb ein Vollurlaub nicht entstehen kann. Deshalb ist der Anspruch auf Teilurlaub bereits entstanden und grundsätzlich zu gewähren.

50.20 Rückforderung durch Arbeitgeber (bei zu viel gewährtem Urlaub)

Sachverhalt: Ein Arbeitnehmer, der einige Jahre beschäftigt ist, hat seinen vollen Jahresurlaub im Januar genommen und kündigt dann das Arbeitsverhältnis zum 31.3. des gleichen Jahres. Kann der Arbeitgeber den zu viel gewährten Urlaub zurückfordern?

Lösung: Eine Rückforderung zu viel gewährten Urlaubs ist ausgeschlossen (§ 5 Abs. 3 BUrlG). Dies gilt selbst dann, wenn der Arbeitnehmer seinen Jahresurlaub im Januar im Hinblick auf sein Ausscheiden zum 31.3. genommen hat, ohne den Arbeitgeber davon in Kenntnis zu setzen.

Hinweis: Der Arbeitnehmer erwirbt in einem neuen Arbeitsverhältnis, das er im gleichen Kalenderjahr begründet, entsprechend für die zu viel gewährten Urlaubstage keine Urlaubsansprüche gegen seinen neuen Arbeitgeber (§ 6 Abs. 1 BUrlG). Der alte Arbeitgeber ist bei Beendigung des Arbeitsverhältnisses verpflichtet, dem Arbeitnehmer eine Bescheinigung über den im laufenden Kalenderjahr gewährten oder abgegoltenen Urlaub zu erteilen (§ 6 Abs. 2 BUrlG).

Praxistipp: Ein Arbeitgeber sollte sich bei Begründung eines Arbeitsverhältnisses im laufenden Kalenderjahr vom Stellenbewerber eine Bescheinigung dessen früheren Arbeitgebers nach § 6 Abs. 2 BUrlG über den genommenen oder abgegoltenen Urlaub vorlegen lassen.

50.21 Urlaubsentgelt (Berücksichtigung von Überstunden)

Sachverhalt: Ein Mitarbeiter mit einer 5-Tage-Woche, erhält im Januar 2.000 EUR, im Februar ebenfalls 2.000 EUR und ab März wegen einer Lohnerhöhung 2.100 EUR brutto Grundvergütung. Zudem erhält er eine Schmutzzulage von 50 EUR. An Überstundenvergütung wurde im März 200 EUR brutto gezahlt. Er tritt nun 15 Tage Urlaub an. Ein Tarifvertrag gilt nicht. Wie viel Urlaubsentgelt steht ihm zu?

Lösung: Wenn keine tarifvertragliche Regelung besteht, ist zur Berechnung des Urlaubsentgelts bei einer 5-Tage-Woche vom durchschnittlichen Arbeitsverdienst der letzten 13 Wochen (13 × 5 = 65 Arbeitstage) vor Antritt des Urlaubs auszugehen (§ 11 BUrlG). Da der Mitarbeiter im März eine Lohnerhöhung bekommt, muss vom erhöhten Betrag ausgegangen werden (§ 13 Abs. 1 Satz 2 BUrlG). Das Brutto-Urlaubsentgelt berechnet sich wie folgt:

2.100 EUR × 3 Monate : 65 Arbeitstage × 15 Urlaubstage = 1.453,85 EUR.

Die Überstundenvergütung ist nicht zu berücksichtigen (§ 13 Abs. 1 Satz 1 BUrlG). Gleiches gilt für die Schmutzzulage, weil sie kein Sachbezug ist.

50.22 Mitbestimmungsrechte des Betriebsrats

Sachverhalt: Eine Arbeitnehmerin hat bei ihrem Arbeitgeber Urlaub beantragt. Der Arbeitgeber lehnt diesen jedoch im vom Arbeitnehmer gewünschten Zeitraum ab. Im Betrieb gibt es einen Betriebsrat. Hat der Betriebsrat in diesem Konflikt mitzubestimmen?

Lösung: Der Betriebsrat hat ein Mitbestimmungsrecht über die Aufstellung allgemeiner Urlaubsgrundsätze und des Urlaubsplans sowie die Festsetzung der zeitlichen Lage des Urlaubs für einzelne Arbeitnehmer, wenn zwischen dem Arbeitgeber und den beteiligten Arbeitnehmern kein Einverständnis erzielt wird (§ 87 Abs. 1 Nr. 5 BetrVG). Damit hat in diesem Fall der Betriebsrat mitzubestimmen. Kommt eine Einigung zwischen dem Arbeitgeber und dem Betriebsrat nicht zustande, kann sogar Arbeitgeber oder Betriebsrat eine Einigungsstelle (§§ 87 Abs. 2, 76 BetrVG) angerufen werden, die dann verbindlich entscheidet.

50.23 Urlaubsabgeltung, Verzicht

Sachverhalt: Im Rahmen eines Kündigungsschutzprozesses wird am 30.9. in einem Vergleich vereinbart, dass das Arbeitsverhältnis zum Ablauf des 30.6. endete. Der Arbeitnehmer hat zu diesem Zeitpunkt noch 10 Urlaubstage offen. Hierzu enthält der Vergleich lediglich die Formulierung: »Mit Erfüllung dieses Vergleichs sind zwischen den Parteien alle gegenseitigen Ansprüche aus dem Arbeitsverhältnis, gleich aus welchem Rechtsgrund erledigt.« Hat der Arbeitnehmer noch Anspruch auf Urlaubsabgeltung?

Lösung: Urlaubsansprüche sind nach § 13 Abs. 1 BUrlG unverzichtbar. Dies galt bisher auch für Urlaubsabgeltungsansprüche bei beendetem Arbeitsverhältnis. Deshalb wurde bei Beendigungsvergleichen meist ein sog. »Tatsachenvergleich« geschlossen, in dem vereinbart wurde, dass der zustehende Urlaub bereits genommen sei. Das Bundesarbeitsgericht (BAG, Urteil v. 14.5.2013, 9 AZR 844/11) hat nun entschieden, dass der Arbeitnehmer bei beendetem Arbeitsverhältnis auch durch eine Abgeltungsklausel auf den Abgeltungsanspruch verzichten könne. Damit bedarf es des »Tatsachenvergleichs« nicht mehr.

Praxistipp: Der Verzicht auf Urlaubsabgeltungsansprüche im Aufhebungsvertrag ist zwischen den Parteien zwar jetzt möglich, aber nicht ohne Weiteres zu empfehlen: Es können Probleme entstehen, wenn der Arbeitnehmer arbeitslos wird. Denn nach § 157 Abs. 2 Satz 1 SGB III ruht der Anspruch auf Arbeitslosengeld »für die Zeit des abgegoltenen Urlaubs«, wenn der Arbeitnehmer »wegen Beendigung des Arbeitsverhältnisses eine Urlaubsabgeltung ... zu beanspruchen hat«. Nach § 157 Abs. 3 SGB III wird zwar auch Arbeitslosengeld bezahlt, wenn der Arbeitslose die Leistung »tatsächlich nicht erhält«. Allerdings geht nach § 115 SGB X der Anspruch dann auf die Arbeitsagentur über, die sich den Verzicht nicht entgegenhalten muss und deshalb den Arbeitgeber in Anspruch nehmen kann.

50.24 Urlaubsabgeltung nach Tod

Sachverhalt: Ein Arbeitnehmer, der noch Urlaubsansprüche hat, stirbt. Haben die Erben gegen den Arbeitgeber Anspruch auf Urlaubsabgeltung?

Lösung: Das Arbeitsverhältnis endet aufgrund seines höchstpersönlichen Charakters (§ 613 BGB) automatisch mit dem Tod des Arbeitnehmers. Zahlungsansprüche, die bis zu diesem Zeitpunkt entstanden sind, gehen nach § 1922 BGB auf die Erben über, auch wenn sie noch nicht zur Zahlung fällig

(§ 614 BGB) sind. Das bedeutet, dass noch offene Vergütungsansprüche für die Zeit vom 1. – 15.11. auf die Erben übergegangen sind.

Hatte der Verstorbene Urlaubsansprüche, gingen diese bisher nach der Rechtsprechung des BAG (vgl. noch BAG, Urteil v. 20.9.2011, 9 AZR 416/10) wegen ihres höchstpersönlichen Charakters unter. Der EuGH sah dies jedoch anders (EuGH v. 12.6.2014, C–118/13, Bollacke; Vorlagebeschluss des LAG Hamm v. 14.3.2014) und entschied, dass nach Art. 7 der Richtlinie 2003/88/ EG vom 4.11.2003 – wonach jeder Arbeitnehmer Anspruch auf einen bezahlten Mindestjahresurlaub von 4 Wochen hat, der außer bei Beendigung des Arbeitsverhältnisses nicht durch eine finanzielle Vergütung ersetzt werden kann – einzelstaatlichen Rechtsvorschriften entgegenstehe, die für den Fall des Todes des Arbeitnehmers die Abgeltung nicht genommenen Jahresurlaubs ausschlössen. Der Anspruch auf bezahlten Jahresurlaub sei ein besonders bedeutsamer Grundsatz des Sozialrechts. Jahresurlaub und Bezahlung während des Urlaubs seien 2 Aspekte eines einzigen Anspruchs. Bezahlter Jahresurlaub bedeute, dass für dessen Dauer das Entgelt fortzuzahlen sei. Ein finanzieller Ausgleich bei Beendigung des Arbeitsverhältnisses durch Tod stelle die praktische Wirksamkeit des Urlaubsanspruchs sicher. Der unwägbare Eintritt des Todes dürfe nicht rückwirkend zum vollständigen Verlust des Anspruchs auf bezahlten Jahresurlaub führen. Es komme auch nicht darauf an, ob der Betroffene im Vorfeld einen Urlaubsantrag gestellt habe.

Die Übernahme dieser Rechtsprechung würde bedeuten, dass § 7 Abs. 4 BUrlG so zu interpretieren wäre, dass auch bei Beendigung des Arbeitsverhältnisses durch Tod des Arbeitnehmers ein Urlaubsabgeltungsanspruch entsteht und auf die Erben übergeht.

Das BAG ist jedoch nicht bereit, diese Auffassung zu übernehmen. Es hat mit Beschluss vom 18.10.2016, 9 AZR 196/16 (A), dem Europäischen Gerichtshof die Frage vorgelegt, ob Art. 7 der Richtlinie 2003/88/EG oder Art. 31 Abs. 2 der Charta der Grundrechte der Europäischen Union (GRC) dem Erben eines während des Arbeitsverhältnisses verstorbenen Arbeitnehmers einen Anspruch auf finanziellen Ausgleich für den dem Arbeitnehmer vor seinem Tod zustehenden Mindestjahresurlaub einräume und dabei darauf verwiesen, dass dies in Deutschland nach § 7 Abs. 4 BUrlG in Verbindung mit § 1922 Abs. 1 BGB ausgeschlossen sei. Bisher habe der EuGH nicht die Frage entschieden, ob der Anspruch auf finanziellen Ausgleich auch dann Teil der Erbmasse werde, wenn das nationale Erbrecht dies ausschließe. Für den Fall, dass der EuGH diese Frage bejahe, werde angefragt, ob das auch gelte, wenn das Arbeitsverhältnis zwischen 2 Privatpersonen bestanden habe. Das BAG begründet seine andere Auffassung insbesondere mit einer Argumentation, die der EuGH selbst ins Feld geführt hat, als es um die Frage ging, ob bei Langzeiterkrankten der Anspruch auf bezahlten Jahresurlaub nach Ablauf von 15 Monaten seit dem Ende des Urlaubsjahres untergehen kann (EuGH 3.5.2012 – C–337/10 – Neidel – Rn. 39; 22.11.2011 – C–214/10 – KHS – Rn. 43, Slg. 2011, I–11757). Dort hatte der EuGH dies bejaht und damit begründet, dass dann die Gewährung von Urlaub für den Arbeitnehmer keine positive Wirkung als Erholungszeit mehr habe. Nun führt das BAG (Rn. 19) aus, dass dies nach dem Tod des Arbeitnehmers erst recht der Fall sei, da in der Person des verstorbenen Arbeitnehmers der Erholungszweck nicht mehr verwirklicht werden könne. Mangels einer positiven Wirkung für den von der Richtlinie 2003/88/EG geschützten Arbeitnehmer erscheine deshalb ein Untergang des Urlaubsanspruchs, selbst in finanzieller Form, mit dem Tod des Arbeitnehmers während des Arbeitsverhältnisses ebenso wie nach dem Ablauf von 15 Monaten seit dem Ende des Urlaubsjahres nicht ausgeschlossen, wenn bei der Beantwortung der Vorlagefrage zu 1. der vom Gerichtshof angenommene Sinn und Zweck des jährlichen Mindesturlaubsanspruchs und des Urlaubsabgeltungsanspruchs herangezogen werde.

Man darf gespannt sein, wie der Europäische Gerichtshof reagiert. Bis zu dessen Entscheidung kann ein Arbeitgeber erst einmal eventuellen Erben entgegenhalten, er wolle die Entscheidung des EuGH abwarten. Entschließt sich der Arbeitgeber aber dennoch an einen Erben zu zahlen, sollte er sich einen Erbschein vorlegen lassen. Nach aktueller Auffassung fällt keine Sozialversicherung an, der Betrag ist jedoch zu versteuern.

51 Vermögenswirksame Leistungen

51.1 Zuschuss des Arbeitgebers

Sachverhalt: Eine Arbeitnehmerin (Steuerklasse IV, keine Kinder, 9% Kirchensteuer) hat 2017 ein monatliches Gehalt von 2.050 EUR zzgl. 27 EUR Zuschuss zu den vermögenswirksamen Leistungen. Der Arbeitgeber ist zu einem Zuschuss zu den vermögenswirksamen Leistungen verpflichtet, wenn der Tarifvertrag dies vorsieht. Ansonsten geschieht die Zahlung auf freiwilliger Basis.

Die Arbeitnehmerin lässt monatlich 40 EUR an eine Bausparkasse überweisen, um die volle staatliche Förderung für einen Bausparvertrag von 9% aus höchstens 470 EUR zu erhalten.

Wie werden die vermögenswirksame Leistung und der Zuschuss des Arbeitgebers abgerechnet?

Lösung: Der Zuschuss zu vermögenswirksamen Leistungen ist steuer- und beitragspflichtig.

Abrechnung

Bruttogehalt		2.050,00 EUR
Vermögenswirksame Leistungen (Zuschuss)		27,00 EUR
Brutto gesamt		2.077,00 EUR
Lohnsteuer	207,83 EUR	
Solidaritätszuschlag	11,43 EUR	
Kirchensteuer	18,70 EUR	− 237,96 EUR
Krankenversicherung (7,3%)	151,62 EUR	
Zusatzbeitrag KV (hier 1,1%)	22,85 EUR	
Pflegeversicherung (1,525%)	31,67 EUR	
Rentenversicherung (9,35%)	194,20 EUR	

Arbeitslosenversicherung (1,5 %)	31,16 EUR	− 431,50 EUR
Nettoverdienst		1.407,54 EUR
Abzgl. Vermögenswirksame Leistungen		− 40,00 EUR
Auszahlungsbetrag		1.367,54 EUR

Der Arbeitgeber muss die 40 EUR einbehalten und direkt an die Bausparkasse überweisen.

51.2 Überweisung durch den Arbeitgeber ohne Zuschuss

Sachverhalt: Eine Arbeitnehmerin hat 2017 ein monatliches Gehalt von 1.800 EUR (Steuerklasse IV, 2,0 Kinderfreibeträge, 9 % Kirchensteuer). Sie legt dem Arbeitgeber einen Antrag auf Überweisung von vermögenswirksamen Leistungen ihrer Bausparkasse vor. Sie möchte monatlich 40 EUR sparen. Der Arbeitgeber ist laut Tarifvertrag nicht zu einem Zuschuss zu VWL verpflichtet.

Auch wenn der Arbeitgeber keinen Zuschuss zu den vermögenswirksamen Leistungen zahlt, ist er verpflichtet, die Überweisung für die Arbeitnehmerin vorzunehmen. Er zieht den Sparbetrag vom Nettoverdienst ab und überweist ihn direkt an die Bausparkasse.

Wie wird die vermögenswirksame Leistung abgerechnet?

Lösung:

Abrechnung		
Bruttogehalt		1.800,00 EUR
Vermögenswirksame Leistungen (Zuschuss)		0,00 EUR
Brutto gesamt		1.800,00 EUR
Lohnsteuer	147,08 EUR	
Solidaritätszuschlag	0,00 EUR	

Kirchensteuer	**1,04 EUR**	– 148,12 EUR
Krankenversicherung (7,3 %)	131,40 EUR	
Zusatzbeitrag KV (hier 1,1 %)	19,80 EUR	
Pflegeversicherung (1,275 %)	22,95 EUR	
Rentenversicherung (9,35 %)	168,30 EUR	
Arbeitslosenversicherung (1,5 %)	**27,00 EUR**	– 369,45 EUR
Nettoverdienst		1.282,43 EUR
Abzgl. Vermögenswirksame Leistungen (Nettoabzug)		**– 40,00 EUR**
Auszahlungsbetrag		1.242,43 EUR

Der Arbeitgeber muss die 40 EUR einbehalten und direkt an die Bausparkasse überweisen.

51.3 Förderarten – Anlageformen

Sachverhalt: Als Arbeitgeber möchten Sie wissen, wie vermögenswirksame Leistungen gezahlt werden und was Sie damit zu tun haben.

Lösung: Bei Vermögenswirksamen Leistungen (VWL) handelt es sich um Geldleistungen, die der Arbeitgeber für den Arbeitnehmer in einer bestimmten Form nach dem 5. Vermögensbildungsgesetz anlegt. Zu einem Zuschuss ist der Arbeitgeber nur verpflichtet, wenn der für ihn gültige Tarifvertrag das vorsieht. Ansonsten ist der Zuschuss eine freiwillige Leistung des Arbeitgebers.

Es gibt 2 verschiedene Förderarten, die beide auch nebeneinander in Anspruch genommen werden können:

- Anlage zum Wohnungsbau: Bausparkassenbeiträge oder Entschuldung von Wohnungseigentum.
  Die Sparzulage vom Staat bei dieser Förderart beträgt jährlich maximal 9 % von 470 EUR. Anspruch auf Sparzulage besteht, wenn das zu versteuernde Einkommen bei Ledigen 17.900 EUR und bei Verheirateten 35.800 EUR nicht übersteigt.

- Anlage in betriebliche oder außerbetriebliche Beteiligungen: Erwerb von Aktien, Anteilen an Aktienfonds, Beteiligung an Unternehmungen des Arbeitgebers durch stille Beteiligung oder Darlehen.
Bei dieser Förderart werden jährlich maximal 20% von 400 EUR vom Staat gefördert. Die Einkommensgrenze beträgt für Ledige 20.000 EUR und für Verheiratete 40.000 EUR.

Bei Arbeitnehmern mit Kindern erhöhen sich diese Einkommensgrenzen um die Kinderfreibeträge.

Um die staatliche Förderung zu erhalten, muss der Arbeitnehmer dem Arbeitgeber einen Antrag auf Überweisung der vermögenswirksamen Leistungen von seinem Anlageinstitut mit folgenden Angaben vorlegen:
- Höhe des Betrags, der angelegt werden soll,
- Zeitpunkt, ab dem die Anlage erfolgen soll,
- Art der Anlage, Anlageinstitut, Kontonummer, Vertragsnummer.

Der Arbeitgeber ist verpflichtet, die Überweisung aus dem Nettolohn des Arbeitnehmers vorzunehmen.

Mit der Förderung selbst hat der Arbeitgeber nichts zu tun. Die Sparzulage wird dem Arbeitnehmer auf Antrag vom Finanzamt gewährt. Diese muss der Arbeitnehmer bei dem für ihn zuständigen Wohnsitzfinanzamt mit der »Anlage VL« jährlich selbst beantragen.

51.4 Zuschuss bei mehreren Verträgen

Sachverhalt: Eine Arbeitnehmerin hat 2017 ein monatliches Gehalt von 1.800 EUR (Steuerklasse IV, 1,5 Kinderfreibeträge, 9% Kirchensteuer). Sie legt dem Arbeitgeber im Januar einen Antrag auf Überweisung vermögenswirksamer Leistungen ihrer Bausparkasse vor.

Sie möchte ab Januar monatlich 39,17 EUR sparen. Am 1.4. schließt sie einen weiteren förderfähigen Sparvertrag über ihre Hausbank ab, in den sie monatlich 33,33 EUR einbezahlt.

Der Tarifvertrag verpflichtet den Arbeitgeber zu einem Zuschuss von 6,65 EUR.

Muss für beide Verträge ein Zuschuss gezahlt werden und wie müssen beide Überweisungen vorgenommen werden?

Lösung: Der Zuschuss von 6,65 EUR muss nur einmal gezahlt werden. Welcher Betrag auf welche Anlageform überwiesen wird, entscheidet die Arbeitnehmerin. Sie muss dem Arbeitgeber die entsprechenden Anträge der Anlageinstitute mit den gewünschten Überweisungsbeträgen vorlegen.

Abrechnung

Bruttogehalt		1.800,00 EUR
Vermögenswirksame Leistungen		6,65 EUR
Brutto gesamt		1.806,65 EUR
Lohnsteuer	149,66 EUR	
Solidaritätszuschlag	0,00 EUR	
Kirchensteuer	**3,66 EUR**	– 153,32 EUR
Krankenversicherung (7,3 %)	131,89 EUR	
Zusatzbeitrag KV (hier 1,1 %)	19,87 EUR	
Pflegeversicherung (1,275 %)	23,03 EUR	
Rentenversicherung (9,35 %)	168,92 EUR	
Arbeitslosenversicherung (1,5 %)	**27,10 EUR**	**– 370,81 EUR**
Nettoverdienst		1.282,52 EUR
Vermögenswirksame Leistungen (Vertrag 1)		– 39,17 EUR
Vermögenswirksame Leistungen (Vertrag 2)		**– 33,33 EUR**
Auszahlungsbetrag		1.210,02 EUR

Der Arbeitgeber muss die Beträge einbehalten und direkt an die Anlageinstitute überweisen.

51.5 Arbeitgeberwechsel

Sachverhalt: Ein neu eingestellter Arbeitnehmer legt bei seiner Einstellung im Januar einen Antrag auf Überweisung von vermögenswirksamen Leistungen seiner Bausparkasse vor. Bisher hat er von seinem alten Arbeitgeber einen Zuschuss zu VWL von 40 EUR monatlich erhalten. Diese 40 EUR hat er auch monatlich an die Bausparkasse überweisen lassen.

Ist der neue Arbeitgeber verpflichtet, den Zuschuss weiterhin zu zahlen und die Überweisung vorzunehmen?

Lösung: Zur Zahlung eines Zuschusses ist der Arbeitgeber nur in der Höhe verpflichtet, in welcher der Tarifvertrag dies vorsieht. Ist der Arbeitgeber nicht tarifgebunden, ist seine Zahlung freiwillig. Es bestehen folgende Möglichkeiten:

- Der Arbeitgeber zahlt einen Zuschuss von 40 EUR: Es ändert sich nichts gegenüber dem vorigen Arbeitgeber.

- Der Arbeitgeber zahlt einen Zuschuss von weniger als 40 EUR: Der Arbeitnehmer kann entscheiden, ob er nur den vom Arbeitgeber gezahlten Zuschuss oder einen höheren Betrag an das Anlageinstitut überweisen lassen möchte.

- Der Arbeitgeber zahlt keinen Zuschuss: Auch hier kann der Arbeitnehmer verlangen, dass ein bestimmter Betrag – entweder weiterhin 40 EUR oder auch ein niedrigerer Betrag – an das Anlageinstitut überwiesen wird.

Der Arbeitgeber sollte bereits im Einstellungsgespräch mit dem Arbeitnehmer klären, ob er einen Zuschuss zahlen wird.

Teil 2: Entgeltabrechnung richtig bewerten – von A bis Z

1 Abfindung bis Aussperrungs-unterstützung

1.1 Abfindung wegen vorzeitiger Räumung einer Werks- oder Dienstwohnung

Ausgenommen von der Steuer- und Beitragspflicht sind der Arbeitgeberersatz für Einbauten und Instandsetzungen.

Lohnsteuerpflicht	Beitragspflicht KV PV RV ALV	Beitragspflicht UV
Ja	Ja	Ja
BFH, Urteil vom 16.12.1966, VI R 61/66, BStBl 1967 III S. 251	§ 14 Abs. 1 Satz 1 SGB IV, § 23a SGB IV	§ 14 Abs. 1 Satz 1 SGB IV, § 23a SGB IV

Mindestlohn-Relevanz: Nein

Entgeltart: Einmalzahlung

Entgeltzuordnung in der Sozialversicherung: Entgeltabrechnungsmonat, in dem die Abfindung ausgezahlt wird. Abfindungen wegen vorzeitiger Räumung einer Werks- oder Dienstwohnung, die in den Monaten Januar bis März eines Jahres ausgezahlt werden, sind dem letzten Entgeltabrechnungsmonat des vergangenen Jahres (Vorjahres) zuzuordnen, wenn in dem vergangenen Jahr bei demselben Arbeitgeber ein versicherungspflichtiges Beschäftigungsverhältnis bestanden hat und die Abfindung zusammen mit den sonstigen für das laufende Kalenderjahr festgestellten beitragspflichtigen Einnahmen die anteilige Beitragsbemessungsgrenze des laufenden Kalenderjahres übersteigt (März-Klausel).

1.2 Abfindung als Ausgleichszahlung

Abfindung zum Ausgleich der Verringerung der Arbeitszeit oder Umsetzung auf einen anderen Arbeitsplatz.

Lohnsteuerpflicht	Beitragspflicht KV PV RV ALV	Beitragspflicht UV
Ja	Ja	Ja
§24 Abs. 1 Bst. a EStG	§14 Abs. 1 Satz 1 SGB IV, §23a SGB IV	§14 Abs. 1 Satz 1 SGB IV, §23a SGB IV

Mindestlohn-Relevanz: Nein

Entgeltart: Einmalzahlung

Entgeltzuordnung in der Sozialversicherung: Entgeltabrechnungsmonat, in dem die Abfindung ausgezahlt wird. Ausgleichzahlungen, die in den Monaten Januar bis März eines Jahres ausgezahlt werden, sind dem letzten Entgeltabrechnungsmonat des vergangenen Jahres (Vorjahres) zuzuordnen, wenn in dem vergangenen Jahr bei demselben Arbeitgeber ein versicherungspflichtiges Beschäftigungsverhältnis bestanden hat und die Abfindung zusammen mit den sonstigen für das laufende Kalenderjahr festgestellten beitragspflichtigen Einnahmen die anteilige Beitragsbemessungsgrenze des laufenden Kalenderjahres übersteigt (März-Klausel).

1.3 Abfindung in allen anderen Fällen

Abfindungen sind generell steuerpflichtig. SV: S. Abfindung wegen Verlust des Arbeitsplatzes.

Lohnsteuerpflicht	Beitragspflicht KV PV RV ALV	Beitragspflicht UV
Ja	Nein	Nein
§24 Abs. 1 Bst. a EStG	§14 Abs. 1 Satz 1 SGB IV	§14 Abs. 1 Satz 1 SGB IV

Mindestlohn-Relevanz: Nein

Entgeltzuordnung in der Sozialversicherung: Kein Arbeitsentgelt, da Zahlung als Entschädigung für Verlust des Arbeitsplatzes für Zeiten nach Ende des Beschäftigungsverhältnisses erfolgt. BSG, Urteil v. 21.02.1990, 12 RK 20/88

1.4 Abfindung wegen Verlust des Arbeitsplatzes

Abfindung wegen einer vom Arbeitgeber veranlassten oder gerichtlich ausgesprochenen Auflösung des Arbeitsverhältnisses, die den Wegfall zukünftiger Verdienstmöglichkeiten wegen Verlusts des Arbeitsplatzes ausgleichen sollen.

Lohnsteuerpflicht	Beitragspflicht KV PV RV ALV	Beitragspflicht UV
Ja	Nein	Nein
§24 Abs. 1 Bst. a EStG	§14 Abs. 1 Satz 1 SGB IV	§14 Abs. 1 Satz 1 SGB IV

Mindestlohn-Relevanz: **Nein**

Entgeltzuordnung in der Sozialversicherung: **Kein Arbeitsentgelt, da Zahlung als Entschädigung für Verlust des Arbeitsplatzes für Zeiten nach Ende des Beschäftigungsverhältnisses erfolgt. BSG, Urteil v. 21.02.1990, 12 RK 20/88**

1.5 Abgeltung von Urlaubsansprüchen

Kann der Urlaub wegen Beendigung des Arbeitsverhältnisses ganz oder teilweise nicht mehr gewährt werden, so ist er abzugelten. §7 Abs. 4 Bundesurlaubsgesetz.

Lohnsteuerpflicht	Beitragspflicht KV PV RV ALV	Beitragspflicht UV
Ja	Ja	Ja
R 19.3 Abs. 1 Nr. 2 LStR	§14 Abs. 1 Satz 1 SGB IV, §23a SGB IV	§14 Abs. 1 Satz 1 SGB IV, §23a SGB IV

Mindestlohn-Relevanz: **Nein**

Entgeltart: **Einmalzahlung**

Entgeltzuordnung in der Sozialversicherung: **Lohnsteuerabzug analog der Regelung bei Einmalzahlungen; SV-Pflicht besteht (Ausnahme: Zahlung an Hinterbliebene). Entgeltabrechnungsmonat, in dem die Abgeltung ausgezahlt wird bzw. Zuordnung zum letzten Entgeltabrechnungsmonat des Beschäftigungsverhältnisses.**

1.6 Abgeltung witterungsbedingter Lohnausfall (Baugewerbe)

Pauschale Abgeltung, im Baugewerbe (§4.6 BRTV Bau), s. auch unter Wintergeld.

Lohnsteuerpflicht	Beitragspflicht KV PV RV ALV	Beitragspflicht UV
Ja	Ja	Ja
§19 Abs. 1 EStG	§14 Abs. 1 Satz 1 SGB IV	§14 Abs. 1 Satz 1 SGB IV

Mindestlohn-Relevanz: Ja

Entgeltart: Laufendes Arbeitsentgelt

Entgeltzuordnung in der Sozialversicherung: Entgeltabrechnungsmonat, für den der Anspruch auf die Abgeltung besteht.

1.7 Abnutzungsentschädigung

Abnutzungsentschädigung für das Tragen von Zivilkleidung oder entsprechende Einkleidungsbeihilfe (ausgenommen Kleiderentschädigung der Kriminalpolizeibeamten).

Lohnsteuerpflicht	Beitragspflicht KV PV RV ALV	Beitragspflicht UV
Ja	Ja	Ja
R 3.31 LStR	§14 Abs. 1 Satz 1 SGB IV	§14 Abs. 1 Satz 1 SGB IV

Mindestlohn-Relevanz: Nein

Entgeltart: Laufendes Arbeitsentgelt

Entgeltzuordnung in der Sozialversicherung: Entgeltabrechnungsmonat, für den der Anspruch auf die Entschädigung besteht.

1.8 Abschiedsgeschenk als Geldleistung

Bei Austritt langjähriger Mitarbeiter aufgrund einer Betriebsvereinbarung gezahlte Sonderzahlung.

Lohnsteuerpflicht	Beitragspflicht KV PV RV ALV	Beitragspflicht UV
Ja	Ja	Ja
§ 19 Abs. 1 EStG; § 2 Abs. 1 LStDV	§ 14 Abs. 1 Satz 1 SGB IV, 23a SGB IV	§ 14 Abs. 1 Satz 1 SGB IV, § 23a SGB IV

Mindestlohn-Relevanz: Nein

Entgeltart: Einmalzahlung

Entgeltzuordnung in der Sozialversicherung: Entgeltabrechnungsmonat, in dem die Abgeltung ausgezahlt wird bzw. Zuordnung zum letzten Entgeltabrechnungsmonat des Beschäftigungsverhältnisses.

1.9 Abschiedsgeschenk als Sachleistung

Sachzuwendung bis zu einem Wert von 60 EUR brutto.

Lohnsteuerpflicht	Beitragspflicht KV PV RV ALV	Beitragspflicht UV
Nein	Nein	Nein
R 19.6 Abs. 1 LStR	§ 14 Abs. 1 SGB IV, § 1 SvEV	§ 14 Abs. 1 SGB IV, § 1 SvEV

Mindestlohn-Relevanz: Nein

Entgeltzuordnung in der Sozialversicherung: Kein Arbeitsentgelt im Sinne der Sozialversicherung.

1.10 Abschlagszahlung

Abschlagszahlung auf den Arbeitslohn. Es ist jedoch zulässig, Lohnsteuer für Abschlagszahlungen erst bei der Lohnabrechnung einzubehalten, wenn der Abrechnungszeitraum 5 Wochen nicht übersteigt und die Abrechnung innerhalb von 3 Wochen nach diesem Ablauf erfolgt.

Lohnsteuerpflicht	Beitragspflicht KV PV RV ALV	Beitragspflicht UV
Ja	Ja	Ja
§39b Abs. 5 EStG	§14 Abs. 1 Satz 1 SGB IV	§14 Abs. 1 Satz 1 SGB IV

Mindestlohn-Relevanz: Ja

Entgeltart: Laufendes Arbeitsentgelt

Entgeltzuordnung in der Sozialversicherung: Entgeltabrechnungsmonat, für den der Anspruch auf die Abschlagszahlung besteht. Sofern variable Arbeitsentgeltbestandteile zeitversetzt gezahlt werden, können diese zur Beitragsberechnung unter bestimmten Voraussetzungen dem nächsten oder übernächsten Entgeltabrechnungszeitraum zugeordnet werden.

1.11 Abschlussprämie
S. Einmalzahlung / Einmalige Bezüge. S. Gratifikationen und Tantiemen.

Lohnsteuerpflicht	Beitragspflicht KV PV RV ALV	Beitragspflicht UV
Ja	Ja	Ja
§19 Abs. 1 Nr. 1 EStG	§14 Abs. 1 Satz 1 SGB IV, §23a SGB IV	§14 Abs. 1 Satz 1 SGB IV, §23a SGB IV

Mindestlohn-Relevanz: Ja, wenn vorbehaltlos und unwiderruflich gewährt.

Entgeltart: Einmalzahlung

Entgeltzuordnung in der Sozialversicherung: Entgeltabrechnungsmonat, für den der Anspruch auf die Abschlussprämie besteht.

1.12 Abschussgeld
Abschussgeld (Patronengeld, Schussgeld) an Privatforstbedienstete.

Lohnsteuerpflicht	Beitragspflicht KV PV RV ALV	Beitragspflicht UV
Ja	Ja	Ja
R 19.3 Abs. 3 LStR	§ 14 Abs. 1 Satz 1 SGB IV, jedoch beitragsfrei, soweit sie nur den tatsächlichen Aufwand decken	§ 14 Abs. 1 Satz 1 SGB IV, jedoch beitragsfrei, soweit sie nur den tatsächlichen Aufwand decken

Mindestlohn-Relevanz: Nein

Entgeltart: Laufendes Arbeitsentgelt

Entgeltzuordnung in der Sozialversicherung: Entgeltabrechnungsmonat, für den der Anspruch auf die Abschussgelder besteht.

1.13 Abstandsgeld
S. Abfindung. S. Wohnungsbeschaffungszuschuss.

Lohnsteuerpflicht	Beitragspflicht KV PV RV ALV	Beitragspflicht UV
Ja	Ja	Ja
§ 2 Abs.1 LStDV	§ 14 Abs. 1 Satz 1 SGB IV, § 23a SGB IV	§ 14 Abs. 1 Satz 1 SGB IV, § 23a SGB IV

Mindestlohn-Relevanz: Nein

Entgeltart: Einmalzahlung

Entgeltzuordnung in der Sozialversicherung: Entgeltabrechnungsmonat, in dem die Abstandsgelder ausgezahlt werden. Abstandsgelder, die in den Monaten Januar bis März eines Jahres ausgezahlt werden, sind dem letzten Entgeltabrechnungsmonat des vergangenen Jahres (Vorjahres) zuzuordnen, wenn in dem vergangenen Jahr bei demselben Arbeitgeber ein versicherungspflichtiges Beschäftigungsverhältnis bestanden hat und die Abstandsgelder zusammen mit den sonstigen für das laufende Kalenderjahr festgestellten beitragspflichtigen Einnahmen die anteilige Beitragsbemessungsgrenze des laufenden Kalenderjahres übersteigen (März-Klausel).

1.14 Abtretung

Der Arbeitnehmer tritt sein Arbeitsentgelt (teilweise) an einen Dritten ab.

Lohnsteuerpflicht	Beitragspflicht KV PV RV ALV	Beitragspflicht UV
Ja	Ja	Ja
§ 19 Abs. 1 EStG	§ 14 Abs. 1 Satz 1 SGB IV	§ 14 Abs. 1 Satz 1 SGB IV

Mindestlohn-Relevanz: Keine Aussage möglich.

Entgeltart: Laufendes Arbeitsentgelt

Entgeltzuordnung in der Sozialversicherung: Entgeltabrechnungsmonat, für den das laufende Arbeitsentgelt gezahlt werden muss.

1.15 Aktienüberlassung

S. aber Optionsrecht und Vermögensbeteiligung.

Lohnsteuerpflicht	Beitragspflicht KV PV RV ALV	Beitragspflicht UV
Ja	Ja	Ja
R 19.3LStR BFH, Urteil vom 07.05.2014	§ 14 Abs. 1 Satz 1 SGB IV, § 23a SGB IV	§ 14 Abs. 1 Satz 1 SGB IV, § 23a SGB IV

Mindestlohn-Relevanz: Nein

Entgeltart: Einmalzahlung

Entgeltzuordnung in der Sozialversicherung: Der geldwerte Vorteil ist dem Entgeltabrechnungsmonat zuzuordnen, in dem der Arbeitnehmer die Aktien erhält; unerheblich ist, ob der Gewinn ausgezahlt oder wieder in Aktien angelegt wird.

1.16 Altersentlastungsbetrag

Steuer: Steuerliche Entlastung älterer Arbeitnehmer gemäß gesetzlicher Regelung. Sozialversicherung: Ohne jegliche Auswirkungen, Beitragsberechnung in üblicher Weise.

Lohnsteuerpflicht	Beitragspflicht KV PV RV ALV	Beitragspflicht UV
Nein	Ja	Ja
§24a EStG	§14 Abs. 1 Satz 1 SGB IV	§14 Abs. 1 Satz 1 SGB IV

Mindestlohn-Relevanz: Nein

Entgeltart: Laufendes Arbeitsentgelt

Entgeltzuordnung in der Sozialversicherung: Entgeltabrechnungsmonat, für den das Entgelt zu zahlen ist.

1.17 Altersrente

Altersrente und Erwerbsunfähigkeitsrente, die vom früheren Arbeitgeber oder aus einer betrieblichen Unterstützungskasse bezahlt wird. Bei Altersrente, wenn der Arbeitnehmer das 63. Lebensjahr oder das 60. Lebensjahr (Schwerbehinderter) vollendet hat, Abzug des Versorgungsfreibetrags (20,8% der Betriebsrente), maximal 1.560 EUR pro Jahr (bei Rentenbeginn 2017) und der Zuschlag zum Versorgungsfreibetrag von max. 468 EUR pro Jahr (bei Rentenbeginn 2017). SV: Beitragspflicht zur KV und PV, nicht zur RV und ArblV.

Lohnsteuerpflicht	Beitragspflicht KV PV RV ALV	Beitragspflicht UV
Ja	Ja (KV, PV)	Nein
§19 Abs. 1 Nr. 2 und Abs. 2 EStG; R 19.8 LStR	§226 Abs. 1 Nr. 3 SGB V: Beitragspflichtig in voller Höhe zusammen mit der Rente der gesetzlichen RV bis zur Beitragsbemessungsgrenze der Kranken- und Pflegeversicherung.	Kein Arbeitsentgelt im Sinne von §14 Abs. 1 Satz 1 SGB IV

Mindestlohn-Relevanz: Nein

Entgeltart: Laufendes Arbeitsentgelt

Entgeltzuordnung in der Sozialversicherung: Beitragspflichtig nur in der Kranken- und Pflegeversicherung. Entgeltabrechnungsmonat, für den die betriebliche Rente ausgezahlt wird.

1.18 Altersteilzeit, Arbeitgeberbeitrag zur Höherversicherung

Arbeitgeberbeitrag zur Höherversicherung älterer Arbeitnehmer in der gesetzlichen Rentenversicherung im Rahmen des AtG, auch soweit sie über den im AtG vorgesehenen Mindestbeitrag hinaus gehen.

Lohnsteuerpflicht	Beitragspflicht KV PV RV ALV	Beitragspflicht UV
Nein	Nein	Nein
§3 Nr. 28 EStG, R 3.28 Abs. 3 LStR	§1 Abs. 1 SvEV	§1 Abs. 1 SvEV

Mindestlohn-Relevanz: Nein

Entgeltzuordnung in der Sozialversicherung: Kein Arbeitsentgelt im Sinne der Sozialversicherung.

1.19   Altersteilzeit, Aufstockungsbeträge

Aufstockungsbeträge von mindestens 20% des Regelarbeitsentgelts, auch wenn sie über den im AtG genannten Mindestbetrag (20%) hinaus gehen; auch dann, wenn der frei werdende Arbeitsplatz nicht wieder besetzt wird. Steuerrecht: Steuerfreie Aufstockungsbeträge unterliegen dem Progressionsvorbehalt!

Lohnsteuerpflicht	Beitragspflicht KV PV RV ALV	Beitragspflicht UV
Nein	Nein	Nein
§3 Nr. 28 EStG, R 3.28 Abs. 3 LStR	§14 Abs. 1 SGB IV, §1 SvEV	§14 Abs. 1 SGB IV, §1 SvEV

Mindestlohn-Relevanz: Nein

Entgeltzuordnung in der Sozialversicherung: Kein Arbeitsentgelt im Sinne der Sozialversicherung.

1.20   Altersteilzeit, zusätzliche beitragspflichtige Einnahme in der Rentenversicherung

Als zusätzliche beitragspflichtige Einnahme in der Rentenversicherung gilt ein Betrag in Höhe von 80% des Regelarbeitsentgelts, ggf. begrenzt auf die Differenz zwischen 90% der monatlichen Beitragsbemessungsgrenze der Rentenversicherung und dem Regelarbeitsentgelt; Achtung: Kein Lohn bzw. Gehalt i.S. des Steuerrechts! SV-Beitragspflicht ausschließlich zur Rentenversicherung.

Lohnsteuerpflicht	Beitragspflicht KV PV RV ALV	Beitragspflicht UV
Nein	Ja (RV)	Nein
§3 Nr. 28 EStG, R 3.28 Abs. 3 LStR	§163 Abs. 5 SGB VI	§14 Abs. 1 SGB IV, §1 SvEV

Mindestlohn-Relevanz: Nein

Entgeltart: Laufendes Arbeitsentgelt

Entgeltzuordnung in der Sozialversicherung: Beitragspflicht besteht nur in der Rentenversicherung. Entgeltabrechnungsmonat, für den der Anspruch besteht.

1.21 Annehmlichkeit
S. Aufmerksamkeiten

1.22 Antrittsgebühr
Antrittsgebühr im grafischen Gewerbe, wenn sie auf einer tariflichen Regelung beruhen, bis zur Höhe der Sonn- und Feiertagszuschläge.

Lohnsteuerpflicht	Beitragspflicht KV PV RV ALV	Beitragspflicht UV
Nein	Nein	Ja
§3b EStG	§14 Abs. 1 SGB IV, §1 Abs. 1 SvEV	§1 Abs. 2 SvEV

Mindestlohn-Relevanz: Nein

Entgeltart: Laufendes Arbeitsentgelt

Entgeltzuordnung in der Sozialversicherung: Kein Arbeitsentgelt in der Kranken-, Pflege-, Renten- und Arbeitslosenversicherung. Diese Zuschläge sind in der Unfallversicherung jedoch beitragspflichtig.

1.23 Anwesenheitsprämie

Lohnsteuerpflicht	Beitragspflicht KV PV RV ALV	Beitragspflicht UV
Ja	Ja	Ja
§19 Abs. 1 EStG; §2 Abs. 1 LStDV	§14 Abs. 1 Satz 1 SGB IV	§14 Abs. 1 Satz 1 SGB IV

Mindestlohn-Relevanz: Ja

Entgeltart: Laufendes Arbeitsentgelt

Entgeltzuordnung in der Sozialversicherung: Entgeltabrechnungsmonat, für den der Anspruch auf die Anwesenheitsprämie besteht.

1.24 Arbeitgeberbeitrag zu sonstigen Direktversicherungen

Arbeitgeberbeitrag zur Direktversicherung, den der Arbeitgeber zusätzlich leistet oder der aus Einmalzahlung aufgebracht und pauschal versteuert wird. SV: beitragspflichtig, wenn Entgeltumwandlung – auch aus Einmalzahlungen.

Lohnsteuerpflicht	Beitragspflicht KV PV RV ALV	Beitragspflicht UV
Ja	Nein	Nein
§40b Abs. 1 EStG	§1 Abs. 1 Satz 1 Nr. 4 SvEV	§1 Abs. 1 Satz 1 Nr. 4 SvEV

Mindestlohn-Relevanz: Nein

Entgeltzuordnung in der Sozialversicherung: Kein Arbeitsentgelt im Sinne der Sozialversicherung.

1.25 Arbeitgeberbeitrag zur Direktversicherung seit 1.1.2005 (lebenslange Rentenzahlung ab 60. Lebensjahr)

Arbeitgeberbeiträge zur Direktversicherung bis 4% der jährlichen BBG RV (2017: 3.048 EUR). Bei Neuabschluss seit 2005 zusätzlich steuerfreier (aber sv-pflichtiger) Betrag von bis zu 1.800 EUR.

Lohnsteuerpflicht	Beitragspflicht KV PV RV ALV	Beitragspflicht UV
Nein	Nein	Nein
§3 Nr. 63 EStG	§1 Abs. 1 Satz 1 Nr. 9 SvEV	§1 Abs. 1 Satz 1 Nr. 9 SvEV

Mindestlohn-Relevanz: Nein

Entgeltzuordnung in der Sozialversicherung: Kein Arbeitsentgelt im Sinne der Sozialversicherung bis zum Betrag von 3.048 EUR (2017 West) pro Jahr.

1.26 Arbeitgeberbeitrag zur gesetzlichen Sozialversicherung

Arbeitgeberanteil am Gesamtsozialversicherungsbeitrag.

Lohnsteuerpflicht	Beitragspflicht KV PV RV ALV	Beitragspflicht UV
Nein	Nein	Nein
§3 Nr. 62 EStG	§14 Abs. 1 Satz 1 SGB IV	§14 Abs. 1 Satz 1 SGB IV

Mindestlohn-Relevanz: Nein

Entgeltzuordnung in der Sozialversicherung: Kein Arbeitsentgelt im Sinne der Sozialversicherung.

1.27 Arbeitgeberbeitrag zur Insolvenzsicherung

Arbeitgeberbeitrag zur Insolvenzsicherung, soweit gesetzlich vorgeschrieben.

Lohnsteuerpflicht	Beitragspflicht KV PV RV ALV	Beitragspflicht UV
Nein	Nein	Nein
§3 Nr. 62 EStG	§359 Abs. 1 SGB III	§14 Abs. 1 Satz 1 SGB IV

Mindestlohn-Relevanz: Nein

Entgeltzuordnung in der Sozialversicherung: Kein Arbeitsentgelt im Sinne der Sozialversicherung.

1.28 Arbeitgeberdarlehen

S. Darlehen.

Lohnsteuerpflicht	Beitragspflicht KV PV RV ALV	Beitragspflicht UV
Nein	Nein	Nein
R 31 Abs. 11 LStR	§14 Abs. 1 Satz 1 SGB IV, §1 Abs. 1 SvEV	§14 Abs. 1 Satz 1 SGB IV, §1 Abs. 1 SvEV

Mindestlohn-Relevanz: **Nein**

Entgeltzuordnung in der Sozialversicherung: **Kein Arbeitsentgelt, sofern Vereinbarungen über Laufzeit, Verzinsung und Tilgung getroffen wurden und somit ein echtes Darlehen vorliegt.**

1.29 Arbeitgeberzuschuss (pauschal versteuerte Fahrtkosten zwischen Wohnung und Arbeitsstätte)
S. Fahrtkostenersatz (pauschal versteuert).

1.30 Arbeitgeberzuschuss nach §257 SGB V bzw. §61 SGB XI
Beitragszuschuss zur Kranken- und Pflegeversicherung, max. in Höhe der Hälfte des hierfür tatsächlich zu bezahlenden Beitrags.

Lohnsteuerpflicht	Beitragspflicht KV PV RV ALV	Beitragspflicht UV
Nein	Nein	Nein
§3 Nr. 62 Satz 1 EStG	§14 Abs. 1 SGB IV, §1 Abs. 1 SvEV	§14 Abs. 1 SGB IV, §1 Abs. 1 SvEV

Mindestlohn-Relevanz: **Nein**

Entgeltzuordnung in der Sozialversicherung: **Kein Arbeitsentgelt im Sinne der Sozialversicherung.**

1.31 Arbeitgeberzuschuss zu einer Betriebskrankenkasse
Arbeitgeberzuschuss zu den Verwaltungskosten der Betriebskrankenkasse (§147 Abs. 2 SGB V).

Lohnsteuerpflicht	Beitragspflicht KV PV RV ALV	Beitragspflicht UV
Nein	Nein	Nein
§3 Nr. 62 Satz 1 EStG	Kein Arbeitsentgelt im Sinne von §14 Abs. 1 Satz 1 SGB IV	Kein Arbeitsentgelt im Sinne von §14 Abs. 1 Satz 1 SGB IV

Mindestlohn-Relevanz: **Nein**

Entgeltzuordnung in der Sozialversicherung: Kein Arbeitsentgelt im Sinne der Sozialversicherung.

1.32 Arbeitgeberzuschuss zu einer Lebensversicherung

Von der Rentenversicherungspflicht auf eigenen Antrag befreite Arbeitnehmer, die eine Lebensversicherung abgeschlossen haben. Ebenso kann dies auch eine freiwillige Versicherung in der gesetzlichen Rentenversicherung sein oder eine Versicherung bei einer öffentlich-rechtlichen Versicherungs- oder Versorgungseinrichtung für eine bestimmte Berufsgruppe. Der Arbeitgeberzuschuss darf jedoch nicht höher sein als der Arbeitgeberanteil bei Versicherungspflicht in der Rentenversicherung, außerdem darf der Zuschuss höchstens die Hälfte des Gesamtaufwands betragen.

Lohnsteuerpflicht	Beitragspflicht KV PV RV ALV	Beitragspflicht UV
Nein	Nein	Nein
§3 Nr. 62 Satz 2 EStG	§14 Abs. 1 SGB IV, §1 Abs. 1 SvEV	§14 Abs. 1 SGB IV, §1 Abs. 1 SvEV

Mindestlohn-Relevanz: **Nein**

Entgeltzuordnung in der Sozialversicherung: Kein Arbeitsentgelt im Sinne der Sozialversicherung.

1.33 Arbeitgeberzuschuss zum Elterngeld, Nettodifferenz mehr als 50 EUR überschritten

SV: Beitragspflicht des AG-Zuschusses, falls dieser um mehr als 50 EUR pro Monat (= maßgebliche Freigrenze) die Differenz zwischen früherem Nettoarbeitsentgelt und dem Elterngeld überschreitet. Beitragspflichtig ist der AG-Zuschuss, soweit er die Nettodifferenz überschreitet, dann in voller Höhe.

Lohnsteuerpflicht	Beitragspflicht KV PV RV ALV	Beitragspflicht UV
Ja	Ja	Ja
§2 Abs. 2 Nr. 3 LStDV	§14 Abs. 1 Satz 1 SGB IV; §23c Abs. 1 SGB IV	§14 Abs. 1 Satz 1 SGB IV; §23c Abs. 1 SGB IV

Mindestlohn-Relevanz: Nein

Entgeltart: Laufendes Arbeitsentgelt

Entgeltzuordnung in der Sozialversicherung: Entgeltabrechnungszeitraum, in dem die Zuschüsse ausgezahlt werden.

1.34 Arbeitgeberzuschuss zum Elterngeld, Nettodifferenz nicht mehr als 50 EUR überschritten

SV: Beitragsfreiheit des AG-Zuschusses in voller Höhe, falls dieser nicht mehr als 50 EUR pro Monat (= maßgebliche Freigrenze) die Differenz zwischen früherem Nettoarbeitsentgelt und dem Elterngeld überschreitet.

Lohnsteuerpflicht	Beitragspflicht KV PV RV ALV	Beitragspflicht UV
Ja	Nein	Nein
§2 Abs. 2 Nr. 3 LStDV	§23c Abs. 1 SGB IV	§23c Abs. 1 SGB IV

Mindestlohn-Relevanz: Nein

Entgeltzuordnung in der Sozialversicherung: Kein Arbeitsentgelt im Sinn der Sozialversicherung.

1.35 Arbeitgeberzuschuss zum Krankengeld

S. Krankengeldzuschuss.

1.36 Arbeitgeberzuschuss zum Krankentagegeld

S. Krankentagegeldzuschuss.

1.37 Arbeitgeberzuschuss zum Übergangsgeld
(Nettoarbeitsentgelt mehr als 50 EUR überschritten)

Der Arbeitgeberzuschuss übersteigt zusammen mit dem vom gesetzlichen RV-Träger gezahlten Übergangsgeld das normale Nettoarbeitsentgelt des Arbeitnehmers um mehr als 50 EUR pro Monat.

Lohnsteuerpflicht	Beitragspflicht KV PV RV ALV	Beitragspflicht UV
Ja	Ja	Ja
§2 Abs. 2 LStDV	§14 Abs. 1 S.1 SGB IV, §23c Abs. 1 SGB IV	§14 Abs. 1 Satz 1 SGB IV; §23c Abs. 1 SGB IV

Mindestlohn-Relevanz: Nein

Entgeltart: Laufendes Arbeitsentgelt

Entgeltzuordnung in der Sozialversicherung: Entgeltabrechnungsmonat, für den der Arbeitgeberzuschuss gezahlt wird.

1.38 Arbeitgeberzuschuss zum Übergangsgeld
(Nettoarbeitsentgelt nicht mehr als 50 EUR überschritten)

Der Arbeitgeberzuschuss übersteigt zusammen mit dem vom gesetzlichen RV-Träger gezahlten Übergangsgeld das normale Nettoarbeitsentgelt des Arbeitnehmers nicht um mehr als 50 EUR pro Monat.

Lohnsteuerpflicht	Beitragspflicht KV PV RV ALV	Beitragspflicht UV
Ja	Nein	Nein
§2 Abs. 2 LStDVq	§23c Abs. 1 SGB IV	§23c Abs. 1 SGB IV

Mindestlohn-Relevanz: Nein

Entgeltzuordnung in der Sozialversicherung: Kein Arbeitsentgelt im Sinn der Sozialversicherung.

1.39 Arbeitgeberzuschuss zur Betreuung nicht schulpflichtiger Kinder

S. Kindergartenplatz.

Lohnsteuerpflicht	Beitragspflicht KV PV RV ALV	Beitragspflicht UV
Nein	Nein	Nein
§3 Nr. 33 EStG	§14 Abs. 1 SGB IV, §1 Abs. 1 SvEV	§14 Abs. 1 SGB IV, §1 Abs. 1 SvEV

Mindestlohn-Relevanz: Nein

Entgeltzuordnung in der Sozialversicherung: Kein Arbeitsentgelt im Sinne der Sozialversicherung.

1.40 Arbeitgeberzuschuss zur Förderung eines Studiums

Arbeitgeberförderung eines Studiums (FH, Hochschule, Universität): Grundsätzlich steuer- und sv-pflichtig! Achtung: Wenn Studium aber im ganz überwiegenden betrieblichen Interesse liegt, besteht Steuerfreiheit und SV-Freiheit! S. Studiengebühr.

Lohnsteuerpflicht	Beitragspflicht KV PV RV ALV	Beitragspflicht UV
Ja	Ja	Ja
§19 Abs. 1 EStG	§14 Abs. 1 Satz 1 SGB IV, BE vom 7./8.5.2008 (TOP 4), BE vom 30./31.3.2009 (TOP 6)	§14 Abs. 1 Satz 1 SGB IV

Mindestlohn-Relevanz: Nein

Entgeltart: Laufendes Arbeitsentgelt

Entgeltzuordnung in der Sozialversicherung: Entgeltabrechnungsmonat, für den der Anspruch auf die Arbeitgeberzuschüsse besteht.

1.41 Arbeitnehmeranteil

Arbeitnehmeranteil zur gesetzlichen Sozialversicherung, der vom Arbeitgeber freiwillig übernommen wird (z. B. PV-Zuschlag oder individueller Zusatzbeitrag der Kasse nach § 242 SGB V).

Lohnsteuerpflicht	Beitragspflicht KV PV RV ALV	Beitragspflicht UV
Ja	Ja	Ja
§ 2 Abs. 2 Nr. 3 LStDV	§ 14 Abs. 1 Satz 1 SGB IV	§ 14 Abs. 1 Satz 1 SGB IV

Mindestlohn-Relevanz: Keine Aussage möglich.

Entgeltart: Laufendes Arbeitsentgelt

Entgeltzuordnung in der Sozialversicherung: Entgeltabrechnungsmonat, für den der Anspruch auf die Übernahme der Arbeitnehmeranteile besteht.

1.42 Arbeitnehmer-Sparzulage

Anspruch des Arbeitnehmers auf Arbeitnehmer-Sparzulage nach dem Vermögensbildungsgesetz.

Lohnsteuerpflicht	Beitragspflicht KV PV RV ALV	Beitragspflicht UV
Nein	Nein	Nein
§ 13 Abs. 3 VermBG	§ 14 Abs. 1 SGB IV, § 1 Abs. 1 SvEV	§ 14 Abs. 1 SGB IV, § 1 Abs. 1 SvEV

Mindestlohn-Relevanz: Nein

Entgeltzuordnung in der Sozialversicherung: Kein Arbeitsentgelt im Sinne der Sozialversicherung.

1.43 Arbeitsessen

Abgabe von unentgeltlichen oder verbilligte Speisen bis zu einem Wert von 60 EUR brutto, sofern diese anlässlich oder während eines außergewöhnlichen Arbeitsensatzes gewährt werden.

Lohnsteuerpflicht	Beitragspflicht KV PV RV ALV	Beitragspflicht UV
Nein	Nein	Nein
R 19.6 Abs. 2 LStR	§ 1 Abs. 1 Satz 1 Nr. 1 SvEV	§ 1 Abs. 1 Satz 1 Nr. 1 SvEV

Mindestlohn-Relevanz: Nein

1.44 Arbeitskleidung

Arbeitskleidung, wenn es sich um typische Berufskleidung handelt, die dem Arbeitnehmer unentgeltlich oder verbilligt überlassen wird (Uniform für Kraftfahrer, Fahrstuhlführer, Pförtner, Arbeitsschutzkleidung).

Lohnsteuerpflicht	Beitragspflicht KV PV RV ALV	Beitragspflicht UV
Nein	Nein	Nein
§ 3 Nr. 31 EStG	§ 14 Abs. 1 SGB IV, § 1 Abs. 1 SvEV	§ 14 Abs. 1 SGB IV, § 1 Abs. 1 SvEV

Mindestlohn-Relevanz: Nein

Entgeltzuordnung in der Sozialversicherung: Kein Arbeitsentgelt im Sinne der Sozialversicherung.

1.45 Arbeitslosengeld
Geldleistung der Bundesagentur für Arbeit

Lohnsteuerpflicht	Beitragspflicht KV PV RV ALV	Beitragspflicht UV
Nein	Nein	Nein
§3 Nr. 2 EStG; R 4 Abs. 1 LStR	Kein Arbeitsentgelt i.S. des §14 Abs. 1 Satz 1 SGB IV	Kein Arbeitsentgelt i.S. des §14 Abs. 1 Satz 1 SGB IV

Mindestlohn-Relevanz: Nein

Entgeltzuordnung in der Sozialversicherung: Kein Arbeitsentgelt im Sinne der Sozialversicherung.

1.46 Arbeitslosengeld II (Arbeitslosenhilfe)
Geldleistung der Bundesagentur für Arbeit

Lohnsteuerpflicht	Beitragspflicht KV PV RV ALV	Beitragspflicht UV
Nein	Nein	Nein
§3 Nr. 2 EStG; R 3.2 Abs. 1 LStR	Kein Arbeitsentgelt i.S. des §14 Abs. 1 Satz 1 SGB IV	Kein Arbeitsentgelt i.S. des §14 Abs. 1 Satz 1 SGB IV

Mindestlohn-Relevanz: Nein

Entgeltzuordnung in der Sozialversicherung: Kein Arbeitsentgelt im Sinne der Sozialversicherung.

1.47 Arbeitszeitkonto (Übertragung Wertguthaben)
S. Übertragung eines Wertguthabens.

1.48 Auflassungsgebühr
Wird bei der Abwicklung von Grundstücksgeschäften an auflassungsbevoll-mächtigte Notariatsangestellte gezahlt.

Lohnsteuerpflicht	Beitragspflicht KV PV RV ALV	Beitragspflicht UV
Ja	Ja	Ja
§19 Abs. 1 EStG; §2 Abs. 1 LStDV	§14 Abs. 1 Satz 1 SGB IV, BSG, Urteil vom 3.2.1994 12 RK 18/93	§14 Abs. 1 Satz 1 SGB IV

Mindestlohn-Relevanz: Keine Aussage möglich.

Entgeltart: Laufendes Arbeitsentgelt

Entgeltzuordnung in der Sozialversicherung: Entgeltabrechnungsmonat, für den der Anspruch auf die Auflassungsgebühren besteht.

1.49   Aufmerksamkeiten

Aufmerksamkeiten des Arbeitgebers (z.B. Blumen, Genussmittel, Buch oder CD bzw. DVD aus persönlichem Anlass des Arbeitnehmers), wenn deren Wert 60 EUR brutto nicht übersteigt.

Lohnsteuerpflicht	Beitragspflicht KV PV RV ALV	Beitragspflicht UV
Nein	Nein	Nein
R 19.6 Abs. 1 LStR	§1 Abs. 1 Nr. 1 SvEV	§1 Abs. 1 Nr. 1 SvEV

Mindestlohn-Relevanz: Nein

Entgeltzuordnung in der Sozialversicherung: Kein Arbeitsentgelt im Sinne der Sozialversicherung.

1.50   Aufsichtsratsvergütung

Aufsichtsratsvergütung an Arbeitnehmervertreter ist kein Entgelt sondern zählt zu den selbstständigen Einkünften.

Lohnsteuerpflicht	Beitragspflicht KV PV RV ALV	Beitragspflicht UV
Nein	Nein	Nein
§18 Abs. 1 Nr. 3 EStG	§15 Abs. 1 Satz 1 SGB IV	§15 Abs. 1 Satz 1 SGB IV

Mindestlohn-Relevanz: Nein

Entgeltzuordnung in der Sozialversicherung: Kein Arbeitsentgelt im Sinne der Sozialversicherung, sondern Einkünfte aus selbständiger Arbeit.

1.51 Aufstockungsbeträge
S. Altersteilzeit: Aufstockungsbetrag.

1.52 Aufwandsentschädigung (aus öffentlichen Kassen)
Aufwandsentschädigung des Bundes, eines Landes, einer Kommune oder einer Körperschaft des öffentlichen Rechts.

Lohnsteuerpflicht	Beitragspflicht KV PV RV ALV	Beitragspflicht UV
Nein	Nein	Nein
§3 Nr. 12 EStG	§14 Abs. 1 SGB IV, §1 Abs. 1 SvEV	§14 Abs. 1 SGB IV, §1 Abs. 1 SvEV

Mindestlohn-Relevanz: Nein

Entgeltzuordnung in der Sozialversicherung: Kein Arbeitsentgelt im Sinne der Sozialversicherung.

1.53 Aufwandsentschädigung an ehrenamtlich Tätige (Ehrenamtsfreibetrag)
Aufwandsentschädigung bis zu 720 EUR jährlich, für gemeinnützige, mildtätige oder kirchliche Nebentätigkeit im Ehrenamt bei einer juristischen Person des öffentlichen Rechts oder einer Körperschaft i.S. des §5 Abs. 1 Nr. 9 EStG. S. auch Aufwandsentschädigung für Übungsleiter (Übungsleiterfreibetrag).

Lohnsteuerpflicht	Beitragspflicht KV PV RV ALV	Beitragspflicht UV
Nein	Nein	Nein
§3 Nr. 26a EStG	§14 Abs. 1 SGB IV, §1 Abs. 1 Nr. 16 SvEV	§14 Abs. 1 SGB IV, §1 Abs. 1 Nr. 16 SvEV

Mindestlohn-Relevanz: Nein

Entgeltzuordnung in der Sozialversicherung: Kein Arbeitsentgelt im Sinne der Sozialversicherung.

1.54 Aufwandsentschädigung aus nichtöffentlichen Kassen

Aufwandsentschädigung außerhalb des öffentlichen Dienstes (Ausnahmen: Auslagenersatz, durchlaufende Gelder, Auslösung, Fehlgeldentschädigung, Reisekostenvergütung, usw.).

Lohnsteuerpflicht	Beitragspflicht KV PV RV ALV	Beitragspflicht UV
Ja	Ja	Ja
§2 Abs. 2 Nr. 5 LStR	§14 Abs. 1 Satz 1 SGB IV	§14 Abs. 1 Satz 1 SGB IV

Mindestlohn-Relevanz: Nein

Entgeltart: Laufendes Arbeitsentgelt

Entgeltzuordnung in der Sozialversicherung: Entgeltabrechnungsmonat, für den der Anspruch auf die Aufwandsentschädigung besteht.

1.55 Aufwandsentschädigung für ehrenamtliche rechtliche Betreuer, Vormünder und Pflegschaften

Aufwandsentschädigung nach §1835a BGB für ehrenamtliche Vormünder, Betreuer oder Pfleger bis zu 2.400 EUR jährlich

Lohnsteuerpflicht	Beitragspflicht KV PV RV ALV	Beitragspflicht UV
Nein	Nein	Nein
§3 Nr. 26b EStG	§14 Abs. 1 SGB IV, §1 Abs. 1 Nr. 16 SvEV	§14 Abs. 1 SGB IV, §1 Abs. 1 Nr. 16 SvEV

Mindestlohn-Relevanz: Nein

Entgeltart: §14 Abs. 1 SGB IV, §1 Abs. 1 Nr. 16 SvEV

Entgeltzuordnung in der Sozialversicherung: Kein Arbeitsentgelt im Sinne der Sozialversicherung.

1.56 Aufwandsentschädigung für Übungsleiter (Übungsleiterfreibetrag)

Aufwandsentschädigung, die für nebenberufliche Tätigkeit als Übungsleiter in Sportvereinen, Ausbilder, Erzieher, Betreuer oder vergleichbare Tätigkeiten gezahlt werden, bis zu 2.400 EUR jährlich. S. Aufwandsentschädigung für ehrenamtlich Tätige (Ehrenamtsfreibetrag).

Lohnsteuerpflicht	Beitragspflicht KV PV RV ALV	Beitragspflicht UV
Nein	Nein	Nein
§3 Nr. 26 EStG	§1 Abs. 1 SvEV	§14 Abs. 1 SGB IV, §1 Abs. 1 Nr. 16 SvEV

Mindestlohn-Relevanz: Nein

Entgeltzuordnung in der Sozialversicherung: Kein Arbeitsentgelt im Sinne der Sozialversicherung.

1.57 Ausbildungsbeihilfe

S. Berufsausbildungsbeihilfe, Studiengebühr, Studienbeihilfe und Unterhaltbeitrag.

1.58 Ausbildungsvergütung
Ausbildungsvergütung an Auszubildende in einem Ausbildungsverhältnis!

Lohnsteuerpflicht	Beitragspflicht KV PV RV ALV	Beitragspflicht UV
Ja	Ja	Ja
§19 Abs. 1 EStG	§14 Abs. 1 Satz 1 SGB IV	§14 Abs. 1 Satz 1 SGB IV

Mindestlohn-Relevanz: Nein

Entgeltart: Laufendes Arbeitsentgelt

Entgeltzuordnung in der Sozialversicherung: Entgeltabrechnungsmonat, für den der Anspruch auf die Ausbildungsvergütung besteht.

1.59 Ausgleichszahlung an ehrenamtliche Bürgermeister
Ausgleich an ehrenamtliche Bürgermeister in den neuen Bundesländern, die früher hauptamtliche Bürgermeister waren. Hiermit soll die Differenz zwischen dem bisherigen und dem neuen Einkommen ausgeglichen werden.

Lohnsteuerpflicht	Beitragspflicht KV PV RV ALV	Beitragspflicht UV
Ja	Ja	Ja
§19 Abs. 1 EStG	BSG, Urteil vom 20.1.2000, B 7 AL 2/99 R	§14 Abs. 1 Satz 1 SGB IV

Mindestlohn-Relevanz: Ja

Entgeltart: Laufendes Arbeitsentgelt

Entgeltzuordnung in der Sozialversicherung: Entgeltabrechnungsmonat, für den der Anspruch auf die Ausgleichszahlung besteht.

1.60 Ausgleichszahlung bei Einsatz im Beitrittsgebiet

Ausgleichszahlung für Beschäftigte aus den alten Bundesländern, die im Beitrittsgebiet eine niedriger bezahlte Beschäftigung ausüben. Ob die Zahlung vom Arbeitgeber oder von einem Dritten (z.B. Arbeitgeberverband) geleistet wird ist unerheblich.

Lohnsteuerpflicht	Beitragspflicht KV PV RV ALV	Beitragspflicht UV
Ja	Ja	Ja
§19 Abs. 1 EStG	§14 Abs. 1 Satz 1 SGB IV	§14 Abs. 1 Satz 1 SGB IV

Mindestlohn-Relevanz: Ja

Entgeltart: Laufendes Arbeitsentgelt

Entgeltzuordnung in der Sozialversicherung: Entgeltabrechnungsmonat, für den der Anspruch auf die Ausgleichszahlung besteht.

1.61 Ausgleichszahlung (freiwillige Rentenversicherungsbeiträge) des Arbeitgebers nach §187a SGB VI

Vom Arbeitgeber freiwillig übernommene Beiträge, durch welche Rentenminderungen bei vorzeitiger Inanspruchnahme einer Altersrente gemindert bzw. vermieden werden können. 50% dieser Beiträge bleiben steuer- und beitragsfrei.

Lohnsteuerpflicht	Beitragspflicht KV PV RV ALV	Beitragspflicht UV
Ja	Nein	Nein
§3 Nr. 28 EStG	§187a SGB VI	§14 Abs. 1 Satz 1 SGB IV

Mindestlohn-Relevanz: Nein

Entgeltzuordnung in der Sozialversicherung: 50% dieser Beiträge bleiben steuer- und beitragsfrei. Komplett steuer- und beitragsfrei, wenn diese Beiträge als Entlassungsabfindung gezahlt werden. Dies alles gilt auch zur Unfallversicherung.

1.62   Ausgleichszahlung an Beamte

Zahlung nach §48 Abs. 1 BeamtVG und §38 Abs. 1 SVG.

Lohnsteuerpflicht	Beitragspflicht KV PV RV ALV	Beitragspflicht UV
Nein	Nein	Nein
§3 Nr. 3 EStG	§14 Abs. 1 SGB IV, §1 Abs. 1 SvEV	§14 Abs. 1 SGB IV, §1 Abs. 1 SvEV

Mindestlohn-Relevanz: Nein

Entgeltzuordnung in der Sozialversicherung: Kein Arbeitsentgelt im Sinne der Sozialversicherung.

1.63   Ausgleichszahlung bei Altersteilzeitarbeit

S. Aufstockungsbetrag.

Lohnsteuerpflicht	Beitragspflicht KV PV RV ALV	Beitragspflicht UV
Nein	Nein	Nein
§3 Nr. 28 EStG	§14 Abs. 1 SGB IV, §1 Abs. 1 SvEV	§14 Abs. 1 SGB IV, §1 Abs. 1 SvEV

Mindestlohn-Relevanz: Nein

Entgeltzuordnung in der Sozialversicherung: Kein Arbeitsentgelt im Sinne der Sozialversicherung.

1.64   Auslagenersatz

Vom Arbeitnehmer verauslagtes Geld anlässlich einer Besorgung für den Arbeitgeber (i.S. der §667 BGB, §669 BGB, §670 BGB, §675 BGB). Der Arbeitnehmer handelt quasi als Bote oder Vertreter des Arbeitgebers. S. auch Durchlaufende Gelder.

Lohnsteuerpflicht	Beitragspflicht KV PV RV ALV	Beitragspflicht UV
Nein	Nein	Nein
§3 Nr. 50 EStG	§14 Abs. 1 SGB IV, §1 Abs. 1 SvEV	§14 Abs. 1 SGB IV, §1 Abs. 1 SvEV

Mindestlohn-Relevanz: Nein

Entgeltzuordnung in der Sozialversicherung: Kein Arbeitsentgelt im Sinne der Sozialversicherung, sofern kein eigenes Interesse des Beschäftigten an den Aufwendungen besteht.

1.65 Ausländisches Entgelt

In ausländischer Währung gezahltes Entgelt, das der Steuer- bzw. Beitragspflicht nach deutschem Recht unterliegt.

Lohnsteuerpflicht	Beitragspflicht KV PV RV ALV	Beitragspflicht UV
Ja	Ja	Ja
§19 Abs. 1 EStG	§14 Abs. 1 Satz 1 SGB IV, §17a SGB IV	§14 Abs. 1 Satz 1 SGB IV, §17a SGB IV

Mindestlohn-Relevanz: Ja

Entgeltart: Laufendes Arbeitsentgelt

Entgeltzuordnung in der Sozialversicherung: Entgeltabrechnungsmonat, für den der Anspruch auf das Arbeitsentgelt besteht.

1.66 Auslandsverwendungszuschlag

Auslandsverwendungszuschlag gemäß §53 BBesG.

Lohnsteuerpflicht	Beitragspflicht KV PV RV ALV	Beitragspflicht UV
Nein	Nein	Nein
§3 Nr. 64 EStG	§14 Abs. 1 SGB IV, §1 Abs. 1 SvEV	§14 Abs. 1 SGB IV, §1 Abs. 1 SvEV

Mindestlohn-Relevanz: **Nein**

Entgeltzuordnung in der Sozialversicherung: **Kein** Arbeitsentgelt im Sinne der Sozialversicherung.

1.67 Auslandszulage
S. Kaufkraftausgleich.

Lohnsteuerpflicht	Beitragspflicht KV PV RV ALV	Beitragspflicht UV
Nein	Nein	Nein
§3 Nr. 64 EStG	§14 Abs. 1 SGB IV, §1 Abs. 1 SvEV	§14 Abs. 1 SGB IV, §1 Abs. 1 SvEV

Mindestlohn-Relevanz: **Nein**

Entgeltzuordnung in der Sozialversicherung: **Kein** Arbeitsentgelt bei Wohnsitz im Ausland als Ausgleich einer niedrigeren Kaufkraft der Gehaltsbezüge, soweit steuerbefreit.

1.68 Auslösungen
Auslösungen, soweit es sich um Reisekostenvergütung oder um Mehraufwendungen anlässlich einer doppelten Haushaltsführung handelt und der Arbeitgeber keine höheren Beträge ersetzt, als der Arbeitnehmer als Werbungskosten abziehen könnte.

Lohnsteuerpflicht	Beitragspflicht KV PV RV ALV	Beitragspflicht UV
Nein	Nein	Nein
§3 Nr. 13, §3 Nr. 16 EStG	§14 Abs. 1 SGB IV, §1 Abs. 1 SvEV	§14 Abs. 1 SGB IV, §1 Abs. 1 SvEV

Mindestlohn-Relevanz: Nein

Entgeltzuordnung in der Sozialversicherung: Kein Arbeitsentgelt im Sinne der Sozialversicherung.

1.69 Außendienstentschädigung

Zusätzliche Zahlung für Außendiensttätigkeit, soweit es sich um Reisekostenentschädigung handelt.

Lohnsteuerpflicht	Beitragspflicht KV PV RV ALV	Beitragspflicht UV
Nein	Nein	Nein
§3 Nr. 16 EStG	§14 Abs. 1 SGB IV, §1 Abs. 1 SvEV	§14 Abs. 1 SGB IV, §1 Abs. 1 SvEV

Mindestlohn-Relevanz: Nein

Entgeltzuordnung in der Sozialversicherung: Kein Arbeitsentgelt im Sinne der Sozialversicherung.

1.70 Aussperrungsunterstützung

S. Streikunterstützung.

Lohnsteuerpflicht	Beitragspflicht KV PV RV ALV	Beitragspflicht UV
Nein	Nein	Nein
BFH, Urteil vom 24.10.1990 X R 161/88	§14 Abs. 1 SGB IV, §1 Abs. 1 SvEV	§14 Abs. 1 SGB IV, §1 Abs. 1 SvEV

Mindestlohn-Relevanz: **Nein**

Entgeltzuordnung in der Sozialversicherung: **Kein Arbeitsentgelt im Sinne der Sozialversicherung.**

2   Bahncard bis Bußgeld

2.1   Bahncard (Fahrten zwischen Wohnung und Arbeitsstätte)

Vom Arbeitgeber ersetzte Kosten einer Bahncard für Fahrten zwischen Wohnung und Arbeitsstätte sind steuerpflichtig. Achtung: S. Einmalzahlung.

Lohnsteuerpflicht	Beitragspflicht KV PV RV ALV	Beitragspflicht UV
Ja	Ja	Ja
	§ 14 Abs. 1 Satz 1 SGB IV, § 23a SGB IV	§ 14 Abs. 1 Satz 1 SGB IV, § 23a SGB IV

Mindestlohn-Relevanz: Nein

Entgeltart: Einmalzahlung

Entgeltzuordnung in der Sozialversicherung: Entgeltabrechnungsmonat, in dem der Arbeitgeber die Kosten an den Arbeitnehmer erstattet.

2.2   Bahncard (Fahrten zwischen Wohnung und Arbeitsstätte), pauschal versteuert

Vom Arbeitgeber pauschal versteuerte Aufwendungen für eine Bahncard für Fahrten zwischen Wohnung und Arbeitsstätte.

Lohnsteuerpflicht	Beitragspflicht KV PV RV ALV	Beitragspflicht UV
Ja	Nein	Nein
§ 40 Abs. 2 Satz 2 EStG	§ 1 Abs. 1 Satz 1 Nr. 3 SvEV	§ 1 Abs. 1 Satz 1 Nr. 3 SvEV

Mindestlohn-Relevanz: Nein

Entgeltzuordnung in der Sozialversicherung: Kein Arbeitsentgelt im Sinne der Sozialversicherung.

2.3 Bahncard (für berufliche Auswärtstätigkeiten)

Wenn der Arbeitgeber die Bahncard für die Auswärtstätigkeit seines Arbeitnehmers trägt, kann der Beschäftigte damit auch private Reisen zum ermäßigten Bahntarif unternehmen. Wenn die bei Auswärtstätigkeit eintretende Arbeitgeber-Ersparnis infolge der Tarifermäßigung die Anschaffungskosten der Bahncard übersteigt, besteht keine Lohnsteuer- und Beitragspflicht.

Lohnsteuerpflicht	Beitragspflicht KV PV RV ALV	Beitragspflicht UV
Nein	Nein	Nein
§3 Nr. 16 EStG	§14 Abs. 1 SGB IV, §1 Abs. 1 SvEV	§14 Abs. 1 SGB IV, §1 Abs. 1 SvEV

Mindestlohn-Relevanz: **Nein**

Entgeltzuordnung in der Sozialversicherung: **Kein Arbeitsentgelt im Sinne der Sozialversicherung.**

2.4 Ballungsraumzulage

Sie wird teilweise vom Arbeitgeber z.B. in Ballungsräumen wie München oder Berlin gezahlt, um trotz der hohen Lebenshaltungskosten besser Personal aus günstigeren Regionen anwerben zu können.

Lohnsteuerpflicht	Beitragspflicht KV PV RV ALV	Beitragspflicht UV
Ja	Ja	Ja
§19 Abs. 1 EStG	§14 Abs. 1 Satz 1 SGB IV	§14 Abs. 1 Satz 1 SGB IV

Mindestlohn-Relevanz: **Nein**

Entgeltart: **Laufendes Arbeitsentgelt**

Entgeltzuordnung in der Sozialversicherung: **Entgeltabrechnungsmonat, für den der Anspruch auf die Zulage besteht.**

2.5 Baustellenzulage

S. Erschwerniszuschläge. (gemäß §33 Abs. 2 BAT)

2.6 Bedienungszuschlag

S. Trinkgeld.

2.7 Beförderung

Beförderung der Arbeitnehmer vom Wohnort zum Arbeitsplatz. S. Sammel-beförderung.

Lohnsteuerpflicht	Beitragspflicht KV PV RV ALV	Beitragspflicht UV
Nein	Nein	Nein
§3 Nr. 32 EStG, R 3.32 LStR	§14 Abs. 1 SGB IV, §1 Abs. 1 SvEV	§14 Abs. 1 SGB IV, §1 Abs. 1 SvEV

Mindestlohn-Relevanz: Nein

Entgeltzuordnung in der Sozialversicherung: Kein Arbeitsentgelt im Sinne der Sozialversicherung.

2.8 Beförderung (pauschal versteuerter Zuschuss, Fahrten zwischen Wohnung und Arbeitsstätte)

S. Fahrtkostenersatz (pauschal versteuert).

2.9 Beihilfen öffentlicher Kassen

Beihilfen öffentlicher Kassen in besonderen Notlagen.

Lohnsteuerpflicht	Beitragspflicht KV PV RV ALV	Beitragspflicht UV
Nein	Nein	Nein
§3 Nr. 11 EStG, R 3.11 Abs. 1 LStR	§14 Abs. 1 SGB IV, §1 Abs. 1 SvEV	§14 Abs. 1 SGB IV, §1 Abs. 1 SvEV

Mindestlohn-Relevanz: Nein

Entgeltzuordnung in der Sozialversicherung: Kein Arbeitsentgelt im Sinne der Sozialversicherung.

2.10 Beihilfen privater Arbeitgeber
Beihilfen privater Arbeitgeber bei Krankheits- oder Unglücksfällen, bei Vorliegen des Eintritts entsprechend festgelegter Umstände bis 600 EUR.

Lohnsteuerpflicht	Beitragspflicht KV PV RV ALV	Beitragspflicht UV
Nein	Nein	Nein
§3 Nr. 11 EStG, R 3.11 Abs. 2 LStR	§14 Abs. 1 SGB IV, §1 Abs. 1 SvEV	§14 Abs. 1 SGB IV, §1 Abs. 1 SvEV

Mindestlohn-Relevanz: Nein

Entgeltzuordnung in der Sozialversicherung: Kein Arbeitsentgelt im Sinne der Sozialversicherung.

2.11 Beiträge des Arbeitgebers (Sozialversicherungsbeiträge)
S. Arbeitgeberbeitrag zur Sozialversicherung.

Lohnsteuerpflicht	Beitragspflicht KV PV RV ALV	Beitragspflicht UV
Nein	Nein	Nein
§3 Nr. 62 EStG	§14 Abs. 1 Satz 1 SGB IV	§14 Abs. 1 Satz 1 SGB IV

Mindestlohn-Relevanz: Nein

Entgeltzuordnung in der Sozialversicherung: Kein Arbeitsentgelt im Sinne der Sozialversicherung.

2.12 Beiträge des Arbeitgebers z. ZVK Bau
Beitrag des Arbeitgebers zur Zusatzversorgungskasse im Baugewerbe und Dachdeckerhandwerk bis 3.048 EUR (2017).

Lohnsteuerpflicht	Beitragspflicht KV PV RV ALV	Beitragspflicht UV
Nein	Nein	Nein
§3 Nr. 63 EStG	§14 Abs. 1 SGB IV, §1 Abs. 1 Nr. 9 SvEV	§14 Abs. 1 SGB IV, §1 Abs. 1 Nr. 9 SvEV

Mindestlohn-Relevanz: Nein

Entgeltzuordnung in der Sozialversicherung: Kein Arbeitsentgelt im Sinne der Sozialversicherung.

2.13 Beiträge des Arbeitgebers z. ZVK Bau (pauschal versteuert)

Beitrag des Arbeitgebers zur Zusatzversorgungskasse im Baugewerbe und Dachdeckerhandwerk über 3.048 EUR (2017). Der 3.048 EUR übersteigende Beitrag wird pauschal versteuert.

Lohnsteuerpflicht	Beitragspflicht KV PV RV ALV	Beitragspflicht UV
Ja	Nein	Nein
§40b Abs. 1 EStG	§1 Abs. 1 Satz 1 Nr. 4 SvEV	§1 Abs. 1 Satz 1 Nr. 4 SvEV

Mindestlohn-Relevanz: Nein

Entgeltzuordnung in der Sozialversicherung: Kein Arbeitsentgelt im Sinne der Sozialversicherung.

2.14 Beiträge zu einem Berufsverband (getragen vom Arbeitgeber)

Ist der Arbeitnehmer Mitglied des Verbands (nicht der Arbeitgeber), so gehören Erstattungen der Verbandsbeiträge zum steuerpflichtigen Werbungskostenersatz.

Lohnsteuerpflicht	Beitragspflicht KV PV RV ALV	Beitragspflicht UV
Ja	Ja	Ja
§ 8 Abs. 2 EStG bzw. § 19 Abs. 1 EStG	§ 14 Abs. 1 Satz 1 SGB IV	§ 14 Abs. 1 Satz 1 SGB IV

Mindestlohn-Relevanz: Nein

Entgeltart: Laufendes Arbeitsentgelt

Entgeltzuordnung in der Sozialversicherung: Entgeltabrechnungsmonat, für den der Anspruch auf die Beitragszahlung des Arbeitgebers besteht.

2.15   Beitragsanteil des Arbeitgebers (Sozialversicherung)

S. Arbeitgeberbeitrag zur Sozialversicherung.

Lohnsteuerpflicht	Beitragspflicht KV PV RV ALV	Beitragspflicht UV
Nein	Nein	Nein
§ 3 Nr. 62 EStG	§ 14 Abs. 1 Satz 1 SGB IV	§ 14 Abs. 1 Satz 1 SGB IV

Mindestlohn-Relevanz: Nein

Entgeltzuordnung in der Sozialversicherung: Kein Arbeitsentgelt im Sinne der Sozialversicherung.

2.16   Beitragsnachentrichtung

Als Folge fehlerhafter Abführung der Sozialversicherungsbeiträge nicht rechtzeitig einbehaltene Arbeitnehmeranteile, deren Einbehalt aufgrund § 28g SGB IV nicht mehr nachgeholt werden kann. Sie sind nun vom Arbeitgeber allein zu tragen.

Lohnsteuerpflicht	Beitragspflicht KV PV RV ALV	Beitragspflicht UV
Nein	Nein	Nein
BFH, Urteil vom 20.9.1996 VI R 57/95	BSG, Urteil vom 22.9.1988 12 RK 36/86	BSG, Urteil vom 22.9.1988 12 RK 36/86

Mindestlohn-Relevanz: **Nein**

Entgeltzuordnung in der Sozialversicherung: Entgeltabrechnungsmonat, für den der Anspruch des Arbeitnehmers auf das Arbeitsentgelt entstanden ist, für das der Beitragseinbehalt unterblieben ist.

2.17 Beitragszuschuss

S. Arbeitgeberzuschuss nach § 257 SGB V bzw. § 61 SGB XI.

Lohnsteuerpflicht	Beitragspflicht KV PV RV ALV	Beitragspflicht UV
Nein	Nein	Nein
§ 3 Nr. 62 Satz 1 EStG	§ 14 Abs. 1 SGB IV, § 1 Abs. 1 SvEV	§ 14 Abs. 1 SGB IV, § 1 Abs. 1 SvEV

Mindestlohn-Relevanz: **Nein**

Entgeltzuordnung in der Sozialversicherung: Kein Arbeitsentgelt im Sinne der Sozialversicherung.

2.18 Bekleidungszuschuss

S. Arbeitskleidung.

Lohnsteuerpflicht	Beitragspflicht KV PV RV ALV	Beitragspflicht UV
Ja	Ja	Ja
§ 19 Abs. 1 EStG	§ 14 Abs. 1 Satz 1 SGB IV	§ 14 Abs. 1 Satz 1 SGB IV

Mindestlohn-Relevanz: Nein

Entgeltart: Laufendes Arbeitsentgelt

Entgeltzuordnung in der Sozialversicherung: Soweit es sich nicht um Barzuschüsse aus öffentlichen Kassen als Aufwandsentschädigung oder Einkleidungsbeihilfen gemäß §3 Nr. 4 b EStG z.B. der Vollzugspolizei, Berufsfeuerwehr, handelt. Entgeltabrechnungsmonat, für den der Anspruch auf die Bekleidungszuschüsse besteht.

2.19 Belegschaftsaktien
S. Vermögensbeteiligung.

Lohnsteuerpflicht	Beitragspflicht KV PV RV ALV	Beitragspflicht UV
Nein	Nein	Nein
§19a EStG	§14 Abs. 1 SGB IV, §1 Abs. 1 SvEV	§14 Abs. 1 SGB IV, §1 Abs. 1 SvEV

Mindestlohn-Relevanz: Nein

Entgeltzuordnung in der Sozialversicherung: Kein Arbeitsentgelt im Sinne der Sozialversicherung, sofern kein geldwerter Vermögensvorteil durch Ausübung des Optionsrechtes entsteht.

2.20 Belegschaftsrabatte
S. Preisnachlass. Belegschaftsrabatt, der steuerfrei ist bzw. unter den Rabattfreibetrag in Höhe von 1.080 EUR jährlich oder die monatliche 44 EUR-Freigrenze fällt.

Lohnsteuerpflicht	Beitragspflicht KV PV RV ALV	Beitragspflicht UV
Nein	Nein	Nein
§8 Abs. 3 EStG, R 32 LStR	§14 Abs. 1 SGB IV, §1 Abs. 1 SvEV	§14 Abs. 1 SGB IV, §1 Abs. 1 SvEV

Mindestlohn-Relevanz: Nein

Entgeltzuordnung in der Sozialversicherung: Kein Arbeitsentgelt im Sinne der Sozialversicherung.

2.21 Belohnung

Belohnung vom Arbeitgeber für persönlichen Einsatz oder besonders umsichtiges Verhalten des Arbeitnehmers.

Lohnsteuerpflicht	Beitragspflicht KV PV RV ALV	Beitragspflicht UV
Ja	Ja	Ja
§ 2 Abs. 1 LStDV	§ 14 Abs. 1 Satz 1 SGB IV, § 23a SGB IV	§ 14 Abs. 1 Satz 1 SGB IV, § 23a SGB IV

Mindestlohn-Relevanz: Nein

Entgeltart: Einmalzahlung

Entgeltzuordnung in der Sozialversicherung: Entgeltabrechnungsmonat, in dem die Belohnung ausgezahlt wird. Belohnungen, die in den Monaten Januar bis März eines Jahres ausgezahlt werden, sind dem letzten Entgeltabrechnungsmonat des vergangenen Jahres (Vorjahres) zuzuordnen, wenn in dem vergangenen Jahr bei demselben Arbeitgeber ein versicherungspflichtiges Beschäftigungsverhältnis bestanden hat und die Belohnungen zusammen mit den sonstigen für das laufende Kalenderjahr festgestellten beitragspflichtigen Einnahmen die anteilige Beitragsbemessungsgrenze des laufenden Kalenderjahres übersteigen (März-Klausel).

2.22 Belohnung für Unfallverhütung (BG)

Belohnung zur Verhütung von Unfällen von den Berufsgenossenschaften.

Lohnsteuerpflicht	Beitragspflicht KV PV RV ALV	Beitragspflicht UV
Nein	Nein	Nein
BFH, Urteil vom 22.3.1963, BStBl III S. 306	§ 14 Abs. 1 SGB IV, § 1 Abs. 1 SvEV	§ 14 Abs. 1 SGB IV, § 1 Abs. 1 SvEV

Mindestlohn-Relevanz: Nein

Entgeltzuordnung in der Sozialversicherung: Kein Arbeitsentgelt im Sinne der Sozialversicherung.

2.23   Bereitschaftsdienstvergütung

Vom Arbeitgeber gezahlte Vergütung für Bereitschaftsdienste des Arbeitnehmers.

Lohnsteuerpflicht	Beitragspflicht KV PV RV ALV	Beitragspflicht UV
Ja	Ja	Ja
§ 19 Abs. 1 EStG	§ 14 Abs. 1 Satz 1 SGB IV	§ 14 Abs. 1 Satz 1 SGB IV

Mindestlohn-Relevanz: Ja

Entgeltart: Laufendes Arbeitsentgelt

Entgeltzuordnung in der Sozialversicherung: Entgeltabrechnungsmonat, für den das Entgelt zu zahlen ist.

2.24   Bergmannsprämie

Prämien für eine Beschäftigung unter Tage (Bergbau).

Lohnsteuerpflicht	Beitragspflicht KV PV RV ALV	Beitragspflicht UV
Ja	Ja	Ja
§ 3 Nr. 46 EStG	§ 14 Abs. 1 Satz 1 SGB IV	§ 14 Abs. 1 Satz 1 SGB IV

Mindestlohn-Relevanz: **Nein**

Entgeltart: **Laufendes Arbeitsentgelt**

Entgeltzuordnung in der Sozialversicherung: **Entgeltabrechnungsmonat, in dem der Arbeitgeber dem Arbeitnehmer die Prämien zahlt.**

2.25 Berufsausbildungsbeihilfen nach § 59 SGB III

Lohnsteuerpflicht	Beitragspflicht KV PV RV ALV	Beitragspflicht UV
Nein	Nein	Nein
§ 3 Nr. 2 EStG	§ 14 Abs. 1 SGB IV, § 1 Abs. 1 SvEV	§ 14 Abs. 1 SGB IV, § 1 Abs. 1 SvEV

Mindestlohn-Relevanz: **Nein**

Entgeltzuordnung in der Sozialversicherung: **Kein Arbeitsentgelt im Sinne der Sozialversicherung.**

2.26 Berufshaftpflichtversicherung

Angestellte Rechtsanwälte, bei denen die Kosten der vorgeschriebenen Berufshaftpflichtversicherung (§ 51 BRAO) vom Arbeitgeber getragen werden. Steuer: Die Beiträge wurden von der Finanzgerichtsbarkeit zum unbegrenzten Werbungskostenabzug zugelassen, u. U. wird jedoch der Werbungskostenpauschbetrag gestrichen.

Lohnsteuerpflicht	Beitragspflicht KV PV RV ALV	Beitragspflicht UV
Ja	Ja	Ja
BFH, Urteil vom 26.7.2007 – VI R 64/06	§ 14 Abs. 1 Satz 1 SGB IV	§ 14 Abs. 1 Satz 1 SGB IV

Mindestlohn-Relevanz: **Nein**

Entgeltart: Einmalzahlung

Entgeltzuordnung in der Sozialversicherung: Entgeltabrechnungszeitraum, in dem der Arbeitgeber die Beitragszahlung vornimmt.

2.27 Berufskleidung (Überlassung durch den Arbeitgeber)
S. Arbeitskleidung.

2.28 Berufsverband (Arbeitgeber erstattet Arbeitnehmer Beiträge)
S. Beitrag zu einem Berufsverband.

2.29 Bestattungsgeld
Bestattungsgeld, vom Arbeitgeber für einen verstorbenen Arbeitnehmer gewährt.

Lohnsteuerpflicht	Beitragspflicht KV PV RV ALV	Beitragspflicht UV
Ja	Nein	Nein
§ 19 Abs. 1 EStG	§ 14 Abs. 1 Satz 1 SGB IV	§ 14 Abs. 1 Satz 1 SGB IV

Mindestlohn-Relevanz: Nein

Entgeltzuordnung in der Sozialversicherung: Kein Arbeitsentgelt im Sinn der Sozialversicherung, da sie nach Beendigung des Beschäftigungsverhältnisses gezahlt werden und nicht aus diesem resultieren.

2.30 Betriebliche Gesundheitsförderung
S. Gesundheitsförderung, betriebliche.

2.31 Betriebliche Sachleistungen
Der Arbeitgeber erbringt diese Sachleistungen aus überwiegend betrieblichem Interesse und stellt sie nicht als Ertrag der nichtselbstständigen Arbeit des Arbeitnehmers dar, z.B. Aufmerksamkeiten, Bewirtung bei Betriebsveranstaltungen, Fortbildungsleistungen.

Lohnsteuerpflicht	Beitragspflicht KV PV RV ALV	Beitragspflicht UV
Nein	Nein	Nein
R 19.3, R 19.5, R 19.6 und R 19.7 LStR	§ 14 Abs. 1 SGB IV, § 1 Abs. 1 SvEV	§ 14 Abs. 1 SGB IV, § 1 Abs. 1 SvEV

Mindestlohn-Relevanz: **Nein**

Entgeltzuordnung in der Sozialversicherung: Kein Arbeitsentgelt im Sinne der Sozialversicherung.

2.32 Betriebskindergarten
Plätze im Betriebskindergarten. S. Kindergartenplatz.

Lohnsteuerpflicht	Beitragspflicht KV PV RV ALV	Beitragspflicht UV
Nein	Nein	Nein
§ 3 Nr. 33 EStG, R 21 a LStR	§ 14 Abs. 1 SGB IV, § 1 Abs. 1 SvEV	§ 14 Abs. 1 SGB IV, § 1 Abs. 1 SvEV

Mindestlohn-Relevanz: **Nein**

Entgeltzuordnung in der Sozialversicherung: Kein Arbeitsentgelt im Sinne der Sozialversicherung.

2.33 Betriebsrente
S. Altersrente.

2.34 Betriebsveranstaltung
Übliche Zuwendungen bei herkömmlichen Veranstaltungen in Form von Speisen, Getränken, Fahrtkosten usw., wenn die Zuwendung pro Arbeitnehmer 110 EUR nicht übersteigt.

Lohnsteuerpflicht	Beitragspflicht KV PV RV ALV	Beitragspflicht UV
Nein	Nein	Nein
§19 Abs. 1 Nr. 1a EStG	§14 Abs. 1 SGB IV, §1 Abs. 1 SvEV	§14 Abs. 1 SGB IV, §1 Abs. 1 SvEV

Mindestlohn-Relevanz: **Nein**

Entgeltzuordnung in der Sozialversicherung: **Kein Arbeitsentgelt im Sinne der Sozialversicherung.**

2.35 Betriebsveranstaltung (pauschal versteuerte Zuwendungen)
Mit 25% pauschal versteuerte Zuwendungen bei Betriebsveranstaltungen.

Lohnsteuerpflicht	Beitragspflicht KV PV RV ALV	Beitragspflicht UV
Ja	Nein	Nein
§40 Abs. 2 Nr. 2 EStG	§1 Abs. 1 Satz 1 Nr. 3 SvEV	§1 Abs. 1 Satz 1 Nr. 3 SvEV

Mindestlohn-Relevanz: **Nein**

Entgeltzuordnung in der Sozialversicherung: **Kein Arbeitsentgelt im Sinne der Sozialversicherung.**

2.36 Betriebsversammlung
Vergütung für die Teilnahme an Betriebsversammlungen.

Lohnsteuerpflicht	Beitragspflicht KV PV RV ALV	Beitragspflicht UV
Ja	Ja	Ja
§2 Abs. 2 Nr. 6 LStDV	§14 Abs. 1 Satz 1 SGB IV, §23a SGB IV; LSG Saarland, Urteil v. 12.6.1990 – L 2 U 43/87	§14 Abs. 1 Satz 1 SGB IV, §23a SGB IV; LSG Saarland, Urteil v. 12.6.1990 – L 2 U 43/87

Mindestlohn-Relevanz: Nein

Entgeltart: Einmalzahlung

Entgeltzuordnung in der Sozialversicherung: Entgeltabrechnungsmonat, in dem die Vergütung ausgezahlt wird. Vergütungen für die Teilnahme an Betriebsveranstaltungen, die in den Monaten Januar bis März eines Jahres ausgezahlt werden, sind dem letzten Entgeltabrechnungsmonat des vergangenen Jahres (Vorjahres) zuzuordnen, wenn in dem vergangenen Jahr bei demselben Arbeitgeber ein versicherungspflichtiges Beschäftigungsverhältnis bestanden hat und die Vergütung zusammen mit den sonstigen für das laufende Kalenderjahr festgestellten beitragspflichtigen Einnahmen die anteilige Beitragsbemessungsgrenze des laufenden Kalenderjahres übersteigen (März-Klausel).

2.37 Bewerberpauschale
Sie wird einem aus dem Beschäftigungsverhältnis ausscheidenden Arbeitnehmer gezahlt.

Lohnsteuerpflicht	Beitragspflicht KV PV RV ALV	Beitragspflicht UV
Ja	Ja	Ja
§ 19 Abs. 1 EStG	§ 14 Abs. 1 Satz 1 SGB IV, § 23a SGB IV	§ 14 Abs. 1 Satz 1 SGB IV, § 23a SGB IV

Mindestlohn-Relevanz: Nein

Entgeltart: Einmalzahlung

Entgeltzuordnung in der Sozialversicherung: Entgeltabrechnungsmonat, in dem die Bewerberpauschale ausgezahlt wird. Wird die Bewerberpauschale nach dem Ende des Beschäftigungsverhältnisses gezahlt, erfolgt die Zuordnung zum letzten Entgeltabrechnungsmonat des Beschäftigungsverhältnisses.

2.38 Bewerbungskosten
Erstattung der persönlichen Vorstellungskosten an Stellenbewerber.

Lohnsteuerpflicht	Beitragspflicht KV PV RV ALV	Beitragspflicht UV
Nein	Nein	Nein
R 9.4 Abs. 1 Satz 2 LStR	§ 14 Abs. 1 SGB IV, § 1 Abs. 1 SvEV	§ 14 Abs. 1 SGB IV, § 1 Abs. 1 SvEV

Mindestlohn-Relevanz: **Nein**

Entgeltzuordnung in der Sozialversicherung: **Kein Arbeitsentgelt im Sinne der Sozialversicherung.**

2.39 Bewirtungskosten bei Bewirtung von Geschäftsfreunden

Arbeitnehmer, die an der Bewirtung von Geschäftsfreunden durch den Arbeitgeber mit teilhaben dürfen.

Lohnsteuerpflicht	Beitragspflicht KV PV RV ALV	Beitragspflicht UV
Nein	Nein	Nein
R 8.1 Abs. 8 Nr. 1 LStR	§ 14 Abs. 1 SGB IV, § 1 Abs. 1 Nr. 1 SvEV	§ 14 Abs. 1 SGB IV, § 1 Abs. 1 Nr. 1 SvEV

Mindestlohn-Relevanz: **Nein**

Entgeltzuordnung in der Sozialversicherung: **Kein Arbeitsentgelt im Sinne der Sozialversicherung.**

2.40 Bewirtungskosten bei Geburtstagen von Arbeitnehmern

Ehrung eines leitenden Angestellten anlässlich seines Geburtstags. S. Mahlzeiten und Aufmerksamkeiten.

Lohnsteuerpflicht	Beitragspflicht KV PV RV ALV	Beitragspflicht UV
Ja	Ja	Ja
R 19.3 Abs. 1 LStR	§ 14 Abs. 1 Satz 1 SGB IV, § 23a SGB IV	§ 14 Abs. 1 Satz 1 SGB IV, § 23a SGB IV

Mindestlohn-Relevanz: Nein

Entgeltart: Einmalzahlung

Entgeltzuordnung in der Sozialversicherung: Entgeltabrechnungsmonat, in dem die Veranstaltung durchgeführt wird bzw. die Kosten an den Arbeitnehmer erstattet werden.

2.41 Bewirtungskosten bei speziellen Anlässen

Der Arbeitgeber übernimmt anlässlich eines runden Jubiläums (10, 20, 25, 30, 40, 50 oder 60 Jahre im Betrieb) einzelner Arbeitnehmer, der Verabschiedung oder des Amts- bzw. Funktionswechsels Aufwendungen von nicht mehr als 110 EUR pro teilnehmender Person.

Lohnsteuerpflicht	Beitragspflicht KV PV RV ALV	Beitragspflicht UV
Nein	Nein	Nein
R 19.3 Abs. 2 Nr. 3 LStR	§ 14 Abs. 1 SGB IV, § 1 Abs. 1 SvEV	§ 14 Abs. 1 SGB IV, § 1 Abs. 1 SvEV

Mindestlohn-Relevanz: Nein

Entgeltzuordnung in der Sozialversicherung: Kein Arbeitsentgelt im Sinne der Sozialversicherung.

2.42 Bewirtungskosten des Arbeitnehmers (Auslagenersatz)

Der Arbeitnehmer bewirtet Geschäftspartner auf eigene Kosten (Nachweis einer geschäftlichen Bewirtung), bekommt Auslagen vom Arbeitgeber ersetzt. S. Auslagenersatz.

Lohnsteuerpflicht	Beitragspflicht KV PV RV ALV	Beitragspflicht UV
Nein	Nein	Nein
R 8.1 Abs. 8 Nr. 1 LStR	§ 14 Abs. 1 SGB IV, § 1 Abs. 1 Nr. 1 SvEV	§ 14 Abs. 1 SGB IV, § 1 Abs. 1 Nr. 1 SvEV

Mindestlohn-Relevanz: **Nein**

Entgeltzuordnung in der Sozialversicherung: **Kein** Arbeitsentgelt im Sinne der Sozialversicherung.

2.43 Bildschirmbrille

Kostenübernahme durch den Arbeitgeber aufgrund gesetzlicher Verpflichtung, die Notwendigkeit wurde fachgerecht festgestellt.

Lohnsteuerpflicht	Beitragspflicht KV PV RV ALV	Beitragspflicht UV
Nein	Nein	Nein
R 19.3 Abs. 2 Nr. 2 LStR	§ 14 Abs. 1 SGB IV, § 1 Abs. 1 SvEV	§ 14 Abs. 1 SGB IV, § 1 Abs. 1 SvEV

Mindestlohn-Relevanz: **Nein**

Entgeltzuordnung in der Sozialversicherung: **Kein** Arbeitsentgelt im Sinne der Sozialversicherung.

2.44 Bußgeld (Geldbuße und Geldstrafe)

Geldbuße und Geldstrafe, die der Arbeitgeber für den Arbeitnehmer übernimmt.

Lohnsteuerpflicht	Beitragspflicht KV PV RV ALV	Beitragspflicht UV
Ja	Ja	Ja
§ 2 Abs. 1 LStDV	§ 14 Abs. 1 Satz 1 SGB IV, § 23a SGB IV	§ 14 Abs. 1 Satz 1 SGB IV, § 23a SGB IV

Mindestlohn-Relevanz: **Nein**

Entgeltart: **Einmalzahlung**

Entgeltzuordnung in der Sozialversicherung: **Entgeltabrechnungsmonat, in dem der Arbeitgeber die Geldbußen oder Geldstrafen übernimmt.**

2.45 Bußgeld (Verwarnungsgeld bei Halteverbot in Zustell – und Lieferbranche)

Gültig bis 04.2014: Verwarnungsgeld wegen Verletzung des Halteverbots durch Firmenfahrzeuge (insbesondere Paket- und ähnlichen Lieferdienste), die der Arbeitgeber aus ganz überwiegend eigenbetrieblichem Interesse übernahm, waren bis zum 30.4.2014 steuer- und sv-frei. Voraussetzung war, dass diese Handlungsweise des Mitarbeiters vom Arbeitgeber ausdrücklich gebilligt wurde (schriftlicher Nachweis hierüber muss vorliegen).

Lohnsteuerpflicht	Beitragspflicht KV PV RV ALV	Beitragspflicht UV
Nein	Nein	Nein
BFH, Urteil vom 7.7.2004 – VI R 29/00	§1 SvEV; Besprechungsergebnis v.09.04.2014, TOP 4	§14 Abs. 1 SGB IV, §1 Abs. 1 SvEV

Mindestlohn-Relevanz: **Nein**

Entgeltzuordnung in der Sozialversicherung: **Kein Arbeitsentgelt im Sinne der Sozialversicherung.**

2.46 Bußgeld (Verwarnungsgeld bei Verkehrsverstoß)

Die Übernahme einer Geldbuße wegen Verkehrsverstoß durch den Arbeitgeber ist generell steuerpflichtig und beitragspflichtig zur Sozialversicherung. Ausschließlich bei Parkverstoß mit Firmenfahrzeug existierte bis zum 30.4.2014 für die Paket- und Lieferdienstbranche eine Sonderregelung. S. Bußgeld (Verwarnungsgeld bei Halteverbot in Zustell – und Lieferbranche).

Lohnsteuerpflicht	Beitragspflicht KV PV RV ALV	Beitragspflicht UV
Ja	Ja	Ja
§19 Abs. 1 Nr. 1 EStG	§14 Abs. 1 Satz 1 SGB IV, §23a SGB IV; BE v. 09.04.2014, TOP 4	§14 Abs. 1 Satz 1 SGB IV, §23a SGB IV

Mindestlohn-Relevanz: Nein

Entgeltart: Einmalzahlung

Entgeltzuordnung in der Sozialversicherung: Kein Arbeitsentgelt im Sinne der Sozialversicherung.

2.47   Bußgeld (Verwarnungsgeld wegen Lenk- und Ruhezeitverstoß)

Die Übernahme von Verwarnungsgeld wegen Verletzung der Lenk- und Ruhezeiten von Kraftfahrern ist generell steuerpflichtig und beitragspflichtig zur Sozialversicherung.

Lohnsteuerpflicht	Beitragspflicht KV PV RV ALV	Beitragspflicht UV
Ja	Ja	Ja
§19 Abs. 1 Nr. 1 EStG	§14 Abs. 1 Satz 1 SGB IV, §23a SGB IV, BE v. 09.04.2014, TOP 4	§14 Abs. 1 Satz 1 SGB IV, §23a SGB IV

Mindestlohn-Relevanz: Nein

Entgeltart: Einmalzahlung

Entgeltzuordnung in der Sozialversicherung: Entgeltabrechnungsmonat, in dem der Arbeitgeber das Verwarnungsgeld überweist.

3 Darlehen bis durchlaufende Gelder

3.1 Darlehen

Darlehen, die vom Arbeitgeber nicht als Vergütung für geleistete Arbeit gewährt werden. S. Zinsersparnisse.

Lohnsteuerpflicht	Beitragspflicht KV PV RV ALV	Beitragspflicht UV
Nein	Nein	Nein
R 8.1 Abs. 11 LStR	§ 14 Abs. 1 SGB IV, § 1 Abs. 1 SvEV	§ 14 Abs. 1 SGB IV, § 1 Abs. 1 SvEV

Mindestlohn-Relevanz: Nein

Entgeltzuordnung in der Sozialversicherung: Kein Arbeitsentgelt im Sinne der Sozialversicherung.

3.2 Dauer(eintritts)karte

Dauer(eintritts)karte zu Ausstellungen oder Veranstaltungsreihen, die nur einigen wenigen Arbeitnehmern vom Arbeitgeber kostenfrei überlassen werden, ohne dass dafür ein besonderer persönlicher oder familiärer Grund in der Person des Arbeitnehmers gegeben wäre.

Lohnsteuerpflicht	Beitragspflicht KV PV RV ALV	Beitragspflicht UV
Ja	Ja	Ja
R 19.5 Abs. 4 Nr. 3 LStR; FG Würzburg, Urteil vom 21.10.1995 VII 1/7/75	§ 14 Abs. 1 Satz 1 SGB IV, § 23a SGB IV	§ 14 Abs. 1 Satz 1 SGB IV, § 23a SGB IV

Mindestlohn-Relevanz: Nein

Entgeltart: Einmalzahlung

Entgeltzuordnung in der Sozialversicherung: Entgeltabrechnungsmonat, in dem der Arbeitgeber dem Arbeitnehmer die Dauer(eintritts)karten aushändigt. Der Geldwert der Dauer(eintritts)karten, die in den Monaten Januar bis März eines Jahres an den Arbeitnehmer ausgehändigt werden, ist dem letzten Entgeltabrechnungsmonat des vergangenen Jahres (Vorjahres) zuzuordnen, wenn in dem vergangenen Jahr bei demselben Arbeitgeber ein versicherungspflichtiges Beschäftigungsverhältnis bestanden hat und der Geldwert zusammen mit den sonstigen für das laufende Kalenderjahr festgestellten beitragspflichtigen Einnahmen die anteilige Beitragsbemessungsgrenze des laufenden Kalenderjahres übersteigt (März-Klausel).

3.3 Deputate in der Land- und Forstwirtschaft

Deputate in der Land- und Forstwirtschaft, soweit der Rabattfreibetrag von 1.080 EUR jährlich nicht überschritten wird.

Lohnsteuerpflicht	Beitragspflicht KV PV RV ALV	Beitragspflicht UV
Nein	Nein	Nein
§8 Abs. 3 EStG, R 8.2 LStR	§14 Abs. 1 SGB IV, §1 Abs. 1 Nr. 1 SvEV	§14 Abs. 1 SGB IV, §1 Abs. 1 Nr. 1 SvEV

Mindestlohn-Relevanz: Nein

Entgeltzuordnung in der Sozialversicherung: Kein Arbeitsentgelt im Sinne der Sozialversicherung, soweit nicht als Sachbezüge lohnsteuerpflichtig.

3.4 Diäten

Diäten der Bundestags- und Landtagsabgeordneten.

Lohnsteuerpflicht	Beitragspflicht KV PV RV ALV	Beitragspflicht UV
Nein	Nein	Nein
	Bescheid des BMA vom 1.2.1952 Iva 1007/52	§14 Abs. 1 SGB IV, §1 Abs. 1 SvEV

Mindestlohn-Relevanz: Nein

Entgeltzuordnung in der Sozialversicherung: Kein Arbeitsentgelt im Sinne der Sozialversicherung.

3.5 Dienstkleidung
S. Arbeitskleidung.

Lohnsteuerpflicht	Beitragspflicht KV PV RV ALV	Beitragspflicht UV
Nein	Nein	Nein
§3 Nr. 31 EStG	§14 Abs. 1 SGB IV, §1 Abs. 1 SvEV	§14 Abs. 1 SGB IV, §1 Abs. 1 SvEV

Mindestlohn-Relevanz: Nein

Entgeltzuordnung in der Sozialversicherung: Kein Arbeitsentgelt im Sinne der Sozialversicherung, wenn es sich um typische Berufskleidung handelt, die dem Arbeitnehmer unentgeltlich oder verbilligt überlassen wird (Uniform für Kraftfahrer, Fahrstuhlführer, Pförtner, Arbeitsschutzkleidung).

3.6 Dienstwagen
S. Kraftfahrzeugüberlassung.

3.7 Dienstwohnung
Grundsätzlich besteht Steuerpflicht. Sofern die Verbilligung gegenüber dem ortsüblichen Mietpreis jedoch 44 EUR monatlich nicht übersteigt, so liegt Steuerfreiheit vor! Beitragspflicht SV besteht unabhängig von der Höhe der Vergünstigung.

Lohnsteuerpflicht	Beitragspflicht KV PV RV ALV	Beitragspflicht UV
Ja	Ja	Ja
§8 Abs. 2 Satz 9 EStG, R 8.1 Abs. 3 LStR	§14 Abs. 1 Satz 1 SGB IV und §2 Abs. 5 SvEV	§14 Abs. 1 Satz 1 SGB IV und §2 Abs. 5 SvEV

Mindestlohn-Relevanz: Nein

Entgeltart: Laufendes Arbeitsentgelt

Entgeltzuordnung in der Sozialversicherung: Entgeltabrechnungsmonat, für den der Anspruch auf die Wohnungsgewährung besteht.

3.8   Differenzbetrag

Die Differenz zwischen dem bisherigen Verdienst und einem neuen, niedrigeren Verdienst bei einem anderen Arbeitgeber, wenn der ursprüngliche Arbeitgeber in Insolvenz ging.

Lohnsteuerpflicht	Beitragspflicht KV PV RV ALV	Beitragspflicht UV
Ja	Nein	Nein
R 3.2 LStR	BE vom 5./6.11.1996 (TOP 4)	BE vom 5./6.11.1996 (TOP 4)

Mindestlohn-Relevanz: Nein

Entgeltzuordnung in der Sozialversicherung: Kein Arbeitsentgelt im Sinne der Sozialversicherung.

3.9   Direktversicherung oder Pensionskasse
(pauschal versteuerte Entgeltumwandlung Altzusagen bis 2004)
Arbeitnehmers trägt die Beiträge durch Entgeltumwandlung aus laufendem Arbeitsentgelt oder durch Gehaltsverzicht.

Lohnsteuerpflicht	Beitragspflicht KV PV RV ALV	Beitragspflicht UV
Ja	Ja	Ja
§40 Abs. 1 und 2 EStG	§14 Abs. 1 Satz 1 SGB IV	§14 Abs. 1 Satz 1 SGB IV

Mindestlohn-Relevanz: Nein

Entgeltart: Laufendes Arbeitsentgelt

Entgeltzuordnung in der Sozialversicherung: Entgeltabrechnungsmonat, in dem die Entgeltumwandlung bzw. der Gehaltsverzicht durchgeführt wird

3.10 Direktversicherungsbeiträge

S. Arbeitgeberbeitrag zur Direktversicherung seit 1.1.2005 (lebenslange Rentenzahlung ab 60. Lebensjahr) und Arbeitgeberbeitrag zu sonstigen Direktversicherungen.

3.11 Dreizehntes Monatsgehalt

Zählt nur bei Rechtsanspruch (vertraglich oder durch betriebliche Übung) zum regelmäßigen Arbeitsentgelt. S. Einmalzahlung, Weihnachtszuwendung.

Lohnsteuerpflicht	Beitragspflicht KV PV RV ALV	Beitragspflicht UV
Ja	Ja	Ja
R 115 Abs. 2 Nr. 7 LStR	§ 14 Abs. 1 Satz 1 SGB IV, § 23a SGB IV	§ 14 Abs. 1 Satz 1 SGB IV, § 23a SGB IV

Mindestlohn-Relevanz: Ja

Entgeltart: Einmalzahlung

Entgeltzuordnung in der Sozialversicherung: Entgeltabrechnungsmonat, in dem das dreizehnte Monatsgehalt ausgezahlt wird. Ein dreizehntes Monatsgehalt, das in den Monaten Januar bis März eines Jahres ausgezahlt wird, ist dem letzten Entgeltabrechnungsmonat des vergangenen Jahres (Vorjahres) zuzuordnen, wenn in dem vergangenen Jahr bei demselben Arbeitgeber ein versicherungspflichtiges Beschäftigungsverhältnis bestanden hat und das dreizehnte Monatsgehalt zusammen mit den sonstigen für das laufende Kalenderjahr festgestellten beitragspflichtigen Einnahmen die anteilige Beitragsbemessungsgrenze des laufenden Kalenderjahres übersteigt (März-Klausel).

3.12 Durchlaufende Gelder

Der Arbeitnehmer erhält verauslagte Kosten vom Arbeitgeber erstattet. Dies erfolgt anlässlich von Besorgungen, die der Arbeitnehmer im ganz überwiegendem Interesse des Arbeitgebers erledigte, d.h. eine Dienstleistung gegenüber dem Arbeitgeber wurde erbracht. S. auch Auslagenersatz.

Lohnsteuerpflicht	Beitragspflicht KV PV RV ALV	Beitragspflicht UV
Nein	Nein	Nein
§3 Nr. 50 EStG, R 3.50 LStR	§14 Abs. 1 SGB IV, §1 Abs. 1 SvEV	§14 Abs. 1 SGB IV, §1 Abs. 1 SvEV

Mindestlohn-Relevanz: **Nein**

Entgeltzuordnung in der Sozialversicherung: **Kein Arbeitsentgelt im Sinne der Sozialversicherung.**

4 Ehrenamtsfreibetrag bis Essens-zuschuss

4.1 Ehrenamtsfreibetrag

S. Aufwandsentschädigung an ehrenamtlich Tätige.

4.2 Ein-Euro-Job (Aufwandsentschädigung für Ein-Euro-Jobber)

Diese geringe Aufwandsentschädigung (i.d.R. 1 bis 2 EUR pro Std.) für gemeinnützige Arbeiten durch ALG-II-Bezieher ist steuer- und sozialversicherungsfrei. Sie unterliegt steuerlich auch nicht dem Progressionsvorbehalt, da sie nicht in der abschließenden Aufzählung des §32b EStG enthalten ist.

Lohnsteuerpflicht	Beitragspflicht KV PV RV ALV	Beitragspflicht UV
Nein	Nein	Nein
§3 Nr. 2b EStG; Verfügung der OFD Koblenz v. 29.11.2004 (S 2342 A – St 3 – 072/04)	§14 Abs. 1 SGB IV, §1 Abs. 1 SvEV	§14 Abs. 1 SGB IV, §1 Abs. 1 SvEV

Mindestlohn-Relevanz: **Nein**

Entgeltzuordnung in der Sozialversicherung: **Kein Arbeitsentgelt im Sinne der Sozialversicherung.**

4.3 Einkauf für den Arbeitgeber (Bareinkauf)

Z.B. Kauf von Getränken, Kaffee oder Büromaterial durch den Arbeitnehmer. S. Auslagenersatz.

Lohnsteuerpflicht	Beitragspflicht KV PV RV ALV	Beitragspflicht UV
Nein	Nein	Nein
§3 Nr. 50 EStG	§14 Abs. 1 SGB IV, §1 Abs. 1 SvEV	§14 Abs. 1 SGB IV, §1 Abs. 1 SvEV

Mindestlohn-Relevanz: Nein

Entgeltzuordnung in der Sozialversicherung: Kein Arbeitsentgelt im Sinne der Sozialversicherung.

4.4 Einkleidungsbeihilfe
S. Abnutzungsentschädigung.

Lohnsteuerpflicht	Beitragspflicht KV PV RV ALV	Beitragspflicht UV
Ja	Ja	Ja
R 20 LStR	§ 14 Abs. 1 Satz 1 SGB IV	§ 14 Abs. 1 SGB IV, § 1 SvEV

Mindestlohn-Relevanz: Nein

Entgeltart: Laufendes Arbeitsentgelt

Entgeltzuordnung in der Sozialversicherung: Entgeltabrechnungsmonat, in dem die Einkleidungsbeihilfe ausgezahlt wird.

4.5 Einmalzahlung / Einmalige Bezüge
Z.B. 13. Monatsgehalt, Weihnachtszuwendung, Urlaubsgeld, Urlaubsabgeltung, Gratifikationen und Tantiemen. SV: Regelm. Arbeitsentgelt nur bei Rechtsanspruch (vertraglich oder betriebliche Übung)

Lohnsteuerpflicht	Beitragspflicht KV PV RV ALV	Beitragspflicht UV
Ja	Ja	Ja
§ 19 Abs. 1 Nr. 1 EStG, § 2 Abs. 1 LStDV, R 39b.2 Abs. 2 Nr. 1 LStR	§ 14 Abs. 1 Satz 1 SGB IV, § 23a SGB IV	§§ 14 Abs. 1 Satz 1 SGB IV, § 23a SGB IV

Mindestlohn-Relevanz: Ja

Entgeltart: Einmalzahlung

Entgeltzuordnung in der Sozialversicherung: Entgeltabrechnungsmonat, in dem die Einmalzahlung ausgezahlt wird. Einmalzahlungen, die in den Monaten Januar bis März eines Jahres ausgezahlt werden, sind dem letzten Entgeltabrechnungsmonat des vergangenen Jahres (Vorjahres) zuzuordnen, wenn in dem vergangenen Jahr bei demselben Arbeitgeber ein versicherungspflichtiges Beschäftigungsverhältnis bestanden hat und die Einmalzahlung zusammen mit den sonstigen für das laufende Kalenderjahr festgestellten beitragspflichtigen Einnahmen die anteilige Beitragsbemessungsgrenze des laufenden Kalenderjahres übersteigen (März-Klausel).

4.6 Eintrittskarte

S. Theaterkarte.

Lohnsteuerpflicht	Beitragspflicht KV PV RV ALV	Beitragspflicht UV
Nein	Nein	Nein
R 72 Abs. 1 und 4 Nr. 3 LStR; BFH, Urteil vom 21.2.1986 VI R 21/84	§ 14 Abs. 1 SGB IV, § 1 Abs. 1 Nr. 1 SvEV	§ 14 Abs. 1 SGB IV, § 1 Abs. 1 Nr. 1 SvEV

Mindestlohn-Relevanz: Nein

Entgeltzuordnung in der Sozialversicherung: Kein Arbeitsentgelt im Sinne der Sozialversicherung.

4.7 Elterngeldzuschuss

S. Arbeitergeberzuschuss zum Elterngeld.

4.8 Entgeltfortzahlung

Fortzahlung des Entgelts an Feiertagen, Urlaubstagen, sowie im Krankheitsfall. S. auch Krankengeldzuschuss, Mutterschaftsgeldzuschuss.

Lohnsteuerpflicht	Beitragspflicht KV PV RV ALV	Beitragspflicht UV
Ja	Ja	Ja
§19 Abs. 1 EStG	§14 Abs. 1 Satz 1 SGB IV	§14 Abs. 1 Satz 1 SGB IV

Mindestlohn-Relevanz: Ja

Entgeltart: Laufendes Arbeitsentgelt

Entgeltzuordnung in der Sozialversicherung: Entgeltabrechnungsmonat, für den der Anspruch auf die Entgeltfortzahlung besteht.

4.9 Entlassungsentschädigung
S. Abfindung wegen des Verlustes des Arbeitsplatzes

4.10 Entschädigung für Privatforstbedienstete
Erstattungen für Jagdaufwand oder Schussgeld sind steuerpflichtiger Werbungskostenersatz, der auch beitragspflichtig zur SV ist. Wegen Dienstkleidungszuschüssen s. Arbeitskleidung.

Lohnsteuerpflicht	Beitragspflicht KV PV RV ALV	Beitragspflicht UV
Ja	Ja	Ja
§2 Abs. 1 LStDV	§14 Abs. 1 Satz 1 SGB IV	§14 Abs. 1 Satz 1 SGB IV

Mindestlohn-Relevanz: Nein

Entgeltart: Laufendes Arbeitsentgelt

Entgeltzuordnung in der Sozialversicherung: Entgeltabrechnungsmonat, für den der Anspruch des Privatforstbediensteten auf die Entschädigung besteht.

4.11 Erbe
S. Vermächtnis.

Lohnsteuerpflicht	Beitragspflicht KV PV RV ALV	Beitragspflicht UV
Nein	Nein	Nein
BFH, Urteil vom 15.5.1986 IV R 119/84	§14 Abs. 1 SGB IV, §1 Abs. 1 SvEV	§14 Abs. 1 SGB IV, §1 Abs. 1 SvEV

Mindestlohn-Relevanz: Nein

Entgeltzuordnung in der Sozialversicherung: Kein Arbeitsentgelt im Sinne der Sozialversicherung.

4.12 Erfindervergütung

Erfindervergütung für Diensterfindungen. Sofern sie für mehrere Jahre gezahlt wird, findet die ermäßigte Besteuerung nach der Fünftelregelung Anwendung.

Lohnsteuerpflicht	Beitragspflicht KV PV RV ALV	Beitragspflicht UV
Ja	Ja	Ja
§2 Abs. 1 LStDV, §34 Abs. 2 Nr. 4 EStG, §39b Abs. 3 Satz 9 EStG	§14 Abs. 1 Satz 1 SGB IV, §23a SGB IV	§14 Abs. 1 Satz 1 SGB IV, §23a SGB IV

Mindestlohn-Relevanz: Nein

Entgeltart: Einmalzahlung

Entgeltzuordnung in der Sozialversicherung: Entgeltabrechnungsmonat, in dem die Erfindervergütung ausgezahlt wird. Erfindervergütungen, die in den Monaten Januar bis März eines Jahres ausgezahlt werden, sind dem letzten Entgeltabrechnungsmonat des vergangenen Jahres (Vorjahres) zuzuordnen, wenn in dem vergangenen Jahr bei demselben Arbeitgeber ein versicherungspflichtiges Beschäftigungsverhältnis bestanden hat und die Erfindervergütung zusammen mit den sonstigen für das laufende Kalenderjahr festgestellten beitragspflichtigen Einnahmen die anteilige Beitragsbemessungsgrenze des laufenden Kalenderjahres übersteigen (März-Klausel).

4.13   Erfolgs- und Treueprämie

Lohnsteuerpflicht	Beitragspflicht KV PV RV ALV	Beitragspflicht UV
Ja	Ja	Ja
§2 Abs. 1 LStDV	§14 Abs. 1 Satz 1 SGB IV, §23a SGB IV	§14 Abs. 1 Satz 1 SGB IV, §23a SGB IV

Mindestlohn-Relevanz: Nein

Entgeltart: Einmalzahlung

Entgeltzuordnung in der Sozialversicherung: Entgeltabrechnungsmonat, in dem die Erfolgs- und Treueprämien ausgezahlt wird. Erfolgs- und Treueprämien, die in den Monaten Januar bis März eines Jahres ausgezahlt werden, sind dem letzten Entgeltabrechnungsmonat des vergangenen Jahres (Vorjahres) zuzuordnen, wenn in dem vergangenen Jahr bei demselben Arbeitgeber ein versicherungspflichtiges Beschäftigungsverhältnis bestanden hat und die Prämien zusammen mit den sonstigen für das laufende Kalenderjahr festgestellten beitragspflichtigen Einnahmen die anteilige Beitragsbemessungsgrenze des laufenden Kalenderjahres übersteigen (März-Klausel).

4.14   Erfrischungen
S. Getränke.

Lohnsteuerpflicht	Beitragspflicht KV PV RV ALV	Beitragspflicht UV
Nein	Nein	Nein
R 73 Abs. 2 LStR	§14 Abs. 1 SGB IV, §1 Abs. 1 Nr 1 SvEV	§14 Abs. 1 SGB IV, §1 Abs. Nr. 1 SvEV

Mindestlohn-Relevanz: Nein

Entgeltzuordnung in der Sozialversicherung: Kein Arbeitsentgelt im Sinne der Sozialversicherung.

4.15 Ergebnisbeteiligung

Ergebnisbeteiligung (vereinbarte Beteiligung der Arbeitnehmer an dem durch ihre Mitarbeit erzielten Leistungserfolg).

Lohnsteuerpflicht	Beitragspflicht KV PV RV ALV	Beitragspflicht UV
Ja	Ja	Ja
§19 Abs. 1 Nr. 1 EStG	§14 Abs. 1 Satz 1 SGB IV, §23a SGB IV	§14 Abs. 1 Satz 1 SGB IV, §23a SGB IV

Mindestlohn-Relevanz: Ja, wenn vorbehaltlos und unwiderruflich gewährt.

Entgeltart: Einmalzahlung

Entgeltzuordnung in der Sozialversicherung: Entgeltabrechnungsmonat, in dem die Ergebnisbeteiligung ausgezahlt wird. Ergebnisbeteiligungen, die in den Monaten Januar bis März eines Jahres ausgezahlt werden, sind dem letzten Entgeltabrechnungsmonat des vergangenen Jahres (Vorjahres) zuzuordnen, wenn in dem vergangenen Jahr bei demselben Arbeitgeber ein versicherungspflichtiges Beschäftigungsverhältnis bestanden hat und die Ergebnisbeteiligungen zusammen mit den sonstigen für das laufende Kalenderjahr festgestellten beitragspflichtigen Einnahmen die anteilige Beitragsbemessungsgrenze des laufenden Kalenderjahres übersteigen (März-Klausel).

4.16 Erholungsbeihilfe

Erholungsbeihilfe, wenn die Erholung zur Abwehr drohender oder zur Beseitigung bereits entstandener Schäden durch eine typische Berufskrankheit erforderlich ist.

Lohnsteuerpflicht	Beitragspflicht KV PV RV ALV	Beitragspflicht UV
Nein	Nein	Nein
R 3.11 LStR	§14 Abs. 1 SGB IV, §1 Abs. 1 SvEV	§14 Abs. 1 SGB IV, §1 Abs. 1 SvEV

Mindestlohn-Relevanz: Nein

Entgeltzuordnung in der Sozialversicherung: Kein Arbeitsentgelt im Sinne der Sozialversicherung.

4.17 Erholungsbeihilfe (pauschal versteuert)

S. Ferienbeihilfe (pauschal versteuert).

4.18 Erholungsheime

S. Erholungsbeihilfe und Ferienbeihilfe.

4.19 Erschwerniszuschlag

Z.B. Gefahrenzuschlag, Hitzezuschlag, Schmutzzulage, Wasserzuschlag, usw.

Lohnsteuerpflicht	Beitragspflicht KV PV RV ALV	Beitragspflicht UV
Ja	Ja	Ja
R 19.3 Abs. 1 Nr. 1 LStR	§ 14 Abs. 1 Satz 1 SGB IV	§ 14 Abs. 1 Satz 1 SGB IV

Mindestlohn-Relevanz: Nein

Entgeltart: Laufendes Arbeitsentgelt

Entgeltzuordnung in der Sozialversicherung: Entgeltabrechnungsmonat, für den der Anspruch auf die Erschwerniszuschläge besteht.

4.20 Erziehungsbeihilfe

Erziehungsbeihilfe für Auszubildende.

Lohnsteuerpflicht	Beitragspflicht KV PV RV ALV	Beitragspflicht UV
Ja	Ja	Ja
§ 2 Abs. 1 LStDV	§ 14 Abs. 1 Satz 1 SGB IV	§ 14 Abs. 1 Satz 1 SGB IV

Mindestlohn-Relevanz: Nein

Entgeltart: Laufendes Arbeitsentgelt

Entgeltzuordnung in der Sozialversicherung: Entgeltabrechnungsmonat, für den der Anspruch auf die Erziehungsbeihilfe besteht.

4.21 Essen (pauschal versteuert)

S. Mahlzeiten (Pauschalversteuerung durch den Arbeitgeber).

4.22 Essenszuschuss

Essenszuschuss, der zur Verbilligung von Mahlzeiten für die Arbeitnehmer unmittelbar an eine Kantine, Gaststätte, usw. gezahlt wird, wenn der Kostenanteil des Arbeitnehmers mindestens so hoch ist wie der amtliche Sachbezugswert. Ist er geringer, ist der übersteigende Betrag steuerpflichtig und beitragspflichtig. Es besteht die Möglichkeit der Pauschalversteuerung, dann besteht Sozialversicherungsfreiheit.

Lohnsteuerpflicht	Beitragspflicht KV PV RV ALV	Beitragspflicht UV
Nein	Nein	Nein
§8 Abs. 2 EStG, R 8.1 Abs. 7 LStR	§14 Abs. 1 SGB IV, §1 Abs. 1 SvEV	§14 Abs. 1 SGB IV, §1 Abs. 1 SvEV

Mindestlohn-Relevanz: Nein

Entgeltzuordnung in der Sozialversicherung: Kein Arbeitsentgelt im Sinne der Sozialversicherung.

4.23 Essenszuschuss (pauschal versteuert)

Lohnsteuerpflicht	Beitragspflicht KV PV RV ALV	Beitragspflicht UV
Ja	Nein	Nein
§40 Abs. 2 Nr. 1 EStG	§1 Abs. 1 Satz 1 Nr. 3 SvEV	§1 Abs. 1 Nr. 3 SvEV

Mindestlohn-Relevanz: **Nein**

Entgeltzuordnung in der Sozialversicherung: **Kein Arbeitsentgelt im Sinne der Sozialversicherung.**

5 Fahrtkostenersatz bis Futter- und Pflegegeld

5.1 Fahrtkostenersatz (eigener PKW)

Für Fahrten zwischen Wohnung und Arbeitsstätte bei Benutzung des eigenen Pkw.

Lohnsteuerpflicht	Beitragspflicht KV PV RV ALV	Beitragspflicht UV
Ja	Ja	Ja
R 19.3 Abs. 3 Nr. 2 LStR	§ 14 Abs. 1 Satz 1 SGB IV	§ 14 Abs. 1 Satz 1 SGB IV

Mindestlohn-Relevanz: Nein

Entgeltart: Laufendes Arbeitsentgelt

Entgeltzuordnung in der Sozialversicherung: Entgeltabrechnungsmonat, für den der Anspruch auf die Fahrkostenzuschüsse besteht.

5.2 Fahrtkostenersatz (pauschal versteuert)

Pauschal versteuerter Fahrtkostenersatz für Fahrten zwischen Wohnung und Arbeitsstätte.

Lohnsteuerpflicht	Beitragspflicht KV PV RV ALV	Beitragspflicht UV
Ja	Nein	Nein
§ 40 Abs. 2 Satz 2 EStG	§ 1 Abs. 1 Nr. 3 SvEV	§ 1 Abs. 1 Nr. 3 SvEV

Mindestlohn-Relevanz: Nein

Entgeltzuordnung in der Sozialversicherung: Kein Arbeitsentgelt im Sinne der Sozialversicherung.

5.3 Familienpflegezeit

Aufstockungsbetrag während der Familienpflegezeit.

Lohnsteuerpflicht	Beitragspflicht KV PV RV ALV	Beitragspflicht UV
Ja	Ja	Ja
§ 19 Abs. 1 Nr. 1 EStG, BMF-Schreiben v. 23.5.2012, IV C 5 – S 1901/11/10005	§ 14 Abs. 1 Satz 1 SGB IV	§ 14 Abs. 1 Satz 1 SGB IV

Mindestlohn-Relevanz: Nein

Entgeltart: Laufendes Arbeitsentgelt

Entgeltzuordnung in der Sozialversicherung: Entgeltabrechnungsmonat, für den der Aufstockungsbetrag gezahlt wird.

5.4 Familienzuschlag

Familienzuschlag, Ortszuschlag, Kinderzuschlag und andere Sozialzuschläge für Arbeitnehmer im öffentlichen Dienst. Bei der Feststellung, ob Krankenversicherungsfreiheit vorliegt, zählen alle Einkünfte mit Rücksicht auf den Familienstand nicht mit (§ 6 Abs. 1 Nr. 1 SGB V)!

Lohnsteuerpflicht	Beitragspflicht KV PV RV ALV	Beitragspflicht UV
Ja	Ja	Ja
§ 2 Abs. 1 LStDV	§ 14 Abs. 1 Satz 1 SGB IV, § 6 Abs. 1 Satz 1 Nr. SGB V	§ 14 Abs. 1 Satz 1 SGB IV

Mindestlohn-Relevanz: Ja

Entgeltart: Laufendes Arbeitsentgelt

Entgeltzuordnung in der Sozialversicherung: Entgeltabrechnungsmonat, für den der Anspruch auf die Zuschläge besteht.

5.5 Fehlgeldentschädigung

Soweit die pauschale Entschädigung für jeden Monat 16 EUR nicht übersteigt.

Lohnsteuerpflicht	Beitragspflicht KV PV RV ALV	Beitragspflicht UV
Nein	Nein	Nein
R 19.3 Abs. 1 Nr. 4 LStR	§ 14 Abs. 1 SGB IV, § 1 Abs. 1 Nr. 1 SvEV	§ 1 Abs. 1 Satz 1 Nr. 1 SvEV

Mindestlohn-Relevanz: **Nein**

Entgeltzuordnung in der Sozialversicherung: Kein Arbeitsentgelt im Sinne der Sozialversicherung.

5.6 Feiertagsarbeitszuschlag, Grundlohn übersteigt nicht 25 EUR pro Stunde

Feiertagsarbeitszuschlag für tatsächlich geleistete Feiertagsarbeit, soweit sie für Arbeiten am 31.12. ab 14.00 Uhr sowie an gesetzlichen Feiertagen mit Ausnahme der Weihnachtsfeiertage und des 1. Mai 125 % und für Arbeiten am 24.12. ab 14.00 Uhr sowie an den Weihnachtsfeiertagen und am 1.5. 150 % des Grundlohns nicht übersteigen.

Lohnsteuerpflicht	Beitragspflicht KV PV RV ALV	Beitragspflicht UV
Nein	Nein	Ja
§ 3b EStG	§ 14 Abs. 1 SGB IV, § 1 Abs. 1 Nr. 1 SvEV	§ 1 Abs. 2 SvEV

Mindestlohn-Relevanz: **Nein**

Entgeltzuordnung in der Sozialversicherung: Kein Arbeitsentgelt im Sinne der Sozialversicherung. In der Unfallversicherung sind steuerpflichtige und auch steuerfreie Zuschläge für Sonntags-, Feiertags- und Nachtarbeit beitragspflichtig.

5.7   Feiertagsarbeitszuschlag, soweit Grundlohn 25 EUR pro Stunde übersteigt

Feiertagsarbeitszuschlag für tatsächlich geleistete Feiertagsarbeit, soweit sie für Arbeiten am 31.12. ab 14.00 Uhr sowie an gesetzlichen Feiertagen mit Ausnahme der Weihnachtsfeiertage und des 1. Mai 125% und für Arbeiten am 24.12. ab 14 Uhr sowie an den Weihnachtsfeiertagen und am 1.5. 150% des Grundlohns nicht übersteigen. Steuer: Steuerfrei, soweit Grundlohn 50 EUR pro Stunde nicht übersteigt. SV: Regelm. Entgelt, wenn Feiertagsarbeit regelm. Geleistet wird.

Lohnsteuerpflicht	Beitragspflicht KV PV RV ALV	Beitragspflicht UV
Nein	Ja	Ja
§3b EStG	§14 Abs. 1 Satz 1 SGB IV, §1 Abs. 1 Nr. 1 SvEV	§1 Abs. 2 SvEV

Mindestlohn-Relevanz: Nein

Entgeltart: Laufendes Arbeitsentgelt

Entgeltzuordnung in der Sozialversicherung: Entgeltabrechnungszeitraum, in dem die Zuschläge gezahlt werden.

5.8   Feiertagszuschlag

S. Feiertagsarbeitszuschlag.

5.9   Ferienbeihilfe (kostenlose Unterbringung / Barzuschüsse)

Kostenlose oder verbilligte Unterbringung in Erholungsheimen, Gewährung von Barzuschuss zu Ferien- oder Erholungsaufenthalt.

Lohnsteuerpflicht	Beitragspflicht KV PV RV ALV	Beitragspflicht UV
Ja	Ja	Ja
§2 Abs. 1 LStDV	§14 Abs. 1 Satz 1 SGB IV, §23a SGB IV	§14 Abs. 1 Satz 1 SGB IV, §23a SGB IV

Mindestlohn-Relevanz: Nein

Entgeltart: Einmalzahlung

Entgeltzuordnung in der Sozialversicherung: Entgeltabrechnungsmonat, in dem die Unterbringung durchgeführt wird bzw. die Barzuschüsse ausgezahlt werden. Ferienbeihilfen, die in den Monaten Januar bis März eines Jahres ausgezahlt werden, sind dem letzten Entgeltabrechnungsmonat des vergangenen Jahres (Vorjahres) zuzuordnen, wenn in dem vergangenen Jahr bei demselben Arbeitgeber ein versicherungspflichtiges Beschäftigungsverhältnis bestanden hat und die Ferienbeihilfen zusammen mit den sonstigen für das laufende Kalenderjahr festgestellten beitragspflichtigen Einnahmen die anteilige Beitragsbemessungsgrenze des laufenden Kalenderjahres übersteigen (März-Klausel).

5.10 Ferienbeihilfe (pauschal versteuert)

Wenn die Beihilfe pauschal versteuert, und bis zu 156 EUR pro Arbeitnehmer, 104 EUR für den Ehegatten und 52 EUR für jedes Kind gezahlt werden.

Lohnsteuerpflicht	Beitragspflicht KV PV RV ALV	Beitragspflicht UV
Ja	Nein	Nein
§ 40 Abs. 2 Nr. 3 EStG	§ 1 Abs. 1 Nr. 3 SvEV	§ 1 Abs. 1 Satz 1 Nr. 3 SvEV

Mindestlohn-Relevanz: Nein

Entgeltzuordnung in der Sozialversicherung: Kein Arbeitsentgelt im Sinne der Sozialversicherung.

5.11 Fernsprechanschluss (Gesprächsgebührenübernahme durch Arbeitgeber)

Übernahme der Gesprächsgebühr durch den Arbeitgeber, soweit kein Auslagenersatz (R 3.50 Abs. 2 LStR) oder Reisekostenersatz vorliegt. S. Telefonbenutzung.

Lohnsteuerpflicht	Beitragspflicht KV PV RV ALV	Beitragspflicht UV
Ja	Ja	Ja
§2 Abs. 1 LStDV, H 19.3 LStH	§14 Abs. 1 Satz 1 SGB IV	§14 Abs. 1 Satz 1 SGB IV

Mindestlohn-Relevanz: Nein

Entgeltart: Laufendes Arbeitsentgelt

Entgeltzuordnung in der Sozialversicherung: Entgeltabrechnungsmonat, für den die Übernahme der Gesprächsgebühren erfolgt.

5.12   Fernsprechanschluss (Wohnung des Arbeitnehmers)

Fernsprechanschluss in den Räumen des Arbeitnehmers, ebenso Grundgebühr, sofern es sich nicht um Auslagenersatz handelt (R 3.50 Abs. 2 LStR). S. Telefonbenutzung.

Lohnsteuerpflicht	Beitragspflicht KV PV RV ALV	Beitragspflicht UV
Ja	Ja	Ja
§2 Abs. 1 LStDV, H 19.3 LStH	§14 Abs. 1 Satz 1 SGB IV	§14 Abs. 1 Satz 1 SGB IV

Mindestlohn-Relevanz: Nein

Entgeltart: Laufendes Arbeitsentgelt

Entgeltzuordnung in der Sozialversicherung: Entgeltabrechnungsmonat, für den die Übernahme der Kosten des Fernsprechanschlusses bzw. der Grundgebühr erfolgt.

5.13   Festtagsgeschenk

S. Aufmerksamkeiten, Jubiläumszuwendung, Weihnachtszuwendung.

5.14 Firmenwagen

S. Kraftfahrzeugüberlassung. Es gibt hier zahlreiche unterschiedliche Gestaltungsformen

5.15 Flexible Arbeitszeit (Übertragung Wertguthaben)

S. Übertragung eines Wertguthabens.

5.16 Fortbildungskosten (durch Arbeitgeber gebucht)

Kein steuerpflichtiger Werbungskostenersatz, da der Arbeitgeber das Seminar gebucht hat. Achtung: Es liegt jedoch steuer- und beitragspflichtiges Entgelt (geldwerter Vorteil des Arbeitnehmers) vor, sollte sich kein tragfähiger Nachweis führen lassen, dass das Seminar ganz überwiegend im betrieblichen Interesse des Arbeitgebers besucht wurde.

Lohnsteuerpflicht	Beitragspflicht KV PV RV ALV	Beitragspflicht UV
Nein	Nein	Nein
H 19.3, R 19.7 LStR	§ 14 Abs. 1 SGB IV, § 1 Abs. 1 SvEV	§ 14 Abs. 1 SGB IV, § 1 Abs. 1 SvEV

Mindestlohn-Relevanz: **Nein**

Entgeltzuordnung in der Sozialversicherung: Kein Arbeitsentgelt im Sinne der Sozialversicherung.

5.17 Fortbildungskosten (durch Arbeitnehmer gebucht)

Ersetzt der Arbeitgeber dem Arbeitnehmer die Fortbildungskosten, welche dieser als Werbungskosten absetzen kann, so liegt steuer- und beitragspflichtiges Arbeitsentgelt vor (steuerpflichtiger Werbungskostenersatz). Achtung: Wird dem Arbeitnehmer vertraglich im Vorfeld schriftlich die Kostenerstattung zugesagt, kann eine steuerfreie Fortbildungsleistung im eigenbetrieblichen Sinne vorliegen (dann steuerfrei gem. R 19.7 Abs. 1 Satz 4 LStR, und folglich sv-frei nach § 1 Abs. 1 Nr. 1 SvEV)!

Lohnsteuerpflicht	Beitragspflicht KV PV RV ALV	Beitragspflicht UV
Ja	Ja	Ja
§ 2 Abs. 1 LStDV	§ 14 Abs. 1 Satz 1 SGB IV, § 23a SGB IV	§ 14 Abs. 1 Satz 1 SGB IV, § 23a SGB IV

Mindestlohn-Relevanz: **Nein**

Entgeltart: **Einmalzahlung**

Entgeltzuordnung in der Sozialversicherung: **Entgeltabrechnungsmonat, in dem der Arbeitgeber dem Arbeitnehmer die Fortbildungskosten erstattet.**

5.18 Fortbildungsveranstaltung (auf Kosten des Betriebs)
S. Betriebliche Sachleistungen.

Lohnsteuerpflicht	Beitragspflicht KV PV RV ALV	Beitragspflicht UV
Nein	Nein	Nein
R 74 LStR	§ 14 Abs. 1 SGB IV, § 1 Abs. 1 SvEV	§ 14 Abs. 1 SGB IV, § 1 Abs. 1 SvEV

Mindestlohn-Relevanz: **Nein**

Entgeltzuordnung in der Sozialversicherung: **Kein Arbeitsentgelt im Sinne der Sozialversicherung.**

5.19 Freianzeige
Freianzeige für Mitarbeiter von Zeitungsverlagen, soweit der Rabattfreibetrag von 1.080 EUR jährlich nicht überschritten wird.

Lohnsteuerpflicht	Beitragspflicht KV PV RV ALV	Beitragspflicht UV
Nein	Nein	Nein
§8 Abs. 3 EStG, R 8.2 LStR	§14 Abs. 1 SGB IV, §1 Abs. 1 SvEV	§14 Abs. 1 SGB IV, §1 Abs. 1 SvEV

Mindestlohn-Relevanz: **Nein**

Entgeltzuordnung in der Sozialversicherung: **Kein Arbeitsentgelt im Sinne der Sozialversicherung.**

5.20 Freibrot

Freibrot an Arbeitnehmer in der Brotindustrie, soweit der Rabattfreibetrag von 1.080 EUR jährlich nicht überschritten wird.

Lohnsteuerpflicht	Beitragspflicht KV PV RV ALV	Beitragspflicht UV
Nein	Nein	Nein
§8 Abs. 3 EStG, R 8.2 LStR	§14 Abs. 1 SGB IV, §1 Abs. 1 SvEV	§14 Abs. 1 SGB IV, §1 Abs. 1 SvEV

Mindestlohn-Relevanz: **Nein**

Entgeltzuordnung in der Sozialversicherung: **Kein Arbeitsentgelt im Sinne der Sozialversicherung.**

5.21 Freie Station

Freie Station (freie Unterkunft und Verpflegung), die der Arbeitgeber dem Arbeitnehmer gewährt, sie ist mit dem amtlichen Sachbezugswert zu erfassen.

Lohnsteuerpflicht	Beitragspflicht KV PV RV ALV	Beitragspflicht UV
Ja	Ja	Ja
§8 Abs. 2 EStG, R 8.1 Abs. 5 LStR	§14 Abs. 1 Satz 1 SGB IV, §2 SvEV	§14 Abs. 1 Satz 1 SGB IV, §2 SvEV

Mindestlohn-Relevanz: Nein

Entgeltart: Laufendes Arbeitsentgelt

Entgeltzuordnung in der Sozialversicherung: Entgeltabrechnungsmonat, für den der Anspruch auf freie Unterkunft und Verpflegung besteht.

5.22 Freifahrt

Freifahrt mit einem Werksbus zwischen Wohnort und Arbeitsort. Dies gilt auch bei Gestellung eines Kraftfahrzeugs für mehrere Arbeitnehmer zu betriebsnotwendigen Sammelfahrten.

Lohnsteuerpflicht	Beitragspflicht KV PV RV ALV	Beitragspflicht UV
Nein	Nein	Nein
§3 Nr. 32 EStG, R 3.32 LStR	§14 Abs. 1 SGB IV, §1 Abs. 1 SvEV	§14 Abs. 1 SGB IV, §1 Abs. 1 SvEV

Mindestlohn-Relevanz: Nein

Entgeltzuordnung in der Sozialversicherung: Kein Arbeitsentgelt im Sinne der Sozialversicherung.

5.23 Freifahrtberechtigung

Arbeitnehmer von Verkehrsbetrieben, für Fahrten zum Arbeitsplatz und zur Wohnung, aber auch zu allen anderen Zielen. Der Rabattfreibetrag von 1.080 EUR pro Jahr wird nicht überschritten.

Lohnsteuerpflicht	Beitragspflicht KV PV RV ALV	Beitragspflicht UV
Nein	Nein	Nein
§3 Nr. 34 EStG	§14 Abs. 1 SGB IV, §1 Abs. 1 SvEV	§14 Abs. 1 SGB IV, §1 Abs. 1 SvEV

Mindestlohn-Relevanz: **Nein**

Entgeltzuordnung in der Sozialversicherung: Kein Arbeitsentgelt im Sinne der Sozialversicherung.

5.24 Freiflug

Freiflug oder verbilligte Flugreise für Angestellte der Luftverkehrsgesellschaften, soweit der Rabattfreibetrag von 1.080 EUR jährlich nicht überschritten wird.

Lohnsteuerpflicht	Beitragspflicht KV PV RV ALV	Beitragspflicht UV
Nein	Nein	Nein
§8 Abs. 3 EStG, R 8.2 LStR	§14 Abs. 1 SGB IV, §1 Abs. 1 SvEV	§14 Abs. 1 SGB IV, §1 Abs. 1 SvEV

Mindestlohn-Relevanz: **Nein**

Entgeltzuordnung in der Sozialversicherung: Kein Arbeitsentgelt im Sinne der Sozialversicherung.

5.25 Freikarte

S. Theaterkarte.

Lohnsteuerpflicht	Beitragspflicht KV PV RV ALV	Beitragspflicht UV
Nein	Nein	Nein
R 72 Abs. 1 und 4 Nr. 3 LStR; BFH, Urteil vom 21.2.1986 VI R 21/84	§14 Abs. 1 SGB IV, §1 Abs. 1 Nr. 1 SvEV	§14 Abs. 1 SGB IV, §1 Abs. 1 Nr. 1 SvEV

Mindestlohn-Relevanz: Nein

Entgeltzuordnung in der Sozialversicherung: Kein Arbeitsentgelt im Sinne der Sozialversicherung.

5.26 Freitabak

Freitabak bzw. Freizigaretten in der Tabakindustrie, soweit der Rabattfreibetrag von 1.080 EUR nicht überschritten wird.

Lohnsteuerpflicht	Beitragspflicht KV PV RV ALV	Beitragspflicht UV
Nein	Nein	Nein
§8 Abs. 3 EStG, R 8.2 LStR	§14 Abs. 1 SGB IV, §1 Abs. 1 Nr. 1SvEV	§14 Abs. 1 SGB IV, §1 Abs. 1 Nr. 1 SvEV

Mindestlohn-Relevanz: Nein

Entgeltzuordnung in der Sozialversicherung: Kein Arbeitsentgelt im Sinne der Sozialversicherung.

5.27 Freitrunk

Freitrunk und Haustrunk im Brauereigewerbe soweit der Rabattfreibetrag von 1.080 EUR nicht überschritten wird.

Lohnsteuerpflicht	Beitragspflicht KV PV RV ALV	Beitragspflicht UV
Nein	Nein	Nein
§8 Abs. 3 EStG, R 8.2 LStR	§14 Abs. 1 SGB IV, §1 Abs. 1 Nr. 1 SvEV	§14 Abs. 1 SGB IV, §1 Abs. 1 Nr. 1 SvEV

Mindestlohn-Relevanz: Nein

Entgeltzuordnung in der Sozialversicherung: Kein Arbeitsentgelt im Sinne der Sozialversicherung.

5.28 Führerschein Klasse C1, C und Klasse E

Vom Arbeitgeber übernommene Kosten des Führerscheins Klasse C1 (LKW bis 7,5 t), C (alle LKWs) und Klasse E (Anhänger). Entscheidende Kriterien: Überwiegendes Interesse des Arbeitgebers und Arbeitgeber Adressat der Rechnung.

Lohnsteuerpflicht	Beitragspflicht KV PV RV ALV	Beitragspflicht UV
Nein	Nein	Nein
EStG §19 Abs. 1 S.1; LStDV §2; BFH, Urteil vom 26.6.2003 – VI R 112/98	BSG, Urteile vom 26.5.2004 – B 12 KR 5/04 R und B 12 KR 2/04 R	BSG, Urteile vom 26.5.2004 – B 12 KR 5/04 R und B 12 KR 2/04 R

Mindestlohn-Relevanz: Nein

Entgeltzuordnung in der Sozialversicherung: Kein Arbeitsentgelt im Sinne der Sozialversicherung.

5.29 Futter- und Pflegegeld

Futter- und Pflegegeld für Wachhunde im Bewachungsgewerbe, soweit kein Auslagenersatz vorliegt.

Lohnsteuerpflicht	Beitragspflicht KV PV RV ALV	Beitragspflicht UV
Ja	Ja	Ja
R 3.50 LStR	§ 14 Abs. 1 Satz 1 SGB IV	§ 14 Abs. 1 Satz 1 SGB IV

Mindestlohn-Relevanz: Nein

Entgeltart: Laufendes Arbeitsentgelt

Entgeltzuordnung in der Sozialversicherung: Entgeltabrechnungsmonat, für den der Anspruch auf das Futter- und Pflegegeld besteht.

6   Garagenmiete bis Gutschein

6.1 Garagenmiete für den Dienstwagen (Ersatz durch Arbeitgeber)

Vom Arbeitgeber ersetzte Garagenmiete ist Auslagenersatz, auch wenn der Arbeitnehmer Eigentümer der Garage ist. (Steuerlicher Hinweis: In letzterem Fall entstehen dem Arbeitnehmer jedoch Einkünfte aus Vermietung und Verpachtung.)

Lohnsteuerpflicht	Beitragspflicht KV PV RV ALV	Beitragspflicht UV
Nein	Nein	Nein
BFH, Urteil vom 7.6.2002 – VI R 53/01	§ 14 Abs. 1 SGB IV, § 1 Abs. 1 SvEV	§ 14 Abs. 1 SGB IV, § 1 Abs. 1 SvEV

Mindestlohn-Relevanz: **Nein**

Entgeltzuordnung in der Sozialversicherung: **Kein Arbeitsentgelt im Sinne der Sozialversicherung.**

6.2 Gebühren (Auslagenersatz an Arbeitnehmer)

Der Arbeitnehmer zahlt Gebühren, für welche der Arbeitgeber gebührenpflichtig ist und bekommt die Auslagen vom Arbeitgeber ersetzt. S. Auslagenersatz.

Lohnsteuerpflicht	Beitragspflicht KV PV RV ALV	Beitragspflicht UV
Nein	Nein	Nein
§ 3 Nr. 50 EStG	§ 14 Abs. 1 SGB IV, § 1 Abs. 1 SvEV	§ 14 Abs. 1 SGB IV, § 1 Abs. 1 SvEV

Mindestlohn-Relevanz: **Nein**

Entgeltzuordnung in der Sozialversicherung: **Kein Arbeitsentgelt im Sinne der Sozialversicherung.**

6.3   Gebührenanteil

Gebührenanteil, Provision, Sonderzulage und Vergütung für Nebentätigkeit.

Lohnsteuerpflicht	Beitragspflicht KV PV RV ALV	Beitragspflicht UV
Ja	Ja	Ja
R 70 § 2 Abs. 2 Nr. 8 LStDV	§ 14 Abs. 1 Satz 1 SGB IV	§ 14 Abs. 1 Satz 1 SGB IV

Mindestlohn-Relevanz: Nein

Entgeltart: Laufendes Arbeitsentgelt

Entgeltzuordnung in der Sozialversicherung: Entgeltabrechnungsmonat, für den der Anspruch auf die Gebührenanteile etc. besteht.

6.4   Geburtsbeihilfe

Unabhängig von der Höhe ist eine Geburtsbeihilfe des Arbeitgebers steuer- und sozialversicherungspflichtig.

Lohnsteuerpflicht	Beitragspflicht KV PV RV ALV	Beitragspflicht UV
Ja	Ja	Ja
§ 19 Abs. 1 EStG	§ 14 Abs. 1 Satz 1 SGB IV	§ 14 Abs. 1 Satz 1 SGB IV

Mindestlohn-Relevanz: Nein

Entgeltart: Einmalzahlung

Entgeltzuordnung in der Sozialversicherung: Entgeltabrechnungsmonat, in dem die Geburtsbeihilfe ausgezahlt wird. Geburtsbeihilfen, die in den Monaten Januar bis März eines Jahres ausgezahlt werden, sind dem letzten Entgeltabrechnungsmonat des vergangenen Jahres (Vorjahres) zuzuordnen, wenn in dem vergangenen Jahr bei demselben Arbeitgeber ein versicherungspflichtiges Beschäftigungsverhältnis bestanden hat und die Geburtsbeihilfen zusammen mit den sonstigen für das laufende Kalenderjahr festgestellten

beitragspflichtigen Einnahmen die anteilige Beitragsbemessungsgrenze des laufenden Kalenderjahres übersteigen (März-Klausel).

6.5 Geburtstagsgeschenk

S. Aufmerksamkeiten.

Lohnsteuerpflicht	Beitragspflicht KV PV RV ALV	Beitragspflicht UV
Nein	Nein	Nein
R 73 LStR	§ 14 Abs. 1 SGB IV, § 1 Abs. 1 Nr. 1 SvEV	§ 14 Abs. 1 SGB IV, § 1 Abs. 1 Nr. 1 SvEV

Mindestlohn-Relevanz: Nein

Entgeltzuordnung in der Sozialversicherung: Kein Arbeitsentgelt im Sinne der Sozialversicherung.

6.6 Gefahrenzulage

S. Erschwerniszuschlag.

Lohnsteuerpflicht	Beitragspflicht KV PV RV ALV	Beitragspflicht UV
Ja	Ja	Ja
R 70 Abs. 1 Nr. 1 LStR	§ 14 Abs. 1 Satz 1 SGB IV	§ 14 Abs. 1 Satz 1 SGB IV

Mindestlohn-Relevanz: Nein

Entgeltart: Laufendes Arbeitsentgelt

Entgeltzuordnung in der Sozialversicherung: Entgeltabrechnungsmonat, für den der Anspruch auf die Gefahrenzulage besteht.

6.7 Gehalt

Lohnsteuerpflicht	Beitragspflicht KV PV RV ALV	Beitragspflicht UV
Ja	Ja	Ja
§19 Abs. 1 EStG	§14 Abs. 1 Satz 1 SGB IV	§14 Abs. 1 Satz 1 SGB IV

Mindestlohn-Relevanz: Ja

Entgeltart: Laufendes Arbeitsentgelt

Entgeltzuordnung in der Sozialversicherung: Entgeltabrechnungsmonat, für den der Anspruch auf das Gehalt besteht.

6.8 Gehaltsfortzahlung
S. Entgeltfortzahlung

6.9 Geldbuße
S. Bußgeld.

6.10 Geldzuwendung
S. Vermächtnis.

Lohnsteuerpflicht	Beitragspflicht KV PV RV ALV	Beitragspflicht UV
Nein	Nein	Nein
BFH, Urteil vom 15.5.1986 IV R 119/84	§14 Abs. 1 SGB IV, §1 Abs. 1 SvEV	§14 Abs. 1 SGB IV, §1 Abs. 1 SvEV

Mindestlohn-Relevanz: Nein

Entgeltzuordnung in der Sozialversicherung: Kein Arbeitsentgelt im Sinne der Sozialversicherung.

6.11 Gelegenheitsgeschenk

S. Aufmerksamkeiten.

Lohnsteuerpflicht	Beitragspflicht KV PV RV ALV	Beitragspflicht UV
Nein	Nein	Nein
R 73 LStR	§ 14 Abs. 1 SGB IV, § 1 Abs. 1 Nr. 1 SvEV	§ 14 Abs. 1 SGB IV, § 1 Abs. 1 Nr. 1 SvEV

Mindestlohn-Relevanz: Nein

Entgeltzuordnung in der Sozialversicherung: Kein Arbeitsentgelt im Sinne der Sozialversicherung.

6.12 Gemeinschaftsverpflegung

S. Mahlzeiten.

Lohnsteuerpflicht	Beitragspflicht KV PV RV ALV	Beitragspflicht UV
Ja	Ja	Ja
§ 8 Abs. 2 EStG	§ 14 Abs. 1 Satz 1 SGB IV und § 2 SvEV	§ 14 Abs. 1 Satz 1 SGB IV und § 2 SvEV

Mindestlohn-Relevanz: Nein

Entgeltart: Laufendes Arbeitsentgelt

Entgeltzuordnung in der Sozialversicherung: Entgeltabrechnungsmonat, für den das laufende Arbeitsentgelt gezahlt werden muss.

6.13 Geringfügige Beschäftigung

S. Teilzeitbeschäftigung, geringfügige Beschäftigung.

6.14   Geschenke (Auslagenersatz an Arbeitnehmer)

Der Arbeitnehmer kauft Geschenke für Geschäftspartner (Nachweis), der Arbeitgeber ersetzt die entstandenen Auslagen. S. Auslagenersatz.

Lohnsteuerpflicht	Beitragspflicht KV PV RV ALV	Beitragspflicht UV
Nein	Nein	Nein
§3 Nr. 50 EStG	§14 Abs. 1 SGB IV, §1 Abs. 1 SvEV	§14 Abs. 1 SGB IV, §1 Abs. 1 SvEV

Mindestlohn-Relevanz: **Nein**

Entgeltzuordnung in der Sozialversicherung: **Kein Arbeitsentgelt im Sinne der Sozialversicherung.**

6.15   Gesundheitsförderung, betriebliche

Barzuschuss und Sachleistungen bis zu 500 EUR, die der Arbeitgeber zusätzlich zur Gesundheitsvorsorge erbringt, z.B. Kurse zur Stressbewältigung am Arbeitsplatz oder Seminare über Suchtmittelmissbrauch.

Lohnsteuerpflicht	Beitragspflicht KV PV RV ALV	Beitragspflicht UV
Nein	Nein	Nein
§3 Nr. 34 EStG i.d.F. des JStG 2009	§14 Abs. 1 SGB IV, §1 Abs. 1 SvEV	§14 Abs. 1 SGB IV, §1 Abs. 1 SvEV

Mindestlohn-Relevanz: **Nein**

Entgeltzuordnung in der Sozialversicherung: **Kein Arbeitsentgelt im Sinn der Sozialversicherung.**

6.16   Getränke bzw. Genussmittel

Getränke und Genussmittel, die dem Arbeitnehmer zum eigenen Verbrauch im Betrieb durch den Arbeitgeber vergünstigt oder gar kostenfrei zur Verfügung gestellt werden. Siehe auch Aufmerksamkeiten, Freitrunk, Mahlzeiten und Preisnachlass!

Lohnsteuerpflicht	Beitragspflicht KV PV RV ALV	Beitragspflicht UV
Nein	Nein	Nein
R 19.3 Abs. 2 LStR	§ 14 Abs. 1 SGB IV, § 1 Abs. 1 SvEV	§ 14 Abs. 1 SGB IV, § 1 Abs. 1 SvEV

Mindestlohn-Relevanz: Nein

Entgeltzuordnung in der Sozialversicherung: Kein Arbeitsentgelt im Sinne der Sozialversicherung.

6.17 Gewinnanteil
Gewinnanteil eines Arbeitnehmers.

Lohnsteuerpflicht	Beitragspflicht KV PV RV ALV	Beitragspflicht UV
Ja	Ja	Ja
§ 19 Abs. 1 Nr. 1 EStG	§ 14 Abs. 1 Satz 1 SGB IV, § 23a SGB IV	§ 14 Abs. 1 Satz 1 SGB IV, § 23a SGB IV

Mindestlohn-Relevanz: Nein

Entgeltart: Einmalzahlung

Entgeltzuordnung in der Sozialversicherung: Entgeltabrechnungsmonat, in dem die Gewinnanteile ausgezahlt werden. Gewinnanteile, die in den Monaten Januar bis März eines Jahres ausgezahlt werden, sind dem letzten Entgeltabrechnungsmonat des vergangenen Jahres (Vorjahres) zuzuordnen, wenn in dem vergangenen Jahr bei demselben Arbeitgeber ein versicherungspflichtiges Beschäftigungsverhältnis bestanden hat und die Gewinnanteile zusammen mit den sonstigen für das laufende Kalenderjahr festgestellten

beitragspflichtigen Einnahmen die anteilige Beitragsbemessungsgrenze des laufenden Kalenderjahres übersteigen (März-Klausel).

6.18   Gewinnchance

Gewinnchance aus einer unentgeltlichen Verlosung von Sachpreisen durch den Arbeitgeber.

Lohnsteuerpflicht	Beitragspflicht KV PV RV ALV	Beitragspflicht UV
Nein	Nein	Nein
BFH, Urteil vom 25.11.1993, BStBl 1994 II S. 254	§ 14 Abs. 1 SGB IV, § 1 Abs. 1 SvEV	§ 14 Abs. 1 SGB IV, § 1 Abs. 1 SvEV

Mindestlohn-Relevanz: **Nein**

Entgeltzuordnung in der Sozialversicherung: **Kein Arbeitsentgelt im Sinne der Sozialversicherung.**

6.19   Goldplakette

Goldplakette oder Goldmedaille, die der Arbeitgeber einem Arbeitnehmer aus Anlass dessen Dienstjubiläums zuwendet. S. Jubiläumszuwendung.

Lohnsteuerpflicht	Beitragspflicht KV PV RV ALV	Beitragspflicht UV
Ja	Ja	Ja
§ 19 Abs. 1 Nr. 1 EStG	§ 14 Abs. 1 Satz 1 SGB IV, § 23a SGB IV	§ 14 Abs. 1 Satz 1 SGB IV, § 23a SGB IV

Mindestlohn-Relevanz: **Nein**

Entgeltart: **Einmalzahlung**

Entgeltzuordnung in der Sozialversicherung: **Entgeltabrechnungsmonat, in dem die Zuwendung an den Arbeitnehmer erfolgt.**

6.20 Gratifikation

Z.B. Weihnachtsgeld

Lohnsteuerpflicht	Beitragspflicht KV PV RV ALV	Beitragspflicht UV
Ja	Ja	Ja
§19 Abs. 1 Nr. 1 EStG	§14 Abs. 1 Satz 1 SGB IV, §23a SGB IV	§14 Abs. 1 Satz 1 SGB IV, §23a SGB IV

Mindestlohn-Relevanz: Ja

Entgeltart: Einmalzahlung

Entgeltzuordnung in der Sozialversicherung: Entgeltabrechnungsmonat, in dem die Gratifikationen ausgezahlt werden. Gratifikationen, die in den Monaten Januar bis März eines Jahres ausgezahlt werden, sind dem letzten Entgeltabrechnungsmonat des vergangenen Jahres (Vorjahres) zuzuordnen, wenn in dem vergangenen Jahr bei demselben Arbeitgeber ein versicherungspflichtiges Beschäftigungsverhältnis bestanden hat und die Gratifikationen zusammen mit den sonstigen für das laufende Kalenderjahr festgestellten beitragspflichtigen Einnahmen die anteilige Beitragsbemessungsgrenze des laufenden Kalenderjahres übersteigen (März-Klausel).

6.21 Gruppen-Unfallversicherung

S. Arbeitgeberbeitrag, pauschal besteuerte Bezüge und Unfallversicherungsbeitrag.

6.22 Gutschein

Gutschein zum Bezug von Waren oder Dienstleistungen bis 44 EUR pro Monat.

Lohnsteuerpflicht	Beitragspflicht KV PV RV ALV	Beitragspflicht UV
Nein	Nein	Nein
§8 Abs. 2 Satz 11 EStG	§14 Abs. 1 SGB IV, §1 Abs. 1 Nr. 1 SvEV	§14 Abs. 1 SGB IV, §1 Abs. 1 Nr. 1 SvEV

Mindestlohn-Relevanz: **Nein**

Entgeltzuordnung in der Sozialversicherung: **Kein Arbeitsentgelt im Sinne der Sozialversicherung.**

7 Haftpflichtversicherung bis Hundegeld

7.1 Haftpflichtversicherung
S. Berufshaftpflichtversicherung.

7.2 Haustrunk
Im Brauereigewerbe. S. Freitrunk und Preisnachlass.

Lohnsteuerpflicht	Beitragspflicht KV PV RV ALV	Beitragspflicht UV
Nein	Nein	Nein
§8 Abs. 3 EStG, R 32 LStR	§14 Abs. 1 SGB IV, §1 Abs. 1 SvEV	§14 Abs. 1 SGB IV, §1 Abs. 1 SvEV

Mindestlohn-Relevanz: **Nein**

Entgeltzuordnung in der Sozialversicherung: **Kein Arbeitsentgelt im Sinne der Sozialversicherung.**

7.3 Heimarbeiterzuschlag (Arbeitsunfähigkeit)
Heimarbeiterzuschlag zur Abgeltung der bei Arbeitsunfähigkeit nicht gewährten Lohnfortzahlung.

Lohnsteuerpflicht	Beitragspflicht KV PV RV ALV	Beitragspflicht UV
Ja	Nein	Nein
	§1 Abs. 1 Satz 1 Nr. 5 SvEV	§1 Abs. 1 Satz 1 Nr. 5 SvEV

Mindestlohn-Relevanz: **Nein**

Entgeltzuordnung in der Sozialversicherung: **Kein Arbeitsentgelt im Sinne der Sozialversicherung.**

7.4 Heimarbeiterzuschlag (Mehraufwendungen)

Heimarbeiterzuschlag zur Abgeltung der entstehenden Mehraufwendungen (z. B. Heizung und Beleuchtung), soweit sie 10 % des Grundlohns nicht übersteigen.

Lohnsteuerpflicht	Beitragspflicht KV PV RV ALV	Beitragspflicht UV
Nein	Nein	Nein
R 9.13 Abs. 2 LStR	§ 14 Abs. 1 SGB IV, § 1 SvEV	§ 14 Abs. 1 SGB IV, § 1 SvEV

Mindestlohn-Relevanz: **Nein**

Entgeltzuordnung in der Sozialversicherung: **Kein Arbeitsentgelt im Sinne der Sozialversicherung.**

7.5 Heiratsbeihilfe

Unabhängig von der Höhe ist eine Heiratsbeihilfe des Arbeitgebers steuer- und sozialversicherungspflichtig.

Lohnsteuerpflicht	Beitragspflicht KV PV RV ALV	Beitragspflicht UV
Ja	Ja	Ja
§ 19 Abs. 1 EStG	§ 14 Abs. 1 Satz 1 SGB IV, § 23a SGB IV	§ 14 Abs. 1 Satz 1 SGB IV, § 23a SGB IV

Mindestlohn-Relevanz: **Nein**

Entgeltart: **Einmalzahlung**

Entgeltzuordnung in der Sozialversicherung: **Entgeltabrechnungsmonat, in dem die Heiratsbeihilfe ausgezahlt wird. Heiratsbeihilfen, die in den Monaten Januar bis März eines Jahres ausgezahlt werden, sind dem letzten Entgeltabrechnungsmonat des vergangenen Jahres (Vorjahres) zuzuordnen, wenn in dem vergangenen Jahr bei demselben Arbeitgeber ein versicherungspflichtiges Beschäftigungsverhältnis bestanden hat und die Heiratsbeihilfen zu-**

sammen mit den sonstigen für das laufende Kalenderjahr festgestellten beitragspflichtigen Einnahmen die anteilige Beitragsbemessungsgrenze des laufenden Kalenderjahres übersteigen (März-Klausel).

7.6 Heizmaterial
S. Sachbezüge.

7.7 Hitzezuschlag
S. Erschwerniszuschlag.

Lohnsteuerpflicht	Beitragspflicht KV PV RV ALV	Beitragspflicht UV
Ja	Ja	Ja
R 70 Abs. 1 Nr. 1 LStR	§ 14 Abs. 1 Satz 1 SGB IV	§ 14 Abs. 1 Satz 1 SGB IV

Mindestlohn-Relevanz: Nein

Entgeltart: Laufendes Arbeitsentgelt

Entgeltzuordnung in der Sozialversicherung: Entgeltabrechnungsmonat, für den der Zuschlag gezahlt werden muss.

7.8 Home-Office (Zahlungen des Arbeitgebers)
Zahlung als Werbungskostenersatz für Kosten der Miete, Reinigung und Heizung des Arbeitszimmers (innerhalb der Privatwohnung des Arbeitnehmers).

Lohnsteuerpflicht	Beitragspflicht KV PV RV ALV	Beitragspflicht UV
Ja	Ja	Ja
§ 2 Abs. 1 EStDV	§ 14 Abs. 1 Satz 1 SGB IV	§ 14 Abs. 1 Satz 1 SGB IV

Mindestlohn-Relevanz: Nein

Entgeltart: Laufendes Arbeitsentgelt

Entgeltzuordnung in der Sozialversicherung: Entgeltabrechnungsmonat, in dem der Arbeitgeber dem Arbeitnehmer die Kosten erstattet.

7.9 Hundegeld

S. Futter- und Pflegegeld.

8 Incentive-Reise bis Instrumenten-versicherung

8.1 Incentive-Reise

Incentive-Reise, die vom Arbeitgeber im Rahmen von Verkaufswettbewerben als Prämie für erfolgreiche Verkäufer ausgeschrieben und kostenlos gewährt wird.

Lohnsteuerpflicht	Beitragspflicht KV PV RV ALV	Beitragspflicht UV
Ja	Ja	Ja
§8 Abs. 2 EStG	§14 Abs. 1 Satz 1 SGB IV, §23a SGB IV	§14 Abs. 1 Satz 1 SGB IV, §23a SGB IV

Mindestlohn-Relevanz: Nein

Entgeltart: Einmalzahlung

Entgeltzuordnung in der Sozialversicherung: Entgeltabrechnungsmonat, in dem die Prämien in Anspruch genommen werden.

8.2 Insolvenzgeld

Lohnsteuerpflicht	Beitragspflicht KV PV RV ALV	Beitragspflicht UV
Nein	Nein	Nein
§3 Nr. 2 EStG, R 3.2 LStR	§14 Abs. 1 SGB IV, §1 Abs. 1 SvEV	§14 Abs. 1 SGB IV, §1 Abs. 1 SvEV

Mindestlohn-Relevanz: Nein, da von Bundesagentur für Arbeit gezahlt.

Entgeltzuordnung in der Sozialversicherung: Kein Arbeitsentgelt im Sinne der Sozialversicherung.

8.3 Instrumentengeld

Vom Arbeitgeber an den Arbeitnehmer gezahltes Instrumentengeld bei Musikern. Es handelt sich um steuerpflichtigen Werbungskostenersatz. S. auch Pauschales Rohr-, Saiten- oder Blattgeld (Berufsmusiker).

Lohnsteuerpflicht	Beitragspflicht KV PV RV ALV	Beitragspflicht UV
Ja	Ja	Ja
R 3.30 Abs. 1 LStR und BFH, Urteil vom 21.8.1995 – VI R 30/95	§14 Abs. 1 Satz 1 SGB IV und BSG, Urteil vom 26.5.2004 – B 12 KR 2/03	§14 Abs. 1 Satz 1 SGB IV und BSG, Urteil vom 26.5.2004 – B 12 KR 2/03

Mindestlohn-Relevanz: **Nein**

Entgeltart: **Laufendes Arbeitsentgelt**

Entgeltzuordnung in der Sozialversicherung: **Entgeltabrechnungsmonat, für den der Anspruch auf das Instrumentengeld entsteht.**

8.4 Instrumentenversicherung

Ersetzt der Arbeitgeber dem Arbeitnehmer (Musiker) Kosten der Instrumentenversicherung, so liegt im Allgemeinen ein steuer- und damit auch beitragspflichtiger Werbungskostenersatz vor. S. aber Reparaturgeld.

Lohnsteuerpflicht	Beitragspflicht KV PV RV ALV	Beitragspflicht UV
Ja	Ja	Ja
§2 Abs. 1 LStDV	§14 Abs. 1 Satz 1 SGB IV	§14 Abs. 1 Satz 1 SGB IV

Mindestlohn-Relevanz: **Nein**

Entgeltart: **Laufendes Arbeitsentgelt**

Entgeltzuordnung in der Sozialversicherung: **Entgeltabrechnungsmonat, für den der Anspruch auf den Zuschuss des Arbeitgebers besteht.**

9 Jahresabschlussprämie bis Jobticket

9.1 Jahresabschlussprämie
S. Gewinnanteile.

Lohnsteuerpflicht	Beitragspflicht KV PV RV ALV	Beitragspflicht UV
Ja	Ja	Ja
§ 19 Abs. 1 Nr. 1 EStG	§ 14 Abs. 1 Satz 1 SGB IV, § 23a SGB IV	§ 14 Abs. 1 Satz 1 SGB IV, § 23a SGB IV

Mindestlohn-Relevanz: Ja, wenn vorbehaltlos und unwiderruflich gewährt.

Entgeltart: Einmalzahlung

Entgeltzuordnung in der Sozialversicherung: Entgeltabrechnungsmonat, in dem die Jahresabschlussprämie ausgezahlt wird. Jahresabschlussprämien, die in den Monaten Januar bis März eines Jahres ausgezahlt werden, sind dem letzten Entgeltabrechnungsmonat des vergangenen Jahres (Vorjahres) zuzuordnen, wenn in dem vergangenen Jahr bei demselben Arbeitgeber ein versicherungspflichtiges Beschäftigungsverhältnis bestanden hat und die Heiratsbeihilfen zusammen mit den sonstigen für das laufende Kalenderjahr festgestellten beitragspflichtigen Einnahmen die anteilige Beitragsbemessungsgrenze des laufenden Kalenderjahres übersteigen (März-Klausel).

9.2 Jahreswagenrabatt
Preisnachlass an Mitarbeiter in der Automobilindustrie bzw. der Kfz-Branche, sofern der Rabattfreibetrag von 1.080 EUR nicht überschritten wird.

Lohnsteuerpflicht	Beitragspflicht KV PV RV ALV	Beitragspflicht UV
Nein	Nein	Nein
§ 8 Abs. 3 EStG, R 8.2 LStR	§ 14 Abs. 1 SGB IV, § 1 Abs. 1 SvEV	§ 14 Abs. 1 SGB IV, § 1 Abs. 1 SvEV

Mindestlohn-Relevanz: **Nein**

Entgeltzuordnung in der Sozialversicherung: **Kein Arbeitsentgelt im Sinne der Sozialversicherung.**

9.3 Jobticket (im Wert von mehr als 44 EUR monatlich)

Geldwerter Vorteil aus unentgeltlicher Überlassung eines Jobtickets im Wert von mehr als 44 EUR monatlich ist lohnsteuerpflichtiger Arbeitslohn. SV: Zählt nur zum regelmäßigen Arbeitsentgelt, wenn ein Rechtsanspruch besteht (Vertrag oder betriebliche Übung). S. Fahrtkostenersatz.

Lohnsteuerpflicht	Beitragspflicht KV PV RV ALV	Beitragspflicht UV
Ja	Ja	Ja
R 8.1 Abs. 3 LStR	§ 14 Abs. 1 Satz 1 SGB IV, § 23a SGB IV	§ 14 Abs. 1 Satz 1 SGB IV, § 23a SGB IV

Mindestlohn-Relevanz: **Nein**

Entgeltart: **Einmalzahlung**

Entgeltzuordnung in der Sozialversicherung: **Entgeltabrechnungsmonat, in dem der Fahrkostenersatz ausgezahlt wird. Fahrkostenersatz, der in den Monaten Januar bis März eines Jahres ausgezahlt wird, ist dem letzten Entgeltabrechnungsmonat des vergangenen Jahres (Vorjahres) zuzuordnen, wenn in dem vergangenen Jahr bei demselben Arbeitgeber ein versicherungspflichtiges Beschäftigungsverhältnis bestanden hat und die Heiratsbeihilfen zusammen mit den sonstigen für das laufende Kalenderjahr festgestellten beitragspflichtigen Einnahmen die anteilige Beitragsbemessungsgrenze des laufenden Kalenderjahres übersteigen (März-Klausel).**

9.4 Jubiläumszuwendung

Eine Jubiläumszuwendung erhält der Arbeitnehmer aus Anlass eines eigenen oder eines Geschäftsjubiläums. S. auch Betriebsveranstaltung und Bewirtungskosten.

Lohnsteuerpflicht	Beitragspflicht KV PV RV ALV	Beitragspflicht UV
Ja	Ja	Ja
§19 Abs. 1 EStG	§14 Abs. 1 Satz 1 SGB IV, §23a SGB IV	§14 Abs. 1 Satz 1 SGB IV, §23a SGB IV

Mindestlohn-Relevanz: Nein

Entgeltart: Einmalzahlung

Entgeltzuordnung in der Sozialversicherung: Entgeltabrechnungsmonat, in dem die Jubiläumszuwendung ausgezahlt wird. Jubiläumszuwendung, die in den Monaten Januar bis März eines Jahres ausgezahlt wird, ist dem letzten Entgeltabrechnungsmonat des vergangenen Jahres (Vorjahres) zuzuordnen, wenn in dem vergangenen Jahr bei demselben Arbeitgeber ein versicherungspflichtiges Beschäftigungsverhältnis bestanden hat und die Heiratsbeihilfen zusammen mit den sonstigen für das laufende Kalenderjahr festgestellten beitragspflichtigen Einnahmen die anteilige Beitragsbemessungsgrenze des laufenden Kalenderjahres übersteigen (März-Klausel).

10 Kapitalabfindung bis Kurzarbeiter- geldzuschuss

10.1 Kapitalabfindung
Aufgrund der Beamten-(Pensions-)Gesetze gezahlte Kapitalabfindung.

Lohnsteuerpflicht	Beitragspflicht KV PV RV ALV	Beitragspflicht UV
Nein	Nein	Nein
§3 Nr. 3 EStG	§14 Abs. 1 SGB IV, §1 Abs. 1 SvEV	§14 Abs. 1 SGB IV, §1 Abs. 1 SvEV

Mindestlohn-Relevanz: **Nein**

Entgeltzuordnung in der Sozialversicherung: **Kein Arbeitsentgelt im Sinne der Sozialversicherung.**

10.2 Kapitalbeteiligung
S. Mitarbeiter-Kapitalbeteiligung und Vermögensbeteiligung.

10.3 Karenzentschädigung
Karenzentschädigung wegen eines Wettbewerbsverbots für die Zeit nach Beendigung des Dienstverhältnisses.

Lohnsteuerpflicht	Beitragspflicht KV PV RV ALV	Beitragspflicht UV
Ja	Nein	Nein
§2 Abs. 2 Nr. 4 LStDV; BFH, Urteil v. 13.2.1987, VI R 230/83	LSG-Urteil Berlin vom 27. 7. 1983 L 9 Kr 45/78	LSG-Urteil Berlin vom 27. 7. 1983 L 9 Kr 45/78

Mindestlohn-Relevanz: **Nein**

Entgeltzuordnung in der Sozialversicherung: Kein Arbeitsentgelt im Sinne der Sozialversicherung.

10.4 Kassenverlustentschädigung

S. Fehlgeldentschädigung.

Lohnsteuerpflicht	Beitragspflicht KV PV RV ALV	Beitragspflicht UV
Nein	Nein	Nein
R 70 Abs. 1 Nr. 4 LStR	§ 14 Abs. 1 SGB IV, § 1 Abs. 1 SvEV	§ 14 Abs. 1 SGB IV, § 1 Abs. 1 SvEV

Mindestlohn-Relevanz: Nein

Entgeltzuordnung in der Sozialversicherung: Kein Arbeitsentgelt im Sinne der Sozialversicherung.

10.5 Kaufkraftausgleich

Ausgleich, den ein deutscher Unternehmer seinen für eine begrenzte Zeit ins Ausland entsandten Arbeitnehmern zahlt, um die höheren Lebenshaltungskosten am Einsatzort auszugleichen. Der Arbeitnehmer muss im Zuge dessen seinen Wohnsitz oder seinen gewöhnlichen Aufenthalt im Ausland haben, außerdem darf der für vergleichbare Auslandsbezüge zulässige Betrag gemäß § 54 BBesG nicht überschritten werden.

Lohnsteuerpflicht	Beitragspflicht KV PV RV ALV	Beitragspflicht UV
Nein	Nein	Nein
§ 3 Nr. 64 EStG	§ 14 Abs. 1 SGB IV, § 1 Abs. 1 SvEV	§ 14 Abs. 1 SGB IV, § 1 Abs. 1 SvEV

Mindestlohn-Relevanz: Nein

Entgeltzuordnung in der Sozialversicherung: Kein Arbeitsentgelt im Sinne der Sozialversicherung.

10.6 Kilometergeld
S. Auslösungen und Fahrtkostenersatz.

10.7 Kindergartenplatz
Übernahme der Kosten für einen Kindergartenplatz (nicht schulpflichtiger Kinder) oder Stellung eines Platzes in einem betrieblichen Kindergarten – zusätzlich zum ohnehin geschuldeten Arbeitsentgelt.

Lohnsteuerpflicht	Beitragspflicht KV PV RV ALV	Beitragspflicht UV
Nein	Nein	Nein
§3 Nr. 33 EStG, R 3.33 Abs. 1 Satz 3 LStR	§14 Abs. 1 SGB IV, §1 Abs. 1 SvEV	§14 Abs. 1 SGB IV, §1 Abs. 1 SvEV

Mindestlohn-Relevanz: **Nein**

Entgeltzuordnung in der Sozialversicherung: **Kein Arbeitsentgelt im Sinne der Sozialversicherung.**

10.8 Kindergartenzuschuss
Kindergartenzuschuss des Arbeitgebers zur Unterbringung und Betreuung von nicht schulpflichtigen Kindern in einem betriebseigenen oder auch betriebsfremden Kindergarten. Originalrechnung als Beleg erforderlich.

Lohnsteuerpflicht	Beitragspflicht KV PV RV ALV	Beitragspflicht UV
Nein	Nein	Nein
§3 Nr. 33 EStG, R 3.33 LStR	§14 Abs. 1 SGB IV, §1 Abs. 1 Nr. 1 SvEV	§14 Abs. 1 SGB IV, §1 Abs. 1 Nr. 1 SvEV

Mindestlohn-Relevanz: **Nein**

Entgeltzuordnung in der Sozialversicherung: **Kein Arbeitsentgelt im Sinne der Sozialversicherung.**

10.9 Kindergeld

Kindergeld nach dem Bundeskindergeldgesetz.

Lohnsteuerpflicht	Beitragspflicht KV PV RV ALV	Beitragspflicht UV
Nein	Nein	Nein
§3 Nr. 24 EStG	Kein Arbeitsentgelt i.S. des §14 Abs. 1 Satz 1 SGB IV	Kein Arbeitsentgelt i.S. des §14 Abs. 1 Satz 1 SGB IV

Mindestlohn-Relevanz: **Nein**

Entgeltzuordnung in der Sozialversicherung: **Kein Arbeitsentgelt im Sinne der Sozialversicherung.**

10.10 Kinderverschickung

Kinderverschickung wegen eines schlechten Gesundheitszustands des Kindes und wenn der Arbeitnehmer zur Übernahme der Kosten wirtschaftlich nicht in der Lage ist.

Lohnsteuerpflicht	Beitragspflicht KV PV RV ALV	Beitragspflicht UV
Nein	Nein	Nein
R 3.11 Abs. 2 LStR	Kein Arbeitsentgelt i.S. des §14 Abs. 1 Satz 1 SGB IV	Kein Arbeitsentgelt i.S. des §14 Abs. 1 Satz 1 SGB IV

Mindestlohn-Relevanz: **Nein**

Entgeltzuordnung in der Sozialversicherung: **Kein Arbeitsentgelt im Sinne der Sozialversicherung.**

10.11 Kinderzuschlag

Alle mit Rücksicht auf den Familienstand gewährten Zuschläge nach den Vorschriften geltender Besoldungsgesetze, Tarifverträge oder Einzelarbeitsverträge. (Diese Zuschläge bleiben bei der Ermittlung des Arbeitsentgelts im

Zuge der Prüfung auf Krankenversicherungspflicht gemäß §6 Abs. 1 Satz 1
Nr. 1 SGB V unberücksichtigt.)

Lohnsteuerpflicht	Beitragspflicht KV PV RV ALV	Beitragspflicht UV
Ja	Ja	Ja
§3 Nr. 11 Satz 2 EStG	§14 Abs. 1 Satz 1 SGB IV	§14 Abs. 1 Satz 1 SGB IV

Mindestlohn-Relevanz: Ja

Entgeltart: Laufendes Arbeitsentgelt

Entgeltzuordnung in der Sozialversicherung: Entgeltabrechnungsmonat, für den
die Kinderzuschläge gezahlt werden.

10.12 Kinderzuschuss
Kinderzuschuss aus der gesetzlichen Rentenversicherung.

Lohnsteuerpflicht	Beitragspflicht KV PV RV ALV	Beitragspflicht UV
Nein	Nein	Nein
§3 Nr. 1 Bst. b EStG	Kein Arbeitsentgelt i.S. des §14 Abs. 1 Satz 1 SGB IV	Kein Arbeitsentgelt i.S. des §14 Abs. 1 Satz 1 SGB IV

Mindestlohn-Relevanz: Nein

Entgeltzuordnung in der Sozialversicherung: Kein Arbeitsentgelt im Sinne der
Sozialversicherung.

10.13 Kirchensteuer
S. Lohn- und Kirchensteuer.

10.14 Kleidergeld
S. Arbeitskleidung.

10.15 Kontoeröffnungsgebühr

Vor Arbeitgeber ersetzte Kontoeröffnungsgebühr.

Lohnsteuerpflicht	Beitragspflicht KV PV RV ALV	Beitragspflicht UV
Ja	Ja	Ja
R 19.3 Abs. 3 Nr. 1 LStR	§14 Abs. 1 Satz 1 SGB IV, §23a SGB IV	§14 Abs. 1 Satz 1 SGB IV, §23a SGB IV

Mindestlohn-Relevanz: Nein

Entgeltart: Einmalzahlung

Entgeltzuordnung in der Sozialversicherung: Entgeltabrechnungsmonat, in dem die Kontoeröffnungsgebühren an den Arbeitnehmer ersetzt werden.

10.16 Kontoführungsgebühr

Kontoführungsgebühr, die der Arbeitgeber bei einem Lohn- oder Gehaltskonto ersetzt, ist steuerpflichtiger Werbungskostenersatz.

Lohnsteuerpflicht	Beitragspflicht KV PV RV ALV	Beitragspflicht UV
Ja	Ja	Ja
R 19.3 Abs. 3 Nr. 1 LStR	§14 Abs. 1 Satz 1 SGB IV	§14 Abs. 1 Satz 1 SGB IV

Mindestlohn-Relevanz: Nein

Entgeltart: Laufendes Arbeitsentgelt

Entgeltzuordnung in der Sozialversicherung: Entgeltabrechnungsmonat, für den die Kontoführungsgebühren gezahlt werden.

10.17 Kraftfahrzeugüberlassung (Fahrten zwischen Wohnung und Arbeitsstätte, 0,03% bzw. 0,002%-Regelung)

Steht der PKW dem Arbeitnehmer für arbeitstägliche Fahrten zum Betrieb zur Verfügung, kann der Vorteil insoweit mit monatlich 0,03% bzw. täglich mit 0,002% des auf volle 100 EUR abgerundeten Bruttolistenpreises im Zeitpunkt der Erstzulassung des Fahrzeugs pro Entfernungskilometer angesetzt werden.

Lohnsteuerpflicht	Beitragspflicht KV PV RV ALV	Beitragspflicht UV
Ja	Ja	Ja
§8 Abs. 2 EStG	§14 Abs. 1 Satz 1 SGB IV	§14 Abs. 1 Satz 1 SGB IV

Mindestlohn-Relevanz: Nein

Entgeltart: Laufendes Arbeitsentgelt

Entgeltzuordnung in der Sozialversicherung: Entgeltabrechnungsmonat, für den der geldwerte Vorteil gewährt wird.

10.18 Kraftfahrzeugüberlassung (Fahrten zwischen Wohnung und Arbeitsstätte, pauschal versteuert)

Pauschale Versteuerung, für Fahrten zwischen Wohnung und Arbeitsstätte.

Lohnsteuerpflicht	Beitragspflicht KV PV RV ALV	Beitragspflicht UV
Ja	Nein	Nein
§40 Abs. 2 Satz 2 EStG	§1 Abs. 1 Satz 1 Nr. 3 SvEV	§1 Abs. 1 Satz 1 Nr. 3 SvEV

Mindestlohn-Relevanz: Nein

Entgeltzuordnung in der Sozialversicherung: Kein Arbeitsentgelt im Sinn der Sozialversicherung.

10.19 Kraftfahrzeugüberlassung (Familienheimfahrten bei doppelter Haushaltsführung)

Für Familienheimfahrten ist nur für die 2. und jede weitere Heimfahrt bei doppelter Haushaltsführung jeweils für jeden Kilometer der Entfernung 0,002 % des inländischen Bruttolistenpreises als geldwerter Vorteil anzusetzen. Zahlt der Arbeitnehmer eine Nutzungsentschädigung, mindert diese den ermittelten Vorteil.

Lohnsteuerpflicht	Beitragspflicht KV PV RV ALV	Beitragspflicht UV
Ja	Ja	Ja
§ 8 Abs. 2 Satz 5 EStG	§ 14 Abs. 1 Satz 1 SGB IV	§ 14 Abs. 1 Satz 1 SGB IV

Mindestlohn-Relevanz: Nein

Entgeltart: Laufendes Arbeitsentgelt

Entgeltzuordnung in der Sozialversicherung: Entgeltabrechnungsmonat, für den der geldwerte Vorteil abgerechnet wird.

10.20 Kraftfahrzeugüberlassung (Familienheimfahrten)

Lohnsteuerpflicht	Beitragspflicht KV PV RV ALV	Beitragspflicht UV
Nein	Nein	Nein
§ 8 Abs. 2 Satz 5 EStG	§ 14 Abs. 1 SGB IV, § 1 Abs. 1 SvEV	§ 14 Abs. 1 SGB IV, § 1 Abs. 1 SvEV

Mindestlohn-Relevanz: Nein

Entgeltzuordnung in der Sozialversicherung: Kein Arbeitsentgelt im Sinne der Sozialversicherung.

10.21 Kraftfahrzeugüberlassung (Grundsatz)

Kraftfahrzeugüberlassung ist bei unentgeltlicher Überlassung durch den Arbeitgeber für Fahrten zwischen Wohnung und Arbeitsstätte und für private Nutzung ein geldwerter Vorteil.

Lohnsteuerpflicht	Beitragspflicht KV PV RV ALV	Beitragspflicht UV
Ja	Ja	Ja
§8 Abs. 2 EStG, R 8.1 Abs. 9 LStR	§14 Abs. 1 Satz 1 SGB IV	§14 Abs. 1 Satz 1 SGB IV

Mindestlohn-Relevanz: Nein

Entgeltart: Laufendes Arbeitsentgelt

Entgeltzuordnung in der Sozialversicherung: Entgeltabrechnungsmonat, für den der geldwerte Vorteil abgerechnet wird.

10.22 Krankenbezüge (nach TVÖD)

Gehaltsfortzahlung bei Arbeitsunfähigkeit gemäß dem TVÖD.

Lohnsteuerpflicht	Beitragspflicht KV PV RV ALV	Beitragspflicht UV
Ja	Ja	Ja
§19 Abs. 1 EStG	§14 Abs. 1 Satz 1 SGB IV	§14 Abs. 1 Satz 1 SGB IV

Mindestlohn-Relevanz: Nein

Entgeltart: Laufendes Arbeitsentgelt

Entgeltzuordnung in der Sozialversicherung: Entgeltabrechnungsmonat, für den der Anspruch auf die Gehaltsfortzahlung besteht.

10.23 Krankenbezüge (Übergang nach §115 SGB X)

Verweigert der Arbeitgeber die Entgeltfortzahlung, geht die Zahlungsverpflichtung und der Ersatzanspruch auf den Leistungsträger über (§115 SGB X).

Lohnsteuerpflicht	Beitragspflicht KV PV RV ALV	Beitragspflicht UV
Ja	Ja	Ja
§19 Abs. 1 EStG; §2 Abs. 2 Nr. 5 LStDV	SG München, Urteil vom 20.2.1973 S 22/Kr 57/72	SG München, Urteil vom 20.2.1973 S 22/Kr 57/72

Mindestlohn-Relevanz: Nein

Entgeltart: Laufendes Arbeitsentgelt

Entgeltzuordnung in der Sozialversicherung: Entgeltabrechnungsmonat, für den der Anspruch auf die Krankenbezüge besteht.

10.24 Krankengeldzuschuss (GKV), Nettodifferenz mehr als 50 EUR überschritten

SV: Beitragspflicht des AG-Zuschusses, falls dieser um mehr als 50 EUR pro Monat (= maßgebliche Freigrenze) die Differenz zwischen früherem Nettoarbeitsentgelt und dem Nettokrankengeld überschreitet. Beitragspflichtig ist der AG-Zuschuss, soweit er die Nettodifferenz überschreitet, dann in voller Höhe.

Lohnsteuerpflicht	Beitragspflicht KV PV RV ALV	Beitragspflicht UV
Ja	Ja	Ja
§2 Abs. 2 Nr. 3 LStDV	§14 Abs. 1 Satz 1 SGB IV; §23c SGB IV	§14 Abs. 1 Satz 1 SGB IV; §23c SGB IV

Mindestlohn-Relevanz: Nein

Entgeltart: Laufendes Arbeitsentgelt

Entgeltzuordnung in der Sozialversicherung: Entgeltabrechnungszeitraum, in dem die Zuschüsse ausgezahlt werden.

10.25 Krankengeldzuschuss (GKV), Nettodifferenz nicht mehr als 50 EUR überschritten

SV: Beitragsfreiheit des AG-Zuschusses in voller Höhe, falls dieser nicht mehr als 50 EUR pro Monat (= maßgebliche Freigrenze) die Differenz zwischen früherem Nettoarbeitsentgelt und dem Nettokrankengeld überschreitet.

Lohnsteuerpflicht	Beitragspflicht KV PV RV ALV	Beitragspflicht UV
Ja	Nein	Nein
§2 Abs. 2 Nr. 3 LStDV	§23c Abs. 1 SGB IV	§23c Abs. 1 SGB IV

Mindestlohn-Relevanz: Nein

Entgeltzuordnung in der Sozialversicherung: Kein Arbeitsentgelt im Sinn der Sozialversicherung.

10.26 Krankentagegeldzuschuss (PKV), Nettodifferenz mehr als 50 EUR überschritten

SV: Beitragspflicht des AG-Zuschusses, falls dieser um mehr als 50 EUR pro Monat (= maßgebliche Freigrenze) die Differenz zwischen früherem Nettoarbeitsentgelt und dem Nettokrankentagegeld überschreitet. Beitragspflichtig ist der AG-Zuschuss, soweit er die Nettodifferenz überschreitet, dann in voller Höhe.

Lohnsteuerpflicht	Beitragspflicht KV PV RV ALV	Beitragspflicht UV
Ja	Ja	Ja
§2 Abs. 2 Nr. 3 LStDV	§14 Abs. 1 Satz 1 SGB IV; §23c Abs. 1 SGB IV	§14 Abs. 1 Satz 1 SGB IV; §23c Abs. 1 SGB IV

Mindestlohn-Relevanz: Nein

Entgeltart: Laufendes Arbeitsentgelt

Entgeltzuordnung in der Sozialversicherung: Entgeltabrechnungszeitraum, in dem die Zuschüsse ausgezahlt werden.

10.27 Krankentagegeldzuschüsse (PKV), Nettodifferenz nicht mehr als 50 EUR überschritten

SV: Beitragsfreiheit des AG-Zuschusses in voller Höhe, falls dieser nicht mehr als 50 EUR pro Monat (= maßgebliche Freigrenze) die Differenz zwischen früherem Nettoarbeitsentgelt und dem Nettokrankentagegeld) überschreitet.

Lohnsteuerpflicht	Beitragspflicht KV PV RV ALV	Beitragspflicht UV
Ja	Nein	Nein
§2 Abs. 2 Nr. 3 LStDV	§23c Abs. 1 SGB IV	§23c Abs. 1 SGB IV

Mindestlohn-Relevanz: Nein

Entgeltzuordnung in der Sozialversicherung: Kein Arbeitsentgelt im Sinn der Sozialversicherung.

10.28 Kreditkarte (Firmenkreditkarte mit Privatnutzung)

Entgegen der Firmenkreditkarte ohne Privatnutzung wird hier die Kreditkarte in erheblichem Umfang privat genutzt. Das selbe Resultat ergibt sich, wenn der Arbeitgeber die Gebühr einer privaten Kreditkarte an einen Arbeitnehmer erstattet, und Letzterer die Karte in erheblichem Umfang privat nutzt.

Lohnsteuerpflicht	Beitragspflicht KV PV RV ALV	Beitragspflicht UV
Ja	Ja	Ja
§19 Abs. 1 EStG; §8 Abs. 2 EStG	§14 Abs. 1 Satz 1 SGB IV	§14 Abs. 1 Satz 1 SGB IV

Mindestlohn-Relevanz: Nein

Entgeltart: Laufendes Arbeitsentgelt

Entgeltzuordnung in der Sozialversicherung: Entgeltabrechnungsmonat, für den die Firmenkreditkarte überlassen wird bzw. der Arbeitgeber dem Arbeitnehmer die Gebühren erstattet.

10.29 Kreditkarte (Firmenkreditkarte ohne Privatnutzung)

Bei Arbeitnehmern mit umfangreicher Reisetätigkeit auf den Namen und für Rechnung des Arbeitgebers ausgegebene Kreditkarten. Hier muss die private Nutzung der Karte gegenüber der dienstlichen Nutzung jedoch von untergeordneter Bedeutung sein.

Lohnsteuerpflicht	Beitragspflicht KV PV RV ALV	Beitragspflicht UV
Nein	Nein	Nein
Schreiben des BMF vom 29.9.1998	§ 14 Abs. 1 SGB IV, § 1 Abs. 1 SvEV	§ 14 Abs. 1 SGB IV, § 1 Abs. 1 SvEV

Mindestlohn-Relevanz: Nein

Entgeltzuordnung in der Sozialversicherung: Kein Arbeitsentgelt im Sinne der Sozialversicherung.

10.30 Kundenbindungsprogramm

S. Sachprämie und Vielfliegerprogramm.

10.31 Kurkosten

Übernahme der Kurkosten bei älteren Arbeitnehmern. S. Beihilfen, Erholungsbeihilfe, Pauschal versteuerte Bezüge und Vorsorgeuntersuchung.

Lohnsteuerpflicht	Beitragspflicht KV PV RV ALV	Beitragspflicht UV
Ja	Ja	Ja
BFH, Urteil vom 31.10.1986 VI R 73/83	§ 14 Abs. 1 Satz 1 SGB IV	§ 14 Abs. 1 Satz 1 SGB IV

Mindestlohn-Relevanz: Nein

Entgeltart: Laufendes Arbeitsentgelt

Entgeltzuordnung in der Sozialversicherung: Entgeltabrechnungsmonat, für den die Kurkosten übernommen werden.

10.32 Kurzarbeit (Ist-Entgelt für tatsächliche Arbeitsleistung)

Das Entgelt für tatsächlich vom Arbeitnehmer erbrachte Arbeitsleistung innerhalb von Kurzarbeitsphasen ist in allen SV-Zweigen incl. der UV normal beitragspflichtig.

Lohnsteuerpflicht	Beitragspflicht KV PV RV ALV	Beitragspflicht UV
Ja	Ja	Ja
§19 Abs. 1 EStG	§14 Abs. 1 Satz 1 SGB IV	§14 Abs. 1 Satz 1 SGB IV

Mindestlohn-Relevanz: Ja

Entgeltart: Laufendes Arbeitsentgelt

Entgeltzuordnung in der Sozialversicherung: Entgeltabrechnungsmonat, für den der Kurzlohn zu zahlen ist.

10.33 Kurzarbeitergeld

Nach dem SGB III gezahltes Kurzarbeitergeld. Der Arbeitgeber zahlt es im Auftrag und auf Rechnung der Bundesagentur für Arbeit (Arbeitsagentur) aus. Es ist die Sozialleistung selbst, bleibt daher beitragsfrei. Achtung: Siehe auch unter »Kurzarbeitergeldzuschüsse«!

Lohnsteuerpflicht	Beitragspflicht KV PV RV ALV	Beitragspflicht UV
Nein	Nein	Nein
§3 Nr. 2 EStG	Kein Arbeitsentgelt i.S. des §14 Abs. 1 Satz 1 SGB IV	Kein Arbeitsentgelt i.S. des §14 Abs. 1 Satz 1 SGB IV

Mindestlohn-Relevanz: **Nein**

Entgeltzuordnung in der Sozialversicherung: **Kein Arbeitsentgelt im Sinne der Sozialversicherung.**

10.34 Kurzarbeitergeldzuschuss

Beitragsfrei (auch zur UV), soweit der Zuschuss zusammen mit dem Kurzarbeitergeld das fiktive Arbeitsentgelt i. S. des §232a Abs. 2 SGB V bzw. §163 Abs. 6 SGB VI (80% des Unterschiedsbetrags zwischen dem Sollentgelt und dem Istentgelt nach §179 SGB III) nicht übersteigt. Lohnsteuerpflicht besteht unabhängig davon immer.

Lohnsteuerpflicht	Beitragspflicht KV PV RV ALV	Beitragspflicht UV
Ja	Nein	Nein
§2 Abs. 1 LStDV	§1 Abs. 1 Satz 1 Nr. 8 SvEV	§1 Abs. 1 Satz 1 Nr. 8 SvEV

Mindestlohn-Relevanz: **Nein**

Entgeltzuordnung in der Sozialversicherung: **Kein Arbeitsentgelt im Sinne der Sozialversicherung.**

11   Laptop bis Losgewinn

11.1   Laptop
S. Personalcomputer.

11.2   Lebensarbeitszeitkonto (Übertragung Wertguthaben)
S. Übertragung eines Wertguthabens.

11.3   Lebensversicherungsprämie
Zuschuss des Arbeitgebers für Arbeitnehmer, die von der Versicherungspflicht in der gesetzlichen Rentenversicherung befreit sind, bis zur Höhe
des Arbeitgeberanteils bei Versicherungspflicht, höchstens die Hälfte des
Gesamtaufwands.

Lohnsteuerpflicht	Beitragspflicht KV PV RV ALV	Beitragspflicht UV
Nein	Nein	Nein
§3 Nr. 62 Sätze 2 u. 3 EStG	§14 Abs. 1 SGB IV, §1 Abs. 1 SvEV	§14 Abs. 1 SGB IV, §1 Abs. 1 SvEV

Mindestlohn-Relevanz: Nein

Entgeltzuordnung in der Sozialversicherung: Kein Arbeitsentgelt im Sinne der
Sozialversicherung.

11.4   Lebensversicherungsprämie (neben bestehender gesetzlicher Rentenversicherung)
Zuschuss des Arbeitgebers zu einer zusätzlich zur gesetzlichen Rentenversicherung abgeschlossenen Lebensversicherung.

Lohnsteuerpflicht	Beitragspflicht KV PV RV ALV	Beitragspflicht UV
Ja	Ja	Ja
§2 Abs. 2 Nr. 3 LStDV	§14 Abs. 1 Satz 1 SGB IV	§14 Abs. 1 Satz 1 SGB IV

Mindestlohn-Relevanz: Nein

Entgeltart: Laufendes Arbeitsentgelt

Entgeltzuordnung in der Sozialversicherung: Entgeltabrechnungsmonat, für den die Lebensversicherungsprämien gezahlt werden.

11.5 Lehrabschlussprämie
Prämie als Vergütung an Auszubildende

Lohnsteuerpflicht	Beitragspflicht KV PV RV ALV	Beitragspflicht UV
Ja	Ja	Ja
§2 Abs. 1 LStDV	§14 Abs. 1 Satz 1 SGB IV, §23a SGB IV	§14 Abs. 1 Satz 1 SGB IV, §23a SGB IV

Mindestlohn-Relevanz: Nein

Entgeltart: Einmalzahlung

Entgeltzuordnung in der Sozialversicherung: Entgeltabrechnungsmonat, in dem die Lehrabschlussprämien ausgezahlt werden. Lehrabschlussprämien, die in den Monaten Januar bis März eines Jahres ausgezahlt werden, sind dem letzten Entgeltabrechnungsmonat des vergangenen Jahres (Vorjahres) zuzuordnen, wenn in dem vergangenen Jahr bei demselben Arbeitgeber ein versicherungspflichtiges Beschäftigungsverhältnis bestanden hat und die Prämien zusammen mit den sonstigen für das laufende Kalenderjahr festgestellten beitragspflichtigen Einnahmen die anteilige Beitragsbemessungsgrenze des laufenden Kalenderjahres übersteigen (März-Klausel).

11.6 Lehrentschädigung
Aufwandsentschädigung für hauptamtlich lehrende Bundesbeamte.

Lohnsteuerpflicht	Beitragspflicht KV PV RV ALV	Beitragspflicht UV
Nein	Nein	Nein
§3 Nr. 12 EStG, R 3.12 LStR	§14 Abs. 1 SGB IV, §1 Abs. 1 SvEV	§14 Abs. 1 SGB IV, §1 Abs. 1 SvEV

Mindestlohn-Relevanz: Keine Aussage möglich.

Entgeltzuordnung in der Sozialversicherung: Kein Arbeitsentgelt im Sinne der Sozialversicherung.

11.7 Lehrgangskosten (durch Arbeitnehmer gebucht)

S. Fortbildungskosten (Seminar durch Arbeitnehmer gebucht).

11.8 Leistungsprämie

Prämie für schwierige Arbeiten bzw. als Anerkennung besonderer Leistungen

Lohnsteuerpflicht	Beitragspflicht KV PV RV ALV	Beitragspflicht UV
Ja	Ja	Ja
§2 Abs. 1 LStDV	§14 Abs. 1 Satz 1 SGB IV, §23a SGB IV	§14 Abs. 1 Satz 1 SGB IV, §23a SGB IV

Mindestlohn-Relevanz: Nein

Entgeltart: Einmalzahlung

Entgeltzuordnung in der Sozialversicherung: Entgeltabrechnungsmonat, in dem die Leistungsprämien ausgezahlt werden. Leistungsprämien, die in den Monaten Januar bis März eines Jahres ausgezahlt werden, sind dem letzten Entgeltabrechnungsmonat des vergangenen Jahres (Vorjahres) zuzuordnen, wenn in dem vergangenen Jahr bei demselben Arbeitgeber ein versicherungspflichtiges Beschäftigungsverhältnis bestanden hat und die Prämien zusammen mit den sonstigen für das laufende Kalenderjahr festgestellten

beitragspflichtigen Einnahmen die anteilige Beitragsbemessungsgrenze des laufenden Kalenderjahres übersteigen (März-Klausel).

11.9 Liquidationseinnahmen

S. Mitarbeiterbeteiligung. SV: Sie gelten nur dann als regelmäßiges Arbeitsentgelt, wenn ein Rechtsanspruch darauf besteht oder die Zahlung aufgrund betrieblicher Übung erwartet werden kann, insbesondere bei pauschaler monatlicher Zahlung.

Lohnsteuerpflicht	Beitragspflicht KV PV RV ALV	Beitragspflicht UV
Ja	Ja	Ja
Erlass des BMF vom 27.4.1982 IV B6-S 2332-16/82	§14 Abs. 1 Satz 1 SGB IV Bayerisches LSG Urteil v. 25.04.2006, L 5 KR 4/05 und v. 10.12.2009, L 4 KR 331/09	§14 Abs. 1 Satz 1 SGB IV Bayerisches LSG Urteil v. 25.04.2006, L 5 KR 4/05 und v. 10.12.2009, L 4 KR 331/09

Mindestlohn-Relevanz: Ja

Entgeltart: Laufendes Arbeitsentgelt

Entgeltzuordnung in der Sozialversicherung: Bei monatlicher Zahlung Zuordnung zum Entgeltabrechnungsmonat, für den die Zahlung erfolgt.

11.10 Lohn

Lohnsteuerpflicht	Beitragspflicht KV PV RV ALV	Beitragspflicht UV
Ja	Ja	Ja
§19 Abs. 1 EStG	§14 Abs. 1 Satz 1 SGB IV	§14 Abs. 1 Satz 1 SGB IV

Mindestlohn-Relevanz: Ja

Entgeltart: Laufendes Arbeitsentgelt

Entgeltzuordnung in der Sozialversicherung: Entgeltabrechnungsmonat, für den der Anspruch auf den Lohn besteht.

11.11 Lohnausfallvergütung

Lohnsteuerpflicht	Beitragspflicht KV PV RV ALV	Beitragspflicht UV
Ja	Ja	Ja
§2 Abs. 1 LStDV	§14 Abs. 1 Satz 1 SGB IV	§14 Abs. 1 Satz 1 SGB IV

Mindestlohn-Relevanz: Ja

Entgeltart: Laufendes Arbeitsentgelt

Entgeltzuordnung in der Sozialversicherung: Entgeltabrechnungsmonat, für den der Anspruch auf die Lohnausfallvergütungen besteht.

11.12 Lohnausgleich
Lohnausgleich bei Arbeitsausfall im Baugewerbe und im Dachdeckerhandwerk.

Lohnsteuerpflicht	Beitragspflicht KV PV RV ALV	Beitragspflicht UV
Ja	Ja	Ja
§2 Abs. 1 LStDV	§14 Abs. 1 Satz 1 SGB IV	§14 Abs. 1 Satz 1 SGB IV

Mindestlohn-Relevanz: Ja

Entgeltart: Laufendes Arbeitsentgelt

Entgeltzuordnung in der Sozialversicherung: Entgeltabrechnungsmonat, für den der Anspruch auf den Lohnausgleich besteht.

11.13 Lohnfortzahlung
S. Entgeltfortzahlung.

11.14   Lohnsteuer (Nacherhebung in größerer Zahl von Fällen)

Auf Antrag des Arbeitgebers wird der Durchschnitts-Nettosteuersatz zur Steuerberechnung herangezogen.

Lohnsteuerpflicht	Beitragspflicht KV PV RV ALV	Beitragspflicht UV
Ja	Ja	Ja
§40 Abs. 1 Nr. 2 EStG	§14 Abs. 1 Satz 1 SGB IV	§14 Abs. 1 Satz 1 SGB IV

Mindestlohn-Relevanz: Nein

Entgeltart: Laufendes Arbeitsentgelt

Entgeltzuordnung in der Sozialversicherung: Entgeltabrechnungsmonat, in dem die Nacherhebung durchgeführt wird.

11.15   Lohnsteuer und Kirchensteuer (pauschal vom Arbeitgeber getragen)

Lohnsteuer und Kirchensteuer, soweit vom Arbeitgeber getragen und pauschal bemessen.

Lohnsteuerpflicht	Beitragspflicht KV PV RV ALV	Beitragspflicht UV
Nein	Nein	Nein
§40 Abs. 3 EStG	§14 Abs. 1 SGB IV, §1 Abs. 1 SvEV	§14 Abs. 1 SGB IV, §1 Abs. 1 SvEV

Mindestlohn-Relevanz: Ja

Entgeltzuordnung in der Sozialversicherung: Kein Arbeitsentgelt im Sinne der Sozialversicherung.

11.16   Lohnsteuer und Kirchensteuer (Übernahme bei Nettolohn-vereinbarung)

Lohnsteuer und Kirchensteuer, vom Arbeitgeber z. B. aufgrund einer Netto-lohn-Vereinbarung übernommen.

Lohnsteuerpflicht	Beitragspflicht KV PV RV ALV	Beitragspflicht UV
Ja	Ja	Ja
§8 Abs. 2 EStG, H 19.3 LStH	§14 Abs. 2 SGB IV	§14 Abs. 1 Satz 1 SGB IV

Mindestlohn-Relevanz: Ja

Entgeltart: Laufendes Arbeitsentgelt

Entgeltzuordnung in der Sozialversicherung: Entgeltabrechnungsmonat, für den der Anspruch auf Übernahme der Lohn- und Kirchensteuer besteht.

11.17 Losgewinn (Incentive)

Teilnahmeberechtigung an einer speziellen Verlosung, z.B. nur für Mitarbeiter, welche überdurchschnittliche Ergebnisse erzielt oder die meisten bzw. die besten Verbesserungsvorschläge eingebracht haben. Auch wenn die Verlosung wesentlich von dem Ziel bestimmt ist, den Arbeitnehmern eine zusätzliche Vergütung für die geleistete Arbeit zukommen zu lassen und zugleich den Anreiz für weitere erfolgreiche Arbeit zu erzielen.

Lohnsteuerpflicht	Beitragspflicht KV PV RV ALV	Beitragspflicht UV
Ja	Ja	Ja
BFH, Urteil vom 15.12.1977 VI R 150/75; BFH, Urteil vom 25.11.1993 VI R 45/93	§14 Abs. 1 Satz 1 SGB IV, §23a SGB IV; BSG, Urteil vom 26.10.1988 12 RK 18/87	§14 Abs. 1 Satz 1 SGB IV, §23a SGB IV; BSG, Urteil vom 26.10.1988 12 RK 18/87

Mindestlohn-Relevanz: Nein

Entgeltart: Einmalzahlung

Entgeltzuordnung in der Sozialversicherung: Entgeltabrechnungsmonat, in dem die Losgewinne bzw. zusätzliche Vergütung ausgezahlt werden. Losgewinne, die in den Monaten Januar bis März eines Jahres ausgezahlt werden, sind dem letzten Entgeltabrechnungsmonat des vergangenen Jahres (Vorjahres) zuzuordnen, wenn in dem vergangenen Jahr bei demselben Arbeitgeber ein Versicherungpflichtiges Beschäftigungsverhältnis bestanden hat und die Losgewinne bzw. zusätzliche Vergütungen zusammen mit den sonstigen für das laufende Kalenderjahr festgestellten beitragspflichtigen Einnahmen die anteilige Beitragsbemessungsgrenze des laufenden Kalenderjahres übersteigen (März-Klausel).

11.18 Losgewinn (Losverkauf)

Verlosung im Rahmen einer Betriebsveranstaltung, wenn die Arbeitnehmer Lose erwerben können und wenn die Gewinne pro Arbeitnehmer den Wert von 60 EUR brutto nicht überschreiten.

Lohnsteuerpflicht	Beitragspflicht KV PV RV ALV	Beitragspflicht UV
Nein	Nein	Nein
R 19.5 Abs. 6 LStR	§ 14 Abs. 1 SGB IV, § 1 Abs. 1 Nr. 1 SvEV	§ 14 Abs. 1 SGB IV, § 1 Abs. 1 Nr. 1 SvEV

Mindestlohn-Relevanz: **Nein**

Entgeltzuordnung in der Sozialversicherung: **Kein Arbeitsentgelt im Sinne der Sozialversicherung.**

12 Mahlzeiten bis Mutterschafts-geldzuschuss

12.1 Mahlzeiten

Mahlzeiten, die unentgeltlich oder verbilligt zusätzlich zum vereinbarten Arbeitsentgelt gewährt werden, soweit der vom Arbeitnehmer gezahlte Essenspreis den entsprechenden Anteil am amtlichen Sachbezugswert nicht erreicht. Der anteilige Sachbezugswert ist der aktuellen Sachbezugsverordnung für das jeweilige Kalenderjahr zu entnehmen.

Lohnsteuerpflicht	Beitragspflicht KV PV RV ALV	Beitragspflicht UV
Ja	Ja	Ja
§8 Abs. 2 EStG, R 8.1 Abs. 7 LStR	§14 Abs. 1 Satz 1 SGB IV	§14 Abs. 1 Satz 1 SGB IV

Mindestlohn-Relevanz: **Nein**

Entgeltart: **Laufendes Arbeitsentgelt**

Entgeltzuordnung in der Sozialversicherung: **Entgeltabrechnungsmonat, für den die Mahlzeiten verbilligt oder unentgeltlich gewährt werden.**

12.2 Mahlzeiten (Pauschalversteuerung durch den Arbeitgeber)

Mahlzeiten, wenn der Arbeitgeber die Lohnsteuer pauschal erhebt.

Lohnsteuerpflicht	Beitragspflicht KV PV RV ALV	Beitragspflicht UV
Ja	Nein	Nein
§40 Abs. 2 Nr. 1 EStG	§1 Abs. 1 Satz 1 Nr. 3 SvEV	§1 Abs. 1 Satz 1 Nr. 3 SvEV

Mindestlohn-Relevanz: **Nein**

Entgeltzuordnung in der Sozialversicherung: Kein Arbeitsentgelt im Sinne der Sozialversicherung.

12.3 Maigeld
Maigeld wird am 1. Mai gewährt.

Lohnsteuerpflicht	Beitragspflicht KV PV RV ALV	Beitragspflicht UV
Ja	Ja	Ja
§2 Abs. 1 LStDV	§14 Abs. 1 Satz 1 SGB IV, §23a SGB IV	§14 Abs. 1 Satz 1 SGB IV, §23a SGB IV

Mindestlohn-Relevanz: Ja

Entgeltart: Einmalzahlung

Entgeltzuordnung in der Sozialversicherung: Entgeltabrechnungsmonat, in dem die Maigelder ausgezahlt werden.

12.4 Mankogeld
S. Fehlgeldentschädigung.

Lohnsteuerpflicht	Beitragspflicht KV PV RV ALV	Beitragspflicht UV
Nein	Nein	Nein
R 70 Abs. 1 Nr. 4 LStR	§14 Abs. 1 SGB IV, §1 Abs. 1 SvEV	§14 Abs. 1 SGB IV, §1 Abs. 1 SvEV

Mindestlohn-Relevanz: Nein

Entgeltzuordnung in der Sozialversicherung: Kein Arbeitsentgelt im Sinne der Sozialversicherung.

12.5 Massagen

Wenn Massagen besonders dafür geeignet sind, spezifisch berufsbedingten Beeinträchtigungen der Gesundheit des Arbeitnehmers vorzubeugen bzw. ihnen entgegen zu wirken und die Kosten vom Arbeitgeber übernommen werden.

Lohnsteuerpflicht	Beitragspflicht KV PV RV ALV	Beitragspflicht UV
Nein	Nein	Nein
BFH, Urteil vom 30.5.2001 VI R 177/99	§14 Abs. 1 SGB IV, §1 Abs. 1 SvEV	§14 Abs. 1 SGB IV, §1 Abs. 1 SvEV

Mindestlohn-Relevanz: Nein

Entgeltzuordnung in der Sozialversicherung: Kein Arbeitsentgelt im Sinne der Sozialversicherung.

12.6 Medikamente

Medikamente, die vom Arbeitgeber im Betrieb an die Arbeitnehmer verabreicht werden.

Lohnsteuerpflicht	Beitragspflicht KV PV RV ALV	Beitragspflicht UV
Nein	Nein	Nein
	§14 Abs. 1 SGB IV, §1 Abs. 1 SvEV	§14 Abs. 1 SGB IV, §1 Abs. 1 SvEV

Mindestlohn-Relevanz: Nein

Entgeltzuordnung in der Sozialversicherung: Kein Arbeitsentgelt im Sinne der Sozialversicherung.

12.7 Mehrarbeitsvergütung (entsprechend tatsächlicher Mehrarbeit)

Mehrarbeitsvergütung für tatsächlich geleistete Mehrarbeit.

Lohnsteuerpflicht	Beitragspflicht KV PV RV ALV	Beitragspflicht UV
Ja	Ja	Ja
§2 Abs. 2 Nr. 6 LStDV; R 19.3 Abs. 1 Nr. 1 LStR	§14 Abs. 1 Satz 1 SGB IV	§14 Abs. 1 Satz 1 SGB IV

Mindestlohn-Relevanz: Nein

Entgeltart: Laufendes Arbeitsentgelt

Entgeltzuordnung in der Sozialversicherung: Entgeltabrechnungsmonat, in dem die vergütete Mehrarbeit tatsächlich geleistet wurde.

12.8 Mehrarbeitsvergütung (pauschal)

Pauschale Mehrarbeitsvergütung, die unabhängig von der geleisteten Mehrarbeit in monatlich gleicher Höhe gezahlt wird, d.h. sogar dann, wenn gar keine Mehrarbeit geleistet wurde.

Lohnsteuerpflicht	Beitragspflicht KV PV RV ALV	Beitragspflicht UV
Ja	Ja	Ja
§2 Abs. 2 Nr. 6 LStDV; R 19.3 Abs. 1 Nr. 1 LStR	§14 Abs. 1 Satz 1 SGB IV	§14 Abs. 1 Satz 1 SGB IV

Mindestlohn-Relevanz: Nein

Entgeltart: Laufendes Arbeitsentgelt

Entgeltzuordnung in der Sozialversicherung: Entgeltabrechnungsmonat, für den der Anspruch auf die pauschalen Mehrarbeitsvergütungen besteht.

12.9 Metergeld

Metergeld im Möbeltransportgewerbe.

Lohnsteuerpflicht	Beitragspflicht KV PV RV ALV	Beitragspflicht UV
Ja	Ja	Ja
§2 Abs. 1 LStDV	§14 Abs. 1 Satz 1 SGB IV	§14 Abs. 1 Satz 1 SGB IV

Mindestlohn-Relevanz: Ja, sofern ein Rechtsanspruch darauf besteht.

Entgeltart: Laufendes Arbeitsentgelt

Entgeltzuordnung in der Sozialversicherung: Entgeltabrechnungsmonat, für den das Metergeld gezahlt wird.

12.10 Miete

Mietzahlung des Arbeitgebers für die Anmietung eines häuslichen Arbeitszimmers.

Lohnsteuerpflicht	Beitragspflicht KV PV RV ALV	Beitragspflicht UV
Nein	Nein	Nein
BFH, Urteil vom 19.10.2001 IV R 131/00	§14 Abs. 1 SGB IV, §1 Abs. 1 SvEV	§14 Abs. 1 SGB IV, §1 Abs. 1 SvEV

Mindestlohn-Relevanz: **Nein**

Entgeltzuordnung in der Sozialversicherung: **Kein** Arbeitsentgelt im Sinne der Sozialversicherung.

12.11 Mietkostenzuschuss

Zuschuss des Arbeitgebers an den Arbeitnehmer zu dessen Mietkosten.

Lohnsteuerpflicht	Beitragspflicht KV PV RV ALV	Beitragspflicht UV
Ja	Ja	Ja
§2 Abs. 1 LStDV	§14 Abs. 1 Satz 1 SGB IV	§14 Abs. 1 Satz 1 SGB IV

Mindestlohn-Relevanz: Nein

Entgeltart: Laufendes Arbeitsentgelt

Entgeltzuordnung in der Sozialversicherung: Entgeltabrechnungsmonat, für den der Anspruch auf die Mietkostenzuschüsse besteht.

12.12 Mitarbeiterbeteiligung

Beteiligung des Krankenhauspersonals an den Liquidationseinnahmen der im Hause tätigen Chefärzte. Sie gelten nur dann als regelmäßiges Arbeitsentgelt, wenn ein Rechtsanspruch darauf besteht oder die Zahlung aufgrund betrieblicher Übung erwartet werden kann, insbesondere dann, wenn sie monatlich pauschal gezahlt werden.

Lohnsteuerpflicht	Beitragspflicht KV PV RV ALV	Beitragspflicht UV
Ja	Ja	Ja
Erlass des BMF vom 27.4.1982 IV B6-S 2332-16/82	§ 14 Abs. 1 Satz 1 SGB IV	§ 14 Abs. 1 Satz 1 SGB IV

Mindestlohn-Relevanz: Ja

Entgeltart: Laufendes Arbeitsentgelt

Entgeltzuordnung in der Sozialversicherung: Entgeltabrechnungsmonat, für den der Anspruch auf die Mitarbeiterbeteiligung besteht.

12.13 Mitarbeiter-Kapitalbeteiligung

Kostenlose oder verbilligte Überlassung von Aktien, Mitarbeiterbeteiligungsfonds u.a. Beteiligungen an eigenem Unternehmen bis zu 360 EUR. S. Vermögensbeteiligung. Bei den Vermögensbeteiligungen muss es sich um freiwillige Leistungen des Arbeitgebers handeln, auch im Wege einer Entgeltumwandlung. Achtung: Nur falls die Leistung zusätzlich zum Lohn/Gehalt gezahlt wird, besteht Beitragsfreiheit. Ansonsten (z.B. bei Entgeltumwandlung) besteht Beitragspflicht zur SV!

Lohnsteuerpflicht	Beitragspflicht KV PV RV ALV	Beitragspflicht UV
Nein	Ja	Ja
§3 Nr. 39 EStG	§14 Abs. 1 Satz 1 SGB IV; §1 Abs. 1 Satz 1 Nr. 1 SvEV	§14 Abs. 1 Satz 1 SGB IV

Mindestlohn-Relevanz: Nein

Entgeltzuordnung in der Sozialversicherung: Falls Leistung nicht zusätzlich zu Lohn/Gehalt gewährt (Beitragsfreiheit): Entgeltabrechnungszeitraum, für den die Leistung gezahlt wird.

12.14 Mitgliedsbeitrag
Mitgliedsbeitrag zu Berufsverbänden und Vereinen, die der Arbeitgeber für den Arbeitnehmer übernimmt.

Lohnsteuerpflicht	Beitragspflicht KV PV RV ALV	Beitragspflicht UV
Ja	Ja	Ja
R 19.3 Abs. 3 LStR	§14 Abs. 1 Satz 1 SGB IV	§14 Abs. 1 Satz 1 SGB IV

Mindestlohn-Relevanz: Nein

Entgeltart: Laufendes Arbeitsentgelt

Entgeltzuordnung in der Sozialversicherung: Entgeltabrechnungsmonat, für den die Mitgliedsbeiträge vom Arbeitgeber übernommen werden.

12.15 Montagebeteiligung
Laufend oder erst nachträglich ausgezahlte Beträge.

Lohnsteuerpflicht	Beitragspflicht KV PV RV ALV	Beitragspflicht UV
Ja	Ja	Ja
§19 Abs. 1 EStG	§14 Abs. 1 Satz 1 SGB IV, BSG, Urteil vom 27.10.1989 12 RK 9/88	§14 Abs. 1 Satz 1 SGB IV

Mindestlohn-Relevanz: Keine Aussage möglich.

Entgeltart: Laufendes Arbeitsentgelt

Entgeltzuordnung in der Sozialversicherung: Entgeltabrechnungsmonat, für den der Anspruch auf die Montagebeteiligung besteht.

12.16 Montagezulage
S. Auslösungen.

Lohnsteuerpflicht	Beitragspflicht KV PV RV ALV	Beitragspflicht UV
Nein	Nein	Nein
§3 Nr. 13, §3 Nr. 16 EStG	§14 Abs. 1 SGB IV, §1 Abs. 1 SvEV	§14 Abs. 1 SGB IV, §1 Abs. 1 SvEV

Mindestlohn-Relevanz: Nein

Entgeltzuordnung in der Sozialversicherung: Kein Arbeitsentgelt im Sinne der Sozialversicherung, soweit es sich um Reisekostenvergütungen handelt oder um Mehraufwendungen anlässlich einer doppelten Haushaltsführung und der Arbeitgeber keine höheren Beträge ersetzt, als der Arbeitnehmer als Werbungskosten abziehen könnte.

12.17 Mutterschaftsgeldzuschuss
Nach §14 des Mutterschutzgesetzes für die Dauer der Schutzfristen gezahlter Arbeitgeberzuschuss.

Lohnsteuerpflicht	Beitragspflicht KV PV RV ALV	Beitragspflicht UV
Nein	Nein	Nein
§3 Nr. 1d EStG	§1 Abs. 1 Satz 1 Nr. 6 SvEV	§1 Abs. 1 Satz 1 Nr. 6 SvEV

Mindestlohn-Relevanz: **Nein**

Entgeltzuordnung in der Sozialversicherung: **Kein Arbeitsentgelt im Sinne der Sozialversicherung.**

13 Nachtarbeitszuschlag bis Nutzungsentschädigung

13.1 Nachtarbeitszuschlag, Grundlohn übersteigt nicht 25 EUR pro Stunde
Nachtarbeitszuschlag für tatsächlich geleistete Nachtarbeit neben dem Grundlohn gezahlt, soweit 25% des Grundlohns nicht übersteigend.

Lohnsteuerpflicht	Beitragspflicht KV PV RV ALV	Beitragspflicht UV
Nein	Nein	Ja
§3b EStG	§1 Abs. 1 Satz 1 Nr. 1 SvEV	§1 Abs. 2 SvEV

Mindestlohn-Relevanz: **Nein**

Entgeltzuordnung in der Sozialversicherung: **Kein Arbeitsentgelt im Sinne der Sozialversicherung. In der Unfallversicherung sind steuerpflichtige und auch steuerfreie Zuschläge für Sonntags-, Feiertags- und Nachtarbeit beitragspflichtig.**

13.2 Nachtarbeitszuschläge, soweit Grundlohn 25 EUR pro Stunde übersteigt
Nachtarbeitszuschlag für tatsächlich geleistete Nachtarbeit neben dem Grundlohn gezahlt, soweit 25% des Grundlohns nicht übersteigend. Steuer: Steuerfrei, soweit Grundlohn 50 EUR nicht übersteigt. SV: Regelmäßiges Entgelt bei regelmäßiger Nachtarbeit.

Lohnsteuerpflicht	Beitragspflicht KV PV RV ALV	Beitragspflicht UV
Nein	Ja	Ja
§3b EStG	§14 Abs. 1 Satz 1 SGB IV, §1 Abs. 1 Nr. 1 Satz 2 SvEV	§1 Abs. 2 SvEV

Mindestlohn-Relevanz: **Nein**

Entgeltart: Laufendes Arbeitsentgelt

Entgeltzuordnung in der Sozialversicherung: Entgeltabrechnungszeitraum, in dem die Zuschläge gezahlt werden.

13.3 Nachtdienstzulage

Als Aufwandsentschädigung an Arbeiter, Angestellte und Beamte des Bundes gezahlt.

Lohnsteuerpflicht	Beitragspflicht KV PV RV ALV	Beitragspflicht UV
Nein	Nein	Nein
§3 Nr. 12 EStG, R 3.12 LStR	§14 Abs. 1 SGB IV, §1 Abs. 1 SvEV	§14 Abs. 1 SGB IV, §1 Abs. 1 SvEV

Mindestlohn-Relevanz: Nein

Entgeltzuordnung in der Sozialversicherung: Kein Arbeitsentgelt im Sinne der Sozialversicherung.

13.4 Nachzahlung von Entgelt

Ebenso gilt dies für eine nachträglich gewährte Einmalzahlung.

Lohnsteuerpflicht	Beitragspflicht KV PV RV ALV	Beitragspflicht UV
Ja	Ja	Ja
§19 Abs. 1 EStG; §2 Abs. 1 LStDV	§14 Abs. 1 Satz 1 SGB IV, BSG, Urteil vom 26.10.1982 12 RK 8/81	§14 Abs. 1 Satz 1 SGB IV,

Mindestlohn-Relevanz: Ja

Entgeltart: Laufendes Arbeitsentgelt

Entgeltzuordnung in der Sozialversicherung: Entgeltabrechnungsmonat, in dem der Anspruch auf das nahgezahlte Gehalt/den nachgezahlten Lohn entstanden ist.

13.5 Nebenberufliche Tätigkeit

Nebenberufliche Tätigkeit, Einnahmen hieraus als Übungsleiter, Ausbilder, Erzieher oder für die nebenberufliche Pflege alter, kranker oder behinderter Menschen in einer nach dem Körperschaftsteuergesetz steuerbefreiten Einrichtung bis zur Höhe von insgesamt 2.400 EUR (bis 2012: 2.100 EUR) pro Jahr.

Lohnsteuerpflicht	Beitragspflicht KV PV RV ALV	Beitragspflicht UV
Nein	Nein	Nein
§3 Nr. 26 EStG, R 3.26 LStR	§14 Abs. 1 SGB IV, §1 Abs. 1 Nr. 16 SvEV	§14 Abs. 1 SGB IV, §1 Abs. 1 Nr. 16 SvEV

Mindestlohn-Relevanz: Nein

Entgeltzuordnung in der Sozialversicherung: Kein Arbeitsentgelt im Sinne der Sozialversicherung.

13.6 Nebenberufliche Tätigkeit (Ehrenamt)

Nebenberufliche Tätigkeit, Einnahmen aus ehrenamtlicher Tätigkeit in gemeinnützigen, mildtätigen oder kirchlichen Bereichen bis zur Höhe von insgesamt 720 EUR im Jahr.

Lohnsteuerpflicht	Beitragspflicht KV PV RV ALV	Beitragspflicht UV
Nein	Nein	Nein
§3 Nr. 26a ESLG	§14 Abs. 1 SGB IV, §1 Abs. 1 Nr. 16 SvEV	§14 Abs. 1 SGB IV, §1 Abs. 1 Nr. 16 SvEV

Mindestlohn-Relevanz: Nein

Entgeltzuordnung in der Sozialversicherung: Kein Arbeitsentgelt im Sinn der Sozialversicherung.

13.7 Nebenjob / Nebenbeschäftigung (pauschal versteuert)

S. Teilzeitbeschäftigung, nicht geringfügig entlohnt (pauschal versteuert).

13.8 Neujahrszuwendung

Lohnsteuerpflicht	Beitragspflicht KV PV RV ALV	Beitragspflicht UV
Ja	Ja	Ja
§ 19 Abs. 1 EStG	§ 14 Abs. 1 Satz 1 SGB IV, § 23a SGB IV	§ 14 Abs. 1 Satz 1 SGB IV, § 23a SGB IV

Mindestlohn-Relevanz: Ja

Entgeltart: Einmalzahlung

Entgeltzuordnung in der Sozialversicherung: Entgeltabrechnungsmonat, in dem die Neujahrszuwendungen ausgezahlt werden.

13.9 Nichtraucherprämie

Lohnsteuerpflicht	Beitragspflicht KV PV RV ALV	Beitragspflicht UV
Ja	Ja	Ja
§ 19 Abs. 1 EStG	§ 14 Abs. 1 Satz 1 SGB IV	§ 14 Abs. 1 Satz 1 SGB IV

Mindestlohn-Relevanz: Nein

Entgeltart: Laufendes Arbeitsentgelt

Entgeltzuordnung in der Sozialversicherung: Entgeltabrechnungsmonat, für den der Anspruch auf die Nichtraucherprämien besteht.

13.10 Notebook
S. Personalcomputer.

13.11 Notstandsbeihilfe
S. Beihilfen.

13.12 Nutzungsentschädigung
S. Werkzeuggeld.

Lohnsteuerpflicht	Beitragspflicht KV PV RV ALV	Beitragspflicht UV
Nein	Nein	Nein
§3 Nr. 30 EStG, R 19 LStR	§14 Abs. 1 SGB IV, §1 Abs. 1 Nr. 1 SvEV	§14 Abs. 1 SGB IV, §1 Abs. 1 Nr. 1 SvEV

Mindestlohn-Relevanz: **Nein**

Entgeltzuordnung in der Sozialversicherung: **Kein Arbeitsentgelt im Sinne der Sozialversicherung.**

14 Optionsrecht bis Ortszuschlag

14.1 Optionsrecht (Ausübung des Optionsrechts)

Wird das Optionsrecht tatsächlich ausgeübt, entsteht dem Arbeitnehmer ein geldwerter Vorteil. Dabei ist es unerheblich, ob der Gewinn ausgezahlt oder wieder in Aktien angelegt wird. Es gilt das Zuflussprinzip, d.h. das Entgelt ist im Monat der Auszahlung bzw. der Aktienübernahme zu berücksichtigen. Dieser Grundsatz besteht selbst über das Ausscheiden aus dem Beschäftigungsverhältnis hinaus fort.

Lohnsteuerpflicht	Beitragspflicht KV PV RV ALV	Beitragspflicht UV
Ja	Ja	Ja
BFH, Urteil vom 23.7.1999 IV B 6 S 2332 29/98; Schreiben des BMF vom 28.8.1998	§ 14 Abs. 1 Satz 1 SGB IV, § 23a SGB IV, BE vom 26./27.5.1999	§ 14 Abs. 1 Satz 1 SGB IV, § 23a SGB IV

Mindestlohn-Relevanz: Nein

Entgeltart: Einmalzahlung

Entgeltzuordnung in der Sozialversicherung: Entgeltabrechnungsmonat, in dem der Gewinn ausgezahlt wird bzw. die Aktienübernahme erfolgt. Geldwerte Vorteile von Optionsrechten, die in den Monaten Januar bis März eines Jahres ausgezahlt werden, sind dem letzten Entgeltabrechnungsmonat des vergangenen Jahres (Vorjahres) zuzuordnen, wenn in dem vergangenen Jahr bei demselben Arbeitgeber ein versicherungspflichtiges Beschäftigungsverhältnis bestanden hat und die geldwerten Vorteile zusammen mit den sonstigen für das laufende Kalenderjahr festgestellten beitragspflichtigen Einnahmen die anteilige Beitragsbemessungsgrenze des laufenden Kalenderjahres übersteigen (März-Klausel).

14.2 Optionsrecht (Bezugsrecht)

Recht auf den Bezug von Aktien zum Vorzugspreis. Der Anspruch besteht nur für den Arbeitnehmer, ist also weder übertragbar noch marktgängig.

Es spielt keine Rolle, ob der Arbeitgeber als Stillhalter die Option selbst einräumt oder ob die Option von einem Dritten erworben wird und dem Arbeitnehmer übertragen wird. Siehe auch Vermögensbeteiligungen!

Lohnsteuerpflicht	Beitragspflicht KV PV RV ALV	Beitragspflicht UV
Nein	Nein	Nein
BFH, Urteil vom 23.7.1999 IV B 6 S 2332 29/98; Schreiben des BMF vom 28.8.1998	§ 14 Abs. 1 SGB IV, § 1 Abs. 1 SvEV	§ 14 Abs. 1 SGB IV, § 1 Abs. 1 SvEV

Mindestlohn-Relevanz: **Nein**

Entgeltzuordnung in der Sozialversicherung: **Kein Arbeitsentgelt im Sinne der Sozialversicherung.**

14.3 Ortszuschlag

S. Ballungsraumzulage, Familienzuschlag und Wohnungszulage.

Lohnsteuerpflicht	Beitragspflicht KV PV RV ALV	Beitragspflicht UV
Ja	Ja	Ja
§ 19 Abs. 1 EStG	§ 14 Abs. 1 Satz 1 SGB IV	§ 14 Abs. 1 Satz 1 SGB IV

Mindestlohn-Relevanz: **Ja**

Entgeltart: **Laufendes Arbeitsentgelt**

Entgeltzuordnung in der Sozialversicherung: **Monat, in dem der Ortszuschlag ausgezahlt wird.**

15 Parkgebühr bis Prozesskosten

15.1 Parkgebühr (Dienst- oder Betriebsfahrzeug bei Auswärtstätigkeit)

Der Arbeitnehmer legt anlässlich von Auswärtstätigkeiten Parkgebühr aus, der Arbeitgeber erstattet gegen entsprechenden Beleg diese Auslagen. S. Auslagenersatz.

Lohnsteuerpflicht	Beitragspflicht KV PV RV ALV	Beitragspflicht UV
Nein	Nein	Nein
§3 Nr. 16 EStG	§14 Abs. 1 SGB IV, §1 Abs. 1 SvEV	§14 Abs. 1 SGB IV, §1 Abs. 1 SvEV

Mindestlohn-Relevanz: Nein

Entgeltzuordnung in der Sozialversicherung: Kein Arbeitsentgelt im Sinne der Sozialversicherung.

15.2 Parkgebühr für Arbeitnehmerparkplatz

Erstattung der Parkplatzkosten durch den Arbeitgeber für einen vom Arbeitnehmer angemieteten Parkplatz. S. Parkgebühr (Dienst- oder Betriebsfahrzeug bei Auswärtstätigkeit) und Parkplatz.

Lohnsteuerpflicht	Beitragspflicht KV PV RV ALV	Beitragspflicht UV
Ja	Ja	Ja
§19 Abs. 1 EStG	§14 Abs. 1 Satz 1SGB IV	§14 Abs. 1 Satz 1 SGB IV

Mindestlohn-Relevanz: Nein

Entgeltart: Laufendes Arbeitsentgelt

Entgeltzuordnung in der Sozialversicherung: Monat, in dem die Parkgebühr erstattet wird.

15.3 Parkplatz

Parkplatzgestellung auf Kosten des Arbeitgebers (z.B. für den Arbeitnehmer kostenfreier Stellplatz im Parkhaus).

Lohnsteuerpflicht	Beitragspflicht KV PV RV ALV	Beitragspflicht UV
Nein	Nein	Nein
H 19.3 LStH	§14 Abs. 1 SGB IV, §1 Abs. 1 SvEV	§14 Abs. 1 SGB IV, §1 Abs. 1 SvEV

Mindestlohn-Relevanz: Nein

Entgeltzuordnung in der Sozialversicherung: Kein Arbeitsentgelt im Sinne der Sozialversicherung.

15.4 Partnerschaftsvergütung

Anteil am Geschäftserfolg. Berücksichtigung zum Zeitpunkt der Auszahlung. S. Ergebnisbeteiligung und Gewinnanteil.

Lohnsteuerpflicht	Beitragspflicht KV PV RV ALV	Beitragspflicht UV
Ja	Ja	Ja
§19 Abs. 1 Nr. 1 EStG	§14 Abs. 1 Satz 1 SGB IV, BSG, Urteil vom 1.12.1977 12 RK 11/76	§14 Abs. 1 Satz 1 SGB IV

Mindestlohn-Relevanz: Nein

Entgeltart: Einmalzahlung

Entgeltzuordnung in der Sozialversicherung: Entgeltabrechnungsmonat, in dem die Partnerschaftsvergütung ausgezahlt wird. Partnerschaftsvergütungen, die in den Monaten Januar bis März eines Jahres ausgezahlt werden, sind dem letzten Entgeltabrechnungsmonat des vergangenen Jahres (Vorjahres) zuzuordnen, wenn in dem vergangenen Jahr bei demselben Arbeitgeber ein versicherungspflichtiges Beschäftigungsverhältnis bestanden hat und die Partnerschaftsvergütungen zusammen mit den sonstigen für das laufende Kalenderjahr festgestellten beitragspflichtigen Einnahmen die anteilige Beitragsbemessungsgrenze des laufenden Kalenderjahres übersteigen (März-Klausel).

15.5 Pauschalbesteuerte Bezüge

S. auch Freifahrten, Erholungsbeihilfe, Jobticket, Fahrtkostenzuschuss, Mahlzeiten, Betriebsveranstaltungen und Beitrag zur Direktversicherung.

Lohnsteuerpflicht	Beitragspflicht KV PV RV ALV	Beitragspflicht UV
Ja	Nein	Nein
§40 Abs. 2 EStG	§1 Abs. 1 Satz 1 Nr. 3 SvEV i.V.m. §1 Abs. 1 Satz 2 SvEV	§1 Abs. 1 Satz 1 Nr. 3 SvEV i.V.m. §1 Abs. 1 Satz 2 SvEV

Mindestlohn-Relevanz: **Nein**

Entgeltzuordnung in der Sozialversicherung: **Kein Arbeitsentgelt im Sinne der Sozialversicherung.**

15.6 Pauschale Abgeltung im Baugewerbe

Witterungsbedingter Lohnausfall im Baugewerbe wird pauschal abgegolten. S. Abgeltung witterungsbedingter Lohnausfall.

Lohnsteuerpflicht	Beitragspflicht KV PV RV ALV	Beitragspflicht UV
Ja	Ja	Ja
§19 Abs. 1 EStG	§14 Abs. 1 Satz 1 SGB IV	§14 Abs. 1 Satz 1 SGB IV

Mindestlohn-Relevanz: **Nein**

Entgeltart: **Laufendes Arbeitsentgelt**

Entgeltzuordnung in der Sozialversicherung: **Entgeltabrechnungsmonat, für den der Anspruch auf die Abgeltung besteht.**

15.7 Pauschale Lohn- und Kirchensteuer

Der Arbeitgeber trägt die pauschale Lohn- und Kirchensteuer.

Lohnsteuerpflicht	Beitragspflicht KV PV RV ALV	Beitragspflicht UV
Nein	Nein	Nein
§40 Abs. 3 EStG	§14 Abs. 1 SGB IV, §1 SvEV, BSG, Urteil v. 12.11.1975, 3/12 RK 8/74; BSG, Urteil v. 13.10.1993, 2 RU 41/92	§14 Abs. 1 SGB IV, §1 Abs. 1 SvEV

Mindestlohn-Relevanz: **Nein**

Entgeltzuordnung in der Sozialversicherung: **Kein Arbeitsentgelt im Sinne der Sozialversicherung.**

15.8 Pauschales Rohr-, Saiten- oder Blattgeld (Berufsmusiker)

Durch die Zahlung des Arbeitgebers wird (maximal) der tatsächliche Aufwand abgegolten, ein Nachweis hierüber über 3 Monate muss vorliegen. Dieser Aufwandsersatz muss tarifvertraglich festgelegt sein. Unter diesen Umständen kann steuerfreier Auslagenersatz vorliegen.

Lohnsteuerpflicht	Beitragspflicht KV PV RV ALV	Beitragspflicht UV
Nein	Nein	Nein
BFH, Urteil vom 21.8.1995 – VI R 30/95 (BStBl 1995 II S. 906)	§14 Abs. 1 SGB IV, §1 Abs. 1 Nr. 1 SvEV	§14 Abs. 1 SGB IV, §1 Abs. 1 Nr. 1 SvEV

Mindestlohn-Relevanz: **Nein**

Entgeltzuordnung in der Sozialversicherung: **Kein Arbeitsentgelt im Sinne der Sozialversicherung.**

15.9 Pensionsfonds und Pensionskasse (Beiträge)

S. Zuschuss des Arbeitgebers zu Pensionsfonds und Pensionskasse.

15.10 Personalcomputer

Nutzung eines betrieblichen PC in der Wohnung, oder auch private Nutzung betrieblicher PCs einschließlich deren Zubehör und der Software.

Lohnsteuerpflicht	Beitragspflicht KV PV RV ALV	Beitragspflicht UV
Nein	Nein	Nein
§3 Nr. 45 EStG; R 3.45 LStR	§14 Abs. 1 SGB IV, §1 Abs. 1 SvEV	§14 Abs. 1 SGB IV, §1 Abs. 1 SvEV

Mindestlohn-Relevanz: **Nein**

Entgeltzuordnung in der Sozialversicherung: **Kein Arbeitsentgelt im Sinne der Sozialversicherung.**

15.11 Personalcomputerbenutzung

PC-Benutzung betrieblicher PCs für private Zwecke inkl. privater Internetnutzung von Geräten, die im Eigentum des Arbeitgebers stehen.

Lohnsteuerpflicht	Beitragspflicht KV PV RV ALV	Beitragspflicht UV
Nein	Nein	Nein
§3 Nr. 45 EStG; R 3.45 LStR	§14 Abs. 1 SGB IV, §1 Abs. 1 SvEV	§14 Abs. 1 SGB IV, §1 Abs. 1 SvEV

Mindestlohn-Relevanz: **Nein**

Entgeltzuordnung in der Sozialversicherung: **Kein Arbeitsentgelt im Sinne der Sozialversicherung.**

15.12   Personalcomputerübereignung (pauschal versteuert)

Unentgeltliche oder verbilligte Übereignung von PC, Zubehör, Internetzugang und entsprechende Zuschüsse.

Lohnsteuerpflicht	Beitragspflicht KV PV RV ALV	Beitragspflicht UV
Ja	Nein	Nein
§40 Abs. 2 Satz 1 Nr. 5 EStG	§1 Abs. 1 Satz 1 Nr. 3 SvEV	§1 Abs. 1 Satz 1 Nr. 3 SvEV

Mindestlohn-Relevanz: **Nein**

Entgeltzuordnung in der Sozialversicherung: **Kein Arbeitsentgelt im Sinne der Sozialversicherung.**

15.13   Personalrabatt

S. Preisnachlass.

Lohnsteuerpflicht	Beitragspflicht KV PV RV ALV	Beitragspflicht UV
Nein	Nein	Nein
§8 Abs. 3 EStG, R 32 LStR	§14 Abs. 1 SGB IV, §1 Abs. 1 SvEV	§14 Abs. 1 SGB IV, §1 Abs. 1 SvEV

Mindestlohn-Relevanz: **Nein**

Entgeltzuordnung in der Sozialversicherung: **Kein Arbeitsentgelt im Sinne der Sozialversicherung.**

15.14   Pflegeversicherung

Leistungen aus einer Pflegeversicherung.

Lohnsteuerpflicht	Beitragspflicht KV PV RV ALV	Beitragspflicht UV
Nein	Nein	Nein
§3 Nr. 1a EStG	Kein Arbeitsentgelt i.S. des §14 Abs. 1 Satz 1 SGB IV	Kein Arbeitsentgelt i.S. des §14 Abs. 1 Satz 1 SGB IV

Mindestlohn-Relevanz: Nein

Entgeltzuordnung in der Sozialversicherung: Kein Arbeitsentgelt im Sinne der Sozialversicherung.

15.15 Portokosten (Auslagenersatz an Arbeitnehmer)

Der Arbeitnehmer legt Portokosten für betriebliche Postsendungen aus, der Arbeitgeber erstattet diese gegen Beleg. S. Auslagenersatz.

Lohnsteuerpflicht	Beitragspflicht KV PV RV ALV	Beitragspflicht UV
Nein	Nein	Nein
§3 Nr. 50 EStG	§14 Abs. 1 SGB IV, §1 Abs. 1 SvEV	§14 Abs. 1 SGB IV, §1 Abs. 1 SvEV

Mindestlohn-Relevanz: Nein

Entgeltzuordnung in der Sozialversicherung: Kein Arbeitsentgelt im Sinne der Sozialversicherung.

15.16 Praktikant (Entgelt bei freiwilligem Praktikum)

Vor und Nachpraktikum hinsichtlich SV: Versicherungs- und Beitragspflicht (auch zur Unfallversicherung)! Geringfügige Beschäftigung und Gleitzone prüfen und ggf. beachten (dennoch volle UV-Beitragspflicht)! Zwischenpraktikum hinsichtlich SV: Vorgehensweise wie bei »Werkstudenten« geschildert (20-Stunden-Regelung etc., ggf. Minijob-Regelung anwenden)!

Lohnsteuerpflicht	Beitragspflicht KV PV RV ALV	Beitragspflicht UV
Ja	Ja	Ja
§ 19 Abs. 1 EStG	§ 14 Abs. 1 Satz 1 SGB IV	§ 14 Abs. 1 Satz 1 SGB IV

Mindestlohn-Relevanz: Ja, aber die ersten 3 Monate sind mindestlohnfrei.

Entgeltart: Laufendes Arbeitsentgelt

Entgeltzuordnung in der Sozialversicherung: Entgeltabrechnungsmonat, für den dem Praktikanten das Entgelt zu zahlen ist.

15.17   Praktikant (Entgelt bei vorgeschriebenem Vorpraktikum / Nachpraktikum)

SV: Komplett beitragspflichtig (auch Unfallversicherung). Geringfügige Beschäftigung sowie Gleitzone nicht anwendbar. Geringverdienergrenze ggf. zu beachten! Besonderheit: Ohne eine Entgeltzahlung grds. gleiches Ergebnis, jedoch Beitragsfreiheit in KV / PV, falls Familienversicherung besteht!

Lohnsteuerpflicht	Beitragspflicht KV PV RV ALV	Beitragspflicht UV
Ja	Ja	Ja
§ 19 Abs. 1 EStG	§ 14 Abs. 1 Satz 1 SGB IV	§ 14 Abs. 1 Satz 1 SGB IV

Mindestlohn-Relevanz: Nein

Entgeltart: Laufendes Arbeitsentgelt

Entgeltzuordnung in der Sozialversicherung: Entgeltabrechnungsmonat, für den dem Praktikanten das Entgelt zu zahlen ist.

15.18   Praktikant, vorgeschriebenes Zwischenpraktikum

Beitragspflicht zur Unfallversicherung. Ansonsten beitragsfrei in allen übrigen Zweigen der SV (da nicht die Arbeitnehmereigenschaft im Vordergrund steht, sondern das Studium)!

Lohnsteuerpflicht	Beitragspflicht KV PV RV ALV	Beitragspflicht UV
Ja	Nein	Ja
§19 Abs. 1 EStG	§6 Abs. 1 Nummer 3 SGB V, §20 Abs. 1 Satz 1 SGB XI, §5 Abs. 3 SGB VI, §27 Abs. 4 Nummer 2 SGB III	§14 Abs. 1 Satz 1 SGB IV

Mindestlohn-Relevanz: Nein

Entgeltzuordnung in der Sozialversicherung: Versicherungsfreiheit und Beitragsfreiheit zur SV! Ausnahme: Unfallversicherung (Beitragspflicht)!

15.19 Prämie für Verbesserungsvorschlag

Vergütung für betrieblichen Verbesserungsvorschlag (auch wenn nicht vom Arbeitgeber direkt, sondern von Dritten gezahlt).

Lohnsteuerpflicht	Beitragspflicht KV PV RV ALV	Beitragspflicht UV
Ja	Ja	Ja
§19 Abs. 1 EStG	§14 Abs. 1 Satz 1 SGB IV, §23a SGB IV, BSG, Urteil vom 26.3.1998 B 12 KR 17/97 R	§14 Abs. 1 Satz 1 SGB IV, §23a SGB IV

Mindestlohn-Relevanz: Nein

Entgeltart: Einmalzahlung

Entgeltzuordnung in der Sozialversicherung: Entgeltabrechnungsmonat, in dem die Prämie ausgezahlt wird. Prämien für Verbesserungsvorschläge, die in den Monaten Januar bis März eines Jahres ausgezahlt werden, sind dem letzten Entgeltabrechnungsmonat des vergangenen Jahres (Vorjahres) zuzuordnen, wenn in dem vergangenen Jahr bei demselben Arbeitgeber ein versicherungspflichtiges Beschäftigungsverhältnis bestanden hat und die Prämien zusammen mit den sonstigen für das laufende Kalenderjahr festgestellten beitragspflichtigen Einnahmen die anteilige Beitragsbemessungsgrenze des laufenden Kalenderjahres übersteigen (März-Klausel).

15.20 Prämien
S. Anwesenheitsprämie, Belohnung, Incentive-Reise, Lebensversicherungsprämie, Sachprämie, Unfallverhütungsprämie und Werbeprämie.

15.21 Preisnachlass
Preisnachlass beim Bezug von Waren oder Dienstleistungen, die vom Arbeitgeber nicht überwiegend für den Bedarf seiner Arbeitnehmer hergestellt, vertrieben oder erbracht werden, soweit der Nachlass insgesamt 1.080 EUR im Kalenderjahr (Rabattfreibetrag) nicht übersteigt.

Lohnsteuerpflicht	Beitragspflicht KV PV RV ALV	Beitragspflicht UV
Nein	Nein	Nein
§8 Abs. 3 EStG, R 8.2 LStR	§14 Abs. 1 SGB IV, §1 Abs. 1 SvEV	§14 Abs. 1 SGB IV, §1 Abs. 1 SvEV

Mindestlohn-Relevanz: **Nein**

Entgeltzuordnung in der Sozialversicherung: **Kein** Arbeitsentgelt im Sinne der Sozialversicherung.

15.22 Privatforstbedienstete (Entschädigung)
S. Entschädigung für Privatforstbedienstete.

15.23 Privatgespräche
S. Telefonbenutzung.

Lohnsteuerpflicht	Beitragspflicht KV PV RV ALV	Beitragspflicht UV
Nein	Nein	Nein
§3 Nr. 45 EStG, R 3.45 LStR	§14 Abs. 1 SGB IV, §1 Abs. 1 SvEV	§14 Abs. 1 SGB IV, §1 Abs. 1 SvEV

Mindestlohn-Relevanz: Nein

Entgeltzuordnung in der Sozialversicherung: Kein Arbeitsentgelt im Sinne der Sozialversicherung.

15.24 Provisionen

Provisionen, Gebührenanteile, Sonderzulagen und Vergütungen für nichtselbstständige Nebentätigkeiten.

Lohnsteuerpflicht	Beitragspflicht KV PV RV ALV	Beitragspflicht UV
Ja	Ja	Ja
R 19.4 LStR	§14 Abs. 1 Satz 1 SGB IV	§14 Abs. 1 Satz 1 SGB IV

Mindestlohn-Relevanz: Ja, aber nur wenn unwiderruflich; Stichwort Garantieprovision.

Entgeltart: Laufendes Arbeitsentgelt

Entgeltzuordnung in der Sozialversicherung: Entgeltabrechnungsmonat, für den der Anspruch auf die Provision etc. entstanden ist

15.25 Provisionsfreie Abwicklung von Wertpapiergeschäften

Bei Arbeitnehmern von Banken und Sparkassen. S. auch Preisnachlass.

Lohnsteuerpflicht	Beitragspflicht KV PV RV ALV	Beitragspflicht UV
Nein	Nein	Nein
§8 Abs. 3 EStG, R 8.2 LStR	§14 Abs. 1 SGB IV, §1 Abs. 1 SvEV	§14 Abs. 1 SGB IV, §1 Abs. 1 SvEV

Mindestlohn-Relevanz: **Nein**

Entgeltzuordnung in der Sozialversicherung: **Kein Arbeitsentgelt im Sinne der Sozialversicherung.**

15.26 Prozesskosten

Prozesskosten für ein Strafverfahren, die der Arbeitgeber dem Arbeitnehmer ersetzt.

Lohnsteuerpflicht	Beitragspflicht KV PV RV ALV	Beitragspflicht UV
Ja	Ja	Ja
§2 Abs. 1 LStDV	§14 Abs. 1 Satz 1 SGB IV, §23a SGB IV	§14 Abs. 1 Satz 1 SGB IV, §23a SGB IV

Mindestlohn-Relevanz: **Nein**

Entgeltart: **Einmalzahlung**

Entgeltzuordnung in der Sozialversicherung: **Entgeltabrechnungsmonat, in dem die Prozesskosten vom Arbeitgeber an den Arbeitnehmer erstattet werden**

16 Rabatt bis Rundfunkhonorar

16.1 Rabatt
S. Preisnachlass.

Lohnsteuerpflicht	Beitragspflicht KV PV RV ALV	Beitragspflicht UV
Nein	Nein	Nein
§8 Abs. 3 EStG, R 32 LStR	§14 Abs. 1 SGB IV, §1 Abs. 1 SvEV	§14 Abs. 1 SGB IV, §1 Abs. 1 SvEV

Mindestlohn-Relevanz: Nein

Entgeltzuordnung in der Sozialversicherung: Kein Arbeitsentgelt im Sinne der Sozialversicherung.

16.2 Reisekostenersatz der privaten Wirtschaft
Soweit die beruflich veranlassten Mehraufwendungen bzw. pauschalen Abgeltungen die Beträge, welche ansonsten nach §9 EStG absetzbar gewesen wären, nicht übersteigen.

Lohnsteuerpflicht	Beitragspflicht KV PV RV ALV	Beitragspflicht UV
Nein	Nein	Nein
§3 Nr. 16 EStG, R 9.4 bis R 9.9 LStR	§14 Abs. 1 SGB IV, §1 Abs. 1 Nr. 3 SvEV	§14 Abs. 1 SGB IV, §1 Abs. 1 Nr. 3 SvEV

Mindestlohn-Relevanz: Nein

Entgeltzuordnung in der Sozialversicherung: Kein Arbeitsentgelt im Sinne der Sozialversicherung.

16.3 Reisekostenersatz im öffentlichen Dienst
Gemäß Bundesreisekostengesetz.

Lohnsteuerpflicht	Beitragspflicht KV PV RV ALV	Beitragspflicht UV
Nein	Nein	Nein
§3 Nr. 13 EStG, R 3.13 LStR	§1 SvEV	§1 SvEV

Mindestlohn-Relevanz: Nein

Entgeltzuordnung in der Sozialversicherung: Kein Arbeitsentgelt im Sinne der Sozialversicherung.

16.4 Reisekostenvergütung (pauschal versteuerter Verpflegungsmehraufwand)

Mit 25% pauschal versteuerte Zahlung des Arbeitgebers.

Lohnsteuerpflicht	Beitragspflicht KV PV RV ALV	Beitragspflicht UV
Ja	Nein	Nein
§40 Abs. 2 Nr. 4 EStG	§14 Abs. 1 SGB IV, §1 Abs. 1 Nr. 3 SvEV	§14 Abs. 1 SGB IV, §1 Abs. 1 Nr. 3 SvEV

Mindestlohn-Relevanz: Nein

Entgeltzuordnung in der Sozialversicherung: Kein Arbeitsentgelt im Sinne der Sozialversicherung.

16.5 Reisevergünstigung

S. Freiflug und Incentivereise.

16.6 Reparaturgeld für Musikinstrumente (nicht tarifvertraglich vorgeschrieben)

Ohne tarifvertragliche Regelung, ebenso bei pauschaler Zahlung des Reparaturgeldes (ohne konkreten Anlass), besteht Steuer- und Beitragspflicht.

Lohnsteuerpflicht	Beitragspflicht KV PV RV ALV	Beitragspflicht UV
Ja	Ja	Ja
§2 Abs. 1 LStDV	§14 Abs. 1 Satz 1 SGB IV	§14 Abs. 1 Satz 1 SGB IV

Mindestlohn-Relevanz: Nein

Entgeltart: Laufendes Arbeitsentgelt

Entgeltzuordnung in der Sozialversicherung: Entgeltabrechnungsmonat, für den der Anspruch auf das Reparaturgeld ausgezahlt wird.

16.7 Reparaturgeld für Musikinstrumente (tarifvertraglich vorgeschrieben)

Tarifvertraglich festgelegter Kostenersatz für konkret notwendig gewordene Reparaturen (Nachweis liegt vor) an Musikinstrumenten von Orchestermusikern durch den Arbeitgeber (S. Auslagenersatz). Aber: Ohne tarifvertragliche Regelung oder bei pauschaler Zahlung des Reparaturgeldes (ohne konkreten Anlass) besteht Steuer- und Beitragspflicht.

Lohnsteuerpflicht	Beitragspflicht KV PV RV ALV	Beitragspflicht UV
Nein	Nein	Nein
BFH, Urteil vom 28.3.2006 – VI R 24/03	§14 Abs. 1 SGB IV, §1 Abs. 1 Nr. 1 SvEV	§14 Abs. 1 SGB IV, §1 Abs. 1 Nr. 1 SvEV

Mindestlohn-Relevanz: Nein

Entgeltzuordnung in der Sozialversicherung: Kein Arbeitsentgelt im Sinne der Sozialversicherung.

16.8 Restaurantscheck (wenn monatlich gewährt)

Ein Restaurantscheck führt zu keiner Änderung des steuer- bzw. sozialversicherungspflichtigen Entgelts, wenn dem Arbeitnehmern unter Anrechnung auf den geschuldeten Barlohn zugewendet.

Lohnsteuerpflicht	Beitragspflicht KV PV RV ALV	Beitragspflicht UV
Ja	Ja	Ja
Verfügung der OFD Hannover vom 14.7.1994	§14 Abs. 1 SGB IV, §2 SvEV	§14 Abs. 1 SGB IV, §2 SvEV

Mindestlohn-Relevanz: Nein

Entgeltart: Laufendes Arbeitsentgelt

Entgeltzuordnung in der Sozialversicherung: Entgeltabrechnungsmonat, für den der Anspruch auf die Restaurantschecks besteht.

16.9 Rundfunkhonorar

Hauptamtlich bei Rundfunkanstalten Beschäftigte erhalten für Nebenarbeiten oft zusätzliches Honorar (z.B. Ausarbeitung von Texten, Kommentaren, Manuskripten).

Lohnsteuerpflicht	Beitragspflicht KV PV RV ALV	Beitragspflicht UV
Ja	Ja	Ja
§18 Abs. 1 Nr. 1 EStG	§14 Abs. 1 Satz 1 SGB IV, BSG, Urteil vom 22.6.1972 12/3 RK 82/68	§14 Abs. 1 Satz 1 SGB IV

Mindestlohn-Relevanz: Nein

Entgeltart: Laufendes Arbeitsentgelt

Entgeltzuordnung in der Sozialversicherung: Entgeltabrechnungsmonat, für den der Anspruch auf die Sachbezüge besteht

17 Sachbezüge bis Studiengebühr

17.1 Sachbezüge

Z.B. freie Verpflegung, mietfreie Wohnung, unentgeltlich abgegebene Waren, zur Privatnutzung überlassenes Kraftfahrzeug, zinslose Arbeitgeberdarlehen.

Lohnsteuerpflicht	Beitragspflicht KV PV RV ALV	Beitragspflicht UV
Ja	Ja	Ja
§8 Abs. 2 EStG	§14 Abs. 1 Satz 1 SGB IV	§14 Abs. 1 Satz 1 SGB IV

Mindestlohn-Relevanz: Nein (Ausnahme: Kost und Logis bei Saisonarbeitern)

Entgeltart: Laufendes Arbeitsentgelt

Entgeltzuordnung in der Sozialversicherung: Entgeltabrechnungsmonat, für den der Anspruch auf die Rundfunkhonorare besteht.

17.2 Sachbezüge (bis 44 EUR pro Monat)

Sachbezüge die nach Anrechnung etwaiger vom Arbeitnehmer gezahlter Entgelte insgesamt nicht mehr als 44 EUR im Monat betragen.

Lohnsteuerpflicht	Beitragspflicht KV PV RV ALV	Beitragspflicht UV
Nein	Nein	Nein
§8 Abs. 2 Satz 9 EStG, R 8.1 Abs. 3 LStR	§14 Abs. 1 SGB IV, §1 Abs. 1 Nr. 1 SvEV	§14 Abs. 1 SGB IV, §1 Abs. 1 Nr. 1 SvEV

Mindestlohn-Relevanz: Nein

Entgeltzuordnung in der Sozialversicherung: Kein Arbeitsentgelt im Sinne der Sozialversicherung.

17.3   Sachgeschenk (an Betriebsfremde)

Betriebliche Sachgeschenke an betriebsfremde Arbeitnehmer, die mit 30% pauschal besteuert werden.

Lohnsteuerpflicht	Beitragspflicht KV PV RV ALV	Beitragspflicht UV
Ja	Nein	Nein
§37b Abs. 1 EStG	§14 Abs. 1 SGB IV, §1 Abs. 1 Nr. 14 SvEV	§14 Abs. 1 SGB IV, §1 Abs. 1 Nr. 14 SvEV

Mindestlohn-Relevanz: **Nein**

Entgeltzuordnung in der Sozialversicherung: **Kein Arbeitsentgelt im Sinn der Sozialversicherung.**

17.4   Sachgeschenk (betriebseigene Arbeitnehmer)

Betriebliches Sachgeschenk an betriebseigenen Arbeitnehmer, mit 30% pauschal besteuert. S. auch Warengutschein.

Lohnsteuerpflicht	Beitragspflicht KV PV RV ALV	Beitragspflicht UV
Ja	Ja	Ja
§37b EStG	§14 Abs. 1 SGB IV, §23a SGB IV	§14 Abs. 1 SGB IV, §23a SGB IV

Mindestlohn-Relevanz: **Nein**

Entgeltart: **Einmalzahlung**

Entgeltzuordnung in der Sozialversicherung: **Abrechnungsmonat, in dem das Sachgeschenk ausgegeben wird. Die hierdurch entstandenen geldwerten Vorteil, die in den Monaten Januar bis März eines Jahres anfallen, sind dem letzten Entgeltabrechnungsmonat des vergangenen Jahres (Vorjahres) zuzuordnen, wenn in dem vergangenen Jahr bei demselben Arbeitgeber ein versicherungspflichtiges Beschäftigungsverhältnis bestanden hat und der** geldwerte Vorteil zusammen mit den sonstigen für das laufende Kalenderjahr festgestellten beitragspflichtigen Einnahmen die anteilige Beitragsbemessungsgrenze des laufenden Kalenderjahres übersteigen (März-Klausel).

17.5 Sachprämie (bis 1.080 EUR pro Jahr)

Prämie, z. B. aus Kundenbindungsprogramm (Miles and more, Payback), soweit der Wert der Prämie den Freibetrag von 1.080 EUR jährlich nicht übersteigt.

Lohnsteuerpflicht	Beitragspflicht KV PV RV ALV	Beitragspflicht UV
Nein	Nein	Nein
§3 Nr. 38 EStG	§14 Abs. 1 SGB IV, §1 Abs. 1 SvEV	§14 Abs. 1 SGB IV, §1 Abs. 1 SvEV

Mindestlohn-Relevanz: **Nein**

Entgeltzuordnung in der Sozialversicherung: **Kein Arbeitsentgelt im Sinne der Sozialversicherung.**

17.6 Sachprämie (Unfallfreiheit)

Sachprämie für unfallfreie Arbeit.

Lohnsteuerpflicht	Beitragspflicht KV PV RV ALV	Beitragspflicht UV
Ja	Ja	Ja
§2 Abs. 1 LStDV	§14 Abs. 1 Satz 1 SGB IV, §23a SGB IV, BE 1./2.2.1984	§14 Abs. 1 Satz 1 SGB IV, §23a SGB IV

Mindestlohn-Relevanz: **Nein**

Entgeltart: **Einmalzahlung**

Entgeltzuordnung in der Sozialversicherung: **Entgeltabrechnungsmonat, in dem die Prämien ausgezahlt werden. Sachprämien, die in den Monaten Januar bis März eines Jahres ausgezahlt werden, sind dem letzten Entgeltabrech-**

nungsmonat des vergangenen Jahres (Vorjahres) zuzuordnen, wenn in dem vergangenen Jahr bei demselben Arbeitgeber ein versicherungspflichtiges Beschäftigungsverhältnis bestanden hat und die Prämien zusammen mit den sonstigen für das laufende Kalenderjahr festgestellten beitragspflichtigen Einnahmen die anteilige Beitragsbemessungsgrenze des laufenden Kalenderjahres übersteigen (März-Klausel).

17.7   Sachprämie über 1.080 EUR pro Jahr (pauschal versteuert)

Prämien aus Kundenbindungsprogrammen (z.B. »miles and more« etc.), soweit der Wert der Prämien soweit der Wert der Prämien den Freibetrag von 1.080 EUR jährlich überschreitet und der überschreitende Betrag vom Zuwendenden pauschal versteuert wird.

Lohnsteuerpflicht	Beitragspflicht KV PV RV ALV	Beitragspflicht UV
Ja	Nein	Nein
§37a EStG	§14 Abs. 1 SGB IV, §1 Abs. 1 Nr. 13 SvEV	§14 Abs. 1 SGB IV, §1 Abs. 1 Nr. 13 SvEV

Mindestlohn-Relevanz: **Nein**

Entgeltzuordnung in der Sozialversicherung: **Kein Arbeitsentgelt im Sinn der Sozialversicherung.**

17.8   Saison-Kurzarbeitergeld für Schlechtwetterzeit

Saison-Kurzarbeitergeld nach §101 SGB III im Baugewerbe bzw. in Wirtschaftszweigen, die saisonbedingt von Arbeitsausfällen betroffen sind. Beitragspflicht zur SV besteht nur in der Kranken-, Pflege- und Rentenversicherung, nicht aber in der Arbeitslosenversicherung. Beitragstragung in voller Höhe durch den Arbeitgeber.

Lohnsteuerpflicht	Beitragspflicht KV PV RV ALV	Beitragspflicht UV
Nein	Ja	Nein
§3 Nr. 2 EStG	§14 Abs. 1 Satz 1 SGB IV	§14 Abs. 1 SGB IV, §1 SvEV

Mindestlohn-Relevanz: Nein

Entgeltart: Laufendes Arbeitsentgelt

Entgeltzuordnung in der Sozialversicherung: Entgeltabrechnungszeitraum, in dem dias Saison-Kurzarbeitergeld abgerechnet wird.

17.9 Sammelbeförderung

Sammelbeförderung der Arbeitnehmer zwischen Wohnung und Arbeitsstelle mit einem vom Arbeitgeber eingesetzten Omnibus, Kleinbus oder für mehrere Arbeitnehmer zur Verfügung gestellten Pkw, wenn dies betrieblich notwendig ist.

Lohnsteuerpflicht	Beitragspflicht KV PV RV ALV	Beitragspflicht UV
Nein	Nein	Nein
§3 Nr. 32 EStG, R 3.32 LStR	§14 Abs. 1 SGB IV, §1 Abs. 1 SvEV	§14 Abs. 1 SGB IV, §1 Abs. 1 SvEV

Mindestlohn-Relevanz: Nein

Entgeltzuordnung in der Sozialversicherung: Kein Arbeitsentgelt im Sinne der Sozialversicherung.

17.10 Schadenersatzleistung (mit Entlohnungscharakter)

Schadenersatz, der seine Grundlage im Dienstverhältnis eines Arbeitnehmers hat (z. B. Verletzung arbeitsvertraglicher Pflichten).

Lohnsteuerpflicht	Beitragspflicht KV PV RV ALV	Beitragspflicht UV
Ja	Ja	Ja
BFH, Urteil vom 28.2.1975 VI R 29/72	§14 Abs. 1 Satz 1 SGB IV	§14 Abs. 1 Satz 1 SGB IV

Mindestlohn-Relevanz: Nein

Entgeltart: Laufendes Arbeitsentgelt

Entgeltzuordnung in der Sozialversicherung: Entgeltabrechnungsmonat, für den der Anspruch auf den Schadenersatz besteht

17.11   Schadensersatz (Schaden im Privatvermögen)

Ausgleich eines Schadens im Privatvermögen des Arbeitnehmers, ohne Entlohnungscharakter, soweit der zivilrechtliche Ersatzanspruch nicht überstiegen wird.

Lohnsteuerpflicht	Beitragspflicht KV PV RV ALV	Beitragspflicht UV
Nein	Nein	Nein
BFH, Urteil vom 28.2.1975 VI R 29/72	§14 Abs. 1 SGB IV, §1 Abs. 1 SvEV	§14 Abs. 1 SGB IV, §1 Abs. 1 SvEV

Mindestlohn-Relevanz: Nein

Entgeltzuordnung in der Sozialversicherung: Kein Arbeitsentgelt im Sinne der Sozialversicherung.

17.12   Schadensersatz (Verzicht des Arbeitgebers auf Anspruch)

Ein Verzicht des Arbeitgebers auf ihm gegenüber dem Arbeitnehmer zustehende Schadensersatzforderung ist ein geldwerter Vorteil für den Arbeitnehmer.

Lohnsteuerpflicht	Beitragspflicht KV PV RV ALV	Beitragspflicht UV
Ja	Ja	Ja
BFH, Urteil vom 27.3.1992 VI R 145/89	§14 Abs. 1 SGB IV, BSG, Urteil vom 21.5.1996 – 12 RK 64/94	§14 Abs. 1 Satz 1 SGB IV

Mindestlohn-Relevanz: Nein

Entgeltart: Laufendes Arbeitsentgelt

Entgeltzuordnung in der Sozialversicherung: Entgeltabrechnungsmonat, für den der Anspruch auf den geldwerten Vorteil besteht.

17.13 Schadensersatzleistung (gesetzliche Verpflichtung)

Echte Schadensersatzleistung aufgrund unmittelbarer gesetzlicher Verpflichtung (gesetzliche Haftpflicht oder aus unerlaubter Handlung) oder bei Anspruch auf Auslagenersatz.

Lohnsteuerpflicht	Beitragspflicht KV PV RV ALV	Beitragspflicht UV
Nein	Nein	Nein
BFH, Urteil vom 30.11.1993 VI ZR 21/92	§ 14 Abs. 1 SGB IV, § 1 Abs. 1 SvEV	§ 14 Abs. 1 SGB IV, § 1 Abs. 1 SvEV

Mindestlohn-Relevanz: Nein

Entgeltzuordnung in der Sozialversicherung: Kein Arbeitsentgelt im Sinne der Sozialversicherung.

17.14 Schadensersatzleistung (Reiseschaden)

In Zusammenhang mit Reisekostenvergütung, wenn sich der Schaden als Konkretisierung einer reisespezifischen Gefährdung (z. B. Diebstahls-, Transport- oder Unfallschaden) erweist und nicht nur gelegentlich bei der Reise eingetreten ist.

Lohnsteuerpflicht	Beitragspflicht KV PV RV ALV	Beitragspflicht UV
Nein	Nein	Nein
BFH, Urteil vom 30.11.1993 VI ZR 21/92; BFH, Urteil vom 30.6.1995	§ 14 Abs. 1 SGB IV, § 1 Abs. 1 SvEV	§ 14 Abs. 1 SGB IV, § 1 Abs. 1 SvEV

Mindestlohn-Relevanz: Nein

Entgeltzuordnung in der Sozialversicherung: Kein Arbeitsentgelt im Sinne der Sozialversicherung.

17.15 Schenkung
S. Aufmerksamkeit und Jubiläumszuwendung.

17.16 Schmerzensgeld
S. Schadensersatzleistung und Versicherungsleistungen.

17.17 Schmutzzulage
S. Erschwerniszuschlag.

Lohnsteuerpflicht	Beitragspflicht KV PV RV ALV	Beitragspflicht UV
Ja	Ja	Ja
R 70 Abs. 1 Nr. 1 LStR	§ 14 Abs. 1 Satz 1 SGB IV	§ 14 Abs. 1 Satz 1 SGB IV

Mindestlohn-Relevanz: Nein

Entgeltart: Laufendes Arbeitsentgelt

Entgeltzuordnung in der Sozialversicherung: Entgeltabrechnungsmonat, für den der Anspruch auf die Schmutzzulage besteht.

17.18 Schutzkleidung
S. Arbeitskleidung.

Lohnsteuerpflicht	Beitragspflicht KV PV RV ALV	Beitragspflicht UV
Nein	Nein	Nein
	§ 14 Abs. 1 SGB IV, § 1 Abs. 1 Nr. 1 SvEV	§ 14 Abs. 1 SGB IV, § 1 Abs. 1 Nr. 1 SvEV

Mindestlohn-Relevanz: Nein

Entgeltzuordnung in der Sozialversicherung: **Kein Arbeitsentgelt im Sinne der Sozialversicherung.**

17.19 Seminarkosten (Auslagenersatz an Arbeitnehmer)

Der Arbeitnehmer zahlt diese Kosten, bekommt sie vom Arbeitgeber erstattet. Das Seminar wurde nachweisbar im eigenbetrieblichen Interesse des Arbeitgebers besucht. S. Auslagenersatz.

Lohnsteuerpflicht	Beitragspflicht KV PV RV ALV	Beitragspflicht UV
Nein	Nein	Nein
R 19.7 LStR	§14 Abs. 1 SGB IV, §1 Abs. 1 SvEV	§14 Abs. 1 SGB IV, §1 Abs. 1 SvEV

Mindestlohn-Relevanz: **Nein**

Entgeltzuordnung in der Sozialversicherung: **Kein Arbeitsentgelt im Sinne der Sozialversicherung.**

17.20 Seminarkosten (durch Arbeitnehmer gebucht)

S. Fortbildungskosten (Seminar durch Arbeitnehmer gebucht).

17.21 Seuchenentschädigung nach §56 IfSG

S. Verdienstausfall.

Lohnsteuerpflicht	Beitragspflicht KV PV RV ALV	Beitragspflicht UV
Nein	Ja	Nein
§3 Nr. 25 EStG	§14 Abs. 1 Satz 1 SGB IV, §57 JfSG, BE v. 13./14.10.2009 (TOP 7)	§14 Abs. 1 SGB IV, §1 SvEV

Mindestlohn-Relevanz: **Nein**

Entgeltart: **Laufendes Arbeitsentgelt**

Entgeltzuordnung in der Sozialversicherung: Entgeltabrechnungsmonat, für den die Entschädigung gezahlt wird.

17.22   Sicherheitswettbewerb
S. Unfallverhütungsprämien.

Lohnsteuerpflicht	Beitragspflicht KV PV RV ALV	Beitragspflicht UV
Ja	Ja	Ja
§ 2 Abs. 1 LStDV	§ 14 Abs. 1 Satz 1 SGB IV, § 23a SGB IV, BE 1./2.2.1984	§ 14 Abs. 1 Satz 1 SGB IV, § 23a SGB IV

Mindestlohn-Relevanz: **Nein**

Entgeltart: **Einmalzahlung**

Entgeltzuordnung in der Sozialversicherung: Entgeltabrechnungsmonat, in dem die Prämien ausgezahlt werden. Prämien, die in den Monaten Januar bis März eines Jahres ausgezahlt werden, sind dem letzten Entgeltabrechnungsmonat des vergangenen Jahres (Vorjahres) zuzuordnen, wenn in dem vergangenen Jahr bei demselben Arbeitgeber ein versicherungspflichtiges Beschäftigungsverhältnis bestanden hat und die Prämien zusammen mit den sonstigen für das laufende Kalenderjahr festgestellten beitragspflichtigen Einnahmen die anteilige Beitragsbemessungsgrenze des laufenden Kalenderjahres übersteigen (März-Klausel).

17.23   Sicherungseinrichtung
Vom Arbeitgeber in die Wohnung des Arbeitnehmers eingebaute Sicherungseinrichtung. Bei konkreter Gefährdung des Arbeitnehmers in den Stufen 1 und 2 in unbegrenzter Höhe, in Stufe 3 bis zu 15.338 EUR und bei nur abstrakter Gefährdung bis zu 7.669 EUR.

Lohnsteuerpflicht	Beitragspflicht KV PV RV ALV	Beitragspflicht UV
Nein	Nein	Nein
§8 Abs. 2 EStG; Schreiben des BMF vom 30.6.1997 IV B 6 S2334 148/97 (BStBl I S.696)	§14 Abs. 1 SGB IV, §1 Abs. 1 SvEV	§14 Abs. 1 SGB IV, §1 Abs. 1 SvEV

Mindestlohn-Relevanz: Nein

Entgeltzuordnung in der Sozialversicherung: Kein Arbeitsentgelt im Sinne der Sozialversicherung.

17.24 Sonderzulagen
S. Provision.

Lohnsteuerpflicht	Beitragspflicht KV PV RV ALV	Beitragspflicht UV
Ja	Ja	Ja
R 71 LStR	§14 Abs. 1 Satz 1 SGB IV	§14 Abs. 1 Satz 1 SGB IV

Mindestlohn-Relevanz: Nein, nur unter bestimmten Voraussetzungen.

Entgeltart: Laufendes Arbeitsentgelt

Entgeltzuordnung in der Sozialversicherung: Entgeltabrechnungsmonat, für den der Anspruch auf die Sonderzulagen etc. entstanden ist.

17.25 Sonntagsarbeitszuschlag, Grundlohn übersteigt nicht 25 EUR pro Stunde
Sonntagsarbeitszuschlag, die für tatsächlich geleistete Sonntagsarbeit neben dem Grundlohn gezahlt werden, soweit 50% des Grundlohns nicht übersteigend. Steuer: Steuerfrei soweit Grundlohn 50 EUR pro Stunde nicht übersteigt.

Lohnsteuerpflicht	Beitragspflicht KV PV RV ALV	Beitragspflicht UV
Nein	Nein	Ja
§3b EStG	§14 Abs. 1 SGB IV, §1 Abs. 1 Nr. 1 SvEV	§14 Abs. 1 SGB IV, §1 Abs. 1 Nr. 1 SvEV

Mindestlohn-Relevanz: **Nein**

Entgeltzuordnung in der Sozialversicherung: **Kein Arbeitsentgelt im Sinne der Sozialversicherung. In der Unfallversicherung sind steuerpflichtige und auch steuerfreie Zuschläge für Sonntags-, Feiertags- und Nachtarbeit beitragspflichtig.**

17.26 Sonntagsarbeitszuschlag, soweit Grundlohn 25 EUR pro Stunde übersteigt

Sonntagsarbeitszuschlag, die für tatsächlich geleistete Sonntagsarbeit neben dem Grundlohn gezahlt werden, soweit 50 % des Grundlohns nicht übersteigend. Steuer: Steuerfrei soweit Grundlohn 50 EUR nicht übersteigt. SV: Regelmäßiges Entgelt bei regelmäßiger Sonntagsarbeit.

Lohnsteuerpflicht	Beitragspflicht KV PV RV ALV	Beitragspflicht UV
Nein	Ja	Ja
§3b EStG	§14 Abs. 1 Satz 1 SGB IV; §1 Abs. 1 Nr. 1 SvEV	§1 Abs. 2 SvEV

Mindestlohn-Relevanz: **Nein**

Entgeltart: **Laufendes Arbeitsentgelt**

Entgeltzuordnung in der Sozialversicherung: **Entgeltabrechnungszeitraum, in dem die Zuschläge gezahlt werden.**

17.27 Sonstige Bezüge (größere Zahl von Fällen – Einmalzahlung)

Auf Antrag des Arbeitgebers wird der Durchschnitts-Nettosteuersatz zur Steuerberechnung herangezogen. Der sonstige Bezug ist als einmaliger Bezug einzustufen. Es liegt ein Sachverhalt gemäß §6 Abs. 3 SachBezV vor.

Lohnsteuerpflicht	Beitragspflicht KV PV RV ALV	Beitragspflicht UV
Ja	Ja	Ja
§40 Abs. 1 Nr. 1 EStG	§1 Abs. 1 Nr. 3 SvEV, §6 Abs. 3 SachBezV	§1 Abs. 1 Nr. 3 SvEV

Mindestlohn-Relevanz: Nein

Entgeltart: Einmalzahlung

Entgeltzuordnung in der Sozialversicherung: Entgeltabrechnungsmonat, in dem die sonstigen Bezüge ausgezahlt werden. Sonstige Bezüge als Einmalzahlungen, die in den Monaten Januar bis März eines Jahres ausgezahlt werden, sind dem letzten Entgeltabrechnungsmonat des vergangenen Jahres (Vorjahres) zuzuordnen, wenn in dem vergangenen Jahr bei demselben Arbeitgeber ein versicherungspflichtiges Beschäftigungsverhältnis bestanden hat und die sonstigen Bezüge zusammen mit den sonstigen für das laufende Kalenderjahr festgestellten beitragspflichtigen Einnahmen die anteilige Beitragsbemessungsgrenze des laufenden Kalenderjahres übersteigen (März-Klausel).

17.28 Sonstige Bezüge (größere Zahl von Fällen – laufendes Entgelt)

Auf Antrag des Arbeitgebers wird der Durchschnitts-Nettosteuersatz zur Steuerberechnung herangezogen. Der sonstige Bezug ist als laufendes Entgelt einzustufen, es liegt kein Fall gemäß §6 Abs. 3 SachBezV vor.

Lohnsteuerpflicht	Beitragspflicht KV PV RV ALV	Beitragspflicht UV
Ja	Nein	Nein
§40 Abs. 1 Nr. 1 EStG	§14 Abs. 1 SGB IV, §1 Abs. 1 Nr. 3 SvEV	§14 Abs. 1 SGB IV, §1 Abs. 1 Nr. 3 SvEV

Mindestlohn-Relevanz: **Nein**

Entgeltzuordnung in der Sozialversicherung: Entgeltabrechnungsmonat, für den der Anspruch auf die sonstigen Bezüge besteht.

17.29 Sozialzulage

S. Familienzuschlag. Zuschläge, die mit Rücksicht auf den Familienstand gezahlt werden, bleiben bei der Prüfung der Krankenversicherungsfreiheit gemäß § 6 Abs. 1 Satz 1 Nr. 1 SGB V unberücksichtigt.

Lohnsteuerpflicht	Beitragspflicht KV PV RV ALV	Beitragspflicht UV
Ja	Ja	Ja
§ 2 Abs. 1 LStDV	§ 14 Abs. 1 Satz 1 SGB IV	§ 14 Abs. 1 Satz 1 SGB IV

Mindestlohn-Relevanz: **Nein**

Entgeltart: Laufendes Arbeitsentgelt

Entgeltzuordnung in der Sozialversicherung: Entgeltabrechnungsmonat, für den der Anspruch auf die Zuschläge besteht.

17.30 Sparzulage

Gemäß Vermögensbildungsgesetz. S. Arbeitnehmer-Sparzulage und Vermögenswirksame Leistung.

Lohnsteuerpflicht	Beitragspflicht KV PV RV ALV	Beitragspflicht UV
Nein	Nein	Nein
§ 13 Abs. 3 VermBG	§ 14 Abs. 1 SGB IV, § 1 Abs. 1 SvEV	§ 14 Abs. 1 SGB IV, § 1 Abs. 1 SvEV

Mindestlohn-Relevanz: **Nein**

Entgeltzuordnung in der Sozialversicherung: Kein Arbeitsentgelt im Sinne der Sozialversicherung.

17.31 Sportanlagen

Wenn für die Benutzung von Sportanlagen (z.B. Tennis-, Squashplätze) üblicherweise ein Entgelt zu entrichten ist, und der Arbeitgeber dem Arbeitnehmer die kostenlose Nutzung der Anlage ermöglicht.

Lohnsteuerpflicht	Beitragspflicht KV PV RV ALV	Beitragspflicht UV
Ja	Ja	Ja
BFH, Urteil vom 27.9.1996 VI R 44/96	§ 14 Abs. 1 Satz 1 SGB IV	§ 14 Abs. 1 Satz 1 SGB IV

Mindestlohn-Relevanz: Nein

Entgeltart: Laufendes Arbeitsentgelt

Entgeltzuordnung in der Sozialversicherung: Entgeltabrechnungsmonat, für den der Anspruch auf den geldwerten Vorteil besteht.

17.32 Sprachkurs (durch Arbeitgeber gebucht)
S. Werbungskostenersatz.

Lohnsteuerpflicht	Beitragspflicht KV PV RV ALV	Beitragspflicht UV
Nein	Nein	Nein
R 19.7 Abs. 1 und 2 LStR	§ 14 Abs. 1 SGB IV, § 1 Abs. 1 SvEV	§ 14 Abs. 1 SGB IV, § 1 Abs. 1 SvEV

Mindestlohn-Relevanz: Nein

Entgeltzuordnung in der Sozialversicherung: Kein Arbeitsentgelt im Sinne der Sozialversicherung.

17.33 Sprachkurs (durch Arbeitnehmer gebucht)

Lohnsteuerpflicht	Beitragspflicht KV PV RV ALV	Beitragspflicht UV
Ja	Ja	Ja
R 19.7 Abs. 1 LStR	§ 14 Abs. 1 Satz 1 SGB IV, § 23a SGB IV	§ 14 Abs. 1 Satz 1 SGB IV, § 23a SGB IV

Mindestlohn-Relevanz: Nein

Entgeltart: Einmalzahlung

Entgeltzuordnung in der Sozialversicherung: Entgeltabrechnungsmonat, in dem der Arbeitgeber dem Arbeitnehmer die Kosten für den Sprachkurs erstattet.

17.34 Stellenzulage

Diese Zulage erhalten Beschäftigte im öffentlichen Dienst, so lange sie mit der Wahrnehmung einer herausgehobenen Funktion betraut sind. Siehe auch »Familienzuschläge«!

Lohnsteuerpflicht	Beitragspflicht KV PV RV ALV	Beitragspflicht UV
Ja	Ja	Ja
§ 2 Abs. 1 LStDV	§ 14 Abs. 1 Satz 1 SGB IV	§ 14 Abs. 1 Satz 1 SGB IV

Mindestlohn-Relevanz: Nein

Entgeltart: Laufendes Arbeitsentgelt

Entgeltzuordnung in der Sozialversicherung: Entgeltabrechnungsmonat, für den der Anspruch auf die Stellenzulage besteht.

17.35 Sterbegeld

Sterbegeld, das der Arbeitgeber gewährt, als Versorgungsbezug i. H. v. 20,8 %, max. 1.560 EUR zuzüglich 468 EUR bei Versorgungsbeginn im Jahr 2017. S. auch Altersrente.

Lohnsteuerpflicht	Beitragspflicht KV PV RV ALV	Beitragspflicht UV
Nein	Nein	Nein
§ 19 Abs. 2 EStG, R 19.8 LStR	Kein Arbeitsentgelt i. S. des § 14 Abs. 1 Satz 1 SGB IV	Kein Arbeitsentgelt i. S. des § 14 Abs. 1 Satz 1 SGB IV

Mindestlohn-Relevanz: Nein

Entgeltzuordnung in der Sozialversicherung: Kein Arbeitsentgelt im Sinne der Sozialversicherung.

17.36 Steuerfreibeträge

Erhöhte Werbungskosten, Sonderausgaben oder außergewöhnliche Belastungen können ab 600 EUR als Absetzungsbetrag in die Lohnsteuerkarte eingetragen werden. Sie führen nicht zur Minderung des in der Sozialversicherung beitragspflichtigen Arbeitsentgelts.

Lohnsteuerpflicht	Beitragspflicht KV PV RV ALV	Beitragspflicht UV
Nein	Ja	Ja
§ 39a, § 39b Abs. 2 und 3 EStG	§ 14 Abs. 1 Satz 1 SGB IV	§ 14 Abs. 1 Satz 1 SGB IV

Mindestlohn-Relevanz: Nein

Entgeltart: Laufendes Arbeitsentgelt

Entgeltzuordnung in der Sozialversicherung: Entgeltabrechnungsmonat, für den der Anspruch auf das beitragspflichtige Arbeitsentgelt besteht.

17.37   Stipendium

Stipendien, die unmittelbar aus öffentlichen Mitteln oder aus zwischenstaatlichen oder überstaatlichen Einrichtungen, denen die Bundesrepublik Deutschland als Mitglied angehört, zur Förderung der Forschung oder zur Förderung der wissenschaftlichen oder künstlerischen Ausbildung oder Fortbildung gewährt werden.

Lohnsteuerpflicht	Beitragspflicht KV PV RV ALV	Beitragspflicht UV
Nein	Nein	Nein
§3 Nr. 44 EStG	§14 Abs. 1 SGB IV, §1 Abs. 1 SvEV	§14 Abs. 1 SGB IV, §1 Abs. 1 SvEV

Mindestlohn-Relevanz: **Nein**

Entgeltzuordnung in der Sozialversicherung: **Kein Arbeitsentgelt im Sinne der Sozialversicherung.**

17.38   Streikunterstützung

Streikgeld bzw. Aussperrungsunterstützung der Gewerkschaften.

Lohnsteuerpflicht	Beitragspflicht KV PV RV ALV	Beitragspflicht UV
Nein	Nein	Nein
BFH, Urteil vom 24.10.1990 X R 161/88	§14 Abs. 1 SGB IV, §1 Abs. 1 SvEV	§14 Abs. 1 SGB IV, §1 Abs. 1 SvEV

Mindestlohn-Relevanz: **Nein**

Entgeltzuordnung in der Sozialversicherung: **Kein Arbeitsentgelt im Sinne der Sozialversicherung.**

17.39   Student (Entgelt des Werkstudenten)

S. ggf. Praktikant. SV: Außer zur Unfallversicherung und Rentenversicherung grds. versicherungsfrei und beitragsfrei. Falls Beschäftigung berufsmäßig

(20-Wochenstunden-Regelung etc. prüfen) und zudem mehr als geringfügig (entlohnt bzw. kurzfristig) ausgeübt, volle Versicherungspflicht zur SV!

Lohnsteuerpflicht	Beitragspflicht KV PV RV ALV	Beitragspflicht UV
Ja	Ja	Ja
§ 19 Abs. 1 EStG	§ 14 Abs. 1 Satz 1 SGB IV	§ 14 Abs. 1 Satz 1 SGB IV

Mindestlohn-Relevanz: Ja

Entgeltart: Laufendes Arbeitsentgelt

Entgeltzuordnung in der Sozialversicherung: Grds. Arbeitsentgelt i.S. der SV, jedoch – wenn spezifische Voraussetzungen erfüllt – Beitragsfreiheit! Ausnahme: Zur UV und RV stets Beitragspflicht!

17.40 Studienbeihilfe
Studienbeihilfe, im Hinblick auf ein künftiges Dienstverhältnis gewährt.

Lohnsteuerpflicht	Beitragspflicht KV PV RV ALV	Beitragspflicht UV
Ja	Ja	Ja
§ 2 Abs. 1 LStDV	§ 14 Abs. 1 Satz 1 SGB IV	§ 14 Abs. 1 Satz 1 SGB IV

Mindestlohn-Relevanz: Nein

Entgeltart: Laufendes Arbeitsentgelt

Entgeltzuordnung in der Sozialversicherung: Kein Arbeitsentgelt im Sinne der Sozialversicherung.

17.41 Studiengebühr (Ausbildungsdienstverhältnis)
Übernahme der Studiengebühr durch den Arbeitgeber bei Vorliegen eines Ausbildungsdienstverhältnisses (z.B. Arbeitnehmer besucht duale Hochschule), wenn er Schuldner der Studiengebühr ist. Ist der Arbeitnehmer Schuldner der

Studiengebühr, wenn die Kostenübernahme vom Arbeitgeber vorab schriftlich zugesagt und eine Rückzahlungsklausel vereinbart wird.

Lohnsteuerpflicht	Beitragspflicht KV PV RV ALV	Beitragspflicht UV
Nein	Nein	Nein
BMF-Schreiben vom 13.04.12 IV C 5 S 2332/07/0001	§1 Abs. 1 Satz 1 Nr. 15 SvEV	§1 Abs. 1 Satz 1 Nr. 15 SvEV

Mindestlohn-Relevanz: **Nein**

Entgeltzuordnung in der Sozialversicherung: **Kein Arbeitsentgelt im Sinn der Sozialversicherung.**

17.42   Studiengebühr (ohne Ausbildungsverhältnis), aber berufsbegleitend

Übernahme der Studiengebühr durch den Arbeitgeber ohne bestehendes Ausbildungsverhältnis (z.B. Studium an FH, Hochschule, Universität): grundsätzlich steuer- und sv-pflichtig. Aber wenn das Studium im ganz überwiegenden betrieblichen Interesse liegt (R 19.7 Abs. 2 LStR) und die Kostenübernahme vom Arbeitgeber vorab schriftlich zugesagt wird, herrscht Steuer- und SV-Freiheit.

Lohnsteuerpflicht	Beitragspflicht KV PV RV ALV	Beitragspflicht UV
Ja	Ja	Ja
§19 Abs. 1 EStG, §1 Abs. 1 Nr. 15 SvEV	§14 Abs. 1 SGB IV, §23a SGB IV, BE v. 7./8.5.2008 (TOP 4), BE v. 30./31.3.2009 (TOP 5)	§14 Abs. 1 SGB IV, §23a SGB IV

Mindestlohn-Relevanz: **Nein**

Entgeltart: **Einmalzahlung**

Entgeltzuordnung in der Sozialversicherung: **Entgeltabrechnungsmonat, in dem der Arbeitgeber dem Arbeitnehmer die Kosten erstattet bzw. in dem er die Kosten bezahlt.**

18 Tageszeitung bis Trinkgeld

18.1 Tageszeitung
S. Zeitung.

Lohnsteuerpflicht	Beitragspflicht KV PV RV ALV	Beitragspflicht UV
Nein	Nein	Nein
§8 Abs. 3 EStG, R 32 LStR	§14 Abs. 1 SGB IV, §1 Abs. 1 SvEV	§14 Abs. 1 SGB IV, §1 Abs. 1 SvEV

Mindestlohn-Relevanz: Nein

Entgeltzuordnung in der Sozialversicherung: Kein Arbeitsentgelt im Sinne der Sozialversicherung.

18.2 Tanken (Dienst- oder Betriebsfahrzeug)
Der Arbeitnehmer betankt auf eigene Kosten das Fahrzeug, bekommt Auslagen vom Arbeitgeber ersetzt. S. Auslagenersatz. Unberührt bleiben die steuerlichen Regelungen bei teilweiser Privatnutzung des Fahrzeugs. S. aber Gutscheine (Steuer- und Beitragsfreiheit bis 44-EUR).

Lohnsteuerpflicht	Beitragpflicht KV PV RV ALV	Beitragspflicht UV
Nein	Nein	Nein
§8 Abs. 2 Sätze 2 bis 5 EStG	§14 Abs. 1 SGB IV, §1 Abs. 1 SvEV	§14 Abs. 1 SGB IV, §1 Abs. 1 SvEV

Mindestlohn-Relevanz: Nein

Entgeltzuordnung in der Sozialversicherung: Kein Arbeitsentgelt im Sinne der Sozialversicherung.

18.3 Tantiemen

Gezahlt an Beschäftigte, z.B. nach der Höhe des Umsatzes oder des Gewinnes eines Unternehmens.

Lohnsteuerpflicht	Beitragspflicht KV PV RV ALV	Beitragspflicht UV
Ja	Ja	Ja
§19 Abs. 1 Nr. 1 EStG	§14 Abs. 1 Satz 1 SGB IV, §23a SGB IV	§14 Abs. 1 Satz 1 SGB IV, §23a SGB IV

Mindestlohn-Relevanz: **Nein**

Entgeltart: **Einmalzahlung**

Entgeltzuordnung in der Sozialversicherung: **Entgeltabrechnungsmonat**, in dem die Tantiemen ausgezahlt werden. Tantiemen, die in den Monaten Januar bis März eines Jahres ausgezahlt werden, sind dem letzten Entgeltabrechnungsmonat des vergangenen Jahres (Vorjahres) zuzuordnen, wenn in dem vergangenen Jahr bei demselben Arbeitgeber ein versicherungspflichtiges Beschäftigungsverhältnis bestanden hat und die Tantiemen zusammen mit den sonstigen für das laufende Kalenderjahr festgestellten beitragspflichtigen Einnahmen die anteilige Beitragsbemessungsgrenze des laufenden Kalenderjahres übersteigen (März-Klausel).

18.4 Taschengeld aus zivilem Jugendfreiwilligendienst

Taschengeld, das bei Ableistung eines Jugendfreiwilligendienstes, z.B. Bundesfreiwilligendienst, Freiwilliges soziales oder ökologisches Jahr gezahlt wird. S. auch Wehrsold.

Lohnsteuerpflicht	Beitragspflicht KV PV RV ALV	Beitragspflicht UV
Ja	Ja	Ja
§3 Nr. 5 EStG		

Mindestlohn-Relevanz: **Nein**

18.5 Teilzeitbeschäftigung, geringfügige Beschäftigung (pauschal versteuert)

Beitragspflicht des Arbeitgebers zur UV, sowie Pauschalbeiträge des Arbeitgebers zur KV und RV! Eine Teilzeitbeschäftigung (Nebenbeschäftigung) wird mit 20% bzw. 25% (bzw. im Bereich Land- / Forstwirtschaft 5%) pauschal versteuert. Es liegen zudem die Voraussetzungen des §8 SGB IV (geringfügige Beschäftigung) in der Sozialversicherung vor.

Lohnsteuerpflicht	Beitragspflicht KV PV RV ALV	Beitragspflicht UV
Ja	Nein	Ja
§40a EStG	§8 SGB IV	§14 Abs. 1 Satz 1 SGB IV

Mindestlohn-Relevanz: Ja

Entgeltzuordnung in der Sozialversicherung: Entgeltabrechnungsmonat, für den der Anspruch auf das Teilzeitarbeitsentgelt für die geringfügige Beschäftigung besteht. Der Arbeitgeber hat nur Pauschalbeiträge zur Kranken- und Rentenversicherung zu zahlen.

18.6 Teilzeitbeschäftigung, nicht geringfügig entlohnt (pauschal versteuert)

Eine Teilzeitbeschäftigung (Nebenbeschäftigung) wird mit 20% bzw. 25% (bzw. im Bereich Land- / Forstwirtschaft 5%) pauschal versteuert. Es liegt keine geringfügige Beschäftigung i.S. §8 SGB IV in der Sozialversicherung vor.

Lohnsteuerpflicht	Beitragspflicht KV PV RV ALV	Beitragspflicht UV
Ja	Ja	Ja
§40a EStG	§14 Abs. 1 Satz 1 SGB IV	§14 Abs. 1 Satz 1 SGB IV

Mindestlohn-Relevanz: Ja

Entgeltart: Laufendes Arbeitsentgelt

Entgeltzuordnung in der Sozialversicherung: Entgeltabrechnungsmonat, für den der Anspruch auf das Teilzeitarbeitsentgelt für die geringfügige Beschäftigung besteht.

18.7 Telefonanschluss
S. Fernsprechanschluss.

Lohnsteuerpflicht	Beitragspflicht KV PV RV ALV	Beitragspflicht UV
Ja	Ja	Ja
§2 Abs. 1 LStDV, H 70 LStH	§14 Abs. 1 Satz 1 SGB IV	§14 Abs. 1 Satz 1 SGB IV

Mindestlohn-Relevanz: **Nein**

Entgeltart: Laufendes Arbeitsentgelt

Entgeltzuordnung in der Sozialversicherung: Entgeltabrechnungsmonat, in dem die Kosten für den Telefonanschluss ersetzt werden.

18.8 Telefonbenutzung (privater Anschluss mit Nachweisführung)
Berufliche Gespräche von privaten Telefonen, wenn der Arbeitnehmer Aufzeichnungen führt, zumindest für 3 Monate.

Lohnsteuerpflicht	Beitragspflicht KV PV RV ALV	Beitragspflicht UV
Nein	Nein	Nein
§3 Nr. 50 EStG, R 3.50 Abs. 2 LStR	§14 Abs. 1 SGB IV, §1 Abs. 1 SvEV	§14 Abs. 1 SGB IV, §1 Abs. 1 SvEV

Mindestlohn-Relevanz: **Nein**

Entgeltzuordnung in der Sozialversicherung: Kein Arbeitsentgelt im Sinne der Sozialversicherung.

18.9 Telefonbenutzung (privater Anschluss ohne Nachweisführung)

Beruflich bedingte Telefonbenutzung ohne Führung eines Nachweises bis zu 20% der Kosten des Rechnungsbetrags, max. 20 EUR pro Monat.

Lohnsteuerpflicht	Beitragspflicht KV PV RV ALV	Beitragspflicht UV
Nein	Nein	Nein
§3 Nr. 50 EStG, R 3.50 Abs. 2 LStR	§14 Abs. 1 SGB IV, §1 Abs. 1 SvEV	§14 Abs. 1 SGB IV, §1 Abs. 1 SvEV

Mindestlohn-Relevanz: Nein

Entgeltzuordnung in der Sozialversicherung: Kein Arbeitsentgelt im Sinne der Sozialversicherung.

18.10 Telefonbenutzung (Privatgespräche am Arbeitsplatz)

Lohnsteuerpflicht	Beitragspflicht KV PV RV ALV	Beitragspflicht UV
Nein	Nein	Nein
§3 Nr. 45 EStG, R 3.45 LStR	§14 Abs. 1 SGB IV, §1 Abs. 1 SvEV	§14 Abs. 1 SGB IV, §1 Abs. 1 SvEV

Mindestlohn-Relevanz: Nein

Entgeltzuordnung in der Sozialversicherung: Kein Arbeitsentgelt im Sinne der Sozialversicherung.

18.11 Teuerungszulage

S. Kaufkraftausgleich.

Lohnsteuerpflicht	Beitragspflicht KV PV RV ALV	Beitragspflicht UV
Ja	Ja	Ja
§19 Abs. 1 EStG	§14 Abs. 1 Satz 1 SGB IV	§14 Abs. 1 Satz 1 SGB IV

Mindestlohn-Relevanz: Nein

Entgeltart: Laufendes Arbeitsentgelt

Entgeltzuordnung in der Sozialversicherung: Entgeltabrechnungsmonat, in dem die Teuerungszulagen ausgezahlt werden.

18.12   Theaterbetriebszuschlag
Theaterbetriebszuschlag und Theaterbetriebszulage an Beschäftige von Theatern und Bühnen.

Lohnsteuerpflicht	Beitragspflicht KV PV RV ALV	Beitragspflicht UV
Ja	Ja	Ja
§2 Abs. 2 Nr. 7 LStDV	§14 Abs. 1 Satz 1 SGB IV	§14 Abs. 1 Satz 1 SGB IV

Mindestlohn-Relevanz: Ja

Entgeltart: Laufendes Arbeitsentgelt

Entgeltzuordnung in der Sozialversicherung: Entgeltabrechnungsmonat, für den der Anspruch auf Theaterbetriebszuschläge bzw. Theaterbetriebszulagen besteht.

18.13   Theaterkarte
Eintrittskarte zu kultureller oder sportlicher Veranstaltung, die der Arbeitgeber unentgeltlich oder verbilligt überlässt, wenn es sich entweder um eine Zuwendung von Fall zu Fall im üblichen Rahmen oder im Rahmen einer Betriebsveranstaltung (S. Betriebsveranstaltung) handelt.

Lohnsteuerpflicht	Beitragspflicht KV PV RV ALV	Beitragspflicht UV
Nein	Nein	Nein
R 19.5 und 4 Nr. 3 LStR; BFH, Urteil vom 21.2.1986 VI R 21/84	§14 Abs. 1 SGB IV, §1 Abs. 1 Nr. 1 SvEV	§14 Abs. 1 SGB IV, §1 Abs. 1 Nr. 1 SvEV

Mindestlohn-Relevanz: Nein

Entgeltzuordnung in der Sozialversicherung: Kein Arbeitsentgelt im Sinne der Sozialversicherung.

18.14 Tombolagewinn
Gewinne einer Tombola. S. Losgewinn (Losverkauf).

Lohnsteuerpflicht	Beitragspflicht KV PV RV ALV	Beitragspflicht UV
Nein	Nein	Nein
R 72 Abs. 6 LStR	§14 Abs. 1 SGB IV, §1 Abs. 1 SvEV	§14 Abs. 1 SGB IV, §1 Abs. 1 SvEV

Mindestlohn-Relevanz: Nein

Entgeltzuordnung in der Sozialversicherung: Kein Arbeitsentgelt im Sinne der Sozialversicherung.

18.15 Trennungsentschädigung
Trennungsentschädigung in der Privatwirtschaft, die bei Abordnung zu auswärtigen Dienstleistungen oder bei Versetzung bis zum Umzug gezahlt wird, soweit die beruflich veranlassten Mehraufwendungen bzw. pauschalen Abgeltungsbeträge die ansonsten nach §9 EStG absetzbaren Werbungskosten nicht übersteigen.

Lohnsteuerpflicht	Beitragspflicht KV PV RV ALV	Beitragspflicht UV
Nein	Nein	Nein
§3 Nr. 16 EStG; R 3.16, R 9.9 und R 9.11 LStR	§14 Abs. 1 SGB IV, §1 Abs. 1 SvEV	§14 Abs. 1 SGB IV, §1 Abs. 1 SvEV

Mindestlohn-Relevanz: **Nein**

Entgeltzuordnung in der Sozialversicherung: **Kein Arbeitsentgelt im Sinne der Sozialversicherung.**

18.16   Trennungsentschädigung (öffentlicher Dienst)

Trennungsentschädigung nach dem Reisekostenrecht des öffentlichen Dienstes bei Abordnung zu auswärtigen Dienstleistungen oder bei Versetzung bis zum Umzug.

Lohnsteuerpflicht	Beitragspflicht KV PV RV ALV	Beitragspflicht UV
Nein	Nein	Nein
§3 Nr. 13 EStG; R 3.13 LStR	§14 Abs. 1 SGB IV, §1 Abs. 1 SvEV	§14 Abs. 1 SGB IV, §1 Abs. 1 SvEV

Mindestlohn-Relevanz: **Nein**

Entgeltzuordnung in der Sozialversicherung: **Kein Arbeitsentgelt im Sinne der Sozialversicherung.**

18.17   Treppengeld

Treppengeld im Kohlenhandel.

Lohnsteuerpflicht	Beitragspflicht KV PV RV ALV	Beitragspflicht UV
Ja	Ja	Ja
	§14 Abs. 1 Satz 1 SGB IV	§14 Abs. 1 Satz 1 SGB IV

Mindestlohn-Relevanz: Nein

Entgeltart: Laufendes Arbeitsentgelt

Entgeltzuordnung in der Sozialversicherung: Entgeltabrechnungsmonat, für den der Anspruch auf das Treppengeld besteht

18.18 Treueprämie

Treueprämie, die nicht als Jubiläumsgeschenk steuer- und beitragsfrei bleiben kann.

Lohnsteuerpflicht	Beitragspflicht KV PV RV ALV	Beitragspflicht UV
Ja	Ja	Ja
	§14 Abs. 1 Satz 1 SGB IV, §23a SGB IV	§14 Abs. 1 Satz 1 SGB IV, §23a SGB IV

Mindestlohn-Relevanz: Nein

Entgeltart: Einmalzahlung

Entgeltzuordnung in der Sozialversicherung: Entgeltabrechnungsmonat, in dem die Treueprämien ausgezahlt werden. Treueprämien, die in den Monaten Januar bis März eines Jahres ausgezahlt werden, sind dem letzten Entgeltabrechnungsmonat des vergangenen Jahres (Vorjahres) zuzuordnen, wenn in dem vergangenen Jahr bei demselben Arbeitgeber ein versicherungspflichtiges Beschäftigungsverhältnis bestanden hat und die Prämien zusammen mit den sonstigen für das laufende Kalenderjahr festgestellten beitragspflichtigen Einnahmen die anteilige Beitragsbemessungsgrenze des laufenden Kalenderjahres übersteigen (März-Klausel).

18.19 Trinkgeld (freiwillige Trinkgelder)

Freiwillige Trinkgelder, die ohne Rechtsanspruch gewährt werden.

Lohnsteuerpflicht	Beitragspflicht KV PV RV ALV	Beitragspflicht UV
Nein	Nein	Nein
§3 Nr. 51 EStG	§14 Abs. 1 SGB IV, §1 Abs. 1 SvEV	§14 Abs. 1 SGB IV, §1 Abs. 1 SvEV

Mindestlohn-Relevanz: **Nein**

Entgeltzuordnung in der Sozialversicherung: **Kein Arbeitsentgelt im Sinne der Sozialversicherung.**

18.20   Trinkgeld (Rechtsanspruch)

Trinkgeld, auf das ein Rechtsanspruch besteht.

Lohnsteuerpflicht	Beitragspflicht KV PV RV ALV	Beitragspflicht UV
Ja	Ja	Ja
	§14 Abs. 1 Satz 1 SGB IV	§14 Abs. 1 Satz 1 SGB IV

Mindestlohn-Relevanz: **Ja**

Entgeltart: **Laufendes Arbeitsentgelt**

Entgeltzuordnung in der Sozialversicherung: **Entgeltabrechnungsmonat, für den der Anspruch auf die Trinkgelder besteht.**

19 Überbrückungsbeihilfe bis Urlaubszuschuss

19.1 Überbrückungsbeihilfe
Überbrückungsbeihilfe, die nach einer Entlassung aus militärischen Gründen an ehemalige Arbeitnehmer der Stationierungsstreitkräfte gezahlt werden. S. Abfindung.

19.2 Übergangsbeihilfe (bei Entlassung)
Übergangsbeihilfe aufgrund gesetzlicher Bestimmungen für bestimmte Zeiträume nach der Entlassung aus einem Dienstverhältnis. S. Abfindung.

Lohnsteuerpflicht	Beitragspflicht KV PV RV ALV	Beitragspflicht UV
Ja	Nein	Nein
§ 52 Abs. 4a EStG	§ 14 Abs. 1 Satz 1 SGB IV	§ 14 Abs. 1 Satz 1 SGB IV

Mindestlohn-Relevanz: **Nein**

Entgeltzuordnung in der Sozialversicherung: **Kein Arbeitsentgelt im Sinne der Sozialversicherung.**

19.3 Übergangsbeihilfe in allen anderen Fällen
Bei Zeitsoldaten mit Dienstverhältnisbeginn seit 1.1.2006 muss eine Übergangsbeihilfe versteuert werden.

Lohnsteuerpflicht	Beitragspflicht KV PV RV ALV	Beitragspflicht UV
Ja	Nein	Nein
	§ 14 Abs. 1 Satz 1 SGB IV	§ 14 Abs. 1 Satz 1 SGB IV

Mindestlohn-Relevanz: **Nein**

Entgeltzuordnung in der Sozialversicherung: Kein Arbeitsentgelt im Sinne der Sozialversicherung.

19.4 Übergangsgebührnisse

Übergangsgebührnisse gemäß § 11 SVG, Übergangsgelder an ehemalige Minister und Wahlbeamte auf Zeit.

Lohnsteuerpflicht	Beitragspflicht KV PV RV ALV	Beitragspflicht UV
Ja	Nein	Nein
R 3.10 Abs. 2 LStR	§ 14 Abs. 1 Satz 1 SGB IV, BSG, Urteil vom 8.11.1989 1 RA 21/88	§ 14 Abs. 1 Satz 1 SGB IV

Mindestlohn-Relevanz: Nein

Entgeltzuordnung in der Sozialversicherung: Kein Arbeitsentgelt im Sinne der Sozialversicherung.

19.5 Übergangsgeld / Übergangsbeihilfe

Aufgrund gesetzlicher Vorschriften wegen Entlassung aus einem Dienstverhältnis gezahltes Übergangsgeld oder gesetzliche Übergangsbeihilfen. SV: Beschäftigungsverhältnis besteht nicht mehr, daher kein Arbeitsentgelt.

Lohnsteuerpflicht	Beitragspflicht KV PV RV ALV	Beitragspflicht UV
Ja	Nein	Nein
§ 52 Abs. 4a EStG	kein Arbeitsentgelt i. S. des § 14 Abs. 1 Satz 1 SGB IV	kein Arbeitsentgelt i. S. des § 14 Abs. 1 Satz 1 SGB IV

Mindestlohn-Relevanz: Nein

Entgeltzuordnung in der Sozialversicherung: Kein Arbeitsentgelt im Sinne der Sozialversicherung, da kein Beschäftigungsverhältnis mehr besteht.

19.6 Übergangsgeld in allen anderen Fällen

Alle seit 1.1.2006 vereinbarten Übergangsgelder sind generell steuer- und sozialversicherungspflichtig.

Lohnsteuerpflicht	Beitragspflicht KV PV RV ALV	Beitragspflicht UV
Ja	Ja	Ja
	§14 Abs. 1 Satz 1 SGB IV	§14 Abs. 1 Satz 1 SGB IV

Mindestlohn-Relevanz: Nein

Entgeltart: Laufendes Arbeitsentgelt

Entgeltzuordnung in der Sozialversicherung: Entgeltabrechnungsmonat, für den der Anspruch auf die Übergangsgelder besteht.

19.7 Übernachtungskosten bei Auswärtstätigkeit (Auslagenersatz an Arbeitnehmer)

Der Arbeitnehmer legt die Kosten aus, der Arbeitgeber erstattet gegen Beleg die Kosten. S. Auslagenersatz.

Lohnsteuerpflicht	Beitragspflicht KV PV RV ALV	Beitragspflicht UV
Nein	Nein	Nein
§3 Nr. 16 EStG	§14 Abs. 1 SGB IV, §1 Abs. 1 Nr. 1 SvEV	§14 Abs. 1 SGB IV, §1 Abs. 1 Nr. 1 SvEV

Mindestlohn-Relevanz: Nein

Entgeltzuordnung in der Sozialversicherung: Kein Arbeitsentgelt im Sinne der Sozialversicherung.

19.8 Überstundenvergütung

S. Mehrarbeitsvergütung (entsprechend tatsächlicher Mehrarbeit) und Mehrarbeit (pauschal).

19.9 Übertragung eines Wertguthabens an Arbeitgeber

Übertragung des Wertguthabens eines Arbeitnehmers (i.S. des »Flexi-II-Gesetzes«) an den neuen Arbeitgeber.

Lohnsteuerpflicht	Beitragspflicht KV PV RV ALV	Beitragspflicht UV
Nein	Nein	Nein
H 38 LStH	§7f Abs. 1 SGB IV	§7f Abs. 1 SGB IV

Mindestlohn-Relevanz: Nein

Entgeltzuordnung in der Sozialversicherung: Kein Arbeitsentgelt im Sinn der Sozialversicherung.

19.10 Übertragung eines Wertguthabens an DRV

Übertragung des Wertguthabens eines Arbeitnehmers (i.S. des »Flexi-II-Gesetzes«) an die Deutsche Rentenversicherung Bund (z.B. bei Arbeitslosigkeit).

Lohnsteuerpflicht	Beitragspflicht KV PV RV ALV	Beitragspflicht UV
Nein	Nein	Nein
§3 Nr. 53 EStG	§14 Abs. 1 SGB IV, §1 Abs. 1 SvEV	§14 Abs. 1 SGB IV, §1 Abs. 1 SvEV

Mindestlohn-Relevanz: Nein

Entgeltzuordnung in der Sozialversicherung: Kein Arbeitsentgelt im Sinn der Sozialversicherung.

19.11 Übungsleiterfreibetrag

S. Aufwandsentschädigung für Übungsleiter.

19.12 Umsatzbeteiligung

Umsatzbeteiligung aufgrund eines Arbeitsverhältnisses

Lohnsteuerpflicht	Beitragspflicht KV PV RV ALV	Beitragspflicht UV
Ja	Ja	Ja
§ 19 Abs. 1 EStG	§ 14 Abs. 1 Satz 1 SGB IV	

Mindestlohn-Relevanz: Ja

Entgeltart: Laufendes Arbeitsentgelt

Entgeltzuordnung in der Sozialversicherung: Entgeltabrechnungsmonat, für den der Anspruch auf die Umsatzbeteiligung besteht

19.13 Umzugskostenvergütung

Umzugskostenvergütung im privaten Dienst bei dienstlich veranlasstem Umzug bis zur Höhe der Beträge, die nach dem Bundesumzugsrecht als höchstmögliche Umzugsvergütung gezahlt werden könnten.

Lohnsteuerpflicht	Beitragspflicht KV PV RV ALV	Beitragspflicht UV
Nein	Nein	Nein
§ 3 Nr. 16 EStG	§ 14 Abs. 1 SGB IV, § 1 Abs. 1 SvEV	§ 14 Abs. 1 SGB IV, § 1 Abs. 1 SvEV

Mindestlohn-Relevanz: Nein

Entgeltzuordnung in der Sozialversicherung: Kein Arbeitsentgelt im Sinne der Sozialversicherung.

19.14 Umzugskostenvergütung (aus öffentlichen Kassen)

Umzugskostenvergütung im öffentlichen Dienst nach BUKG.

Lohnsteuerpflicht	Beitragspflicht KV PV RV ALV	Beitragspflicht UV
Nein	Nein	Nein
§3 Nr. 13 EStG	§14 Abs. 1 SGB IV, §1 Abs. 1 SvEV	§14 Abs. 1 SGB IV, §1 Abs. 1 SvEV

Mindestlohn-Relevanz: Nein

Entgeltzuordnung in der Sozialversicherung: Kein Arbeitsentgelt im Sinne der Sozialversicherung.

19.15 Unfallentschädigung
Unfallentschädigung gemäß §43 BeamtVG.

Lohnsteuerpflicht	Beitragspflicht KV PV RV ALV	Beitragspflicht UV
Nein	Nein	Nein
§3 Nr. 3 EStG	§14 Abs. 1 SGB IV, §1 Abs. 1 SvEV	§14 Abs. 1 SGB IV, §1 Abs. 1 SvEV

Mindestlohn-Relevanz: Nein

Entgeltzuordnung in der Sozialversicherung: Kein Arbeitsentgelt im Sinne der Sozialversicherung.

19.16 Unfallverhütungsprämie
Unfallverhütungsprämie (Bar- oder Sachzuwendung des Arbeitgebers für sorgfältige Beachtung der Unfallverhütungsvorschriften und unfallfreies Arbeiten).

Lohnsteuerpflicht	Beitragspflicht KV PV RV ALV	Beitragspflicht UV
Ja	Ja	Ja
§2 Abs. 1 LStDV	§14 Abs. 1 Satz 1 SGB IV, §23a SGB IV, BE vom 1./2.2.1984	§14 Abs. 1 Satz 1 SGB IV, §23a SGB IV

Mindestlohn-Relevanz: Nein

Entgeltart: Einmalzahlung

Entgeltzuordnung in der Sozialversicherung: Entgeltabrechnungsmonat, in dem die Unfallverhütungsprämien ausgezahlt werden. Unfallverhütungsprämien, die in den Monaten Januar bis März eines Jahres ausgezahlt werden, sind dem letzten Entgeltabrechnungsmonat des vergangenen Jahres (Vorjahres) zuzuordnen, wenn in dem vergangenen Jahr bei demselben Arbeitgeber ein versicherungspflichtiges Beschäftigungsverhältnis bestanden hat und die Prämien zusammen mit den sonstigen für das laufende Kalenderjahr festgestellten beitragspflichtigen Einnahmen die anteilige Beitragsbemessungsgrenze des laufenden Kalenderjahres übersteigen (März-Klausel).

19.17 Unfallversicherung für den Arbeitnehmer
(pauschal versteuerte Arbeitgeberzahlung, keine Zusatzleistung)

Der Arbeitgeber versteuert die Beiträge für eine Unfallversicherung (nicht Berufsgenossenschaft) des Arbeitnehmers pauschal mit 20%. Es handelt sich hierbei nicht um eine Zusatzleistung des Arbeitgebers.

Lohnsteuerpflicht	Beitragspflicht KV PV RV ALV	Beitragspflicht UV
Ja	Ja	Ja
§40b Abs. 3 EStG	§14 Abs. 1 Satz 1 SGB IV	§14 Abs. 1 Satz 1 SGB IV

Mindestlohn-Relevanz: Nein

Entgeltart: Einmalzahlung

Entgeltzuordnung in der Sozialversicherung: Entgeltabrechnungsmonat, in dem die Beiträge zur Unfallversicherung gezahlt werden.

19.18 Unfallversicherung für den Arbeitnehmer (pauschal versteuerte Zusatzleistung)

Der Arbeitgeber versteuert die Beiträge für eine Unfallversicherung (nicht Berufsgenossenschaft) des Arbeitnehmers pauschal mit 20 %. Es handelt sich hierbei um eine Zusatzleistung des Arbeitgebers.

Lohnsteuerpflicht	Beitragspflicht KV PV RV ALV	Beitragspflicht UV
Ja	Nein	Nein
§ 40b Abs. 3 EStG	§ 14 Abs. 1 SGB IV, § 1 Abs. 1 Nr. 3 SvEV	§ 14 Abs. 1 SGB IV, § 1 Abs. 1 Nr. 3 SvEV

Mindestlohn-Relevanz: **Nein**

Entgeltzuordnung in der Sozialversicherung: **Kein Arbeitsentgelt im Sinne der Sozialversicherung.**

19.19 Unfallversicherungsbeitrag

Unfallversicherungsbeitrag für Reiseunfallversicherung, wenn sich der Versicherungsschutz ausschließlich auf Unfälle bei beruflich veranlassten Auswärtstätigkeiten erstreckt.

Lohnsteuerpflicht	Beitragspflicht KV PV RV ALV	Beitragspflicht UV
Nein	Nein	Nein
H 9.8 LStH	§ 14 Abs. 1 SGB IV, § 1 Abs. 1 SvEV	§ 14 Abs. 1 SGB IV, § 1 Abs. 1 SvEV

Mindestlohn-Relevanz: **Nein**

Entgeltzuordnung in der Sozialversicherung: **Kein Arbeitsentgelt im Sinne der Sozialversicherung.**

19.20 Unterhaltsbeitrag

Der Unterhaltsbeitrag und der Maßnahmebeitrag nach dem Aufstiegsfortbildungsförderungsgesetz, soweit sie als Zuschuss geleistet werden.

Lohnsteuerpflicht	Beitragspflicht KV PV RV ALV	Beitragspflicht UV
Nein	Nein	Nein
§3 Nr. 37 EStG	§14 Abs. 1 SGB IV, §1 Abs. 1 SvEV	§14 Abs. 1 SGB IV, §1 Abs. 1 SvEV

Mindestlohn-Relevanz: Nein

Entgeltzuordnung in der Sozialversicherung: Kein Arbeitsentgelt im Sinne der Sozialversicherung.

19.21 Unterstützungen

S. Beihilfen.

19.22 Unterstützungskassenleistung

Unterstützungskassenleistung, soweit nicht als Unterstützung in besonderen Notfällen (S. Beihilfen) oder als steuerfreie Erholungs-, Geburts- oder Heiratsbeihilfe anerkannt.

Lohnsteuerpflicht	Beitragspflicht KV PV RV ALV	Beitragspflicht UV
Ja	Ja	Ja
H 19.3 LStR	§14 Abs. 1 Satz 1 SGB IV	§14 Abs. 1 Satz 1 SGB IV

Mindestlohn-Relevanz: Nein

Entgeltart: Laufendes Arbeitsentgelt

Entgeltzuordnung in der Sozialversicherung: Entgeltabrechnungsmonat, für den der Anspruch auf die Unterstützungskassenleistungen besteht.

19.23 Urlaubsabgeltung

S. auch Zinsen aus Urlaubsabgeltung.

Lohnsteuerpflicht	Beitragspflicht KV PV RV ALV	Beitragspflicht UV
Ja	Ja	Ja
R 70 Abs. 1 Nr. 2 LStR	§ 14 Abs. 1 Satz 1 SGB IV, § 23a SGB IV	§ 14 Abs. 1 Satz 1 SGB IV, § 23a SGB IV

Mindestlohn-Relevanz: Nein

Entgeltart: Einmalzahlung

Entgeltzuordnung in der Sozialversicherung: Entgeltabrechnungsmonat, in dem die Urlaubsabgeltungen ausgezahlt werden. Urlaubsabgeltungen, die in den Monaten Januar bis März eines Jahres ausgezahlt werden, sind dem letzten Entgeltabrechnungsmonat des vergangenen Jahres (Vorjahres) zuzuordnen, wenn in dem vergangenen Jahr bei demselben Arbeitgeber ein versicherungspflichtiges Beschäftigungsverhältnis bestanden hat und die Urlaubsabgeltung zusammen mit den sonstigen für das laufende Kalenderjahr festgestellten beitragspflichtigen Einnahmen die anteilige Beitragsbemessungsgrenze des laufenden Kalenderjahres übersteigt (März-Klausel). Wird die Urlaubsabgeltung nach dem Ende des Beschäftigungsverhältnisses gezahlt, erfolgt die Zuordnung zum letzten Entgeltabrechnungsmonat des Beschäftigungsverhältnisses.

19.24 Urlaubsabgeltung (Tod des Berechtigten)

Abgeltung von Urlaubsansprüchen beim Tod des Berechtigten.

Lohnsteuerpflicht	Beitragspflicht KV PV RV ALV	Beitragspflicht UV
Ja	Nein	Nein
R 19.3 Abs. 1 Nr. 2 LStR	Kein Arbeitsentgelt i.S. des § 14 Abs. 1 Satz 1 SGB IV	Kein Arbeitsentgelt i.S. des § 14 Abs. 1 Satz 1 SGB IV

Mindestlohn-Relevanz: Nein

Entgeltzuordnung in der Sozialversicherung: Kein Arbeitsentgelt im Sinne der Sozialversicherung.

19.25 Urlaubsbeihilfe (pauschal versteuert)
S. Ferienbeihilfe (pauschal versteuert).

19.26 Urlaubsbezug
Auch Urlaubsbezüge die während des Anspruchs auf Krankengeld gezahlt werden.

Lohnsteuerpflicht	Beitragspflicht KV PV RV ALV	Beitragspflicht UV
Ja	Ja	Ja
§ 19 Abs. 1 EstG; R 19.3 Abs. 1 Nr. 2 LStR	§ 14 Abs. 1 Satz 1 SGB IV	§ 14 Abs. 1 Satz 1 SGB IV, § 23a SGB IV

Mindestlohn-Relevanz: Keine Aussage möglich.

Entgeltart: Laufendes Arbeitsentgelt

Entgeltzuordnung in der Sozialversicherung: Entgeltabrechnungsmonat, für den der Anspruch auf die Urlaubsbezüge besteht.

19.27 Urlaubsgeld
Nur bei Rechtsanspruch (Vertrag oder betriebliche Übung) regelmäßiges Arbeitsentgelt.

Lohnsteuerpflicht	Beitragspflicht KV PV RV ALV	Beitragspflicht UV
Ja	Ja	Ja
§ 19 Abs. 1 EStG	§ 14 Abs. 1 Satz 1 SGB IV, § 23a SGB IV	§ 14 Abs. 1 Satz 1 SGB IV, § 23a SGB IV

Mindestlohn-Relevanz: Ja

Entgeltart: Einmalzahlung

Entgeltzuordnung in der Sozialversicherung: Entgeltabrechnungsmonat, in dem das Urlaubsgeld ausgezahlt wird. Urlaubsgeld, das in den Monaten Januar bis März eines Jahres ausgezahlt wird, ist dem letzten Entgeltabrechnungsmonat des vergangenen Jahres (Vorjahres) zuzuordnen, wenn in dem vergangenen Jahr bei demselben Arbeitgeber ein versicherungspflichtiges Beschäftigungsverhältnis bestanden hat und das Urlaubsgeld zusammen mit den sonstigen für das laufende Kalenderjahr festgestellten beitragspflichtigen Einnahmen die anteilige Beitragsbemessungsgrenze des laufenden Kalenderjahres übersteigt (März-Klausel).

19.28 Urlaubsvergütung im Baugewerbe
Einschließlich zusätzliches Urlaubsgeld als einmalig gezahltes Arbeitsentgelt.

Lohnsteuerpflicht	Beitragspflicht KV PV RV ALV	Beitragspflicht UV
Ja	Ja	Ja
§ 19 Abs. 1 EStG	§ 14 Abs. 1 Satz 1 SGB IV, § 23a SGB IV	§ 14 Abs. 1 Satz 1 SGB IV, § 23a SGB IV

Mindestlohn-Relevanz: Ja

Entgeltart: Einmalzahlung

Entgeltzuordnung in der Sozialversicherung: Entgeltabrechnungsmonat, in dem die Urlaubsvergütung ausgezahlt wird. Urlaubsvergütungen im Baugewerbe, die in den Monaten Januar bis März eines Jahres ausgezahlt werden, sind dem letzten Entgeltabrechnungsmonat des vergangenen Jahres (Vorjahres) zuzuordnen, wenn in dem vergangenen Jahr bei demselben Arbeitgeber ein versicherungspflichtiges Beschäftigungsverhältnis bestanden hat und die Urlausbvergütungen zusammen mit den sonstigen für das laufende Kalenderjahr festgestellten beitragspflichtigen Einnahmen die anteilige Beitragsbemessungsgrenze des laufenden Kalenderjahres übersteigen (März-Klausel).

19.29 Urlaubszuschuss

S. Erholungsbeihilfe, Ferienbeihilfe und Freiflug.

20 Verbesserungsvorschlag bis Vorsorgeuntersuchung

20.1 Verbesserungsvorschlag

S. Prämie für Verbesserungsvorschlag.

Lohnsteuerpflicht	Beitragspflicht KV PV RV ALV	Beitragspflicht UV
Ja	Ja	Ja
§19 Abs. 1 EStG	§14 Abs. 1 Satz 1 SGB IV, BSG, Urteil vom 26.3.1998 B 12 KR 17/97 R	§14 Abs. 1 Satz 1 SGB IV

Mindestlohn-Relevanz: **Nein**

Entgeltart: **Einmalzahlung**

Entgeltzuordnung in der Sozialversicherung: **Entgeltabrechnungsmonat, in dem die Prämie ausgezahlt wird.**

20.2 Verdienstausfall (Entschädigung gemäß IfSG)

Nach den Bestimmungen des Infektionsschutzgesetzes gezahlte Entschädigung (§56 IfSG).

Lohnsteuerpflicht	Beitragspflicht KV PV RV ALV	Beitragspflicht UV
Nein	Ja	Nein
§3 Nr. 25 EStG	§14 Abs. 1 Satz 1 SGB IV, §57 IfSG, BF v. 13./14.10.2009 (TOP 7)	§14 Abs. 1 SGB IV, §1 SvEV

Mindestlohn-Relevanz: **Nein**

Entgeltart: **Laufendes Arbeitsentgelt**

Entgeltzuordnung in der Sozialversicherung: Entgeltabrechnungsmonat, für den die Entschädigung gezahlt wird.

20.3 Verdienstausfall (Teilnahme an Gewerkschaftskursen)

Verdienstausfallvergütung, welche wegen der Teilnahme an Kursen des Deutschen Gewerkschaftsbundes gezahlt wird.

Lohnsteuerpflicht	Beitragspflicht KV PV RV ALV	Beitragspflicht UV
Nein	Nein	Nein
BFH, Urteil vom 6.5.1954 IV 168/53	§14 Abs. 1 SGB IV, §1 Abs. 1 SvEV	§14 Abs. 1 SGB IV, §1 Abs. 1 SvEV

Mindestlohn-Relevanz: Nein

Entgeltzuordnung in der Sozialversicherung: Kein Arbeitsentgelt im Sinne der Sozialversicherung.

20.4 Vereinsbeitrag

S. Mitgliedsbeitrag.

Lohnsteuerpflicht	Beitragspflicht KV PV RV ALV	Beitragspflicht UV
Ja	Ja	Ja
R 70 Abs. 3 LStR	§14 Abs. 1 Satz 1 SGB IV	§14 Abs. 1 Satz 1 SGB IV

Mindestlohn-Relevanz: Nein

Entgeltart: Laufendes Arbeitsentgelt

Entgeltzuordnung in der Sozialversicherung: Entgeltabrechnungsmonat, für den die Mitgliedsbeiträge vom Arbeitgeber übernommen werden.

20.5 Verfallenes Entgelt

Verfallenes Entgelt kann aufgrund einer Ausschlussklausel rückwirkend nicht mehr geltend gemacht werden, zählt jedoch als verdientes Entgelt. S. Verwirkte Lohnteile.

Lohnsteuerpflicht	Beitragspflicht KV PV RV ALV	Beitragspflicht UV
Nein	Ja	Ja
	§14 Abs. 1 Satz 1 SGB IV, BSG, Urteil vom 30.8.1994 12 RK 59/92	§14 Abs. 1 Satz 1 SGB IV

Mindestlohn-Relevanz: **Nein**

Entgeltart: Laufendes Arbeitsentgelt

Entgeltzuordnung in der Sozialversicherung: Entgeltabrechnungsmonat, für den der Anspruch auf das verfallene Arbeitsentgelt bestanden hat

20.6 Vergütung aus Mitarbeiterfonds

Vergütung aus dem Mitarbeiterfonds eines Krankenhauses.

Lohnsteuerpflicht	Beitragspflicht KV PV RV ALV	Beitragspflicht UV
Ja	Ja	Ja
§19 Abs. 1 EStG	§14 Abs. 1 Satz 1 SGB IV, BE vom 6./7.12.1977	§14 Abs. 1 Satz 1 SGB IV

Mindestlohn-Relevanz: **Nein**

Entgeltart: Laufendes Arbeitsentgelt

Entgeltzuordnung in der Sozialversicherung: Entgeltabrechnungsmonat, für den der Anspruch auf die Vergütung besteht

20.7 Vergütung für Verpflegungsmehraufwand
S. Reisekostenvergütung.

20.8 Verlosungsgewinn
Wegen der besonderen Bedingungen s. Losgewinn (Losverkauf).

Lohnsteuerpflicht	Beitragspflicht KV PV RV ALV	Beitragspflicht UV
Nein	Nein	Nein
R 19.5 Abs. 6 LStR	§ 14 Abs. 1 SGB IV, § 1 Abs. 1 Nr. 1 SvEV	§ 14 Abs. 1 SGB IV, § 1 Abs. 1 Nr. 1 SvEV

Mindestlohn-Relevanz: **Nein**

Entgeltzuordnung in der Sozialversicherung: **Kein** Arbeitsentgelt im Sinne der Sozialversicherung.

20.9 Vermächtnisse
Vermächtnisse des Arbeitgebers zugunsten seiner Arbeitnehmer.

Lohnsteuerpflicht	Beitragspflicht KV PV RV ALV	Beitragspflicht UV
Nein	Nein	Nein
BFH, Urteil vom 15.5.1986 IV R 119/84	§ 14 Abs. 1 SGB IV, § 1 Abs. 1 SvEV	§ 14 Abs. 1 SGB IV, § 1 Abs. 1 SvEV

Mindestlohn-Relevanz: **Nein**

Entgeltzuordnung in der Sozialversicherung: **Kein** Arbeitsentgelt im Sinne der Sozialversicherung.

20.10 Vermittlungsprovision
Provision an Mitarbeiter im Bank- und Versicherungsgewerbe oder Reisebüro, wenn die vermittelnde Tätigkeit im Rahmen der Beschäftigung ausgeübt wird.

Lohnsteuerpflicht	Beitragspflicht KV PV RV ALV	Beitragspflicht UV
Ja	Ja	Ja
R 19.4 LStR	§ 14 Abs. 1 Satz 1 SGB IV	§ 14 Abs. 1 Satz 1 SGB IV

Mindestlohn-Relevanz: Ja, wenn vorbehaltlos und unwiderruflich gewährt.

Entgeltart: Laufendes Arbeitsentgelt

Entgeltzuordnung in der Sozialversicherung: Entgeltabrechnungsmonat, für den der Anspruch auf die Vermittlungsprovisionen besteht

20.11 Vermögensbeteiligung

Kostenlose oder verbilligte Überlassung an Arbeitnehmer bis zur Hälfte des Werts der Vermögensbeteiligung, höchstens 360 EUR im Kalenderjahr. Achtung SV: Nur beitragsfrei, wenn zusätzlich zum Arbeitsentgelt gezahlt. S. Mitarbeiter-Kapitalbeteiligung.

Lohnsteuerpflicht	Beitragspflicht KV PV RV ALV	Beitragspflicht UV
Nein	Ja	Ja
	§ 14 Abs. 1 Satz 1 SGB IV	§ 14 Abs. 1 Satz 1 SGB IV

Mindestlohn-Relevanz: Nein

Entgeltzuordnung in der Sozialversicherung: Wenn nicht zusätzlich zu Lohn/Gehalt gezahlt: Entgeltabrechnungsmonat, für den die Leistung gezahlt wird

20.12 Vermögenswirksame Leistung

Wenn das zu versteuernde Einkommen im Kalenderjahr 17.900 EUR oder bei Zusammenveranlagung von Ehegatten 35.800 EUR nicht übersteigt, wird eine Sparzulage gewährt (siehe »Arbeitnehmer-Sparzulage«). Für die vermögenswirksame Anlage in Vermögensbeteiligungen erhöhen sich die Einkommensgrenzen auf 20.000 / 40.000 EUR.

Lohnsteuerpflicht	Beitragspflicht KV PV RV ALV	Beitragspflicht UV
Ja	Ja	Ja
§2 Abs. 6 VermBG	§14 Abs. 1 Satz 1 SGB IV	§14 Abs. 1 Satz 1 SGB IV

Mindestlohn-Relevanz: Nein

Entgeltart: Laufendes Arbeitsentgelt

Entgeltzuordnung in der Sozialversicherung: Entgeltabrechnungsmonat, für den der Anspruch auf die vermögenswirksame Leistung besteht.

20.13 Verpflegung bei Auswärtstätigkeit
(Auslage durch Arbeitnehmer, Sachbezugswerte)

Die Erstattung der Kosten durch den Arbeitgeber, wenn hierfür eine dienst- oder dienstrechtliche Grundlage besteht, und die amtlichen Sachbezugswerte in Ansatz gebracht werden.

Lohnsteuerpflicht	Beitragspflicht KV PV RV ALV	Beitragspflicht UV
Ja	Ja	Ja
R 8.1 Abs. 8 Nr. 2 LStR	§14 Abs. 1 Satz 1 SGB IV, §23a SGB IV	§14 Abs. 1 Satz 1 SGB IV, §23a SGB IV

Mindestlohn-Relevanz: Nein

Entgeltart: Einmalzahlung

Entgeltzuordnung in der Sozialversicherung: Entgeltabrechnungsmonat, in dem der Arbeitgeber dem Arbeitnehmer die Verpflegungskosten erstattet.

20.14 Verpflegung bei Auswärtstätigkeit
(Auslagenersatz der tatsächlichen Kosten)

Die Erstattung der Kosten durch den Arbeitgeber, wenn eine dienst- oder arbeitsrechtliche Grundlage besteht und der Rechnungsadressat der Arbeitgeber ist, ist steuer- und sv-frei, wenn hierbei die tatsächlichen Kosten (bis zu den Verpflegungspauschbeträgen) angesetzt werden.

Lohnsteuerpflicht	Beitragspflicht KV PV RV ALV	Beitragspflicht UV
Nein	Nein	Nein
§3 Nr. 16 EStG	§14 Abs. 1 SGB IV, §1 Abs. 1 SvEV	§14 Abs. 1 SGB IV, §1 Abs. 1 SvEV

Mindestlohn-Relevanz: Nein

Entgeltzuordnung in der Sozialversicherung: Kein Arbeitsentgelt im Sinne der Sozialversicherung.

20.15 Verpflegungskostenzuschuss (12 EUR)

Für beruflich veranlasste Auswärtstätigkeit bei einer Abwesenheit von weniger als 24 Stunden, aber mind. 8 Stunden. Bei mehrtägigen Reisen können unabhängig von der Abwesenheitszeit jew. 12 EUR am An- und Abreisetag steuerfrei erstattet werden.

Lohnsteuerpflicht	Beitragspflicht KV PV RV ALV	Beitragspflicht UV
Nein	Nein	Nein
§3 Nrn. 13 und 16 EStG i.V.m. §9 Abs. 4a EStG	§14 Abs. 1 SGB IV, §1 Abs. 1 SvEV	§14 Abs. 1 SGB IV, §1 Abs. 1 SvEV

Mindestlohn-Relevanz: Nein

Entgeltzuordnung in der Sozialversicherung: Kein Arbeitsentgelt im Sinne der Sozialversicherung.

20.16 Verpflegungskostenzuschuss (24 EUR)

Für beruflich bedingte Auswärtstätigkeit bei einer mehr als 24-stündigen Abwesenheit.

Lohnsteuerpflicht	Beitragspflicht KV PV RV ALV	Beitragspflicht UV
Nein	Nein	Nein
§3 Nrn. 13 und 16 EStG i.V.m. §9 Abs. 4a EStG	§14 Abs. 1 SGB IV, §1 Abs. 1 SvEV	§14 Abs. 1 SGB IV, §1 Abs. 1 SvEV

Mindestlohn-Relevanz: Nein

Entgeltzuordnung in der Sozialversicherung: Kein Arbeitsentgelt im Sinne der Sozialversicherung.

20.17 Verpflegungsmehraufwand (pauschal versteuert)
Mit 25% pauschal versteuerte Zahlung des Arbeitgebers.

Lohnsteuerpflicht	Beitragspflicht KV PV RV ALV	Beitragspflicht UV
Ja	Nein	Nein
§40 Abs. 2 Nr. 4 EStG	§14 Abs. 1 SGB IV, §1 Abs. 1 Nr. 3 SvEV	§14 Abs. 1 SGB IV, §1 Abs. 1 Nr. 3 SvEV

Mindestlohn-Relevanz: Nein

Entgeltzuordnung in der Sozialversicherung: Kein Arbeitsentgelt im Sinne der Sozialversicherung.

20.18 Versicherungsleistung (Ersatz von Einnahmeausfall)
Wenn der Arbeitnehmer unmittelbar vom Versicherungsunternehmen Versicherungsleistungen erhält, um dadurch einen eingetretenen Einnahmeausfall auszugleichen.

Lohnsteuerpflicht	Beitragspflicht KV PV RV ALV	Beitragspflicht UV
Ja	Ja	Ja
BFH, Urteil vom 13.4.1976 VI R 216/72	§ 14 Abs. 1 Satz 1 SGB IV	§ 14 Abs. 1 Satz 1 SGB IV

Mindestlohn-Relevanz: Nein

Entgeltart: Laufendes Arbeitsentgelt

Entgeltzuordnung in der Sozialversicherung: Entgeltabrechnungsmonat, für den der Anspruch auf die Versicherungsleistungen besteht.

20.19 Versicherungsleistungen

Z.B. Todesfall-Versicherungssumme, Krankheitskostenersatz oder Schmerzensgeld.

Lohnsteuerpflicht	Beitragspflicht KV PV RV ALV	Beitragspflicht UV
Nein	Nein	Nein
BFH, Urteil vom 22.4.1982 III R 135/79	§ 14 Abs. 1 SGB IV, § 1 Abs. 1 SvEV	§ 14 Abs. 1 SGB IV, § 1 Abs. 1 SvEV

Mindestlohn-Relevanz: Nein

Entgeltzuordnung in der Sozialversicherung: Kein Arbeitsentgelt im Sinne der Sozialversicherung.

20.20 Versicherungsprämie

S. Lebensversicherungsprämie, Pauschal versteuerte Bezüge und Unfallversicherungsbeitrag.

20.21 Versorgungsausgleich bei Ehescheidung (externer Ausgleich)

Übertragung von Ansprüchen in der betrieblichen Altersversorgung auf einen anderen Versorgungsträger.

Lohnsteuerpflicht	Beitragspflicht KV PV RV ALV	Beitragspflicht UV
Nein	Nein	Nein
§3 Nr. 55b EStG	§14 Abs. 1 SGB IV, §1 Abs. 1 SvEV	§14 Abs. 1 SGB IV, §1 Abs. 1 SvEV

Mindestlohn-Relevanz: **Nein**

Entgeltzuordnung in der Sozialversicherung: **Kein Arbeitsentgelt im Sinn der Sozialversicherung.**

20.22 Versorgungsausgleich bei Ehescheidung (interner Ausgleich)

Aufteilung von Anrechten in der betrieblichen Altersversorgung auf den ausgleichberechtigen Ehegatten.

Lohnsteuerpflicht	Beitragspflicht KV PV RV ALV	Beitragspflicht UV
Nein	Nein	Nein
§3 Nr. 55a EStG	§14 Abs. 1 SGB IV, §1 Abs. 1 SvEV	§14 Abs. 1 SGB IV, §1 Abs. 1 SvEV

Mindestlohn-Relevanz: **Nein**

Entgeltzuordnung in der Sozialversicherung: **Kein Arbeitsentgelt im Sinn der Sozialversicherung.**

20.23 Verwarnungsgeld

S. Bußgeld.

20.24 Verwirkte Lohnteile

Verwirkte Lohnteile, die dem Arbeitnehmer nicht zugeflossen sind.

Lohnsteuerpflicht	Beitragspflicht KV PV RV ALV	Beitragspflicht UV
Nein	Nein	Nein
BFH, Urteil vom 30.7.1993, BStBl 1993 II S.884	Kein Arbeitsentgelt i.S. des §14 Abs. 1 Satz 1 SGB IV	Kein Arbeitsentgelt i.S. des §14 Abs. 1 Satz 1 SGB IV

Mindestlohn-Relevanz: Nein

Entgeltzuordnung in der Sozialversicherung: Kein Arbeitsentgelt im Sinne der Sozialversicherung.

20.25 Vielfliegerprämie (bis 1.080 EUR)
S. Sachprämie.

20.26 Vielfliegerprämie (über 1.080 EUR)
S. Sachprämie.

20.27 Vielfliegerprämie (über 1.080 EUR, pauschal versteuert)
S. Sachprämie.

20.28 VIP-Loge (für eigenen Arbeitnehmer)
Vom Arbeitgeber angemietete VIP-Loge, welche er seinem Arbeitnehmer für dessen privaten Gebrauch überlässt (geldwerter Vorteil)

Lohnsteuerpflicht	Beitragspflicht KV PV RV ALV	Beitragspflicht UV
Ja	Ja	Ja
§8 Abs. 2 EStG	§14 Abs. 1 Satz 1 SGB IV, §23a SGB IV	§14 Abs. 1 Satz 1 SGB IV, §23a SGB IV

Mindestlohn-Relevanz: Nein

Entgeltart: Einmalzahlung

Entgeltzuordnung in der Sozialversicherung: Entgeltabrechnungsmonat, in welchem der Arbeitnehmer die Loge überlassen bekommt.

20.29 VIP-Loge (zu Gunsten Dritter)

Ein Betrieb überlässt die von ihm angemietete VIP-Loge einem Dritten (z.B. Arbeitnehmer eines Geschäftspartners) für dessen privaten Gebrauch (geldwerter Vorteil).

Lohnsteuerpflicht	Beitragspflicht KV PV RV ALV	Beitragspflicht UV
Ja	Nein	Nein
§37bEStG	§1 Abs. 1 Satz 1 Nr. 14 SvEV	§1 Abs. 1 Satz 1 Nr. 14 SvEV

Mindestlohn-Relevanz: Nein

Entgeltzuordnung in der Sozialversicherung: Kein Arbeitsentgelt im Sinn der Sozialversicherung, sofern diese pauschal versteuert wurden.

20.30 Vollziehungsgebühr

An Vollziehungsbeamte im öffentlichen Dienst gezahlte Gebühr soweit kein Auslagenersatz.

Lohnsteuerpflicht	Beitragspflicht KV PV RV ALV	Beitragspflicht UV
Ja	Ja	Ja
§19 Abs. 1 EStG	§14 Abs. 1 Satz 1 SGB IV	§14 Abs. 1 Satz 1 SGB IV

Mindestlohn-Relevanz: Nein

Entgeltart: Laufendes Arbeitsentgelt

Entgeltzuordnung in der Sozialversicherung: Entgeltabrechnungsmonat, für den der Anspruch auf die Vollziehungsgebühren besteht.

20.31 Vorruhestandsleistung

Unter Beachtung der Freibeträge. S. auch Abfindung.

Lohnsteuerpflicht	Beitragspflicht KV PV RV ALV	Beitragspflicht UV
Nein	Ja	Ja
§3 Nr. 9 EStG, R 9 LStR	§14 Abs. 1 Satz 1 SGB IV	§14 Abs. 1 Satz 1 SGB IV

Mindestlohn-Relevanz: **Nein**

Entgeltart: Laufendes Arbeitsentgelt

Entgeltzuordnung in der Sozialversicherung: Entgeltabrechnungsmonat, für den die Zahlung der Leistung erfolgt.

20.32 Vorschuss

S. Abschlagszahlung.

Lohnsteuerpflicht	Beitragspflicht KV PV RV ALV	Beitragspflicht UV
Ja	Ja	Ja
§39b Abs. 5 EStG	§14 Abs. 1 Satz 1 SGB IV	§14 Abs. 1 Satz 1 SGB IV

Mindestlohn-Relevanz: **Nein**

Entgeltart: Laufendes Arbeitsentgelt

Entgeltzuordnung in der Sozialversicherung: Entgeltabrechnungsmonat, für den der Anspruch auf die Abschlagszahlung besteht. Sofern variable Arbeitsentgeltbestandteile zeitversetzt gezahlt werden, können diese zur Beitragsberechnung unter bestimmten Voraussetzungen dem nächsten oder übernächsten Entgeltabrechnungszeitraum zugeordnet werden.

20.33 Vorsorgekur

S. Kurkosten.

Lohnsteuerpflicht	Beitragspflicht KV PV RV ALV	Beitragspflicht UV
Ja	Ja	Ja
BFH, Urteil vom 31.10.1986 VI R 73/83	§ 14 Abs. 1 Satz 1 SGB IV	§ 14 Abs. 1 Satz 1 SGB IV

Mindestlohn-Relevanz: **Nein**

Entgeltart: **Laufendes Arbeitsentgelt**

Entgeltzuordnung in der Sozialversicherung: **Entgeltabrechnungsmonat, für den die Kurkosten übernommen werden.**

20.34 Vorsorgeuntersuchung

Vorsorgeuntersuchung auf Veranlassung des Arbeitgebers aus betrieblichen Gründen unentgeltlich durchgeführt.

Lohnsteuerpflicht	Beitragspflicht KV PV RV ALV	Beitragspflicht UV
Nein	Nein	Nein
BFH, Urteil vom 17.9.1982, BStBl 1983 II S. 39	§ 14 Abs. 1 SGB IV, § 1 Abs. 1 SvEV	§ 14 Abs. 1 SGB IV, § 1 Abs. 1 SvEV

Mindestlohn-Relevanz: **Nein**

Entgeltzuordnung in der Sozialversicherung: **Kein Arbeitsentgelt im Sinne der Sozialversicherung.**

21 Warengutschein bis Wohnungszulage

21.1 Warengutschein (bis 1.080 EUR jährlich)

Wenn Warengutscheine aus dem Warensortiment der eigenen Firma bis zu 1.080 EUR jährlich an den Arbeitnehmer ausgegeben werden und die Gutscheine nicht anstelle sonst bestehender Entgeltansprüche gewährt werden.

Lohnsteuerpflicht	Beitragspflicht KV PV RV ALV	Beitragspflicht UV
Nein	Nein	Nein
§8 Abs. 3 EStG	§14 Abs. 1 SGB IV, §1 Abs. 1 SvEV	§14 Abs. 1 SGB IV, §1 Abs. 1 SvEV

Mindestlohn-Relevanz: **Nein**

Entgeltzuordnung in der Sozialversicherung: **Kein Arbeitsentgelt im Sinne der Sozialversicherung.**

21.2 Warengutschein (über 1.080 EUR jährlich)

Über den Steuerfreibetrag hinaus gewährte oder anstelle ansonsten bestehender Entgeltansprüche ausgegebene Warengutscheine. SV: Bei Übergabe von Warengutscheinen von Januar bis März ggf. die Märzklausel relevant.

Lohnsteuerpflicht	Beitragspflicht KV PV RV ALV	Beitragspflicht UV
Ja	Ja	Ja
§8 Abs. 2 EStG; §19 Abs. 1 EStG	§14 Abs. 1 Satz 1 SGB IV, §23a SGB IV	§14 Abs. 1 Satz 1 SGB IV, §23a SGB IV

Mindestlohn-Relevanz: **Nein**

Entgeltart: **Einmalzahlung**

Entgeltzuordnung in der Sozialversicherung: Entgeltabrechnungsmonat, in dem der Arbeitnehmer den Warengutschein erhält. (Ggf. Märzklausel beachten!)

21.3 Wäschegeld (als Abgeltung)

Wenn der Arbeitgeber eine Abgeltung für die Reinigung der Berufskleidung an den Arbeitnehmer zahlt und der Arbeitnehmer die Berufskleidung selbst angeschafft hat.

Lohnsteuerpflicht	Beitragspflicht KV PV RV ALV	Beitragspflicht UV
Ja	Ja	Ja
R 19.3 Abs. 3 LStR	§ 14 Abs. 1 Satz 1 SGB IV	§ 14 Abs. 1 Satz 1 SGB IV

Mindestlohn-Relevanz: Nein

Entgeltart: Laufendes Arbeitsentgelt

Entgeltzuordnung in der Sozialversicherung: Entgeltabrechnungsmonat, für den der Anspruch auf das Wäschegeld besteht.

21.4 Wäschegeld (Auslagenersatz für gestellte Berufskleidung)

Auslagenersatz des Arbeitgebers für Reinigung der zur Verfügung gestellten Arbeitskleidung. Ansonsten steuer- bzw. beitragspflichtiges Entgelt (S. Werbungskostenersatz).

Lohnsteuerpflicht	Beitragspflicht KV PV RV ALV	Beitragspflicht UV
Nein	Nein	Nein
§ 3 Nr. 50 EStG; R 3.50 LStR	§ 14 Abs. 1 SGB IV, § 1 Abs. 1 SvEV	§ 14 Abs. 1 SGB IV, § 1 Abs. 1 SvEV

Mindestlohn-Relevanz: Nein

Entgeltzuordnung in der Sozialversicherung: Kein Arbeitsentgelt im Sinne der Sozialversicherung.

21.5 Wäschegeld (Auslagenersatz, nicht für gestellte Berufskleidung)

Vom Arbeitgeber dem Arbeitnehmer ersetzte Kosten zur Reinigung von Kleidung (nicht vom Arbeitgeber zur Verfügung gestellte Berufskleidung) ist steuerpflichtiger Werbungskostenersatz. Es besteht daher auch Beitragspflicht zur SV.

Lohnsteuerpflicht	Beitragspflicht KV PV RV ALV	Beitragspflicht UV
Ja	Ja	Ja
§2 Abs. 1 LStDV	§14 Abs. 1 Satz 1 SGB IV	§14 Abs. 1 Satz 1 SGB IV

Mindestlohn-Relevanz: Nein

Entgeltart: Laufendes Arbeitsentgelt

Entgeltzuordnung in der Sozialversicherung: Entgeltabrechnungsmonat, in dem der Arbeitgeber dem Arbeitnehmer die Kosten erstattet.

21.6 Waschgeld

Waschgeld für Kaminkehrer.

Lohnsteuerpflicht	Beitragspflicht KV PV RV ALV	Beitragspflicht UV
Ja	Ja	Ja
R 19.3 Abs. 3 LStR	§14 Abs. 1 Satz 1 SGB IV	§14 Abs. 1 Satz 1 SGB IV

Mindestlohn-Relevanz: Ja

Entgeltart: Laufendes Arbeitsentgelt

Entgeltzuordnung in der Sozialversicherung: Entgeltabrechnungsmonat, für den der Anspruch auf das Waschgeld besteht.

21.7 Wasserzuschlag

S. Erschwerniszuschlag.

Lohnsteuerpflicht	Beitragspflicht KV PV RV ALV	Beitragspflicht UV
Ja	Ja	Ja
R 19.3 Abs. 1 Nr. 1 LStR	§ 14 Abs. 1 Satz 1 SGB IV	§ 14 Abs. 1 Satz 1 SGB IV

Mindestlohn-Relevanz: Nein

Entgeltart: Laufendes Arbeitsentgelt

Entgeltzuordnung in der Sozialversicherung: Entgeltabrechnungsmonat, für den der Anspruch auf Wasserzuschläge besteht.

21.8 Wegegeld

Wegegeld für Straßenbau-, Wald- und Wasserbauarbeiter, soweit keine Reisekosten.

Lohnsteuerpflicht	Beitragspflicht KV PV RV ALV	Beitragspflicht UV
Ja	Ja	Ja
R 19 Abs. 3 LStR	§ 14 Abs. 1 Satz 1 SGB IV	§ 14 Abs. 1 Satz 1 SGB IV

Mindestlohn-Relevanz: Ja, wenn zur Bezahlung für die zur Zurücklegung des Weges erforderliche Zeit gezahlt.

Entgeltart: Laufendes Arbeitsentgelt

Entgeltzuordnung in der Sozialversicherung: Entgeltabrechnungsmonat, für den der Anspruch auf das Wegegeld besteht

21.9 Wegezeitvergütung (mehr als 8 Stunden)

Wegezeitvergütung bei mehr als 8 Stunden Abwesenheit.

Lohnsteuerpflicht	Beitragspflicht KV PV RV ALV	Beitragspflicht UV
Nein	Nein	Nein
§3 Nr. 16 i. V. m. §4 Abs. 5 Satz 1 Nr. 5 EStG; R 9.6 LStR	§14 Abs. 1 SGB IV, §1 Abs. 1 SvEV	§14 Abs. 1 SGB IV, §1 Abs. 1 SvEV

Mindestlohn-Relevanz: Nein

Entgeltzuordnung in der Sozialversicherung: Kein Arbeitsentgelt im Sinne der Sozialversicherung.

21.10 Wegezeitvergütung (weniger als 8 Stunden)
Wegezeitvergütung bei weniger als 8 Stunden Abwesenheit.

Lohnsteuerpflicht	Beitragspflicht KV PV RV ALV	Beitragspflicht UV
Ja	Ja	Ja
R 9.6 LStR	§14 Abs. 1 Satz 1 SGB IV	§14 Abs. 1 Satz 1 SGB IV

Mindestlohn-Relevanz: Nein

Entgeltart: Laufendes Arbeitsentgelt

Entgeltzuordnung in der Sozialversicherung: Entgeltabrechnungsmonat, für den der Anspruch auf die Wegezeitvergütung besteht.

21.11 Wehrsold
Wehrsold bei freiwilligem Wehr- und Zivildienst; keine Steuerfreiheit für Unterkunft und Verpflegung.

Lohnsteuerpflicht	Beitragspflicht KV PV RV ALV	Beitragspflicht UV
Ja	Ja	Ja
§3 Nr. 5 EStG		

Mindestlohn-Relevanz: Nein

21.12 Weihnachtsgeld / Weihnachtszuwendung

S. Einmalzahlung. Achtung: Regelmäßiges Arbeitsentgelt nur bei Rechtsanspruch (Vertrag oder betriebliche Übung).

Lohnsteuerpflicht	Beitragpflicht KV PV RV ALV	Beitragspflicht UV
Ja	Ja	Ja
R 39b.2 Abs. 2 Nr. 7 LStR	§ 14 Abs. 1 Satz 1 SGB IV, § 23a SGB IV	§ 14 Abs. 1 Satz 1 SGB IV, § 23a SGB IV

Mindestlohn-Relevanz: Nein

Entgeltart: Einmalzahlung

Entgeltzuordnung in der Sozialversicherung: Entgeltabrechnungsmonat, in dem das Weihnachtsgeld/die Weihnachtszuwendung ausgezahlt wird. Weihnachtsgeld/Weihnachtszuwendungen, die in den Monaten Januar bis März eines Jahres ausgezahlt werden, sind dem letzten Entgeltabrechnungsmonat des vergangenen Jahres (Vorjahres) zuzuordnen, wenn in dem vergangenen Jahr bei demselben Arbeitgeber ein versicherungspflichtiges Beschäftigungsverhältnis bestanden hat und das Weihnachtsgeld/die Weihnachtszuwendungen zusammen mit den sonstigen für das laufende Kalenderjahr festgestellten beitragspflichtigen Einnahmen die anteilige Beitragsbemessungsgrenze des laufenden Kalenderjahres übersteigen (März-Klausel).

21.13 Werbeeinnahmen

Bei Mannschaftssportlern.

Lohnsteuerpflicht	Beitragspflicht KV PV RV ALV	Beitragspflicht UV
Ja	Ja	Ja
Schreiben des BMF vom 25.8.1995 (StEd S. 629)	§ 14 Abs. 1 Satz 1 SGB IV	§ 14 Abs. 1 Satz 1 SGB IV

Mindestlohn-Relevanz: Nein

Entgeltart: Laufendes Arbeitsentgelt

Entgeltzuordnung in der Sozialversicherung: Entgeltabrechnungsmonat, für den der Anspruch auf die Werbeprämie besteht.

21.14   Werbeprämie
Werbeprämie für Zeitungsausträger bei Werbung neuer Bezieher.

Lohnsteuerpflicht	Beitragspflicht KV PV RV ALV	Beitragspflicht UV
Ja	Ja	Ja
§2 Abs. 1 LStDV	§14 Abs. 1 Satz 1 SGB IV	§14 Abs. 1 Satz 1 SGB IV

Mindestlohn-Relevanz: Nein

Entgeltart: Laufendes Arbeitsentgelt

Entgeltzuordnung in der Sozialversicherung: Entgeltabrechnungsmonat, für den der Anspruch auf die Werbeeinnahmen besteht.

21.15   Werbungskosten
Wenn in den elektronischen Lohnsteuerabzugsmerkmalen hinterlegt, ist ein Abzug der Werbungskosten vom Arbeitsentgelt möglich. Werbungskosten können jedoch nicht vom Arbeitsentgelt in der Sozialversicherung abgesetzt werden. Daher haben Werbungskosten auf die Beitragspflicht keine Auswirkung.

Lohnsteuerpflicht	Beitragspflicht KV PV RV ALV	Beitragspflicht UV
Nein	Ja	Ja
§39a EStG; §39b EStG	§14 Abs. 1 Satz 1 SGB IV, LSG Nds, Urteil vom 18.12.1985 L 4 Kr 51/84; LSG NRW, Urteil vom 22.10.1996 L 16 (1) Kr 21/59	§14 Abs. 1 Satz 1 SGB IV

Mindestlohn-Relevanz: Nein

Entgeltart: Laufendes Arbeitsentgelt

Entgeltzuordnung in der Sozialversicherung: Entgeltabrechnungsmonat, für den der Anspruch auf das beitragspflichtige Arbeitsentgelt besteht.

21.16 Werbungskostenersatz durch den Arbeitgeber

Eigene Aufwendungen des Arbeitnehmers, die beruflichen Zwecken dienen bzw. die in seinem Eigentum stehen bzw. von denen er einen eigenen Vorteil hat. Er kann diese Arten von Aufwendungen in seiner persönlichen Steuererklärung als Werbungskosten absetzen.

Lohnsteuerpflicht	Beitragspflicht KV PV RV ALV	Beitragspflicht UV
Ja	Ja	Ja
§2 Abs. 1 LStDV	§14 Abs. 1 Satz 1 SGB IV	§14 Abs. 1 Satz 1 SGB IV

Mindestlohn-Relevanz: Nein

Entgeltart: Laufendes Arbeitsentgelt

Entgeltzuordnung in der Sozialversicherung: Entgeltabrechnungsmonat, für den der Anspruch des Arbeitnehmers auf den Werbungskostenersatz besteht.

21.17 Werkswohnung, Mietpreisnachlass

Mietpreisnachlass bis 44 EUR. S. Dienstwohnung.

Lohnsteuerpflicht	Beitragspflicht KV PV RV ALV	Beitragspflicht UV
Nein	Ja	Ja
§8 Abs. 2 Satz 9 EStG, R 8.1 Abs. 3 LStR	§14 Abs. 1 Satz 1 SGB IV, §2 Abs. 5 SvEV	§14 Abs. 1 Satz 1 SGB IV, §2 Abs. 5 SvEV

Mindestlohn-Relevanz: Nein

Entgeltart: Laufendes Arbeitsentgelt

Entgeltzuordnung in der Sozialversicherung: Entgeltabrechnungsmonat, für den der Anspruch auf die Werkswohnung besteht.

21.18 Werkzeuggeld

Werkzeuggeld, soweit es die Aufwendungen des Arbeitnehmers für die betriebliche Nutzung nicht übersteigt. Bei Musikern s. Instrumentengeld.

Lohnsteuerpflicht	Beitragspflicht KV PV RV ALV	Beitragspflicht UV
Nein	Nein	Nein
§3 Nr. 30 EStG, R 3.30 LStR	§14 Abs. 1 SGB IV, §1 Abs. 1 Nr. 1 SvEV	§14 Abs. 1 SGB IV, §1 Abs. 1 Nr. 1 SvEV

Mindestlohn-Relevanz: Nein

Entgeltzuordnung in der Sozialversicherung: Kein Arbeitsentgelt im Sinne der Sozialversicherung.

21.19 Wertguthaben eines Arbeitnehmers, Übertragung

S. Übertragung eines Wertguthabens.

21.20 Wertguthaben nach Wertguthabenvereinbarung (Ansparphase)

Wertguthaben nach Vereinbarung §7b SGB IV. Achtung: S. Wertguthaben nach Wertguthabenvereinbarung (Freistellungsphase).

Lohnsteuerpflicht	Beitragspflicht KV PV RV ALV	Beitragspflicht UV
Nein	Nein	Ja
H 38 LStH	§23b Abs. 1 SGB IV	§14 Abs. 1 SGB IV, §1 Abs. 1 SvEV

Mindestlohn-Relevanz: Nein

Entgeltzuordnung in der Sozialversicherung: Kein Arbeitsentgelt im Sinn der Sozialversicherung.

21.21 Wertguthaben nach Wertguthabenvereinbarung (Freistellungsphase)

Wertguthaben nach Vereinbarung §7b SGB IV. Achtung: S. Wertguthaben nach Wertguthabenvereinbarung (Ansparphase).

Lohnsteuerpflicht	Beitragspflicht KV PV RV ALV	Beitragspflicht UV
Ja	Ja	Ja
H 38 LStH	§23b Abs. 1 SGB IV	§14 Abs. 1 Satz 1 SGB IV

Mindestlohn-Relevanz: Nein

Entgeltart: Laufendes Arbeitsentgelt

Entgeltzuordnung in der Sozialversicherung: Arbeitsentgelt im Sinn der Sozialversicherung.

21.22 Wertpapiergeschäfte

S. auch Preisnachlass.

Lohnsteuerpflicht	Beitragspflicht KV PV RV ALV	Beitragspflicht UV
Nein	Nein	Nein
§8 Abs. 3 EStG, R 32 LStR	§14 Abs. 1 SGB IV, §1 Abs. 1 SvEV	§14 Abs. 1 SGB IV, §1 Abs. 1 SvEV

Mindestlohn-Relevanz: **Nein**

Entgeltzuordnung in der Sozialversicherung: **Kein Arbeitsentgelt im Sinne der Sozialversicherung.**

21.23 Wettbewerbsentschädigung
S. Karenzentschädigung.

Lohnsteuerpflicht	Beitragspflicht KV PV RV ALV	Beitragspflicht UV
Ja	Nein	Nein
§2 Abs. 2 Nr. 4 LStDV; BFH, Urteil v. 13.2.1987, VI R 230/83	Kein Arbeitsentgelt i.S. des §14 Abs. 1 Satz 1 SGB IV	Kein Arbeitsentgelt i.S. des §14 Abs. 1 Satz 1 SGB IV

Mindestlohn-Relevanz: **Nein**

Entgeltzuordnung in der Sozialversicherung: **Kein Arbeitsentgelt im Sinne der Sozialversicherung.**

21.24 Winterausfallgeld als Vorausleistung
Zahlung von Winterausfallgeld als Vorausleistung (Überbrückungsgeld) der Arbeitgeber im Baugewerbe.

Lohnsteuerpflicht	Beitragspflicht KV PV RV ALV	Beitragspflicht UV
Ja	Ja	Ja
§19 Abs. 1 EStG	§14 Abs. 1 SGB IV	§14 Abs. 1 Satz 1 SGB IV

Mindestlohn-Relevanz: Nein

Entgeltart: Laufendes Arbeitsentgelt

Entgeltzuordnung in der Sozialversicherung: Entgeltabrechnungsmonat, für den der Anspruch auf die Wintergeld-Vorausleistung besteht.

21.25 Wintergeld

Wintergeld wird nach §175a SGB III als Mehraufwands-Wintergeld für witterungsbedingte Mehraufwendungen oder als Zuschuss-Wintergeld bei der Nutzung von Arbeitszeitguthaben zur Überbrückung von Arbeitsausfallstunden gezahlt. SV: Kein Arbeitsentgelt i.S. der Sozialversicherung.

Lohnsteuerpflicht	Beitragspflicht KV PV RV ALV	Beitragspflicht UV
Nein	Nein	Nein
§3 Nr. 2 EStG; R 3.2 Abs. 3 LStR	§14 Abs. 1 SGB IV, §1 Abs. 1 SvEV	§14 Abs. 1 SGB IV, §1 Abs. 1 SvEV

Mindestlohn-Relevanz: Nein

Entgeltzuordnung in der Sozialversicherung: Kein Arbeitsentgelt im Sinne der Sozialversicherung.

21.26 Wirtschaftsbeihilfe

Lohnsteuerpflicht	Beitragspflicht KV PV RV ALV	Beitragspflicht UV
Ja	Ja	Ja
H 3.11 LStH	§14 Abs. 1 Satz 1 SGB IV	§14 Abs. 1 Satz 1 SGB IV

Mindestlohn-Relevanz: Nein

Entgeltart: Laufendes Arbeitsentgelt

Entgeltzuordnung in der Sozialversicherung: Entgeltabrechnungsmonat, in dem die Beihilfen ausgezahlt werden.

21.27 Wohnungsbeschaffungszuschuss

Zuschuss des Arbeitgebers zum Erwerb eines Grundstücks, Eigenheims oder einer Eigentumswohnung.

Lohnsteuerpflicht	Beitragspflicht KV PV RV ALV	Beitragspflicht UV
Ja	Ja	Ja
§ 2 Abs. 1 LStDV	§ 14 Abs. 1 Satz 1 SGB IV, § 23a SGB IV	§ 14 Abs. 1 Satz 1 SGB IV, § 23a SGB IV

Mindestlohn-Relevanz: Nein

Entgeltart: Einmalzahlung

Entgeltzuordnung in der Sozialversicherung: Entgeltabrechnungsmonat, in dem die Wohnungsbeschaffungszuschüsse ausgezahlt werden. Wohnungsbeschaffungsprämien, die in den Monaten Januar bis März eines Jahres ausgezahlt werden, sind dem letzten Entgeltabrechnungsmonat des vergangenen Jahres (Vorjahres) zuzuordnen, wenn in dem vergangenen Jahr bei demselben Arbeitgeber ein versicherungspflichtiges Beschäftigungsverhältnis bestanden hat und die Prämien zusammen mit den sonstigen für das laufende Kalenderjahr festgestellten beitragspflichtigen Einnahmen die anteilige Beitragsbemessungsgrenze des laufenden Kalenderjahres übersteigen (März-Klausel).

21.28 Wohnungsgeldzuschuss

Vom Arbeitgeber an den Arbeitnehmer gezahlter Zuschuss.

Lohnsteuerpflicht	Beitragspflicht KV PV RV ALV	Beitragspflicht UV
Ja	Ja	Ja
§ 19 Abs. 1 EStG	§ 14 Abs. 1 Satz 1 SGB IV	§ 14 Abs. 1 Satz 1 SGB IV

Mindestlohn-Relevanz: Nein

Entgeltart: Laufendes Arbeitsentgelt

Entgeltzuordnung in der Sozialversicherung: Entgeltabrechnungsmonat, für den der Anspruch auf die Wohnungsgeldzuschüsse besteht.

21.29 Wohnungsüberlassung
S. Dienstwohnung und Sachbezüge.

21.30 Wohnungszulage
Hierzu zählt der Ortszuschlag, auch das erhöhte, mit Rücksicht auf den Familienstand gezahlte Wohnungsgeld. S. auch Ballungsraumzulage.

Lohnsteuerpflicht	Beitragspflicht KV PV RV ALV	Beitragspflicht UV
Ja	Ja	Ja
§19 Abs. 1 EStG	§14 Abs. 1 Satz 1 SGB IV	§14 Abs. 1 Satz 1 SGB IV

Mindestlohn-Relevanz: Nein

Entgeltart: Laufendes Arbeitsentgelt

Entgeltzuordnung in der Sozialversicherung: Entgeltabrechnungsmonat, für den der Anspruch auf die Wohnungszulage besteht.

22 Zählgeld bis Zuschuss des Arbeitgebers

22.1 Zählgeld
S. Fehlgeldentschädigung.

Lohnsteuerpflicht	Beitragspflicht KV PV RV ALV	Beitragspflicht UV
Nein	Nein	Nein
R 19.3 Abs. 1 Nr. 4 LStR	§ 14 Abs. 1 SGB IV, § 1 Abs. 1 SvEV	§ 14 Abs. 1 SGB IV, § 1 Abs. 1 SvEV

Mindestlohn-Relevanz: **Nein**

Entgeltzuordnung in der Sozialversicherung: **Kein Arbeitsentgelt im Sinne der Sozialversicherung.**

22.2 Zehrgeld
Zehrgeld im Brauereigewerbe, im Biergroßhandel, in der Mineralwasserindustrie usw.

Lohnsteuerpflicht	Beitragspflicht KV PV RV ALV	Beitragspflicht UV
Ja	Ja	Ja
§ 2 Abs. 1 LStDV	§ 14 Abs. 1 Satz 1 SGB IV	§ 14 Abs. 1 Satz 1 SGB IV

Mindestlohn-Relevanz: **Nein**

Entgeltart: **Laufendes Arbeitsentgelt**

Entgeltzuordnung in der Sozialversicherung: **Entgeltabrechnungsmonat, für den der Anspruch auf das Zehrgeld besteht.**

22.3 Zeitung

Zeitungen, die an Arbeitnehmer von Zeitungsverlagen kostenlos überlassen werden, soweit der Rabattfreibetrag von 1.080 EUR jährlich nicht überschritten wird.

Lohnsteuerpflicht	Beitragspflicht KV PV RV ALV	Beitragspflicht UV
Nein	Nein	Nein
§8 Abs. 3 EStG, R 8.2 LStR	§14 Abs. 1 SGB IV, §1 Abs. 1 SvEV	§14 Abs. 1 SGB IV, §1 Abs. 1 SvEV

Mindestlohn-Relevanz: Nein

Entgeltzuordnung in der Sozialversicherung: Kein Arbeitsentgelt im Sinne der Sozialversicherung.

22.4 Zeitung (Kostenersatz durch Arbeitgeber)

Vom Arbeitnehmer beschaffte Fachzeitschriften, deren Kosten der Arbeitgeber ersetzt, sind steuerpflichtiger Werbungskostenersatz, der auch beitragspflichtig zur SV ist.

Lohnsteuerpflicht	Beitragspflicht KV PV RV ALV	Beitragspflicht UV
Ja	Ja	Ja
§2 Abs. 1 LStDV	§14 Abs. 1 Satz 1 SGB IV, §23a SGB IV	§14 Abs. 1 Satz 1 SGB IV, §23a SGB IV

Mindestlohn-Relevanz: Nein

Entgeltart: Einmalzahlung

Entgeltzuordnung in der Sozialversicherung: Entgeltabrechnungsmonat, in dem der Arbeitgeber dem Arbeitnehmer die Kosten erstattet.

22.5 Zins aus Urlaubsabgeltung

Zinsen auf eine nachträglich ausgezahlte Urlaubsabgeltung, die der Arbeitgeber aufgrund eines abgeschlossenen Rechtsstreits an den Arbeitnehmer auszahlen muss.

Lohnsteuerpflicht	Beitragspflicht KV PV RV ALV	Beitragspflicht UV
Nein	Nein	Nein

Mindestlohn-Relevanz: **Nein**

Entgeltzuordnung in der Sozialversicherung: **Kein Arbeitsentgelt im Sinn der Sozialversicherung.**

22.6 Zinsersparnis (Zinssatz unter Marktzins)

Zinsersparnis bei Arbeitgeberdarlehen, soweit der vereinbarte Zinssatz den von der Deutschen Bundesbank zum Zeitpunkt des Vertragsabschlusses zuletzt veröffentlichten Effektivzinssatz nicht übersteigt.

Lohnsteuerpflicht	Beitragspflicht KV PV RV ALV	Beitragspflicht UV
Ja	Ja	Ja
§8 Abs. 2 EStG, R 8.1 Abs. 11 LStR	§14 Abs. 1 Satz 1 SGB IV	§14 Abs. 1 Satz 1 SGB IV

Mindestlohn-Relevanz: **Nein**

Entgeltart: **Laufendes Arbeitsentgelt**

Entgeltzuordnung in der Sozialversicherung: **Entgeltabrechnungsmonat, in dem die Zinsersparnis als geldwerter Vorteil eingetreten ist.**

22.7 Zinsersparnis (Restdarlehen bis 2.600 EUR)

Zinsersparnis bei Arbeitgeberdarlehen, soweit der vereinbarte Zinssatz den von der Deutschen Bundesbank zum Zeitpunkt des Vertragsabschlusses zuletzt veröffentlichten Effektivzinssatz nicht übersteigt und die Darlehenssumme (Restdarlehen) am Ende des jeweiligen Lohnzahlungszeitraums 2.600 EUR nicht überschreitet.

Lohnsteuerpflicht	Beitragspflicht KV PV RV ALV	Beitragspflicht UV
Nein	Nein	Nein
§8 Abs. 2 EStG; BMF, Schreiben v. 1.10.2008, IV C5-S 2334/07/0009	§14 Abs. 1 SGB IV, §1 Abs. 1 SvEV	§14 Abs. 1 SGB IV, §1 Abs. 1 SvEV

Mindestlohn-Relevanz: Nein

Entgeltzuordnung in der Sozialversicherung: Kein Arbeitsentgelt im Sinne der Sozialversicherung.

22.8 Zinszuschuss

S. Zinsersparnis.

Lohnsteuerpflicht	Beitragspflicht KV PV RV ALV	Beitragspflicht UV
Ja	Ja	Ja
§2 Abs. 1 LStDV	§14 Abs. 1 Satz 1 SGB IV	§14 Abs. 1 Satz 1 SGB IV

Mindestlohn-Relevanz: Nein

Entgeltart: Laufendes Arbeitsentgelt

Entgeltzuordnung in der Sozialversicherung: Entgeltabrechnungsmonat, für den der Anspruch auf die Zinszuschüsse besteht.

22.9 Zukunftssicherung

Zukunftssicherung, die der Arbeitgeber ohne gesetzliche Verpflichtung erbringt.

Lohnsteuerpflicht	Beitragspflicht KV PV RV ALV	Beitragspflicht UV
Ja	Ja	Ja
§ 2 Abs. 2 Nr. 3 LStDV	§ 14 Abs. 1 Satz 1 SGB IV	§ 14 Abs. 1 Satz 1 SGB IV

Mindestlohn-Relevanz: **Nein**

Entgeltart: **Laufendes Arbeitsentgelt**

Entgeltzuordnung in der Sozialversicherung: **Entgeltabrechnungsmonat, für den der Arbeitgeber die Zukunftssicherungsleistungen erbringt.**

22.10 Zukunftssicherung (pauschal versteuerte Aufwendungen)

Nur Altzusagen vor dem 1.1.2005. Die Aufwendungen für die Zukunftssicherung werden pauschal versteuert bis max. 1.752 EUR.

Lohnsteuerpflicht	Beitragspflicht KV PV RV ALV	Beitragspflicht UV
Ja	Nein	Nein
§ 40b EStG	§ 14 Abs. 1 SGB IV, § 1 Abs. 1 Nr. 4 SvEV	§ 14 Abs. 1 SGB IV, § 1 Abs. 1 Nr. 4 SvEV

Mindestlohn-Relevanz: **Nein**

Entgeltzuordnung in der Sozialversicherung: **Kein Arbeitsentgelt im Sinne der Sozialversicherung.**

22.11 Zusätzliche beitragspflichtige Einnahme in der Rentenversicherung bei Altersteilzeit

S. Altersteilzeit, zusätzliche beitragspflichtige Einnahme in der Rentenversicherung (Beginn Altersteilzeit seit 1.7.2004).

22.12 Zuschuss des Arbeitgebers

Zuschuss des Arbeitgebers an krankenversicherungsfreie Arbeitnehmer zu ihrem Krankenversicherungsbeitrag sowie an von der Rentenversicherungspflicht befreite Arbeitnehmer zu einer anderen entsprechenden Versicherung bis zur Höhe des gesetzlichen Arbeitgeberanteils bei Versicherungspflicht, höchstens aber bis zur Hälfte der Arbeitnehmeraufwendungen.

Lohnsteuerpflicht	Beitragspflicht KV PV RV ALV	Beitragspflicht UV
Nein	Nein	Nein
§3 Nr. 62 Sätze 2, 3 EStG	§14 Abs. 1 SGB IV, §1 SvEV i.V.m. §257 Abs. 2 und 2a SGB V	§14 Abs. 1 SGB IV, §1 Abs. 1 SvEV

Mindestlohn-Relevanz: **Nein**

Entgeltzuordnung in der Sozialversicherung: **Kein** Arbeitsentgelt im Sinne der Sozialversicherung.

22.13 Zuschuss des Arbeitgebers zu Pensionsfonds und Pensionskasse

Beitrag des Arbeitgebers bis zu 4% der jährlichen BBG RV West (2017: 3.048 EUR). Für Versorgungszusagen zusätzlich steuerfreier (aber sv-pflichtiger) Höchstbetrag von 1.800 EUR, für Verträge ab 2005.

Lohnsteuerpflicht	Beitragspflicht KV PV RV ALV	Beitragspflicht UV
Nein	Nein	Nein
§3 Nr. 63 EStG	§14 Abs. 1 SGB IV, §1 Abs. 1 Nr. 9 SvEV	§14 Abs. 1 SGB IV, §1 Abs. 1 Nr. 9 SvEV

Mindestlohn-Relevanz: **Nein**

Entgeltzuordnung in der Sozialversicherung: **Kein** Arbeitsentgelt im Sinne der Sozialversicherung.

22.14   Zuschuss des Arbeitgebers zum Elterngeld

S. Arbeitgeberzuschuss zum Elterngeld.

22.15 Zuschuss des Arbeitgebers zur Internetnutzung

Nicht pauschal versteuerter Arbeitgeberzuschuss zur privaten Internetnutzung

Lohnsteuerpflicht	Beitragspflicht KV PV RV ALV	Beitragspflicht UV
Ja	Ja	Ja
§2 Abs. 1 LStDV	§14 Abs. 1 Satz 1 SGB IV	§14 Abs. 1 Satz 1 SGB IV

Mindestlohn-Relevanz: **Nein**

Entgeltart: **Laufendes Arbeitsentgelt**

Entgeltzuordnung in der Sozialversicherung: **Entgeltabrechnungsmonat, für den der Anspruch auf den Zuschuss des Arbeitgebers besteht**

22.16   Zuschuss des Arbeitgebers zur Internetnutzung (pauschal versteuert)

Arbeitgeberzuschuss zur privaten Internetnutzung mit 25% pauschal versteuert.

Lohnsteuerpflicht	Beitragspflicht KV PV RV ALV	Beitragspflicht UV
Ja	Nein	Nein
§40 Abs. 2 Satz 1 Nr. 5 EStG	§14 Abs. 1 SGB IV, §1 Abs. 1 Nr. 3 SvEV	§14 Abs. 1 SGB IV, §1 Abs. 1 Nr. 3 SvEV

Mindestlohn-Relevanz: **Nein**

Entgeltzuordnung in der Sozialversicherung: **Kein Arbeitsentgelt im Sinne der Sozialversicherung.**

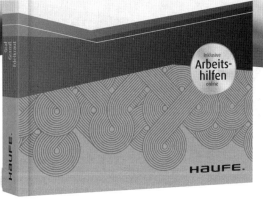